全国高校古籍整理委员会资助项目“《钱神志》校勘”结项成果
安徽省2014年度高等教育振兴计划省学术与技术带头人资助项目
（皖教秘人〔2014〕181号）资助

钱神志校勘

李世熊◎著
马陵合◎校注

安徽师范大学出版社
·芜湖·

图书在版编目(CIP)数据

钱神志校勘 / 李世熊著；马陵合校注．— 芜湖：安徽师范大学出版社，2019.1
ISBN 978-7-5676-3419-0

Ⅰ.①钱… Ⅱ.①李… ②马… Ⅲ.①古钱(考古)—史料—中国 Ⅳ.①K875.6

中国版本图书馆CIP数据核字(2018)第054183号

钱神志校勘

QIAN SHEN ZHI JIAOKAN　　李世熊◎著　马陵合◎校注

责任编辑：潘　安
装帧设计：丁奕奕
出版发行：安徽师范大学出版社
芜湖市九华南路189号安徽师范大学花津校区
网　　址：http://www.ahnupress.com/
发 行 部：0553-3883578　5910327　5910310(传真)
印　　刷：虎彩印艺股份有限公司
版　　次：2019年1月第1版
印　　次：2019年1月第1次印刷
规　　格：700 mm×1000 mm　1/16
印　　张：31.5
字　　数：454千字
书　　号：ISBN 978-7-5676-3419-0
定　　价：98.00元

导 言

一、李世熊与《钱神志》概说

李世熊(1602—1686),字符仲,号娩庵,又号寒支道人,福建宁化人。籍居泉上镇泉上村。5岁入童子试第一,16岁入县学,23岁郡试第四名廪生。李世熊生涯一半在明一半在清,是位有节气的遗民。在明时,他才高八斗而屡试不第,怀才不遇;在清时,心怀故国而坚拒征召,自甘淡泊。他素以博学著称,涉猎广泛,成就卓著。《清史稿·遗逸二》称其"少负奇气,植大节,更危险,死生弗渝。笃交游,敢任难事。生平喜读异书,博闻强记。""六经、诸子百家靡不贯究,然独好韩非、屈原、韩愈之书。"旧志向有"天下名志仅二部半"之说,李世熊撰写的《宁化县志》即为其中一部。他的《物感》,是寓言集,故事生动,语言形象,或假物托词,或隐喻讽世,遗民隐士的曲笔苦心可见一斑。《犬马史记》则讽刺了明末尸位素餐的官僚,谴责丧失民族气节之辈,为有气节的人士称赏,被清廷列为禁书。还著有《史感》《国变录》《奉行录》《经正录》《寒支初集》《寒支二集》等,其文深沉、峭刻,其诗则想象奇幻、气势磅礴,《天影山》《读书堂》《嘲九龙》等诗皆大气之作[①]。《钱神志》则有别于志书、诗文的著述,有其特有的文献价值。

《钱神志》1665年编成,初无刻本,借钞本以传。清同治十年(1871)曾印行聚珍版木活字本,1函7册。但是,是版极少见,也未见

① 马卡丹,天一燕.诗说闽西[M].福州:海峡文艺出版社,2013:124.

《善本总目》著录。光绪六年(1880)刻本7册,封面有"楚北刘国光汀州郡署"。该版本是后人引用较多的版本。目前,该书没有校勘和标点本。1980年台湾广文书局编辑出版,1992年上海古籍出版社《中国钱币文献丛书》(第二辑)亦收录此书。它被多次影印,足以说明该书在货币思想史中的地位。

《钱神志》是汇集历代货币拜物教思想的专书,它把二十一史、诸子百家、稗官野乘及仙佛神怪等各种著作中反映货币拜物教思想摘录汇编在一起。全书分为灵产、圜法、什一、奢汰、贪冒、冥赂等十二纲目,共分七卷。该书分别记述历代钱币的铸造、出产、历代钱图及理财和货币言论。所辑资料上自周秦,下迄明末,其中颇多现已缺佚之史料。资料除辑录于正史之外,还有《洛阳伽蓝记》《杂说》《西京杂记》《五国故事》《太平广记》《神鬼志》《广异志》《括异志》《宦游记闻》《搜神记》《博物志》《异苑》等。《钱神志》这样题材的专书在中国历史上只此一部,在世界上也是罕见的①。

李世熊的《钱神志》是研究中国传统社会货币拜物教思想的经典著作,是货币史研究的必备基本资料。货币不仅仅是一个经济价值的符号,还是一个文化的载体,它在反映一定时期社会经济发展情况的同时,反映了当时的科学技术、风俗人情、政治变迁和文化发展情况。该书汇总我国历朝历代的货币拜物教思想,就是一部鲜活的社会发展史

① 一些经济思想著作对该书评价不高。其原因是辑录大量的鬼神离奇之事,并无自己的创见(参见:赵靖.中国经济思想通史.第一卷[M].北京:北京大学出版社,1998:530.)。但是,若从文献学的角度或社会经济史的角度,该著作应有独特的价值。它通过大量辑录有关钱币发展的资料,可以与其他货币史论著相比对。更重要的是,该本所收集的材料,实虚并存,既有对人们熟知历史人物和历史事件的记载,又有关于那些钱币、财富的民间传说。其背后实际上反映作者基于那个商品经济已趋于发达的时代背景而发出的对货币拜物教的鞭挞,表达追求公正社会的愿景。日本学者岸本美绪认为:"从经世论到世间常识。就是说,不仅研究条理清楚的经世大文章,而且注意到人们对经济生活的模糊不清的共同感受。"(转引自:张侃,李雪华.明清之际福建客家经济发展与经济伦理——以李世熊的《钱神志》为中心[M]//刘钊.厦大史学.第2辑.厦门:厦门大学出版社,2005:208.)

和货币文化史。

二、《钱神志》与明末清初的货币思想

在中国传统社会中，钱币被赋予丰富的偶像和人格化意义。唐人即有诗作咏之："忧方知酒圣，贫始觉钱神。"（白居易《江南谪居十韵》）"钱神任尔知无敌，酒圣于吾亦庶几。"（杜牧《题桐叶》）。李世熊的《钱神论》不仅揭示了意义更为广泛的民俗史和文化史的社会画面，还揭示"钱神"崇拜的发展历程并做了深刻的文化解读。综观《钱神志》七卷，涉及大量史籍，囊括上至国家理财下至民众生活态度等各方面内容，解读它，必当"仁者见仁，智者见智"，笔者介绍其成书背景，解读其经济观念，浅议其经济观念与社会环境的内在联系，目的在于，向读者指出，经济观念是人们经济活动和伦理道德相结合的产物，既有其与大的历史进程一致之处，又有其自己相对独立的历史发展过程，不同国家、不同地区由于时代经济的不同，形成了不同的各具时代特征和民族特色的经济伦理思想。

明、清时代是中国封建社会的晚期，资本主义生产的萌芽在明中叶以后已经出现，商品流通的扩大使货币经济的地位和作用也随之增长。这就导致货币拜物教的更加流行。明清之际的《钱神志》和清代中叶的《劝民惜钱歌》，是中国封建社会晚期反映货币拜物教的两个主要代表作。

此书序言的作者刘培芬说："广元道（鲁褒字）《钱神论》之旨而为《钱神志》"，认为它旨在仿《钱神论》。实际上《钱神志》的基本思想和鲁褒《钱神论》有很大不同。《钱神论》对货币的神异性虽然也感到迷惑不解，但其主旨不是赞颂这种神异性，不是号召人们对"钱神"顶礼膜拜，而是讥刺、刻画封建统治阶级上层人物为追求货币而寡廉鲜耻的种种丑行。它对封建礼教、封建迷信均持嘲讽态度，认为封建统治者宣扬礼教和天命、鬼神，全是为愚弄别人，他们自己真正相信的却是

“孔方”，真正崇拜的只是一个“钱神”。李世熊的《钱神志》的主旨则恰是宣扬封建礼教和天命鬼神，肯定“死生有命富贵在天”的宿命论，力图使人们相信这些封建的神物、圣物，比货币具有更大的神通，谁要是违反封建礼教而追求货币财富，就会遭到“王法”和鬼神的惩罚。因而，《钱神志》不是指向上层封建统治者，而恰是指向被统治者[①]。

明清时期，以铜钱为主题的简单发挥鲁褒《钱神论》甚至仅拾其唾余的文章也屡屡出现。如明代瞿佑的《钱箧》、黄省曾的《钱赋》，以及明清之际李世熊所编的《钱神志》、清代中叶传播的《劝民惜钱歌》等。前二者，属于文人的游戏文章；《钱神志》则是把历代正史、百家诸子旁及稗官野乘、仙佛鬼神的著述中有关金银钱币的故事，包括反映货币拜物教思想的材料，皆汇集起来，成为一部专书。《劝民惜钱歌》则是经清代一位封疆大吏颁发的通俗劝世文。其主旨与鲁褒的《钱神论》不同，主要是宣扬封建礼教和天命鬼神的宿命论。这类文章的出现，反映了中国封建社会发展的长期迟滞，商品、货币经济的发展仍无力冲决封建地主所有制基础之上的特别牢固的自然经济。

由于明末宝钞不行，白银不足和铜钱紊乱，而封建政权的财政窘迫，讨论经济问题尤其是货币问题的人也特别多。李世熊将历代有关金钱的故事，分类分目列举，附带也提到圜法，以为茶余酒后观览之作，定名为《钱神志》，也算是当时注意货币问题的一支插曲。当时有人主张健全铜币，有人主张发行钞币，有人主张钱、钞并行，有人主张银、钱并行，还有其他主张。总的讲来，大都没有什么理论上的创见[②]。西晋鲁褒作《钱神论》，淋漓尽致地描绘了货币权力和货币拜物教现象。如说“钱之所在，危可使安，死可使活；钱之所去，贵可使贱。生可使杀”，“有钱能使鬼”，“死生无命，富贵在钱”等。

明末流行的钱神论，以诅咒金钱为主要特征，实际上是以讽世形式出现的咒金思想。这与欧洲的钱神论有实质性的不同。欧洲的钱神

① 赵靖.赵靖文集[M].北京：北京大学出版社，2002：198-199.

② 胡寄窗.中国经济思想史.下册[M].上海：上海人民出版社，1981：431-432.

论，以崇拜金钱为主要内容，用商人的观念观察货币经济，鼓动人们冲破中世纪的桎梏，无所顾忌地追逐金钱，反映了新兴阶级一登上历史舞台，强烈渴求扩张自身的利益，既贪婪又虎虎有生气。明末的钱神论者，严守封建伦理道德的规范，用士大夫传统的义利之辩，观察社会经济的发展，散布鄙薄金钱、消极遁世的思潮，反映没落中的阶级愤世嫉俗而又无所作为的哀怨，这种思想反映在政策上，显然是不利于商人资本进取的惰力。清代以降，余音犹在。许多诗人写过论钱诗。扬州八怪之一的郑板桥也一扫儒家清高之风，自题《润格》，直呼："凡送礼物食物，总不如白银为妙，……送现银则心中喜乐，书画皆佳。"若将其置于中国货币拜物教的历史进程，则别具一种意味。值得关注的是，明清之际李世熊《钱神志》所反映的货币思潮中出现了一种理性、宿命的东西。黄之隽在《钱神志序》中早有评论，称："晋鲁元道作《钱神论》，讽世之饕财黩货者，元仲（李世熊）则谓其能济世利物，害盈福谦也"，"与鲁褒厥旨颇殊"。可知，咒金思潮本身也在蜕变。原因是，咒金思潮尽管是对封建货币经济扭曲格局的泄愤，但它毕竟是封建经济制度下的特殊产物，绝不会超出这个社会圈子，所以，其思潮越来越与封建伦理相结合，则毋宁说是必然的现象。从《劝民惜钱歌》可以更为清晰地透视这一历史时期货币认知扭曲的特质。货币咒金思潮最终回归封建经济的怀抱，进一步表现了它的软弱和封建性的浓厚，它只不过是封建文人士大夫的呻吟，绝无真正的商人阶层对货币追求的浓郁气息。

三、《钱神志》与木活字印刷

同治十年（1871）刻木活字排印李世熊《钱神志》，封面牌记左下角刻"梓匠邑人阴维新"7字。这套木活字为宁化刻工阴维新所刻[①]。龚

① 上海新四军历史研究会印刷印钞分会．活字印刷源流[M]．北京：印刷工业出版社，1990：54-55.

显曾说，吾闽汀州官署中有此板，曾见《钱神志》一书，称“制不甚工”[①]。清代的木活字印工也很少把他们自己的姓名摆印在书上。雍正三年（1725）汪氏南陔草堂印宋《唐眉山集》书末有“湖城潘大有刊”字样。昆山陈景川在嘉庆间，摆印了陈元模所编的《淞南志》十六卷，在二续志末有“玉峰陈景川刻字局摆板刀字样，这位陈景川当是刻字局的经理。《武英殿聚珍板丛书》有校对者姓名，无排字者姓名[②]。

首先要简单说明一下聚珍版。“聚珍版”即活字本。1773年（清乾隆三十八年）修《四库全书》时，因种类繁多，耗费巨大，主管刻书事务的大臣金简乃建议刻制枣木活字摆印书籍。乾隆准其所请，并改“活字”名为“聚珍”。为此，制成大小活字25万余枚，既经济又简便，事半而功倍。中华书局曾创制仿宋体铅字，排印书籍称“聚珍仿宋本”。1776年（乾隆四十一年），颁发聚珍版于东南各省，并准所在锓木通行。先后承命开雕者有江宁、浙江、江西、福建等地。这些仿聚珍版刻印之书籍，通称为“外聚珍”，而将武英殿聚珍版称为“内聚珍”，以示区别。

我国现存最早的木活字印本《吉祥遍至口和本续》（西夏文佛经）于1991年在宁夏贺兰山腹地考古时被发现，印本为9册蝴蝶装本，共220页，10万字，印以当地造白麻纸。每半页版框直高23.6 cm，横宽15.5 cm，四周双边，白口，无鱼尾，有页码，此本内有汉文数字“四”“廿七”等字倒置。经考古学家研究确认它是西夏王朝时期的木活字作品。《吉祥遍至口和本续》的出土为验证当时木活字印刷已研制成功提供了实物证据。西夏王朝与宋朝在历史上几乎同时存在，当时北宋在科技（包括造纸术、制墨技术）、教育、文化艺术等方面取得了空前的成就，因而对书籍的需求量大增，从而推动了宋代印刷业的繁荣发展。史料记载西夏建国初期曾大量从北宋购买图书，后来才逐步建立自己的雕版印刷业。所以专家认为西夏的木活字印品应当是用从宋代流

---

① 谢水顺，李珽．福建古代刻书［M］．福州：福建人民出版社，1997：510.

② 张秀民．张秀民印刷史论文集［M］．北京：印刷工业出版社，1988：228.

传过去的木活字印刷术印刷的，木活字印刷术可能在宋代已经存在了[①]。

元代大德年间，著名农学家王祯发明了用木活字印刷术。木活字印刷较之泥活字和铜、锡、铅等金属活字，在制作上是较为简便、容易的。木活字印刷的主要方法是在木板上刻好阳文反字之后，锯成单字，用刀修齐，统一大小高低，然后排字，行间隔以竹片，排满一版框，用小竹片垫平并塞紧后涂墨铺纸刷印。元代，王祯创制木活字，他在安徽旌德请工匠刻制木活字3万多个，于1298年试印6万多字的《旌德县志》，不到一个月，便印成一百部，速度既快，质量又好。这是有记录的第一部木活字印本。王祯在他所著《农书》中，对于写刻字体，修整木活字使其大小划一，排字上版求其平整以及如何刷印等都做了详细的记述，较好地解决了木活字印刷中一系列具体的技术问题。他还创造了转轮排字架，采用了以字就人的科学方法。他将活字按韵分放在轮盘的特定部位，每韵每字都依次编好号码，登录成册。排版时一人从册子上报号码，另一人坐在轮旁转轮取字，既提高了排字效率，又减轻了排字工的体力劳动。元代木活字印本书虽已失传，但当时维吾尔文的木活字仍有几百个留传下来[②]。明代，木活字印刷逐渐发展起来，木活字本较多，不论是藩府还是民间的书院、私人均曾用木活字版印书，遍及成都、南京、浙江、福建、江西、云南等地，多采用宋元传统技术。明正德五年（1510）印刷的黄希武编《古文会编》，嘉靖十六年（1536）钱番编的《续古文会编》五卷，嘉靖二十一年（1541）印刷的苏辙《栾城集》八十四卷，万历二年（1574）《办惑篇》，万历十四年（1586）的《唐诗类苑》《世庙识余录》等都是木活字的印本。明代末年还出现了用木活字排印的《邸报》。在清代，木活字技术由于得到政府的支持，获得空前的发展。清代初期的活字印本有顺治年间的《义门郑氏道山

① 潘吉星.中国金属活字印刷技术史[M].沈阳：辽宁科学技术出版社，2001：134.

② 杜石然，范楚玉，陈美东，等.中国科学技术史稿.修订版[M].北京：北京大学出版社，2012：243.

集》;康熙年间晋江施琅《靖海记》一卷;雍正三年(1725)武水陈唐重订本宋陈师道《后山居士诗集》六卷等。大规模用木活字印书则始于乾隆年间《英武殿聚珍版丛书》的发行。

从乾隆三十八年(1736)开始,武英殿进行了一次大规模的木活字印刷。三年内,共刻制了大、小两幅活字,共计25万多个,试印了30余种书。在取得经验的基础上,正式印刷了《四库全书》及其他经典著作,几乎包括了经、史、子、集等历代的重要著作,其印刷图书的数量,超过了历史上任何一次印刷。乾隆皇帝为木活字版取了“聚珍版”的雅名,因此,这次印刷的书统称为《武英殿聚珍版丛书》。印制该书共刻成枣木木活字253 500个,印成《英武殿聚珍版丛书》134种2 389卷①。

明人胡应麟云:“今世欲急于印行者有活字,然自宋已兆端,今无以药泥为之者,唯用木称活字云。”清人龚显曾也说:“明人用木活字版刷书,风气乃大盛。”木活字印刷在明代已风行于世。据学者张秀民先生统计,明朝木活字本有书名可考者约一百种,多为万历印本。其有地名可考者,除成都、建阳、南京等处外,有浙江、江西、云南等地。

明朝万历年间,长汀四堡木刻宋体版本,用玉扣纸、毛边纸、连史纸印刷,发展为中国四大木刻印基地之一。四堡书籍声誉极高,有“独占江南,发贩半天下”之誉,在古籍雕版印刷史上占有极其重要的地位。宁化县旧属汀州,“四堡”古称“四保”,或谓“四保里”,它包括今天的长汀、连城、宁化、清流四县毗邻的数十个村落,因此,建制上宁化与古“四保”有着相当密切的联系。在造纸业和雕版印刷都极其兴盛的明清时期,宁化的木活字印刷应当也是异常活跃的。

在印刷业发达的明中叶时期,受到雕版印刷影响,宁化同时开始大量使用木活字印刷族谱。张秀民《中国印刷史》载:“清代木字家谱分布在江、浙、皖、赣、湘、鄂、川、闽等省”。宁化目前还保存有木活字刻印的谢氏清雍正族谱等清初谱谍。蓝氏清乾隆谱印有“翠华阮甸臣

① 潘吉星.中国金属活字印刷技术史[M].沈阳:辽宁科学技术出版社,2001:134.

梓”的字样，可见在清初宁化的木活字制谱已然十分盛行。清光绪、咸丰年间的族谱均用木活字印刷，保存至今的清末木字谱谍数量不少。直至解放前，利用木活字印刷家谱、私塾用书还十分盛行。

在宁化，除族谱外，少量的蒙书、佛经道藏和一些私家著作，也有使用木活字印刷。除道光六年（1826）《钱神志》7卷外，次年宁化县令陈垲印李世熊《寒支初集》10卷；同治十年（1871），宁化县署重印《钱神志》，所用木活字为宁化阴维新雕刻[①]。宁化目前保存有近40万枚的木活字，活字取材多用梨木、荷木，主要用于印刷族谱，偶尔印一些蒙书、佛经道藏等。刻印艺人民间称为“谱师”，他们各自以“堂”为单位，人多的时候一堂有20多人，有堂号，现存留有“印心堂”“衍冀堂”“文林堂”“文齐堂”等[②]。

木活字印刷在宁化得以遗存并非偶然。宁化是客家祖地。客家人注重敬祖穆宗，十分重视族谱的修订，目前宁化收集到完整系统的族谱就有七十多姓。从明初宁化开始使用木活字印刷族谱，到清初时已十分盛行。活字印刷在宁化盛行还得益于当地出产的纸张“玉扣纸”。玉扣纸出产于“九竹一田”的治平乡，其制作需经28道工序，纸质细嫩柔软，色泽洁白如玉，历来为国家档案、史集、佛经、族谱等印刷首选。宁化目前保存有将近40万枚的木活字，活字取材多用梨木、荷木，主要用于印刷族谱，偶尔印一些蒙书、佛经道藏等。2010年中国木活字印刷术被列入联合国非物质文化遗产名录。目前所发现的木活字印刷术仅存于福建宁化和浙江瑞安的东源村[③]。

① 见戴先良《宁化木活字印刷田野调查笔记》，收于《全国非物质文化遗产论文集》第346页。

② 龚小莞.宁化“修谱世家”传承人 在海沧展示木活字印刷[N].厦门晚报，2014-11-17.

③ 沈汝发.昔在“深闺”今又濒危 宁化木活字印刷等待抢救[N].人民日报（海外版），2012-05-07.

四、校勘说明

现在流行的版本是1890年刘国光重刊本。该书在1871年和1825年均有刊本流传。至于该书的卷数也有不同的说法。《清史列传》称此书20卷,鲍康《续丛稿》称此书为12卷本。20卷本、12卷本和7卷本的内容差异和版本变异值得深入探究和考证,同时要结合资料出处考证《钱神志》所辑资料的准确性。

书中运用大量专用术语。如“钱票”“会票”“交银易钞”等,非有专门研究,不能准确理解其含义。因此,需进行必要的注释。《钱神志》一个鲜明特点是:广罗明以前各种史籍相关记载,展示历史上的货币知识、经济运行、经济伦理和人生哲学。它以道德教化为主,有其独到的伦理思考。这就有必要以注释的形式,解读其资料选辑的原则以及所表达的经济伦理。

校勘本的标题沿用原书标题,没有添加序号。文中,涉及按语和引用书名,使用不同于正文的字体(仿宋)。文中的别字用“[ ]”标出。注释的内容主要包括对引用的文献作简单介绍,对涉及钱币的概念作重点解释。在必要时,对一些重要的概念和史实作扼要的说明。

该书是典型的由抄本转而刊本的典型古籍。校勘这一著作有助于深入研究中国传统典籍流传和传播的路径。同时,是研究明末清初木活字印刷的重要载体。

为便于阅读,在标点之外,对于正文、引文出处和作者所作的按语,分别使用不同的字体,以示区别。此外,对一些段落做了微调。

根据该书的特点,在校注时,除了完成基本断句标点工作外,主要校注工作有以下几个方面:

第一,因该书带有文摘的特点,各个部分的行文风格差异明显。李世熊在辑录时,进行不同程度的删减,并常加以评注。因李世熊引用他人的著述,多有增删或改动,与原文有异,因而,一律不加引号。如作者引用《七修类稿》卷48中的《钱谷能飞》，原文是以第一人称来讲述的：

> 吾友王荫伯教谕铜陵时，闻有王姓民初富后贫，遗空仓数十间。一夕，闻风雨声，晨起视之，则仓皆谷实之矣，而谷每粒有二微翼如糠粃然。归语予，则表兄诸廷佩曰："予在山东日，薄暮空中轰然有声，众曰：钱飞矣。明日询之，城隍庙后某家得数万钱。"予始信"蝴蝶满苑树"，殆不虚诞。

作者在"定命第八"中改为：

> 王荫伯教谕铜陵时，有王姓民先富后贫，遗空仓数十间。一夕，闻风雨声，晨起视之，则仓皆谷实之矣，而谷每粒有二微翼，如糠粃然。诸廷佩云：在山东，日薄暮，空中轰然有声，众曰钱飞矣。明日询之，城隍庙后某家得数万钱。始信蝴蝶满苑树，非虚诞也。

同时，对因删减而可能造成的语意不明的地方，则尽量寻找原文，进行适量补充和说明。

第二，该书有大量李世熊自己所写的注释性文字，以阐述自己的观点主张。但是，有的地方用了"按"，有的没有。在断句时，尽量能找到原文进行比对。文中注释性文字，依原书，改用仿宋字体，以别正文。文中出现书名，加书名号，以别于其他文字。每段文字所注引用著作，则用书名号，并加括号，以区别于正文。因作者并非所有引用文字都注明来源，对于未注所引之书的文字，根据通过页下注的形式，尽可能说明其文献来源。

第三，对一些货币名称和金融货币政策、思想做了简略介绍，并加以评价。

第四，对其所引著述进行简单的介绍。本文所引用的著作有近二百种。大多数都做了简介。但仍有些著述对其作者、出版年代和主要内容尚付阙如。这有待以后进一步查找。

第五,对一些比较重要的人物也进行简略介绍,主要侧重于两种人物:一是特别著名的历史人物;二是在经济史中有着突出影响的人物。涉及人物非常之多,因而对人物的介绍是有选择的。主要是以有助于对正文文字的理解为宗旨,并适当地对那些在货币史举足轻重的人物作出介绍。因为大多数文字是辑录的,并非全文,背景和人物介绍还是必要的。

第六,对一些错漏字、衍文,在比对原著的基础上,作出校正。原文中字迹漫漶者尽可能查证相关史籍补充完善,不能补充者以"□"代之。夹在正文中的解释性文字用"()"标出。

李世熊的《钱神志》汇总我国历朝历代的货币拜物教思想,旨在"以经史利病告君子,而以稗里祸福警小人",是一部鲜活的社会发展史和货币文化史。该书经校勘后出版,可以为中国传统货币思想史的全面研究提供便于利用的基本史料。

《钱神志》题记[①]

王贵忱

《钱神志》七卷，明李世熊编。世熊（1602—1686），字元仲，号媿庵，又号寒支道人，宁化（今属福建省）人。明季诸生，淹贯群书，素以博学著称。明亡后抗节不仕，以著述终其一生。著有《钱神志》《寒支集》和《宁化县志》等书。清蓝鼎元著有《寒支传》（见蓝氏所著《鹿洲初集》），记其学行甚详。

此书初无刊本，藉钞本以传。见于著录者有清同治十年（1871）活字版七卷本，光绪六年（1880）刘国光重刊。《清史列传》称是书为二十卷，鲍康《续丛稿》一书则谓所见者为十二卷之本。今则七卷本独行，不知二十卷本、十二卷之与七卷本内容有何异同耶？本书采用刘国光重刊本为底本，据以影印。该本原缺卷三第七十页，因无法配补，暂付阙如。

《钱神志》一书，卷首有刘国光、黄之传、刘培芬诸人序文。世熊有感于晋朝鲁元道之《钱神论》而作，广征历史文献，加以排比引说，选录果报旧闻，以为劝诫之资，意在警世说教，维护封建道统。该书上溯自周秦，下至明末，赅贯二十一史、诸子百家，旁及稗官野乘、释道诸说，统为七卷，分为灵产、圜法、什一、奢汰、贪冒、冥赂、妖变、定命、恢网、庆符、明躬、说余等十二项。引用史料繁多，记述范围广泛，诸如邦国

① 马飞海，王贵忱．中国钱币文献丛书．第二辑[G]．上海：上海古籍出版社，1992．

经济、理财、俸饷、课税之典，以至徭役、贩鬻之业，内容丰富，史料价值甚大。如灵产项，记述历代金、银、铜、铁矿之分布、开采和鼓铸诸事，有为他书所未详者，可作为古代矿冶和铸币便览观。圜法项，概述历代钱币谱录存佚情况，事关考证者多，为著录钱币专题书目之滥觞。所记历代钱币，多系以钱图，要皆有所本，内举“大泉二千”一钱，断为三国吴铸币，是其确识。此书移录宋洪遵《泉志》一书所收钱目，以视万历刻本《泉志》颇有出入。如“外国品”一节，比万历本《泉志》多十五目。又如“楮币源流”一节，所记汉武帝白鹿皮币，下至明代钱钞兼行之币制，与通常习见之引说详略间有异同，可贵处在于时引罕见和已佚之史料。书中引用明以前杂著、笔记等罕见书甚多。世熊不仕新朝，书中著录弘光、隆武、永历三朝铸币，盖为奉南明正朔之征，亦是南明铸钱最先记载者。是书虽为封建社会教化而作，然引录古代史料浩博，对研究历代铸钱以及币制等问题，具有重要参考价值。

序　一

晋鲁元道作《钱神论》，讽世之饕财赎货者，隐姓名为綦毋氏。其文载艺文者，视《晋书》尤备，其语谐，其思愤。闽汀李元仲当明之末，因之而作志。溯自周秦讫于明止，为卷七，为例十二。则非以为讽也。庄而不谐，平而不愤，宏包肃括，法诫昭矣。元仲若曰：钱者，经世之大务。上自军国经费，下逮闾巷匹夫匹妇，不能一日阙尽。若王衍举阿堵[1]，却口不言钱。国家焉赖此宰辅，不至于言利之臣鲜克合终，非徒聚敛宁盗[2]。亲之以为兄，守之以为虏，爱之以为癖，逐之以为自，府之以为怨，阶之以为厉。明刑鬼诛，铜山崩，金穴溃。悲夫，钱者，人之大利害存焉。网罗旧闻，不可不鉴也。是赅贯二十一史，诸子百家，旁及稗官野乘、仙释鬼神之事。自后王君公至于氓庶，巨而理财经国，俸饷课税之典，细而负担贩鬻之业。源于矿产运输、冶铸，而极其流。于窖藏销毁，问系以论断，咸公正中庸，肯切事理。言之无罪，闻足以戒。夫元道谓：钱能操决死生，役使人鬼也。而荆谥曰：神而论之，百世之上。元仲则谓其能济世利物，害盈福谦也，而袭其故，号而志之。于百世之下，厥旨颇殊，而志则大矣。或疑幽冥果报，荒怪之说，儒者勿取，曷为杂采之？元仲益以经史利病告君子，而以稗里祸福警小

① 曹魏和两晋时期，一些官僚、士族，虽然家资万贯，却时时标榜清廉高洁，甚至口不谈"钱"。西晋王衍就是其中的代表。一次，他妻子令侍婢趁王衍熟睡之机在他的床周围放了许多钱。王衍醒来后，把到了嘴边的"钱"字咽了回去，改口说："举却阿堵物。""举却阿堵物"是当时的一种方言，后来文人们把"阿堵物"变为"钱"的代名词。

② "聚敛宁盗"出自《大学》："与其有聚敛之臣，宁有盗臣"。这是民本思想的反映。

人。俾世尽智愚贤不肖，劝之则眉舞色飞，手足跳跃；戒之则毛骨率栗，心魄俱震。钱所在，即神所在。可资而通，不可狎而溺，而后为人心世道有用之书，非以谢博物，从诺皋[①]、夷坚[②]者也。元仲曾孙倓、俅，先后取士。倓上书求序其遗书，为发其苦心，以垂法戒，不同于元道之诙嘲，忿激者如此。华亭黄之隽[③]书。

① 唐段成式《酉阳杂俎》有《诺皋》《支诺皋》等，专记怪力乱神之事。后借指神怪小说。

② 古博物贤者，出自《列子·汤问》，列子、庄子均有提到。此处是指宋代志怪集《夷坚志》。《夷坚志》是汉族文言志怪集，南宋洪迈撰。

③ 黄之隽（1668—1748），江南华亭（今上海市奉贤区青村乡陶宅村）人，原籍安徽休宁。初名兆森，字若木、石牧、号吾堂，晚号石翁、老牧。康熙进士。雍正元年（1723）起，历任庶堂、翰林院编修、福建督学、右中允、左中允等，后被革职。曾参加重修《明史》，革职后曾应聘纂修江浙两省通志，任《江南通志》总裁。

序　二

宁人元仲李先生，广元道《钱神论》之旨，而为《钱神志》，赅贯闳通，寻源溯委，示劝诫之，意为人心世道有用之言。元道以诙谐，元仲以懔肃，厥警饕赎，理无二致。昔年华亭之序已发其苦心，绝诣第原本，久藏于家。迄道光乙酉岁，娄秋槎赞府慰泉上时，始出其书以行世。溯编制志之初，甲子三周矣。余去秋来摄县事，求已不可行。昨华君小初过此，言归化有藏书，将仍其篇目，用聚珍板印刷焉。巫实卿明经亦言邑茂才罗湘楫有藏者，遂与华君及邑人士成此举。大兴彭君宾南欣为校仇，且迩遭兵燹，故物荡然，非再刷行之，将何以读其书而式其闾耶，然李氏之书必论成于泉尉，何哉？曩县志之重刻，乃小初权尉时董成焉。今钱神志之复成，娄兴华先后若契合耳。里有贤者，仰其风徽，足以立懦廉顽泉上之民，今犹敦朴职斯土者，能无乡往乎？先生又言张延赏治狱为钱十万，可通神畏而爱之，朱寿昌治狱则能不受，乃贪廉所分，非钱之实能神其通也。若夫华亭所言，观其所言，劝诫利害，祸福可歆悚人心，钱所在，即神所在，其言不诬矣。至于先生之书，亦不必予为之序。今复以行也，爰识其事云。

同治十年岁次辛未季春毗陵刘培芬[①]谨撰。

---

①《清代毗陵名人小传稿》下册卷八（张维骧编纂，常州旅沪同乡会1944年出版）对刘培芬介绍是：刘培芬，字子江，阳湖人，工词。著有《秋云词》二卷。

序　三

大学十章释治国平天下，而理财居其半，以本末揭其源，以聚散观其效，以出入验其机，以义利示其的，上而储国用，下而顺民情，悉在乎是。朱子注云，此章之议，务在与民同好恶，而不专其利，旨哉斯言也。余来守汀郡，读宁化李元仲先生钱神志，再三披览，法戒昭然，不禁掩卷，进叹曰：作此志者，其知大学之道乎？志中备载财货之事而独以钱名者。何钱者，尽人所需而易之者也，以易知者而显示之，尤足以发聋声而振聩。钱何以神名，世人谓有神可以祷祀而求，可以营谋而获，而不知所谓神，即所谓命善则得之，不善则失之。岂不仁者所幸致哉。其目曰灵产则有土有财之意也。曰圜法、曰什一则生财有大道之意也。曰奢汰、曰贪冒则争夺聚敛之意也。曰恢网则悖入悖出[①]之意也。曰庆符，则仁者以财发身之意也。曰妖变、曰冥赂，则务财灾害并至之意也。曰明躬、曰定命，则先慎乎德之意也。其旨远其义赅，诚有与大学相发明，而为天下后世法者。但是书曾用聚珍板刷印，流传不广，近亦不可多得。亟付手民以公海内，俾后之览者，咸晓然于以义为利，不以利为利之旨。上以储国用，下以顺民情，悉于是乎在，岂仅小补云尔哉？

光绪六年岁次庚辰仲春月安陆刘国光[②]谨撰。

---

① 用不正当的手段得来的财物，也会被别人用不正当的手段拿去。《礼记·大学》："言悖而出者，亦悖而入；货悖而入，亦悖而出。"西汉戴圣《礼记·大学》："货悖而入者亦悖而出。"

② 刘国光，字宾臣，1828年生，世为湖北省安陆县人。参见：湖北省志地方志编纂委员会.湖北省志人物志稿.第4卷[M].北京：光明日报出版社，1989：1 613.

目　录

卷　二

卷 三

卷　四

卷 五

卷 六

卷　七

《钱神志》为固华之九世祖寒支公所著，按岁纪所载编于崇祯甲申之明年，子孙手抄，家藏未刊也。道光乙酉岁秋，搓赞府数娄公署篆臯阳政事之余搜求先祖遗书。读此志以为惩劝激扬，有裨世教，不仅博雅是尚，商吾族用聚珍板印刷数部，以公同好，命之校对，四阅月而竣。至于刊板行世，将俟贤而有力者焉。道光丙戌裔孙国华谨识。

卷　一

灵产第一

气化一

《财货源流》云：金者，金、银、铜、铁、铅、锡之总名。

【按】五行四生，金是也。说文曰一，金有五色，白金银，青金铅锡，赤金铜，黑金铁，黄金金。金为之长久埋不生衣，百陶不轻从草，不违西方之行也。生于土，故字左右注象金在土之形。

《管子》曰：地东西二万八千里，南北二万六千里，出铜之山四百六十七山，山铁之山三千六百九山。戈矛之所发，刀币之所在也。《山海经》禹曰：天下名山五千三百七十，出铜铁。山与《管子》书同。

《汉武内传》曰：五百岁天下名山一开，开时金玉之精涌出。

《淮南子》云：正土之气仰乎埃天，埃天五百岁生黄缺，黄缺五百岁生黄头，黄头五百岁生黄金，黄金千岁为黄龙。

《物理小识》[①]曰：易用受太阴之气而生，二百年成砒，砒二百年而

---

①《物理小识》是明末学者方以智所著的一部百科全书式的著作。所谓“物理”，概指世界上一切事物之理，与我们今天所说物理学之“物理”涵义不同。“识”通“志”，即记。《物理小识》是一部全面记述万事万物道理的著作。《物理小识》十二卷，分为十五类，依次为天类、历类、风雷雨阳类、地类、占候类、人身类、医药类、饮食类、衣服类、金石类、器用类、草木类、鸟兽类、鬼神方术类、异事类。从内容来看，它广泛涉及天文、地理、物理、化学、生物、医药、农学、工艺、哲学、艺术等诸多方面。清儒于藻称赞说：“天道律历之符、山澥五行之蕴、礼乐制作之矩、人间日用之宜，因物付物，得此条理，群疑立决，享其不欺，岂不快哉！”

锡。始生阴气故柔，又二百年不动，过太阳之气，乃成银。金铁禀太阳之气，始生为卤石，积久成磁石。磁石成铁，铁成铜，铜化白金，白金化黄金，铁与金同源。今取磁石碎之，内有铁片可验也。

《管子》曰：上有丹砂者，下有黄金；上有铅者，其下有银；上有磁石者，下有铜金；上有陵石者，下有铅锡、赤铜；上有赭石者，下有铁。此山之荣者也。又曰：上有铅者，其下有茔[1]银；上有丹砂者，其下有茔金[2]。《通雅》曰：金银皆非也。

《杂俎》[3]云：山上有薤[4]，下有金；上有葱，下有银；上有姜，下有铜锡。

《地镜图》[5]云：黄金之气亦赤黄，千万斤以上，光大若鉴盘，金气发火，上赤下青也。银之气，夜正白，流散在地，拨之随手散，复合也。山有葱，下有银光隐隐。正白山有磁石，下有铜，若金。又曰：铜钱之气，望之如青云。又曰：凡物金玉宝剑铜铁，皆以辛之日。待甫正[6]，明日平旦，及黄昏、夜半[7]占之，所见光白者玉也，赤者金，黄者铜，黑者铁。又曰：白银精变为雄鸡。黄金之见，为火及白鼠[8]。

---

① 茔，古通"注"。

② 中国古代有比较系统的探矿理论。最著名的是战国时期的《管子·地数篇》。它总结了一些矿床中矿物的分布规律，指出可以根据矿苗和矿物的共生关系来寻找矿床。

③《杂俎》，明刘凤撰。是书分八类：玄览、稽度、地员、兵谋、藻览、原化、问水、词令。刘凤为文，好刺取隐僻以为奇，故是编皆摘录古书字句，或注出典，或不注出典，亦漫无义例，不免为饾饤之学。集志怪、传奇、杂录、琐闻、考证诸体汇为一编，成为杂俎。

④ 薤：年生草本植物，地下有鳞茎，鳞茎和嫩叶可食。

⑤《地镜图》为南朝梁时佚名所作，六卷，认为地下矿物与地面植物间有一定的对应关系，因而地面植物的某些种属能指示地下与之相应的特定矿藏。地面植物成为矿藏宝物的指示物，还表现在植物生长时间和形态的变异。

⑥《地境图》中此处作"待雨止"。

⑦ 古时，把一日分为"十二时"，即夜半、鸡鸣、平旦、日出、食时、隅中、日中、日昳、晡时、日入、黄昏、人定。

⑧ 在民间信仰中，鼠通常代表吉神或福神，尤其是鼠辈中的白鼠。参见：《大中国文化》丛书编委会.大中国生肖文化[M].北京：外文出版社，2012：76.

《白泽轩》云：白鼠以昏时见邱陵间，视所出入中有金。

《梁简文论》云：见夜如枣核飞散者，金精也。

《白帖》云：银山常出素雾。

《西使记》云：元始通密乞儿国地产金。夜视有光处，志之以灰。翌日发之，有大如枣者。

方密之[①]曰：淘沙于水取黄金者，犹问其地，扫泥于衢，则无处不可，以衢中万人行处，有肥腻焉。日月蒸人，尽之澄之，重者在下，铅硝煎之，白金出矣[②]。方中通[③]曰，太阳所照之地，皆生金煨[④]故也。通衢人足所磨更煨，故生金较多。揭暄[⑤]曰：黄本日精，白本月华，故近赤道之地多金银。

《乐稽耀嘉》曰：开神山，神渊积薪，夜击鼓噪而燔之。岩盛热时必汗，赤黄者金汗，口尝味臭，如牛溺。白汗味辛者银。汗如雀毛色者铜，如明胶色者铁，如白铁色者锡也。

《淮南》曰：水纹圆折者有珠，方折者有玉[⑥]，凡有宝之沙甚重，极

---

① 该段文字先出自方以智《物理小识》。方以智（1611—1671），字密之，号曼公，别号龙眠愚者、鹿起山人、泽园主人，桐城（今属安徽）人。复社领袖之一。崇祯进士，曾官翰林院检讨。桂王立，授以礼部尚书、东阁大学士，固辞不就，隐于湘桂。后被清人俘获，出家得免。晚年为吉安青原山住持。康熙时因事入狱，押解途中病殁，一说投水死。博学多识，精于考据。著有《通雅》《物理小识》《东西均》《药地炮庄》《浮山文集》等。《通雅》分类整理古代各种知识，以考据精详见称。《物理小识》十二卷，原为附于《通雅》之笔记，其《金石类》及《器用》二卷，于研究中国科技史有参考价值。参见：金沛霖，阎中英，余志强，等.四库全书子部精要中[M].天津：天津古籍出版社；北京：中国世界语出版社，1998：1184.

② 这是用五行相通原理说明金矿的形成。

③ 方中通（1634—1698），字位伯，号陪翁。安徽桐城人，明翰林方以智次子。清初著名数学家、天文学家。

④ 乌灰切，音隈。煨火也。

⑤ 揭暄（1613—1695），字子宣，号韦纶，一号纬纷，别名半斋。江西广昌人。明末清初著名的军事理论家、天文学家和数学家。

⑥ 李善注《尸水》曰："凡水，其方折者有玉，其圆折者有珠也。"纹是指水波。水中若藏有珠玉，则水波会呈现或方或圆的波纹。

苦，土色似熟杏，烧作脂苏气，或色如血，皆有金银。《照宝术》：用磁石三两，抹末粥涂箭笴二七只，为烛照地，火若摇动者，宝也。桃叶布地，或有霜雪或气露者，宝也。树在城墟中忽变色，枝偏枯折者，旁有宣判也。人家草木冬无霜雪者，宝也。草木枝下生毛至地，其色青白者，玉也。若赤黄者，下有金；黑色，铅铁也。《金楼子》[①]曰：山中夜见胡人者，铜铁精也。然巨木塞井，亦有赤白上锐之气。《潜草》[②]曰：此皆生成之理，不足讶也。

金，正西也。土于此终，水于此始。铜，赤金也。为火所胜，而不自守。反同乎火。

《盐铁论》曰：五行东方木而丹章，有金铜之山。南方火，而交址有火海之川。西方金，而陇蜀有名材之森。北方水，而幽都有积沙之地。所以均有无而通万物也。

凡银入洪炉，虽无折耗，但火候足时，鼓鞲而金花闪烁，一现即没，再鼓则沉而不现。惟黄金则竭力鼓鞲，一扇一花，愈烈愈现其质，所以贵也[③]。凡金质至重，每铜方寸一两者，银如其则寸增重三钱，银方寸重一两者金，如其则寸增重二钱[④]。凡金性柔，可折如枝柳。

《地里志》云：越隽邛郡南山出铜，犍为朱提山出银，益州怀山出

① 梁元帝萧绎撰写的《金楼子》是南北朝时期的一部重要子书，六卷(永乐大典本)，梁孝元皇帝撰。《梁书·本纪》称帝博览群书，著述词章，多行于世。其在藩时，尝自号金楼子，因以名书。《隋书·经籍志》《唐书》《宋史·艺文志》俱载其目，为二十卷。但不载于《梁书·元帝本纪》，其原因恐有三：一是《金楼子》成书时正遇梁末战乱，姚察撰《梁史》时所据国史旧文本无记载；二是江陵亡陷，《金楼子》被西魏于谨大军掠至长安而入秘阁，姚察不得见；三是姚思廉续补时恐因唐太宗之故，而不得载《金楼子》于《梁书》。

② 方孔炤著。方孔炤，安徽桐城人，字潜夫，号仁植。明神宗万历四十四年(1616)进士，授嘉定州知州。易学家，方以智父。湖广巡抚，在剿匪中八战八捷，立下赫赫战功。著有《周易时论》22卷、《尚书世论》2卷、《礼节论》若干卷、《春秋窃论》2卷、《全边纪略》12卷、《抚楚疏稿》4卷、《环中堂集》12卷。

③ 银在高温下鼓鞲(鼓风)易氧化，而金则否。参见：潘吉星．天工开物校注及研究[M]．成都：巴蜀书社，1989：350.

④ 语出《天工开物》。为早期鉴别金银铜的密度分析法。

铜，南鸟山出锡，从独山出铜，常山蒲吾有铁山，豫章鄱阳有黄金末。

《唐地里志》：凡天下有银者，三十六县，关内一，河南五，河东二，山南二，陇右三，江南十九，剑南一，岭南三。有铁者一百三县，关内六，河南八，河东十五，河北九，山南十，陇右一，淮南三，江南二十七，剑南十八，岭南六。有锡者十三县，河南一，河东一，河北一，山南一，江南六，岭南二。有金之郡县十八，关内一，河南一，山南三，陇右一，江南七，剑南二，岭南三。天佑元年，虔州置瑞金监，虔之雩都有金也。

《唐国史》《两朝志》：金银铜铁铅锡之冶，总二百七十一，金产六州，冶十一，银产二十三州三军一监，冶八十四，铜十一州一军，四十六。铁二十四州二军，冶七十七。铅九州岛一军，冶三十。锡七州，冶十六，又丹砂二州，冶二，水银四州，冶五。皆置吏主之。

《宋会要》云：有金之州十，有银之州四十二，有铜之州十三。有铁之州十，有锡之州十三，凡山泽之入，金一千四百十八两，银十二万九千四百六十两，铜二千一百七十四万四千七百四十九斤，铁五百六十五万九千六百四十六斤，铅七百九十四万三千三百五十斤，锡六百十五万九十余斤。岁总收金三万七千九百八十五两，银二百九十万九千八百十六两。诸路上供金万七千四两，银百十四万六千七百八十四两。凡赋入之数，金万七千九百十七两，银百二十三万一千二百七十七两。

《续会要》云：有金二十五州，十三州土贡。有银七十四州，二十州土贡。铜二十一州。元丰元年，收五百五十万一千九十斤。铅三十州，锡二十七州。

景德元年正月，建州宝通山出银，以图来献。

天圣四年十二月，虎州石城产银，置义丰场。

至道元年，废邵武金场。二年成州金坑，废衢州银冶。

绍兴三十二年，虞都具诸道坑冶数，金坑兴者一百三十四，废者一百四十。银坑兴者八十四，废者八十三。铜坑兴者五十七，废四十五。铁坑兴者三百七十，废二百五十六。铅场之兴三十二，而废十五。锡之兴九十四，而废四十四。凡铜场十四，铁场三十八，铅场二十四，锡场五[①]。

《盐铁论》大夫曰：丹章有金铜之山，人托章山之铜，吴有豫章、郡铜山。

齐志永明八年，刘悛言，棠山下有岩道，铜山旧铸铸处。上遣使入蜀铸钱。顷之，以功费多而止。

唐《食货志》：凡银铜铁锡之冶一百六十八。陕宣润饶衢信五州银冶五十八，铜冶九十六，铁山五，锡山二，铅山四。汾州矾山七。开元十五年初，税供阳五重山银锡。元和初，天下银冶废者四十，岁采银万二千两，铜二十六万六千斤，铁二百七万斤，锡五万斤，铅无常数。宣宗时，增银冶二，铁山七十一。

名表二

《尔雅》云：黄金谓之璗，其美者谓之镠。白金谓之银，其美者谓之镣，饼金谓之钣，锡谓之钖。纯泽谓之铣。注：璗锡，即紫磨金也。钣，即周礼祭五帝[②]供金钣是也。钖白镴[③]铣，最有光泽也。

又曰：银一名山凝，水银谓之汞。西南之美者，有华山之金石焉。《食货志》云：万室之邑，藏镪千万。

【按】镪金别名镪，繦音同义别。钱谓之镪以索，贯钱谓之繦。诸注多误。

孔融圣人《优劣论》：金之优者名曰紫磨，犹人之有圣也。

《水经注》云：南海扶南王阳迈初在孕，其母梦生儿。有人以金席

① 疑漏字，似为“五十”。

② 郊祀，是帝王祭天或上帝的典礼。秦统一天下，承袭了秦文公以降在旧都雍（今陕西凤翔）郊祀四畤的做法。汉初刘邦在秦畤四帝的基础上立五帝祠，文帝立五帝坛。参见：祝瑞开.秦汉文化和华夏传统[M].上海：学林出版社，1993：243.

③ 镴：铅和锡的合金。

藉之，其色光丽。夷人因谓金之精者为阳迈也①。

《广雅》云：金神谓之清明。

《梁书》陶隐居曰：仙方名金为太真。

《酉阳杂俎》②云：金中蝼顶金最上，六两为一垛，有卧蝼蛄穴及水臬珙，当中陷处，名曰趾履。又铤上凹处有紫色，名曰紫胆。

《拾遗记》云：魏明帝时，昆明国贡敕金鸟，饲以珍珠，饮以龟脑。鸟性畏寒，处之小室，水晶为户，内外通明，谓之辟寒台。当吐金屑如

① 宣德炉所使用的暹逻国"风磨生矿洋铜"，应该是一种天然"风磨铜"；"色同阳迈"，是说它的颜色像年迈的太阳也就是黄昏的太阳，与红铜的颜色相似；赵汝珍在《古玩指南续编》（金城出版社2010年版）第三章"古代礼器"篇中说：暹罗之铜，含金量在百分之七以上；如以含金量百分之七计算，则宣炉的含金量为百分之四左右，栗色含金量多一点，藏经色含金量少一点，其比重为百分之八点九左右。有学者说阳迈就是杨迈，它是从林邑国来的外来语，指的是"金之精者"，故它应该是金黄色，风磨铜就是黄铜或天然高锌铜。阳迈或杨迈究竟是什么颜色，让我们从原始文献的记载中来探索一番；《太平御览》卷811载孔融"圣人优列论"曰：金之优者名曰紫磨，犹人之有圣也。《南齐书》卷58东南夷传载"中国谓紫磨金，夷（林邑）人谓之杨迈。"《南史》卷78林邑国传："夷人谓金之精者为阳迈，若中国云紫磨者。"《涅盘论》说："阎浮檀金有四种，一青、二黄、三赤、四紫磨。青者喻外道，黄者喻声闻缘觉，赤喻波罗蜜菩萨，紫磨喻如来。"若将上述文献出现的"金"当做（真）黄金解，并将"杨迈"解释成金黄色的上等（真）黄金；这种将"紫磨"二字视而不见的解释法是不妥当与不通的；上等真黄金怎么会是紫色的呢？只有上等的铜才可能是光亮的紫色。隋代以前文献出现的"黄金""金"通常指的是"青铜""铜"而不是（真）黄金，如将文献中的"黄金""金"都解释成（真）黄金，那是要闹笑话的，如《汉书》卷99下王莽传载："省中黄金万斤者一匮，尚六十匮。"《南齐书》卷58东南夷传载："（檀）和之进兵破其（林邑）北界犬戎区栗城，获金宝无竿，毁其金人，得黄金数万斤，余物称是。"无论将阳迈解释为"年迈的太阳"或"林邑国来的外来语"，它的颜色都是紫红色或浅玫瑰色。铜之优者为什么会是光亮的紫红色，这应该与铜中含有黄金有关，古人是只会知其然而无法知其所以然的。如将风磨铜视为天然黄铜，不要说藏经色炼不出来，就是栗壳色也炼不出来，六到十二炼后，都成紫铜了。

②《酉阳杂俎》是一本笔记小说，唐段成式撰。所记奇且繁，或录秘藏，或叙异事，道佛人鬼、灾祥灵验及琐闻杂事，无不毕具。酉阳，即小酉山（在今湖南沅陵），相传山下有石穴，中藏书千卷。秦时有人避乱隐居学习于此。梁元帝为湘东王时，镇荆州，好聚书，赋有"访酉阳之逸典"语。《新唐书·段成式传》称段成式"博学强记，多奇篇秘籍"，因而以家藏秘籍与酉阳逸典相比。其书内容又广泛驳杂，故以《酉阳杂俎》为名。

茶,宫人争以吐,金饰钗佩,谓之辟寒金。因相嘲曰:不服辟寒金,那得圣人心;不服辟寒钿,那得圣人怜。

《说文》云:鋈,白金也。梵书谓之阿路,已或惹多,此名银孤。独滔云:大生牙谓之黄芽。梵书谓之苏伐罗。

《梵言阐提》[①]:此名金钱。

《真谛》释金有四义:一色无变,二体无染,三转作无碍,四令人富。譬法身常乐,我净四德。《大宝积经》[②]云:赡捺部陀金置,凡金中合彼,凡金犹如墨,聚失于明照。

职方三

《夏书》:梁州厥贡璆铁银镂。扬州厥贡惟金三品。注曰:金银铜也。

《山海经》云:黔南吉水中多产和麦金。又曰:杻阳之山,其阳多白银。少阳之山,其下多赤银。又曰:皋涂山多黄银。

《管子》曰:玉起于禺山,珠起于赤野,金起于汝濮之右,滂使夷我,得楚之黄金,能令男不耕而食,女不织而衣。

《韩非》云:荆南之地,丽水之中生金。今之丽阳也。《合璧事类》[③]云,丽水在益州永昌郡中,有金如糠,浮出其中,金浮于水。明非他金可并也。

【按】此则金尽如铜铁锡之产于土说。说文象形之说,亦泥矣。

①一阐提指永远不得成佛的根机。系梵语的音译,亦作一阐提迦、一阐提柯、一颠底迦,略称阐提。或意译为"断善根"或"信不具"。

②《大宝积经》,又作《宝积经》,唐代菩提流志等译,凡一二〇卷,收于大正藏第十一册。系纂辑有关菩萨修行法及授记成佛等之诸经而成。宝积,即"积集法宝"之意。因其为大乘深妙之法,故谓之"宝";聚集无量之法门,故谓之"积"。

③《合璧事类》,宋谢维新辑。本书为我国古代著名类书。分为天文、地理、岁时、气候、占候、时令等门类,下续分子目,前列事类,后列诗歌。

王充《论衡》云:永昌郡中亦有金织,靡大如黍,在水涯沙中。民采得,日重五铢。色正黄,土生金,土色黄,汉土德也。故金化出金有三品,黄色见者,黄为瑞也。

【按】此佞书耳。假如水德火德,独无墨赤者见乎。

《汉书》曰:朱提一流,直钱一千五百八十。颜师古曰:朱提县名属犍为,出善银。即今四川嘉定州犍为县。

《诸葛亮书》云:汉嘉金朱提银采之不足,以自食。韩退之诗:我有双饮盏,其银出朱提[①]。《山堂考》曰:叙州城西有朱提山,出银,即此山也。

《神异经》云:西方日宫之外,有山长十余里,广二三里,高百余丈,皆大黄之金,不杂土石,不生草木,上有金人,高五丈。余皆统金,名曰金犀。入山下一丈,有银又一丈,有锡又一丈,有铅又一丈。有丹阳之为金是也。又曰:西南方有银,山长五十里,高百余丈,悉皆白金。

《拾道记》云:峻镬山下有金井,白气冠其上,井中之金,桑弱可以缄滕也[②]。

《贾子说林》云:金多陶乐,民人范夸以筑垣;铁鲜犹巍[③],帝后制以笄[④]以饰首。

---

① 严铁桥辑《全三国文》:"诸葛亮云:'汉嘉金朱提银,采之不足以自食。'"原注:"梅鼎祚《文纪》引《南中志》。案:今本《华阳国志》卷四汉嘉郡属县全阙。梅氏所见乃足本也,今无从覆检。"详案:司马彪《续汉书·地理志》:"犍为属国,朱提山出银、铜。"刘昭注引《南中志》诸葛亮书有此语,即梅氏所采者。足本《华阳国志》,梅氏似未得见。参见:李详.愧生丛录[M].南京:江苏古籍出版社,2000:17.

② 意为金柔软,可以编成绳索。

③ 陶乐、犹巍:皆国名。

④ 笄,古代中国女子用以装饰发耳的一种簪子,用来插住挽起的头发,或插住帽子。曾在河姆渡遗址出土。在古代,中国女子十五岁称为"及笄",也称"笄年"、结发,用笄贯之。笄女:指成年的女儿;笄年:指女子盘发插笄的年龄,即成年;笄冠:女子加笄,男子加冠,也指成年。

《真诰》[①]曰：金陵古名为伏龙之地。句曲山，秦时为句金之坛，坛以积山得名。汉灵帝诏采句曲之金，以充武库。孙要遣宿卫人采金，屯伏龙之地，因改名金陵。陶洪景云：大茅山南有鼓坑，名金井。山之近东诸处，往往皆有金砂。《真诰》又云：水色白，不学道。人饮此水，皆得故寿，盖金之津液所溉也。

《真诰》曰：定禄中君茅固告。许长史云：王莽地皇三年七月，茂申遣使者章邕，赍黄金百镒，铜钟[②]五枚，赠之于句曲三仙也。王莽制金为货，名镒，形如钱，无孔，重一两，直钱一千五百，镒[③]则百两也。又云：光武建武七年三月丁巳，遣使者吴伦赍金五十斤，献之于三君。今并埋在小茅山[④]上独高处，埳上有聚石，入地三四尺也。又云：大茅山

① 《真诰》，道教洞玄部经书，为南朝道士陶洪景所著。陶洪景，字通明，自号华阳隐居，谥号贞白先生，丹阳秣陵（今江苏南京）人，是道教重要派别上清派的承传者。"真诰"意为"真人口授之诰"，"真人"是道教对神仙人物的尊称，"诰"是上对下的一种诫勉。《真诰》系东晋杨羲、许谧、许翙等人的"通灵"记录。《真诰》也是精彩的文学作品，文字典雅，人物形象生动，描写了许多女仙下凡和凡人恋爱的故事。胡适曾对其进行考证。日本学者也进行校注。参见：吉川忠夫，麦谷邦夫.真诰校注[M].朱越利，译.北京：中国社会科学出版社，2006.

② 古代祭祀或宴飨时用的乐器。古属八音之一金类。最初的钟大约是由商代的铙发展而来的。现在所见最古的钟是西周时代的。由王孙钟上的铭文："用享以孝，于我显祖文考。……用宴以喜，用乐嘉宾父兄，及我朋友"，可以证明钟是宗庙及宴会时的乐器。钟的形制有两种，一种是带高的筒形纽，钟的下口两边突出如月牙形；另一种上端的纽是扁的，有的纽作伏兽形，钟下口是平的。一般钟的花纹两边相同，每边大率有六排（每排三个）共十八个突出的乳。乳的形状有突出如柱的，有突出作螺旋形的。有"乳"的点缀，是钟区别于钲、饶、铎、铃等的特点。

③ 中国古代黄金重量名称。始用于战国时期。关于镒的重量说法不一。一说认为一镒重为二十两，另一说认为一镒为一金。

④ 茅山位于江苏省句容、金坛两市交界处，距南京大约60公里，一座道教名山，是道教上清派的发源地，被道家称为"上清宗坛"。山上景点多，有九峰、十九泉、二十六洞、二十八池之胜景，峰峦叠嶂，云雾缭绕，气候宜人，山上奇岩怪石林立密集，大小溶洞深幽迂回，灵泉圣池星罗棋布，曲涧溪流纵横交织，绿树蔽山，青竹繁茂，物华天宝。江南茅山，古名句曲山、地肺山。以其中有"大茅峰""中茅峰""小茅峰"，所以又名"三茅山"。在三茅山的大茅峰和中茅峰间，有一座高虽不及茅山其他诸峰，而巨石异状迭出，石穴相贯，奇秀独特的山峰，叫"积金峰"。

中相连长阿，中有连石右肘，名为积金山。此山中甚多金物。又云：茅山天市坛四面，皆有宝金、白玉，各八九千斤。云：坛左右二丈许，入地九尺耳。东海青童君，乘独飞轮之车通。

【按】行有洞台之山，皆埋宝金、白玉。各八千斤，于市石左右，四面以镇阴官之岭，诸有洞天皆尔，不但句曲而已。又云：句曲之山有名个山。此山至佳，亦有金，乃可往采入土，不过一二尺耳。吾昔临去时，曾埋金于此。欲服金者可往取，但不当中以营私累耳。

【按】大茅后长阿积金东凹地。有一山子独秀，如博山炉，且又近积金山，恐此当是。又云：良常山对穴口，东视小山之岭，其上有埋铜千斤，以盘石镇其上。汉时其山下有屈氏，家大富财有巨亿，埋铜器于此，于今在也。亦有钱。钱在西北小山上向也。《晋书》曰：鄱阳乐安出黄金。凿土十余丈，披沙中所得者，大如豆，小者粟米。南郡象林南有四国，皆称汉人，贡金税。

王韶之《始兴记》云：宋元嘉元年，夏霖雨，小首山崩，自巅及麓，崩处有光耀，居人往观，皆是银砾[①]，铸之成银。

《魏书》云：魏宣武时，有司奏长安骊山有银矿，二石得银七两。其年秋，桓州又上言，白登山有银矿，八石得银七两。诏并置银官，常令采铸。又汉中旧有金户千余家，常于汉水沙淘金，年终总输。后临淮王彧为梁州刺史，奏罢之。《魏书》又云银：出始兴阳山，又出桂阳之安县。

《梁书》云：林邑[②]有金山，金汁流于浦。国王事尼干道铸金银神像，大十围[③]。

---

① 银砾：含银的矿砂。

② 林邑国，位于中南半岛东部之古国名。又作临邑国。约在今越南南部顺化等处。此地原系占族之根据地，西汉设为日南郡象林县，称为象林邑，略去象，故称林邑。东汉末年，有名为区连者，杀害县令，自称林邑国王。晋以后屡向中国朝贡。

③ 十围，亦作“十韦”。十围约等于1米，形容粗大。

《梁书》云：林邑国有金山，石皆赤色。其中生金，夜则出飞，状如萤火。《故事类赋》曰：巴邱牛跃，林邑萤飞。

《林邑记》云：大涧壑谷中，亦有生金形如豸，细者如苍蝇，大者如蜂蝉。夜行熠熠，光如萤火。《梁书》云：昆骞国去扶南八千余里，有山出金，金露生石上，无所限。尝遗扶南王纯金五十人。

《华阳国志》云：广汉、涪水有金银之矿。

《南雍州志》云：福禄城，谢艾所筑。下有金泉味如酒。有人饮此泉，见有金色从山中照水，往取之，得金，故名。

《湘中记》云：曲江县有银山，山多素雾。

《唐书》云：南诏长川诸山，往往有金或披沙，得之丽水，多麸金[1]。麸金出丽水，河联川有罪[2]，送淘金所最为重役。曾同川银山出银矿，私置冶，官收。

《南海古迹记》云：赤石岗在番禺西南，山色赤如火燃。唐有扶南人请以黄金万镒，市山发宝。藏刺史韦明曰：南州镇山也，弗许。《续博物志》云：生金出长傍诸山，取法以春或冬。先于山腹掘坑。方夏水潦，荡沙泥土注之，秋始披拣。有得片块，大者一斤或二斤，小者不下三四两。先纳官十人[3]八，余许归私，仍累劳效，免征赋。

《异域志》云：晏陀蛮国有一井，岁中再溢。其泉往流入海，所经沙石，浸成黄金。

王荣《西国行传》云：从吐蕃国向雪山南，界至屈露，多悉立等国，云：从此驿北行九月[4]，有一宝山，土石并是黄金。或有取者，即获殃咎。

---

① 麸金：碎薄如麸子的金子。唐刘恂《岭表录异》卷上："广州浈县有金池。彼中居人，忽有养鹅鸭，常于屎中见麸金片。遂多养，收屎淘之，日得一两或半两，因而致富矣。"唐许尧佐《柳氏传》："翊（韩翊）乃遣使间行，求柳氏，以练囊盛麸金。"明梅鼎祚《玉合记·通讯》："如今把个练囊盛着麸金百两，权寄他为朝夕之费。"参阅明李时珍《本草纲目·金石一·金》。

② 河联川，应为河联法。蛮语川谓之联。河联法，即南诏在平川施行的刑律。

③ 应为"之"。

④ 应为"日"。

《广州记》云：生金出大食国，彼方出金最多，凡贸易，并使金钱，文为象形。又曰：广州市司用银采[①]，遂成县。任山有银穴，穴有银砂。

《孔帖》云：西域晋河出金，精琢石取之。

桂海《金石志》云：桂林西南州峒产生金，生山谷田野沙土中，不由矿出也。峒民以淘沙为生，坏土出之，自然融结成颗，大者如麦粒，小者如麸片，便可锻作服用，但色差淡耳。欲令精则重炼，取足耳。什耗二三，既炼则是熟金。丹灶所须必生金也。

《饶州志》云：德兴有银山一名邓公山。唐总章初窦俨奏，立银冶场。谶云：白鸠出银，冶毕至。宋绍圣二年，白鸠双出山穴，倾摧自后取无所得，贡课未除。范仲淹守郡始请罢之。

《安城记》云：郡渚江川发源同会落亭石，上有芝草，下有紫磨金也。

《溪蛮丛笑》云：西溪接靖州境，出铅。铅中有银，银体差黑，未经坯销，名出山银。

《宋史》云：庆历四年，金溪县得生金山，重三百四十两[②]。或云：金溪有金窟山，连接银山，中有石窦。云是前代金窟。生金山云，即得之此山[③]。

蔡绦《丛谈》云：政和间，长沙益阳县山溪流出生金，重十余觔，又出一块重四十九觔。

---

① 应为“以银易米”。有学者认为，岭南和西南地区在两汉时期可能就已经形成了用金银作为流通媒介的传统。在与岭南地区比邻的西南地区也存在。晋宋间任预《益州记》载：“陶宝至益州，人饥。米二合直银一两。”这可以说明，岭南和西南地区在东晋时期，就已经用银作为商品流通的手段了。如果考虑到这些地区当时的实际社会状况。参见：周永卫.两汉交趾与益州对外关系研究：以若干物质文化交流为主[M].汕头：汕头大学出版社，2009：101.

②《宋会要辑稿》食货四一：庆历四年（1044）五月十五日，抚州上金溪县战坪所得生金山，重三百二十四两。帝初令送左藏库，而二司言瑞物，宜留禁中，乃藏于龙图阁瑞物库。

③ 金窟山位金溪县城东北一里。其南半里之宝山含铅银矿。民国二十六年调查时，因宝山及金窟山一带茅茨遍山，且年代湮远，所谓采银采金之古坑皆未得见。参见：张振根等编《中国金矿大全》第一卷，中国科学院贵阳地球化学研究所，第18页。

陈霆《墨谈》云：元延祐间，佛菻国来朝言，其城当日没之处，地有水银海，周围可四五十里。取水银者，先于近海十里掘坎穽数十，然后使骏马健儿，皆饰以金箔，行近海间，日照金光晃耀，则水银沸涌如潮，而来其人即回马疾驰，水银随后逐至。若稍行缓，则人马皆为水银所没。人马既远，水银势力渐微，遇坎穽则溜积其中，然后旋取以香草同煎，便成花银[①]。

云南丽江军民府有金沙江，今巨津，古名丽水。源出吐蕃界，绕流丽江府，至于北胜州，回环五百余里，出金者有数截。又北潼州等州邑与湖广沅、陵、溆、浦等，皆于江沙水中淘汰取金，千百中间，有获狗头金[②]一块者。名曰金母，其余皆麸麦形。入冶煎炼，初出色浅黄。再炼而后转赤也。儋、崖有金田，金杂沙土中，不必深求而得。取太烦则不复产，经年淘炼，若有则限。然岭南夷獠洞穴中，金初出，如黑缺落。深挖数丈，得之黑焦石中。初得时，咬之柔软。夫匠有吞窃腹中者，亦不伤人。河南蔡巩等州邑、江西乐平新建等邑，皆平地掘深井，取细沙淘炼成，但酬答人功，所获亦无几耳。大抵赤县之内，隔千里而一生，又坤元精气，出金之所三百里无银，出银之所三百里无金，造物之情，亦大可见也。

方氏曰：浙福坑场，或采或闭。饶信瑞坑从未开也。楚出辰州，贵出铜仁，中州则宜阳、赵保山。永宁秋，树坡卢氏、高鞴嵩县马槽山、蜀

---

① 花银，通常指成色较纯的银子。王佐《新增格古要论·银》："银出闽、浙、两广、云南、贵州、交址等处山中，足色成锭者，面有金花，次者绿花，又次者黑花，故谓之花银。"

② 狗头金是天然产出的，质地不纯的，颗粒大而形态不规则的块金。它通常由自然金构成。有人以其形似狗头，称之为狗头金。有人以其形似马蹄，称之为马蹄金。北宋沈括在《梦溪笔谈》曾记载："治平元年，常州日禺时，天有大声如雷，乃一大星，几如月，见于东南。少时而又震一声，移著西南。又一震而坠在宜兴县民许氏园中，远近皆见，火光赫然照天，……视地中只有一窍如杯大，极深。下视之，星在其中，荧荧然，良久渐暗，尚热不可近。又久之，发其窍，深三尺余，乃得一圆石，犹热，其大如拳，一头微锐，色如金，重亦如之。"湖南省资水中下游流域是我国历代盛产狗头金地区。此外四川省白玉县，陕西省南郑县、安康县，黑龙江呼玛县，吉林省桦甸县，青海省大通县、曲麻莱县，山东省招远市，河北省遵化县等，都相继发现狗头金，总计有千余块。

会州密勒山、甘肃大黄山、山东江北皆有。凡有矿处，山童望气知之，有深浅耳。开采妨争，或费工不偿。惟滇常行，楚雄、永昌、大理最盛，次曲靖、姚安，次镇沅。外域多有，皆黄道腰轮下国也[①]。

《职方外纪》[②]云：亚勒玛尼亚之属国曰博厄美亚[③]者，地生金，掘井恒得金块，有重十余斤者。河底常有金，如豆粒。又南亚墨利加之西曰孛露地，出金镛，取时金土互溷。别之，金多于土，故金银最多。国王宫殿皆以黄金为板饰之。独不产铁，铁至贵。兵器皆用烧木铦石，余器物皆用金银铜三种为之。又南亚[④]墨利加之东境，有大国名伯西尔。其南有银河，水味甘美，常涌溢平地。水退，布地皆银沙、银粒矣。北曰金加西蜡，其地出金银，天下称首。其矿有四坑，深者皆二百丈。土人以牛皮软梯下之。役者常三万人，其所得金银，国王什取其一，七日约得课银二万两。其山麓有城，名曰金城。百物皆贵独，银至贱。贸易用银钱五等，大者八钱，小至五分。金钱四等，大者十两，小者一两。

品类四

《穆天子传》：天子至昆仑邱，观宝器大烛银，银有光如烛，似美玉。《尔雅》云：山之有银烛。

《博物志》云：金产于金沙江者，紫色光莹。产于丽江者，色赤而沾垢腻。银产于梁王山者，白莹而有茶花黄点，扑之有声琤琤然。产于细花、明光诸场者，微有铅色，扑之其声喑。丽江府产金尤多，每雨后，其金散拾，如豆如枣，大者如拳，破之，中空有水，亦有包石子者。银则穴地数十丈，取矿石炼之。产最盛者，莫如磨乃场。

---

① 见《物理小识》卷七。

②《职方外纪》是意大利传教士艾儒略于明天启三年(1623)根据庞迪我和熊三拔所著的底本编译而成。《职方外纪》共五卷。

③ 又称波希米亚，今捷克西部地区。

④ “亚”疑为衍字。

汉达信侯娄敬晚得道，好游明月山，北能种金，其地曰种金坪。今人往往得金云。《续博物志》曰：襄邓间，故春陵白水之地，多得金麟趾、袅蹏[1]。金趾中空，四旁有文刻，工巧。袅蹏似于平物上滴成，如干柿。土人谓之柿子金，或曰：此娄敬所种药金最良[2]。故曰：白水种金，蓝田种玉，金玉固有种乎？

《续博物志》曰：印子金者，世传淮南王安药金也[3]。上有印子篆文，口主字。寿州八公山土中耕者，往往得之，小饼重一两，有一印。大饼至七两，有一十许印。

扶南出刚金，状类紫石英。生水中，石工没水取之，其刚可以刻玉。

《唐御史台记》云：刘祎之卧疾，凤阁舍人孟诜[4]候之。因留饭，以金碗贮酪。诜视之，惊曰：此药金[5]非石中所出者。祎之曰：主上见赐，当非伪物。诜曰：药金仙方，所资不为伪也。祎之曰：何以知之？诜曰：药金烧之，其上有五色气起。烧之，果然。

唐太宗尝赐房玄龄黄银带，云：黄银鬼神所畏，更取金带侑之。又有乌银陈藏器[6]。余云与黄银俱为瑞物，可辟恶。今人以硫黄熏白银

① 即麟趾金和马蹄金。蹏同蹄。

② 麟趾金和马蹄金是娄敬做的药金，方士称为"娄金"，用来和药炼丹。

③ 沈括《梦溪笔谈·异事》记云："寿州八公山侧土中及溪涧之间，往往得小金饼，上有篆文'刘祖'字，世传'淮南王药金'也。得之者至多，天下谓之'印子金'是也。"

④ 孟诜(621—713)，唐代汝州人，著名学者、医学家、饮食家。曾与名医孙思邈过从甚密，以师礼事之。著有《补养方》《必效方》等，其中《补养方》经其弟子张鼎增补，改名为其著作《食疗本草》。《食疗本草》是世界上现存最早的食疗专著。

⑤ 在古代社会，人们对黄金痴迷，加之黄金昂贵难得，于是炼制不老丹药的方士开始制作人造"黄金"，即用一些点化药剂与Cu、Sn、Pb、Hg等金属合炼，使之成为金黄色的合金或化合物(如mosaic金，即SnS，晶体)，这种与黄金颜色相似的点化物或制成物称为"药金"。炼丹术中的这项工作称之为"黄白术"，"黄"指黄金，"白"指白银。赵匡华等人对诸药金和药银进行了系统的考释和验证，做了非常有意义的工作。参见：赵怀志，宁远涛．金[M]．长沙：中南大学出版社，2003：388.

⑥ 陈藏器，意指普通器皿，并非祥瑞之物。

再宿，即黑。此人工非真物也。方勺《泊宅编》曰：黄银出蜀中，色如金无异，上石则色白。

《岭表录异》[①]云：五岭内富州、滨州、澄州，江汉间皆产金。居人以木箕淘金为业多。养鹅鸭取屎，以淘金片，日得一两半两。有终日不获一星者[②]。就中澄州者，特良明可照夜，别于常金。谓之夜明金。

《溪蛮丛笑》云：丝金沙中拣之，叉出于石，碎石而取者，色视沙金为胜金，有苗路。夫匠识之名丝金。

鍮石[③]，黄铜似金者。明朝皇极殿顶名是风磨铜，更贵于金。或云即鍮鉐石也。吕览《淮南》言：鍮石似金。《一统志》云：答儿密古之舟眉流国产鍮石。《格古要论》[④]曰：鍮石，自然铜之精者也。今炉甘石炼成者，假鍮也。崔昉曰：铜一斤，炉甘石一斤，炼之成鍮石。真鍮生波斯国者，其如黄金，烧之，赤色不黑。李时珍谓：药成黄金，或谓石名，似金非也。

李时珍曰：金有山金、沙金二种。其色七青八黄九紫十赤。以赤为

①《岭表录异》，全书共三卷，唐刘恂撰。此书与《北户录》同系记述岭南异物异事，也是了解唐代岭南物产、民情的有用文献。其中记载最多的是岭南人的食物，尤其是各种鱼虾、海蟹、蚌蛤的形状、滋味和烹制方法，岭南人喜食的各类水果、禽虫也有记述，是研究唐代岭南地区少数民族经济、文化的重要资料。

② 在现代矿物学中，把无须提炼就有一定纯度的金块或金粒，叫做自然金。有大块的，如狗头，叫“狗头金”；有小一些的，似马蹄，叫“马蹄金”；更小的，叫“麸金”，往往从水鸭的肚子里可以找到。这里应是“麸金”。

③ 鍮：字从金从俞。“俞”意为“捷径”“直接”。“金”与“俞”联合起来表示“直接得到的铜”（即不必经过人工冶炼的自然铜矿石）。关于鍮石的研究，可参见今人的论著，如王银田、饶晨《论“鍮石”》（《敦煌研究》2009年第4期）、卫荣《“鍮石”考述》（《文史》2000年第4期）。

④《格古要论》是中国现存最早的文物鉴定专著。明曹昭撰。曹昭，字明仲，江苏松江（今属上海）人，生卒年不详。全书共三卷十三论。上卷为古铜器、古画、古墨迹、古碑法帖四论；中卷为古琴、古砚、珍奇（包括玉器、玛瑙、珍珠、犀角、象牙等）、金铁四论；下卷为古窑器、古漆器、锦绮、异木、异石五论。此书后来又由王佐增补为十三卷，题为《增订格古要论》，书成于天顺三年（1459）。王佐，字功载，号竹斋，江西吉永人。主要增补为墨迹、古碑法帖部分，此外新增金石遗文、古人善书画者、文房论、诰敕题跋及杂考等，对原著次序也作了调整，但其识见远不及原著。

足色。和银者性柔，试石则色青。和铜者性硬，试石则有声。《宝货办疑》云：马蹄金[1]象马蹄，难得榄橄金出荆湖、岭南。胯子金象带胯，出湖南北。瓜子金，大如瓜子。麸金如麸片，出湖南及高丽。沙金细如沙屑，生蜀中。叶子金出云南。凡金兽在冢墓间及为钗钏溲器者，陶隐居[2]谓之辱金，不可合炼。《宝藏论》云：金有二十种，又外国五种。还丹金出丹穴中，体含丹砂色。尤赤合丹服之，希世之宝也。麸金出五溪、汉江，大者如瓜子，小者如麦，性平无毒。山金出交广南诏诸山，衔石而生。马蹄金乃最精者，二蹄一斤。毒金即生金，出交广山石内，赤而有大毒杀人，炼十余次毒乃已。此五种皆真金也。水银、金丹、砂金、雄黄金、雌黄金、硫黄金、曾青金、石丝金、石胆金、母砂金、白锡金、黑铅金，皆药制成者。铜金、生铁金、熟铁金、鍮石金，煎药点成者。已上十五种皆假金也，性顽滞有毒。外国五种，乃波斯紫磨金、东夷青金、林邑赤金、西戎金、占城金也。

《函火》云：凡金生处，穴室百十尺见伴金石，定见金也。其石褐色，一头如烧黑，状其金色，深赤黄。麦麸金，即在江沙水中淘汰而得，其色浅黄，皆生金也。或云：金生水沙者，鹅鸭啖沙，从膍胵[3]内淘之，有金屑。东南金色深，西南金色浅，亦土地所定也。

方氏曰：云南叶子、大食国、加西蜡。西回回番钱，皆熟金也。叶子精于锭，细丝不足以尽之。亦金有紫霞，甚耎[4]无声而烧不黑。杂赤铜曰气子张公，即有声矣。

李时珍曰：闽、浙、荆、湖、饶、信、广、滇、贵州交趾诸处山中皆产银。有草中炼出者，有沙土中炼出者。其生银俗称银笋，银牙是也。

---

① 西汉金饼的一种。后常作为金饼的通称。近人多将内部中空，底部呈椭圆形的金饼称为马蹄金。

② 陶弘景，字通明，因长期隐居，自号华阳陶隐居，死后，谥号贞白先生，丹阳秣陵（今江苏江宁县）人。著有《本草经集注》。

③ 膍胵：反刍动物的胃。又称百叶。

④ 耎：软。

亦曰出山银。独孤滔《丹房镜源》[1]，所谓银坑中出褐色。石形如笋。打破即白，名曰自然牙，曰自然铅，亦曰生铅。此有变化之道，不堪服食者是也。《宝藏论》云：银有十七种，又外国四种。天生牙，生银坑内石缝中，状如乱丝，色红者上入火，紫白如草根者次之，衔黑石者最奇，生乐平、鄱阳产铅之山，一名龙牙，一名龙须，是正生银，无毒为至药根本也。生银生石钟中，成片块，大小不定，状如硬锡。丹砂银，生五溪丹砂穴中，色理红光，黑铅银，得子母之气。此四种为真银。有水银银、草砂银、兽青银、石丝银、雄黄银、雌黄银、硫黄银、胆矾银、灵草银，皆以药制成者。丹阳银、铜银、铁银、白锡银，皆以药点化者，十三种皆假银也。外国四种，新罗银、波斯银、林邑银、云南银，并精好。

《本草集解》云：银与金生不同处，所在皆有，而以虢州者为胜。此外多铅秽为劣。高丽作帖者云：非银铆所出，然色青不如虢州者。又曰：生银出饶州、乐平诸坑，银铆中状如硬锡，文理粗错，自然者真。又曰：银在丱[2]中与铜相杂，土人采得以铅，再三煎炼乃成，故曰熟银[3]。其在金坑中所得，乃土石中渗漏成条，若丝发然。土人谓之老翁须，最为难得。方书用生银，必得此乃真也。

《集解》又云：按《南越志》，波斯国有天生药银，用为试药指环。入烧朱粉瓮不[4]，多年沉集有银，号杯铅银。光软与波斯相似，只是难得烧炼家[5]，每生铅一斤只得一二铢。《山海经》云：东北乐平郡堂少山，出银甚多。黔中生银体硬，不堪入药。

---

①《正统道藏》保存有两种《丹房镜源》，一为单行本，标题《丹方鉴源》，共三卷，题"紫阁山叟独孤滔撰"；一本收载于《铅汞甲庚至宝集成》卷4。研究证实，《铅汞甲庚至宝集成》收录的所谓《丹房镜源》实据《证类本草》引用之《丹房镜源》《青霞子》《宝藏论》等文字拼凑而成，单行本才是《丹房镜源》的原书，也是《证类》引用本书的出处。

②"丱"即"矿"。

③ 此处疑漏二句："生银则生银矿中，状如硬锡。"参见：李时珍．本草纲目 金陵本 新校注 上[M]．王庆国，主校．北京：中国中医药出版社，2013：270．

④ 应为"下"。

⑤"家"疑为衍字。

奇器五

《幽明录》云：海中有金台，台内有金几。

《拾遗名山记》云：方丈之山有池，方百里，水浅可涉。泥色若金而味辛。以泥为器，可作丹，百炼可为金。金色青，照见鬼魅，犹石镜，魑魅不能藏形也

《酉阳杂俎》云：俱振提国尚鬼神。城北隔真珠江二十里有神厨。春秋之时，国王所须什物、金银器[①]，神厨中自然而出，用[②]毕亦灭。天后[③]使人验之不妄。

《西京杂记》云：戚夫人有百炼金彄环[④]，照见指骨。高帝恶之，以赐侍儿鸣玉耀光等。

《纂异记》云：有人得青石，大如砖背，有鼻穿铁索，长数丈循环，无相断处。海商见之，以数十千易之。云此协金石，垂于海中，经久引出，上必有金。

禹登宛委山得五金，简青玉为字，编以白银。《吴越春秋》

《后汉[⑤]皇后纪》：有蜀汉钔器[⑥]并不复调。注云：钔音口，以金银缘器也。

表瑞六

王者不藏金玉，则黄金见深山。君乘金而王，其政平，则黄金见深山。

---

① 此句与《酉阳杂俎》有异。《酉阳杂俎》载：春秋祠之。时国王所须什物金银器。

② 原文为“祠”，祭祀之意。

③ 即武则天。

④ 指环。

⑤ 应为后汉书，漏“书”字。

⑥ 钔器：加上铜、铜、银或铜边上鎏金涂银的漆器，也有纯以金镶边的。

王者宴不及醉，刑罚中人不为非，则银瓮[①]出。

少昊[②]时，金鸣于山，银涌于地。

汉武太始二年，诏曰：朕郊见上帝，西登陇首，获白麟以馈宗庙。渥洼水出天马[③]，泰山见黄金，宜黄金铸麟趾，裒蹏以协祥焉。

晋永和《起居注》云：庐江太守路永表言，于谷城北，见水岸边紫赤光，得金一枚，文如印齿。

蜻蛉县山有碧鸡金马，光影倏忽，民多见之。汉宣帝遣王褒祭之，欲致金马。

《北史循良传》曰：辛公义为并州刺史，山出黄银，获之以献，诏水部郎。娄则就公义祷焉，乃闻空中有金石丝竹之响。

国费七

汉世人主之赐金，迥绝后代[④]。如高祖之赐张良、田尝家令皆五百斤，良医五十斤。昔文帝之赐太尉勃、丞相平、将军婴、朱虚襄平侯等，武帝之赐大将军、骠骑将军，宣帝之赐大将军光及广陵王诸侯王及列侯，在国者又赐尹翁归、朱邑之子及黄霸等，昭帝之赐广陵王，凡金皆

① 银质盛酒器。古代传说常以为祥瑞之物。政治清平，则银瓮出。唐杜甫《洗兵马》："寸地尺天皆入贡，奇祥异瑞争来送。不知何国致白环，复道诸山得银瓮。"明刘基《君子有所思》："扈从金宫归，赐酒银瓮盈。"

② 少昊是汉族神话中的五方天帝之一（按照周礼，各个诸侯国都会祭祀五方天帝），为五方天帝中的西方天帝。

③ 应为"渥洼池"，位于敦煌市南湖乡东南黄水坝水库一带，由众多泉水汇成，碧波荡漾，别具佳色。又名寿昌海，据敦煌遗书记载，汉武帝时有一名叫暴利长的囚徒屯田敦煌时，设计捕捉到一匹野马，献与汉武帝，汉武帝见其马体态魁伟，骨胳非凡，以为是他最尊崇的太乙神赐给他的宝马，起名为太乙天马，并作太乙之歌。从此，渥洼池同"天马"一举驰名。

④ 汉代的货币制度是以铜钱为下币，以黄金为上币的。据史料记载，在西汉时期黄金作为流通和支付手段盛行于上流社会，因此流通中的黄金数量巨大，据《汉书》记载，西汉仅皇帝赐金就多达90万斤。但是到了东汉以后，社会上流通的黄金数量骤然减少。也就是说，大量的黄金在短短的时期内突然退出流通，神秘消失了。这个未解之谜一直困惑着后来的人们，也引出了关于这些黄金去向的种种猜测。

百千万斤计（详见奢汰部）。他如东方朔谏引董君设饮宣室，常赐黄金三十斤。谏止，借盩厔[1]鄠杜田为苑，赐黄金百斤。馆陶公主使董偃以黄金百斤为袁淑寿，吴国悬赏斩大将者与金五千斤，次赏有差。元帝以赵充国、史高、薛广德乞骸骨[2]，各赐黄金六十斤。杨雄谏毋拒匈奴入朝，成帝赐金十斤。传喜忤傅太后，以光禄大夫告病，哀帝赐黄金百斤。疏广受乞骸骨，宣帝赐黄金二十斤，太子赠五十斤。夏侯胜受诏，撰《论语说》，赐黄金百斤[3]。龚遂出守渤海。召对称旨，加赐黄金赠遣之。杜延年守北地，郡中清净。使谒者赐玺书黄金二十斤。他散见纪传者，尚难悉举。赏赉如此，则知天府所藏尤多也。今之赏有功而用于军者不过白金数十，数百用者至数万十万告乏矣。即如朱宁刘瑾所抄没，不过十数万，未闻金以千万斤计者。凿山披沙无虚日，金何往哉？颇疑宝货神变不测，复归山泽耶！

宋太宗问杜镐曰：西汉赐予悉用黄金，近代为难得之货，何也？对曰：西汉多金，由彼时佛事未兴，金价甚贱也。镐此说于事理固未尽。郎仁宝曰：意汉时，惟宗庙朝廷簠簋车辂，少加饰焉，庶民无敢用者。今朝廷宫室器皿服玩，无一不用，而庶民亦渐拟之。又至二教神佛像牌、供具镀裹，所费无量。此既有说矣！至于珠一也，项羽遗张良二斗，孙权遗宗预一斛，张方劫帝西迁，辇真珠百余斛。今内库有是耶？虽宋元以来，未之尝闻。此则非如金，有上下之耗也。天下且广，珠金益稀，是不可理诘耳。

谢肇淛[4]曰：黄金一种，古多今少。不但间楚之金，汉高用陈平言，

---

① 盩厔：县名，在陕西省。今作周至。

② “前43年9月，郧霜杀稼，天下大饥。薛广德等俱以灾异乞骸骨，赐安车、驷马、黄金……广德归，悬其安车，以传示子孙为荣。”乞骸骨：自请退职，意为请求使骸骨归葬故乡，回老家安度晚年。

③《汉书》：受诏撰《尚书》《论语说》，赐黄金百斤。年九十卒官，赐冢茔，葬平陵。太后赐钱二百万，为胜素服五日，以报师傅之恩，儒者以为荣。

④ 谢肇淛，福建长乐人。明隆庆元年(1567)生于浙江钱塘，卒于天启四年(1624)。著名诗人，曾官至广西右布政使。其所撰《五杂俎》，十六卷，多记风物掌故，流传至今。

出黄金四万斤。间楚君臣不问乎出入。与梁库梁孝王卒，库中黄金尚四十余万斤。莽省王莽死，省中黄金六十万斤。董坞坞金三万斤，银九万斤。及诸赐金已也。如韩嫣之金，弹刘世之金，蛇亦寻常用之王莽时天下旱蝗，黄金一斤易粟一斗此亦金多之验。又考汉制，天子每聘后辄用黄金二万斤。今大内岂能办此？所以然者，世间摩费澌灭，惟金最多，而四夷之外去而不返者不与焉。衣服之销金、缕金，器玩之镀金、镏金、钩金、砑金、笺扇之泥金、洒金、贴金、神佛之铺金、经典之乳金、轴文之贴金、天下之广，一日殆以万计，皆糜灭至尽。间有销镕千万中一二耳！生之有限，安能副无穷之用哉？余考唐六典有十四种：曰销金、曰拍金、曰镀金、曰织金、曰砑金、曰披金、曰泥金、曰镂金、曰捻金、曰戗金、曰圈金、曰贴金、曰嵌金、曰裹金。杨用修谓古有细金，尚不在其中。至宋大中祥符八年，又诏应销金、镂金[1]、贴金、间金、戭[2]音尹金、圈金、解金、剔金、捻金、陷金、明金、泥金、榜金、背金、影金、阑金、盘金、织金。金线皆不许造，中官以下衣服，并不得为饰，凡十九种。吁工匠日巧，名色愈繁，服玩寖侈，金之销耗无穷。唐宋迄今，由来渐矣，安得今日再如宋诏一申明之乎？

【按】镂金疑即镀金，又有镶金俗作厢。不知于唐十四种。宋十九种，作何金也？[3]

凡律度量衡用铜者，所以同天下，齐风俗也。铜为物至精，不为燥

---

① 镂刻金箔以为装饰。或直接贴用，以应节令，如唐代李商隐《人日即事》诗："镂金作胜传荆俗，剪彩为人起晋风。"或将金箔花样烧在瓷器上、嵌在漆器中。

② 戭：用以刺击的长枪。

③ 1973年，史树青在《文物》第6期上发表《我国古代的金错工艺》。作者认为，今天所见到的古代青铜器中，有一种金错铜器。所谓金错，或称错金，就是在铸造的铜器上用金丝或金片镶嵌成各种华丽秀美的纹饰或文字，然后用错石（应作厝石）在器表磨错光平。这是春秋战国时期青铜工艺方面出现的新技术，其艺术特征是用隐嵌的技法形成金线图案或文字，改变以前铜器模铸纹饰的呆板和拘束，突破传统的图形表象对称格式，出现了许多故事题材的片断描写，有丰富、活泼的内容。

湿寒暑变节，不为风雨霜雪改形，类乎士君子之行，故也。《汉书》

唐元和中，天下岁采铜二十六万六千斤。宣宗时岁率采铜六十五万六千斤。《食货志》：宋朝铜坑冶，闽、蜀、湖广、江淮、浙路皆有之。祖宗时，天下岁产铜七百五万斤奇。渡江后，其数日减。《朝野杂纪》

唐穆宗时。户部尚书杨于陵云：开元中天下铸钱七十炉，岁八百万。今止十余炉，岁八十五万元。佑六年。东南岁铸钱二百七十五万，只梧州元丰监岁铸十五万，已当长庆时天下之数矣。《孔氏杂说》

夏彝仲曰：周汉用金犹今用钱，皆以完质计数授受，无剪凿亏折及镕并耗失。取诸山泽者，岁增行于人间者无损。故周汉黄金充溢，赐予以千百斤计，其值仅倍于白金，金一两值钱才六百。魏晋而降，耗金日甚，散于穿凿，消于薪火，摹画宫阙，涂饰神像，费至不赀，或殉含地下，或沉没于鼋鳄之宫，或缕而为衣，嵌而为器。若交易外夷，宋之岁币，国家之款市，奚啻千亿金，所以日亡而值日昂也。然而欲为采金之说，则又非也。金玉为山石之精，非若草木之旋芟旋长也。或暴发辄竭，或采取岁久，所得不偿所失。岁课不足，有司必责主者，取羸且凿矿之徒，皆亡命轻侠，聚而难散，致有甲兵之祸，无利而有害。若以金少为忧，而金非财也，特财之权耳。以金多为富，在一家则可，通天下而论则非也。金愈多，粟帛将愈贵，困乏将愈甚矣。故前世每当革易之始则财羸，及承平久转匮乏者，非乏金也。始则人少而谷食多，承平久生聚众，而谷不加多也，于金少何尤焉。

古迹八

齐晏子娶吴王女，筑城于吴兴，安吉州西北二十里。后耕者每得黄金，状如四角菱，中有齐字，名曰晏子金。故其地曰晏子城，乡名晏子乡。

《地里志》云：金城郡初筑城时，得黄金，故名金城。一云城在京师之西。金，西方之行也，故名。

金山寺在润州[1]金山上，唐有裴头陀，断手以建伽蓝。忽一日，江边获金数镒。表闻[2]，因赐名金山寺。

《南海古迹》记云：金芝岩在清远北。唐天宝间，望气者言，南海东南内有灵山，发金草。遣使得金芝二十四茎，铮然作金铁声。

制化九

《汉书》武帝纪：收银锡造白银。如淳曰：银锡白银者，杂银锡而为之也。方氏曰：铅一斤入石膏末一钱半搅，清亮，又八[3]轻粉一钱半，倾平地便成白镴。此《汉书》所谓银锡也。

《菩萨地持经》[4]曰：真金得迦斯药，着于火中转增净。

《华严经》曰：以一两阿罗娑药变千两铜，以为真金，药分无减。

《物理小识》曰：石硫荷叶黑银。而碎之以烧金，则金愈光。

《纪传补录》云：韩约为安南都获时，土产有玉龙膏。南人用之能化银液，耆旧相传。其膏不可赍往，犯之为祸。约不之信，及代还。遂载以归时，为执金吾。果首罹甘露之祸。

《拾遗记》云：元封年，浮折岁贡兰金之泥。此金出汤渊[5]。盛夏之时，水常沸涌，有若汤火，飞鸟不能过。国人行者，常见边有人[6]，冶此金为器，混若泥，如紫磨之色。百铸其色变白，有光如银，名曰银烛。

---

① 润州是镇江的古称，隋开皇十五年(595)置润州，此为润州行政建置取名之始。在此之前，润州一带还曾被称为朱方、谷阳、丹徒、京口等。

② 寻以表闻。意为将金进献皇帝之后，皇帝敕命返还此金，作修复庙宇之用。

③ 疑为“入”。

④ 又称《菩萨地经》《地持经》《菩萨戒经》《菩萨地持论》《地持论》。北凉昙无谶译。收于大正藏第三十册。地持经虽称“经”，但本应属“论”，传说系记录弥勒之说法而成；然汉译瑜伽师地论则视其为弥勒菩萨所作；本经详说大乘菩萨修行之方便，内容分初方便处、次法方便处、毕竟方便处三部分，凡二十七品。因收有大乘戒，故本经古来即倍受重视。

⑤ 产这种金的热水坑。

⑥ 疑漏“水”，原文为“常见水边有人”。

常以为泥封诸函匣，及诸宫门，鬼魅不敢干[①]。汉世上将出征及使绝国，多以泥为印封。帝崩后乃绝。

【按】此则泥金事，但可用于报捷。今槩用之登科，误矣。

《物理小识》云：有硃仝卤音。饶水者煎银块，投之则旋而为水，倾之盂中，随形而定，复取硃水归瓶。其取硃水法，以琉璃窑烧一长管。以炼砂取其气。汤道未云。又云真番卤能。《干汞》

方氏云：以银为鼎，置丹粟其中，煴养之则澌黑，其气相入，犹铅汞之相食也。丹砂中本虚，即浉体所含也。干之则宝气入其中矣。得老翁须则力倍。其取神火者，十铢能干十铢之浉。或取铅精配之宝。藏论谓金二十种，银十七种，自有其理，特世鲜传者耳。约其理，则五金八石，皆互相为用。铅以丹砂为子，汞以丹砂为母。金好汞而汞蚀之，银合砂而砂食之。铁近银，如赤铜炙石，流如铁。《抱朴》曰：武都雄黄伏火，可点铜为金，胆矾汞泥入大青为金，但轻耳。土宿真君曰：朱砂伏于铅而死于硫，硫恋于铅而伏于硃[②]，铁恋于磁而死于铅，雄恋于铅而死于五脂，最受伏于羊酮，而铁柔于猬脂。要皆制气于铅，传胎于汞，消于消石，剥于石盐。

陆游曰：刘均国草塞汞篋而成金[③]。又征泽潞时，镰取马草透成白金。临安僧法坚亦言，此殆所谓透山根乎？《庚辛玉册》[④]曰：透山根似

① 金色不仅是帝王的色彩，使天地神灵有合，象征着最高的权力，而且还具有辟邪的作用。《汉书》记为："使绝域者，皆受金泥封。"又所谓："以金为泥封函，鬼魅不敢干也。"金的这种符号语义，在漆器中表现得最为突出。明代黄成在《髹饰录》中日："日辉，即金。有泥、屑、麸、薄、片、线等。人君有和魑魅无犯。"

② "硃"同"硇"。硇沙，矿物，黄白色粉末或块状，味辛咸，是氯化铵的天然产物。

③《春渚纪闻》载：朝奉郎刘均国言：侍其父吏部公罢官成都，行李中水银一篋，偶过溪渡，篋塞遽脱，急求不获，即揽取渡傍丛草塞之而渡。至都久之，偶欲汞用，倾之不复出，而斤重如故也。破篋视之，尽成黄金矣。

④《庚辛玉册》是朱权(1378—1448)所著的一部有关炼丹术的著作。西方学者琼克尔(D. R.Jonker)认为这部书已经失佚。明代李时珍在《本草纲目》中多次引述此书。

蔓菁而紫含金气。

苏辙《龙川志略》[1]云：治平末，还蜀遇仙都道士。曰：精气内也，肢骸外也。谓养精气内丹乃成。惟外丹成，乃可点瓦砾，化皮骨，飞行无碍。然内丹未成，无以交之，则服外丹者死[2]。后见张公安道。曰：抱朴言，手握，如泥出指间者，药真成也。予为道仙都所闻。公笑曰：姑俟之。方氏曰：龙川，亦姑言之尔。杨楷、窦舜卿、范仲淹、胡宿皆遇异人，授化金方而不为者也，知其理而已。《物理》曰：生金有毒，中毒者鹧鸪肉解之。葛洪言：用豕负革肪苦酒，炼金百遍即柔。牡荆酒慈石消之为水。其实驴马脂皆能柔金，本草久服长生，妄也。塞窍留尸，与灌汞同。《抱朴子》曰：吴景帝戍将于广陵，掘一大冢，棺中人面如生，两耳及鼻孔中皆有黄金，如枣大许。此假物不朽之效也。

《淮南》曰：青澒五百年为白澒，此言连铅久而生汞也。硫砂杀之，胆矾结之，铅凝之，紫河车伏之，川椒茶叶收之，唾嚼枣亦敛之，灌尸如生。

潜老夫曰：凡铅铜中皆有银。从云贵来，赤铜有光，乃未取炼者也。石直十六两。赤铜从舶来广者，石不过九两，以取出也。赤铜一石可取白银四两，铅每斤可取银澒五分，有此二物，其铅乃可取霜。若为人取去此物者，则取霜不出负版，铁铅亦取不出。又云：以汞与胆矾炼，铁可成黄金。

《物理》曰：德化之水，可以煮铁为铜。毕万曰：白青胆矾化铁为铜。白青即大青也。

段柯古[3]曰：红洙炼丹砂为黄金，碎以染笔入石中，削去愈明。方氏

① 苏辙（1039—1112），苏轼之弟，与其父苏洵、其兄苏轼并称三苏。北宋时眉山（今四川省眉山县，位成都市西南）人，字子由，号颖滨遗老。

② 内外丹：炼精气神为内丹，炼五金八石为外丹。《送蹇道士归庐山诗》："绵绵不绝微风里，内外丹成一指禅"。陈师道注：道家以烹炼金丹为外丹；龙虎胎息，吐故纳新为内丹。也可指习炼精气神，均可称为内外丹。《指归集》阐述内丹说，即"气能存生，内丹也"。参见：吕光荣．中国气功辞典[M]．北京：人民卫生出版社，1988：100．

③ 段成式，字柯古，唐代文学家，临淄人。一生著述甚多，有《酉阳杂俎》20卷等。

曰：凡铘砂山见磊砢[①]小褐石，自有脉路，穴土十丈，或倍之。支洞寻苗，或黄碎石，或石缝乱丝，则铢砂近矣。形如煤炭，下迭石不甚黑，出土以斗量，高者六七两一斗，下者一二两，其铢砂放光。甚者精华泄漏，得银偏少，炉筑五尺，砂光淘洗。每铢砂二石用栗木炭二百斤，墙背鼓鞴，火力既合，铢镕成团，然银犹隐铅。中砂二石镕团约百斤。冷定，入分金虾蟆炉，铅沉下者，已类陀僧。柳枝燃照，铅气净尽，则生银也。倾无丝纹，或见圆星，滇号茶经。入铜少许，乃入槽成丝耳。楚雄所出，铜砂百斤，又坐铅二百斤于炉内，然后煽炼成团，其再入蟆炉，沉铅结银同也。炉底陀僧样者，别入炉炼又成扁担。铅杂银者，红铜与铅也。高炉坩锅炼之，洒硝而铜铅就锅底，曰银锈灰。池落者，曰炉底。二者填火土甑铅就低流，铜粘余银，以铁杖逼就。又曰：铜托体银中铅中，亦有不杂银铅者，炉须傍通高低二孔。铅先化，从上流铜，后化从下出炼托银者。银结于面，铜沉于下。日本方长板铜，漳人再炼取银，而倾饼转售是也。最下者，蒙山铜。又曰：铜矿如姜如鍮，有铜星入炉，傍溢者为自然铜，亦名石髓铅。铸钱则加倭铅[②]，若铅六铜四，则铸色黑，而堕即碎矣。倭铅非矿铅也，乃炉甘石泥礶火炼而成者，无铜收伏，入火即成烟飞去。

《茅君内传》云：取铅十斤安铁中，猛火烧之三沸，投九转[③]金华一铢于铅中，搅之立成黄金。

《抱朴子》曰：绮里丹法，用铅百斤煮以雄黄，皆成金。太刚以猪膏

① 磊砢：亦作“磊坷”“礧砢”。郦道元《水经注·淇水》：“巨石礧砢，交积隍涧。”

② 锌的古称。中国是世界上产锌最早的国家之一。从对出土文物的化学分析和史籍记录看，可能在北宋末年（12世纪初）即已使用金属锌。《天工开物》载：“凡倭铅古书本无之，乃近世所立名色。其质用炉甘石熬炼而成。繁产山西太行山一带，而荆、衡为次之。每炉甘石十斤，装载入一泥罐内，封裹泥固以渐砑干，勿使见火拆裂。然后逐层用煤炭饼垫盛，其底铺薪，发火煅红。罐中炉甘石熔化成团，冷定毁罐取出。每十耗去其二，即倭铅也。此物无铜收伏，入火即成烟飞去。以其似铅而性猛，故名之曰倭云。”

③《金华玉女说丹经》载，烹铅为砂，化砂为饼，以饼归炉，收铅为砂，砂复为饼，终始数九。九，阳也，是为九转。参见：邱进之. 中国历代名道[M]. 长春：吉林教育出版社，1997：377.

煮之，太柔以梅煮之。

《唐书》曰：武德中，方术人师市奴合金银并成。上异之，以示侍臣。封德彝进曰：汉代方士及刘安等皆学此术。惟苦黄白不成，用此金银为食器，可得不死也。

申屠生能化黄金，高骈客之，为吕用之所赞。奔湘汉见刘巨容，自言其术[①]。

陈允升取厚药涂纸，投火中皆成金，因足郡用。

黄尊师于茅山侧修起天尊殿，讲说教化，曰数十人。时讲筵初合，忽有一人排闼叫呼，貌麤[②]言陋，腰插驴鞭，如随商客骡仗者，骂道士不向深山学道，聚众作何物。黄尊师不测，下筵讲逊词，良久词色稍和[③]。曰：修一殿，却用几钱？曰：五千贯。曰：尽搬破釜及杂铁来，约八九百斤，掘地为炉，以火销之。探怀取葫芦，泻出两丸药，以物搅之。少顷去火，已成上银。曰：此合得万余贯，修观计用有余，黄生与其徒皆谢。问其所欲，笑出门去，不知所之。后十余年，黄生奉诏到京，忽于长街西见插骡鞭者，肩一幞子，随一骑驴老人行，全无茅山气色[④]。黄生欲趋揖，乃摇手，指乘驴者，复连叩头。黄生但磕礼而已，惜此老人逸其名。黄生不物色，而交臂失之，真俗道士耳，枉此奇遇也[⑤]。

《尚书故实》云：卢元公好道，重方士。有王谷者，得黄白术，变瓦

---

① 刘巨容，山南东道节度使。在襄阳的时候，申屠生教他烧药炼成黄金的方法。田令孜的弟弟经过襄阳的时候，刘巨容拿出黄金给他看。等到刘巨容客居成都，田令孜向他索求烧药成金的方法，刘巨容不给他，田令孜因此怨恨刘巨容，杀掉刘巨容，并且灭了他的全族。

② 同“粗”。

③ 译意：尊师猜不出他是什么人，就从讲席上下来向他说些恭顺的话，众人也都害怕他，不敢顶撞他。一会儿，那个人脸色言辞稍稍缓和。

④ 茅山仙法源于道教符箓派茅山法门，在民间称之为茅山仙法大教、茅山仙法、仙法、茅山法、仙教等。起源于二千多年前的江苏茅山，为西汉时茅盈、茅固、茅忠所创，茅氏三兄弟被道教尊为“三茅真君”，是茅山教的开山鼻祖。

⑤《太平广记》中，此篇传奇故事中有“讲则所获无多，但罢之”，是可见重钱财而轻教化之意。李世熊隐去这句话，可能无意宣扬这一观念。

砾泥土立成黄金。

张文定守蜀，重九药市，拂晨骤雨，随行医官张子阳避雨玉局观。须臾晴霁，树上白衣翁竚立顾视子阳。曰：有一事须尔通意主人。子阳唯唯。即出药二粒大如粟，使遗文定。子阳曰：常识伊否？翁姓何氏？翁曰：我姓葛，侍郎已两守蜀。我常见之。子阳曰：止此一来耳。翁曰：说与主人他日再来此相寻。子阳持药具白文定。文定以汞一两，置药一粒煅之。须臾有声，如远磬然，清越非常。谛听间，忽有圆光出盒内，焕耀满室，惊而取之，汞成黄金。文定乃饵其余药一粒，再访之，不复见矣①。

胡应麟曰：邬佐卿曾如甘露寺，遇一蜀僧，深于禅理。因数数往返，佐卿适有所负迫，窄无以应，忧见于色。僧问曰：君须几何而形困若此？邬曰：此方以内煎熬地狱，非十金不能免。此僧持几上煮茶铜铫，视之曰：此逾十金矣。便命索炭。邬异之，即为燃炭。僧出包中药七许，擦铫周遍，药尽着，火中烧，令通赤。急索酒淬之，寻以水洗则成银矣。邬遂得缓子钱之急。明日往谢，僧已行矣。

《神仙传》曰：尹轨，字公度。有遭母丧而穷者，公度省之，怆然曰：卿假求数十斤铅得否？孝子言：犹可得耳。乃具一百斤，公度将入前山中架小屋下，于炉中铅销以管中药，投拂铅中搅之，皆成好银，以与之，告曰：念卿贫困，故以相与，慎勿忘言。

《唐年补录》②云：太和中，崔元亮为湖州牧，尝有僧道闲善药术。崔曾求之。僧曰：此术不难求，但利于此者，必及阴谴③，可令君侯一见耳。乃命崔市汞一斤入瓦锅，纳以紫丸，盖以方瓦，叠炭埋锅，备而焰起。谓崔曰：只成银，无以取信。公宜处心想一物，则自成矣。食顷，

① 源于宋代王巩《闻见近录》。

② 一作《唐朝补遗录》。五代时后晋贾纬撰。六十五卷。宋祁为贾注所撰的《贾令公墓志》中言："(其)祖讳纬，博学善辞章，论议明锐，一时诸儒皆屈。唐自武宗后，史录亡散。君掇拾残余，为《唐年补录》数十万言，叙成败事甚悉，书显于时。"

③ 冥冥之中受到责罚。

僧夹锅于水盆中，笑曰：公想何物？崔曰：想我之形。僧取以示之，若范金[①]焉。眉目巾笏，悉具之矣[②]。

程明道先生尝憩一僧寺，夜闻察察有声，命火烛之，乃鼠于佛脐中衔一书欲出。先生取视之，乃丹书也，即手抄，而纳旧本佛腹。明日召塑工补其孔。先生后如其法炼。月余，人见其屋有光，以为火竞，趋扑之，非火也。遂不复炼，以将成之丹涂银器，所涂处即成金。或讽先生服之。先生曰：吾腹中安可着此一道士？拟传之，比至先生已易箦矣。

凡足色金参伪以售者，惟银可入。欲去存金，则将金作薄片，剪片以土泥裹涂之，入坩锅中，朋砂镕化，即银吸入土内，让金流出，还成足色。后复入铅少许，另入坩锅，勾出土中之银，亦毫厘具存也。凡金箔每金七厘造方寸金一千片，粘铺物面，可纵横三尺。粘物敝弃后后，刮削火化金，仍藏灰内，滴清油数点，伴落聚底，淘洗入炉，毫厘无恙。凡铜供世用，出山与出炉初货只红铜而已。以炉甘石或倭铅参和，转色为黄铜；以砒霜等药，制炼为白铜；矾硝等药制炼为青铜；广锡参和为响铜；倭铅和写[③]为铸铜。凡铜山夹土带石，穴凿数丈得之，仍有矿包其外，矿状如姜石，而有铜星，亦名铜璞。煎炼之，仍有铜流出，不似银矿为弃物也。凡铜砂在矿内，形状不一，或大或小，或光或暗，如鍮石，如姜铁。淘去土滓而炼之。其熏蒸旁溢者，为自然铜，亦曰石髓铅。凡铜质有数种。有全体皆铜，不夹铅银者；单炼而成。有与铅同体者，炉必旁通，高低二孔时，铅质先化，从上孔流出，铜质后化，从下孔流出。东夷铜又有托体银矿者，炼时银结于面，铜沉于下。商舶入中国，

---

① 用模式鲭造金厨器皿。《禮記·禮運》："后里有作，然后脩火之利，范金，合土。"鄭玄："铸作器用。"近世考古出土铸器之范金甚多。参见：钱玄，钱兴奇．三礼辞典[M]．南京：凤凰出版社，2014：583.

②《太平广记》中，后还有二句。"此则神仙之术，不可厚诬，但罕遇其流，有自言者，皆妄焉耳。"意为：这种神仙之术是存在的，但极难遇见。若自称有仙术，则不可信。李世熊常常只是转载通过神术获取金银的案例，对其不作评论，甚至删掉原文中的评论性字句，这也显示其对此否定的态度。

③ 即"泻"。

曰日本铜，方长板[①]。漳人炼取零铜，然后写成薄饼售之。凡红铜升黄色者，用自风煤炭此煤碎如粉，泥糊作饼，不用鼓风，通红则自昼达夜。江西则产袁郡，又新淦邑。百斤灼于炉内，泥礶载铜十斤，继入炉甘石六斤坐于炉内，自然镕化。后因炉甘烟洪飞损，改用倭铅。每红铜六斤，入倭铅四斤，先后入礶镕化，冷定即黄铜也。凡响铜，用出山广锡无铅气者入。铜内钲[②]、镯[③]之类，皆红铜八斤，入广锡二斤。铙钹，则铜锡更加精炼之。凡铸器，低者红铜，倭铅等分之，甚至铅六铜四，高者名三火黄铜，四火熟铜，则铜七而铅三也[④]。

凡倭铅古无之，近世所立名也。其质用炉甘石熬炼而成。繁产于山而[⑤]太行山一带，荆衡次之。每炉甘石十斤，装入泥礶泥封固，以渐砑[⑥]干，勿使见火折裂。然后逐层用煤炭饼垫盛，其底铺薪，发火锻红，礶中炉，甘镕化成团，冷定毁礶取出。每十耗二，即倭铅也。以铜收伏之，乃不成，烟飞去[⑦]。以其似铅而性猛，故名之曰倭[⑧]云。

凡铜坑所在有之。今中国供用者，西自四川、贵州为最盛，东南间自海船来。湖广武昌、江西广信皆饶铜穴，其衡瑞等郡出最下品，曰蒙山铜者。或入冶铸混入，不堪升炼成坚质也。

凡铅质有三种。一出银矿中，包孕白银。初炼和银成团，再炼脱银沉底，曰银矿铅，此铅云南为盛。一出铜矿中，入炉炼化，铅先出，铜后

---

① 《天工开物》中为“其形为方长板条”。

② 今名“锣”。

③ 今名“铜鼓”。

④ 到明朝时，人们从炉甘石中冶炼出来锌，从此黄铜的生产提高到新的水平。这里的倭铅就是指锌。“倭铅”最早见于飞露子在918年所著的《宝藏论》，从中可以推测，早在五代十国时期，我国已经开始冶炼锌。

⑤ 应为“山西”。

⑥ 碾压。

⑦ 原文为“此物无铜收伏，入火即成烟色去”。意为这种倭铅如果不和铜结合，一见火就会挥发成烟。参见：宋应星.天工开物[M].北京：中国画报出版社，2013：207.

⑧ 此言“倭铅”之“倭”乃猛烈的意思。

随，曰铜山铅，此铅贵州为盛。一出单生铅，穴山石挟灿灯，寻脉曲折，如采银铫，取出淘洗煎炼，名曰草节铅，此铅蜀中嘉利等州为盛。其余雅州出钓脚铅，生山涧沙中，形如皂荚子，又如蝌斗子。上饶、乐平出杂铜铅。剑州出阴平铅，难以枚举。凡银矿铅，炼铅成底，炼底复成铅。草节铅单炼之，炉傍通管，注入长土槽内，俗名扁担铅，亦曰出山铅，与频经炼于银炉者别也。凡铅物值虽贱，变化殊奇。白粉、黄丹皆其显像，操银底于精纯，勾锡成其柔软，皆铅力也。

圜法第二

历代名号[①] 刀布图附

【按】《唐艺文志》有梁顾炬《钱谱》[②]一卷(凡历代造立之原,大小轻重之度,皆有论序)、《封演续钱谱》一卷、隋志有《钱圜》一卷。《晁氏志》云:唐张台亦有《钱录》两卷。本朝绍圣间,李孝美以两人所撰《外错增广成》十卷,分八品(周秦后钱之品样悉具)。陶岳撰《货钱录》一卷,记五代诸侯擅改钱帛之由五篇。绍圣元年董逌撰《续钱谱》十卷。《宋国史志》云:张台《钱录》一卷(本朝金光袭《钱宝录》),于公甫《古今泉货图》一卷。崇文目云:杜镐《铸钱故事》一卷,咸平二年镐承诏撰录前代书史更《铸钱故事》,分五门。绍兴十九年,洪遵得古百有余品,旁考传记,下逮稗官所记,𢹂摭为《泉志》十五卷,凡九品[③],后迄马

① 原书中缺。但目录中有此题。

②《钱谱》集中体现了中国钱币学初创阶段的学术成果。顾炬,字信威,南朝萧梁吴郡(今江苏苏州)人,生于五世纪末,先后担任临贺王正德记室兼吴郡五官掾、建安令等职,赠侯爵。

③ 著者为宋朝洪遵(1120—1174)。书成于南宋宋高宗十九年(1149)。收录五代以前中外历代各种钱币三百余种,分为正用品、伪品、不知年代品、天品、刀布品、外国品、奇品、神品、厌胜品等九类。汪圣铎先生曾对该书进行注释、翻译,并分卷进行评析。参见:洪遵.泉志[M].济南:山东画报出版社,2013.

端临《钱币考》止矣。已上书不尽传，陶九成《说郛》[1]所载，仅董逌谱、洪遵志二卷。说郛割裂非全书。而董谱尤错乱纰缪，不成文理。熊[2]人地僻陋，无从搜讨藏书，总为条贯，姑仍谱之年例，而援据已所知之事，文诠次之，以俟博雅君子补订焉，荒漏非所计也。李世熊识。

《通典》曰：自太昊以来则有钱矣。太昊高阳氏谓之金，有熊高辛氏谓之货，陶唐氏谓之钱，商周谓之布，齐莒谓之刀。又曰：教与俗改币与世易，夏后以元贝，周人以紫石，后世或金钱刀布。《初学记》[3]曰：黄帝采首山铜，始制为刀，谓之泉者。言其形金者，言其质刀者，言其器货布者，言其用古文钱字作泉者，其形如泉文，一变而为刀器，再变而为圜法。太公为周作九府圜法[4]。师古曰：太府、玉府、内府、外府、泉府、天府、职内、职金、职币曰九府[5]。李奇曰：圜即钱也。师古曰：圜谓面通之也。唐崔沔议曰，太公之创九府将以殷贫人。贾生之陈七

①《说郛》是元末明初的学者陶宗仪所编纂，书名取扬子语“天地万物郭也，五经众说郛也”。《说郛》的意思就是五经众说。《说郛》共一百卷，条目有数万，汇集着秦汉至宋元时期的名家作品。

② 指李世熊本人。

③《初学记》，古代综合性类书。共30卷，分23部，唐代徐坚撰。本书取材于群经诸子、历代诗赋及唐初诸家作品，保存了很多古代典籍的零篇单句。此书的编撰原为唐玄宗诸子作文时检查事类之用，故名《初学记》。

④ 据《汉书·食货志下》所载，由太府、王府、内府、外府、泉府、天府、职内、职金、职币九个官府分掌财币管理。周代的九府，收纳各地的贡物，支拨各项需用，需要有一种便于作为通用支付的价值尺度。太公望采取了金、帛两种本位，规定“金”（实际为铜）每块一寸见方，重一斤；以这种统一规格的金作为币材，铸成外圆中方的钱币，并且以铢作为单位，以定轻重价值；帛则以二尺二寸宽为一幅，四丈长为一匹，作为价值尺寸的单位。各种财货以金最为稀贵，铸成的刀币用处最广，可以像泉水一样周流不息。布是民间都需要之物，用作交换的中介，可以通行各地，并可用帛把它卷束一起，便于支付。“九府圜法”反映了我国奴隶主国家建立后，为适应当时财政支付和市场交换的需要而创立的一种货币制度。“九府圜法”可以视为我国国家财政中运用货币为权衡的一个起始。

⑤ 九府中，专掌钱布者，为外府、泉府两官。“外府，掌邦布之入出，以供百物而待邦之用。”“泉府，掌市之征布，敛市之不售，货之滞于民用者。”

福[①]，规于更汉令。黄金方寸而重一斤，钱圜函方[②]，轻重以铢，布帛广二尺二寸为幅，长四丈为匹，以为贸易之制[③]。

自圜法流通于世，民实便之，故泉与刀并废后，人不晓其谓也。观古钱，其形即篆泉文也。后世代以钱字，故泉之文借为泉水之泉，其实泉于篆文下体，不从水也。先儒不知本末，谓流于泉布，于布宝，于金利，于刀，此皆沿凿之义也。钱以权天下之利而便于民，古人与金银龟贝相参为币，惟管仲之论详焉。《管子》曰：汤七年旱，禹五年水，汤以庄山之金，禹以历山之金，并铸币而赎民之无檀卖子者。又曰：珠玉为上币。楚语王孙圉与赵简子曰：玉足以庇嘉谷，使无水旱之灾，则宝之；

① 指的是贾谊的禁铜主张。他认为禁铜，七福可致。《汉书》卷二四下《食货志下》：故铜布于天下，其为祸博矣。今博祸可除，而七福可致也。何谓七福？上收铜勿令布，则民不铸钱，黥罪不积，一矣。伪钱不蕃，民不相疑，二矣。采铜铸作者反于耕田，三矣。铜毕归于上，上挟铜积以御轻重，钱轻则以术敛之，重则以术散之，货物必平，四矣。以作兵器，以假贵臣，多少有制，用别贵贱，五矣。以临万货，以调盈虚，以收奇羡，则官富实而末民困，六矣。制吾弃财，以与匈奴逐争其民，则敌必怀，七矣。故善为天下者，因祸而为福，转败而为功。今久退七福而行博祸，臣诚伤之。这七福中，前面三福是针对自由铸钱的弊病。第四福是国家通过敛散货币可以调节物价。第六福指国家可以用货币作为资本来经商取利，并抵制商人。他强调垄断铸币权是统治者的利益所在。

② “钱圜函方”，就是中间有一方孔的圆钱，也即后人称之“孔方兄”。

③ 到了周朝，就逐渐以金银、铜钱和布帛作为货币使用，当布作为货币使用时，布的门幅应该为二尺二寸，长度为四丈。由于纺织品的布在相当长的一段时间里充当货币使用，于是“布”也成了钱的代词，钱也叫做“布”。但也有镈形币。镈是古代一种耨草工具，形似铲，但刀口两侧呈三角形而尖，“镈”与“布”谐音，于是一种仿镈而铸的青铜货币就称之“镈”，更多地被叫做“布”“布币”。最初的布币，保留着其作为工具的模样，留有装柄的的銎，原始而厚重，后来逐渐减轻，变薄，变小，币身完全成为片状，便于铸造和携带。早年的金属农具为数不多，从金属冶炼到农具制作，凝结了较多的劳动，因而具有较高的价值，同时具有一定的使用价值，能够在社会成员中相互让渡，较之牲畜、谷物，便于携带和保存，于是，它从普通交换物品中分离出来，成为充当一般等价物的特殊商品，然后逐步演变，成为形制稳定的金属铸币。以往人们认为布币由镈演变而来，布镈同音，可以通假。因而，布可以指金属钱币，也可以指以纺织品的货币形态。有学者认为，“抱布贸丝”是不是拿着布币到市场买丝。《诗经》使用“抱”，一般双手拿较大的东西才能讲作“抱”，所以“抱布”应该是“抱着一捆布”，而不会是“抱着一袋钱”。参见：薛理勇.钱事今说[M].上海：上海文化出版社，2014：19.

珠足以御火，则宝之。服氏曰：珠水精足以御火，玉火精食之，以御水。故古人以为上币也。黄金为中刀币，布为下币。又曰：请散栈台之钱，散诸城阳鹿台之布，散诸济阴。太史公曰：虞夏之币，金为三品，或黄，或白，或赤，或钱，或布。或刀，或龟贝。然则币者，金玉齿革，刀布之杂名也。惟太玄曰：古者宝龟而货贝[①]。孔疏周礼因之曰：所以交易者，惟贝而已。后世君子易之以金币。【按】神农之世，日中为市，致民聚货交易而退。黄帝已下通其变，使民不倦。谓器用有不便于时，则变更通利之。古之为市以有易无，岂但贝哉？孔说谬也。周景王时，患钱轻将更铸大钱。单穆公曰：不可。古者人降灾戾，于是乎量资币，权轻重以救民，民患轻则为之作重币以行之。于是乎有母权子而行，民皆得焉。若不堪重，则多作轻而行之，亦不废重。于是乎有子权母而行小人利之。《国语》注曰：母重也，子轻也。患币轻而物贵，则为重币，以平之权则，而行以废其轻。故曰母权子患币里，则多作轻钱行之，亦不废去重者。故曰：子权母以重者，贸贵以轻者，贸贱钱有大小，而民皆得以为利也。

今王废轻作而重，民失其资，能无匮乎？王弗听，卒铸大钱，钱径一寸二分，重十二铢文，曰大泉五十。《国语》注云：韦昭曰：或云文曰宝货，皆非事实。肉好皆有周郭。体为肉孔为好。以劝农赡不足，百姓蒙其利。管仲相威公，与民通轻重，令左司伯公将白徒铸钱于庄山，令中大夫载钱二十万，求生鹿于楚见《管子·轻重戊》。孙叔敖相楚时，庄王以为币轻，更以小为大，百姓不便，皆去其业。市令言于叔。后五日，朝，叔言之王，请复如故。王许之，下令三日，而市复如故[②]。《史记》

① 钱之为币，兴自上古，太公为周立九府圜法，钱圜函方。《汉书·食货志》注：孟康曰：外圜而孔内方也。轻重以铢。历代遵用，各随时而轻重无常。周制以商通货，以贾易物，必用币以为之衡也。然币不止于钱，《史记·平准书》曰：“农、工、商交易之路通，而龟贝、金钱、刀布之币兴。虞夏之币，金为三品，或黄、或白、或赤、或钱、或布、或刀、或龟贝。”《太玄经》曰：“古者，宝龟而货贝，后世君子易之以金币。”考之诸史，自汉以来，钱币之用甚溥，而他币多废不行。

② 庄王违背经济规律，更改货币大小，导致商人罢市，商业发展受到阻碍，迫使庄王立即调整政策。参见：赵德馨．楚国的货币[M]．武汉：湖北教育出版社，1996：386.

云：楚王赦常封三钱之府注金币三等也。史又云：秦惠王二年，初行钱，此列国铸钱之验也。秦并天下币为二等黄金，以溢为名上币。宁康日二十两为溢，改周一斤之制，以溢为金之名。数上币者，二等之中，黄金为上，而钱为下也。铜钱质如周钱，文曰半两，重如其文，为下币。而珠玉、龟贝、银锡之属为器饰，宝藏不为币。然各随时而轻重无常。二世之亡，项梁铸大钱。汉兴以为秦钱重难用，更令民铸。

荚钱(如榆荚也)。《通典》云：文曰汉兴。伏无忌日重三铢。《通志》云：重铢，半径五分。黄金一斤复周之制以斤名金。而不轨逐利之民，畜赢以稽市，物痛腾跃，米至石万钱，马至匹百金。高后二年乃复行。

八铢钱。六年六月行五分钱(即荚钱也)。孝文五年，为钱益多而轻，更铸。

四铢钱[1]。其文为半两，除盗铸钱令，便民放铸。贾谊谏之以为退七福行博祸，上不听。是时，吴以诸侯即山铸钱，富埒天子，邓通大夫也。以铸钱财过王者故，吴邓钱布天下，而铸钱之禁生焉。武帝建元二年，行三铢钱。五年罢三铢，行半两。时承文景之富，征伐巡幸，转运岁贡，巨万百亿，计不可胜数。于是，大农陈藏钱经耗，赋税既竭，县官大空，而富商贾或蹛[2]财役贫，[3]财或累万金，而不佐公家之急。天子乃与公卿议，更造钱币以赡用，而摧兼并浮淫之徒。是时禁苑有白鹿，而少府多银锡。自孝文更造四铢，至是岁四十余年。从建元以来用少，县官往往即多，铜山而铸钱，民亦盗铸，不可胜数，钱益多而轻，物益少而贵。有司言，古者皮币，诸侯以聘享金，有三等。黄金为上，白金为中，赤金为下赤金丹阳，铜也。今半两钱法重四铢，文为半两，实重四铢，而奸或盗磨钱质而取鋊[4]。钱一面，有文一面，幕为质。鋊，铜

① 公元前175年(前元五年)，汉文帝改铸“四铢半两”，简称”四铢钱”，又称汉半两。其直径为2.4~2.6厘米，重2.2~2.8克，钱穿孔比较小，无内外廓。四铢半两被沿用了40年。

② “蹛”通“滞”。

③《史记·平准书》中此处有：“转毂百数，废居居邑，封君低首仰给，冶铸煮盐。”

④ 铜屑。

屑也。音浴。摩钱漫面，取其屑更铸也。钱益轻薄而物贵，则远方用币，烦费不省，乃以白鹿皮方尺，缘以藻缋为皮币，直四十万。王侯宗室朝觐聘享，必以皮币荐璧，然后得行。又造银锡为白金。杂铸银锡，为白金也。以为天用莫如龙，地用莫如马，人用莫如龟，故白金三品，其一曰重八两，圜之，其文龙，名曰撰，直三千。二曰以重，差小方之，其文马，直五百。晋灼[①]曰：以牛斤之重差为三品，此重六两，则下品重四两也。三曰复小撱音妥之，其文龟，直三百撱圜而长也。令县官销半两更铸。

三铢钱。重如其文，盗铸诸金钱罪皆死，而吏民犯者不可胜数。封演曰：三铢又有别，共六样，皆篆文。有司言，三铢钱轻，轻钱易作奸诈，乃更请郡国铸。

五铢钱。周郭其质，令不可得摩取铅。【按】秦八铢太重，汉榆荚太轻。惟五铢轻重得宜。自造白金五铢钱后五岁，而赦吏民之坐盗铸金钱死者，数十万人，其不发觉相杀者，不可胜计。赦自出者百余万天[人][②]，然不能半自出，天下大氐[③]无虑皆铸金钱矣。民多奸铸，钱多轻。而公卿请令京师铸官。

赤仄。《史记》作赤侧。所谓子绀钱也，以赤铜为其郭。今钱郭见有赤者。一当五，赋官用非赤仄[④]不得行。白金稍贱，民弗宝用，县官

---

① 晋灼，河南人。著有《汉书音义》。

② 比对《汉书·食货志》，此处应为“赦自出者百余万人”。

③ 大氐：大抵，大概。

④ 赤仄五铢也是汉武帝铸行的一种五铢钱。赤仄，有时也做“赤侧”。也叫“紫绀钱”“子绀钱”。原因如下：一、认为是以赤铜为郭。二、因为有人磨铜屑另铸新钱，所以赤仄五铢铸时，才加周郭，有人再磨，郭的颜色比肉新，呈赤色，并非又加赤铜为郭。三、赤仄五铢钱一边厚，一边薄。近“五”字薄，近“朱”字厚。用三枚钱叠放在一起，斜侧成马蹄状。《说文》“仄”作侧倾解。四、“仄”字是侧面，不是郭。侧面用咸卤浸泡，就成赤色。如去磨它，赤色掉了，就会发现有人盗铜。五、赤侧的“赤”字，是动词，当判平解释。赤侧就是把外部判平。也有人说，赤即磨光，仄即侧部，也就是磨光边郭的流铜和毛刺。又叫紫绀钱，大概是和钱的颜色有关。参见：苏晔，文奇，孙竞.古钱答问[M].北京：北京燕山出版社，2009：48.

以令禁之无益，岁余终废不行。其后二岁，赤仄钱贱，民巧法，用之不便又废。于是悉禁郡国母铸钱，专令上林三官[①]铸。钱既多，而令天下非三官钱不得行。诸郡国前所铸钱皆废销之，输入其铜三官，而民之铸钱益少，计其费不能相当，唯真工大奸乃盗为之。宣帝时，贡禹言，铸钱采铜，一岁十万人不耕，民坐盗铸陷刑者多。富人藏钱满室，犹无厌足。民心摇动，弃本逐末，耕者不能半，奸邪不可禁，原起于钱。疾其末者绝其本，宜罢采珠玉、金银，铸钱之官，母[②]复以为币。除其贩卖租珠之律，租税禄赐悉以布帛及谷，使百姓壹意农桑。议者以为交易待钱，布帛不可尺寸分裂，禹议亦寝。自孝武元狩五年，三官初铸五铢钱。至平帝元始中，成钱二百八十亿万余。云王莽居摄变汉制，以周钱有子母相权[③]，于是更造。

大钱，径寸二分，重十二铢，文曰大钱五十。又造契刀、错刀。

契刀，其环如大钱，身形如刀，长二寸，文曰契刀五百。

错刀，以黄金错其文，曰一刀，直五千，与五铢钱，凡四品并行。又作刚卯钱。服虔曰：以正月卯日作佩之，长三寸，广一寸，四方或用玉，或用金，或用桃，着革带佩之。今有玉在者，铭其一面，曰正月刚卯[④]金

① 晋代尚《史记·平准书》云："有司言三铢钱轻，易奸诈，乃更请诸郡国铸五铢钱，周郭其下，令不可磨取鋊焉。"停铸三铢钱，始铸郡国五铢钱的年代，从《史记·平准书》的文字推定，应该在汉武帝元狩五年（前118）。因为三铢钱存在问题，所以请郡国铸造五铢钱，并规制有郭，以防磨鋊取屑。参见：钱剑夫．秦汉货币史稿[M].武汉：湖北人民出版社，1986：47；萧清．中国古代货币史．北京：人民出版社，1984：113；叶世昌．中国金融通史 第1卷 先秦至清鸦片战争时期[M].北京：中国金融出版社，2002：52.

② 应为"毋"。

③ 此处系中国古代关于货币流通的理论。一般认为，这一理论是由春秋末期的单旗提出的。单旗即单穆公，是春秋时期周景王的卿士。货币流通，是以铜钱、铁钱为母，纸币为子，子母相权而流通，也就是纸币与它所代表的铜铁钱并行流通，且能相互兑换。后来，白银以货币的形式大量出现。其与铜钱、铁钱并行流通。这样，子母相权论就成了中国货币史上流传最久的货币理论之一。

④ 刚卯：汉代人用以辟邪之饰物，以金、玉、桃木为材料，于正月卯日制成，上边刻有辟邪文字。

刀。王莽即真以刘[①]之为字卯、金、刀也。正月刚卯，金刀之利，皆不得行。其去刚卯，莫以为佩，除刀钱，勿以为利，承顺天心，乃罢。错刀、契刀及五铢钱而更作。

金银龟贝钱布之品名，曰宝货。

小钱，径六分，重一铢，文曰小钱直一。次七分，三铢，曰么钱一十（么，小也。音一尧反）。次八分，五铢，曰幼钱二十。次九分，七铢，曰中钱三十。次一寸，九铢，曰壮钱四十。因前大钱五十，是为钱货六品，直各如其文。黄金重一斤，直钱万朱提银[②]。重八两为一流，直一千五百八十。它银一流直千，是为银货二品。

大布、次布、茅布、壮布、中布、差布、厚布、幼布、么布、小布。

小布长寸五分，重十五铢，文曰小布一百。自小布以上各相长一分，相重一铢，文各为其布名。直各一百上至大布，长二寸四分，重一两，而直千钱矣。是为布货十品布亦钱耳。谓之布者，言其分布流行也，他龟宝四品，贝货五品，凡宝货五物、六名、二十八品，铸作钱布，皆用铜，殽以链锡，文质周郭，效汉五铢钱云。是时，百姓便安汉五铢钱，以莽钱大小两行难知，又数变改，不信，皆以五铢钱布买，讹言大钱当罢，莫肯挟。莽患之，下诏，敢非井田、挟五铢钱者，为惑众投诸四裔，于是食货俱废，民涕泣于市道。莽知民愁，乃但行小钱直一，与大钱五十，二品并行，龟贝布属俱寝。天凤五年，复申下金银贝布、龟贝之货，

① 刘的繁体字中有金、刀。为消除刘汉影响，钱币不再使金、刀字样。《汉书·王莽传》："博谋卿士，佥日天人同应，昭然著明。其去刚卯莫以为佩，除刀钱勿以为利，承顺天心，快百姓意。"乃更做小钱，径六分，重一铢，文曰"小钱直一"，与前"大钱五十"者为二品，并行。欲防民盗铸，乃禁不得挟铜炭。"《汉书·食货志》则云：莽即真，以为书"劉"字有金刀，乃罢错刀、契刀及五铢钱，而更作金、银、龟、贝、钱、布之品，名曰"宝货"。

② 汉代的一种白银。因出产于朱提（治今云南省昭通市）境内朱提山（今乐马厂山），故名。后世，常以朱提为银的代称。《汉书·地理志》犍为郡"朱提，山出银"，《续汉书·郡国志》犍为属国"朱提，山出银铜"，《华阳国志·南中志》朱提郡"堂螂县，因山名也，出银、铅、白铜"。颜师古注："朱提，县名，属犍为，出善银。"前汉朱提盛产银，蜀汉时已衰。参见：方国瑜．云南民族史讲义[M]．昆明：云南人民出版社，2013：196.

颇增减其价直，而罢大小钱，改作货布，长二寸五分，广一寸，有长八分有奇，广八分，其圆好。径二分半，足枝长八分，间广二分，其文右曰货、左曰布，重二十五，钱直货泉二十五。

货泉，径一寸，重五铢，文右曰货、左曰泉，枚直一，与货布二品并行。又以大钱行久罢之，恐民挟不出，乃令民且独行大钱，与新货泉俱枚直一。并行尽六年，毋得复挟大钱矣。每易一钱，民用破业而大陷刑。民犯铸钱，伍人相坐，没入官为奴婢。其男子槛车，儿女子步，以铁锁琅当其颈。传诣钟官，主铸钱之官也。以十万数。到者易其夫妇，愁苦死者十六七。或以为货泉者，谶也。光武起，春陵泉乡文成白水真人，是其验也。时公孙述据蜀，废铜钱，置铁钱，百姓货卖不行。蜀中童谣曰：黄牛白腹，五铢当复。民间窃言，王莽称黄述，自号白。五铢汉货也，言天下当还刘氏也。

古刀布

布刀

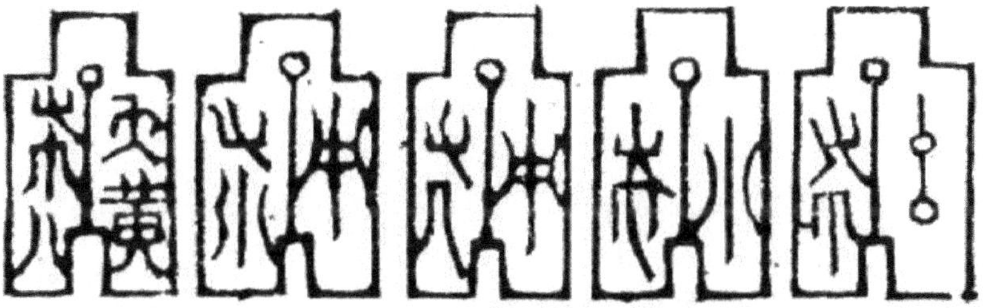

右十布钱[①]，王莽铸之。大布、次布、壮布、差布、厚布、幼布、么布、小布、小布[②]。大黄布，广五分，重十五铢[③]。【按】汉书有弟布，无大黄

① 王莽时十种布币的总称。铸于始建国二年(10)。即小布、幺布、幼布、厚(或序布)、差布、中布、壮布、弟布、次布、大布，合称布货十品。小布值钱百文。其他依次递增，长增一分，面值增大一百，至大布值钱千文。除大布外，其他流通不广。清李佐贤《续泉说》："莽十布、六泉，除大布，大、小泉外，俱不易得。余收十布，向缺三品，前岁寿卿赠以次、弟两品，仍缺壮布。"

② 原文连续出现二次"小布"，其中一处应为"中布"。此外，缺"第布"。下文中，李世熊称《汉书》中无"弟布"。实际上，《汉书》中作"第布"。"弟"和"第"是一对古今字。

③ "大黄布"，即大布。古称有"大黄布刀"和"大布黄千"。对于这两种说法，古籍与今人的研究，意见存有分歧。对于"黄"的理解，也有两种解释：一是通"衡"，意为相当；二是和王莽改制称黄帝有关。大布币冠以"黄"，"和后世钱币上印有或铸有标志性的领袖头像多少有些相似之处"。参见：赵平安.新出简帛与古文字古文献研究[M].北京：商务印书馆，2009:309-312.

布，此不知何据。

田布

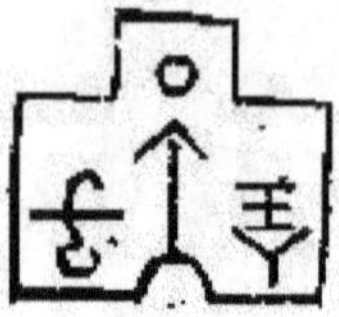

田布，钱长一寸，七分肩广，一寸足门，广六分。

契刀

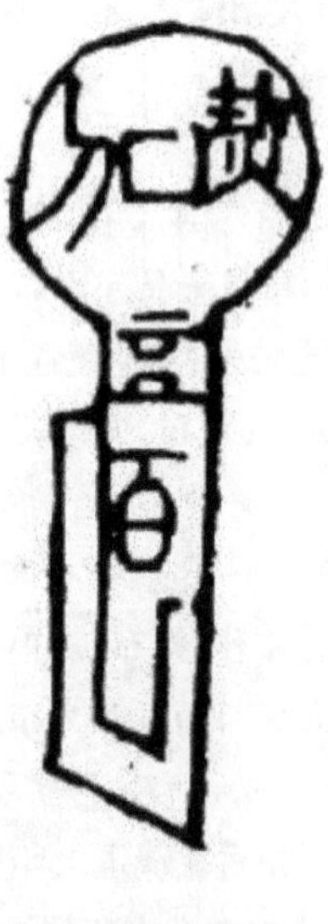

右古契刀，王莽造，环如钱，一刀五百。

错刀

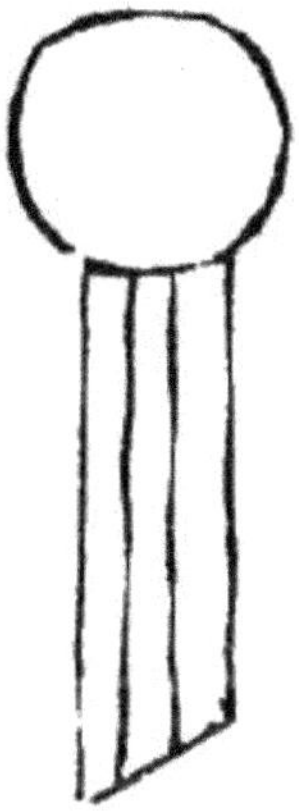

右错刀以黄金错其一刀,直五千。

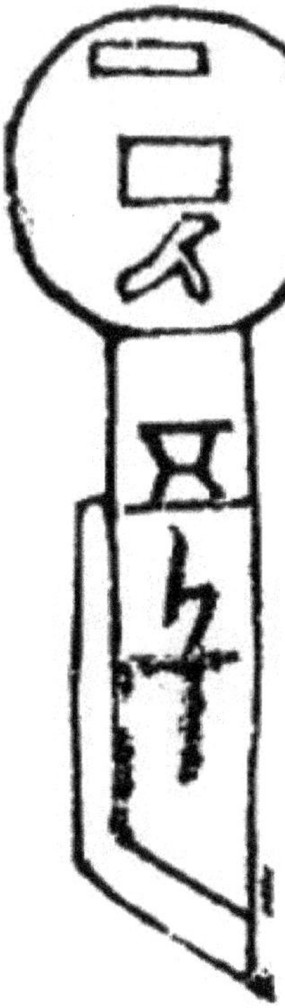

右大黄布刀,十三分,重七铢。

汉皮币

右皮币，汉武元狩四年造，以白鹿皮为之，存毛方尺，缘饰金文，绣以五采。凡朝觐聘享[1]必以皮币，荐璧得之，而后行用四千万。

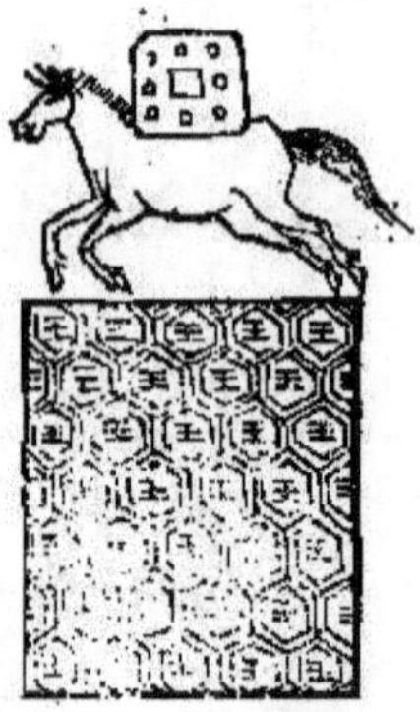

右白金三品。汉武元狩四年铸，银锡为之，以天用莫如龙，圆之以

① 聘问献纳：聘问必有宴享，故聘、享连文。《仪礼·聘礼》："受夫人之聘璋，享玄纁。"郑玄注："享，献也。既聘又享，所以厚恩惠也。"《左传·昭公三十年》："先王之制，诸侯之丧，士吊，大夫送葬；唯嘉好、聘享、三军之事于是乎使卿。"《管子·轻重戊》："天子幼弱，诸侯亢强，聘享不上。"《史记·平准书》："王侯宗室朝觐聘享，必以皮币荐璧，然后得行。"

象天。其文龙，重八两。用三千，地用莫如马，方之以象地，其文马。差小，重六两，用五百。人用莫如王，㯄音妥之以象人，其文重四两，用三百。

初，王莽乱后，货币杂用布帛金粟。至光武建武十六年，始行五铢钱。先是马援在陇西上书言，宜如旧铸五铢钱，三府以为未可许，事遂寝。援还从公府求得前，奏难十余条，随牒解释，更具表言。帝从之。天下赖其利，时长安铸钱多奸巧。京兆尹阎兴署主簿第五伦为督铸钱，掾领长安市，伦平铨衡，民悦服①。章帝时谷帛价贵，县官经用不足，朝廷忧之。尚书张林言：今非但谷贵也，百物皆贵，此钱贱故耳。宜令天下悉以布帛为租，市买皆用之，封钱勿出，如此则钱少，物皆贱矣。尚书朱晖非之。帝怒，遂用林言。少时复止。桓帝时有上书言，人以货轻钱薄，故致贫困，宜改铸大钱。刘陶②议上曰：当今之忧不在于货，在乎民饥。比年以来，良苗尽于蝗螟之口，杼轴空于公私之求，所急朝夕之餐，所患靡盐之事，岂谓钱货之厚薄，铢两之轻重哉？使当今砂砾化为南金，瓦石变为和玉③，使百姓渴所无饮，饥无所食。虽皇羲之纯德，唐虞之文明，犹不能以保萧墙之内也。盖民可百年无货，不可一朝有饥议者。不达农殖之本，多言铸冶之便，或欲因缘行诈以贾国

① 东汉初，因“长安铸钱多奸巧”，京兆尹阎兴以第五伦“为督铸钱掾，领长安市，伦平铨衡，正斗斛，市无阿枉，百姓悦服”。所有这些，都是为了统一物价以稳定市场而采取的措施。

② 刘陶作为汉宗室的一个远裔，徒顶虚名，最终因反对宦官专政而被处死。但在东汉经济思想史上，却争得一席之地。刘陶认为，当经济发展较快，单位货币购买量过大时，增铸适量货币是必要的。即便经济无甚发展，但国家处在特殊时期内，增铸货币以解一时之国需，也是无可指责的。然而桓帝时的物价大涨而特别是谷价大涨，主要是因为统治集团的肆意夺民，使生产力受到破坏所造成的，加之当时的蝗害漫延，粮食作物大量被毁，使人民无粮可食。在这种条件下还要加铸货币，除了加重人民的苦难，以解封建财政短时间的紧张，没有其他解释。刘陶反对铸钱，显然是为民请命。参见：王乃琮，张华，郑振华.先秦两汉经济思想史略[M].北京：海洋出版社，1991：313.

③ 和玉，即卞和之玉。典出《韩非子》卷四。春秋楚人卞和得璞玉，献之厉王，王以为诳，刖其左足；复献武王，又刖其右足；后献文王，王理璞，果得玉，名之曰和氏璧。后以“和玉”指卞和之玉。喻稀世之宝，亦喻不为世重的贤才。

利，国利将尽，取者争竞，造铸之端于是乎生。盖以万人铸之，一人夺之，犹不能给。况今一人铸之，则万人夺之乎？虽以阴阳为炭，万物为铜，役不食之民，使不饥之士，犹不能足无厌之求也。夫欲民殷阜，要在止役禁夺，则百姓不劳而足。当今地广而不得畊，民众而无所食，群小竟进，秉国之位，鹰扬天下，乌钞求饱，吞肌及骨，并噬[1]无厌。诚恐卒有役夫、穷匠起于版筑之间，投斤攘臂，登高远呼，使悉怨之民响应云合，八方分裂，中夏鱼溃，虽方尺之钱，何救其危？犹举函牛之鼎[2]，絓[3]纤枯之末。诗人所以睠然顾之，潸然出涕者也。帝竟不铸钱。

灵帝中平三年铸四出文钱，犹五铢，而有四道连边轮。一谓之角钱[4]。识者窃言侈虐已甚，形象兆见，此钱成，必四道而去[5]。及董卓焚宫殿，劫乘舆，西幸长安，钱果流布四山矣。献帝初平元年，董卓焚宫室劫驾，西幸长安，悉坏五铢钱。又铸小钱，大五分，悉取洛阳及长安铜人、钟簴、飞廉铜马之属以充铸焉。由是货贱物贵，谷石至数万钱，又无轮郭文章，不便行用。曹公为相，乃罢董卓。所铸还用五铢。是时，不铸钱既久，货本不多，又更无增益，故谷贱无已。

刘先主攻刘璋，与士众约，若事定，府库百物孤无预焉。及拔成都，士众皆舍干戈，赴诸藏竞取宝物，军用不足，先主忧之。刘巴曰：易尔，但当铸直百钱文。曰：值百平诸物价，令吏为官市。先主从之，数月之间，府库充实。

【按】谱有太平百钱一当百，文曰直百，亦有勒为五铢者。大小秤

---

① 噬：又作“释”。

② 函牛，受一牛之鼎也。

③ 絓：绊住。

④《后汉书·灵帝纪》：“［中平］三年春……复修玉堂殿，铸铜人四，黄钟四，及天禄、虾蟆、又铸四出文钱。”其钱形、钱文与东汉早期“五铢”相同，但在钱背内郭四角铸有四道连接外郭的斜纹，如四路而出，故称“四出五铢”。因其预兆不祥，被视为“三大凶钱”之一。参阅宋洪遵《泉志·四出文钱》和千家驹、郭彦岗《中国货币发展简史和表解·钱币》。

⑤ 语出《后汉书·宦者列传》。因其预兆不祥，被视为“三大凶钱”之一。

两如一焉。并径七分。重四铢。《董谱》曰:未详年代,疑即发货百钱也。

【又按】谱有传形五铢钱。封演曰:刘先主所铸也。轻重大小与五铢无别,但以五字为左,铢字在右,谓之传形。考蜀常铸五铢,但不言传形耳。

【又按】汉有厌胜钱[①]十三种,又有藕心钱,状如干盾,长且方而不圆盖,古刀布之变也。

【又按】宋陆友仁《研北杂志》云:先秦货布象文奇古,多铸地名。余在京师得数十品,曰屯留、曰安邑全货、曰平阳、曰高阳、曰安阳者甚多。其文有不可尽识者。以汉书地里志考之,屯留者上党。高阳在涿郡,安阳在河南,安邑平阳并在河东。

魏文帝黄初二年三月初,复五铢钱。十月,以谷贵罢五铢,使百姓以谷帛为市。明帝太和元年四月,行五铢钱。时钱废,谷用既久,人间巧伪渐多,竟湿谷以要利,作薄绢以为市。虽严刑不能禁,司马芝等议以为用钱,非徒丰国,亦所以省刑。今若更铸五铢钱,则国丰省刑,于事为便。帝乃更铸五铢钱。至晋用之,不闻有所改。

吴大帝嘉平五年春,铸大泉五百,一当五百文,曰大钱五百。径一寸,三分重,十二铢,诏使吏民输铜,计铜卑直,设盗铸之科。赤乌元年春,铸大泉,当千,径一寸,四分重,十六铢,故吕蒙定荆州,孙权赐钱一亿,钱既太贵,但有空名人问患之。帝闻百姓不便当千钱[②],九年诏省

① 所谓厌胜钱,是指我国古代具有吉祥或厌攘文字与图像的、主要用途与古代厌攘巫术有关的非流通钱币。这类文物不但数量庞大,种类繁多,而且文化内涵极其丰富,延续时间也相当长,几乎贯穿了整个封建社会,正如已故钱币学家马定祥先生所云:"细审历代厌胜钱,各种书体具备,图案内容丰富,涉及文史、地理、宗教、神话、风俗、民情、文化、娱乐、书法、美术、工艺等等各个方面,深入研究,变无考为有考,其间大有学问",具有极其重要的研究价值。所以,很早以来,它就已引起了研究者的重视。参见:余榴梁,徐渊,顾锦芳,等.中国花钱[M].上海:上海古籍出版社,1992.

② 赤乌元年(238),铸当千大钱。九年(246),是岁权诏曰:"谢宏往日,陈铸大钱,云以广货,故听之。"参见:吕思勉.秦汉史.文明卷[M].武汉:华中科技大学出版社,2016:76.

息之，铸为器物，官勿复出，私家有者，勅以输藏，计卑其直，勿有所枉。

【按】谱有大泉二千，以一当二千。《董谱》云：未详年代，当亦吴钱也。

晋元帝过江，用孙氏赤乌旧钱，轻重杂行，大者谓之比轮[1]。比轮患其太重。中者谓之四文。一作四分。吴兴沈充又铸小钱。谓之沈郎钱[2]。钱既不多。由是稍贵。孝武大元三年，诏禁比轮，钱不得入广州。货与夷人，铸鞲作铜鼓。以夷人宝贵铜鼓，而州境素不出铜，贾人贪比轮斤两差，重故以入夷也。安帝元兴中，桓玄辅政，议欲废钱用谷帛。孔琳之议曰：圣王制无用之货，以通有用之财。既无毁败之费，又省难用之苦。此钱所以历代不废也。若分谷帛为货[3]，劳毁于商贩之手，耗弃于割截之用，此之为弊，昭著目前。故钟繇曰：巧伪之人竟湿谷以要利，制薄绢以充资。魏世严刑，弗能禁也。是以司马芝谓，用钱非徒丰国，亦以省刑。钱之不用，由于兵乱。今既用而废之，有钱无粮之人，坐而饥困，此立弊也。愚谓救弊之术，无取于废钱。朝议多同琳之[4]，故玄议不行。

---

① 比轮：形容钱大如车轮。

② "沈郎钱"指的是东晋大将军王敦手下的一名参军沈充所铸的钱币。《晋书·食货志》：晋自中原丧乱，元帝过江，用孙氏旧钱，轻重杂行。大者谓之比轮，中者谓之四文。沈充又铸小钱，谓之"沈郎钱"。"钱文""五朱"二字横读，有外形。面有外郭。钱径1.9厘米，重约1.15克。

③ 原文为："谷帛为宝，本充衣食，今分以为货，则致损甚多。"

④ 孔琳反对废钱用谷帛。他不承认货币本身有它的价值，却认为货币具有可以换取生活资料的权力。在货币理论上他是混杂着金属论与名目论的观点。从金属论出发，他认为铜币用作流通手段有不易毁损及轻便两个优点。如以谷帛充当货币则缺乏这两个优点。从钱是无用之物但可通有用之财的名目主义观点出发，他认为用钱即可以获得生活资料，不用钱则钱成"废物"。他反对任意废除流通中货币的观点是正确的。由于他的反对，桓玄才放弃了废钱用谷帛的主张。参见：胡寄窗．中国经济思想史．中册[M]．上海：上海财经大学出版社，1998：265-267.

【按】汉元帝时，贡禹请罢采珠玉金银铸钱之官，租税禄赐皆以市帛及谷合。观孔琳之议，贡禹之策决不可行矣。前凉张轨为凉州刺史时，参军张辅言于轨，曰：古以金贝皮币为货，息谷帛量度之耗。二汉制五铢钱，通易不滞。泰始中，河西荒废，遂不用钱，裂匹为段数[①]，缣布既坏，市易又难，徒坏女工，不任衣用，弊之甚也。今中州虽乱，此方安全，宜复五铢以济通变轨。纳之立制，准布用钱，钱遂大行。人赖其利。后赵石勒僭号铸丰货钱时。建德校尉王和掘得一鼎，容四斗中，有大钱三十文，曰百当千，千当万，鼎铭十三字，篆书不可晓，藏之于永丰仓。因此令公私行钱，而人情不乐，乃出公绢市钱，限中绢匹一千二百，下绢八百。然百姓私买中绢四千，下绢二千，巧利者贱买私钱，贵买于官。坐死者十数人，而钱终不行。

刘宋高祖即位初，言事者多以钱币减少，国用不足，欲悉市民铜，更铸五铢钱。散骑常侍[②]范泰议谓：拯弊莫若务本。今之所忧在农，民尚寡，仓廪未充，转运无已，资食者众，家无私积，难以御荒耳。夫货存贸易不在多寡。昔日之贵，今日之贱，彼此共之，其揆一也。但令官民均通，则无患不足[③]。

至文帝元嘉七年，乃立钱署，铸四铢钱。文曰四铢，重如其文。二十四年，以货贵，制大钱，一当两。二十五年罢大钱，先是货少，铸四铢钱。民多剪凿古钱以盗铸，帝患之。江夏王义恭说：以大钱一当两，防剪凿。仆射何尚之谓：泉贝之兴，以估货为本事，存交易，岂假多少？数少则币轻，数多则物重。多少虽异，济用不殊，况以一当两，徒崇虚

① “数”疑为衍字。

② 散骑常侍：魏晋以后所设官职，合汉代“散骑”及“常侍”两职之官名。为皇帝亲信，跟随皇帝左右，以备顾问，地位颇为尊崇。宋代不常置，金元以后废除。

③ 范泰反对铸钱，与两晋一百多年不铸钱有关。他认为，货币作为交易媒介，其数量多少无关紧要，好像物价高低贵贱的变化一样。如果官民相通，则无患不足。如果必须使“货广”“以收国用”，则可以仿古行用“龟贝之属”，不必再行铸铜钱。他的主张显然与经济发展需要对货币的需求相背。因各种原因宋武帝没有铸钱，但几年后，文帝元嘉七年(430)开始立钱署，铸造四铢钱，结束了两晋以来不铸钱的局面。

价者耶。凡创制改法，宜从民情。泉布废兴骤议前代，赤仄白金俄然罢息，六货溃乱，民泣于市。良由事不画一，难用遵行，且货偏则民病。若今制遂行，富人赀货自倍贫者，弥增其困，惧非所以欲均之意。朝议多同尚之。沈演之独以为大钱当两，则国传难朽之宝家，赢一倍之利不俟加宪，巧源自绝。帝从演之议，行之经时，公私非便，乃罢大钱[①]。

孝武建元元年，更立钱署，铸孝建四铢钱[②]。【按】铸钱以年号为文始于此。先是元嘉中铸四铢。轮郭形制与五铢同。用费损无利，故百姓不盗铸。及是孝建四铢形势薄小，轮郭不就。于是盗铸者云起，杂以铅锡，又剪凿古钱，以取铜。虽重制严刑，盗铸弥甚，百物踊贵，人患苦之，乃立品格薄小无轮郭者，悉加禁断。沈庆之议谓宜听民铸钱，郡县开置钱署。乐铸之家皆居署内，平其准式，去其杂伪，官敛轮郭藏之为永宝。去春，所禁新品一时施用。今铸悉依此格。万税三千。严检盗铸。并禁剪凿。数年之间，公私丰赡，铜尽事息，奸伪自止。且禁铸则铜转成器。开铸则器化为财。剪华利用于事为益。王义恭驳之曰：百姓不乐与官相关，由来甚久。又多是人士益不欲入署中。凡盗铸为利，利在伪杂。伪谋既禁，乐入必寡。又上之所贵，下必从之。百姓闻官敛轮郭藏之，藏之价百倍，大小对易，谁肯为之？强制使换状，似逼夺新品施用在可开许。若禁制之，设非惟一旦昧利犯宪群庶常情。今入署必输万三千，私铸无十三之税，逐利犯禁居然不断。况赤县内铜非可卒尽，比及铜尽，奸伪已积矣。颜竣议曰：开署放铸，诚所欣同。但虑采山争铸，器用日耗，铜既转多，器亦弥贵，设器直一千，则铸之减

① 演之，即沈演之。官至吏部尚书。《宋书》称其："虽未为宰相，任寄不异也。"元嘉二十四年(447)，因民间取较重的古钱中的铜私铸四铢钱问题严重，江夏王刘义恭建议将古钱定值作大钱，一个当两个小钱，以杜绝私铸。但何尚之认为此举只增加大钱表面价值，令富者愈富，贫在愈贫；又建议解决私铸问题应从加强执法下手，让悬赏机制名实俱有，并加强检举，以求遏止私铸。不过其时沈演之赞同义恭提议，宋文帝亦采纳其言，遂作推行。但不久作罢。

② 孝建四铢，孝武帝刘骏孝建年间(454—456)所铸。初铸较大，后逐渐减重，大小不一。钱面"四铢"。背"孝建"，其篆书称"韭叶篆"，又叫"蝌蚪子"。

半，为之无利。虽令不行。又云：去春所禁，一时施用，是欲使天下丰财。若细物必行而不从公，铸利已既深，情伪无极，私铸剪凿，益不可禁。五铢半两之属，不盈一年，必至于尽，财货未赡，太钱已竭。数岁之间，悉为尘土。今百姓货虽为少，而市井未有嗟怨。此新禁初行，品式未一，须臾自止，不足垂虑。惟府藏空匮，实为重忧。今纵行细钱，官无益赋之理。百姓虽赡，无解官乏，惟简贤去华，设在节俭，求赡之道，莫此为贵。然钱有定限，而消息无方。剪铸虽息，终致穷尽者。亡应官开取铜之，路绝器用之途，定其品式，日月渐铸，岁久之后，可为世益时议者。又以铜转难得，欲铸二铢钱。竣又议曰：今铸二铢，恣行新细于官，无解于乏而民奸巧，大兴天下之货。靡碎至尽，空立严禁，而利深难绝。不过一二年间，其弊不可复救，此甚不可也。帝不听[①]。

永光元年，废帝开百姓铸钱。由是钱货散乱。景和中，遂铸二铢钱，文曰景和，彬式转细。官钱每出民间，即模效之，大小厚薄皆不及。沈庆之启云：通私铸而钱大坏矣。钱一贯一千长不盈三寸，谓之鹅眼钱[②]。劣于此者谓之綖缳钱。贯之以缕，入水不沉，随手破碎。数万不盈一掬斗米一万。商货不行，其无轮郭不磨𨪐，如今之剪凿者谓之耒子[③]。尤轻薄者或曰杏（一作荇）叶。皆綖缳之类，市井用之。明帝太始初，惟禁鹅眼綖缳钱，余皆通用。复禁民铸，官署亦禁止。太始二年，断新钱专用古钱。

---

①《宋书》载，铸行二铢钱后，“前废帝即位，铸二铢钱，形式转细。官钱每出，民间即模效之，而大小厚薄，皆不及也。无轮郭，不磨𨪐，如今之剪凿者，谓之耒子。景和元年，沈庆之启通私铸，由是钱货乱败，一千钱长不盈三寸，大小称此，谓之鹅眼钱。劣于此者，谓之綖环钱。入水不沉，随手破碎，市井不复料数，十万钱不盈一掬，斗米一万，商货不行。太宗初，唯禁鹅眼、綖环，其余皆通用。复禁民铸，官署亦废工，寻复并断，唯用古钱”。

② 鹅眼钱，古钱币术语。或称“鸡目钱”。钱体轻小如鹅眼、鸡目之类的劣钱。比鹅眼钱更劣的钱，称为綖环钱，入水不沉，随手破碎，商贾不敢行用。

③ 南朝宋时民间模仿官钱铸造的一种钱币。《宋书·颜竣传》：“前废帝即位，铸二铢钱，形式转细。官钱每出，民间即模效之，而大小厚薄，皆不及也，无轮郭，不磨𨪐，如今之翦凿者，谓之耒子。”《通典·食货九》作“莱子”。

南齐太祖建元四年，奉朝请孔觊上书。略曰三吴国之关阃，比岁被水潦而籴不贵，是天下钱少，非谷穰贱。此不可不察也。铸钱之弊在轻重屡更。重钱之患在于难用，轻钱之患在乎盗铸。人所以盗铸而严法不能禁者，由上铸钱爱铜惜工也。所以爱铜惜工者，谓钱无用之器，通交易，务欲令轻而数多，使省工而易成，莫详虑其患也。自汉铸五铢至宋文帝五百余年，制度有废兴而不变五铢者，其轻重可法得货之宜也。以为宜开置钱府，大兴镕铸钱，重五铢，一依汉法，则府库以实，国用有储。帝使诸郡大市铜会，晏驾事遂寝。永明八年，刘悛言山下有严道铜山旧铸钱处。上遣使入蜀，铸钱。顷之，以功费多而止。

【按】不爱铜不惜工二语，乃万世铸钱不易之良法也。盖造一钱费一钱本多，而工费虽驱之使铸亦不为矣。况冒禁犯法而为之乎！

萧梁高祖天监初，惟建康及三吴、荆郢、江湘、梁益用钱，其余州郡杂以谷帛，交广端以金银为货。武帝自铸五铢及女钱二品并行，禁诸古钱。

五铢肉好，周郭文曰：五铢。重四铢三絫二黍，百文重一斤二两。女钱除其肉好，谓之公式七钱，径一寸，文曰：五铢。重如新铸五铢，民间私以古钱交易者，有五铢径一寸三分，重八铢，文曰五铢。三吴属县行之，有女钱径一寸，重五铢，无轮郭者，郡县通用之。有太平百钱二种，并径一寸，重四铢。四铢源流本一，但文字古今殊耳。文并曰太平百钱，有定平二百五铢，径六分，重一铢半文，曰定平有稚钱[1]。五铢，径一寸半，重四铢，文曰：五铢。源出于五铢，但狭小。有东境稚钱五铢，径七分半，重三铢半，文曰五铢。源出稚钱，但还异以铢为朱耳。三吴行之，差少于余钱，又有对文钱，其源未详。丰货钱，径一寸，重四铢半，世谓之男钱。妇人佩之，即生男也。比等轻重不一，天子频下诏非勑铸之钱不许用，而趋利之徒，私用转甚普通。四年十二月，罢铜

① 亦称雉钱。一种轻小的五铢钱。

钱，铸五铢铁钱、大吉铁钱、大通铁钱、大富铁钱。铗[1]既易得，竞为私铸。大同已后所在铁钱，遂如邱山，物价腾贵。交易者以车载钱，不复计数，而惟论贯。商旅奸计，因以利求，自破岭以东，八十为百，名曰东钱。江郢以上，七十为百，名曰西钱；建康以九十为陌，名曰长钱[2]。大同元年七月诏曰：朝四暮三，众狙皆喜，名实未亏，而喜怒为用。顷闻外间多用九陌钱，陌钱减则物贵，陌钱足则物贱。非物有贵贱，是心有颠倒[3]。至于远方，日益滋甚，岂直国有异政，乃家有殊俗，徒乱王制，无益民财。今可通用足陌钱[4]，令书行后，百日为期，若犹有犯，男子谪运，女子质作。并同诏下，而人不从，钱陌益少，至于季年，遂以三十五为陌。敬帝太平元年三月，班下远近并杂，用今古钱。二年四月，铸四柱钱[5]，一准二十。壬辰改四柱钱，一准十。丙申复闭细钱。

① 铗，同“铁”。

② 东钱，西钱，长钱，在中国钱币史，属于“短陌”。短陌是中国古代的一种货币现象，存在了上千年，其存续的时间大概是汉末至宋代。“短陌”实质上是货币运转的一种不规范状态，即以不足千钱当千钱计。它是“足陌”的对称。以不足实数一百而当百钱使用的钱。陌，通“百”。晋葛洪《抱朴子·微旨》：“取人长钱，还人短陌。”宋楼钥《北行日录上》：“有旧亲事官，自言月得粟二斗，钱二贯短陌，日供重役，不堪其劳。”清金和《印子钱》诗：“或有短陌情近欺，计钱千九十有奇。”参阅清顾炎武《日知录·短陌》。近年来，学者对于短陌问题有着比较充分的讨论。参见：陈明光.“短陌”与“省陌”管见[J].中国经济史研究，2007(1)：69；陈彦良.南朝梁、陈币制变动和通缩通胀——铁钱与“短陌”的形成及意义新探[J].清华学报，2012(4)：657-697；何平，林琳.中国古代铜铸币流通领域“短陌”现象的起源及其性质研究[J].中国经济史研究，2013(1)：10-22，175；彭凯翔.从交易到市场：传统中国民间经济脉络试探[M].杭州：浙江大学出版社，2015：179-194.

③ 此处强调了社会心理的影响。有学者认为，诏书用此，实不类不伦。“此佛语也。……行政下诏而用佛语，帝之流荡甚矣。”参见：王鸣盛.十七史商榷[M].南京：凤凰出版传媒集团，2008：325.

④ 古代制钱每贯十足为百枚，称“足陌钱”。陌，通“佰”。《梁书·武帝纪下》：“顷闻外间多用九陌钱，陌减则物贵，陌足则物贱……自今可通用足陌钱。”《南史·梁纪中·武帝下》作“足佰钱”。

⑤ 南朝梁铜钱。梁敬帝太平二年(557)铸，钱文“五铢”，面无内郭，正面及背面各有两个星点，故名。初铸时，一当细钱二十，旋改一当十，后复同细钱。

陈高祖永定初，承梁丧乱之后，钱贱不行。而梁元始末有两铢钱及鹅眼钱，于时人杂用之。其价同，但两柱即四柱重，而鹅眼轻，私家多镕铸，又间以锡铁，兼以粟帛为货。

文帝天嘉三年，改铸五铢钱，初出，一当鹅眼之十一作铸市泉一当百。宣帝大建十一年七月初，用大货六铢钱，一当五铢之十，与五铢并行。后还当一，人皆不便，乃相与讹言，大货六铢钱，人叉腰哭[①]，不利县官。遂废六铢，行五铢。未几，宣帝崩，竟至陈亡。岭南诸州多以盐米布交易，悉不用大货钱矣。

北魏先未尝用钱，至魏献文皇兴，始诏天下用钱。孝文太和十九年，公铸粗备钱，文曰：太和五铢。径一寸，重五铢。内外百官禄皆准绢给钱。绢匹为钱二百。遣钱工所在鼓铸，民有欲私铸者听就官炉，铜必精炼无得淆杂。宣武永平三年冬，又铸五铢钱。孝明熙平元年，京师及诸州镇，或止用古钱不行。新铸致商货不通，贸迁颇隔。任城王澄上言，略曰：君子行礼不求变俗，因其所宜，顺而致用。太和五铢虽利于京师之肆，而不入徐扬之市。土货既殊，贸鬻亦异。便于荆郢之邦者，碍于兖豫之域，致贫民有切困之忧，王道贻隔化之讼。去永平三年，奏断天下用钱不依准式者，被敕云：先用之处，权可听行，至年末悉令断之。暨延昌二年，徐州民奏行土钱者，听权宜依旧用。谨寻不行之钱，律有明式，指谓鹅眼、环凿，更无余禁。计河南诸州今所行者，悉非制限。又河北州镇既无新造五铢，设复禁断旧者，端以单丝之缣，疏缕之布，狭幅促度，不中尝式，裂匹为尺，以齐有无。徒成杼轴[②]之劳，不免饥寒之苦。

---

① 陈宣帝时有这样的民谣："大货六铢钱，叉腰哭天子。"见洪遵《泉志》卷二。据《陈书·宣帝纪》载：太建十一年(579)秋七月辛卯，初用大货六铢钱，这种钱不利于市场交易，于是人们相与讹言道：六铢钱将对皇帝不利。不久宣帝就驾崩，六铢钱也被废。徐锴解云："叉腰哭天子"，可能是篆书"六"字像人双手叉着腰。参见：王青，李敦庆.西汉魏晋南北朝民歌集[G].南京：南京师范大学出版社，2012：301.

② 亦作"杼柚"，指织布机上的两个部件，即用来持纬(横线)的梭子和用来承经(竖线)的筘，亦代指织机。有的版本在"徒成"前有"至今"二字。

二年冬，尚书崔亮奏请于王屋等山采铜铸。从之，是后民多私铸，钱渐薄小，用之益轻。时又有鸡目五铢钱（未详何年铸）。孝昌三年正月，诏立铸钱之制。高谦之为铸钱都将长史，乃上表求铸三铢钱。诏将从之，事未就，会谦之卒。孝庄永安二年秋，更铸永安五铢钱，时私铸薄滥，细至风飘水浮，斗米几值一千。御史中尉高道穆上表，以为在市铜价八十一钱，得铜一斤，私造薄钱，斤赢二百。既示之以深利，又随之以重刑抵罪。虽多奸铸弥众，今钱徒有五铢之文，而无二铢之实，置之水上，殆欲不沉，此乃因循有渐，科防不切，朝廷失之，彼复何罪，宜改铸大钱，文载年号，以记其始，则一斤所成只七十六文，计私铸所费不能自润，值至无利自应息，心况复严刑广设也。杨侃亦奏，乞听民与官并铸五铢钱，使民乐为而自改。魏主从之，乃铸五铢。如侃所奏官自立炉，起自九月至三年正月止官乃出藏绢，分遣使人于二市卖之。绢匹正钱二百，而私市者犹三百。利之所在，盗铸仍众。巧伪既多，轻重非一，四方州镇用各不同。迁邺之后，轻滥尤甚。冯鉴《事始》谓：钱载年号始于永安钱。【按】宋帝孝建初铸四铢钱，文曰孝建，一面文曰四铢，则钱载年号始于宋武也。孝建元年距永安二年，凡七十有六年，岂可谓始于永安乎？盖道穆之奏，乃谓改铸大钱年分之始，非事始也。时又有永安上字钱。未详何时铸。西魏亦铸五铢钱。未详何时铸[①]。

比齐神武霸政之初，承魏犹用永安五铢。迁邺已后，百姓私铸体制渐别，遂各为名，有雍州、青州、梁州、生厚、紧钱、古钱、河阳、生涩、天

① 年号钱是通宝钱的发展。常在“通宝”二字前冠以皇帝年号。魏晋时期，与东晋同期的北方十六国中，汉李寿在汉兴年间（338—343）铸钱，币面铸“汉兴”二字，这是钱币上最早铸年号。中国最早的年号钱是在唐高宗乾封元年（666）铸行的“乾封通宝”。宋朝开国后，最初铸“宋元通宝”钱，仍然是沿用唐开元通宝制，及至太宗太平兴国时（976—984），开始铸造“太平通宝”钱，是为宋代实行年号钱制的开始。其后，太宗等四次改元“淳化”时（990—994），又改铸“淳化通宝”。从此以后，历朝每次改元，都更铸新的年号钱，于是年号钱基本上成为定制。参见：千家驹，郭彦岗.中国货币演变史[M].上海：上海人民出版社，2014:58.此处，李世熊不赞同年号钱始于宋的观点。

柱、赤牵之称。冀州之北，钱皆不行，交易皆以绢帛。神武乃收境内之铜及钱，仍依旧文更铸，流之西境。未几，渐复细薄，奸伪竞起。文襄辅政时，以钱文五铢名须称实，宜秤钱一文。重五铢者听入市，用计百钱重一斤四两十二铢，余皆准此为数。其京邑二市、天下州镇郡县之市，各置二秤悬于市门，民间所用，皆准市秤以定轻重。凡有私铸悉不禁，断但重五铢，然后听用。凡重不五铢，即重五铢而杂铅镴，并不听用。科获奸钱入市者，钱悉入告者，禁断之，限绥内五十日，外州百日，群官以时谷颇贵，请待有年。王从之而止。

文宣天保三年，除永安之钱，改铸新钱，文曰常平五铢[①]，径八分，重如其文，文皆篆，制造甚精，其钱甚贵。乾帝干明、昭帝皇建间，往往私铸。邺中用钱，有赤郭、青熟、细眉、赤生之异。河南所用，有青、薄、铅、锡之别。青、齐、徐、兖、梁、豫等州，辈类各殊。武平已后，私铸甚薄，或以生铁和铜。至于齐亡，卒不能禁。后周之初，尚用魏钱。及武帝保定元年七月，更铸钱文曰布泉，以一当五，与五铢并行。《董谱》曰：有玉筯[②]篆者，有柳叶篆者，重郭者，文曰布泉。石氏曰：悬针书布泉者，自梁武以来有之。世谓之男钱。《梁书》所谓径一寸，重四铢半，妇人佩之生男是也。或疑王莽时，所铸亦无所据[③]。若后周布泉字皆玉

① 常平五铢与此前的制钱不同，并非年号钱。北齐文宣帝高洋铸造新钱没有使用他的年号，而是取名“常平五铢”。此钱借用当时“常平仓”之名。“常平五铢”是中国钱币历史上最精美的几种钱币之一。又钱名“常平”，有“平安常在”之意，收藏者常携身边作为护身符使用。

② 玉筯：亦作玉箸。玉制的筷子；筷子的美称。此处指秦李斯所创之小篆。元代郑杓《衍极·书要》：“篆有垂露、复书、杂体。”元刘有定注：“小篆之别十一，曰玉筯篆，秦小篆也，李斯等作。”

③ 学界研究证实，男钱最早出自王莽时期。王莽铸行的“布泉”，因其外部高峻，显得气势雄壮，坚挺浑厚，有阳刚之气，故称“男钱”。另外，据传孕妇若佩戴“布泉”便可生男。唐代文学家段成式的诗句“私戴男钱压鬓低”，也反映了这种民间风俗。由于有这样的传说，“男钱”往往被称为“宜男钱”。参见：皮学齐．中国钱币之最．上卷[M]．北京：中国文史出版社，2012:98．李世熊认为男钱出现在五代十国时期。319年，石勒于襄国（今河北省邢台）称王，建立后赵。铸造了丰货钱，因钱文壮实丰满，又寓富裕吉祥之意，此钱据传也称“男钱”“富钱”。但该钱留存极少，难以证实其为男钱之始。

銹，与此大异耳。时梁益之境用杂钱。交易西河诸郡，或以西域金银钱，而官不禁[①]。建德三年更铸五行大布钱[②]，以一当十，大权商贾之利，与布泉并行。四年七月，又以边境之人多盗铸禁，乃禁五行大布，不得出入四关。张合曰：小者至径八分，旧钱之文上五下行，又有上大下布者，皆古篆文。布泉听入而不听出。五年正月，以布泉渐贱而人不用，遂废之。初令私铸钱者绞其，从者远配，为户齐平。已后山东之人犹杂用齐氏旧钱。宣帝大象元年十一月，又铸永通万国钱，以一当十，径一寸三分，重十二铢，背面肉好。又有径一寸二分半，重八铢者，皆一当十，与五行大布及五铢，凡三品并行。

隋高祖开皇元年九月，以天下钱货轻重不等，乃更铸新钱。背面肉好，皆有周郭。文曰五铢。重如其文，每钱一千。重四斤二两。三年四月，高祖以钱既新出，虑有私铸，乃诏四关各付百钱为样。从关外来勘样，相似然后得过。样不同者即坏为铜入官。诏行新钱已后，前代旧钱如五行大布、永通万国及齐常平所在勿用。然贸易者不止。四年诏仍旧不禁者，县令夺半年俸。然民习用既久，尚不能绝。五年正月，又严其制。自是钱货始一，所在流布，百姓便之。是时见用之钱皆私和以锡镴。求利者多私铸难禁，乃诏凡出锡镴处所，不得私有采取。十年，诏晋王广于扬州立五炉铸钱。其后奸狡磨鑢钱郭取铜，杂铅递相仿效。钱遂轻薄，乃下恶钱之禁。京师及诸州邸肆皆令置样为准，不中样者不入于市。十八年，诏汉王谅于并州立五炉铸钱。时江南人间钱少。晋王又铸于鄂州白纻山，有铜丱[③]处，锢铜铸钱。于是诏听置十炉铸钱。又诏蜀王秀听于益州立五炉铸钱。时钱益滥恶，乃令有司括天下邸肆，见钱非官铸者皆毁之，而铜入官。京师以恶钱贸易，为吏所执有死者。数年之间，私铸颇息。时又铸小五铢钱，其制轻小，八九

---

① 以上见《隋书》卷二十四。

② 北周武帝宇文邕，建德三年（574），以一当十，与布泉、五铢并行。面文“五行大布”，钱文及制作均极为精美，为著名的“北周三品”之一。

③ 铜丱：铜矿石。

万才满半斛。炀帝大业已后，钱转薄恶。初犹每千重十斤，后渐轻至一斤，或剪铁叶形，裁皮糊形，相杂用之。民间不胜其弊，以至于亡。

《董谱》云：今以文推之有七样。大五铢有内郭者，小五铢亦有内郭者。文之后有两星大五铢无内郭者，皆有四星钱合曰五铢，又有上一星五字之内，上下各一星。梁宋名两柱钱[1]，镘面傍一星至三星者，疑皆当时工人之意，非有别于年代也。

《董谱》曰：计古钱自秦至隋，钱之大小，文之籀郭之有无，推之共五十样。又有所谓异钱，虽不见于传记，然制作之近古者录之。如李唐撒帐钱，其文有曰长命富贵、金玉满堂。又有忠孝传家五男二女、天下太平封侯拜相之类。又博戏之钱背有字，皆缦者不及录。

唐高祖即位，仍用隋之五铢钱。武德四年始革隋钱，行开元通宣判钱。给事中欧阳询所撰文并书回环可读字，含八分篆隶二体钱，径八分，重二铢四参。应邵注云：十黍为絫，黍十絫为铢，参当作絫。二铢四絫，二百四十黍也。积十钱重一两计一千重六斤四两。轻重大小最为折中，远近便之，其钱缦有文如初月者。《谈宾录》云：初进钱样时，文德皇后掐一粉甲痕，因不复改。

【按】是时窦后已崩，文德后未立。故通鉴不取。《郑虔会粹》云：熙宁中刘斧撰《青锁高议》，谓事由明皇贵妃彼徒见钱文，有开元字，便谓明皇，亦失考矣。

邱琼山曰：自太府圜法以来，钱不知几变，惟汉之五铢为得其中。五铢之后，又几变。惟唐之开元为得其中。

【又按】太公圜法凡钱轻重以铢，今之一两即古之二十四铢。计一钱则重二铢半以下。古秤比今秤三之一，则今一钱为古之七录以上。凡造一钱用铜一钱，此开元通宝所以最得轻重大小之中也。此后如宋元太平淳化之类，皆仿此制，至今行之。《研北杂志》云：唐开元钱烧

① 两柱钱，是南朝梁末流通的一种钱币，钱孔上下各有一星。

之，有水银出，可治小儿急惊。

开元行之既久，盗铸渐趋。高宗显庆五年，以恶钱多，官为市之，以一善钱售五恶钱[1]。民间藏恶钱以待禁弛。及高宗祀泰山，改元干封，乃铸干封泉宝，径一寸，重十二铢，六分一当十。是年悉废旧钱。明年，谷价踊贵，商贾不行，诏罢之。仍行开元钱。初开元钱，文先上，后下次，左后右。流俗谓之开通元宝。及铸新钱，乃同流俗，乾字直上，封字在左。寻寤钱文之误，及是令天下并铸开元钱。是后私铸犯法。日蕃有以舟筏铸于江中者。诏所在纳恶钱，而奸亦不息。武后时钱，非穿穴及铁锡铜液皆得行用。熟铜、排斗[2]、沙涩[3]之钱皆售，自是盗铸蜂起，吏莫能捕。先天之际，两京钱益滥。或镕锡模钱，须臾百千互宗。开元六年春，始勑禁恶钱。重二铢四分以上乃得行，敛人间恶钱镕之，更铸如式钱。于是京城纷然，买卖殆绝。宋璟、苏颋请出太府钱二万缗，置南北市，以平价买百姓不售之物，可充官用者。及听两京百官豫假俸钱，庶使良钱流布，人间从之。时江淮恶钱尤甚。璟以御史萧之充使，括恶钱，隐之严急，烦扰怨嗟盈路。于是贬隐之官，并罢璟、颋，弛钱禁，恶钱复行矣。时开元八年也。开元二十二年，张九龄请欲仿汉文，不禁私铸，敕百僚详议可否。崔沔[4]曰：汉文虽除盗铸钱令，而不得杂以铅铁，为他巧钱不容奸，则铸者无利。铸者无利，则私

① 恶钱是指相对于当时普遍流通的金属货币而言，具体表现形式为钱币减重，特征为铸造不精，文字漫患，铜质恶劣，体薄轻小。

② 排斗：唐朝武周时期流通于民间的私铸钱之一种。钱轻而薄，质地粗劣。根据王保国、上官弘文《试论唐宋钱币铸造新工艺》(《陕西金融》1999年12月号)的观点，唐代铸钱的工艺主要是叠范灌铸法，而非《天工开物》所讲的翻砂灌铸法(但唐代已有此法)。叠范灌铸法的泥范很像斗，叠也就是排。所谓“排斗”，可能就是指叠范。给钱命名的维度有很多，从制造工艺维度命名的不多，“排斗钱”可能算是一个。

③ 沙涩：粗糙，不光滑。《新唐书·食货志四》：“(开元)二十年，千钱以重六斤四两为率，每钱重二铢四参，禁缺顿、沙涩、汤染、白强、黑强之钱。”

④ 时崔沔为秘书监，作《禁私铸议》表示反对。

铸自息。斯则除令[①]与不除，为法正等[②]。今若税铜折役，则官治可成。计估度庸[③]，则私铸无利，易而可久，简而难诬。且钱之为物贵，以通货利不在多，何待私铸，然后足用。刘秩议曰：夫人富则不可以赏，劝贫则不可以威禁，若许其私铸，贫者必不能为之。臣恐贫者益多，而役于富富者益富，而逞其所欲。汉文帝时，吴王濞富埒天子，铸钱所致也。又曰：物贱则伤农，钱贱则伤贾。故善为国者，观物之贵贱，钱之轻重。夫物重则钱轻，钱轻由乎物多。多则作法收之使少，少则重，重则作法布之使轻。轻重之本，必由乎是，奈何而假之人。又曰：铸钱不杂以铅铁，则无利。杂以铅铁，则恶不重禁，不足以惩。息塞其私铸之路，人犹死以犯之，况启其源乎？是设陷阱而诱之入也。上乃止，但敕郡县严断恶钱。

【按】汉文放铸而海内富庶。唐高宗私铸者抵死，邻保从坐，亦不闻其大治，何也？易曰：利者义之和，人君操利之权，资以行，义不至于旁落。则刘秩所为轻重之本，必在乎是也。

十月诏月，货币兼通，今后所有庄宅以马交易，并先用绢布，绫罗丝绵等。其余市买到一千以上，亦令钱物兼用，违者科罪。天宝初，两京用钱稍良，米粟丰贱数载。渐又滥恶，府县不许良钱加价廻博。贵戚大商往往收良钱，潜将往淮南，以良钱一易恶钱五。载入长安，每陌重仅二斤，市井不胜其弊。故李林甫奏请禁之。天宝十一年，乃命有司出粟帛及库钱十万缗于两京，易取恶钱。期一月，不输官者罪之。又令于龙兴观南街开场，出左藏库内排斗钱，许市人博换[④]。而贫弱者又争次不得。于是商贾嚣然，不以为便。众共遮杨国忠马为自言。国

---

① 应作“之”。

② 斯则除之与不除，为法正等：法令上禁止私人铸钱扣允许私人铸钱，但不准杂以铅铁的法度，都是一样的。正等：相同，相当。

③ 计估度庸：计算其价，考虑人工费用。

④ 博换：交换、贸易。

忠为言于上，乃更命非铅锡所铸及穿穴者，皆听用如故。天宝之制，诸州凡置九十九炉铸钱，绛州三十炉，杨润宣鄂蔚各十炉，益柳各五炉，洋州三定州一炉。每炉役丁匠三千人。每年除六月七月停作余，一月作十番，每炉各用铜二万一千二百九十斤，白金三千七百九十斤，黑锡四百四十斤，约每贯钱，用铜镴锡价七百五十文，工匠在外[①]。每炉计铸钱三千三百贯，约一岁计钱三千二万七十余贯。肃宗乾元元年七月，诏曰：御史中丞第五琦奏请改钱，以一当十，别无新铸，不废旧钱，利收一倍，于人不扰，宜听于诸监别铸一当十钱，文曰乾元重宝（时称乾元小钱）。径寸，每缗重十斤，一当十。开通元宝，依旧行用，私铸捉搦[②]处置。二年八月，又铸重轮大钱，文亦曰乾元重宝。径一寸二分，背外郭为重轮，号重棱钱。每缗重十二斤，一当五十。与开元钱三品并行[③]。在京百官先以军旅无俸。宜取绛州新钱，给其冬料。

【按】是时，命绛州铸乾元重宝大钱。唐世铸钱诸炉，天下共九十九。而绛州之炉三十余炉，或隔江岭，或没寇虏，故当时铸钱率绛州也。

法既屡易，民间抬加，价钱为虚钱。长安城中竞为盗铸，寺观钟及铜像废坏莫纪。货轻物重，谷价腾踊，饿殍相枕。言者归咎于琦，贬忠州刺史。上元元年，属岁荒。米斗至七千，人相食。京兆尹郑叔清请

① 天宝年间铸钱，“约每炉役丁匠三十人。每年除六月七月停作，余十月作十番。”“十月作十番”即一番为一个月，每个工匠必须服役一个月，这就超出了每个工匠应服役二十天的规定，那么超出应服役期的十天，官府必须支付工资。“丁匠在外”，这些都说明政府铸币所花费的人工费用不断上升。

② 捉搦：捉拿。

③ 重棱钱，“乾元重宝”当五十的大钱，该钱背面的外郭为重轮，俗称重轮乾元钱，这种大钱每缗重二十斤，但是对“开元通宝”作价则为一当五十。重轮乾元钱、乾元重宝、开元通宝三钱并行流通，仅半年，市面出现了混乱，通货贬值，物价上涨，货币购买力低落和私铸盛行。由于五枚开元通宝即可私铸一枚重轮乾元钱，可获十倍的利益，良币开元通宝很快退出流通市场，而“犯私铸者日有数百，州县不能禁”。

捕私铸钱者。数月间榜死者八百余人,不能禁。乃令京畿开元钱与乾元小钱皆一当十,重轮钱当三十,诸州更俟进止。十二月,诏应典贴庄宅、店铺、田地、碾硙等先为实钱。典贴者令还以实钱赎。先以虚钱典贴者,令虚钱赎其余,交关并。依前用给赏价钱。由是钱有虚实之称。代宗宝应元年,改行乾元钱,以一当二,乾元大钱以一当十。《通志》作一当三元,载作相凡。大小钱皆一当一,人便之。《唐书》谓之重规钱。其后二钱铸为器,不复出矣。盐铁转运使刘晏以江淮诸州任土所出,皆贱弱难致之货。以输京不足偿道路之直,于是积之江淮,易铜铅薪炭,广铸钱,岁得十余万缗。输及荆扬二州,自是钱始增加。

史思明亦铸得一元宝,钱径一寸四分。既恶得一非长祚之兆,复改其文曰顺天元宝。一当开元钱百,市中物价尤贵。

大历□年,铸大历元宝(未详轻重)。德宗建中元年,铸建中通宝。户部待郎韩洄上言,江淮钱监岁共铸钱四万五千贯,输于京师。度工用转运,每贯计费钱二千。今商州有红崖冶出铜益多,又有雒源故监置十炉铸之,岁计出钱七万二千贯。度工,用转,送费计贯钱九百,利浮本矣。江淮七监皆可罢之。又天下铜铁之冶,是曰山泽之利,当归于王者,非诸侯方岳所宜有。今诸道节度、诸团练使皆占之,非宜也。诸总隶盐铁使皆从之。四年,判度支侍郎赵赞请采连州白铜,铸大钱,一当十,诏从之。既而赞熟计非便,寝不复请。贞元九年,张滂奏诸州府铸造铜器杂物,每销钱一千,为铜六斤。造瀉器物,则斤值六千余。其利既厚,销铸遂多。江淮之间钱宝咸耗,一切禁断,已后应有铜山任民开采,一依时价官为市。除铸镜外,一切不得铸造及私相买卖。诏曰可。既而弛私买卖铜镜之禁。时禁钱出骆谷散关,商贾至京委钱。诸道进奏院及诸军诸使,以轻装趋四方合券,乃取之,号飞钱[1]。十四年,又弛见钱不令出界之禁。宪宗元和元年八月,灵武节度

① 飞钱始于唐宪宗元和初年,有两种:一是官办,二是私办。这种汇兑方式减低了铜钱的需求,缓和钱币的不足,同时商人前往各地进行贸易活动时可减少携带大量钱币的不便。

使李栾奏，黄河堤岸塌，得古文钱三千三百，其形甚小，方孔三足（下详年代）。三年，李巽上言，郴州平阳、高亭两县界有平阳冶及马迹曲木等古铜坑，约二百八十余井。差官检覆，实有铜锡，请于郴州旧桂阳监置垆，两所采铸铜钱，每日约二十贯。志作日铸钱二十万，天下岁铸钱十二万五千缗。通志作以年计之铸成七千万贯。计一年铸成七千贯，有益于人，从之。四年，京兆裴武请禁与商贾飞钱者，时京师用钱，每缗除二十陌，于是禁之。六年二月，制曰：近征布帛，并先定物样一例，作中估[①]，受纳精粗不等，转卖皆致损折。其诸道留钱，使留州钱数内，绢帛等优饶与纳，使私无弃物。官靡逋财，所纳见钱，量征五分之二余三分，兼纳实估匹段。钱以准货本，公私交易，十贯钱已上即须兼用匹段。茶商等公私便换，见并钱须禁断。自禁飞钱，家有滞藏，物价浸轻。判度支卢坦请许于户部、度支、盐铁三司飞钱，谓之便换[②]，每千钱增给百钱。然商人无至者。七年，因王锷奏诏，蔚州铸钱可渐废。河东道锡钱令度支量支钱三万贯充本未详钱文何名。八年，以钱重货轻，出内库钱五十万贯，令两常平收市布帛，每端匹佐加十之一。又诏京城内文武官僚，不问品秩高下，并公郡县主中使等，下至士庶商旅，私贮见钱不许过五十，贯限一月内，任将别物收贮。如处置未了，更请限不得更过两月。限满违犯者，白身人等，所司痛杖处死。文武官及公主戚属中使并委有司闻奏，从重科贬，其剩贮钱并纳官，五分取一分充赏，赏钱止五千贯。外察获及人论告重科量赏，同时京师市肆积聚方镇钱[③]，如王锷、韩宏、李惟简，少者不下五十万贯。于是竟置第宅，以变其钱，多者竟里巷佇僦[④]，以归其直，而高赀大贾多依倚左右军官

---

① 建中元年（780）实施两税法后，物价大幅度下降。为了使以实物纳税者有力负担税款，朝廷令各地政府以“中估受纳”，抑每月绫绢米麦等税物的价格。元和六年（811）制：“近日所征布帛，并先定物样，一例作中估受纳。”

② 唐代的一种汇兑方式。商人至京，将钱交付各道驻京的进奏院或各军各使等机构，换取票券。商人离京去各地经商，可凭券至当地有关机构取款，谓之“便换”。此法宋代犹行。

③ 方镇有公使钱，例私以自奉，去则尽入其余。

④ 佇僦：佣租。

钱为名，府县不得穷，验法竟不行。言者谓，买田者志于吞并，故议立法以归其顷亩。蓄钱者志于流通，何烦上之人立法以教其懋迁乎？今以钱重物轻之故，立蓄钱之限，亦愚矣。盖自定两税以来，钱日重，物日轻，以民所输绢布三倍其初故也。穆宗长庆元年，诏百官议革其弊。尚书杨于陵以为，钱者，所以权百货，贸迁有无，所宜流散，不应蓄聚。今税百姓钱，藏之公府。又开元中，天下铸钱七十余炉，岁入百万。今才十余炉，岁入十五万。又积于商贾之室，及流入四夷。又，大历以前，淄青、太原、魏博贸易杂用铅铁。岭南杂用丹砂、金银、象齿。今一用钱如此，则钱安得不重，物安得不轻？今宜使天下输税课者，皆用谷帛，广铸钱而禁滞积，及出塞者，则钱日滋矣。朝廷从之，始令两税，皆输布丝纩，独盐酒课用钱。若土乏丝麻，或地边塞，赋入不同亦，令有司商酌便宜处置。或虑欲兼用见钱，令诸道公私铜器各纳所在节度、团练防御经略使。据元敕给与价，直并两税，仍令本处军人镕铸，以留州留使年支充用，充所铸钱①。诸州府有出铜可开炉处，便令如诸州监冶例，每年与本充铸。文宗太和二年，禁用铅锡钱交易，十贯限上，集众决杀。罪不至死者，征纳家资，充填赏钱。四年，禁私贮见钱，万贯至十万贯，限一期处置。毕十万贯至二十万贯以下，限二期处置。毕过限，任人纠告，家钱纳官，以五分之一充赏纠告人，皆准。元和十二年，敕事竟不行。

武宗会昌五年，铸新开元钱。大小径寸如开元通宝。时废天下佛寺，李德裕请以废寺铜钟、佛像及僧瓶碗等物，命所在铸钱。扬州节度使李绅乃以所废寺品铸钱，背加会昌字，以表年号。又有勑令铸钱，所各加本都州号名，为背文，曰：京（京兆）、洛（河南）、兴（凤翔）、梁（汴梁）、荆（江陵）、桂（广西）、潭（湖广）、广（广东）、福（福建）、越（浙东），洪（江西）、润（镇江）、昌（成都），鄂（湖广）、兖（兖州）、梓（东川）、襄（襄州）、丹（河北）、益（西川）、宣（宣州）、平（燕山）、扬（扬州）、蓝（蓝

① 此处“年支充用”似应为“年支未用”。此句后应为：“充军府州县公用。当处军人，自有粮赐，亦校省本，所资众力，并收众铜，天下并功，速济时用。待一年后，铸器物尽，则停。”

出），计共十三号。柳仲郢为铸钱使吏，请以字铸钱者，不答，既淮南铸会昌字，久之，僧取为钟钹云。六年，敕京城及诸道，起今年十月，公私行用，并取新钱，权停旧钱三数年。如有违犯，同用铅锡恶钱例科断，旧钱并纳官。宣宗立新钱，复铸，为像懿宗。咸通中铸咸通钱，唐钱讫于此。

后梁干化元年，西蜀王建改元永平铸永平元宝。燕刘守光改应天铸应天钱。贞明二年，闽王审知铸铅钱，与铜钱并行。蜀改元通政钱。贞明三年，南汉刘龑改元干亨，铸干亨钱。蜀铸天汉钱。贞明四年，蜀铸光天钱。贞明五年，蜀王衍铸干德钱。后唐同光三年，蜀铸咸康钱。蜀盖岁一改元，岁一改铸也，僭伪之，烦碎如此。

后唐庄宗同光二年，诏令所司检察，不得令富室分外收贮见钱，及工人销钱为铜器，兼沿边州镇设法钤辖，勿令商人搬载出境。时晏平奏，市肆间点检钱帛，内多锡镴小钱[①]，皆江南纲商挟带而来，换易好钱，藏贮富室，实为蠹弊。诏令京城诸道禁断杂恶铅锡钱，沿江州县舟舡到岸，严加觉察。若私载来往，并宜收纳。

明宗天成元年，铸天成元宝。

【按】唐至德同安庆绪亦改元天成未详铸钱否。

先是楚马殷[②]与杨行密、成油、刘岩等为敌国，患之，问策于其将高郁。郁教殷尊王仗顺，外夸邻敌，然后退修兵农。又讽殷，自唐郢复等州置邸务以卖茶，其利十倍。又铸铅铁钱，以十当铜钱一文，曰干封，曰天策。令民自造茶，以通商旅而收其算，岁入万计。由是地大力完数要封爵。及是明宗封殷为楚王时，湖南耑[③]用锡钱，铜钱一直锡钱百，流入中国，法不能禁。前此同光二年勅禁恶钱。至明宗四年，复禁之。长兴元年，鸿胪卿郭在徽奏请铸造新钱，或一当十，或当三十，或

① “锡镴”是锡与铅的合金。

② 马殷（852—930），字霸图，许州鄢陵（今河南鄢陵）人，五代十国时期南楚开国君主。

③ “耑”，同“专。

当五十兼，进钱谱一卷。表内征引故幽州节度使刘仁恭[1]为铁钱、泥钱[2]事。敕旨刘仁恭不守藩条，辄造泥钱，号为山库，丑状寻除，恶名犹在。郭在徽既居班列，合识规章，岂可显对明廷遽陈弊事，仍缘旧谱，更撰新文，加之以一当十，真谓将虚将实。据兹见解，宜加惩责。可降授卫尉少卿同正，钱谱纳在史馆[3]。其擅造到官数，钱图并令焚毁。二年，禁铁钱、蜡钱，使者并没纳官。末帝清泰二年，复禁铅钱。

后晋高祖天福三年，制听公私自铸钱，无得褋[4]以铅铁，每十钱重一两，文曰天福元宝[5]。左环读之，委盐铁司颁下模范，仍禁私作铜器。旋虑铜难得，敕听公私轻重从便，但勿令缺漏。夫许民私铸，已非可久之法，况又听其轻重从便，则民必铸轻，安有铸重者乎？惟患铸之不轻

① 刘仁恭(？—914)，河北深州人，唐末曾任卢龙节度使。本为原卢龙节度使李可下将领，唐僖宗光启元年(885)在卢龙攻易州的一场战役中，以挖地道进城的方法攻陷城池，因此军中号曰"刘窟头"。后遭其子刘守光所废。刘守光败于后唐李存勖，仁恭亦被擒处死。

② 泥钱：灸用器具。以泥土制成，如制钱状而较厚，中有圆孔，上放艾炷以施灸。"用泥钱五个，俱内空三分，周流换之，上着艾如楝子大，灸急疼方去，肉有汗起泡为妙。或棋子中取眼亦可。"另：用钱作模，压泥而成的钱形玩物。明刘侗、于奕正《帝京景物略·春场》："三月……小儿以钱泥夹穿而乾之，剔钱，泥片片钱状，字幕备具，曰泥钱。画为方城，儿置一泥钱城中，曰卯；儿拈一泥钱远掷之，曰撇。出城则负，中则胜，不中而指权相及，亦胜，指不及而犹城中，则撇者为卯。其胜负也以泥钱。"

③ "钱谱"二字前，应漏"仍勒依旧篆字其所进"。

④ 褋：杂。

⑤ 宋代人对于天福元宝的描述是："此钱径七分，重二铢四杂，铜质薄小，字文昏昧，盖以私铸不精也。"近代考古出土的天福元宝，也是版别众多，且大小不等，多轻小简率的私铸钱，精整的官炉钱非常少见。精整者径2.3~2.4厘米，重约4克，私铸者径1.9~2.2厘米，重1.8~3.3克，亦有极小钱，径仅1.7厘米。考古出土的后晋钱币中，又出现一种"天福通宝"，对于这种钱币，秦宝瓒《遗箧录》认为是"私铸偶冒不合敕者"，这种说法是可信的，因为一切史籍中均未提及后晋有此种钱币铸行，且"此钱文字昏昧，诚如洪说"。此外，另有一种"天福镇宝"钱，最早见于宋人著录，今亦有实物存在，文字形制同于"天福元宝"，此钱是否为后晋所铸，历来争议颇多。丁福保《古钱大辞典》中通过对各家之说的分析、校对与核实，并以实物为参证，认为"此钱足归于石晋天福元宝之后，无可疑义也"，由于作者证据全面，分析得法，此说目前较为可信。参见：任爽．五代典制考[M].北京：中华书局，2007:294.

薄耳。轻薄之极，必至缺漏，安可久行耶？至五年，乃禁私铸，专令官司自铸。是时闽王延义改元永隆，铸大铁钱，以一当十。蜀孟昶改元广政，铸广政钱。八年闽王延政铸天德重宝，背有殷字。时延政据建州，改国号曰殷也。四年，建钱炉于栾州，为石豹之冶。

后汉高祖铸汉通元宝。

后周世宗显德三年，以久不铸钱，民多销钱为器皿及佛像，乃立监铸钱，凡民间铜器佛像，皆毁以充铸。世宗之言曰：佛善道化人，苟志于善，斯奉佛矣。彼铜像者，岂所谓佛乎？且佛志在利人，虽头目犹捐以布施。若朕身可以济民，亦非所惜也。其言毅然不惑，可谓高明矣。所铸钱文曰周通元宝。

先是南唐主李璟亦铸钱，文曰保太元宝。及周显德间，兵屡起，泉布竭，遂铸唐国钱，文曰天唐通宝。数年渐弊，盗铸轻小。钟谟请铸大钱，一当五十。韩熙载请铸铁钱。始皆不从，谟请不已，乃铸当十大钱，文曰永通泉货，径寸七分，重十八铢，字八分书，背面匀好，皆有周郭。又铸当二钱，文曰唐国通宝，与开元并行。谟诛，遂废永通钱，铸铁钱，每十钱，以铁钱六襍铜钱四。既而不用铜钱，但以铁钱贸易，物价争涌，盗铸益多。至末年，铜钱一当铁钱十。

显德三年，后蜀孟昶铸铁钱，榷境内铁器，民甚苦之。

先是天福间。吴越王钱宏佐议铸铁钱，以益将士禄赐，其弟宏亿谏曰：铸铁钱有八害。新钱既行，旧钱皆流入邻国，一也。可用于吾国而不可用于他国，则商贾不行百货不通，二也。铜禁既严，民犹盗铸，况家有铛釜，野有铧犁，犯法必多，三也。闽人铸铁钱而乱亡，不足为法，四也。国用幸丰而自示空乏，五也。禄赐有常而无故益之，以启无厌之心，六也。法变而弊不可遽复，七也。钱者国姓，易之不祥，八也。宏佐乃止。宏亿之言，可谓洞悉时务矣。

以上自大唐至五代并诸伪国所铸钱，计三十样。

宋太平兴国四年，辽景宗耶律贤铸干亨通宝。

八年，辽圣宗耶律隆绪铸统和元宝。

天禧五年,耶律隆绪又铸太平元宝。

至和二年,辽道宗耶律洪基铸清宁通宝。

治平二年,耶律洪基又铸咸雍通宝。

熙宁八年,耶律洪基又铸康元宝、大康通宝。

元丰八年,洪基铸大安元宝。

绍圣二年,洪基铸寿隆元宝。

建中靖国元年,辽海滨王耶律延禧铸干统元宝。

政和元年,延禧又铸天庆元宝。

绍兴二十六年,金海陵王完颜亮铸正隆元宝。

范成大《揽辔录》[①]云:虏本无钱,惟金亮一铸正隆,余悉用中国旧钱。

至绍兴三十一年,金世宗完颜雍乃再铸大定元宝。高宗建炎四年,金人册立刘豫为大齐帝,改元阜昌,铸阜昌重宝。金人旋废豫。

以上皆北地钱,计一十三样。

三韩重宝(楷书一样)。

东国重宝。

海东通宝。

海东重宝。

朝鲜通宝。

以上系海东番钱,共八样。

董《钱谱》引徐氏曰:文有屋驼国钱,径七分,厚薄肉好,不异中夏。敦素曰:字文若梵书。凡十样。

圣宋元宝(宋太祖铸)。

---

① 乾道六年(1170),范成大以起居郎、假资政殿大学士官衔,充祈国信使,出使金国,为改变接纳金国诏书礼仪和索取河南"陵寝"地事,范成大在金国"词气慷慨",相机折冲,维护了宋廷的威信,全节而归,并写成使金日记《揽辔录》。

宋通元宝(同上)。

开宝中钱,文曰:宋通元宝。至宝元中。则曰皇宋通宝。近世钱文皆着年号。惟此二钱不然者。以年号有宝字故也。

太平通宝(宋太宗铸)。

至道元宝(宋真宗铸)。

淳化元宝。

咸平元宝(魏文靖云十文重一两)。

前世钱文未有草书者。淳化中铸淳化元宝。太宗始以宸翰为之作,真草行三体既成,以赐近臣。王元之有诗云:谪官无俸突无烟,唯拥琴书尽日眠。还有一般胜赵壹,囊中犹贮御书钱。

景德元宝。

太中通宝。

祥符通宝。

天禧通宝。

以上宋真宗铸。

皇宋通宝。

庆历重宝。

天圣元宝。

景祐元宝。

明道元宝。

至和元宝。

至和通宝。

至和重宝。

嘉祐元宝。

嘉祐通宝。

以上宋仁宗铸。自开宝更每一号必铸一钱。故每帝皆铸有钱数种、最多者仁宗也。在位四十二年,九改年号,而铸钱十种。

治平元宝。
治平通宝。英宗铸。
熙宁元宝。

【按】《甲申杂记》曰:安石作相时,尝欲作当十钱。神宗曰:刑狱自此滋张矣。遂已时政记载之。

熙宁重宝,元丰通宝神宗铸。
元祐通宝。
绍圣元宝。
绍圣通宝。
元符通宝。

以上宋哲宗铸。

崇宁通宝 徽宗年号。

崇宁三年,铸当十大钱。自太祖以来,诸路置监铸钱有折,二折三当五。至是蔡京以利惑上,始请铸当十,于诸路与小手钱通行。四年复铸夹锡铁钱。太祖以来,闽、蜀、陕西多用铁钱,每十文当铜钱一文。至是,河东转运判官洪中孚言,辽夏以铁钱为兵器,若杂以铅锡,则脆而不可用,请改铸之。乃诏置陕西、河东、河北、京西十八监,铸当二夹锡铁钱。至大观三年罢,四年并罢铸当十钱。

崇宁重宝。
大观通宝。
政和通宝。
重和通宝。

宣和通宝。

宣和元宝。

靖康元宝(钦宗年号)。

靖康通宝。

建炎通宝(高宗年号)。

建炎元宝。

建炎重宝。

绍兴元宝。

绍圣通宝(见上)。

隆兴通宝(孝宗年号)。

干通元宝。

淳熙元宝。

熙宁元宝(光宗年号)。

庆元通宝(宁宗年号)。

嘉泰元宝。

开禧元宝。

开禧通宝。

嘉定元宝。

大宋通宝(理宗年号)。

绍定通宝。

端平元宝。

端平通宝。

嘉熙元宝。

淳祐元宝。

宝祐元宝。

开庆元宝。

景定元宝。

咸淳元宝。

德祐元宝(度宗年号)。

以上系宋朝钱,共一百三十五样。

《泉志》[①]

正用品

虞钱、夏钱、商钱、周钱、景王钱、齐钱、晋钱、楚钱、赵钱、秦钱、秦半两钱、汉荚钱、八铢钱、四铢钱、三铢钱、半两钱、五铢钱、钟官赤仄钱[②]、后汉五铢钱、四出文钱、魏五铢钱、蜀直百钱、直百五铢钱、传形五铢钱、吴大泉五百钱、大泉当千钱、宋四铢钱、当两大钱、孝建四铢钱、二铢钱、景和钱、鹅眼钱、梁五铢钱、公式女钱、五铢铁钱、大吉铁钱、大通铁钱、大富铁钱、当十钱、四柱钱、陈五铢钱、大货六铢钱、后魏太和五铢钱、五铢钱、永安五铢钱、永安土字钱、西魏五铢钱、东魏永安五铢钱、北齐常平五铢钱、后周布泉钱、大布钱、永通万国钱、隋白钱、唐开元钱、乾封钱、乾元当十钱、重轮钱、小乾元钱、大历钱、开元大钱、建中钱、新开元钱、咸通钱、后唐天成钱、晋天福钱、汉汉通钱、周周通钱。

伪品

项梁大钱、吴王濞半两钱[③]、邓通半两钱、王莽大钱、小钱、货泉钱、

① 本节所列的各类钱品,基本者是摘自洪遵的《泉志》,只是增加朝代名,有的进行了合并,如东魏永安五铢钱。参见:汪圣铎.泉志[M].北京:中华书局,2013.作者对《泉志》进行了细致的研究,不仅有注释、译文,还在每卷后有简要点评。汪圣铎已做了注释之处,这里不再重复,只是针对个别之处进行补充性解释。当然,汪著中仍有些问题没有完整解决,如外国品中对地点的说明仍然有限,不少只有标为“不详”。

②《泉志》作“钟官赤侧钱”。

③ 战国晚期即开始铸造半两钱,直径约3厘米,重约8克,无周郭、穿郭,平背,铸工较差,边缘上常留下未被磨去的铜茬。秦统一后,半两成为通行于全国的法定货币。西汉初年,出现了不少不足量的半两钱,径约1.5厘米,最小的不足1厘米,重量仅半克左右。这种薄小的半两钱,当时人称为“荚钱”。

刚卯钱、公孙述铁钱、董卓小钱[①]、五铢钱、沈充小钱、张轨五铢钱、王则河阳钱、史思明得壹钱[②]、顺天钱、李景永通钱、开元铁钱、唐国钱、大唐钱、王建永平钱、通五钱、天汉钱、光天钱、王衍干德钱、咸康钱、孟昶广政钱、铁钱、刘龚干亨钱、铅钱、马殷干封钱、天策钱、钱俶钱、王审知铅钱、开元铁钱、王延义永隆钱、王延政天德钱、冯洪大兴钱、刘仁恭土钱、刘守光应天钱[③]。

不知年代品

平当五铢钱、大泉四出钱、大泉五铢钱、双五五铢钱、左右五铢钱、太元货泉钱、通行货铢钱、两铢钱、续铢钱、两柱钱、女钱、雉钱、对文钱、五铢钱、定平钱、传形半两钱、太平四钱、两啇钱、一文钱、四曲文钱、永光钱、五金钱、太朝钱、天镇钱、万岁钱、大兴钱、大千钱、天感钱、大兴钱、古钱、古文钱、三字钱、千字钱、黄河钱。

天品[④]

天帝钱、宝钱、咸阳钱、金五铢钱、五铢钱。

刀布品

白金三品契刀、错刀、大布、次布、第布、壮布、巾布、差布、厚布、幼布、么布、小布、货布、大黄布刀、古布刀、蒙城古刀、长平古刀、沂州银

---

①东汉末年董卓所铸不足值之劣钱。

② 唐朝安史之乱叛将史思明铸造于乾元二年(759)。面文为“顺天元宝”。

③ 刘守光(？—914):刘仁恭第二子,为父兄所恶,后叛,囚其父,杀其兄。911年自立为王,国号大燕,改元应天,终败于后晋,与其父仁恭为李存霸所杀。应天元宝:后燕刘守光应天元年(911)铸。

④ 南宋洪遵作《泉志》,将宗懔《荆楚岁时记》、任昉《述异记》中与钱有关的天神故事汇为一卷,取名“天品”。

刀、长平异刀、异布、藕心钱[①]、蚁鼻钱、古铜片。

外国品

罽宾国钱(以金银为之文,为骑马幕,为人面。注云:钱文面作騎马面,漫面[②]作人面目也)、乌弋山离国[③]钱(文为人头,面为骑马,如金银饰其仄安息国钱以银为之文,为王幕,为夫人面。王死辄铸以上。见《汉书西域传》)、泥婆罗国钱、何国钱、康国钱、拔汚国钱、条支国钱、佛菻国钱、大食国钱、因墀国天寿钱(因墀在西域之北。晋武时献玉钱千缗,其文如环。环重十两上。有天寿永吉四字)、日本国和同钱、神功钱、万年钱、隆平钱、干文钱、屋驮国梵书钱、疏勒国大五铢钱、龟兹国五铢钱、吐蕃国胡字钱,倭国廷喜钱、梵字钱、契丹国天赞钱、应历钱、重熙钱、清宁钱、大康钱、大安钱、寿昌钱、干统钱、天庆钱、千秋钱、高丽国海东钱、三韩钱(海东重宝,三韓通宝,朱时始铸东国钱)、阇婆国梵书钱、交趾国黎字钱、大秦国金钱、十银钱、当一金钱。司马彪[④]《汉书》云:三佛齐国钱、佛涅国钱、东沃沮国钱、新罗国钱、高昌国钱、波斯国钱、女国钱、大月氏国钱、小月氏国钱、中天竺国钱、于阗国钱、溜山牒幹国银钱、投和国钱、阿耆国钱、屈支国钱、睹货逻国钱、梵衍那国钱、迦毕试国钱、那揭罗曷国钱、健驮逻国钱、室罗伐悉氏国钱、羯若鞠阇国钱、钵逻那伽国钱、婆罗斯国钱、尼波罗国钱、摩揭陁国钱、伊栏

① 汉代的一种佩钱。宋洪遵《泉志·刀布品》引:“世有此钱,其形四方,状如博綦。长二寸面阔三分,当四棱。皆上下通阙,若藕挺中破状。其上有首,形如秤槌,鼻有孔,号为藕心钱。”宋王黼《宣和博古图录》:“藕心钱有四,大小虽殊,皆若破藕状。”《渊鉴类函》卷三百六十二:“潜确《类书》:汉有厌胜钱,十三种。又有藕心钱,状如干盾,长且方而不圆,盖古刀布之变也。”明董斯张《广博物志》卷三十七:“汉有厌胜、藕心钱,状如干盾,长且方而不圆,盖古刀布之变也。”参见《三才图会·珍宝》。

② 漫面,指金属钱币没有文字的一面。

③ 公元前2世纪至公元1世纪,位于亚洲西部伊朗高原东部的一个地区或半独立国家。

④ 司马彪(? —306),字绍统,河内温县(今河南温县)人,晋宣帝司马懿六弟中郎司马进之孙,高阳王司马睦长子,西晋宗室、史学家。著有《续汉书》。此处应为《后汉书》。

拏钵伐多国钱、怃萨罗国钱、摩突罗国钱、乾陁越国钱、杜薄国钱、康居国钱、末禄国钱、轩渠国钱、三童国钱、阿钩羌国钱、舍卫国钱、层檀国钱、裸人国钱、碎叶国钱、骠国[①]钱、巴氏钱、倓钱、宾钱、沙州五钱、阿枝国法南钱、答儿钱（阿枝一作阿支，市用金银钱。金钱九成色。曰法南计一分一厘。银钱仅如螺靥。曰答儿计四厘，每十五当。金钱之一）、古俚国吧南钱（一作古思园市，用六成金钱曰吧南，重二分，文二面小银钱曰答儿，重三厘）、祖法儿国[②]人形钱（市用金钱重二钱。径一寸、五分文。以人形铜钱重四分）、阿丹国哺噜黎钱、哺噜厮钱（赤金钱曰哺噜梨，重一钱，面有文。红铜钱曰哺噜厮屯。易用之）、榜葛剌国[③]傥伽钱、市用银钱、曰傥伽重三钱（径寸二分，形有文）、日本钱、移好钱（姚礼善尼钱日本寄语钱曰：移好铜钱，姚礼善尼）、南浡里钱、锡兰金（钱重一分六厘）、小葛兰金（钱重二分）、那孤儿国那底儿钱（金钱重五分，曰那底儿）、婆罗国钱（以铜为钱，面文为人背为牛马，不穿孔。见唐《西戎传》）。

奇品

台主衣库钱[④]、罗纹钱[⑤]、翅纹钱、北斗钱、轩辕钱[⑥]、柄文钱、日月

---

① 骠国（？—832），伊洛瓦底江流域佛教古国，都城为卑谬，有18个属国。中国史籍曾分志其史略。骠乃藏缅系中的一支，今不复存；或即缅人的前身。该国文化发达，擅长音乐。801年骠国王雍羌遣子，献其国乐与唐朝。

② 古国名。亦泽佐法儿。故地在今阿拉伯半岛东南岸阿曼的佐法尔一带。

③ 今孟加拉。

④ 南朝梁顾炬称"中王之钱"（敦素称为"钱中之王"）谓"台主衣库有此钱"。参见：何林.钱币学词汇简释[M].北京：大众文艺出版社，1999：119.

⑤ 清代泉家将"金玉满堂"民俗钱上的菱形网格纹称为罗纹，并称此钱为罗纹钱。

⑥ 宋洪遵《泉志·奇品》："右轩辕钱，顾烜曰：'今有此钱，径一寸，重五铢，面文为北斗，轩辕之象，背文为矛盾、龙凤之形，谓之北斗星钱。'张台曰：'唐太宗与建国功臣于禁中驰骑射轩辕钱孔，即此钱也。'"

钱、井文钱、双五钱、双十钱、星月钱、四五钱、八星钱、鲸文钱[①]、兔犬钱、明月钱、四神钱、万国钱、龙文钱、三雀钱、龟背钱、水波纹钱、双星钱、玄武钱[②]、千秋钱、龙凤重轮[③]钱、双凤钱、双鱼钱、四事钱、单面龙凤钱、龙凤钱、藕心钱[④]。

神品

轻影钱、淯水钱、会稽船钱、青溪宅钱、太平钱、齐兴郡钱、齐安郡钱、令公百炉钱、广宗郡钱、伪赵钱、轩辕钱、孙先生钱、桐城钱、白雀钱、寿春钱、应元钱、北海铁钱、严君平钱、科斗钱、燕口洞钱[⑤]。

---

① 即轻影钱。与下面神品中的轻影钱重复。

② 玄武钱出自《泉志》径寸二分,重八铢,文曰"永通万国",背文为玄武星剑之象。但此钱被列入厌胜钱。

③ 重轮是指二重外郭,即钱身外周之突出部分有两重。

④ 1995年,在西安八仙宫古玩市场见到藕心钱三枚,还有与之相配套的外函二件,均为生坑,其中二枚藕心钱能装入其中一函。如今已失,不可考。近读《钦定钱录》得知:"洪志引旧谱曰,世有此钱状如博棋,下网如藕,挺中破状,其上有首形如秤锤,鼻有孔,号为藕心钱。"《古泉汇·续泉汇(中)》说:"钱函俱方,函面正中凸起尖乳,乳之中开一孔至未,背及左右俱平钱之长及函之半,函上口八齿,齿之凹凸与钱之凹凸恰好符合。"又载:"藕心钱面文元延四年王政背文都昌侯。"称其钱"隶体精严其为汉京古物无疑"。参见:党顺民.藕心钱小议[J].中国钱币,1997(1).

⑤ 胡我琨《钱通》卷八。轻影钱,事载神物。淯水钱,事载奇获。会稽船钱,事载怪诞。青溪宅钱,事载神物。太平钱,南齐世祖治盆城时得此一枚。齐兴郡钱,事载奇获。齐安郡钱,事载奇获。李孝美曰按此与会稽齐兴钱文字大小皆未之闻。令公百炉钱,事载铸辨。封氏曰背文四出,张台曰径八分重二钱五黍。李孝美曰按此钱据所有者,背文大小皆如封张所说,面文轻重不与魏钱小异,铜色深赤,肉郭向外渐薄,如碾轮状,然不知其它如何也。广宗郡钱,事载献纳。伪赵钱,事载奇获。轩辕钱,事载怪诞。孙先生钱,事载神物。桐城钱,事载怪诞。白雀钱,事载神物。寿春钱,事见怪诞。应元钱,事载符谶。北海铁钱,事见镇压。严君平钱,事见神物。科斗钱,事见神物。燕口洞钱,事见神物。

厌胜品[①]

永安五男钱[②]、七夕钱、福庆钱、撒帐钱、男钱、辟兵钱、千金钱、丰乐钱、君宜侯王钱、长年钱、富钱、五男二女钱、天下太平钱。

作钱志者[③]，其有激乎？何远自皇王，近及帝霸，偏安鼎立之。穴岛穷漠之长，莫不范冶五金，均彻万有，使黄巾赤仄、人龟地马、一刀两柱、夷面鸟文之物，既骞骛于区中，亦翔踊于荒外。功用侔神明，权枢匹人主。虽玄天赭地，方足圆颅，若藉以转旋，寄之生死，眷兹廓落，河山可谓孔方世界矣。我故知其必有激也。惟是，舜有乘马，岂同五铢？帝借牵牛，亦如九府。神文不应，作巨斤形。误释瓜即图篆，具存雌黄焉。免[④]。亡论鱼龙飞动，抑亦苍籀判别。将同鼎图《隶释》，永传宝焉。

《通志》云：见于《钱谱》者有：太昊金、尊卢氏币、神农氏金、黄帝货

① 厌胜钱也叫做压胜钱、押胜钱，并非流通币。汉族民间一种用作吉利品或避邪物的古钱币。小孩子佩带的饰物。它起源于西汉，至清末民初都有铸造。它最初的本义主要是压邪攘灾和喜庆祈福两大类。到了后来，厌胜钱所指的范围越来越广，诸如开炉、镇库、馈赠、赏赐、祝福、辟灾、占卜、玩赏、戏作、配饰、生肖等，都铸厌胜钱。发展到后来使用范围越来越广，按不同的用途，大略可分为纪念、厌胜、凭信、上梁、供养、博奕、吉语、成语、戏作等品类。纵观历朝历代的厌胜钱，各种书法、图案内容，多是体现当时的礼俗时尚，因此厌胜钱对考察各朝代的政治、民俗、文化都具有极高的参考价值。

②中国最早的“五男”钱，应为六朝时铸“永安五男”钱。“永安五男”背四灵图花钱，属厌胜钱，有传世，但多为后代仿铸，真正者凤毛麟角。是钱生坑，青铜质，红斑黄绿锈，锈色、包浆、形制符合时代特征，系六朝古物，开门到代。钱体形制规整，钱径3.7厘米，厚2.5毫米，雍容华贵。“五男”简释：“五男”出自“五男二女”一语，系汉代常见吉语，含有多子多孙之意。传世所见厌胜钱多有“五二女”纹饰者。“永安”系北魏孝庄帝年号，永安二年(529)始铸“永安五铢”钱。“永安”二字寓有永葆安定之意。参见：皮学齐.中国钱币之最珍藏版下卷[M].北京：中国文史出版社，2012：500.

③ 该段文字原题为“刻《泉志》序”。不知何故，李世熊将“泉志”改为“钱志”。该序为孙震卿所作。

④ 应为“免此”。

金、轩辕货金、帝昊金、帝喾金、高阳金、尧钱、舜策乘马币、夏黄金、商货庄布、商货四布、商连币、商汤金、商子货金、周圜法货(周圜法别种)、齐公货(齐刀别种)、齐梁山币、莒刀、齐布。兵火以来,赣州尚有此。本云夹漈,至今又不可问矣。

严铜禁以裕铸本

以铜为金者,周秦汉通称也。《左传》:郑伯朝楚,楚子赐之金,曰:毋铸兵是也。庄子大冶铸金,金踊跃[①]曰:我且为镆铘[②],大冶必以为不祥之金,谓铁也。《庶物异名疏》[③]曰:书墨辟疑赦,其罚百锾。《孔氏传》:六两曰锾。锾,黄铁也。《正义》曰:舜典金作赎值。《孔氏传》以金为黄金。此言黄铁者。古者金银铜铁,总号为金。金别为四名,传言黄铁、黄金,皆铜也。古人赎罪率皆用铜。

《食货志》云:铸作钱布,皆用铜殽,以链锡链,真铅也。孟康曰:连,锡之别名。李奇曰:铅,锡璞名,曰连。应劭曰:连似铜。许慎云:连,铜属也。然则以连及锡杂铜而为钱也。此下又云:能采金铜连锡,益知连非锡矣。《货殖传》云:江南出金锡连。徐广曰:连,铅未炼者。故师古谓,孟康、李奇二说皆非也[④]。

《山海经》:谷山、昆吾山、蛊尾山、白马山皆多赤铜。

《抱朴子》曰:铜有牝牡。在火中尚赤时,令童男女以水灌铜,铜自分二段,凸起者牡铜,凹陷者牝铜也。

---

①《淮南子·俶真训》:"夫冶工之铸器,金踊跃于炉中,必有波溢而播弃者,其中地而凝滞,亦有以象于物者矣。"

② 即"莫邪"。

③《庶物异名疏》,明陈懋仁撰,三十卷,有浙江吴玉墀家藏本。

④ 1923年,章鸿钊认为"连"一定是白的,而且可能是矿石(璞),遂判断为锌矿石,进而认为即"菱锌矿石"。1925年,他进一步提出了一份6枚传世的"莽钱"的检测报告,指出莽钱确实含锌,并指出"西汉尚禁铅铁为钱",因而肯定"连"为锌矿石。参见:赵匡华,周嘉华.中国科学技术史(化学卷)[M].北京:科学出版社,1998:193-194.

汉文弛盗铸令。贾谊谏曰：铸钱之情，非淆杂为巧，则不可得赢。而殽之甚微，为利甚厚。今令细民人操造币之艺，各隐屏而铸作，因欲禁其厚利微奸，虽黥罪日报，其势不止。今农事弃捐，而采铜者日蕃，释其耒耨，冶镕炊炭，奸钱[1]日多。【按】今江湖间谓钱之薄恶者，曰挫[2]钱。挫乃奸之讹也。国知患此，吏议必曰禁之。禁之不得其术，其伤必大，令禁铸钱，则钱必重。重则其利深，盗铸如云而起，弃市之罪又不足以禁矣！奸数不胜，而法禁数溃，铜使之然也。故铜布于天下，其为祸博矣！今博祸可除，而七福可致也。何谓七福？上收铜，勿令布，则民不铸钱，点罪不积，一矣。伪钱不蕃，民不相疑，二矣。采铜铸作者反于耕田，三矣。铜毕归于上，上挟铜积以御轻重，钱轻则以术敛之，重则以术散之，货物必平，四矣。以作兵器，以假贵臣多少有制，用别贵贱，五矣。如淳曰：古者以铜为兵，秦销锋镝，铸金人十二是也。以临万货，以调盈虚，以收奇羡，则官富实而末民困，六矣。制吾弃财以与匈奴，逐争其民，则敌必怀，七矣。今久退七福，而行博祸，臣诚伤之。

吴王濞有豫章郡铜山，招致天下亡命者盗铸钱，以故无赋而国用饶足。

《孔氏帖》云：韩洄上言，今商州红崖冶产铜，而洛源监久废，请凿山取铜，即冶旧监置十炉铸之，岁得钱十万二千缗。

周世宗时，遣尚书韩彦卿以帛数千匹，市铜于高丽以铸钱，高丽贡铜五万斤。

张齐贤[3]初除转运使。太宗谓曰：江南多出铜，即为朕密经营之。齐贤乃访得江南承旨丁钊，历指饶、信、处州山谷产铜铅锡之所。又求

① 指私铸的钱币。

② 原意为撞(钟)，通“牵”。

③ 张齐贤(942—1014)，字师亮，宋代著名政治家。进士出身，先后担任通判、枢密院副史、兵部尚书、吏部尚书、分司西京洛阳太常卿等官职，为相前后21年。有《书录解题》《洛阳搢绅旧闻记》传于世。

钱代铸法。惟饶州永平监[①]用唐开元钱料，坚实可久。于是定取其法，岁铸三十万贯，凡用铜八十五万斤、铅三十六万斤、锡十六万斤。齐贤诣阙面陈其事。帝可之。

宋自王安石为政，始罢铜禁。奸民日销钱为器，边关海船，不复讥[②]钱之出，国用日耗。

【按】刘秩有言，铸钱之用不赡者，在乎铜贵。铜贵之由，在采用者众。夫铜不布，下则盗铸者无因而铸；无因而铸，则公钱不破；公钱不破，则人不犯死刑钱。又曰：增末复利矣。是一举而四美兼也。宋朝铸钱，比前代为多，天下置监铸钱总二十六处。计其最多之年，岁课至五百四十九万贯。韶州永通一监岁造八十万贯，他可知矣。大抵国计仰给于此。以当时铜禁最严，销钱为器者有罪，漏钱出界者抵死，惟禁严所以铜多，多则贱，鼓铸虽烦，而民不至甚困。安石一变其法，而国用以耗，为政者乌可轻变成法哉。

唐刘秩请禁铜。谓铜之为器不如漆，以为兵则不如铁。此自后世之兵以铁故，知铜不如也。

【按】荀卿论王之所宝者六。一曰金足以御兵乱，则宝之。古者金三品，黄曰金、白曰银、赤曰铜，以御兵乱，为兵器则必用铜。贾谊谏禁民放铸，以致七福。一曰以作兵器，是铜为兵器也。春秋郑伯始朝于楚，楚子赐之金，既而悔之，与之盟。曰无以铸兵，故以铸三钟。季武子以所得于齐之兵，作林钟而铭鲁功焉。秦始皇尽销天下兵，铸以

① 饶州治所在江西鄱阳县（治今江西波阳），是古代著名的产铜地。《新唐书·食货志》：陕、宣、润、饶等六州有铜冶九十六。《新唐书·地理志》：饶州有永平监钱官，有铜坑三。表明饶州之铜矿开采及设钱监时代甚久。永平监是宋代规模较大、延续时间最长的一个铸钱监，它应始设于唐代。参见：裘士京.江南铜研究：中国古代青铜铜源的探索[M].合肥：黄山书社，2004：249-250.

② 讥：稽征之意。

为钟簴[①]及金人十二。是铜为兵器，不为兵即为钟也。

楮币[②]源流

汉武狩四年，始更钱，造白鹿皮，币直四十万。凡荐璧非皮币不得行，用以摧商贾，浮淫兼并。后世楮币肇于此。

唐宪宗时，令商贾至京师，委钱诸路进奏院及诸军、诸使、富家以轻装趋四方，合券乃取之，号飞钱[③]。

【按】此楮法所由起。但委钱而合券，以取券与钱，犹是二物非若今之，即以钞为钱而用之也。

宋太祖时，许商人入钱左藏库，以诸州钱给之。而商旅先经三司投牒，乃输于库所。由司计一缗，私刻钱二十，寻置使钱务。

【按】此即飞钱之法。今世亦可行，但恐奉行者给受有停滞之弊，出入有减换之弊耳。

真宗时，张咏镇蜀。患蜀人铁钱重不便贸易，设质剂之法。一交一缗，以三年为一界而换之。六十五年为二十二界，谓之交子。富民十六户主之。其后富民入赀稍衰，不能偿所负，争讼数起。寇瑊守蜀，乞禁交子。转运使薛田、张若谷议，废交子则贸易不便，请官为置务，禁

① 《周礼·考工记·梓人》："若是者以为钟虡，而由其虡鸣。"《资治通鉴·汉献帝 初平元年》："董卓坏五铢钱，更铸小钱，悉取雒阳及长安铜人、钟虡、飞廉、铜马之属以铸之。"

② 又称"楮券"。即纸币。

③ 飞钱，亦称"便换""便钱"。元和七年曾规定商人在户部、度支、盐铁三司飞钱，每千钱加付百钱，商人不至，又改为免费对换。宋太祖开宝三年(970)设便钱务，专门办理便换。南宋初年便换业务还盛行。后来使用纸币，便换业务衰落。飞钱实质上只是一种汇兑业务，它本身不介入流通，不行使货币的职能，因此也不是真正意义上的纸币。参见：翁礼华."飞钱"的产生与消亡[J].中国财政，2008(11)：72-73；李家寿.关于唐代"飞钱"的性质问题[J].财经研究，1994(3)：62-63.

民私造。诏从其请,置益州交子务。吕祖谦曰:蜀用铁钱,行旅赍持不便。交子之法出于民所自为,托之于官,所以可用。今铜钱稍轻,行旅非不可挟持。昔者之便,今日之不便也。

【按】用楮为币始于此。造楮始于汉,三代以来未有也。初用以代木简竹册耳。唐王玙乃用为假钱,焚以事神,至是真以代铜钱而为行使之币。作俑者寇瑊而成之者。薛田、张若谷以无用之物易有用之物,遂使蔡伦之智与太公之法并行,噫,可叹哉!

天圣中界,以百二十五万六千三百四十缗为额。至神宗时,改交子务为钱引务①。

【按】交子每三年一换,谓之界。更换之际,新旧相易,上下相关,尤为劳扰。国朝钞法一定而不更,可谓便至。神宗时,皮公弼言,交子之法,以方寸之纸飞钱致远,然不积钱以为本,亦不能以空文行。

【按】宋朝交会皆用官钱为本。至金元之钞,始取料于民,不复以钱为本矣。

建炎三年十月,于泰州置钱引务②,兴州鼓铸铜钱,官卖银绦,听民以钱引,或铜钱买之。凡民钱当入官者并听用,引折纳官支出,亦如

①《宋史·食货志》记崇宁四年(1105)令诸路更用钱引,准新样印刷,四川如旧法。宋徽宗大观元年(1107年),宋朝政府改“交子”为“钱引”,改“交子务”为“钱引务”。除四川、福建、浙江、湖广等地仍沿用“交子”外,其他诸路均改用“钱引”。后四川也于大观三年(1109)改交子为钱引。“钱引”与“交子”的最大区别,是它以“缗”为单位。“钱引”的纸张、印刷、图画和印鉴都很精良。但“钱引”不置钞本,不许兑换,随意增发,因此纸券价值大跌,到南宋嘉定时期,每缗只值现钱一百文。

② 钱引为宋代兑换钱币的证券、即纸币。北宋先使用交子,宋徽宗大观初年,由于交子发放无定数,界期混同。引起恶性膨胀,遂把交子改为钱引,改交子务为钱引务。钱引务发行新纸币钱引。除四川、福建、浙江、湖广等地仍沿用交子外,其他诸路均改用钱引。后来四川也于大观三年(1109)改交子为钱引。钱引与交子的最大区别是它以“缗”(相当于贯)为单位。钱引不置钞本,没有准备金,而且不许兑换,是纯粹的纸本位。后缗只值现钱百文,只得终止。

之，民以为便。

绍兴元年十月初，置见钱关子[1]。时命张俊屯婺州。有司请椿办合用钱而路不通舟，钱重难致。乃造关子付婺州，召商人中以给军食，商人执关子于榷货务请钱，愿得茶、盐、香货钞引者听。于是，州县以关子充籴本，未免抑配而摧货务，又止以日输三分之一偿之，人皆嗟怨。五年三月，置总制司，以孟庚提领之。先是帝在扬州，四方贡赋，不以时至，吕颐浩、叶梦得言：政和间，陈亨伯为陕西转运使，创经制钱。大率添酒价，增税额，官卖契纸，与凡公家出纳，每千收头子钱二十三文，其后行之东南及京东西、河北，岁入数百万缗，所补不细。今边事未宁，费用日广，请复行之诸路，一岁无虑数百万计，贤于缓急暴敛多矣。上从之。至是，又因经制之额增，析为总制钱[2]，岁收至七百八十余万缗。

绍兴三十年，户部侍郎钱端礼被旨造会子，储见钱于城，内外流转，其合发官钱并，许兑会子，输左藏库。初行于两浙，遂通行诸州。

【按】交子至是更名会子，又谓之钱引，又谓之关子，又谓之关会，

① 关子最初用作文书和凭据。北宋后期，兑便关子出现。用于购买货物，商人持之到榷货务领取现钱。见钱关子其目的主要还是用来解决现钱运输不便的问题。杭、越州榷货务印发见钱关子，商人在婺州人中后取得见钱关子，持之到杭、越州榷货务取兑现钱，每千钱外还加十钱的优润。对商人而言，在得到现钱的同时，还有十钱的贴水，因此商人乐意为之。对政府而言，通过商人在婺州人中，解决了婺州的军需问题，省却了运送军需的费用，政府也有益处。榷货务有充足的现金准备，商人能够如愿得到现钱，因此这一时期见钱关子的信用较好。引自：缪坤和．宋代信用票据研究[M]．昆明：云南大学出版社，2002：103-104.

② 经制钱和总制钱的并称，宋代的附加杂税。以添酒钱、添卖糟钱、典卖田宅增牙税钱，官员等请给头子钱、楼店务增三分房司使孟庾又创立总制钱，与经制钱合称“经总制钱”，以充军费。这种附加税钱与商品交易、金钱出纳有关。大都间接课之于商贾。征收方法是：凡买卖田宅、卖酒、卖糟，以及一切民间钱物交易，印契钱、房钱、牙税等，每千文由官府增收一笔附加税，叫做“头子钱”。一部分充总制钱，其余作他用。税率“视宜和时过倍”。从经总制钱所得的收入数额很大，东南诸路每年收一千四百四十余万贯，四川收五百四十余万贯。有的地方经总制钱多于正税。参见：吴慧．中国商业政策史[M]．北京：社会科学文献出版社，2014：130.

其实一而已。唐之飞钱,特以通商贾之厚赍,贸易者盖执券以取钱,非以券取钱也。至交子会子则直以纸为钱矣。

高宗论交子之弊曰:如沈该称提之说,但官中常有百万缗,遇交子减价,自买之。即无弊矣。戴埏曰:自物货难于阜通,乃假圜法以流转。故言钱则曰平准。见有是钱,必有是物,而后可准平也。钱多易得,则物价贵踊。此汉唐以后议论也。自商贾惮于般挈,乃利交子之兑换。故言楮则曰称提。见有是楮,必有是钱,以称提之也。楮多易得,则金钱贵重,此宋绍兴以后议论也。陆贽谓:钱多则轻,必作法以敛之。赵开谓:楮多则轻,必用钱以收之。今日病在楮多,不在钱少。楮愈多则物愈贵。计以实钱,犹增一倍,盖古之贸通,止钱耳。钱难得,则以物售钱而钱重;钱易得,则以钱售物而钱轻。复添楮以佐钱,则售物者愈多,而物愈贵。古人惟重本物,谷粟桑麻及诸食。物,本也,钱,末也,楮又末之末。柳宗元言平衡曰:增之铢两则俯,反是则仰。此称提大术也。

【按】称提犹所谓平准。平准以币权货之低昂,称提则以钱权楮之通塞。今世钞法不行,亦可准称提之法,出内帑钱以收之,则流行矣①。

绍兴末年会子行,未有两淮湖广之分。干道初,户部侍郎林安宅乞别给会子印付,准淮南州军行使,不得越至他路。马端临曰:置会子之初意,非即以会为钱。盖以茶盐钞引之属视之,而暂以权钱耳。然钞

① 关于称提的本义,一般认为"所谓称提,原意就是提高,它可以指提高物价,也可以指提高钱价,但更多地指提高纸币币值"。"称提",取此二字某些含义复合而成。最初系言平衡","准平、称提,皆以权衡取义。关于称提的作用,货币史研究者的看法不专相同。叶坦认为称提最初"系言平衡……指不同物品之间达至一种对等、平衡的关系"。参见:叶坦.富国富民论[M].北京:北京出版社,1991:241.叶世昌认为,如果说是平衡,也只限于向上的平衡,而无下向平衡的意思。从字面分析,称有"举"义,所以这里的称和提是同义词,都是提高的意思。参见:叶世昌.中国古代经济管理思想[M].上海:复旦大学出版社,1990:179.此外,叶世昌还认为,称提对象包括纸币和铜钱,称提的目标是提高纸币的币值和加强对铜钱的管理。

引则所直者重。而会子则止于一贯下。至三百二百钞引，则只令商人凭以取茶盐。必须分路会子，则公私买卖支给无往不用。且自一贯造至二百，是明以代见钱矣。又况以尺楮而代数斤之铜，赍轻用重，千里之远。数万之缗，一夫之力，克日可到。则何必川自川，淮自淮，湖自湖。使后来或废，或用，号令反复，民听疑惑哉。呜呼！交会之设，以虚易实，以假博真，固非圣人以至诚，治天下之道，况又拘其地以限之乎。

绍兴二十四年，女真以铜少循宋四川交子法，置交钞库，造钞引一贯、二贯、三贯、五贯、十贯五等，谓之大钞。一百、二百、三百、五百、七百五等，谓之小钞。与钱并用，以七年为限，约旧易新。诸路置官库受之，每贯工墨钱十五文，公私便焉。其后罢七年厘革之限，字有昬[①]者方换之。

【按】楮币在唐谓之券，在宋谓之交会。元以来，钞制则始于此。考宋之交会，南渡后取纸于徽池[②]，犹是别用纸为之，而印文书字于其上。邱浚曰：其制无考。金史交钞之制，以桑皮就造为钞，外为阑，作花纹，其衡书贯例，外书禁条阑，下备书经由[③]。交换之法及印章花押元，承其旧沿用之。中虽小异，大槩[④]实同也。宋交会犹与钱相为轻重，而有称提之法。此后，则钱自钱，钞自钞，各与物相为轻重矣。

元世祖始造交钞，以丝为本，每银五十两，易丝钞一千两，诸物之并。从丝例其后，又造中统元宝钞，以十计者四等，以百计者三等，以贯计者二等。每一贯同交钞一两，两贯同白银一两，元宝交钞行之。既久，物重钞轻。【按】银五十两易钞千两，是银一两钱二十两也，两贯

① 同“昏”。

② 指安徽徽州、池州。

③ 金史云：初贞元间既行钞引法，遂设印造钞引库，及交钞库，皆设使副判各一员，都监二员，而交钞库副，则专主书押搭印合同之事。

④ 同“概”。

同白银一两，其所钱亦与交钞同。

元至大二年，武宗从乐实言，钞法大坏。乃改造至大银钞，凡十三等。每一两准至元钞五贯，白银一两，黄金一钱。随路立平准，行用库，买卖金银，倒换缗钞。或民间丝缗布帛赴库回易，依验时估给价，随处路府州县设立常平仓，以权物价。丰年收籴粟麦米谷，值青黄不接之时，比附时估减价出粜，以遏沸涌。金银私相买卖，及海舶兴，贩金银铜钱丝缗布帛下海者，并禁之。乃立资国院[①]，山东、河南、辽阳、江淮、湖广、四川立泉货监六，产铜之地设提举司十九。铸钱曰至大通宝者，每一文准银钞一厘。曰大元通宝者，准至大钱十文，与历代钱通用，其当五、当三、折二并以旧数用之。既而御史言至大银钞始行，品目繁多，民犹未悟，而又兼行铜钱，虑有相妨。今民间拘收铜器甚急，民殊不便，乞与省臣详议不报。仁宗初即位，诏曰：尚书省不究利病，既创至大。银钞又铸大元，至大铜钱钞，以倍数太多，轻重失宜，钱以鼓铸弗给，新旧恣用，曾未再期，其弊滋长。其罢资国院及各处泉货监、提举司，买卖铜器，听民自便。应尚书省已发各处至大钞本。及至大铜钱截日封贮，民间行使者赴行用库倒换。杨朵儿只曰：法有便否，不当视立法之人为废置。铜钱与楮币相权，而用古之道也。何可遽废耶？言虽不用，时论韪之。

至正十年，诏曰：世祖颁行中统交钞，以钱为文。厥后造至元宝钞，以一当五，名曰子母相权。而钱实未用，历岁滋久，钞法偏虚，物价腾踊，民用匮。其以中统交钞一贯文，省[②]权铜钱一千文，准至元宝钞二贯，仍铸至正通宝钱，与历代铜钱并用，以实钞法。十一年，又铸至正通宝钱，印造交钞，令民间通用行之。未久，物价腾踊，价踰十倍。

① 资国院，元朝官署。至大二年(1309)，武宗从尚书省议变更钞法，印造至大银钞并，铸至大通宝和大元通宝两种铜钱，立资国院于大都。参见：张政烺.中国古代职官大辞典[M].郑州：河南人民出版社，1990：875.

② 按《元史》卷四二《顺帝纪》五至正十年十一月己巳条，无“省”字，当衍。

既而海内大乱。京师料钞[1]十锭易斗粟不可得。

【按】自交会流而为钞，钞所费，直不过三五钱，而以售人千钱之物。奸民以计取人，上之人犹厉禁之，况上之人自为之哉？民初受其欺，继而畏其威，不得已而黾勉从之。行之既久，终莫之行，非徒不得千钱之息，并与其所费三五钱之本而失之，且因之以失人心，亏国用而致乱亡之祸，如元人者可鉴也已。

明制铜钱宝钞相兼行使。百年之后，弊亦丛生。洪武年，先有银禁，恐其或阂钱钞也，而钱之用不出于闽广。宣德正统以后，钱始用于西北。自天顺成化以来，钞之用益微矣。后遂废而不举。或请稽古三币之法，以银为上，币钞为中，币钱为下。币以下中二币为公私通用之具，而一准上币以权之。钱多则出钞以收钱，钞多则出钱以收钞。银之用，非十两以上禁，不得交易。庶乎钞可通行也。要之，楮币之设，原出衰世，权宜之术，终非经久可行之道也。

祝允明《野记》[2]曰：洪武始造钞，不就。一夕梦神告用秀才心为之。寤思曰：岂得杀士为之耶？高后曰：士子苦心程业文课，即心也。因命取太学积课簿，捣造果成。

纸钱

《唐书王玙传》曰：玄宗颇好神鬼，故玙专习祠祭之礼以干时。上悦之，以为侍御史，领祠祭使，使玙祈祷。或焚纸钱，类巫觋，习礼者羞

① 元初发行的一种货币。因以丝料作合价标准，故称。元刘致《端正好·上高监司》套曲："十分料钞加三倒，一斗粗粮折四量。"元无名氏《杀狗劝夫》第二折："你怀揣着鸦青料钞寻相识，并没半升粗米施饘粥。"《元典章·钞法·昏钞》："诸行用库，凡遇人以昏钞易换料钞，皆须库官监视。"此时，中统钞成为无本虚钞，失去纸币的信用；同时，破坏财政量入为出的规则，"一切支度，虽千万锭，一于新印料钞内支发"。

②《野记》，四卷，明祝允明撰。祝允明，字希哲，号枝山，长洲人。弘治五年举人，官至应天通判。以书法、诗文称世。《明史·卷二八六》有传。

之[①]。以汉来葬者，皆有瘗钱，后世里俗，稍以纸寓钱为鬼事。至是玙乃用于祠祭。《法苑珠林》云：纸钱起于殷长史。《杜诗办证》云：南齐废帝东昏侯好鬼神之术，剪纸为钱，以代束帛。至唐盛行其事。云有益幽冥。又牛僧孺云：楮钱，唐初剪纸为之。【按】此则纸钱，非创于玙矣。记曰：谓之明器，神明之也。汉之瘗钱，近于之死而致生矣。以纸寓钱，亦明器也。犹之涂车刍灵云耳。俗谓资于冥涂，则可笑也。虽然，后世以楮币为铜钱，同人道于鬼物，岂非之生而致死乎！

周世宗发引之，曰金银钱，以纸为之印文。黄曰泉台上宝，白曰冥游亚宝。

杂说

《汉世古谚》曰：虽有神药，不如少年；虽有珠玉，不如金钱。

冯鉴《事始》曰：钱文以宝，自周景王之钱始也。以年自后，魏孝文太和始也[②]。以铁为钱，自公孙述据蜀始也。

汉天子供养劳赐，壹出少府。凡山泽、陂池之税，名曰禁钱，皆属

① 唐代烧纸钱的始作甬者为王玙。汉代以前，讲究视死如视生，多是以真钱和玉帛来陪葬，陪葬之钱称为“瘗钱”。到了东汉，造纸技术获得发展，“瘗钱”以纸品替代。宋人高承《事物纪原》已看到这一点：“汉葬者有纸寓钱，谓昏晚埋钱于圹中，为死者之用。”史书记载，南齐时的殷长史和东昏侯都在祭祀中大量使用纸钱。王玙以神鬼之弄而投“靡神不宗”的唐玄宗所好，发明了“每行祠祷，或焚纸钱，祷祈福佑”之术，不但使自己获得飞黄腾达的一世荣耀，官至宰相之位，而且开了一个焚纸祭祀的先河，致使开元盛世，从民间到皇宫，每逢清明和祭祀之日，纸钱飞灰。此风俗在当时的唐人诗歌中也多有描述，如白居易《寒食野望吟》中说：“风吹旷野纸鸢飞，古墓累累春草绿。”

② 太和十九年(495)，孝文帝在洛阳始铸行年号钱“太和五铢”，其形制与汉五铢类似。钱文直读，小平光背，字呈方折，在隶书和篆书之间，又有增笔。钱体大小轻重不一，大者直径25毫米，重3.4克；小者直径2毫米，重2.5克左右。官铸和私铸并行，大型者多为官铸造，小型者多为民间私铸，因而有很多的版别。孝文帝的这次铸钱有以下特点：一是“太和五铢”铸行后，只流通于京师(洛阳)一带，而不入徐(州)扬(州)之市，未能成为北魏的统一通用货币。二是允许私铸，后期劣质钱充斥，民不乐用，造成物价不断剧烈波动。三是“太和五铢”实行后，谷帛金银仍充当一般等价物使用。

焉。又曰：水衡钱[①]，盖天子之私藏也。应劭注《汉书》谓：县官公作，当仰司农。今出水衡钱以为异政，如《宣帝纪》：以水衡钱为平陵，徙民起第宅，是也[②]。

汉官出钱给文，书得出沐者，名山，即钱。杨恽白罢之。又官司月俸，曰餐钱。《高后纪》：列侯幸得赐餐钱，法赐厨膳钱也。后《百官志》：凡诸受俸半钱半谷[③]，皆月给之，犹今禄米也。

汉昭帝二年，诏令：今年郡国毋敛马口钱[④]。注曰：往时有马口出敛

---

① 汉代皇室私藏的钱。由水衡都尉、水衡丞掌管、铸造，故称。后泛指国帑。近人郁达夫《日本竹枝词》之八："羡煞传经诸伏女，一时分得水衡钱。"水衡都尉的职掌主要负责皇室土(地)管理、赋税征收、货币铸造等事项。其中，铸币机构放在水衡，铸币利润就成为皇室收入。

② 水衡与少府都是皇帝的财物管理机构。水衡是负责皇室财政收支的，官府开支，应当依靠司农。这里说为移民盖房使用水衡钱，是说汉宣帝打破了过去的常规，用皇帝自己的钱办公家的事情。东汉以后皇室财政的收入日趋缩小，水衡都尉由此也被裁撤，并其职于少府。参见：朱德贵.汉代商业财政经济论稿[M].北京：中国财政经济出版社，2004:57.

③ 东汉建立并稳定下来后，恢复了西汉时期实行的一套政治经济制度，也恢复了以五铢钱作为统一货币的地位。建武二十六年所定俸例，以谷物具体讲是以粟而不是像西汉那样以钱币为定俸标准，但发放时又"钱谷各半"。当时"百里长吏""一月之禄，得粟二十斛，钱二千"。说明"半钱半谷"制实际得到推行。"半钱半谷"具体做法是：即所有官吏每月实际领取的俸禄，谷物(粟)只占其秩品规定谷物的50%，另50%的谷物按一斛谷值100钱的标准折钱发给。100钱在正常情况下，高于一斛谷的价值，这已为谷价波动预留了余地。黄惠贤、陈锋等学者认为，学界不少人在讨论此问题时，"或所察不周，或求之过深，反弄出许多不是问题的问题"。参见：黄惠贤，陈锋.中国俸禄制度史[M].武汉：武汉大学出版社，2012:48-49.

④ 关于马口钱的属性，目前存在着两种解释：一是人口税中的附税，二是牲畜税。汉代政府向十四岁及其以下的儿童征收的人头税。亦称口钱、口赋钱。汉初是人二十钱，起征年龄是七岁，武帝时提前至三岁起征。元帝同意贡禹的主张，把起纳年龄再推迟到七岁。武帝时为弥补抗匈奴战争的军费支出，自元狩四年(前119)起，在起征年龄提前的同时，又在原口赋的二十钱外附加了三钱，以供军马粮刍的用费，故称作"马口钱"，以后遂成定制。汉代的算赋是政府的税收，归大司农；口赋是帝室的税收，归少府；据《汉仪注》，马口钱是"以补车骑马"，系特殊军用的附加税，不属少府，而属大农，以供军用(军用车马及兵器费用均由大农开支)。口赋和马口钱，在昭帝、宣帝以后以及东汉安帝、顺帝时，也偶然酌减或蠲免，但都是很少见的措施。参见：闻明，张林.千年重农[M].北京：环境科学出版社，2006:75.

钱，租及六畜也。《梁冀传》：意钱[①]之戏。何承天《纂文》云：一曰诡亿，一曰射意，一曰射数，一曰持掩，即今摊钱[②]也。王符[③]论云：或以游博持掩为事。注：博，博六[④]也；掩，意钱也。

哀帝纪：女徒已论归家复雇山钱，月三百。雇山者，言雇人给薪也。顺帝时，长史一千石听百姓谪罚者输赎，曰义钱。虞诩上疏乞除之，今谓之纸赎、赎锾。桓灵鬻爵，收钱入库。拜三公者，输东园礼钱千万，名左驺钱。灵帝好蓄私藏，敛天下。田[每]亩十钱以修宫，名修宫钱。每郡国贡献，先输钱内府，名导行钱。唐贞元间，中书门下中和节初赐钱给百官，名宴钱。宰臣以下曲江合宴，曰金钱会。肃宗时，天下田，一亩税钱十五。方苗青，即征之，号青苗钱。又有地头钱，每亩二十通，名青苗钱。德宗以宦者充宫市，使抑买人物，仍索进奉门户脚价钱。门户者言进奉所经处，皆有费用也。德宗时，取僦匮纳质钱，及粟麦粜于市者，四取其一。长安为罢市。赵赞复请税间架算，除陌钱[⑤]。宪宗禁钱出骆谷、散关[⑥]。商贾委钱诸道，进奏院及诸军诸使，轻

① 意钱主要是指猜度钱之有无、正反或数目。参见：王子今.钱神：钱的民俗事状和文化象征[M].西安：陕西人民出版社，2006：211.

② 唐杜甫《夔州歌》之七："长年三老长歌里，白昼摊钱高浪中。"宋陆游《入蜀记》卷五："因问何谓摊钱，云：博也。"摊钱为赌博的一种形式。赌博的一种。近世有摇摊，以骰子摇出点数，以四除之，视其有无余数，或余数为一、二或三，以博胜负。

③ 王符(85—162)，字节信，安定临泾(今甘肃镇原县)人，东汉政论家、文学家、进步思想家，无神论者。王符一生隐居著书，崇俭戒奢、讥评时政得失。因"不欲章显其名"，故将所著书名之为《潜夫论》。

④ 应为"六博"。博掩，亦作"博揜"。古代六博、意钱一类的博戏，角胜负以取人财物。

⑤ 其法：屋二架为间，上间钱二千，中间一千，下间五百；匿一间，杖六十，告者赏钱五万。除陌法：公私贸易，千钱旧算二十，加为五十；物两相易者，约直为率。而民益愁怨。长安市中曰："不夺尔商户僦质，不税尔间架、除陌矣。"于是间架、除陌、竹、木、茶、漆、铁之税皆罢。见《新唐书》。

⑥ 散关为关中四塞之一。《读史方舆纪要》记："关中山川之会，扼南北之交。北不得此，无以启梁益；南不得此，无以图关中。"通过散关达于汉中、巴蜀的散关道，亦是古代秦蜀间早期开辟的交通干道。

装趋四方，合券取之，号飞钱[①]。戴符问襄阳节度于頔求买山钱[②]，頔与之百万。武宗时，崔珙增江淮茶税，诸道置邸，名塌地钱[③]。

王建诗：寒食内人尝白打，库中先散与金钱[④]。齐云论曰：白打，蹴踘戏也。两人对踢为白打。三人角踢为官场。故韦庄诗曰：内官初赐清明火，上相闲分白打钱。

笔谈云：今之钱，数百钱，谓之陌。借口字用之，其实只是百字如什与伍耳。唐自皇甫镈为垫钱法，至昭宗末乃定八十为陌。汉隐帝时，三司使王章每出官钱，又减三文，以七十七为陌。输官仍用八十，谓之省陋。

石晋朱汉宾，少善射。常与同辈出猎射。一飞雁随矢而落，其镞正中雁臆上，贯一金钱，有篆文。示其郡之硕学，皆无识者。人甚异之，号汉宾曰朱落雁。

---

① 又称“便换”，是中国历史上早期的汇兑业务形式。钱始于唐宪宗元和初年，有两种形式：一是官办，商人在京城把钱交给诸军、诸使或诸道设于京城的“进奏院”，携券到其他地区的指定地方取钱；二是私办，大商人在各道或主要城市有联号或交易往来，代营“便换”，以次牟利。这种汇兑方式一方面减低了铜钱的需求，缓和钱币的不足，同时商人前往各到进行贸易活动时，亦减轻了携带大量钱币的不便。历史“飞钱”出现于唐代中期（唐宪宗年间），当时商人外出经商带上大量铜钱有诸多不便，便先到官方开具一张凭证，上面记载着地方和钱币的数目，之后持凭证去异地提款购货。此凭证即为“飞钱”。

②《世说新语·排调》：“支道林因人就深公买印山，深公答曰：‘未闻巢由买山而隐。’”后买山钱意即指买山而隐。原意是深公讽刺支道林的话，后采用以比喻归隐之志。参见：吕薇芬.全元曲典故辞典[M].武汉：湖北辞书出版社，2001：319.

③ 武宗时至晚唐，朝廷政令不出都门。各地藩镇私开财源。据《新唐书·食货志》记载：盐铁使崔珙又增江淮产茶地区的茶税，征收“塌地钱”。参见：中华文化通志编委会.中华文化通志33[M].上海：上海人民出版社，2010：85.

④ 该两句意为：寒食节时，县府会礼聘府中能搏击的人，表演白打作为余兴节目。清初周亮工《闽小记》也说：“白打，即今之手搏，名短打者是也。昔日白手不持寸铁为白战，武艺十八，终以白打。以白打为终，明乎其不持寸铁也。”

宋神宗赐王襄敏幼子压惊金犀钱果[①]。宋熙宁间行新法，凡当役人户，以等第出钱名，免役钱。其旧无色役而出钱者，名助役钱。凡敷钱雇直既已足用，又率其数增取三分，以备水旱欠阙，毋得过二分，谓之屯役宽剩钱。宋宣和末，陈亨伯以东南用兵，尝设经制司，取量添酒钱，及增一分税钱、头子、卖契等钱[②]，以宪臣领之，通判[③]敛之，始有经制钱之名。绍兴五年，孟庚因经制之额增，折而为经总制钱[④]。所谓月

① 北宋神宗年间，枢密副使王韶的儿子南陔在汴梁街头观灯游玩。不料，南陔被歹人给背走了。正巧遇到朝廷的车子经过，于是聪明的南陔大声呼救，最终得救。后来，宋神宗得知了这件事的来龙去脉，就赐予南陔金犀钱果，给他压惊。此事很快就流传于民间。于是，人们纷纷效仿宋神宗的做法，在过年的时候，除了给孩子们买爆竹、吃食外，还要专门给孩子们一些压惊的零用钱，并称之为"压岁钱"。

② 这些杂税的特点是"敛之于细，而积之甚众"。见《宋史》卷一七九《食货志》下一。

③ 通判，官名。宋为加强控制地方而置于各州、府，辅佐知州或知府处理政务，凡兵民、钱谷、户口、赋役、狱讼等州府公事，须通判连署方能生效，并有监察官吏之权，号称"监州"。明、清各府置通判，分掌粮运、水利、屯田、牧马、江海防务等事。通判之名，因上下公文均与知州联署之故。通判的差选，初由朝廷选京官任职，后改由转运使、制置使及提举司等监司奏辟。通判之掌除监州外，凡兵民、钱谷、户口、赋役、狱讼听断之事，皆可裁决，但须与知州通签文书施行。通判是兼行政与监察于一身的中央官吏。

④ 宋代以经制使和总制使之官命名所取得的苛捐杂税综合项目收入。是经制钱和总制钱的合称。经制钱初创于宋徽宗宣和四年(1122)。当时方腊在浙东起义，国家军费大增，朝廷乃命两浙、江东发运经制使陈亨伯在东南七路筹措财政收入，以解决战费之需。陈亨伯则在淮、浙、江、湖、福建等七路创行经制钱。其办法是在卖酒、鬻糟、商税、牙税、契税、头子钱、楼店务房钱等七色税种原定税额的基础上，每贯增收二十文。经制钱属地方附加税性质，特点是以官名定税名，不对每项税收附加单独征课，而是将各项附加归并为一个项目征收；不直接课之于百姓，而是间接课之于商贾。施行未久，便因其病民被废除。南宋时由于财政更加困难，便又重新推行，不但征收的范围有所扩大，而且税率也不断提高。钦宗靖康元年(1126)，翁颜国为总制使，以各种税收原定税额为基础，增收少许，以自己的官名为税名，称之为总制钱。总制钱实行不久便随经制钱一同被废除。南宋时又恢复征收，并扩大了征收的色目。以后总制钱与经制钱合并，称经总制钱，原税额每千文，征收经总制钱五十六文。北宋时经制钱和总制钱两项合计，收入达200万缗；南宋初恢复征收时年收入为百万缗左右；高宗绍兴十六年(1146)以后，收入大增，最高达1 725万缗。后来以绍兴十九年1 440余万缗的收入额作为征收定额。南宋的经总制钱，征收十分苛重，积弊很深。

桩钱[①]者，始于绍兴二年。韩世忠驻军建康，宰相吕颐浩、朱胜非议，令漕臣月桩发大军钱十万缗。以朝廷上供经制，及漕司移用等钱供亿时，漕司不量用军之力，一例均科。于是，郡县横敛。十七年，诏州郡以宽剩钱充月桩，以宽民力，减江东西钱二十七万缗有奇。又有所谓鼓帐钱[②]者，如输米，则增收耗剩；交钱帛，则多收縻费。幸富人之犯法而重其罚，恣胥吏之受赇而课。其入索盗赃，则不偿失主。检财产，则不及卑幼。亡僧、绝口[③]，不俟核实而入官，逃产、废田，不与消除而抑纳。欲不横取，于民不可得已。

光宗时，赵汝愚言：诸县措置月桩钱，名色繁多违法，最为细民之害。试举其大者，则有曰曲引钱，曰纳醋钱、卖纸钱、户长甲帖钱、保正牌限钱、折纳牛皮筋骨钱。两讼不胜则有罚钱，既胜则令纳欢喜钱。

【按】自古取财之名之多，无如宋朝者。

《金华子》云：北海县因发地得五铢钱，取之不尽。中得一碑记云：此是海眼，以钱填之。众惧，复掩之。

《七修类稿》[④]云：国朝革，元俗未尽，如取钱之言。初见官府，曰拜见钱。白手取人，曰撒花钱。逢节送礼，曰追节钱。有因事而索钱，曰常例钱。迎送诸事，曰人情钱。觅得钱多，曰得手。但公事钱，多因论诉而命名，则与今不同也。

梵言阇提此云：金钱苔，别名曰绿钱。沈约诗：宾阶绿钱满客，座紫苔生鹳鸽。别名曰连钱。

---

① 南宋为支应军饷而加征的税款名目，因系计月桩办钱物，故称。

② 据《宋史·食货志》，应为“板账钱”。尚不知“鼓帐钱”是否为另一种钱币的称谓。《宋史》卷一七九中在“不与消除而抑纳”后，还有这样的文字：“他如此类，不可遍举：州县之吏，固知其非法，然以板帐钱额太重，虽欲不横取于民，不可得已。”

③ 大部分版本为“绝户”。

④《七修类稿》五十一卷（又《续稿》七卷）是明人郎瑛所撰写的重要笔记。瑛，字仁宝，浙江仁和人。明宪宗成化二十三年生(1487)，年过八十。家开古董铺。幼父，因有宿疾，淡于进取，悉心治学，以布衣终身，学富而家日贫。全书按类编排，分天地、国事、义理、辩证、诗文、事物、奇谑等七类。《四库》入存目。

卷　二

什一第三

本徐文长《牌谱》,自半钱至万万钱止。今所增入事实,悉以圈别之。

半钱

半轮残月掩尘埃,依稀犹有开元字,想见青光未破时,买尽人间不平事。昆陵女子李氏《拾得破钱》诗。王明清游西湖寺,于窗户间得玉钗半股,青蚨半文。赋诗呈张安国云:凄凉宝钿初分际,愁绝清光欲破时。

一钱

清风明月不用一钱买李白诗。杜工部诗:留得一钱看①。灌夫传曰:生平毁程不识不值一钱②。葛玄常以数十钱散投井中。玄以一器于井上呼之,钱一一飞从井出。庄椿录云:盗常注一文钱一日一夜长利三分七厘。卓王孙曰:女不材,我不忍杀,一钱不分也。孟子注疏:

① 出自唐朝诗人杜甫的作品《空囊》,其古诗全文如下:翠柏苦犹食,晨霞高可餐。世人共卤莽,吾道属艰难。不爨井晨冻,无衣床夜寒。囊空恐羞涩,留得一钱看。

②《史记·魏其武安侯列传》:"夫无所发怒,乃骂临汝侯曰:'生平毁程不识不值一钱,今日长者为寿,乃效女儿呫嗫耳语。'"灌夫,字仲孺,汉朝人;本姓张,因为他父亲张猛曾是汉朝大臣灌婴的"舍人"(侍从官),后就改姓灌。灌夫为人性情刚直,不畏强权,和他结交的人多是豪侠之士。程不识是汉武帝时的大将,别称"不败将军"。担任山西太守,长乐卫尉。

西施每入市，愿见者先输金钱一文。后魏孝昌二年，税市入者人一钱。夏将军于球场中累钱十余，走马以击鞠杖击之。一击一钱，飞起高六七丈。道士王致曰：我平生不使一文油钱，在家有扇子灯，出路有千里灯。宋太宗时，内藏财库，每千计用一牙钱[①]记之。

二钱

一夜水高二尺强，数日不可更禁当，南市津头有船卖，无钱即买系篱傍。杜子美诗苻坚徙金狄之长安，毁二为钱[②]。唐高宗令以好钱一文买恶钱两文。唐元和六年，天下米斗，有值二钱者[③]。

三钱

唐项仲山清甚，每饮马渭水，辄投三文。杜诗：长年三老歌声里，白昼摊钱高浪中。王庭凑诣五明先生，究平生否泰。五明为卜之。卦成，而三钱并舞，良久方定，而六位俱重。唐太宗时米斗三钱。

四钱

卖油翁弄巧取钱，置胡卢乃反臂于肩上，取杓油注钱口如绵。注毕

① 象牙钱。宋时用作计钱数的标识。《续资治通鉴·宋神宗熙宁二年》："帝谓辅臣曰：'尝闻太宗时，内藏财货，每千计用一牙钱记之，名物不同，所用钱色亦异，他人莫能晓也。'"

② 秦始皇收缴民间武器，销毁后铸成十二个铜人，每个24万斤重，放置在宫廷。北魏郦道元《水经注·河水》："（东汉末）董卓毁其九为钱，其在者三。"前秦苻坚又徙之长安，毁二为钱；其一未至，而苻坚乱，百姓推置陕北河中。

③ 出自周颐《眉庐丛话》卷六：向来酒价至贱，以杜少陵诗"速须相就饮一斗，恰有三百青铜钱"为最。其次则汉昭帝罢榷酤之时，卖酒升四钱。又其次则唐杨凝诗云："湘阴直与地阴连，此日相逢忆醉年。美酒非如平乐贵，十升不用一千钱。"至李太白云"金尊清酒斗十千"，则唐诗人用此语者多矣。米价至贱，以汉宣帝元康间谷斗五钱为最。其次东魏元象、兴和中，谷斛九钱。又次唐元和六年，天下米斗有值二钱者。唐太宗时，米斗三钱，后世以为美谈。盖未考尤有贱于此者。新年善颂善祷，以醉饱为第一要义，故记之。

而钱四边不湿。昭帝元始诏罢榷酤官[①],令民得以律自占租卖酒,升四钱。

五钱

豹皮下取五文钱买瓜。汉宣元康间,谷石五钱。汉望站台,青鸭化为三小童,各握鲸文大钱[②]五枚。菩萨以银钱买五茎华,供养定光佛。

六钱

臣愚以为朝廷既取六色钱[③],雇役此最良法(苏轼奏议)。元祐十三年,荆湖岁稔斗米六七钱。《仪礼注》[④]:三多为交钱,交钱六也。

七钱

《藏经》云:马日还七文。吕洞宾与黄觉大钱七文,又小钱三文。曰:数不可过也。觉以七十三卒。《仪礼注》:两多一少为单钱,单钱七也。

---

① 西汉武帝天汉三年(前98)始行榷酒,即将酿酒业由官方垄断经营。郡国设榷酤官代办县具体事务,酒利上缴中央。

② 依洪遵《泉志》,此又称为"轻影钱"。原文有"身止影动"。汪圣铎的译文是"人已停住而影子却仍在摇曳"。参见:洪遵.泉志[M].济南:山东画报出版社,2013:255.此解释可能不确。该钱上有两条鱼。"置帝几前"后,钱不动,钱中的鱼在影影绰绰地游动。《南齐书·祥瑞志》将轻影钱列为神品。

③ 王安石熙宁变法,其免役法规定,当役户、坊郭户、官户、女户、单丁、寺观等六种户可出钱免役,由州县雇役。六种户所缴之钱,称"六色钱"。亦称"六色役钱 "。宋苏轼《论役法差雇利害起请画一状》:"臣愚以谓朝廷既取六色钱,许用雇役以代中等人户,颇除一害以全二利,此最良法,可久行者。"宋苏辙《三论分别邪正札子》:"然朝廷之法,官户等六色役钱,只得支雇役人。"

④《仪礼注》是第一部笺释《仪礼》的专著。郑玄会通今古文,旁综博采,训经文,阐礼义,纠谬误,释名物,开《仪礼》研究之滥觞。

八钱

《赵充国疏》云：湟中谷斛八钱，籴若干斛，则羌人不敢少动。《藏经》云：牛日还八文。《仪礼注》：两少一多为折钱，折钱八也。

九钱

每恨陶彭泽，无钱对菊花，如今九日至，自觉酒须赊[①]。太公立九府圜法，始名为钱。秦铸金人十二。董卓毁其九为钱。魏元象兴和中，谷斛九钱。

十钱

两束焦薪仅十钱，雪深泥冻自堪怜。市城不念清狂庚，尽日厨头不断烟（郭诩诗）。《管子》曰：中岁之谷，粜石十钱。天钱十星在北，落西北，主钱帛。

二十钱

计然曰：夫粜钱二十则病农，病农则草不辟（《越绝书》）。《管子》曰：岁凶谷贵，粜石二十钱。龙山康甫慷慨不羁。每日置酒留宾。不住者赠过门钱。日费酒者，鹤嘴瓶[②]二十。《放怀集》

三十钱

才名三十年，坐客寒无毡，赖有苏司业，时时与酒钱。（杜子美诗）李季卿宣慰江南，有言陆鸿渐善茶者，公请为之。鸿渐身衣野服，随茶

① 唐杜甫《复愁》诗之十一。

② 指长嘴瓶。

具而入。公心鄙之。茶毕，命奴取钱三十文酬博士。鸿渐丑恨，为著《毁茶论》[①]。管子曰：月入三十钱之籍，为钱三千万。

四十钱

乌纱巾上是青天，检束酬知四十年。自笑平生臂鹰手，挑灯自送佛前钱。司空图诗高祖为汉王，发夷人以定三秦。复其渠帅七姓不输租赋余户，乃岁入赍钱[②]，口四十。安石新法行，至斥卖天下祠庙时，阏伯庙[③]估钱四十六贯。

五十钱

郝子廉一介不取，过姊家饭，密留五十钱席下而去（《风俗通》）。唐明宗时，军用不给，乃税间架算[④]、除陌钱[⑤]。除陌钱者，凡公私给与及买卖，每钱一缗官除五十钱。

---

① 内容是毁弃茶事之论，据说是陆羽因受李季卿羞辱后愧愤而撰。

② 秦汉时西南一些少数民族作为赋税交纳的钱。《后汉书·南蛮传》："秦地既定，乃遣还巴中，复其渠帅罗、朴、督、鄂、度、夕、龚七姓，不输租赋，余户乃岁入赍钱，口四十。"晋常璩《华阳国志·巴志》："汉兴，亦从高祖定秦，有功，高祖因复之，专以射白虎为事，户岁出赍钱口四十，故世号白虎复夷。"清吴伟业《临春阁》第一出："进用单，依前件，杂差徭，权放免，止供着睞布赍钱。"

③ 阏伯庙位于商丘城西南三华里火星台村西首。阏伯庙为高台建筑，站在台上鸟瞰四野。据宋朝王明清《挥麈后录》云："太祖皇帝草昧日，客游睢阳，醉卧阏伯庙。"

④ 即所谓间架税。周代典籍《礼记·王制》中就有"廛，市物邸舍，税其舍而不税物"的记载，这是历史上最早有关"房产税"征收的条例。西汉承袭这一传统，向百姓征收名为"赀算"的赋税，其稽核的标准也是以房屋及田产为统计对象的。唐建中时期，户部侍郎赵赞以军费不济为名，建议向全国征收"间架税"。唐政府于公元783年颁布晓谕，在全国开征"间架税"。所谓"间架税"，就是将百姓的房产按照占地面积、修筑年代以及房屋质量的好坏作为评判对象所征收的一种赋税。按当时的律例规定，"凡屋两架为一间，约价三等"。

⑤ 唐德宗时所征杂税名。建中四年（783），户部侍郎赵赞奏设除陌钱，实行后民怨沸腾。兴元二年正月罢停。

六十钱

喻希学《淮关志》:凡船梁头满八尺税钱六十文。汉高十一年,令诸侯王通侯常以十月朔献衣郡,各以其口数,率人岁六十三钱,以给献费。赵岐亡命入北海,贩胡饼。孙宾硕见之,疑非常人。因问自有饼耶贩之?岐曰:贩之。孙曰:买几钱?卖几钱?岐曰:买三十,卖亦三十。

七十钱

苍茫城七十,流落剑三千,月分梁苑米,来给水衡钱[①](杜子美诗)。京兆诸县斗米不过值七十钱(陆贽疏)。梁普通中江郢以上七十为百,名曰西钱。《禹贡》曰:自五铢钱起七十余年,民坐盗铸钱被刑者众。

八十钱

孟康注国语:母子钱云,钱重为母,轻为子。若市八十钱物,以一母当五十,以子三十足之。普通中[②],自破岭以东,八十为百,名曰东钱[③]。唐昭宗定八十钱为陌。五代汉王章又减三文。

九十钱

计然曰:夫粜钱九十则病末[④],病末则财不出(《越绝书》)。刘晏为歇艎支江舡二千艘,号上门填阙船,米斗减钱九十。天宝中,天下置九

① 汉设水衡都尉,主管上林苑,兼管皇室财物及铸钱。皇帝私款称水衡钱。后喻俸禄。

② 此句应有:"更铸铁钱。由是民私铸者多,物价腾踊,交易者至以车载钱,不复计数。"

③ 江、郢已上,七十为百,名曰西钱。京师以九十为百,名曰长钱。见《隋书·食货志》。

④ 春秋末期计然提出的价格观点。

十九垆铸钱。蒋大防母夫人云：少随亲谒泰山东岳，天下精艺毕集。人有纸一百番凿为钱，运凿如飞，既毕举之。其下一番，未尝有凿痕。其上九十九番，乃纸钱也。

百钱

手拄一条青竹杖，真成日挂百钱游。夕阳欲下山更好，深林无人不可留。黄华老人王廷筠[①]书传，不知谁作。严君平卖卜成都，日得百钱则闭肆，下帘而读老子。李若谷为长社令，日悬百钱于壁，用尽即止。苏秦之燕贷人百钱为资，及得志，以百金偿之。王右军在会稽见老姥，持十许六角竹扇。右军因书扇各五字，语姥曰道是。王右军书字索百钱。狄武襄征侬智高，取钱祝胜负，一掷百钱尽红。

二百钱

唐永徽以后，海内富庶，绢匹二百钱（一书生另详）。刘晏盐法既成，商人纳绢代盐利者，每缗加钱二百，以备将士春服。

三百钱

速宜相就饮一斗，恰有三百青铜钱（杜诗）。汉平帝元始元年，天下女徒已论归家，雇出钱月三百。建炎元年，汴京升米钱三百（《宋史》）。

四百钱

天有所短，钱有所长，四时行焉，百物生焉（《钱神论》）。大药裁书与一婆罗门，令往妙花城，并附金钱四百，与昆舍佉昆舍佉得书。次领

① 王庭筠（1151—1202），金代文学家、书画家。字子端，号黄华山主、黄华老人、黄华老子，别号雪溪。金代辽东人，米芾之甥。庭筠文名早著，金大定十六年（1176）进士，历官州县，仕至翰林修撰。文词渊雅，字画精美，《中州雅府》收其词作十六首，以幽峭绵缈见长。

金钱，惟得三百。遂觅足械，械使者。曰：彼寄四百，汝偷百文。使者念曰：二俱有智，其事难欺。便以百钱依数还了。

五百钱

五百青蚨两家缺，赤洪崖打白洪崖（丁谓诗）。瞻波城长者宝德多饶，财宝受用丰足。生一男号曰女星，日用五百金钱造食，五百种味与男[①]。唐张九龄诗：谢公楼上好醇酒，五百青蚨买一斗。后人问唐时酒价，有举此为证者。

六百钱

刘宠召入，有五六父老人赍百钱送之。韩亿、李若谷俱贫，同赴京试。每出谒，更为仆[②]。李先登第，授长社主簿，赴官自控妻驴，韩为一箱。将至长社，李谓韩曰：恐县吏迎至。箱中只有钱六百，以半遗韩。持哭别去[③]。后举韩亦登第。梁时，江陵将覆用钱，每百覆除六文，称为六伯。识者以为九者阳九，六者六百。盖符历数，非人事。

七百钱

唐制俸职三班，月俸七百钱，羊肉半斤。【按】无名子诗曰：七百俸钱何日富，半斤羊肉几时肥。仁宗初，定公主奉料，以间献穆，再三始言，仅得五百贯。尔异时，中宫月有止七百钱者（宋神宗语）[④]。王铎为丞郎时，李骈（一作蠙）判度支。每年江淮运米至京，水陆脚钱，斗计七百。议以七百钱代之。

① 此条出现了二次。"与男"意为以供王子。

② 每出外拜客，相互轮换作仆人。

③ 原文："相持大哭别去。次举韩亦登第。后皆至参知政事，世为婚姻不绝。"参见：邵伯温.邵氏闻见录[M].李剑雄，刘德权，点校.北京：中华书局，1983：79.

④ 参见：阎镇珩.六典通考：卷41[M].扬州：江苏广陵古籍刻印社，1986.

八百钱

齐俗尚乌纱巾，家家踊贵。其一家特榜其门曰：本家每顶只卖八百文（《艾子小说》）。南阳从事虞芝曰：吾年往志尽，譬如八百钱，马生死同价。

九百钱

和凝问冯道靴价，道徐举左足曰九百。凝怪己靴直倍之，方骂其委买者。道徐举右足，曰此亦九百。梁武末年，都下用钱以九十为百，名曰长钱[①]，乃诏民通用足陌[②]钱，而人不从。

千钱

一日一钱，千日一千，绳锯木断，水滴石穿（张咏判盗钱者词）。萧何为吕公主吏，王贶令诸大夫曰：进不满千钱，坐之堂下。王方平以千钱与余杭姥相闻，求其沽酒。姥答言：恐地上酒不中尊饮耳。《麻姑传》[③]：诸葛恪为十德，启以颂钟，傅传惊叹，每字以千钱酬之，凡五千字。

二千钱

汉法卒更无常。人迭为之贫者。欲得顾更富而当更者，因出钱顾

---

① "短钱"的对称，"足陌"的代称，亦称"足钱"。指一佰钱近百文，或百文。此处，九十文视为近百文。其对称是短钱，或短陌。以不足百数之钱当百钱使用为短陌。一般是指与百文相差较多时。如萧梁时代盛行八十为百。我国古代使用短陌有两种情况：一是钱币紧张时盛行短陌制，如两晋、南北朝、唐五代；二是因民间习惯而生，如宋代短陌制。

② "陌"也作"佰"。

③ 晋葛洪撰。麻姑为道教所尊的女仙。

之，月二千。《平准书》：率缗钱二千而一筭[①]。建炎五年，潼川饥，米斗二千。六年夏，蜀大饥，米斗二千。王莽时，米石二千。

三千钱

孟尝客三千，邑入不足，使人出钱于薛（《本传》）。李德裕言：徐德兴为澶泗州，募人为僧，以资上福。人输钱三千，淮右小民规影[②]徭赋，失丁男六十万。

四千钱

东坡与少游书，每月朔，取钱四千五百，画为三十块，挂屋梁上，每旦用画叉挑一块用之，余者以备他用。【注】似月所用钱不过四千也。《平准书》：诸作有租，及铸率缗钱，四千一算。

五千钱

恶少王刁奴以钱五千召黥工，于腹胸刺涅[③]、山亭、池榭、草木、花鸟，无所不备（《酉阳杂俎》）。秦桧患钱贵，呼一镊工[④]栉发[⑤]，以五千当二钱犒之。谕[⑥]云有旨数日间不使此钱，宜速用之。工向外人传语，京下见钱顿出。今被灾州郡为十万户，如一户得粟十石，得钱五千。下户常产之赀，未有及此者（《曾巩议》）。豫章人施伦迁尚书令，遇贼劫财物去，尚余钱五千文，遣人追贼与之。

---

① 同“算”。

② 躲避。

③ 同“涅”。

④ 镊工乃旧时为人拔除脸颊颈脖上毫毛（汗毛）的手艺人，多为老年妇人担任。此处可以理解为理发之人。宋张端义《贵耳集》卷中：“忽一日，秦会之，呼一镊工栉发。”

⑤ 梳理头发。

⑥ 此处的谕非指谕旨，而是告诉之意。

六千钱

官作既有程煮盐烟在川，自公斗三百转致斛六千。宋行保马法[①]，中书议云：官养一马，岁为钱一十七千。民养一马，才免折变缘纳钱[②]六千五百，决非所愿[③]。

七千钱

唐开元后，米斗钱七千。《食货志》：杨东山帅番禺，将受代有俸七千缗，尽以代下户输租。

八千钱

计然曰：夫粜钱上不过八千，则农末俱利。《越绝书》：神策军吏李昱贷长安富人钱八千，三岁不偿。京兆许孟容收捕械系。宪宗遣中使宣旨付本军，孟容不奉诏。曰：钱未尽偿，昱不可得。《唐史》

黄巢陷长安，巧工刘万余计竭其粮。谓巢曰：长安苑囿城隍不啻百里，若外兵来逼，须有备御，不尔固守为难。巢即日还召丁夫各十万人筑城，日计支米四千石，钱八千贯。岁余米竭，城竟不就。

九千钱

杜祈公曰：我致政后，必买小驷，八九千钱者，着粗麻衫跨而入市，

① 熙、丰年间户马保马的实质，在于减轻朝廷养马的负担，或者说，把养马的大部分费用转嫁给民户，故受到守旧派的反对。宋神宗死，哲宗嗣位，守旧派言新法不便者，以保马为急，无论户马还是保马，皆被废除。吕公雅与霍翔皆以罪被免职。北宋朝廷仍设置牧马监以养马。参见：张祥浩，魏福明．王安石评传[M]．南京：南京大学出版社，2006：268.

② 折变缘纳钱：唐行两税法，规定只征钱、粟二项，随王朝需要，常将钱折为绢帛，称折变；又于计亩征赋外，附征其他实物，再将附征物折成田赋，称杂变或沿纳、缘纳。

③ “绝非所愿”前还有一句：“计折米而输其直，为钱十四千四百，余皆出于民。”

看盘铃傀儡龙涎香[1]一斤，值其国金钱一百九十，准中国铜钱九千文。(《岭外杂纪》)。

万钱

何曾曰：食万钱犹云无下箸处。高祖为亭长，贺吕公给为谒曰：贺钱万实不持一钱，任恺一食万钱[2]。肃宗尝问第五伦曰：闻卿为吏不过从兄饭，有之乎？答曰：臣少遭饥乱，米石万钱，实不妄过人饭。黄金一斤直万钱(《食货志》)。与沽一斗酒，恰用十千钱(崔辅国诗)。

二万钱

颜延之送渊明二万钱，悉付酒家，稍就取饮。《本传》：汉明帝遣边民在内郡者，赐装钱人二万。《道书》云：牵牛娶织女，借天帝二万钱，下礼久不还，被驱在营室中。

三万钱

孙之翰人馈石砚云，三十千呵之得水。孙曰：日费水一担，止三钱，还之。【按】孙夷砚、吕文穆怪之云云。查道初赴举，贫不能上道。亲族裒[3]钱三万遗之。道出滑州，过父友吕翁家。翁丧无以葬母，兄将鬻女。道倾钱与之，并与嫁女。

---

① 龙涎香是抹香鲸科动物抹香鲸的肠内分泌物的干燥品。取自宰杀的抹香鲸肠内分泌物(即鲸鱼的粪便，它是抹香鲸吞食墨鱼后，胃肠道分泌出来的蜡状排泄物)。其味甘、气腥、性涩，具有行气活血、散结止痛、利水通淋、理气化痰等功效，用于治疗咳喘气逆、心腹疼痛等症。系各类动物排泄物中名贵中药，极为难得。

②《晋书》：任恺一食万钱，犹云无可下箸处。

③ "裒"意为聚集。

四万钱

蔡君谟造贡茶，每片值四万钱[①]。欧文忠诗：清风明月本无价，可惜只卖四万钱[②]。

五万钱

褚遂良问虞监曰：吾书何如永师？虞曰：闻永一字五万钱，公岂得此？杜林遣子奉马援书云林，父子两人食列卿禄，常有盈，今送钱五万。杜祁公悰日五食，一食万钱。鱼日灵守南阳，米斗五十千，有价无米。

六万钱

汝阳三斗始朝天[③]。张旭三杯草圣传[④]，左相日兴费万钱（杜诗）。

---

① 宣和(1119—1125)年间，漕臣郑可简又创银线水芽，将茶枝新抽出的嫩芽尖采下，经蒸后，剥去稍大的外叶，“只取其心一缕，用珍器贮清泉渍之，光明莹洁，若银线丝，以制方寸新跨”，又号龙团胜雪，“盖茶之妙，至胜雪极矣!”《苕溪渔隐丛话》的作者胡仔曾亲眼见过水芽的采造：“壬午(1162)之春，余赴官闽中漕幕，遂提至北苑观造贡茶，其最精即水芽，细如针，用御泉水研造，社前已尝贡余。每片计工直四万钱，分试其色如乳，平生未尝或啜此好茶，亦未尝尝茶如此之蚤也。”参见：亢崇仁，丰智利.茶文化与产业论坛 东京点茶[M].郑州：中州古籍出版社，2011：11.

② 建于北宋的沧浪亭是“苏州四大园林”之一，最早是北宋文人苏舜钦的私人花园。苏舜钦建好这个花园之后，有感于著名爱国诗人屈原在《渔父》中的名句“沧浪之水清兮，可以濯吾缨；沧浪之水浊兮，可以濯吾足”，将此园命名为“沧浪亭”，并自号为沧浪翁，作《沧浪亭记》。苏舜钦收到欧阳修此联后，不知何意，只好先将上联挂起来。后他用“近水远山皆有情”去对“清风明月本无价”。他立即写信送往滁州，请欧阳修把这个下联补写出来。欧阳修展信一见“近水远山皆有情”之句，不禁拍案叫绝。这乃文坛佳话。

③ 汝阳：指汝阳王李进，是唐玄宗李隆基的侄子。据说他朝见皇帝前必饮酒。参见：周家丞.唐诗三百首新编[M].北京：中国言实出版社，2016：183.

④《饮中八仙歌》中的一句。

杨雄为郎之岁，有诏令尚书，赐笔墨钱六万，得观书于石渠(《答刘歆书》)。

七万钱

北魏元诞镇齐，所遣采药僧还。问外闲有何语。曰：但言王贪。诞曰：齐州七万户，我到来，一家未得三十钱，何贪也？周仁美负膂力，常从太祖过只侯库。问其力能负钱几许。仁美曰：臣可负七八万。僧乙为李林甫叹佛，林甫施鞍一具，卖之材，直七万。

八万钱

唐高祖入长安，民间行线环钱[①]，积八九万，犹不满斗斛(《食货志》)。侯景食石头，常平仓尽，米一斗七八万钱。元丰元年始，诏河东岁给和籴钱八万余缗。

九万钱

蒋潜路遇烂尸，每鸟集啄，则尸头见。一小儿驱之，蒋迫视之，则所天犀也。后入王武岗家得钱九万。有商人于扶风市中买得汉武帝梓宫中玉箱、玉杖二物，青布三十四，计钱九万。

十万钱

张延赏为度支，欲办出一冤狱。诬者恐再三帖潜上钱十万。张曰：钱过十万可以通神，竟停办。昌黎舍钱十万修黄陵庙，且作碑文。杨子云撰法，言蜀人赍十万钱愿载一名。子云不听，仁宗深患七史读不

① 唐初李渊入长安时，民间行线环钱，甚制轻小，凡八九万才满半斛。见《新唐书》卷54《食货志》。一千钱长不盈三寸形，大小称此，谓之鹅眼钱；劣于此者，谓之线环钱，入水不沉，随手破碎。

成文。嘉佑中有诏重修，惟唐书卒业，费缗钱十万有奇。

二十万钱

颜公二十万，尽付酒家钱，兴发每取之，聊向酒中仙（李白诗）。张奂论功当封，以不事宦官故，不果。惟赐钱二十万，除家一人为郎。梁武帝以钱二十万易定林前[①]前冈独龙阜，以葬志公[②]。崔瑜卿尝为娼女玉润子造绿象牙五色梳，费钱近二十万。

三十万钱

董宣知洛阳，至格杀主家僮[③]。光武召宣令拜谢，宣不从，令人按项亦不倒。赐钱三十万，呼为强项令。淄青李正已表献钱三十万，以觇朝廷。崔佑甫请上遣使，即以献钱犒其军。韩熙载奉使，临行借官钱三十万。冯垂客于宣城妓史凤家，纳钱三十万[④]，得至迷香洞，题九迷诗于照春屏而归。

四十万钱

郭元振为太学生，家送钱四十万。有言五世未葬者贷之，不问名姓。崔郊有婢卖与某，得钱四十万云云。【按】婢卖于襄阳司空于頔。

① 应为"寺"。

② 宝公名宝志，是南朝的高僧，据《南史·陶弘景传》说，南朝宋太始年间(465—471)时他出入钟山，来往都邑，披着发光着脚，时显灵迹，到了梁武帝时尤受敬重，俗称他为宝公、志公。514年(梁天监十三年)卒，葬于南京钟山定林寺前冈独龙阜，永定公主建塔于上，即名宝公塔。

③ 董宣，生卒年不详。字少平，陈留圉(今河南杞县)人。东汉初任北海相、江夏太守、洛阳令等职。不畏强暴，惩治豪族。任洛阳令时，光武帝刘秀的姐姐湖阳公主的奴仆仗势杀人，被湖阳公主包庇。董宣拦住湖阳公主的车，令奴下车而杀之。

④ 史凤，宣城美妓也。参见：周嘉胄．香乘[M]．日月洲，注．北京：九州出版社，2014:216.

唐张滂请凡州县产茶，皆估其值什税一。又奏税钱别贮，有水旱代民田税。自是岁收钱四十万缗，未尝以救水旱。元丰修城，李士京主其役，日费四百千为佣。

五十万钱

曹彬下江南，上吝使相之赏，乃赐钱五十万。彬曰：好官不过多得钱耳。泸南有畜秦吉了者，亦能人言。有夷首以钱五十万买之，其人告以贫，将卖汝吉了。曰：我汉禽不愿入夷中，遂不食死。南唐徐知谔传采奇物。有蜀客持凤头至，以钱五十万易之。其头止类雄鸡，广可五寸，冠上正平可以为枕。朱冠绀毛金啄星眼，飞禽之枯骨也。初平四年，谷一斛五十余万钱，人相食。

六十万钱

大苏与杨元素书，闻任郎中子，欲卖荆湖庄子，价直六十万。先只要若干(《苏全集》)。郑播为象江守，得怪石六。后还长安，无家妇儿寄止人舍下，计辇六石道，费俸六十万。朱修之去荆州，日计灯油盐米费六十万，悉以私钱偿之。

七十万钱

唐宰相王涯女乞钱七十万，买一玉钗。涯拒之，曰：一钗七十万，此妖物也。潘妃有琥珀钏一双，值至七十万。刘蜕以荆南府解及第，崔铉作镇，以破天荒钱七十万资蜕。嫁公主，至费七十万缗。(宋神宗语)

八十万钱

臣闻熙宁中，苏杭等州莩死者凡八十万。迩者年饥又倍。熙宁乞赐上供钱应副(《大苏奏议》)。唐德宗建中三年,用韦都宾[1]陈京,请借京城官商钱,大索得八十万贯。时度支杜佑曰:月费钱一百万。班固与弟超书云,窦侍中前寄人钱八十万,市得杂罽[2]十余张也。

九十万钱

王仲舒观察江西西道,奏罢榷酤钱九十万(昌黎选墓志计本云九千万)王荆公吴夫人为买一妾。公问曰:汝谁氏?曰:妾。夫为军大将部米运舟失,没赀不足,卖妾以偿。公愀然曰:夫人用钱几何?曰:九十万。公令为夫妇如初,钱尽赐之。

百万钱

刘毅家无甔[3]石之储。樗蒲一掷百万。瓦棺寺初置,僧众宣疏募缘,顾长康独注百万,乃画维摩[4]一躯。卓王孙不得已,分与文君僮百人钱百万。符载居庐山,遣三尺童子,持数幅书,乞买山钱百万于于頔。于即与之。

千万钱

崔烈入钱五百万,得备九卿,及拜汉灵。临轩谓左右曰:恨不少

① 应为“兵”。

② 提花织制的精细毛织品。东汉班固给当时在西域的兄弟班超信中说:“侍中前寄人钱八十万,市得杂罽十余张。”明我国新疆地区在汉代以前就生产各种罽,而且以张计量。《三国志·吴志》记载,孙坚“着金罽”。三国东吴孙皓赐功臣:班罽五十张,绛罽二十张,紫青罽各十五张。这些都表明,三国时已有带花纹、有彩色线织入的罽。

③ 甔:坛子一类的瓦器。

④ 维摩:维摩诘的简称。早期佛教著名居士、在家菩萨。据《维摩诘经》讲,维摩诘是古印度毗舍离地方的一个富翁,家有万贯,维摩诘居士家中锦奴婢成群。但是,他勤于攻读,虔诚修行,能够处相而不住相,对境而不生境,得圣果成就,被称为菩萨。维摩诘为诸大菩萨之代表。

靳，可至千万。宋季雅与吕僧珍为邻，曰：千万买邻。宪宗兴安国佛寺中入吐突，承璀请立石纪圣德，使李绛为之颂，遗钱千万。

万万钱

愚今考经国之制，为居家之法，随资产之多寡，制用度之丰俭。合用万钱者用万钱，不谓之侈。合用百钱者用百钱，不谓之吝。是取中可久之制也（《梭山家制》）[1]。张鷟[2]之文，如青铜钱，万选万中，号青钱学士[3]。周人师史转毂百数，贾郡国，所不至，能至十千万。雒阳长叔薛子仲赀亦十千万，王莽皆以为纳言士。《汉书》

持筹

《平准书》：秦以一镒为一金。汉以一斤为一金。《汉惠帝纪师古注》曰：诸赐金不言黄金者，一斤与万钱。盖引《食货志》：黄金一斤直万钱。董彦远曰：汉一斤金四两，直二千五百。《文隐五年公羊传注》：古以金重一斤，若今万钱。或曰古十两为一斤，兵法兴师十万日费千金，燕昭王以千金养士，皆此数也。非若今人以二十四铢为一金也。

《说文》：权，十分黍之重也。《汉律历志》：十黍为絫，十絫为铢。黄钟一龠容千二百黍，重十二铢两之。二十四铢为一两，十六两为一斤，三十两为一钧，四钧为一石。

《说文》：锱，六铢也。古人言较量锱铢，谓轻微也。荀子注误云八两曰锱。止韵引荀注，非也。韵会注云：八铢为锱亦非也。说文为正。

镒，金数也。国语：二十四两为镒。赵岐孟康皆曰：镒，二十两。

---

① 作者陆九韶（1128—1205），字子美，号梭山居士。抚州金溪人。陆九渊的四哥。与弟陆九龄，陆九渊合称“三陆”。该书名《陆氏家制》。

② 张鷟（约660—740），字文成，自号浮休子，深州陆泽（今河北深县）人，唐代小说家。著有传奇小说《游仙窟》《朝野佥载》和珍贵的唐朝判例集《龙筋凤髓判》。

③ 青钱学士：以之誉称才学之士。出自《新唐书·张荐传》。

郑康成曰：三十两。正韵并载诸说，无考正。则是古今镒无定数也。或曰：《食货志》云国制黄金方寸而重一斤。又云方寸为一金。史记注臣瓒曰：秦以一镒为一金。汉以一斤为一金。盖汉以前以镒名金，汉以后以斤名金也。镒者，二十四两。斤者，十六两也。孙愐云：二十四两，与国语同。镒通作溢。《汉志》：黄金以溢为名。荀子千溢之宝，韩非子铄金千溢一说。本作镒，讹省作溢。又米一升二十四分升之一为一溢礼，朝一溢米，夕一溢米。孔丛子曰：两手曰掬一手曰溢。方氏曰：溢与镒同。《长大记》：二十两，曰溢误也。

《孔氏杂说》[①]曰：孝惠纪注引食货志，金一斤直万钱，乃知汉金之贱也。今金两有直万钱者，则汉金一斤如今一两价矣。宜人主赐金以千百斤计也。唐时金必贵。太宗以于志宁、孔颖达谏太子，各赐金一斤，帛五百匹。沈存忠云：古之一斤，今四两余也。然则一两之直二千五百而已。

① 宋孔武仲著。孔氏著有《诗说》《书说》《论语说》《金华讲义》《孔氏杂说》等。

奢汰[①]第四

秦始皇灭六国，写[②]其宫室，作之咸阳北阪上。自雁门以东，至泾渭交处，殿屋复道，周阁相属。然各自为区，虽一瓦一甓亦如其式。各书国号，不相雷同，皆布其所。得诸侯美人居之，如在其国，钟鼓帷帐不移而具。至于出狩，则丰貂东至，貘豸南来。又有玄旗[③]皂旒之制，罕车[④]之饰，写九王之廷于咸阳北阪。车舆之彩，各树其文，所谓秦人大备，而陈战国之后车者也。详见秦史晋志。

又【按】《三辅旧事》[⑤]《西京杂记》诸书：阿房宫前殿东西三里，南北五里，前庭中可受十万人，车行酒，马行炙，千人唱，万人和。一云上可以坐万人，下可以建五丈旗，关内离宫三百，关外四百余。

汉未央宫周回二十八里，前殿东西五十丈，深十五丈，高二十五丈，有殿阁三十二。至孝武以木兰为棼橑，文杏为梁柱，金铺玉户，华榱莹珰，雕楹玉碣，重轩镂槛，青丹墀，左墄右平，黄金为壁带，间以和

---

① 指没有节制地挥霍浪费：当时好玩不独此，器用往往穷奢汰。犹奢泰。《荀子·仲尼》："闺门之内，般乐奢汰，以齐之分奉之而不足。"宋刘子翚《兼道携古墨来感作此诗》："当时好玩不独此，器用往往穷奢汰。"《明史·轩輗传》："是年，超擢浙江按察使。前使奢汰，輗力矫之。"

② 写：仿效。

③ 浅黑色的旗。

④ 罕车：猎车。

⑤ 成书于唐初，佚名著。参见：赵岐，等. 三辅决录 三辅故事 三辅旧事[M]. 挚虞，陈晓捷，注. 张澍，辑. 西安：三秦出版社，2006.

氏珍玉，风至其声玲珑然也。未央在城西偏而长乐在东，太后多居之，周回十九里。又有桂宫、北宫、明光宫，在北周迴各十余里。孝武又建建[①]章宫于未央宫西。长安城外跨城池。作飞阁通之构辇。道以上下周迴三十里。宫正门曰阊阖，高二十五丈。左凤关，高二十五丈。右神明台内，北起别风阙，高五十丈。对峙井干楼。高五十丈，辇道相属焉。连阁皆有罘罳[②]，前殿下视未央。其西则广中殿，受万人。庙记云：北阙门高二十五丈，又有凤凰阙高七十丈五尺。又畿内千里京兆治之，前乘秦岭，后越九嵕[③]。东薄河华，西沙岐雍，内外宫一百四十五所[④]。

汉高帝以金间楚外，初赐张金百镒田。旨说帝以齐地封亲子弟，帝善之，赐黄金五百斤。帝心善家令之说，太公亦赐黄金五百斤。及帝疾甚，良医言疾可治，帝谩骂罢之，仍赐黄金五十斤。文帝即位赐太尉勃黄金五千斤，丞相平将军婴二千斤，朱虚侯章襄平侯典客揭各千斤。武帝时大将军再出击胡，得首虏万九千级，受赐黄金二十余万斤。大将军骠骑大出击胡，得首虏八九万级，赏赐五十万金。宣帝即位，大将军光赐黄金七千斤，钱六十万，杂缯三万匹，奴婢百七十人，马二千匹，甲第一区。昭帝时，广陵王来朝，赐黄金千二百斤，钱二十万。宣帝地节三年，立太子，赐广陵王黄金千斤，诸侯王十五人黄金各百斤，列侯在国八十七人，黄金各二十斤。元康四年，赐尹翁归子黄金百斤，以奉祭祀，功臣适后黄金人二十斤。神爵元年，赐朱邑子黄金百斤。四年，赐太守黄霸黄金百斤。元帝二年，立太子，赐天下当为后者[⑤]，列侯钱各二十万，士大夫十万。光武赐窦融黄金亦二百斤。至桓帝建和二年，赐河间、渤海二王黄金亦各百斤，彭城诸国王又各五十

① 衍“建”字。

② 古代设在门外或城角上的网状建筑，用以守望和防御。

③ “嵕”同“竣”。

④《两都赋》：“宫馆所历，百有余区。”

⑤ 此处有遗漏。原文应为“天下当为父后者爵一级”。

斤。汉世富盛多金，人主赏赉之厚如此。王侯贵戚之骄奢，亦有所自来矣。

梁孝王广睢阳城七十里，西苑方二百里，作曜华宫，筑兔园[①]。园中有百灵，山肤寸石，落猿岩，栖龙岫[②]。又有凤池，池间有鹤洲、凫渚。诸宫观相连，延亘数十里。奇果异树，珍禽怪兽毕备[③]。王自与宫人宾客弋钓其中。及王薨，藏府余黄金尚四十余万斤[④]。他物称是[⑤]。

董偃以狡奸得幸。馆陶公主号曰董君。主令偃散财交士，尝以黄金白斤为哀叔寿。又令府中曰：董君所发一日金不满百斤，钱百万，帛千匹，勿白[⑥]。偃夏月常卧延清之室，以郅支国画石为床，其文如锦，而

① 即今日之梁园。西汉梁国都城睢阳（今河南省商丘市睢阳区）城内梁园为梁孝王刘武营造的规模宏大的皇家园林，梁园。西起睢阳城东北（今商丘古城东南），东至今商丘古城东北7.5公里的平台集（今商丘经济开发区平台街道）。《史记》："筑东苑，方三百里，广睢阳城七十里，大治宫室，为复道，自宫连属平台三十里。"《水经注疏》曰"筑城三十里"。梁苑集离宫、亭台、山水、奇花异草、珍禽异兽、陵园为一体，是供帝王游猎、出猎、娱乐等多功能的苑囿。梁园是以邹阳、严忌、枚乘、司马相如、羊胜等为代表的西汉梁园文学主阵地。后世谢惠连、李白、杜甫、高适、王昌龄、岑参、李商隐、王勃、李贺、秦观等都曾慕名前来梁园。李白更是居住长达十年之久不忍离开，《梁园吟》成为千古名诗。现存梁园遗址有梁苑遗址、睢阳城旧址、朱台寺遗址、清凉寺、三陵台、平台遗址等。

② "岫"即"囿"。

③ 摘自晋葛洪《西京杂记》卷2。与《史记》卷58《梁孝王世家》所载略有差异。

④ 西汉的"多金"，曾是历代史学家的定论。《魏晋南北朝史》载，西汉初期，黄金的应用总数量在百万斤以上。如果按照《中国历代度量衡考》中考据的西汉时1斤折合今日248克来计算，西汉的百万斤即今日的248吨。不可否认，西汉黄金之巨得益于前朝的积累。当时楚国汝汉地区盛产黄金一有方形的爰金流行于世。秦国盛时，"黄金万镒为用"。秦统一天下之后，各国的"子女玉帛"都集聚在秦王朝的宝库，这些宝物中的黄金最后又随着改朝换代而被西汉接收。但是，对此此后黄金使用量骤然减少，学者曾给出流出国外、铸造佛像、随葬等原因。此外，学界一直为此"黄金"和"斤"是否为现代的黄金和斤争论不休，因为按西汉时期的金矿藏量、冶金水平判断应该还达不到那个程度。

⑤ 其他数量、价值差不多。

⑥ 班固《汉书·东方朔传》：董君所发，一日金满百斤，钱满百万，帛满千匹，乃白之。此处，显然进行了改写。

石体甚轻[①]。上设紫瑠璃帐，火齐屏风，列灵麻之烛，以紫玉为盘，如屈龙，杂宝饰之。侍者于户外扇，偃曰：玉石岂须扇而凉耶？侍者却扇，以手摸之，方知有屏风也。又以玉精为盘，贮冰膝前，玉冰同澈。侍者谓冰无盘贮，必融湿席，悮[②]合玉盘拂之，落阶，冰玉俱碎。偃以为乐玉精千涂国，所贡武帝以赐偃也。

赵飞燕女弟居昭阳殿，中庭彤朱，而殿上丹漆砌皆铜沓黄金，涂白玉阶壁带，往往为黄金釭含蓝田璧[③]，明珠翠羽饰之。上设九金龙，皆衔九子金铃，五色流苏带，以丝文紫绶金银花镊。每好风日，旛旄光影照耀。一殿铃镊之，声惊动左右。中设画屏，属文如蜘蛛丝缕。王几王床白象牙簟，绿熊席之毛长二尺余。人眠而拥毛自蔽，望之不能见，坐则没膝其中[④]。杂熏诸香，一坐此座，余香百日不歇。有四十镇皆达照无瑕缺窗屏，多是绿琉璃。亦皆达照毛发，不隐椽柳。刻作龙蛇萦绕，鳞甲分明见者，莫不兢栗。匠人丁缓李菊巧为天下第一。缔构既成，向其姊子樊延年说之，而外人稀知，莫能传者。昭仪尝遗飞燕书，曰：今日嘉辰，贵娣樊膺洪册，谨上禭三十五条，以陈踊跃之心：金华紫轮帽，金华紫罗面衣，织成上襦，织成下裳，五色文绶，鸳鸯襦，鸳鸯被，鸳鸯禄，金错绣裆，七宝綦履，五色文玉环，同心七宝钗，黄金步摇，金欢圆裆，琥珀枕，龟文枕，珊瑚玦马脑，弧云母扇，孔雀扇，翠羽扇，九华扇，五明扇，云母屏，风琉璃屏风，五层金博山香炉[⑤]，回风扇，揶叶席，同心梅含枝，李青木香，沈木香，香螺巵（生南海，一名丹螺），九真雄麝香，七枝镫。

---

①《拾遗记》："董偃尝卧延清之室，以画石为床，文如锦也，石体甚轻，出郅支国。"致支国是匈奴一部。

② 多数版本此处用"乃"。悮，通"误"。

③ 饰以黄金釭，函蓝田璧。

④ 熊席：熊皮坐席。语出《西京杂记》卷一。

⑤ 博山香炉也称博山炉，又名熏炉，是西汉时期常用熏香器具，可用来熏衣、熏被以除臭、避秽。据史料记载，汉代的王室贵族使用的博山炉常有错金错银材质的，平民百姓虽然只能使用陶瓷制品。南宋文学家鲍照曾说："洛阳名工铸为金博山，千断复万缕。"

武帝时，身毒国献连环羁，皆以白玉作之，玛瑙石为勒，白光琉璃为鞍鞍，在暗室中，常照十余丈，如昼。自是长安始盛饰鞍马，竞加雕镂，皆以南海白蜃为珂，紫金为华，以饰其上。犹以不鸣为患，或加以铃镊，饰以流苏，走则如撞钟磬，若飞幡葆[①]。后得贰师天马，帝以玫瑰石为鞍镂，以金银输石，以绿地五色锦为蔽泥[②]，后稍以熊罴皮为之。皮毛有绿光，皆长二尺者，直百金。卓王孙有百余双，诏使献二十枚。韩嫣好弹，常以金为丸，一日所失者十余[③]。长安为之语曰：苦饥寒逐金丸。京师儿童每闻嫣出弹，辄随逐之。《西京杂记》

汉茂陵富人袁广汉藏镪巨万，家僮八九百人。于北邙山下筑园，东西四里，南北五里，构石为山，高十余丈，连延数里，积沙为洲。屿激水为波潮，奇兽怪禽，委积其间。珍树异草靡不具植，江鸥海鹤孕雏产鷇，延漫林池。屋皆徘徊连属，重阁修廊，行之移晷[④]不能徧也。广汉后有罪诛，没入为官园，鸟兽草木皆移植上林苑中。《西京杂记》

东方朔化民有道对曰：升下以城中为小图，起建章，左凤阙，右神明，号称千门，万户木土，衣绮绣，狗马被缋罽，宫人簪玳瑁垂珠玑，设觑车教驰逐，饰文采丛珍怪，撞万石之钟，击雷霆之鼓，作俳优舞郑女士，为淫侈如此，而欲使民独不奢侈，失农事难之难者也。

济南王康多殖财货，大修宫室，奴婢至千四百人，厩马千二百匹，私田八百顷，奢侈恣欲，游观无节。永元初，国傅何上疏谏之。终不能改。

光武后弟郭况以黄金为器工，冶之声震于都鄙。时人谓郭氏之室

①《西京杂记》原文前“若飞幡葆”前有一“动”字。

② 蔽泥，也称障泥，垂于马腹两旁用以蔽尘土者。唐杜牧《少年行》：“连环羁玉声光碎，绿锦蔽泥虬卷高。”

③ 韩嫣，字王孙，韩王信的曾孙，汉武帝时宠臣。韩嫣擅长骑马射箭，善于逢迎。后因与宫中嫔妃有了奸情，被发现后，只得选择自杀。韩嫣在长安的时候，以黄金为丸，射击猎物，每天都会投掷十多枚金丸，给贫寒子弟。

④ 移晷：日影移动。犹言经过了一段时间。

不雨而雷。庭中起高阁，长庑置衡石[①]，以称量珠玉。阁亦有藏金窟，列武士以卫之。错杂宝以饰台榭，悬明珠于四垂，昼视之如星夜，望之如月里。语曰：洛阳多钱，郭氏室夜，日昼星富，无匹其宠者。皆以玉器盛食，故东京谓郭家为琼厨金穴。况小心畏慎，虽居富势，闭门优游，不干世事。

梁冀[②]大起第舍，妻孙寿亦对街为宅。殚极土木，互相夸竞，堂寝皆有阴阳奥室，连房洞户，柱壁雕镂，加以铜漆，窗牖皆有绮疏青琐，图以云气仙灵，台阁周通，更相临望，飞梁石磴，陵跨水道。金玉珠玑，异方珍怪，充积藏室。远致汗血名马。又广开园囿，采土筑山，十里九阪，以象二崤，深林绝涧，有若自然，禽奇驯兽飞走其间。冀、寿共乘辇车，张羽盖，饰以金银，游观第内。多从倡伎，鸣钟吹管，酣讴竟路[③]。或连继日夜，以骋娱恣。又多拓林苑，禁同王家，西至弘农，东界荥阳，南及鲁阳，北达河、淇，包含山薮，远带邱荒，周旋封域，殆将千里。又起兔苑于河南城西，经亘数十里。发属县卒徒缮修楼观，数年乃成。移檄所在，调发生免[兔]，刻其毛以为识。人有犯者，罪至刑死。有西域贾胡，不知禁忌，误杀一兔。转相告言，坐死者十余人。

史称穷奢极欲者王氏五侯[④]，争为奢侈，赂遗珍宝，四面而至。罗钟磬，舞郑女，作倡优，狗马大治第舍。起土山渐台，洞门高廊，阁遣连

① 泛指称重量的器物。衡，秤；石，古代重量单位，一百二十斤为一石。《史记·秦始皇本纪》："天下之事无大小，皆决于上，上至以衡石量书，日夜有呈，不中呈，不得休息。""呈"通"程"。古时文书用竹简木札，所以用石来计量数量。

② 梁冀是东汉以外戚人掌朝政的著名权臣。梁氏家族在东汉后期显赫无比，他的一个姐姐、两个妹妹都是皇后，家族中有7人封侯，2位任大将军，有3人娶公主为妻。梁冀一生历仕四帝，做大将军执掌权柄达20年。据传，梁冀非常惧惮他的夫人孙寿。

③《后汉书·梁统列传第二十四》曰：客到门不得通，皆请谢门者，门者累千金。

④ 汉成帝河平二年(前27)，帝封其舅王谭为平阿侯，王商为成都侯，王立为红阳侯，王根为曲阳侯，王逢时为高平侯，因为"五人故世谓之'五侯'"。(《汉书·元后传》)史称"王氏五侯"。《后汉书·皇后纪上·明德马皇后》："昔王氏五侯同日俱封，其时黄雾四塞，不闻澍雨之应。"

属,相望其风。自郭况梁冀已然矣。

自古恩赏之重,未有过于董贤杨素者。贤以色,素以功,贤自得幸,旬日间拜侍中赏赐累巨,万封矦,遂进大司马拜女弟为昭仪,位次皇后妻,得通籍殿中止贤庐,赏赐各千万数,父恭自少府拜卫尉。赐爵关内侯,妻父为将作大匠。弟宽信为执金吾诏将作,起第北阙下重殿,洞门柱壁皆画云气,华兰山灵水怪,或衣以绨锦,或饰以金玉,楼阁台榭转相连。注:山池玩好,穷尽雕丽,武库禁兵,尚方珍宝选物上第,尽在董氏,而乘舆所服,乃其副也。及至陈园,秘器珠襦玉柙,皆豫以赐贤,无所不备。又令将作为贤起冢茔义陵旁,因为便房,刚栢题凑,外为徼道,周亘数里,门阙罘罳甚盛。贤之幸不过三年耳,及斥卖家财至四十三万两。贤不闻纳贿,盖倾府库以益之也。

甘宁以锦维舟,或割弃以示奢侈。

《晋书》云:王济,字武子。性豪侈丽服玉食。时洛京地贵,甚济置地为马埒,编钱满之。时人谓为金沟。帝舅王恺有牛名八百里驳爱之。每莹其蹄角,济请以钱千万对射赌之。济先射一发破的,辄据胡床叱左右,速探牛心来,须臾至,一割便去。武帝常降武子家,供馔并用瑠璃器,婢子百余人皆绫罗袴褶,以手擎食,烝豘肥美,异于常味。帝怪而问之。答曰:以人乳饮豘。帝甚不平,食未毕便去。王石所未之作也。

太武殿室皆银楹金柱。《后赵录》

瞻波城长者宝德多饶,财宝受用丰足,生一男号曰女星,日用五百金钱,造食五百种味与男。

石崇,字季伦。与贵戚王恺、羊琇之徒竞以奢靡相尚。恺以粘澳釜,崇以蜡代薪。恺作紫丝步帐四十里,崇作锦步帐五十里以敌之。昔武帝常以珊瑚树赠王恺,高二尺许,枝柯[1]扶疎。以示石崇,崇以铁如意击碎之。恺既惋惜。崇曰:不足多恨。命左右悉取取珊瑚树,有高三四尺者,六七株以偿。条干绝俗,光彩曜日,恺恍然自失。时外国

① 枝柯:枝条。

进火浣布，帝服之以幸崇。崇身敝服侯帝，从奴五十人，悉衣火浣布[①]。崇伎妾千余人，刻玉为倒龙佩萦，金为凤凰钗。有所召者，不呼姓名，悉听佩声，视钗色。玉声轻者居前，钗色艳者居后，以为行次而进。各含异香使笑语，口气从风而扬。又屑沉水香末，布象床上，使所爱践之。无迹者，即赐珍珠百琲。常于砌上就苔藓刻百花，饰以金玉，曰：壶中之景不过如是。初最幸翔风，后翔风退房。幸绿珠珠弟子宋祎，亦国色，善笛，后入明帝宫中。

苻坚从兄朗初过江，常与朝士燕时贤，并用唾壶。朗欲夸之，使小儿跪，而开口唾而含出。《晋书》

晋元宝奢侈，尝云：石崇庶姓犹能画卵雕薪，元宝窘户遂以玉凤衔铃，金龙吐旆。《洛阳伽蓝记》

羊侃媵妾数千，家僮数千，珍奇宝玩富于天府。魏文成践祚诏修复寺塔。于天宫寺造释迦像，高四十三尺，用赤金十万斤，黄金六百斤。先是兴光初，诏有司为太祖以下五帝铸释迦立像五，各长一丈六尺，每一像用赤金二万，五千斤。《魏书》

韩晋明好酒，纵诞招引宾客，一席之费动至万钱，犹恨俭率。刘悛为益州贪暴至富，浴盆以金为之，余物称是。齐武帝常至其宅昼卧，觉，悛自捧金澡盘灌受四升，以充沃盥，因以与帝。

长沙寺僧累富，铸黄金为龙，数千两埋土。中历相传，付称为下方黄铁，莫有见者。及梁武于襄阳起兵，萧颖胄以荆州应因，取此龙以充军实。《齐书》

北齐废常初即位，赏赐左右动至百数十万。每见钱曰：我昔思汝一枚不得，今日得用汝。未武帝聚钱上库五亿万，斋库[②]亦出三亿万，金银布帛不可胜计。即位未期岁，所用垂尽，皆赐与诸不逞群小。人主

---

① 火浣布，指用石棉纤维纺织而成的布。由于其具不燃性，在火中能去污垢，中国早期史书中常称之为“火浣布”或“火烷布”。

② 宫观执事名。管理斋厨食物的负责人。道观日支已有定例，不许私为人情擅自支出，与人食用。或有粗俗无耻之徒，索要酒食，其管常住者，当执法谨守清规。

衣库，令何后及诸宠姬以诸宝器投击，破碎之，以为笑乐。

齐东昏起芳乐，玉寿诸殿，以麝香涂壁，刻画装饰，穷极绮丽。役者自夜达晓，犹不副速。后宫服御极选珍奇，府库旧物不复周用。贵市民间金宝，价皆数倍。建康酒租皆折。使输金犹不能足。凿金为莲花，以帖地，令潘妃行其上，曰：此步步生莲花也。

石季龙既篡，使牙门将张弥徙洛阳钟虡、九龙翁、仲铜驼、飞廉于邺。时一钟没于河，募浮没，三百人入河，系以竹絙，牛百头引之，乃出。造万斛舟以渡之。又造四轮缠网车，辙广四尺，深二尺。运至邺，又于邺南投石河中，以起飞桥，工费数亿万。又于襄国建太武殿，殿基高二丈八尺，綷以文石穿伏室于下，置卫士五百人于中。皆漆瓦金珰，银楹琼柱，珠帘玉壁，穷极伎巧。又起凌风台九殿，多选士庶之女充之，后庭服绮縠、玩珍好者，殆万余人。季龙淫酷异常，增置女官二十四等。大发民间女二十以下、十三以上三万余人。第以三等郡县媚旨，凡夺人妇九千余人。诸私采发者，又乘一万咸会邺宫。季龙亲自简第，大悦。封使者十二人皆列侯。自初发至邺诸，杀其夫及夺而遣者又三千余人。又尝率戎卒十八万，出金明门游猎。谏臣有猎车千乘，养兽万里，夺人妻女十万盈宫之语。季龙又以人言晋当复兴，欲苦役，晋人以厌其气，乃发近郡男女十六万，车十万乘运土，筑华林苑及长墙于邺北，长广数十里。促尚书张群秉烛夜作，起三观①四门，役死者无算。时杨州送黄鹄雏，颈长一丈，声闻十余里。命泛之玄武池。郡国献苍麟十六，白鹿七，司虞俱调之，以驾芝。盖列于充庭之乘，虎常升凌霄观望之。又【按】陆翙《邺中记》②云：石虎于太极殿前起楼，高四十尺，结珠为帘，垂五色玉佩，风过铿锵，和鸣清雅。盛夏时，登高楼以望

①“三观”是“东明观”“凌霄观”和“御龙观”。

②《邺中记》，晋陆翙撰。该书是记载割据王朝的国都邺城的专门史籍。原书已佚，仅存辑本。一直以来，其佚文散见于各书，其中，较早见于北魏《水经注》；后见于隋唐人所撰类书，如，虞世南辑录的《北堂书钞》、欧阳询编《艺文类聚》、徐坚编《初学记》都曾征引。宋代李昉等人编辑《太平御览》、乐史所撰的《太平寰宇记》等书，尚征引之。

四极。奏乐楼下,以夜继日。舂杂宝异香为屑,于楼上风至则扬之,名曰芳尘。左右直卫万人,皆着五色细铠,光耀夺目。又常以女伎千人为卤簿,皆着紫纶巾、熟锦袴、金银缕带、五文织靴,游于戏马观。皇后亦出女骑千人,腰着金环参镂带,下着五采靴,御床辟方三丈余。床皆局脚,高下六尺。后宫别院,有小形玉床。又有转关床作席,以锦杂以五香,施五彩,延编蒲皮缘之。冬月,施熟锦流苏斗帐,四角安纯金龙头,衔五色流苏,或用青绨光锦,或用绯绨登高文锦,或用紫绨大小文锦丝,以房于锦。里为复帐,四角安纯金银,凿镂香炉,以石黑烧集,和名香。顶安金莲花,花中悬金花也。又订出雉头、鹤氅、白鹭。齐梁谓赋民为订壁。幸因缘为奸利,课一输十,又各就州县求为人输,准取见直,不为输送。守宰皆不敢言重,更科敛如此。相仍前后不息,百姓困尽,号泣道路。

茁织成绔囊,裹受三升以盛香。春秋但锦帐,表以五色,緫为夹帐。夏用纱罗,或綦文丹罗,或紫文縠为单帐,作金银钮,屈膝屏风,衣以白缣,画义士仙人鸟兽之像。赞者皆三十二言。高则施八尺,下施四尺或六尺,随意所欲也。作云母五明金薄,莫难扇薄,打纯金如蝉翼,二面彩漆画,列仙奇禽异兽。其五明方中,辟方三寸或五寸,随扇大小,云母帖其中。细缕缝其际,虽掩尽而彩色明彻,视之如金可取者,故名莫难也。季龙出时以扇夹乘舆,御食游盘两重,皆金银参带,百二十,雕饰并同。参带间茱萸画,微如破发,近者乃得见。动游盘则员转也。尚方御府巧工、织锦署皆数百人。锦有大小登高、大小明光、大小博山、大小茱萸、大小交龙,蒲桃文、班文、韬文、桃核文,凤凰、朱雀等锦,或青绨、白绨、黄绨、绿绨、紫绨、蜀绨,工巧百数,不可尽名也。尝五月发五百里内,万人营华林苑。至八月,天暴寒雨,雪深三尺,作者冻死数千人。太史奏作役非时,天降此灾,虎诛户部尚书以塞天变。华林园移植民间。名果作虾蟆车,四搒掘根,面去一丈,深一丈,合土载之,植无不生苑中。有安石榴子,大如椀盏,味不酸。有西王母枣,冬夏有叶。九月生花,十二月乃成。二子 尺,又有羊角枣,亦三子一尺，有工人解飞者，作旃檀车左毂上，置碓右毂上，置木人，每行十里，磨麦一石，舂米一斛。观石虎所修饰，殊觉虏气厌人，恐李昊见之复，笑为寒俭乞儿也。

刘威硕在蜀，车服侈靡，艳妾数十，能为声乐，悉教诵。鲁灵光殿赋，谢灵运门生恒数百人。室宇华旷，尽山泉之美；车服鲜丽，衣裳器物，多改旧形，世共宗之。徐湛之产业甚厚，宇舍园池，贵游莫及。伎乐之美，冠绝一时。门生千余，皆三吴富人子，姿质端美，衣服鲜丽。每出入行游，涂巷盈满。徐君蒨为湘东王咨议，文冠一府，新声艳语。人多讽习，尤长部书问，无不对善弦歌，好声色，侍妾数十，皆佩金翠，曳罗绮服玩，悉以金银闭门，尽日酣饮。有时载伎肆意游行，荆楚山川靡不游践。是四君者，比之王石，尚为黔娄，第文士酸寒得，此亦是生天之福。《弇州稿》

副货国城周匝七十里，国王有黄金殿。《后魏书》

伪汉刘龑作昭阳殿，以金为仰阳，银为地面，檐楹榱桷皆饰以银。殿下设水渠，浸以真珠，又以水晶琥珀为日月，列于东西玉柱上。龑亲书其牓，其余宫室殿宇悉同之。及刘鋹立万政殿，饰一柱，凡用银三千两。又以银为殿衣，间以云母，无名之费，日有千万。既为宋兵所败，燔爇府库宝货之外，真珠至美者四十有六瓮焉。及至京师，鋹自结真珠龙鞍帊，以献太祖。《五国故事》①

后晋郭从义镇河阳，于洛中造大第，以香柏为栋，文梓为梁，花石甃池无不备具。第成约费白金五千锭。后被召适家，秉烛周览。至东郡而卒。家人不能居，为世所讥。

五代淮南杨渥居丧，昼夜酣饮作乐，然十围之烛以击球，一烛费钱数万。

石晋吐谷浑曾长白承福。家甚富，饲马用银槽。南唐后主煜常于宫中以销金罗幕壁，以白银钉瑇瑁押之。又以缘钿刷格眼糊，以红罗种梅花于其外。《五国故事》

①《五国故事》二卷（浙江鲍士恭家藏本），不著撰人名氏。

季直事前后蜀五十年，赀货巨万。尝读王恺石崇传，笑曰：穷俭乞儿，以此为富，可笑！可笑！《蜀梼杌》

南唐徐知谔曰：吾生长王家，穷极欢乐。一日可敌世人二日，此亦足想其奢殄矣。

南唐孙晟，居家富侈。每食不设几案，使众伎各执一器，环立而侍，号为肉盘台。

李昌夔在荆州打猎，大修装具。夫人独孤氏亦出文队千人，皆着红绣袄、锦鞍鞯、凤鞋银镫。

海陵王亮营建南京，般运一木费二千万，牵挽一车役五百人，用黄金饰宫殿金屑飞空，如落雪弗惜也。《金史》

王氏《谈录》云：丁谓前败之一夕买竭都市中金产余籍没后。官斥卖人有买，其彩荐一析之，得绢凡三百余端。即此足知其奢汰矣。

宋政和间海内又安，徽宗垂意花石苑囿，遂于禁城东北陬筑寿山。艮岳命宦宫梁师成董其事，以朱勔[①]领应奉局，置花石纲于苏州。蔡京讽勔取浙中珍异以进，岁益增加，舳舻相衔于淮汴。勔于是搜岩剔薮，凡士庶之家一石一木稍堪玩者，即领健卒直入其家，用黄帕覆封，指为御物。及发行必撤屋抉墙以出，其奇巉盘固者，虽江湖不测之渊，力莫能措。必其下植梅万数，绿萼芬郁，号绿萼华堂，旁有承岚昆云亭有屋，内方外员，如半月，是名书馆。又有八仙馆，屋图如规。有紫石岩，祈真磴，揽秀轩，龙吟堂。南则寿山嵯峨，两峰并峙，列嶂如屏，瀑布下入雁池，池水清泚涟漪。凫雁浮游水面，栖息石间不可胜计。亭曰：噰噰北绛霄楼，峰峦崛起千叠，万复不知几十里。西则参术杞菊，黄精芎

① 朱勔（1075—1126），苏州（今属江苏）人。北宋大臣，为“六贼”之一。因父亲朱冲谄事蔡京、童贯，父子都任有官职。当时宋徽宗垂意于奇花异石，朱勔奉迎上意，搜求浙中珍奇花石进献，并逐年增加。政和年间，在苏州设应奉局，靡费官钱，百计求索，勒取花石，用船从淮河、汴河运入京城，号称“花石纲”。此役连年不绝，百姓备遭涂炭，中产之家全都破产，甚至卖子鬻女以供索取。方腊起义时，即以诛杀朱勔为号召。朱勔在奉迎皇帝的同时，又千方百计，巧取豪夺，广蓄私产，生活糜烂。钦宗即位，将他削官放归田里，后又流放到循州关押，复造使将他斩首处死。

蒡,被山弥坞中,号药寮。又禾麻菽麦黍豆秔秫筑室,若农家,故名西庄。上有亭曰巢云。高出峰岫,下视群岭,若在掌上。自南徂北行,冈脊两石间绵亘数里,与东山相望。水出石口,喷薄飞注,如兽面,名曰白龙渊、濯龙峡,曰蟠秀、练光、跨云亭、罗汉岩。又西半山间楼曰倚翠。青松蔽密布于前后,号万松岭。上下设两关,出关下平池有大方。沼中有两洲,东为芦渚,亭曰浮阳。西为梅渚,亭曰云浪。沼水西流,为凤池。东出为研池,中分二馆,东曰流碧,西曰環山,馆有阁曰巢凤,堂曰三秀,以奉九华玉真安妃圣像。东池后结栋山下,曰挥云厅,复曲磴道盘行萦曲,扪石而上,既而山绝路隔,继以木栈,倚石排空,周环曲折,有蜀道之难。跻攀至介亭,此最高于诸山,前列巨石,凡三丈许,号排衙巧,怪巉岩藤萝蔓衍,若龙若凤,不可殚穷。麓云半山居右,极目萧森居左,北俯景龙冈,长波远岸,弥十余里,其上流注山间,西行潺,湲为漱玉轩。又行石间为炼丹亭、凝观图山亭,下视水际,见高阳酒肆。清斯阁北岸,万竹苍翠蓊,郁仰不见天,有胜云庵、蹑云亭、消闲馆、飞岑亭、无杂花异木,四面皆竹也。

蜀僧祖秀《华阳宫记》曰:政和初,天子命作寿山艮岳[①]于禁城之东陬,诏阉人董其役。舟以载石,舆以辇土,驱散军万人,筑冈阜,高十余仞,增以太湖灵璧之石,雄拔峭峙,功夺天造。石皆激怒抵触,若碮若齿,牙角口鼻,首尾爪距,千态万状,殚奇尽怪。辅以磻木、瘿藤,杂以黄杨,对青竹[②]荫其上。又随其斡旋之势,斩石开径,凭险则设磴道,飞空则架栈阁,仍于绝顶,增高树以冠之。搜远方珍材,尽天下蠹工绝技而经始焉。

山之上下,致四方珍禽奇兽,动以亿计。犹以为未也。凿池为溪涧,叠石为堤捍,任其石之怪,不加斧凿。因其余土,积而为山,山骨暴

① 艮岳:艮岳山,宋徽宗政和七年(1117)于东京汴梁(今河南开封)景龙山侧筑土山。其形仿余杭之凤凰山。山周围十余里,分东西二峰。因此山在都城之艮方(东北方),故名艮岳。此处以张淏的《艮岳记》及蜀僧祖秀所作的《华阳宫记》为基础,各摭其略而成。

② 衍"竹"字。

露，峰棱如削，飘然有云姿鹤态，曰飞来峰；高于雉堞，翻若长鲸，腰径百尺，植梅万本，曰梅岭。接其余岗，种丹杏鸭脚，曰杏岫。又增土叠石，间留隙穴，以栽黄杨，曰黄杨巘。筑修冈以植丁香，积石其间，从而设险曰丁嶂。又得赭石，任其自然，增而成山，以椒兰杂植于其下，曰椒崖。接水之末，增土为大陂，从东南侧柏枝干柔密，揉之不断，叶叶为幢。盖鸾鹤蛟龙之状，动以万数，曰龙柏坡。

循寿山而西，移竹成林，复开小径，至百数步。竹有同本而异干者，不可纪极，皆四方珍贡。又杂以对青竹，十居八九，曰斑竹麓。又得紫石，滑净如削，面径数仞，因而为山，贴山卓立。山阴置木柜，绝顶开深池，车驾临幸，则驱水工登其顶，开闸注水而为瀑布，曰紫石壁，又名瀑布屏。从艮岳之麓，琢石为梯，石皆温润净滑，曰朝真磴。又于洲上植芳木，以海棠冠之，曰海棠川。寿山之西，别治园圃，曰药寮。

其宫室台榭，卓然著闻者，曰琼津殿、绛霄楼、绿萼华堂①；筑台高千仞，周览都城，近若指顾。造碧虚洞天，万山环之，开三洞，为品字门，以通前后苑。建八角亭于其中央，榱掾窗楹，皆以玛瑙石间之。其地琢为龙础，导景龙江，东出安远门，以备龙舟行幸。东西撷景二园，西则溯舟造景龙门，以幸曲江池亭，复自潇湘江亭开闸，通幸金波门。北幸撷芳堤，外筑垒卫之，濒水莳绛桃海棠、芙蓉垂杨，略无隙地。又于旧地作野店麓，治农圃。开东西二关，夹悬岩磴，道隘迫，石多峰棱，过者胆战股栗。凡自苑中登群峰，所出入者此二关而已。

又为胜游六七，曰跃龙涧、漾春陂、桃花闸、雁池、迷真洞，其余胜迹，不可殚纪。工已落成，上名之曰华阳宫。然华阳大抵众山环列于其中，得平芜数十顷，以治园圃，以辟宫门，于西入径，广于驰道，左右大石皆林立，仅百余株，以神运昭功，敷庆万寿峰，而名之独神运峰，广百围，高六仞，锡爵盘固侯，居道之中，束石为亭，以庇之，高五十尺，御制记文亲书，建三丈碑，附于石之东南陬。其余石，或若群臣入侍帷

① 宋张淏《艮岳记》："其（艮岳）宫室台榭，卓然著闻者，曰琼津殿、绛霄楼、绿萼华堂。"艮岳是我国古典园林中最具代表性的皇家御苑之一，是北宋的皇家园林。

幄，正容凛若不可犯，或战栗若敬天威，或奋然而趋，又若伛偻趋进，其怪状余态，娱人者多矣。上既悦之，悉与赐号，守吏以奎章书列于石之阳。其他轩榭庭径，各有巨石，棋列星布，并与赐名，惟神运峰前巨石，以金饰其字，余皆青黛而已，此所以第其甲乙者。乃命群峰，其略曰：朝曰升龙、望云坐龙、矫首玉龙、万寿老松、栖霞扪参、衔日吐月、排云冲斗、雷门月窟、蹲螭坐狮、堆青凝碧、金鳌玉龟、叠翠独秀、栖烟弹云，风门雷穴，玉秀、玉窦，锐云巢凤，雕琢浑成，登封日观，蓬瀛须弥、老人寿星、卿云瑞霭、溜玉、喷玉、蕴玉、琢玉、积玉、叠玉、丛秀；而在于渚者曰翔鳞，立于涘者曰舞仙，独踞洲中者曰玉麒麟，冠于寿山者曰南屏小峰，而附于池上者，曰伏犀、怒猊、仪凤、乌龙，立于沃泉者，曰留云、宿雾。又为藏烟谷、滴翠岩、抟云屏、积雪岭，其间黄石仆于亭际者，曰抱犊天门。又有大石二枚，配神运峰，异其居以压众石，作亭庇之。置于寰春堂者，曰玉京独秀太平岩。置于绿萼华堂者，曰卿云万态奇峰。括天下之美，藏古今之胜，于斯尽矣。

越十年为靖康元年，金人犯阙。大雪盈尺，诏民任便斫伐为薪。是日，百姓奔往，无虑十万人，台榭宫室悉皆拆毁，官不能禁也。祖秀又云：元年十一月，大梁陷都人相与排墙，避虏于寿山艮岳之巅。时大雪新霁邱壑，林塘杰若画本。祖秀周览累日，咨嗟惊愕。明年春，复游华阳，民悉废之矣。阅两记略，宋徽之营华阳与隋炀之营西苑何异？独淫纵不如广耳，北辕不追，将谁尤乎①。

绍兴二十一年十月，高宗幸清河郡王张俊第。供进御筵节次食品名色不可悉纪。外进奉宝器有御药带一条，玉池面带一条，玉狮蛮乐仙带一条，玉鹘兔带一条，玉璧环二，玉素钟子一，玉花高足钟子一，玉

① 上述文字主要引自《艮岳记》。该书为园林专著，南宋张淏撰，1卷。宣和四年(1122)艮岳建成，徽宗亲作《艮岳记》；靖康元年(1127)汴京陷时，僧人祖秀随都人避兵艮岳，亦详记其花石景物之胜，以艮岳之正门为“华阳宫”，因名《华阳宫记》。本书即据上述二记，删去浮词，保留实景原文，以存艮岳概貌。书中对筑园之缘起，物料之来源，朱勔主苏杭应奉局搜刮民间珍异花木竹石以进，“花石纲”之扰民役民，及金兵围城时园林之毁，均有叙及。

枝梗瓜杯一，玉瓜杯一玉，东西杯一玉，香鼎二，盖全玉盆儿一，玉椽头楪儿一，玉古剑璏等十七件。玉圆临安样楪儿一，玉靶独带刀子二，玉并三靶刀子四，玉犀牛合簪儿一，金器一千两，翠毛二百合，珠子十二号，共六万九千五百九颗珠子，念珠一串一百九颗，马价珠金相玉带一，条白玻璃圆盘子一，玻璃花屏七，玻璃碗四，玛瑙碗大小共三十件古器。有龙文鼎一，商彝二，高足商彝一，商父彝一，周盘一，周敦二，周举罍一，有盖兽耳。周罍一，汝窑酒瓶一，对洗一香炉一，香合一，香毬一，盏四，盂子二，出香一对，大奁一，小奁一，合伏有螺钿合十，具织金锦褥子全犀皮合十具，织金锦褥子全书画有御宝者十轴，《曹霸五花骢》、冯瑾《霁烟长景》、易元吉《雁生花》、黄居宝[①]《雀竹》(弇州作黄居瑶雪竹)、吴道子《天王》，张萱唐后《竹丛》、弇州作张萱雪竹、边鸾《萱草山鹧》、黄荃萱《草山鹧》、宗妇曹氏《蓼岸》、杜庭睦[②]《明皇斫脍》。无宝有御书者九轴，赵昌《踯躅鹌鹑》、梅竹思《踯躅母鸡》、杜霄《扑蝶》、巨然《岚瑙翠峰》、徐熙《牡丹》、易元吉《写生枇杷》、董元《夏山早行》一轴、李煜《林泉渡水人物》。无宝御书二轴，荆浩《山水》、吴元俞《紫气星》。匹帛，捻金锦五十匹，素绿锦百五十匹，木锦二百匹，生花番罗二百匹，暗花婺罗三百匹，樗蒲绫二百匹，进奉犒设随驾，官知省御带御药门司直，殿官紫罗五百匹，杂色缬罗五百匹，马下目子钱一万贯。文禁卫一行只候人等，钱二万贯，文炊饼二万个，熟猪肉二千斤，爊爆三十合，酒二千瓶，此外备办外官食炙。自太师秦桧少保秦禧第一等至第五等，共二百余员人，皆簇送食酒如其人数。

【按】天子作客于郡王家，燕接略如严宾。此史册所未有也。又窃怪临安一席地，当戎马纷纭，岁币诛求之际，郡王一进奉至数万金，又

---

① 黄居宝，五代后蜀成都人。字辞玉。官水部员外郎。以八分书知名。宋黄休复《益州名画录》云："唐张素卿作十二真人象，翰林待诏黄居宝八分书题之。"参见：李国钧．中华书法篆刻大辞典[M]．长沙：湖南教育出版社，1990：184.

② 杜庭睦，唐代画家。工画释、道人物。喜写故实，风神气骨，另有会心。参见：张志哲．中华佛教人物大辞典[M]．合肥：黄山书社，2006：224.

宝玩皆历代天府之藏，不知清河，何自得之？宋高君臣耽求货玩如此，又安望为雪耻除凶之事乎宜乎？二帝之魂殢沙漠也。

燕帖木儿奢侈无度，每会寮吏，皆屠百羊。第中起水晶亭，四壁皆水晶，镂空贮水，养五色鱼其中，剪彩为白苹红蓼等花，置水壁上，以琥珀为栏杆，镶八宝奇石，红白掩映，光彩玲珑，前代所无有也。洞房设楼床，广褥择美姬，温软柔滑者，枕藉而睡，谓之香肌席。脂粉之娇罗列左右，随其所取，以为花嬉至乐也。胡元君臣皆好货而奢殄。始僧嗣占妙高，上言欲毁宋会穧诸陵，西僧杨琏真伽又请，乃发陵取宝器，以诸帝遗骨建浮屠于杭之故宫，截理宗顶为饮器。时会稽有六陵[1]，徽高孝光宁理度也。掘取宝器殆尽，徽陵获走花鸟玉笔箱，又同凉泼绣管，外国所进也。高陵真珠戏马鞍，岭南刘铱所结以献太祖者。光陵交加百齿梳，香骨案，理陵伏虎枕，七宝合成伏虎之状，穿云琴金猫精为徽龙肝石，为轸绿玉磬，唐杨妃物也。度陵五色藤盘、影鱼黄琼扇柄，余器物不可殚述。至元二十二年，又遣使至马人儿国求奇宝。国近占城，求得吉贝衣千袭。吉贝者，树名也，华如鹅毳，抽其绪，纺之以作布，亦染成五色，织为斑布，宝花冠千顶，以金作花，七宝装缨络为饰(右边为希)，虾啰百颗，形如珠而成龙纹，大者过于弹丸。国有虾濑隐沙中，常抱珠戏濑上。土人俟其去取之，绣丝纹百段。金颜香千团，香乃树脂也。白者为佳，五香七宝床一只[2]。可坐者[3]。鸳褥瓢十枚，以贮食经月不败。庵罗树数十枚，花叶似枣，实似李，味佳。大珊瑚百株，鳞睛石百枚，又有血竭褊桃、浮金鉼等物。胡主宫中临幸，以黄金妆肩舆，使宫人衣贴编铺翠襦扛之。成宗春暮时，命宫人扫落花，铺兰苕殿，施金帐，诸嫔衣碧鸾朱绡半袖衫，头缠吉贝锦，臂系秋云紫条帕，着白氍

---

① 六陵：高宗、孝宗、光宗、宁宗、理宗、度宗之陵。

② 参见李材《解醒语》。其中有一段颇能反映商人的社会地位。商人获利者曰“遂心”，不得利曰“犯耗”，买酒脯禳之。至极贱行商，呼为“货脚”，行商亦谓坐贾日“匏汉”，盖相讥也。

③ 原文为：“床可坐不可睡者。”

袴，成群相逐，滚蔬翻花，开[①]腕飞蹄，戏狎弥日。帝曰：上灿黄金，下设尊席，使美人为鞠戈流跄之戏。有唐驸马者宠于太后。所赐厨料甚盛，乃开回仙厨以市，谓厨极馨香。仙人闻之，亦当驻也。胡人获此，受享盖天纵之矣。

元许谦[②]孙[③]言，上方珍异库有虎头砚、鱼肌笺、猿臂笛、金丝簟、鸣玉系腰等。许尝提点库，故知之悉也。

因贵而富侈汰最著者秦魏冉、吕不韦，楚黄歇，汉霍光、张安世、张禹、王凤等五侯；董贤、梁冀、董卓、曹腾等。魏曹洪、晋石崇、王恺、王济、徐湛之、阮佃夫。梁萧宏、朱异、羊侃。北魏元禧、元雍、元琛、元融、李崇。隋杨素。唐裴寂、李林甫、郭子仪、韦宙、裴冕。元载李德裕、王涯、杨收。吴越孙承佑。蜀李旻。宋蔡京、梁师成、韩世忠、张俊、杨沂中、史弥远[④]、韩侂胄、贾似道。元燕帖木儿伯、颜朱清、张瑄。其无讥者，仅郭汾阳、韩蕲王耳。能自力致富者，陶朱公、白圭、猗顿、巴寡妇、临卭卓王孙、程郑、宣曲任氏、茂陵袁广汉、平陵士孙亿、东海糜竺、平邑王氏、洛阳刘宝，长安王元宝、王酒胡、邹凤炽（即邹骆驼），及胜国之倪瓒、顾瑛、沈万三，皆着在史传甚详。《七部稿》[⑤]

国朝三殿之工木取诸川、贵、吴、楚。每条最巨者，计费九千金。

① 疑为“斗”。

② 许谦（334—396），字元逊，代郡蔚州（今张家口蔚县）人。北魏开国功臣，立国二十一功臣之一。

③ 应为“孙从宗言”。

④ 史弥远（1164—1233），南宋权臣。字同叔。明州鄞县人。淳熙十四年（1187）进士及第。开禧三年（1207），韩侂胄北伐失败，金朝来索主谋。史弥远时任礼部侍郎兼资善堂翊善，与杨皇后等密谋，遣权主管殿前司公事夏震于玉津园槌杀韩侂胄，后函其首送金请和。史弥远因此升任右丞相兼枢密使，独相宋宁宗赵扩十七年。

⑤ 吴国伦（1524—1593），字明卿，号川楼子、惟楚山人、南岳山人等，武昌府兴国州尊贤坊人（今湖北省阳新县浮屠镇吴智村）。吴国伦是明朝嘉靖、万历年间著名文学家，与李攀龙、王世贞、谢榛、宗臣、梁有誉、徐中行等七人并称“后七子”。吴国伦成为文坛盟主。吴一生笔耕不辍，传世的文学著作、史学著作丰富，主要有《藏甲岩稿》《甔甀洞稿》《陈张事略》《吴川楼集》《续吴川楼集》《春秋世谱》《训初小鉴》7部。

而沿途传置之赀不与焉。若遇节省之朝，一木可作一殿矣。皇极门兴工，有铁钉炉头者，凡铁及柴炭，悉取诸宫外，但铸冶手工至一千五百金。他率类此。虚糜蠹耗。如是国用安得足乎？谢肇淛《杂俎》[①]

【按】贞观初，诏治洛阳宫，张立素上书谏。略云：臣尝见隋家造殿伐林豫章，二千人挽一材，以铁为毂，行不数里毂辄坏，别数百人赍毂自随行，终日不三十里，是一材之用已数十万工，则其费不啻百万。他概可知也。今必役残创之人，袭亡国之弊。臣恐陛下之过甚于炀帝。帝为之止。此亦兴作土木之鉴矣。

① 谢肇淛，福建长乐人。明隆庆元年（1567）生于浙江钱塘。父谢汝韶，举人出身，曾任钱塘教谕、安仁知县。谢肇淛自幼聪颖，稍长博览群书。12岁时父亲辞官，即随父回福州定居。卒于天启四年（1624）。著名诗人，曾官至广西右布政使。在任内他治理河流，勤于政事，整顿经济，政绩显着。其所撰《五杂俎》，十六卷，多记风物掌故，流传至今。

贪冒第五

《左传》云：高辛氏有不才子，贪于饮食，冒于货贿。天下之人谓之饕餮。舜投诸四夷。

平邱之会，晋羊舌鲋摄司马，次卫地，求货于卫，淫刍荛者。卫人以羹与箧锦，请于叔向，叔向受羹反锦[①]，曰：晋有羊舌鲋者，渎货无胀，亦将及矣。为此役[②]也，子若以君命赐之，其已。客从之，未退而禁之。

《列子》曰：齐人有欲金者，清旦衣冠而之市。适鬻金者之所，因攫其金而出。吏捕得之，问曰：人皆在焉，子攫人之金，何故？对曰：取金之时，不见人，徒见金。

汉武帝元狩四年初，算缗钱，匿不自占，占不悉，戍边一岁，没入缗钱。有能告者，以其半畀之[③]。

【按】此汉以来，征榷居货之始，凡居货者，各隐度其财物之多少于

---

① 叔向：姬姓，羊舌氏，名肸，字叔向。春秋后期晋国贤臣，公族大夫。叔鲋：即羊舌鲋，叔向之弟。淫刍荛者：放纵砍柴草的人。箧锦：箧为狭长方形盒子，中盛美锦。参见：库勒纳.日讲春秋解义.上[M].田洪，整理注释.海口：海南出版社，2013：1 146.

② 杜预注曰：役，事也。

③ 算缗是西汉武帝时向商人征收的一种财产税。把大工商业主和高利贷者从农民身上剥削来的财物收归国有，是历史上大规模的抑商运动，增加了国家收入，打击了奴隶制残余，缓和了土地兼并，有利于封建经济基础的巩固，但是迟滞了商品经济的发展。告缗是当时反商人瞒产漏税的一种强制办法。为汉武帝的内外功业提供了物质保证，起到了加强专制主义中央集权制度的作用。但西汉后期，商人与官僚、地主逐渐合流，加剧了土地兼并，直接导致当时严重的社会危机。这两项法令，是秦和汉初抑商政策的继续和发展。

商贾。末作率，计有缗钱二千者出一算。于手力所作者，率计有缗钱四千者出一算。呜呼！出诸途者，既征其赍载之具。藏诸家者，又算其储积之物。取民之尽一至此哉。武帝元光中始，算商车。至是，又算民车及船。凡民不为吏，不为三老、骑士，苟有轻车，皆出一算。商贾则倍之。船五丈以上，出一算。呜呼！缗钱之法，初为商贾设也。顾算商车已为无名，乃又算及民之舟车，遂使告缗者遍天下，则凡民有蓄积者，皆为有司所隐度矣。取民财而至此，民何以为生哉！

汉羊元群罢北海郡，赃污狼籍至溷轩，有奇巧亦载以归。溷轩即厕屋也，贪秽至此，真污人齿颊。今之宦归而捆载方物，辎重满道，安知溷轩不入其橐乎？辎重满道，安知溷轩不入其橐乎？

王莽于长安及五都立五均官。马端临曰：古人立五均，以均市价。立泉府以收滞货，而时其买卖，皆所以便民也。莽借其说，令民采山泽者、畜牧者、纺织者以至医巫技艺，各自占所为，而计其息十一。分之以其一为贡，则是直攫取之耳。

永昌太守刘世铸黄金之蛇，献之梁冀益州刺史。和凫发其事，蛇输司农。冀从杜乔借目之，乔不与。乔以此忤冀，卒死狱中①。

汉灵帝母董夫人，自窦太后崩，始与朝政，使帝卖官求货，自纳金钱，盈满堂室。桓帝之初，京师童谣曰：城上乌，尾毕逋，公为吏，子为徒，一徒死，百乘车，车班班，入河间。河间姹女工数钱，以钱为室，金为堂，石上慊慊舂黄粱，梁下有悬鼓，我欲击之，丞相怒。城上乌者，高处独食不与下。共谓人主多聚敛也。公为吏，子为徒者。言蛮夷叛逆父，既为军吏子弟，又为卒徒往击之也。一徒死者，言前人讨胡，既死后又遣百乘往也。车班班者，言乘舆班，班入河间，迎立灵帝也。姹女数钱，言帝既立，其母永乐太后好聚金，以为堂室也。石上慊慊者，言

① 唐祖君彦《为李密檄洛州文》：设官分职，贵在铨衡；察狱问刑，无闻贩鬻。而钱神起论，铜臭为公，梁冀受黄金之蛇，孟佗荐蒲萄之酒。遂使彝伦攸斁，政以贿成，君子在野，小人在位。积薪居上，同汲黯之言；不如，伤赵壹之赋。

太后虽积金钱，犹慊慊[1]常苦不足，使人舂黄粱为食也。我欲击者，言太后教帝使卖官受钱天下。忠笃之士欲击鼓求见，卿相悬鼓者，复怒而止我也。时灵帝开鸿都门榜，卖官爵。公卿州郡下至黄绶，各有差。其富者则先入，钱贫者到官而后倍输。崔烈时因傅母入钱五百万，得司徒。及拜日，天子临轩，百僚毕会。帝顾左右曰：悔不小靳，可至千万[2]。程夫人从旁应曰：崔公名士岂肯买官！赖我得是耳烈。于是名誉衰减。一日间，其子钧曰：吾近居三公，外议何如？钧曰：大人历位卿守，论者不谓不当，近乃失望。烈曰：何为然也？钧曰：嫌其铜臭。烈怒，举杖击之。灵帝起自侯家宿贫，每叹桓帝不能作家，故每聚钱为私藏，造万金堂于西园，引司农金钱缯帛，牣积堂中。又寄藏小黄门常侍家钱各数千万。恒云：张常侍是我父，赵常侍是我母。是时张让与赵忠说帝大修宫室，令天下田亩税十钱，名修宫钱。刺史、二千石及茂才、孝廉迁除，皆责助军修宫钱。大郡至二三千万[3]。当之官者，皆先至西园议价，然后畱[4]去。钱不毕者，或至自杀。廉吏不肯之官者强迫之。时河南司马直除巨鹿太守，以素有清名，为减责三百万。直被诏，叹曰：为民父母而割剥百姓，以悦贪残吾不忍也。辞疾不许。行至孟津，为上书极陈当世之失，祸败之戒，即吞药自杀。《后汉书》

成都人罗褒初贾京师，为平陵石氏持钱。石氏赀次如苴。如氏、苴氏皆富人也。亲信之，乃厚赀遣褒，令往巴蜀。数年间，至十余万，褒举半遗曲阳侯，依其权势，凡贷于郡国者，人莫敢负。

汉章帝时，尚书张林言，县官宜自交址、益州上计，吏来市珍宝，收采其利。武帝所谓均输也。诏议之，尚书仆射朱晖曰：按王制，天子不言有无诸侯，不言多少，食禄之家不与百姓争利。今均输之法与商贾

---

① 慊慊，释义为心不满足貌。

② 靳：吝惜。“悔不小靳，可至千万”意为悔没有再稍微吝惜一下，五百万就把官位给卖了，否则可以卖到一千万。

③ 原文还有“余各有差”四字。

④ 畱：得。

无异，非明主所宜行。帝不从。其后用度益奢[①]。

【按】均输之法，谓郡国租赋并雇运之直，官总取之而炉之，转输于京。此非但商贾之事，盖贫民无产者，为人佣雇之事也。不但非明主所宜行，虽乡里之名为士大夫者，亦不宜行也。章帝为汉七制主之一，而亦为此，岂非武帝诒[②]谋之不善哉？

魏高阳刘类者，嘉平中为弘农太守。每使人掘地求钱，所在市里，皆有孔穴。《三国志注》

《晋史》：和峤富拟王者，而至吝，人谓其有钱癖[③]。孙权文曰：有和长舆者，巨万藏家，贯朽仄磨，鳞差螭缩，陈陈腥涩[④]。死而有知，是谓钱鬼。

《蜀都赋》云：侈侈隆富，卓郑埒名。公擅山川，货殖私庭，藏镪巨万，铋摫兼呈，亦以财雄，翕习边城。《方言》云：梁益之间，裁木为器曰铋，裂帛为衣曰摫。

① 对于均输之法的评价历来褒贬不一。但其对于物价的影响，学者关注并不多。一方面，均输法的实行，明确了任土所宜的原则，不像过去因贡非所产。郡国摊于农民，农民向商贾购买要出重价，而为了求得钱币，不得不贱卖货物，贵买贱卖遭受双重损失。另一方面，政府虽因此做到民不益赋，但可能引起当时物价的上涨。史载，全面推行均输法的，成效显著，在一年之内给西汉政府上缴的利润达五百万匹绢帛。这种财政收入，可能反映出此时物价上涨，故以均输之利购存布帛，以保币值。

② 应为“始”。

③ 和峤(？—292)，字长舆，汝南西平(今河南舞阳东南)人。贾充荐于晋武帝，入为给事黄门侍郎，迁中书令。吴平，转侍中。惠帝时，拜太子少傅，加散骑常侍、光禄大夫。和峤少年时代已很有才华。为政清廉，享盛名于朝野。深得百姓颂赞，他懂得珍重自爱，有盛名于世，袭父爵上蔡伯，累迁颍川太守。和峤在朝当职的时候能向皇帝谏言上策直言不讳，并且能够切中要害。但是和峤唯一的缺点就是一生吝啬异常，爱钱如命。他的弟弟们从树上摘李子吃，他也照样按核收钱。南梁的皇族萧宏家中的三十多间库房全部堆满了金银财宝，所聚敛的钱财多达数亿，但他仍是乐此不疲，被人称为“钱愚”。杜预曾经认为他有钱癖。这就是庾敳评价他的“有如茂盛的千丈松柏，虽然有节疤”。

④ 仄：指钱币的边缘。鳞差：像鱼鳞般错落不齐。螭缩：像螭龙一样蜷缩。螭：传说中的无角之龙。腥涩：铜锈发出的怪味。这几句意指钱多不用，以致散乱堆迭，锈烂发臭。

《晋书》：石崇百道营生，积财如山。

《晋书》：麹允，金城人。与游氏世为豪族。西州语曰：曲与游，牛羊数千头，南通朱阁，北望青楼。

司徒王戎性嗜利，聚钱不知纪极。田园水碓周遍天下。契疏鞅掌[①]，每自执牙筹[②]，晓夜算计，而吝啬不自奉养。人以为膏肓之疾。女适裴颜，贷钱数万，久而未还。女后归宁，戎色不悦。女觉，遽还之，欢遂如初。从子将婚，戎遗以一单衣婚，讫辄更责取。《晋书》

王衍妻郭氏，贾后亲也。郭藉贾势，狼戾无忌，性极贪鄙。每令婢于路上担粪。衍疾郭所为，故口不言钱。郭欲试之令婢，以钱绕床，使不得行。衍晨起见，谓婢曰：举阿堵物却。

晋世贿赂滋彰，鬲令袁毅尤为贪浊，赂遗公卿。山涛为吏部尚书，而饷涛者丝百斤也[③]。王戎为侍中南郡太守，刘肇赂戎以筒中细布五十端，然已为司隶所纠。今縢此二赂，走权门之奴隶，其不抵而笑乎。东门奂历吴郡、济阴太守，所至贪浊。谣曰：东门奂，取吴半，吴不足，济阴续。宋廙、仲文炳之领选[④]，贪黩无厌，闻刘遵考有材即乞材，见好烛盘即乞烛盘。荀万秋常诣炳之，值一客姓夏侯者，谒炳之。炳之问曰：有好牛否？云:无。有好马否？又云：无，政有佳驴耳。炳之曰：甚是。所欲客出门，遂与相闻索之。张幼绪常语人曰：吾虽得一县，负三千万钱，庚冲远，乃当送至新林，见束缚，犹未得解手。其在尚书中，令奴沽

① 契疏：契约、帐簿。鞅掌：众多。

②《世说新语》与此不同，说他与夫人烛下算计，“每与夫人烛下散筹算计”。

③ 此处没有完整叙述二人之间的关系的发展过程。袁毅行贿遍及朝中，以求升迁。山涛位高权重，自然也是袁毅极力巴结对象。袁毅送的礼，“众人莫不受”，一向老于世故的山涛不想让别人觉得自己有什么不同，便收下了所谓“丝百斤”。但山涛令人将礼物“悬之梁上”一直没用。后来袁毅“坐交通货赂，大兴刑狱”。多人被牵扯进去，山涛却安然无事。所谓“丝百斤”，反映当时丝是可以作为货币使用的。

④ 谓兼管荐举官吏之事。南朝梁任昉《〈王文宪集〉序》：“建元二年，迁尚书左仆射，领选如故。”《新唐书·杜如晦传》：“进位尚书右仆射，仍领选。”《资治通鉴·晋安帝隆安元年》：“领军将军王国宝为左仆射，领选。”胡三省注：“领选者，领吏部选。”

酃酒[1],亦利其百十具,为何尚之所劾。

【按】仲文,好洁士大夫造之者,未出户,辄令人拭几洗床赃秽[2]。若此独好人洁,岂非反耶?

后魏河间王琛为定州刺史,以贪纵著名。及罢州还胡,太后诏曰:琛在定州,惟不将中山宫来自余,无所不致,何可更复叙用,遂废于家。时宦者刘腾,胡太后以其保护之功,使干预政事,纳赂为人求官,无不效者。琛乃求为腾养息,赂腾金宝巨万计,腾为之言于太后,得兼都官尚书,出为秦州刺史。

魏灵太后胡氏常幸左藏,自王公嫔主以下从者百余人,皆令任负布绢,称力取之。时惟长乐公主手持绢二匹,示不异众。陈留公李崇、章武王融并极力,负重至颠仆。崇折腰,融损脚。通鉴作太后夺其绢,使空出。时人为之语曰:陈留、章武伤腰折股,贪人败类,秽我明主。《魏书》

北史崔和官平昌太守,家巨富而性吝,埋钱数百斛[3]。其母季春思堇,惜钱不买。子轨盗钱百万,背和亡走。

魏齐州刺史元诞在州大以贿闻,牛驴鸡犬无不逼夺,奴隶皆逼取良人为妇,甚为民患。有沙门为诞采药还,诞问之曰:师从外来有何消息。对曰:惟闻王贪,愿王早代去耳。诞曰:齐州七万户,吾到来,一家未及得三十钱,何言贪也。寻被纠罢职。诞之先世,亦以贪败。《魏书》

---

① 两晋南朝时,饮酒酗酒风盛行。当时农业的发展,粮食产量的增多,才使酿酒业特别兴盛起来。当时有一种享誉大江南北的名酒"酃湖酒",亦称"酃酒""酃酥",据郦道元《水经注·耒水》载,酃县"有酃湖,湖中有洲,洲上民居,彼人资以给酿酒,甚醇美,谓之酃酒,岁常贡之"。酃县当时属湘东郡,今属衡阳市。

②《太平御览》卷389:"辄令拭席洗床。时陈郡殷冲亦好净,小人非净浴新衣,不得近左右。士大夫小不整洁,每容接之。炳之好洁反是,冲每以此讥焉。"

③《太平御览》卷980:"埋钱百斛"。百斛本意本为概数。泛指多斛。斛,量具名。古以十斗为斛,南宋末改为五斗。汉焦赣《易林·节之师》:"稼穑成熟,亩获百斛。"唐李贺《江南弄》诗:"鲈鱼千头酒百斛,酒中倒卧南山绿。"此处,李世熊改为数百斛,可能理解有误 。

元晖与卢袅纳贿用官，皆有定价。时人号为饿彪将军、饥鹰侍中。

魏秦州刺史修义尝典铨衡[①]，授官大小，皆有定价。时中散大夫高居者，应得上党郡缺，修义私以与人，抑居不与。居一日入铨省，忽对众大呼有贼。修义诘曰：白日公庭，安得有贼？居谓曰：此上座者，违天子明诏，物多得美官。京师白劫，非大盗乎？修义失色。《魏书》

法庆智性贪鄙，为太尉主簿。事无大小无曲直必得物然后判，或二三十钱，或十数钱亦辄取之。府中号为十钱主簿。

魏元明既平赫连昌，引诸将帅入昌府藏，令各任意取金玉。诸将俱取之盈袖，而公孙轨独不探取。帝乃亲探金赐之。仍谓曰：吾以此赐，显廉于众人也[②]。已轨死，太武谓崔浩曰：吾行过上党，父老皆言公孙轨受货纵贼[③]。其初来单马执鞭，及其南也，辎车百两[④]。丁零[⑤]渠帅，乘山骂轨。轨怒取骂者之母，以矛刺其阴而杀之。曰：以生此逆子。轨今幸早死，若在，吾必族诛之。《魏书》

后魏郑云谄事刘腾，赂紫缬四百匹，得安州刺史，除书旦出。晚诣度支尚书。封回问：安州兴生何事为便？回曰：卿位为方伯，宜思方略，以济百姓。如何见造问兴生乎？封回：不为商贾，何以相示？云惭而去。

王琼道遇广平王，据鞍抗礼，自言马瘦。王即以马并乘具与之。领

---

①《资治通鉴·晋哀帝兴宁二年》："辟召非其人者，悉降爵为侯，自今国官皆委之铨衡。"胡三省注："铨衡，谓吏部尚书也。"

② 实际上，他的"廉"只是廉给皇帝看的，在实际工作中，与"廉"字根本不相涉。

③《北史》中还有一句："使至今余奸不除，轨之罪也。"

④ 同"辆"。

⑤ 丁零属于原始游牧部落，敕勒人最早生活在贝加尔湖附近。留居在原来贝加尔湖一带的敕勒人被称为丁零人。鲜卑人因北方的敕勒人使用车轮高大的车子，称之为高车。东汉进攻北匈奴战胜之后，敕勒人的地域开始南移，与中原的汉族交往。公元4世纪末至6世纪中叶，继匈奴、鲜卑之后，敕勒人和柔然人活动于中国大漠南北和西北广大地区。在中原的丁零人曾建立翟魏政权。敕勒中北方的一部后来成为回纥。4世纪末5世纪初，北魏九次发动对他们的战争，掳获六七十万人，置于漠南各地。

军无人使奴，遗之马琼，并留奴齐。张敬儿饶膂力，而性贪残。镇襄阳，见人间一物堪用，必夺取。尝于城西起宅，欲移羊叔子堕泪碑，而于其处置台。或谏曰：此羊太傅遗迹，不宜轻徙。敬儿曰：太傅是谁？目不识字，及为方伯，始习读孝经论语。及齐武帝收敬儿，乃脱冠貂投地。曰：此物误我。呜呼！误敬儿者，岂但貂冠哉。

北齐祖珽贪淫蔑耻，常饮于司马世云家，藏其铜叠三面。厨人计请搜诸客，果于珽怀中得之。神武常宴僚属，于坐失金叵罗[1]。窦太后令饮酒者皆脱帽，因于珽髻得之。文宣每见珽呼为贼。《北齐书》

北齐封述厚积财产，一无馈遗，虽至亲密友贫病困笃，弗顾也。外貌严整而中极巧营。一子娶陇西李士元女，大输财聘，及将成礼，犹竞悬违述。忽取供养像对士元打像作誓。士元笑曰：封公何处得此？应急像一子娶范阳卢庄女。述语人云：送羸乃脚跛，评田则咸薄，铜器又皆古废。盖总以贪啬，多致纷纭，朝野共鄙之。《北齐书》

江禄字彦遐，尝为武宁郡守，赀财积钱壁间。一日壁为之倒，铜物皆鸣。人戏之曰：此谓铜山西倾洛钟，东应湘东，王恨之，因其名禄改字曰荣财，以志其忿。《南史》

梁吕僧珍，字符瑜，为南兖州刺史。初宋季雅罢南康郡，市宅居僧珍宅傍。僧珍问宅价，答曰一千一百万。季雅曰：百万买宅，千万买邻。及僧珍生子，季雅往贺，署函曰钱一千，阍人少之不为通。季雅强进，僧珍疑其故，自发之，乃金钱也。僧珍言于武帝，拜卫州刺史。

梁临川王宏无他，能惟极意货贿。后庭数百千人，皆极天下之选。所幸江无畏，服玩拟东昏、潘妃宝屧[2]，直千万。好食鲭鱼头，日必进三百，其库室垂百间。帝一日就宏饮，半醉，谓曰：吾欲观汝后房，宏甚惧。及检视，皆钱库也。每百万一聚悬黄标，千万一库悬紫标，如此三十余间。帝屈指计见钱三亿余万余，屋贮布绢丝绵，漆蜜纻蜡，朱砂黄

① 金叵罗应是饮酒用的金质吸管。东晋、十六国时期有用吸管饮酒的习惯。参见：王德宇.何物“金叵罗”?[J].文学遗产，1982(1):143.

② 屧：木板拖鞋。

屑杂货，但见满库，不知多少。帝笑谓曰：阿六，汝生活大可。宏都下有数十邸，出悬钱[①]立券，每以田宅邸店悬上文契，期讫便驱券主，夺其宅。都下东土百姓失业非一。帝知之，乃制悬券，不得复驱夺。初鲁褒有《钱神论》时，豫章王综以宏贪而吝，为著《钱愚论》，讥切甚至，宏病之[②]。《南史》

梁庐陵王续躭色爱财，极意聚敛。临终有启遣参军谢宣融，上金银器十余件。武帝始知其富，以为财多德寡。因问宣融曰：王金尽于此乎？宣融曰：以此为多，何可知也？王立过，如日月之食，欲令陛下知之，故终而不隐。帝意乃解，子应蠢騃[③]无知识。王薨后检阅内库珍物见金，问左右曰：此可食否？答曰：不可。应曰：既不可食，并乞汝。《南史》

隋炀帝幸江都。谒见者端问礼饷丰薄。丰则起迁，薄则停解。江都郡丞王世充献铜镜屏风，迁通守。历阳郡丞赵元楷献异味[④]，迁江都郡丞。由是郡县竞务刻剥，以充贡献，民外为盗贼所掠，内为郡县所剥。生计无遗，而隋以亡。

郑译于隋文有拥戴功，然赃贿狼藉，又与母别居，为宪司所劾除名。诏曰：译鬻狱卖，官沸腾盈耳。留之为不道之臣，戮之为不孝之鬼。有累幽显，无以置之。宜赐孝经一部，令其熟读。《隋书》

唐宪宗禁无名贡献，而至者不甚却。学士钱徽恳谏罢之。帝密戒后有献者毋入右银台门，以避学士。

德宗患宫中用度不足。李泌言，天子不私求财。请岁供宫中钱百

---

① 悬钱：谓以物抵押的贷款，借贷与人，约钱归还。“悬”有预约之意，约期归还。

② “紫标黄榜，封记钱库之名。梁武帝弟萧宏，封临川王，性爱钱。百万一聚，黄榜标之。千万一库，挂一紫标。如此十余间。武帝见之，计钱三亿余万。他物满库，不计多少。箫综作《钱愚论》讥之。帝知以激宏，宣旨与综：‘天下文章何限，那忽作此？’虽令急毁，而流布已远，宏深病之。”此皆《梁书》所无。以宏之贪污如此，梁武帝始终庇护，盖武帝所恐惧者谋反而已，至于刻剥百姓，丝毫不动于心，这段材料很能说明问题。

③ 蠢騃：愚昧痴顽。

④ 异味：美味。

万缗，愿勿受贡献。及罢宣索从之。及元友直运淮南钱帛二十万至泌，悉输之大盈库。然上犹数有宣索，仍敕诸道，勿使宰相知。泌闻，之惆怅而不敢言。德宗又以宦者为宫市使，置白望数百人抑买人物。以红紫染，故衣败缯尺寸裂而给之，仍索进奉门户及脚价钱。名为宫市，其实夺之。谏官御史数谏不听。徐州节度使张建封入朝具奏之上，颇嘉纳。以问判度支苏弁，弁希宦者意，对曰：京师游手万家，无生业仰宫市取给。上信之，故凡言宫市者，皆不听胡寅曰匹夫交易，价不相值，取而有之。旁观不平，廉者丑耻。富有四海而行同劫盗，书之青史，千载同愤，岂非永鉴哉？夫人君听言当。揆于理，天子取物于市，何与游手者而赖此以给乎。曾此不察，何以为天之子哉。

宋初京师有杂买务[①]、杂买场，以主禁中贸易。仁宗谓辅臣曰：国朝惩唐宫市之弊，置务，以京朝官、内侍参主之，以防侵扰。而近岁非所急务，一切收市，扰人甚矣[②]。乃申旧令，使皆给实直。其间内东门市民间物，或累岁不偿钱。有司请自今宜以见钱售之。

【按】此惩宫市之弊，其意善矣。要之，设场务、置官司，寓意奔趋，奸窦百出，终非治平之道也。

唐肃宗即位时，两京陷没，民物耗敝，乃籍江淮富商右族赀蓄，十收其二，谓之率货。德宗时，国用不给，借富商钱，约罢兵，乃偿之。搜督甚峻，民有自经死者。呜呼！以万乘之君，而借贷于民，已为辱矣。况名曰借贷，实夺之乎？人君不能制节谨度，使国贫至此不亡者，几希哉？

---

① 杂买务：宋时专为宫廷购买货物的官署。《文献通考·职官十五》：“宋朝杂买务，旧曰市买司，太平兴国四年改。至道中废，咸平复置。以京朝及三班内侍三人监。掌和市百物，凡宫禁宫物所需，以时供纳。”

② 禁中贸易主要是为了解决内廷采购，“须库物有阙，乃听市于杂买务”，“计直以待出货或准折支用”。一方面采用内部采购方式解决府库物货不够用的问题，另一方面可以把宫廷中闲置或者数量巨大的物资在此出售。此制度主要问题有二：一是不通过杂务进行采购，二是不给现钱，延欠严重。

德宗时，军用不给，乃税间架算、除陌钱。

【按】民房屋有税，及官用省钱始此。为国而商利，至此真无策矣[①]。

唐李橙善殖产，伊川有膏腴，自都至关口，田畴弥望，时谓地癖。唐代宗大历中，以陈少游为宣歙观察使。少游善结权贵。初除桂管[②]，恶其道远多瘴，宦官董秀掌枢。少游请岁献五十万缗，又纳贿于元载子仲武，内外引荐，遂改宣歙。

裴延龄建言左藏天下，岁贡不赀，耗不可校，请列别舍，以检盈虚。于是，以天下宿负八百万缗为负库，抽贯三百万缗为剩库，样物三十万缗为季库，帛以素出，以色入者为月库。刺史李文栋横调民黄金造常满樽[③]，以献官属，无敢谏者。李元素为武德令，固争之，文栋为少损。

冯子猷以豪侠闻。贞观中入觐，载金一舸自随。《白帖》

陈子昂解官归。县令段简贪暴，闻其富欲害之。子昂家人纳钱二十万。简薄其赂，捕送狱中。子昂见捕，自筮卦成，惊曰：天命不佑，吾其死乎？果死狱中。

成都有丐者，诈称落泊衣冠，弊服褴褛，常巡成都市廛，见人即展手布一文，云失坠文书，求官不遂。人皆哀之，为其言语悲嘶，形容憔

① "臣按：民房屋有税及官用省钱始此。所谓税间架者，每屋两架为间，计间税钱。除陌钱者，凡公私给与及买卖，每钱一缗，官除五十钱。呜呼！为国而商利至此，可谓无策矣！"参见：丘濬．大学衍义补．第二册[M]．蓝田玉，王家忠，许山河，等，校点．郑州：中州古籍出版社，1995：454.

② 桂管，原文为"桂管观察使"。

③ 常满樽是运用虹吸原理排酒的盛酒器。有关常满樽的记载，东汉郑玄在注解《周礼·天官·酒正》中"凡祭祀以法，共五齐三酒"时说："三贰再贰一贰者，谓就三酒之尊而益之也。……益之者，以饮诸臣，若今常满尊也。"由此可见，常满樽是一种容积较大的盛酒器。"常满"意指"往往要装满时才能吐酒"，含有"流不完"的意思。参见：粟新华．公道杯、常满樽、阳燧樽漫说[J]．邵阳学院学报，2003(4)：68-69.

悴。居于早迁桥侧，后有势家于所居旁起园亭，欲广其池馆，遂强买之，及徙，则见两间大屋皆满贮散钱，计数千万。邻里莫有知者。成都人一概呼求事官人为乞措大。《太平广记》

武德中有沙门信义，习禅以三阶为业，于化度寺置无尽藏，舍施钱帛，积聚不可胜计。尝择一僧监，当分为三分：一分供养天下伽蓝增修之备，一分以施天下饥馁悲田之苦，一分以充供养无碍。士女礼忏填咽，舍施争次不得，更有载钱绢者，连车舍去，不知姓名。贞观中，有裴玄智者戒行精勤入寺，洒扫积十数年。寺内徒众以其行无玷缺，使守此藏。前后密盗黄金无数，寺众莫之觉也。因僧使去，遂便不还，惊疑所以，观其寝处。题诗云：放羊狼颔下，置骨狗前头[①]，自非阿罗汉，安能免得偷。吏不知所之。《辩疑志》[②]

张虔钊镇沧州，亢旱民饥。发廪赈之。事闻上，甚嘉奖。他日秋成，倍斗征敛，常言自觉言行相违。然每见财不能自止。《北梦琐言》

唐郑愔为吏部侍郎，掌选，赃污狼藉。引诠有选人，系百钱于靴带上。愔问其故，答曰：当今之选，非钱不行。愔默然。时崔湜亦为吏部侍郎，贪纵。兄凭弟力，父挟子威，咸受嘱求。父挹为司业，受选人钱，湜不知也。长名放之，其人诉曰：公亲将赂去，何为不与官？湜曰：所亲为谁？吾捉取鞭杀。曰：鞭即遭忧。湜大怒，惭有选人云能翘关负米。湜曰：若壮，何不兵部选？答曰：外边人皆云崔侍郎下有气力者，即得兵部武选课，试法以翘关负米。

唐裴佶常话，少时姑夫为朝官，有雅望。佶至宅会其退朝，深叹曰：崔照何人众口称美，必行贿也，如此安得不乱。言未讫，门者报曰：寿州崔使君候谒。姑夫怒诃门者，将鞭之。良久，束带强见。须臾，命茶

---

①《全唐诗》前两句为："将肉遣狼守，置骨向狗头。"本处所用应出自《太平广记》。

② 作者为陆长源，字泳之，吴人。曾任汝州刺史，徙宣武节度使行军司马。能诗，曾和孟郊唱和。是书在《中兴馆阁书目》有著录，该书概括其内容为"办世俗流传之谬"。从仅存的十条佚文来看，它与《冥报记》《纪闻》等书正好相反，是破除迷信的。它批评僧道犯戒，揭露僧道的欺诈骗人行径，这在当时宗教盛行、志怪蜂起的时代，难能可贵。故是书在唐代小说中可谓异军突起，别树一帜了。

甚急，又命酒馔，又命为饭。佶始讶何前倨而后恭。及入门，有德[1]色。揖佶曰：憩学院中[2]。佶未下阶，出怀中一纸，乃赠官绝[3]千匹。《国史补》

唐益州新昌县令夏侯彪之，初下车，问里正曰：鸡子一钱几颗？曰：三颗。彪之乃遣取十千钱，令买三万颗。谓里正曰：吾未要且寄鸡好抱之，遂成三万头鸡。经数月，长成令便与我卖，直一鸡三十钱。半年之间成三十万。又问竹笋一钱几茎？曰：五茎。又取十千钱付之，买得五万茎。谓里正曰：吾未须笋，且林中养之。至秋竹成，每一茎十钱。遂成五十万，其贪猥不道皆此。《佥载》

郑注得幸于文宗，受人馈遗绢至二百万匹。

唐升期摄侍御史于江南巡察。事无大小，入金则弭。凡到处金银为之涌贵。又性嗜牛肉，所至烹宰极多。故江南呼为金牛御史。《朝野佥载》

唐汴州刺史王志愔饮食精细，对宾下脱粟饭。商客有一骡，日行三百里，三十千不卖。市人报价云十四千。愔曰：四千太少，更增一千。又令买单丝罗匹，至三千。愔问：用几两丝？对曰：五两。愔令竖子取五两丝来，每两别与十钱手工之直。《广记》

张延赏将判度支，知一大狱颇冤，每甚扼腕。及判使召狱吏严诫之，且曰：此狱已久旬日须了。明旦视事案上有一小帖子，曰钱三万贯，乞不问此。狱张大怒更趋之。明日复见一帖子曰五万贯。公益怒令两日须毕，明旦案上复见，帖子曰十万贯。公遂止，不问子弟承间侦之。公曰钱至十万，贯通神矣，无不可为之事，吾恐及祸不得不受也。

尹正义为泽州都督，甚公平。后王熊来替，曲断科罪。百姓歌曰：前得尹佛子，后得王癞獭。判事驴吸瓜，唤人牛嚼铁。见钱满面喜，无镪从头喝。常逢饿夜叉，百姓不敢活。《广记》

---

① "德"应为"得"。面带得意之色。

② 学院是指书房。

③ 原指粗绸，当时可作货币流通。

王锷累任大镇，财货充积。常请籍坊以广第舍，作复垣洞穴，实金钱其中。有旧客谕以积而能散之义，后数日复见锷。锷曰：前所见诫，诚如公言，已大散矣。客请问其目。锷曰：诸男各与万贯，女婿各与千贯矣。《北梦琐言》

唐滕王元婴、蒋王晖皆不能廉慎。高宗尝赐诸王帛各五百段，惟不及二王。敕曰：滕叔蒋兄自解经纪，不须赐物。给麻四车[1]以为钱贯。二王大惭，朝官自此皆以取受为污。后晖以张君澈诬告谋反，惶恐自杀。《朝野佥载》

《酉阳杂俎》云：蝗腹有梵字，云自西天来世，传蝗食苗，繇吏贪残。所召身黑头赤者武官，头黑身赤者文官。

金牛山在嘉兴府海盐县西南。《吴地志》：昔有牛粪金[2]。村民皋伯通与弟随之，牛穴此山而入。兄弟凿山，山颓[3]，同死穴中。

后唐明宗天成三年，东都民有犯私曲者。留守孔循族之，或请听民造曲，而于秋税计亩收五钱。敕从之。

【按】唐初无榷酒之法。德宗建中三年初，榷天下酒悉令官酿，斛收值三千，米虽贱不得减二千。委州县综领醨薄私酿罪有差，京师特免榷。元和六年，京兆府奏榷酒钱[4]，除出正酒户外，一切随两税、青苗，据贯均率。会昌六年，敕扬州八道榷曲，并置官店沽酒，代百姓纳榷酒并，充资助军用。有私沽及私曲者，罪止一身。至是以孔循酷法，乃敕听民造曲。长兴二年，复罢亩税曲钱城中。官造曲减旧半价，乡

---

①《新唐书》七九滕王元婴传作“给麻二车”。

②“昔蜀侯性贪，秦惠王闻而欲伐之。山涧峻险，兵路不通，乃琢石为牛，多与金帛置牛后，号牛粪之金，以遗蜀侯。蜀侯贪之，乃堑山填谷，使五丁力士，以迎石牛。秦人帅师随后而至，灭国亡身为天下所笑。以贪小利失其大利而也。”参见：王叔岷.刘子集证[M].北京：中华书局，2007:214.

③ 颓：崩。

④ 榷酒钱是唐代对酤户及酤肆征收的酒税。唐元稹《中书省议赋税及铸钱等状》：“今请天下州府榷酒钱，一切据贯配入两税，仍取两贯以上户均配，两贯以下户不在配限。”

村听百姓自造，民甚便之。夫以天子之尊，令有司置店，沽酒禁民私曲，鄙琐已可羞矣。况聚敛之臣借法以族民乎？明宗之仁诚可诵，惜不能诛孔循，以谢天下耳。

蜀简州刺史安重霸，渎货无厌。州民有油客者，姓邓，名碁其，家亦赡重。霸召对，敌只令立侍。每落一子，俾其退立于西北牖下。俟我算路，乃始进之。终日不过下十数子而已，邓生倦立且饥，殆不可堪。次日，又召。或讽邓生曰：此侯好赂，本不为。棋何不献赂而自求退？乃献中金三锭免。又石晋时，陈保性极鄙吝，每与人奕，棋败则手乱其局，惧欲偿所赌金钱也。及卒，家无妻儿，惟贮白金十锭，为他人所有。《北梦琐言》，一见《续世说》

西蜀阳合吝啬，好聚财。求守外郡后主衍，不欲其出，令以翰林学士兼兰州刺史，乃召合曰：汝至成都。岁必输钱数千缗、合三掌贡举。贿厚者，登高科。人面讦其隐略，无丑色。门生辈相见，甚欢，延话终日，乃曰：吾近凿一井，水甚甘，乃各饮一杯。竟不设荈，其鄙陋如此。荈，茶晚取者，《茶经》：一日茶，二日槚，三日蔎，四日茗，五日荈。《幸蜀记》

西蜀王建初，以维王宗辂害已而信。王宗杰明敏，欲选立之。宗衍母徐氏有宠密，以金百镒遗宰相张格。言上已许衍为太子，愿相公助之。格遂抗表言衍才气英武，堪社稷之托，遂得立。卒以亡国，格贪贿之罪也。《幸蜀记》

苏逢吉贪诈嗜杀。事高祖智远时。凤翔李永吉来朝。永吉家世王侯。逢吉意其有奇货。使人求其先王玉带、永吉言无。逢吉乃使人市一玉带，直数千缗者。责永吉偿之，他事多类此。公求货财无所顾避。继母死，不为之服，庶兄自外至，不白逢吉而见诸子。逢吉怒，密语郭威，以他事杖杀之。先在河东幕府，帝尝令静狱以祈福，逢吉尽杀狱囚。还报时，四方多盗，朝廷患之。故敕盗贼，毋问赃多少，皆抵死。逢吉自草诏，意云：应贼盗并四邻，同保皆全族处斩。众以为盗犹不可族，况同保乎？逢吉固争，不得已，但省去全族字。由是捕盗使者张令柔杀平阴十七村民，其残毒如此。及與史弘肇有隙，发怒，李业谋诛杨邠弘肇王章等。致郭威举兵入大梁，逢吉自杀①。

袁象先，南阳王恕已之后，尚梁太祖妹。唐灭，梁庄宗复厚遇之。平生积财数十万，邸舍四千间。其卒，也不以分诸子，而悉与其子正辞。正辞守父积财，室中尝有声如牛人，以为妖。劝其散积，以禳之。正辞曰：吾闻物之有声，求其同类耳。宜益以钱，声必止。闻者传笑。初歇脚先在末帝时，为宋州十余年，敛积逾千万。梁灭，辇金数十万赂唐宰相，伶官，宦者及刘皇后。以是，庄宗厚遇之。正辞在唐废帝时，献钱五万缗，领衢州刺史。石敬塘立献五万缗，乃授雄州刺史。雄在灵武西界，吐蕃不欲行为，复献钱数万，乃得免。正辞不胜忿，至以衣带自缢。出帝时，又献钱三万缗，银万两。出帝怜之，方欲与一内郡而正辞卒。《五代史》

赵在礼事唐明宗历徙诸镇。所至邸店，罗列积赀巨万。其在宋州人尤苦之，已移镇永兴。宋人喜相谓曰：眼中钉，今拔矣，岂不乐哉？在礼闻之，怒遽上表更求宋州一年。时朝廷姑息勋臣，诏许之。在礼乃籍其管内口率钱一千，号拔钉钱，公行督责，虽租赋不如也。是岁获钱百万。《五代史》

南唐张崇帅庐州，好为不法，士庶苦之。常入觐江都，庐人幸其改任皆相谓曰：渠伊必不复来矣。崇复归乃计口索渠伊钱。明年又入觐，有罢府之议。人不敢指实道路相见，皆捋须相庆。崇归人征捋须钱，常因燕次一伶人，假为死者，被谴当作水族阴吏，请于主者。主者判云焦湖百里，一任作獭。崇因大惭。《南唐近事》②

---

① 周太祖至北郊，官军败于刘子陂。逢吉宿七里，夜与同舍酣饮，索刀将自杀，为左右所止。明日与隐帝走赵村，自杀于民舍。周太祖定京师，枭其首，适当李崧被刑之所。广顺初，赐其子西京庄并宅一区。

② 宋郑文宝撰。著名宋元笔记小说。

西京留守同平章事王守恩[①]。事后汉隐帝，性贪鄙，专事聚敛。丧车非输钱不得出，城下至抒厕，行丐之人不免课率。或纵麾下令盗人财。有富室娶妇，守恩与俳优数人往为贺，客得银数铤而还。及郭威自河中还，过洛阳，守恩自恃位兼将相，肩舆出迎。威怒以为慢己，辞以浴不见。即以头子命保义节度使，白文珂代守恩为留守。文珂不敢违，守恩犹坐客次。吏白新留守已视事于府矣，守恩大惊，狼狈而归。见家属数百已逐出府，在通衢矣。朝廷不之问，守恩至大梁恐获罪，广为贡献，重赂权贵。朝廷亦以守恩首举潞州归汉，故宥之，但诛其用事者数人而已。

太子中舍柴余庆说，其从叔内殿承制肃为[②]蔡州，日掠房缗[③]五千，其忧愁焦煎之貌，常如负人百千万债者，尝在病，几死，才开目，问其子曰：今日费几钱？《江邻几杂志》[④]

夏宝松有宿江城，诗云：雁飞南浦砧初断，月满西楼酒半醒。又，

① 生年不详。卒于后周显德二年(955)，字保信，五代辽州榆社(今山西榆社)人。王守恩先辈世代为官。其父王建立，事后唐、后晋两朝，均担任节度使之要职，后晋封韩王。王守恩靠父荫官运亨通，先为内职，后迁怀(今河南沁阳)、卫(今河南汲县)二州刺史，任诸卫将军。

② “为”应为衍字。《钱通》卷二十二：“其从叔内殿承制肃蔡州”。内殿承制官名。宋真宗大中祥符二年(1009)置，为武臣阶官，七品。神宗元丰(1078—1085)改制，定为正八品。徽宗政和二年(1112)重定武臣阶官名，改为敦武郎。

③ 房缗：房租。宋刘宰《鸦去鹊来篇》诗：“官司祷雨遍明神，施行宽政蠲房缗。房缗仅可宽游手，那得实惠沾农民。”房缗，宋代又称僦舍钱。是按日计算。“[绍兴十二年(公元1142年)二月]……临安府房缗日二十千。”(《建炎以来系年要录》卷144)这里记载的是临安府房租每日二十千(即20贯)。这里所说二十千，应是每日所有房租的总和。又《宝庆四明志》亦记载：拘没史洗冒占徐和东屋基，系楼店务地，座落鄞县武康开明坊，回收即没收入官府的房基，每天收租金120文铜钱。参见：余耀华.中国价格史 先秦—清朝[M].北京：中国物价出版社，2000:648.

④《江邻几杂志》二卷、补一卷、续补一卷，宋江休复撰。江休复(1005—1060)，号邻几，河南开封陈留人，举进士，调蓝山尉，历任信州、潞州司法参军，通判阆州、知天长县事、充集贤校理、提点陕西路刑狱、修起居注等，累迁刑部郎中。为政简易，民安其乐。博览强学，文章淳雅。尤长于诗，淡泊闲远。着有《唐宜鉴》十五卷、《春秋世论》三十卷、《文集》二十卷，今均不存。该书多为作者耳濡目染，名流轶事，前朝故事，可佐史谈。

晓来赢驷依前去，目断遥山数点青。节度使陈德诚最赏之，然宝松性贪黩后进求，为师事者多赍金帛，不远数百里，辐辏其门。宝松每授弟子，未尝会讲，惟赀帛稍厚者，背众与议，而给曰诗之旨，诀我有一葫芦儿，授之将待价，由是多私赂焉。《南唐书》

温韬起兵，自领符节。唐帝诸陵靡不开发，金宝之玩，取以自资既开。懿宗简陵内有银罗汉十八身，各高五尺，其山座具备环，列于梓宫。每一身以十余牛绛，致方出隧，道载以大车，碎之造器，他物莫有存者。韬后为唐明宗流德州，敕以韬盗发诸陵令，所在赐死。韬子延浚延沼延衮，后同范延光叛石晋，复有二志。张从宾执三温皆斩之。

神宗熙宁二年，制置三司条例司。始制均输以通万货，制为轻重敛散之法，使富商大贾不得乘公私之急以擅其权。假发运使以钱货资其用度俾周知，财赋有无而移用之，得以徙贵就贱，用近易远，预知所当供办者，从便变易，蓄买以待。苏轼曰：均输立法之初其说尚浅，徒言徙贵就贱，用近易远。然而，广置官属，多出缗钱，豪商大贾皆疑而不敢动，以为虽不明言贩卖然。既许之，变易变易既行，而不与商贾争利，未之有也。夫商贾之事曲折难行，其买也先期而予钱其卖也。后期而取直，多方相济，委曲相通，倍称之息，由此而得今官买，是物必先设官置吏，簿书廪禄为费已多，非良不售，非贿不行，是以官买之价比民必贵。及其卖也，弊复如前，商贾之利何缘而得，朝廷不知虑。此乃捐五百万缗以予之，此钱一出恐不可复。纵使其间薄有所直，而征商之额所损必多矣。

【按】轼言条达洞切如此，虽昏愚之极，亦当移听也。

熙宁五年，诏曰：天下商旅物货至京，多为兼并之家所困，宜出内藏库钱帛，选官于京师置市易务。先是草泽魏继宗上言京师百货所，居市无常价，贵贱相倾富，能夺贫能予，乃可以为天下。于是下此诏。呜呼！贫富区分虽，上天不能使有富无贫也，乃欲夺富予贫，以为天下乌有是理哉？夺富所有以予贫民，然且不可，况夺而归于公上哉？为人君而争商贾之利，言之丑矣。

真宗大中祥符三年，河北转运使李士衡请令官司预给帛钱，俾及时输送，则民获利，而官亦足用。从之，仍令优与其值。

【按】预买谓之和买[①]，谓民以乏钱须卖官以先期便民也。其后之弊且至，与夏税并输。民家营生之具，悉从折计，遂为无穷之害矣。

徽宗建中靖国元年，尚书省言预买钱多人户愿请比岁例增给。诏诸路提举司，假本司剩利钱，同漕司来岁市绸绢，计纲赴京。陈瓘曰：预买之息重于常平数倍，人皆以为苦，何谓愿请？今复增创，虽名济众，实聚敛之术耳。

宋太祖开宝三年，令朴买坊者收抵当。

【按】朴买之名始见。此谓通计坊务该得税钱总数，俾商先出钱与官买之后，听其自取税为偿也。元初亦有此法，有以银五十万两朴买天下差发者，有以银五万两朴买燕京酒课者，有以银一百万两朴买天下河泊桥梁渡口者。耶律楚材曰：此皆奸人欺上罔下，为害甚大，咸奏罢之甚矣。楚材之识大体也。元祚之延也，宜哉。

宋神宗元丰中，王安石行新法。既鬻坊场、河渡又并祠庙鬻之，募

---

① 宋时“买”是指官府向民间购买丝麻产品，以保证军装供应。为此，官府需在丝麻产区置场和买各种产品。宋太宗赵炅到宋真宗赵恒时，经马元方、王旭、李士衡等人创议，开始实行预买，即向民间预支和买本钱，而以丝麻产品随两税纳还官府。预买推行于河北、京东、京西、淮南、两浙、江南、荆湖、川峡等路，逐渐成为和买的主要形式，故宋人或将预买与和买混称，或合称和预买。大致自宋仁宗赵祯时，各地已用不同方式减克和买本钱，景佑时，和买细绢一百九十万匹，庆历时，增至三百万匹，和买成为民间沉重的负担。北宋晚期，和买已部分演变为定额税，南宋初期，更完全演变为定额税，官府不再支付和买本钱。和买一般按人户家业钱额、税钱额摊派，某些地区还适当参照户等。如四川自宋神宗赵顼时，规定乡村上三等户摊派和买，四、五等户不敷和买。南康军（今江西星子）每税钱四百三十文，起敷和买一匹。婺州（今浙江金华）某些县人户自三十贯家业钱以上，起敷和买。官户和乡村上户往往采取诡名子户的办法，即将一户分成数户以至数十户，以降低户等，向乡村下户转嫁和买负担。在不少地区，和买额超过夏税额，成为南宋的重赋。

人承买。哲宗元佑中刘挚言，坊场旧法买户相承皆有定额，请罢实封之法，酌取其中定为永额，召人承买。

【按】所谓承买者，凡有墟市、津渡、神祠去处，先募人入钱于官承买后，听其自行收税以偿之。为国牟利琐琐至此，虐民慢神不亦甚乎！

徽宗宣和末，陈亨伯以发运兼经制使，移用诸司财计。始以经制为名，后又增析而为经总制钱[①]。光宗时赵汝愚言诸县措置月桩钱，其间名色类多违法，最为细民之害。试举其大者，则有曰曲引钱，曰纳醋钱、卖纸钱、户长甲帖钱、保正牌限钱、折纳牛皮筋角钱。两讼不胜，则有罚钱。既胜，则令纳欢喜钱。殊名异目，在处非一。

【按】自古取民财之无多如宋者。天下税务酒务无处无之，且如成都一府税务二十一处，酒务三十五处，其岁额皆四十万以上。然此大郡也。中郡如凤翔税务亦十有五，酒务亦二十有五。当世之民何以堪哉？至南渡之后，遂有总总制月桩之类。月桩尤为无谓，殊名异目，皆于常赋之外，巧生别计，然一时权宜不得已而为之，事已世殊，悉皆革罢。惟所谓罚讼钱者，今世藩宪郡邑犹藉此为攫取之计。朝廷虽有明禁，视为虚文，贪墨成性，恐千载不可复革也。悲夫！宣和三年初，收

① 宋代杂税经制钱和总制钱的合称。经制钱始于宣和四年(1122)，系经制江淮荆浙福建七路诸司财计(简称经制使)陈遘所创，故名。靖康初(1126)废，建炎三年(1129)恢复，并固定其名色为权添酒钱、量添卖糟钱、人户典卖田宅增添牙税钱(每贯增收二十文)、官员等请奉头子钱(每贯收二十三文，续有增加，后固定为五十六文)、楼店务添收三分房钱等。此所谓辗转取积于细微之间，以助军费。绍兴五年(1135)，孟庾提领措置财用，称总制司，又创总制钱。其名色更为细微，计有转运司移用钱、勘合朱墨钱、出卖系官田舍钱、人户典卖田宅牛畜等于赦限内陈首投税印契税钱、进献贴纳钱、人户典卖田业收纳得产人勘合钱、常平司七分钱、茶盐司袋息钱、装运司代发斛斗钱、收纳系省钱物头子钱、官户不减半民户增三分役钱、二税畸零剩数折纳价钱、免役一分宽剩钱等。经总制钱一部分属增税，一部分则属移用某些财政专款，改充经总制“窠名”。经制钱和总制钱两者皆先桩管于各州，每季起发赴行在。成为南宋财政上重要收入。由于经总制钱岁无常入而有常额，额一不登，必然巧立名目横敛，使民间受害。

经制钱。先是命陈遘经制江淮七路，治于杭州。以供馈饷遘，以财用不给，创议比较酒务，及度公家出纳钱粮，量取其赢，号经制钱，遂为东南七路之害。

光宗时，诏求直言。蔡幼学奏略云：自熙宁元丰而始有免役钱，有常平积剩钱，有无额上供钱。自大观宣和，而始有大礼进奉银绢，有赡学籴本钱，有经制钱。自绍兴而始有和买折帛钱，有总制钱，有月桩大军钱①。至于茶盐、酒榷、税契、头子②之属，积累增多，较之祖宗无虑数十倍，民困极矣。

苏轼言，朝廷恩贷③指挥，多被有司巧为艰阂，故四方皆有黄纸放白纸④取之语。虽民知其实，止怨有司，然陛下未尝峻发德音，戒饬大臣，令尽理推行。近世奉天以來，朝廷每有恩赦，守令多不奉行，亦有国赦官不赦之语。盖贪掊积习，千年一辙矣。呜呼！张洎博学强辩，初事李煜于江南，已归朝，拜太子中允。顾性贪险。煜既归朝，贫甚。洎时丐索之，煜以白金頮面器⑤与洎。洎意犹未满而已，独悭啬。虽至亲绝无所赈赡。《宋史》

陶谷尝奉使两浙，献诗二十韵于钱俶，末云：此生头已白，无路扫

① 月桩：钱南宋时为了筹措军饷而加征的一种杂税。因是供每月拨发军饷之用，故名“月桩钱”。

② 头子：指宋代随田赋交纳的附加。建隆四年(963)，宋政府规定：每正税1石，别输1斗，成立义仓，“以备凶歉”。这实际上成为官府的一项附加税，仓粮均以资军国之用，失去了义仓原意。另外，各仓库受纳钱谷时，又令老百姓纳“头子钱”，以用于补充仓耗或作为手续费，以供征税官吏支用。后来，这也变为随田赋征收的额外税。其税率每贯收3文至43文不等。参见：张培森，吴国华，史学文.中国税务辞典新编[M].北京：北京师范大学出版社，1994：516.

③ 恩贷，恩宽宥。多用于帝王。《汉书·王欣传》：“今复斩一欣，不足以增威，不如时有所宽，以明恩贷，令尽死力。”

④ 见《东坡集》卷二十八《应诏言四事状》。在宋代，“黄纸”是皇帝的诏书，“白纸”是县官的公文。“黄纸放而白纸收”，就是朝廷免租，而地方官照样收租。范成大在《后催租行》里写道：“自从乡官新上来，黄纸放尽白纸催。”

⑤ 頮：洗脸之意。頮盆也称頮面器，即洗脸盆。

王门。时谷官是丞郎，职为学士，奉命小邦，献诗已是失体。复有扫门之句，何辱命之甚也。又浙帅开宴，置金钟以为罚爵。谷后因卧病，浙帅使人问其所欲。谷以金钟为请，浙帅以十副赠之，乃以诗谢云：乞与金钟病眼明。其苟得无耻如此。及复命将出浙境，即赋诗于邮亭云：井蛙休恃重溟险，泽马曾嘶尢曲滨。请令人传诵，冀掩前诗之失，谷之狡獝多此类也[①]。

【按】谷又有计劫权待诏良马事，如此狡险，非梦中换鬼眼，乃白日用鬼心耳。

梁予美为河北都转运使，常捐缗钱三百万市北珠以进。北珠出女真，予美市于契丹，契丹嗜其利。至虐女真捕海青东，以求珠契丹，亡国祸基于此。《宋史》

政和中，何执中为首台，广殖赀产，邸店之多，甲于京师。时有以旧印行吉观国所试《为君难》小经义，称为上皇御制者，人竞传诵。会大宴伶官，为优戏。相谓曰：官家万几之暇，何所为？曰：不过燕乐耳。曰：不然，亦如举子作文。义问何以知之。遂举《为君难》义诵一过，乃以手加额，北向赞叹，说圣意匪独俛同韦，布留心经术，仰见竞竞图治。不安持守，天下幸甚。又问宰相退朝何所为，曰：亦作文义。问：何义？曰：为臣不易义。乃批其颊曰：日掠百二十贯房钱[②]，犹自不易哩。盖俚语以贫窭[③]为不易也。

《燕闲录》云：绍与内宴有优人作善天文者，云世间贵官人必应星

① 该段出自《国老谈苑》。《国老谈苑》二卷，宋王君玉撰，记宋太祖、太宗、真宗三朝杂事。颇具史料价值。

② 宋代私营邸店业的官吏，文官方面有宰相赵普、何执中，武官方面有米信等。开设这种邸店的人，获利甚大。何执中在汴梁开设邸店，"日掠百二十贯房钱"。所以杨戬甚至想把太平兴国寺改为邸店以取利。参见：全汉昇.中国经济史研究(1)[M].北京：中华书局，2011：382-383.

③ 贫乏，贫穷之人。《管子·五辅》："衣冻寒，食饥渴，匡贫窭，振罢露，资乏绝，此谓振其穷。"

象，我悉能象之。法当用浑仪设玉衡[1]，若对其人窥之，见星而不见其人，玉衡不能卒办。用铜钱一文亦可乃令窥光。尧云：帝星也。秦师垣曰：相星也。韩蕲王曰：将星也。张循王曰：不见其星。众骇，复令窥之，曰：中不见星，只见张循王在钱眼内坐。殿上大笑，俊最多赀。故讥之。

开宝中，神泉县令张某者新到官。外以廉洁自矜，内则贪黩自奉。其例甚多。一日自榜县门云：某月日是知县生日，告示门内与给事诸色人，不得有辄献送。有会吏与众议曰：宰君明言生辰日，意令我辈知也。言不得献送是也。众曰：然。至日各持缣献之，命曰续寿衣宰，一无所拒。感领而已复告之曰：后月某日是县君生日，更莫将来，无不嗤者。王岩以鹭鸶诗讽之云：飞来疑是鹤，下处却寻鱼。《谈闲录》

宋太祖常与赵普言桑维翰，普曰：维翰爱钱。上曰：苟用其长，当护其短，措大[2]眼孔小，赐与十万贯，则塞破屋子矣。

金天眷中后族忽睹性极贪。先在横海尝拜富人为父，及死为之行服，分其赀。已在崇义，每讽寺僧设斋而受其布施，时又有徒单恭者，亦后族。尝使工绘一佛像，自称尝见佛。其像如此，当以金铸之。遂赋属县金无算，而卒不铸，佛金尽入已，百姓号为金总管。

元成宗天德二年，御史台言，江南在宋时行两税法，自阿里海牙下湖广，罢宋夏税，用内郡例，改科门摊[3]，每户一贯二钱。盖是夏税增钞五万余锭。至是张国纪复请科夏税，与门摊并征，湖湘重罹其害。御

① 古代的测天仪器。《书·舜典》："在璇玑玉衡，以齐七政。"孔传："玑，衡，王者正天文之器。"孔颖达疏引蔡邕曰："玉衡长八尺，孔径一寸，下端望之以视星辰。盖悬玑以象天而衡望之。"

② 指读书人。宋朝初期人才一度缺乏，后周的旧僚以及各割据国的官吏不少有这样或者那样的缺点，金无足赤，人无完人，如果一味追求完美，那么必然很难找到可用之人。用人所长是宋朝初期所面临的政治形势的需要。

③ 元代税赋名称。北方按户征收税赋均称为门摊。北方百姓每户门摊银五两，内色银四两，俸钞一两。南方指湖广等地的酒醋税，每户平均一两二钱，征收时则按照各户的田亩多寡分摊不同数额。百姓交纳门摊后，允许自造酒醋食用。

史以为言诏趣罢之，寻复改门摊为夏税而并征之，每户计三贯四钱之上，视江浙江西为差重云。

元倒剌沙贿赂公行，卖官鬻狱。家有金窖宝海，以藏所得金帛珍异。时人讥之曰：庸才计极，披靡作倚于势门，金玉运穷朝宗于宝海。《解醒语》[①]

刘向学为儒宗，乃得淮南黄白法，未试遽上之天子，令典尚方铸作，事费甚繁而卒无验。下向诏狱当大辟。兄阳城候乞入国以赎，方得减死。使向于是时死，不过文成五利[②]之续耳。语曰：金不可作，世不可度，以向之贤见不及此。白乐天贬江州，亦为方士所惑，留意舻鼎，一夕而败。故其诗有金丹遇火空之语。潘道遥亦献方于宋太祖，及帝升遐，惧诛削发为僧，此与刘向一间耳。苏子由亦曾试之，将举火，见一大猫据垆而溺，须臾不见，术终不成富。郑公积黄白书一柜后，为华严长老，投之火中，豁然有悟。范文正得方于同舍，程明道得方于腹佛中，苏子瞻得方于扶风僧，而皆不为是藏拙者也。《文海披抄》

白乐天抗志辞荣似知道者。而其诗有曰：眼前何日赤，腰下几时黄。识趣之卑陋甚矣。宋夏侯嘉正常语人曰：使吾得水银银千两，知制诰三日，平生足矣此。正所谓腰缠十万贯，骑鹤上扬州者。世间乃有此痴心汉。谢肇淛《杂俎》

汉世有人年老无子，家富性啬。早夜聚敛无厌，不敢自用。或从之求济者，不得已入内取钱十，自堂而出，随步辄减。比至于外，才余半在。闭目以授乞者，复嘱云：我倾家赡君，慎勿他说。复相効而求。老人旋死，田赀没入内帑。《笑林》

---

①《解醒语》一卷，元李材著。此书杂记有元一朝官制、仕宦、风俗、神异、掌故等，漫无次序，然于元代社会风貌之了解，当有所裨益。本书有《稗乘》《说郛》《续百川学海》本。民国时期出有标点书。周梦楠，胡协寅.解醒语 闻见异辞合[M].上海：大达图书供应社，1935.

② 汉代将军名号，文成将军与五利将军。所封皆方术之士，非武官。《史记·封禅书》："得毋效文成、五利乎？"《史记·武帝纪》："乃拜栾大为五利将军。"

卷　三

冥赂第六

龙朔中，豫章人陈导行商于楚。夜至江浦，有舟泝流而来，同泊隔舟窥见一人，庞眉大鼻，如吏，在舟检勘文书，从者三五人。导因问之，答以公事。到楚幸此相遇，导乃邀过船中备酒馔饮。经数巡，乃问其姓氏。答曰：某姓司徒，名弁。又问所主何公事。弁曰：君此行慎，勿以楚为意愿，适他土。导曰：何也？弁曰:吾非人，乃冥司使者。导惊曰：何故不得之楚？弁曰：吾往楚行灾，君亦其人也。感君之惠，故相报耳。然君须以钱物计会，方免期难。导恳求之。弁曰：但俟吾从楚回，君可备缗钱一二万相贶，当免君家。导许诺告谢而别。是岁，果荆楚大火，延烧数万家，荡无孑遗。导自别弁后，以忧虑系怀，及移舟返至豫章，弁亦至矣。导性悭鄙，托以他事未办所许钱。使者怒，乃令从者持书一缄与导。导开读未终，而宅内掀然火起，凡所有财物悉尽。是夕无损他室，惟烧导家。弁亦不见。《集异记》

则天朝相国河东侯裴炎，第四弟为虢州司户。州有周贤者居深山，与司户善。谓曰：公兄为相甚善，然不出三年当身戮族诛，可不惧乎？司户涕泣请救，周生曰：事犹未萌，有得脱理。急至都告兄，取黄金五十镒来。吾于宏农山为作章醮[①]，可移殃也。司户于是取急还都，谒兄夜中，以周语告之。炎大怒曰：世间巫觋好托神鬼，取人财物，吾尝切齿。今汝何忽有此言？司户知兄志不可夺，惆怅辞归。时炎初立则天

① 章醮：道教仪礼之一。即用章符作醮。其礼用于祭祀与庆典等。源于东汉末张道陵、张鲁，盛行于魏、晋、南北朝时。

为皇后，擅朝权，自谓有泰山之安，故不信周言。及岁余，天皇崩，天后亲朝政，忌害大臣，嫌隙屡构。乃思问贤者，言即召司户至都，具黄金，令遍求贤者不可得。寻南阳、襄阳、江陵山中，乃得之。告以兄言，贤者因与还宏农。谓司户曰：往年祸害未成，故可坛场致请，今灾祸已构，何求之有？且吾前月中至洛，见裴令被戮，系其首于左足下，事已如此，君勿更言。君不可与兄同祸，可求百两金，与君一醮请[1]，庶得免耳。司户即市金，与贤者入宏农山中，设坛场，奏请命法。事毕仍藏金于山中。谓司户曰：君一房免祸矣。然急去官，移家襄阳。司户如言，月余而染风疾。十月而裴令下极刑，兄弟子侄皆从。而司户风疾，在襄州，有司奏请诛之。天后曰：既染风疾，死在旦夕，不须问此一房。遂免[2]。初河东侯遇害之夕，犬咬其首曳焉。及明，守者求得之。因以发系其首于左足下，竟如周生言。知其败于事未萌之前，则是冥数已定矣。乃云以黄金五十锭作章醮，遂可移殃，岂冥冥之中，亦黄金世界乎？以生死为定数，则章醮为殀言，以章醮为灵符，则定数为窕说矣。要之，裴炎自合死，故斥周生之言。炎弟自合生，故偶符周生之术耳，是则所谓合也。

郑洁之妻李氏，开成五年四月中，忽得心疾，暴卒。至鸡鸣忽回转。晨明方语云，两鬼执帖来追被，使人曳行，引见一官人。又领入曹司。读元追之由，云某前生姓刘是大夫，妻马氏悍戾。刘杀而剔其腹，令马氏无五藏，不可托生，所诉者马氏也。某便告本司云，若欲得马氏托生，即放某回，尽生平所有，与作功德，可也。若今迫[3]某徒置无间狱于马氏，何裨本司？云：须自办之。须臾马氏到官，人问马氏何如？马氏曰：冤系多年，别罪受毕，合归生路，无计伏取裁断。某又云：且请检

---

[1] 应漏“帝”。

[2] 原文为：“天后曰：‘既染风疾，死在旦夕，不须问，此一房特宜免死。’由是得免。初河东侯遇害之夕，而犬咬其首曳焉。及明，守者求得之，因以发系其首于左足下，竟如初言。”李世熊在进行摘要时，因过于简略，可能会导致表达不完整。

[3] 即“追”。

某算寿几何若，未合来即请依前说。遂令命尽伏听处分官人。云：灼然有理。遂召司命检案。云：更有十八年，合在人间。本司云且令随衙勘责，夜则放归耳。彼处欲夜所司放出，遂似梦而归也。自是人间日暮追使即来[1]。鸡鸣即放回如常矣。郑虽贫苦百计只待来使，三五日后，使人惭谢曰：茶酒不如赐浆水，又贫居易办。自是每晚则备浆水及粥，纸钱三五张。凡语言皆啇[2]议出拨李氏事。李氏初归，并不敢言冥间事，自使同和兼讦微说，常言人罪之重者，无如枉法，杀人而取金帛。又曰布施者不必造佛寺，不如先救骨肉间饥寒[3]。如有余，即分锡纸，更有余，则救街衢间也[4]，其福最大。又云：每烧钱财，如明旦欲送钱与某神祇，即先烧三十二张纸钱，以求五道，其神祇到，必获矣。如春秋祭祀则不假告报也。春秋祭祀不低告报，乃知此外祈祷，皆如人间私谒耳[5]。五道则居间之人乎？其烧时辄不得就地，须以柴或草荐之，从一头以火爇，不令破碎一一可达也。至八月中，李却回忽喜曰：已有计可脱矣。然须致纸钱三五万，郑乃求于还往，一邑官吏[6]依言致之。后数日方说，云：冥司又有剔五藏而杀人者。冥司勘覆未毕，且取彼五藏置马氏腹，令托生矣。自是追呼者，或十日一至[7]，但云磨勘[8]文案未毕。又谓郑云：君即合得摄安丰尉。至明年正月三日果如妻言，自后免其追呼矣！《传异记》

---

① 此句在《太平广记》中为眉批。

② 同“商”。

③《太平广记》有眉批：“实在功德”。

④ 指沿街乞讨者。

⑤ 此句在《太平广记》中为眉批。

⑥ 原文此处有“并知之，共与同力，”

⑦ 原文为“去”。

⑧ 唐内外文武官员考课，由本司及本州府长官按规定考核其功过行能，分九等写入考状，由吏部与各道观察使复验，任期满后，根据考绩结果升降。为防止申报不实与升降不当，须经吏部和各道观察使予以复验。磨勘之名始于此时。宋置审官院主持官员考课升迁，并确定磨勘名称。

《广异记》载，裴龄死而复生，述冥吏语云：世作钱于都市，其钱多为地府所收。宜呼凿钱人，于家中密室作之，毕，可以袋盛，当于水际焚之。受钱之时，若横风动灰，即本鬼得。若有风飏[①]灰，即为地府及他鬼神所受。又鬼神常苦饥，烧钱时兼设少酒饭，以两束草立席上，鬼神映草而坐，即得食。

魏式暴卒于长安延福里沈氏私庙中。前二日之夕，有辛察者忽头痛而绝。初见有黄衫人就床，以手相挽而出。既返顾本身，则已殭矣。妻儿等方抱持号泣，噀水灸灼。察心甚恶之，而不觉随黄衣吏去矣。至门外，黄衣踟蹰，谓察曰：君未合去，但致钱二千缗，便当相舍。察辞以贫。曰：纸钱也，遂相与都入庭际，大呼其妻数声，皆不应。黄衣乃指一家僮，教察以手扶其背，因令达语求钱。于是其家果取纸钱焚之，即皆化为铜钱。黄衣巧[②]求脚直，送出城。察所居之西百余步，有佣车者。察遂与黄衫俱诣其门。叩之，佣者出曰：夜久，安得来耶。察曰：有客欲载钱至延平门外。佣即装钱讫。察将不行，黄衫又曰：请相送至城门，三人相引西南行时，钟鼓将动。黄衫曰：天方曙不可往矣。当且止延福沈氏庙，庙门亦闭，黄衫扣之。俄有女人年五十余，紫裙白胜[③]，自出应门。黄衫谢曰：夫人幸勿怪，有少钱未可遽提去，请借隙处暂贮，后日当有公事，方来此搬取。女人许之，遂搬置钱于庙西北角，户外有苇席数领，遂取覆。讫，天色方晓，黄衫辞去。察与佣者归至家，见其身犹为家人等抱持，不觉形神合而苏。良久，如梦非梦，乃曰：向者更何事？妻具言家僮中恶，作君语，索纸钱事。惊异遽至车子，家佣亦言夜来所梦。与察送钱沈庙事，察愈骇。复与佣偕至沈庙，果见西北角芦席下纸缗存焉。即访女人。守门者曰：此无他人，但有魏侍御寓此庙也。沈氏有臧获，住庙旁。闻语真事及形状衣服，乃泣曰：我太夫人也。其夕五更，魏氏一家闻打门声，候之无所见。如是者再三，

① 同“扬”。

② 原文为“即”。

③ “胜”，也作褠。

式意为盗。明日，宣言于县胥，求备之。是日，式夜邀客为煎饼，食讫而卒。黄衫所言公事者此也。《河东记》

王潜镇江陵。使院书手许琛暴卒，至五更又苏。谓其侪曰：初见黄衫二急呼，出使院门，领至一楔门。上牓曰：鸦鸣国。门内黯惨如黄昏，兼无城壁屋宇。惟古槐万万株，群鸦鸣噪，咫尺不闻人声。又领到一城壁，曹署二人即曰：追得取乌人到。厅上有紫衣官人，据案问曰：尔解取鸦否？琛即诉曰：少小在使院，执行文案，实不业取鸦。官人即怒，二领者曰：何得乱追？即放却还。而官人坐榻之东，复有一紫衣人，身长大，黑色，以绵裹头，似有所伤者，西向坐大绳床。顾见琛讫，遂谓当案官人曰：要共此人略语。即近副阶立，呼琛曰：归见王仆射。为我云：武相公传语，深愧每惠钱物，然皆碎，恶不堪行用。今有切事，要五万张纸钱，望求好纸烧之。烧时勿令人触损。且与仆射不久相见。言讫，琛走出门外，复见二使者却领廻。云：误追，君几不得脱也。琛问鸦鸣国之义，答曰：此地周数百里，日月所不及，终日昏暗。常以鸦鸣知昼夜，是虽禽鸟亦有谪罚，其阳道限满者，即捕来，备此中鸣噪耳。又问：鸦鸣国空地奚为？答曰：人死则有鬼，鬼复有死。若无此地，何以处之？初琛之死，已闻于潜。既苏，复报之。潜问其故，即具陈所见，潜闻之，甚恶即相见之说。然问其形状，真武相也。潜与武相素善，累官皆所拔用，常月晦岁暮焚纸钱以报之。由是以琛言可验，遂市藤纸[①]十万张，以如其请。而琛之邻，果有同许琛姓名者，即此夕五更暴卒。时元和二年四月也。三年正月而王仆射亡。《河东记》

朔方节度判官王抡巡至中城，病死，凡一十六日而苏。初属纩时见二人追去，须臾入大城门。见朔方节度，李林甫相见拜揖，以为平生时也。又见李邕裴敦复数人于一府庭，言责林甫命抡方悟死耳。【按】此则林甫不入仙道明矣。林甫手持纸笔与邕等办，对冥司断曰：林甫死后破家，杨国忠代为相。其冬林甫死，杨果代之。抡兄摄亡已六年，时

① 藤纸：藤皮所制上等好纸。苏易简《纸谱》云：蜀人以麻，闽人以嫩竹，北人以桑皮，剡溪以藤，海人以苔，浙人以麦麴、稻秆，吴人以茧，楚人以楮，为纸。

见之摄,云尔未当死,若得钱三千贯即重生也。抡家去中城数百里,便见一山下有崎岖小径,驰归其家。告妻曰:我已死矣。若得钱三千贯可更生。其夕举家闻寱牖间窣然有声,犬亦近吠。既明,其妻泣言夜梦如此。即取纸剪钱召巫焚之。抡得之,即与人间钱不殊矣。冥中无昼夜,常如冬天,大阴雪时,有鬼王衣紫衣,决罪福判官十数人。其定罪以負心,为至重。其被考理者,多僧尼及衣冠。负心之人,何恶不作僧尼,仗佛衣冠仗势,故罪业尤重。抡在生时,无他过及定罪,惟举食肉。旁一吏曰:此人虽食肉,不故杀。抡未病时,常解衣写金光明经手。自封裹置佛堂及冥中,以善得见地藏菩萨,当得更生,即令取经即抡所封裹之经也。鬼王判官数人,皆平生相友善,相见恍惚不叙故。亦见其先府君夫人,拜伏之后,都无问讯,如不相识。又见诸先亡兄弟,亦无兄弟情。兄摄近亡相睦如生,当以日近故也。人子于亡过父母久之,亦如不相识矣。世情何怪,然慈孝者必不尔。吏曰:君有禄及寿,然此中事必不得泄之。言毕奄然而活。《通幽记》

开元中,洛阳令杨玚,常因出行,见槐阴下有卜者,令过,端坐自若。从者诃使起避,不动,玚令拘至厅事,将捶之。卜者举首曰:君是两日县令,何以责人?玚问其事。曰:两日后,君命当终。玚甚愕,问何以知之。术者具告所见。举家惊惧,再拜求其禳解术者。曰:未可知也。乃引玚入东亭院中,令玚被变跣足,面墙而立,已则据案书符。中夕后,喜谓玚曰:今夕日幸免,明日可以三十张纸作钱,及多造饼餤与壶酒出,定罪门外,桑林间,俟人过者则饮之,皂裘右袒,即召君之使也。若留而饮啖。君其无忧。不然,无济。君亦宜善为辞。玚如言。洎日西景,酒馔将罄,而皂裘不至,玚以为忧。须臾遂至,使人邀屈,皂裘欣然,累有所进。玚乃拜谒皂裘,云:君昨何之数至所居,遂不复见。疑是善神监护,故不敢犯。今地府相招未已,奈何?玚再拜求救,兼烧纸钱资其行用。鬼云:感施大惠,明日当与府中诸吏同来谋之。言讫不见。明日,玚设盛馔相待至久,使者与徒数十人同到,宴乐殊常浩畅。相语曰:杨长官事,焉得不尽心耶!久之,谓玚曰:君对坊杨锡,亦有才干，今揩王作金以取彼。君至五更鼓声，动，宜于录门相候。若闻哭声，君则免矣。阴吏得财作弊，阎罗亦大痴聋矣。玚如言往见鬼，使在树头，欲往锡舍，为狗所咋，未得前。俄从墙缺中入，迟回闻哭声，玚遂获免。《广异记》

袁炳，字叔焕，泰始末为临湘令，亡后积年见梦于友人司马逊，曰：平生常言生为驰役，死为休息。今日始知定不然矣。恒患在世有人务驰，求金币共相赠遗幽途，此事亦复如之。《冥祥记》[1]白石先生云：天上多至尊相奉事，更苦于人间。然则天界、地界与人界不殊，故佛氏以无生超脱三界，据其最胜也。

浮梁张令甚富，家业蔓延江淮间，秩满如京师，常先一程致顿，海陆毕具。至华阴，仆夫施幄幙，陈樽罍[2]，庖人炙羊方熟。有黄衫者，据盘而坐。仆夫连叱，神色不挠。店妪曰：今五坊弋罗之辈横行，关内此其流也。不可与竞。俄而，张令至，急止曰：勿叱！问黄衫来自何方？黄衫但唯唯，促暖酒。酒至，令以大金钟饮之。虽不谢，似有丑色。饮讫，顾炙羊，着目不移，令自割以劝之，一足尽，未有饱色。令又以奁中馁十四五啖之，凡饮二斗余。

酒酣，谓令曰：四十年前，曾于东店得一醉饱，以至今日。令甚讶，乃勤恳问姓氏。对曰：某非人，盖直送关中死籍之吏也。令惊问其由，曰：泰山召人魂，将死之籍付之岳，俾某部送耳。令曰：可得一观乎？曰：便窥亦无患。于是解革囊，出一轴。其首云：泰山主者牒金天府。其第二行云：贪财好杀，见利忘义人，前浮梁县令张某。令见名，乞告使者曰：修短有限，谁敢惜死！但某方强壮，不为死备，家业浩大，未有

① 《冥祥记》，志怪小说集，南朝梁王琰撰。王琰，太原人。入梁任吴兴令，是一个虔诚的佛教徒。幼年曾赴交趾从贤法师受五戒，并得观世音金像一座。因数感金像之异而写此书，以弘扬佛法，劝人奉佛。书散佚已久，鲁迅从《法苑珠林》等书中辑得131则，自序一篇，收入《古小说钩沉》。所记故事，不外乎宣扬轮回转世，观世音显灵，以及僧人的高行神迹，纯属宗教迷信。但是情节比较奇特，充满着幻想，篇幅大大加长，有的达千字以上，这是志怪小说艺术上的一个跃进。

② 樽罍：樽俎，此处指宴席。

所付，何术得延其期。某橐中计所直，不下数十万，尽可以献于执事。使者曰：一饭之恩，诚宜报答百万之贶，某何用焉！今有仙官刘纲，谪在莲花峰，足下宜匍匐径往，哀诉奏章，舍此无计矣。某昨闻金天王与南岳博戏，不胜，输二十万甚，被逼逐。尊神亦博戏耶？已异矣。又以负钱见逼，何神之为此。与道书载牵牛娶织女，因向天帝借二万钱下礼，久之不偿，被罚在营室间，同一荒唐耳。足下可诣岳庙，厚数以许之，必能施力于仙官，亦得路于莲花峰下。不尔，川谷阻绝，无能往者。

令于是赍牲牢，驰诣岳庙，以千万许之，然后直诣莲花峰，得幽径数十里，始至转东南，有一茅屋，见道士隐几而坐。问令曰：腐骨秽肉，安得来此？令曰：窃闻仙官能复魂朽骨，致肉枯骸。既有此好生之心，岂惜奏章之力？道士曰：吾顷为隋朝权臣一奏，遂谪居此峰。尔何德于余？欲陷吾寒山叟乎。仙官以度人为事，岂论私德。此语亦谬。令哀祈愈切，仙官神色甚怒。

俄有使者赍一函至，则金天王书札也。仙官览书笑曰：关节既到，难为不应召使者。反报曰：莫又为上帝谴责否？乃启王函，书一通，焚香再拜，以遣之食。顷天符即降其上，署彻字。仙官，复焚香拜启之。云张某鄙僻多藏，诡诈无实，今按罪已定，何可求延，但以大道扶危，玄宗纾过，徇尔一氓[1]，希其自新，可量延五年。仙官览毕，谓令曰：凡人寿皆可致百岁，但以七情六欲，汩没心源，而又扬能[2]妬善，颠倒方寸，神倦思怠，难全天和。如彼淡泉，汩于五味，欲致不坏，其可得乎？勉导归路，无堕吾教。令拜辞，举首已失所在。

复寻归路，行十余里，黄衫吏迎前而贺。令曰：将欲奉酎，愿知姓字。吏曰：吾姓钟，生为宣城令[3]脚力[4]，亡于华阴，遂为幽冥所录，递

---

① 徇尔一氓：顺从你一个居于郊野的人。徇：听从。顺从。氓：居住在荒郊田野的人。

② 扬能：扬己之能。

③《太平广记》卷350，为“县”。

④ 脚力：古时传递文书的差役。

符[①]之役，劳苦如旧。令曰：何以解执事之困？曰：但酬金天王愿。曰：请置予为阍人，则吾饱神盘子矣。

是夕张令驻车华阴，决东归，计酬金天王所费逾二万。乃语仆曰：二万可赡吾十舍资粮矣[②]，安可受祉于上帝？帝祉从何而来。而私谒于土偶人乎？明旦遂东，至偃师止于县馆。见黄衫吏，赍牒排闼[③]而进，叱张令曰：何虚妄若此，今祸至矣。言讫失所在。顷刻张令有病，留书遗妻子，未讫而终。《纂异记》

潞城县令周混妻姓韦，名璜美，而慧恒与其嫂妹若云、若月约先死幽冥之事，期以相报。后适周氏生二女，干元中卒月余忽至其家，空间灵语谓家人曰：本期相报，故以是来我已见阎王及亲属矣。家人问见镬汤剑树否。答云：我是何人？得见是事后，复附婢。灵语云：泰山府君嫁女，知我能妆梳，所以见召。明日事毕，当复来耳。明日婢又灵语云：我至泰山府君嫁女，理极荣贵，令我为女作妆。今得胭脂及粉来与诸女。因而开手有脂粉，并不异人间物。又云：府君家撒帐钱[④]甚大，四十鬼不能举一枚。我亦致之，因空中落钱大如盏。又言府君知我善染红，乃令我染。我辞云：不亲下手，但指挥家婢耳。府君令我取婢。今不得已暂将婢去，即当遣还女云一家。惟仰此婢，奈何夺之。韦云：借两日耳，过期汝宜击磬呼之。夫磬声一振，鬼神毕闻。婢忽气尽，经二日不返。女等鸣磬，少迟，复空中语云：朝已遣还，何以不至当是迷路耳？须臾婢活两手，忽变作深红色。《广异记》

---

① 符：文书。

② 干宝《搜神记》作“二千”。依前文“家业蔓延江淮间，秩满如京师，常先一程致顿，海陆毕具”和此处“赡吾十舍资粮”，二万或更为合理。此类鬼神传说，对于钱，一般不明言货币种类或单位。此处，银两更为合乎此传说之用意。该传说被视为“冥吏报恩型”，但此篇更在于对张令吝啬的揶揄。

③ 排闼：推开门。

④ 撒帐钱，古钱币术语。厌胜钱属。旧时女子婚嫁仪典上，女宾以金钱彩果抛撒其新房帐下；此种特铸抛撒之钱谓之“撒帐钱”。此俗始于唐代公主出嫁，后为民间沿袭。钱文多系“金玉满堂”“忠孝传家”“五男二女”等，大小各异，面背或有各类吉祥图案装饰其间。

宝历中，天兴丞王锜常游陇川。道憩大树下，解鞍藉地而寝。忽闻道传呼自西来，见紫衣乘车，从数骑，敕左右曰：屈王丞来。引锜至，则帐幄陈说已具，与锜坐语良久。锜不知所呼，每承言，即徘徊卤莽。紫衣觉之，乃曰：某潦倒一任二十年，足下欲相呼，亦可谓为王耳。锜曰：未谕大王何所自？曰：恬昔为秦筑长城，以此微功，屡蒙重任。洎始皇晏驾，群小见构，横被诛夷。上帝仍以长城之役，劳功害民，配享吴岳。当时吴山有岳号，众咸谓某为王。其后岳职归于华山，某罚配年月未满，官曹移便，无所主管，但守空山，寂寞殊甚。又缘已被虚名，不能下就小职，遂至今空窃假王之号。偶此相遇，思少从容。锜曰：某名迹幽沉，质性孱弱，幸蒙一顾，何以奉教？恬曰：久思效用。今士马处处有主，不可夺其权柄。此后三年，兴元当有八百无主健儿。若早图谋，必可将领。所奉托者，可致纸钱万。张某以此藉手，方谐矣。锜许诺而寤，流汗霡霂，乃市纸万张焚之。及太和四年兴元节度使李绛遇害，后节度使温迢，诛其凶党八百人。《河东记》

京洛有士人善雕镂，因出行偶于山路见大槐树根旁，瘤瘿如数斗瓮者四焉，欲于回日采取，恐为人所先，乃取纸数张，剺为钱，系树瘤上。欲人疑为神树，不敢伐也[1]。去数月方还，大率人夫具斧锯往，乃见树侧纸钱累累，后有焚香醮奠之处。士人笑村俗无知，方欲下斧，忽见紫衣神在旁，叱止之。士人曰：树本无神，君何为者？神曰：始君权以纸钱系树，村人咸疑树神，树与祈祀冥司，遂以某职受享酬，今已有神矣。伐之必祸，士人不听。神问取此何用？曰欲雕刻为器耳。神曰：须价几何？请偿之，士索百千。神曰：愿奉百缗。前五里有坏坟，缗在其中。士人如言而往，果得缗。《原化记》。《广记异》所载鉏父、鲍君、李

① 神树崇拜是中国民间一种很普遍的信仰现象。人们对于那些“生长在村头、道旁、古宅、庭院、寺观等处的老树，因其年代久远、古拙奇异而往往怀有敬畏和崇奉的心理，将其视作神树，当作祭拜的对象”。参见：王永平．论唐代民间信仰中的植物崇拜［M］//杜文玉．唐史论丛．第8辑．西安：三秦出版社，2006.

君、圣琵琶[1]，又安知冥司者不因名立神，以酬应享之福，未可尽为妄也。及乎人心，既怠神灵亦歇，则福尽而数终矣。

会昌元年春，孝廉许生下第东归，次寿安将宿甘泉店。逢白衣叟跃青骢自西来，徒从极盛，醺颜怡怡。朗吟云：春草萋萋春水绿，野棠开尽飘香玉，绣领宫前白发人，犹唱开元太平曲。生策马前进，问其姓名，微笑不答。生颇疑之，遂不复问，但经后而行。凡二三里，日已暮矣。至喷玉泉牌堠之西，叟笑谓生曰：吾闻三四君子，今日追旧游于此泉。吾昨已被召，自此南去，君子不可连骑也。生固请从叟，不对而去。生纵辔随之，去甘棠一里余，见车马导从，填溢路岐。生既至泉亭，乃下马，伏丛棘下，屏气窥之。见四丈夫，有少年神貌扬扬者，有短小器宇落落者，有长大少髭髯者，有清瘦言语及瞻视疾速者，皆金紫坐于泉之北矶。叟既至，曰：玉川来何迟？叟曰:适傍石墨涧寻赏憩马，甘棠馆亭子西楹，偶见诗人题一章，驻而吟讽，不觉良久。座首者曰：是何篇什赏叹若是？叟曰：此诗似为席中一二公，有其题而晦其姓名。乃吟曰：浮云凄惨日微明，沈痛将军负罪名。白昼叫阍无近戚，缟衣饮气只门生。佳人暗泣填宫泪，厩马连嘶换主声。六合茫茫悲汉土，此身无处哭田顾。座中闻之，莫不悲泣久之。白衣叟命飞杯数回[2]，而坐中欷歔未已。叟曰：再经旧游，无以自适宜赋篇，咏以代管弦，乃出题云：喷玉泉感旧游书怀，各七言长句。叟倡云：树色川光向晚晴，旧曾游处事分明。鼠穿月榭荆榛合，草掩花园畦陇平。迹陷黄沙仍未寤，罪标青简竟何名。伤心谷口东流水，犹喷当时寒玉声。少年者诗云：鸟啼莺语思何穷，一世荣华一梦中，李固有冤藏蠹简，邓攸无子续清风，文章高韵传流水，丝管遗音托草虫，春月不知人事改，闲垂光景照滂宫。短小者诗云：桃蹊李径尽荒凉，访旧逢新益自伤。虽有衣衾藏李固，终无表疏雪王章。霸魂尚觉霜风冷，朽智徒惊月桂香。天爵竟为人爵误，谁能高叫问苍苍。清瘦者诗云：落花寂寂草绵绵，云影山光

① “鉏父、鲍君、李君、圣琵琶”，均是因误传而变神的传说。

② 数回，原文为“凡数巡巡”。

尽宛然。壤室基摧新石鼠，潴宫水引故山泉。青云自致惭天爵，白首同归感昔贤。惆怅林间中夜月，孤光曾照读书筵。长大者诗云：新荆枣路旧衡门，又驻高车会一樽。寒骨禾沾新雨露，书风不长败兰荪。丹诚岂分埋幽壤，白日终希照覆盆。珍重昔年金谷友，共来泉际话孤魂。诗成，各自吟风长号，数四响，动岩谷。顷之骡邸自东而来，金铎之声，振于坐中。各命仆马，颇甚草草，惨无言语掩泣，攀鞍若烟雾状，自庭而散生。于是，出丛棘，寻旧路，匹马吃草于涧侧。蹇童美寝于路隅。未明，达甘泉店，店媪诘冒夜，生具以对媪。曰：昨夜三更，走马挈壶，就我买酒，得非此耶！开柜视皆纸钱也。《纂异记》。会昌，武宗年号。诸公或甘露变中王涯、贾舒元与李咏、郑注辈也。①

建中初，有人牵马访医，称马患脚，以二千求治。其马毛色骨相，马医未尝见。笑曰：君马酷似韩干所画者，真马中固无也。因请马主绕市门一匝，马医随之。忽值韩干，干亦惊曰：真是吾设色者，乃知随意所匠必冥会所肖也。遂摩挲，马若蹶，因损前足。干心异之，至舍视其所画马，本脚有一点墨缺，方知画通灵矣。马医所获钱，用历数主，乃成泥钱。《酉阳杂俎》

襄阳李除中时气死，其妇守尸至三更。蹶然起坐，抟妇臂上金钏甚遽。妇因肋脱，既手执之，还死。妇伺察至晓，心中更暖，渐渐得苏。云：为吏将去，比件甚多，见有行货得免者，乃许吏金钏。吏令还，故归取以与吏。吏得钏，便放令还。见吏取钏去。后数日，不知犹在妇衣内。妇不敢复着，依事咒埋。《搜神后记》②

天宝中，张某为御史判官，将渡淮。有黄衫人自后奔来，求附载。御船者欲击之，张云：无击，载一百姓渡淮，何苦也？反亲以余食哺

① 参见卞孝萱论文。此为《喷玉泉冥会诗八首·四丈夫同赋》。

②《搜神后记》又名《续搜神记》，是《搜神记》的续书。题为东晋陶潜(365—427)撰。所记有元嘉十四年(437)、十六年(439)事，其伪不可待辩。《搜神后记》与《搜神记》的体例大致相似，但内容多为《搜神记》所未见。该书凡十卷，一百一十六条。《搜神后记》在魏晋南北朝的志怪群书中是颇具特色的。它内容上略为妖异变怪之谈，而多言神仙；艺术上是芜杂琐碎的记叙减少，成片的故事增多。

之。其人甚丑恶。既济，与张分路。须臾至驿前，已在门所。云：已实非人，欲与判官议事，非左右所闻。因屏左右云：奉命召君，合淮中溺死。适蒙厚恩[①]，只可一日停留耳。张求还至舍，有所遗嘱。鬼云：一日之外，不敢违也。张欲前请救。鬼云：人鬼异路，无宜相逼。张遥拜，鬼云：能一日之内，转千卷续命经，当得延寿。言讫出去，又回云：续命经即金刚经也。张乃大呼传舍中及他百姓等数十人同转，至明日晚，终千遍讫。鬼又至，云：判官已免会，须暂谒地府。遂与张相随出门既见王，具言千遍续命经，足当更得十载寿，便放重生，至门前所追。吏云：坐追判官迟回，今已遇捶，乃袒示之，愿乞少钱。张云：我贫士，且逆旅不便。鬼云：惟二百千。张云：若纸钱，当奉五百贯[②]。鬼云：感君厚意，但我德素薄，何由受汝许钱，二百千正可？张云：我今亦鬼耳。夜还逆旅，未易办得。鬼云：判官但心念，令妻子还我，自当得之。张遂心念甚至。鬼云：已领讫，须臾复至。云：夫人欲与，阿奶不肯。又令张心念阿奶。须臾曰：得矣。张因冥然，如落深坑，因此遂活。求假还家，具说其事妻。云：是夕梦君已死，求二百千纸钱。欲便市造。阿奶云：梦中事，何足信？其夕，阿奶又梦因得。《广异记》

宋末姑苏卖饼家，检所鬻钱，得冥币焉。因怪之，每鬻饼，必识其人与钱。久之，乃一妇人也。迹之。至一冢而灭。遂白官启冢，见妇人卧柩中，有小儿坐其侧。好事者敢归养之，既长与常人无异。不知其姓，乡人呼之曰鬼官人。元初犹在。吾衍[③]子行《闲居录》

李俊举进士，连不中第。贞元二年，有故人祭酒包佶者，通于主司，援成之。榜前一日，当以名闻执政。初五更，俊将候佶里，门未

---

①《太平广记》，此处有一句，“适承一馔，固不忘”。即前文所言，“以余食哺之”。

② 二百千，就为二百贯。铜线一千为一贯。此处，何不用“二百贯”？在《太平广记》卷381，六合县丞中也有同样的用法：“今将二百千赎身，余一千贯如前契。”

③ 吾衍(1272，一说为1268—1311)，一作吾丘衍，清初避孔丘讳，作吾邱衍，字子行，号贞白，又号竹房、竹素，别署真白居士、布衣道士，世称贞白先生，太末(今浙江龙游)人，寓居杭州。嗜古学，通经史百家言，工篆隶，谙音律，一生不求显达，性情狂放。《闲居录》初为吾衍札记手稿，为陆友所得，录而传之。

开。傍有卖糕者，其气爞爞。有一吏若外郡邮檄者，坐于侧，颇有垂涎之色。俊买而食之，吏甚喜。俄里门开，众竞出。吏独附俊马。曰：某乃冥吏送进士名者，君非其徒耶。俊曰：然。曰：送堂之榜在此，可自寻之。俊寻视无名而泣。吏曰：君成名在十年外，禄位甚盛。今欲求之非难，但本录耗半[①]，且多屯剥[②]，才获一邑，如何？俊曰：所求者名，名得足矣。吏曰：能少赂于冥吏，即于此，取同姓者易其名可乎？冥吏亦无不受钱作弊者，吏真可畏哉。俊问：几何而可？曰：阴钱三万贯。来日午时可送也。复授笔使俊自注。上有李夷简名，俊欲揩之。吏遽曰：不可此人，禄重未易动也。下有李温名。吏曰：可矣。乃揩去温字，注俊字。吏遽卷而行。曰：无违约。既而俊诣佶，佶未冠怒俊，频躁而不平。俊益忧之，乃变服伺佶出随，经皇城东北隅，逢春官怀榜将赴中书。佶揖问曰：前言遂否？春官曰：诚知获罪，然迫于大权，难副高命。佶闻之，怒曰：季布所以名重天下者，能立然。诺今君移妄于某，盖以某官闲也。平生交契，今日绝矣。不揖而行，春官遽追之。曰：窃恃深顾，外于形骸。今见责如此，宜得罪权右耳。请同寻榜揩名坤之。祭酒开榜，见李夷简欲揩。春官急曰：此宰相处分不可去。指其下李温，曰：可矣。遂揩温字（注俊字）。榜既出，其日午时，俊随众参谢，不及赴冥吏之约。暮归道逢此吏，泣曰：为君所误，得杖矣。牍吏将举勘。俊惊，谢曰：当如何？吏曰：来日午时送五万缗，亦可无追勘之厄。俊许之，遂不复见。然俊筮仕后，贬降不绝，才得岳州刺史，未几终。《续言怪录》

唐韦栗为新淦丞将之官，行上杨州。有少女十余岁。向栗欲市一漆背金花镜。栗曰：我上官艰辛，焉得此物？待至官与汝求之。岁余女死，栗亦不记宿事。秩满，载丧归至杨州。泊河次，女将一婢持钱市镜。行人见其色甚丽，争欲求卖。有一少年，白皙可喜。女以黄钱五千与之，少年与镜，径尺余。别一人云：有镜胜此，只取三千。少年复

① 本禄耗半：本身的禄位要减去一半。

② 屯剥：指命运困窘不达。

减两千。女因留连，色授禅许[①]，须臾辞去。少年有意，令人随去，至其所居。须臾至铺，但得黄纸三贯。少年持至粟船所，云：适有女郎持钱市镜，入此船中，今成纸钱。粟云：惟有一女，死数年矣。君所见者，其状如何？少年具言服色容貌，粟夫妻哭。云：女正复如此。因领少年入船搜检，初无所得。其母剪黄纸九贯，置在棕边案上，减三贯。众颇异之，乃复开棺，见镜在焉，莫不悲叹。少年云：钱已不论。具言本意，复愿[②]十千，为女设斋。《广异记》

太常杨元英，开元中亡，已二十载。其子因至治成坊削家，识其父圹中剑，心异之。问削师何得此剑。云：有贵人将令修理，期明日午时来取。子疑父冢为人所开，至期与弟同往削师家伺之。及取剑，果父也。骑白马衣，服如生时，从者五六人。兄弟出拜道左，悲涕久之。元英下马，引诸子于僻处，处分家事。谓子曰：我有公事不获久住，明日汝等可再至此，当取少资，助汝辛苦。子如期至，元英亦至。得三百千。诫之云：数日须用尽。言讫诀去。子等随行涕泣。元英曰：汝等不了此事，宁有百年父子耶？随骋出上东门，遥望入邙山中，隐不见。数日市买都尽，三日后，市人皆得纸钱。《广记》

熙宁中，有班中一大校，姓李，忘其名。常监牧马子陈留雍邱间野中有丛祠，俗传为周襄王公主墓。李因取纸钱，就墓前焚之。纸钱不化，因忽昏仆地，不知人事。久之苏，谓其徒曰：属公主召我。又叹曰：乃尔富贵，因不复语。虽问，亦不答。牧事已归家，即与其妻异寝后，亦寝疾。元丰中，忽一日，顾左右取衣冠，甚急。又云备马。云当从驾其父，问从何驾也。答曰：皇太后驾也。既被衣冠，良久遂卒，乃慈圣太后崩日也。《明道杂志》

庐佩性笃孝，其母病腰脚，晓夜不堪痛[楚]。佩即弃官，奉母归长安。寓于常乐里之别第，将欲竭产以求国医王彦伯治之。彦伯声势重，造次不可一见，佩日往祈请焉。半年余，乃许一到。佩期某日平

① 原书为“神与”。

② 原书为“赠”。

旦，是日亭午不来，佩候望于门，心摇目断。日既渐晚，佩益怅然，忽见一白衣妇人，姿容绝丽，乘一骏马，从一女僮，自曲之西疾驰东过。有顷，复自东来，至佩处驻马。谓佩曰：观君颜色忧沮，又似有所候，待来，请问之。妇人曰：彦伯国医，无容至此，妾有薄技，不减王彦伯所能，请一见太夫人，必取平差。佩惊喜，拜于马首曰：诚得如此，请以身为仆隶相酬。佩即先入白母，母方呻吟酸楚之次，闻佩言，忽觉小瘳，遂引妇人至母前。妇人才举手候之，其母已能自动矣。于是一家欢跃，竞持所有金帛，以遗妇人。妇人曰：此犹未也，当要进一服药，非止尽除痼疾，抑亦永享眉寿。母曰：老妇将死之骨，为天师再生，未知何阶上答全德。妇人曰：但不弃细微，许奉九郎巾栉，常得在太夫人左右则可。安敢论功乎？母曰：佩犹愿以身为天师奴，今反得为丈夫，有何不可。妇人再拜称谢，遂于女僮手，于所持小妆奁中，取药一刀圭，以和进母。母入口，积年诸苦，释然顿平。即具六礼，纳为妻，妇人朝夕供养，妻道严谨。然每十日，即请一归本家。佩欲以车舆送迎，即终固辞拒。唯乘旧马，从女僮，倏忽往来，略无踪迹。初且欲顺适其意，不能究寻，后既多时，颇以为异。一旦，伺其将出，佩即潜往窥之。见乘马出延兴门，马行空中，佩惊问行者，皆不见。佩又随至城东墓田中，巫者陈设酒淆，沥酒祭地。即见妇人下马，就接而饮之。其女僮随后收拾纸钱，载于马上，即变为铜钱。又见妇人以策画地，巫者随指其处曰：此可以为穴。事毕，即乘马而回。佩心甚恶之，归具告母。母曰：吾固知是妖异，为之奈何？自是妇人绝不复归佩家，佩亦幸焉。后数十日，佩因出南街中，忽逢妇人行李。佩呼曰：夫人何久不归？妇人不顾，促辔而去。明日，使女僮传语佩曰：妾诚非匹敌，但以君有孝行相感，故为君治太夫人疾。得平和，君自请相约为夫妇。今既见疑，便当决矣。佩问女僮：娘子今安在？女僮曰：娘子前日已改嫁靖恭李咨议矣。佩曰：虽欲相弃，何其速欤？女僮曰：娘子是地祇，管京兆府三百里内人家丧葬所在，长须在京城中作生人妻，无自居也。女僮又曰：娘子终不失所，但嗟九郎福佑太薄，向使娘子长为妻，九郎一家，皆为地

仙矣。卢佩第九也。《河东记》

王勃年十三，侍父宦游江左时，舟次马当，登岸闲步山半古祠。见大门当道，榜曰：中元水府之殿。勃瞻拜殿砌，归路遇老叟坐矶上。揖勃曰：子非王勃乎？勃惊异。叟曰：来日重九，南昌都督命客作滕王阁序，盍往赴之。勃曰：此去南昌七百余里，今已九月八矣。复何言？叟曰：子诚往，吾助清风一席。勃拜谢问叟。叟曰：吾水府元君也。归帆当以濡毫均耳。勃即登舟，翼日昧爽，已抵南昌。曾（会）帅府阎公宴僚属于滕王阁，公果授简。诸客辞避，勃辄受之。顷而文成，公矍然曰：天才也[①]。私燕勃谢以五百缣[②]。勃舟回故地，而叟已先坐石矶矣。勃拜谢曰：当具菲礼，以答神庥。叟笑曰：但过长庐，焚阴钱千万足矣。勃过长卢，如数焚之而去。

临海乐安章沉年二十余，死经数日，将敛而苏。云被录到天曹，主者是其外兄，断理得免。初到时，有少年女子同被录送，立住门外。女子见沉事散，知有力助，因泣涕，脱金钏一只，及臂上杂宝，托沉与主者，求见救济。沉即为请之。并进钏物。良久出，语已论。秋英亦同遣去。秋英即此女名也。于是俱去，疲顿殊不堪行，会日暮止。道侧小窟，状如客舍而不见主人。沉共宿燕接，更相问次。女曰：我姓徐，家在吴县乌门，临渎为居，门前倒枣树即是也。明晨各去，遂并活。沉先为护府军吏，依假出都，经吴乃到乌门寻，索得徐氏舍。与主人叙阔，问秋英何在？主人讶之，沉因道魂见之。由徐氏试令侍婢数人递出示沉。沉曰：非也。乃令秋英见之，则如旧识。徐氏谓为天意，遂以

① 此段文字源于《古今事文类聚前集》。所谓文成是指王渤所撰就的千古绝句。“时帅有婿吴子章，善为文词，公欲夸之宾友，乃宿构《滕王阁序》，俟宾合而出为之，若即席而就者。既会，公果授简诸客，诸客辞，次至勃，勃辄受。公既非意，色甚不怡，起归内阁。密嘱数吏伺勃下笔，当以口报。一吏即报曰：‘南昌故郡，洪都新府。’公曰：‘此亦儒生常谈耳。’一吏复报曰：‘星分翼轸，地接衡庐。’公曰：‘故事也。’又报曰：‘襟三江而带五湖，控蛮荆而引瓯越。’公即不语。俄而数吏沓至以报公，但颔颐而已。至‘落霞与孤鹜齐飞，秋水共长天一色’，公矍然曰：‘此天才也！’”但有学者认为，王此时“十三岁”不实。

② 缣，古吋多用作赏赠酬谢之物，亦用作货币或纸张。

妻沉，生子名曰天赐[1]。《异苑》

陶谷少时，梦为吏追。去云奉符换眼。吏附谷耳求钱十万，安第一等眼，谷不应。又求钱五万安第二等眼，谷又不应。吏曰：只得第三等眼矣。既觉，眼深，睛碧色。后遇道士陈紫阳相，谷曰：一只鬼眼固当清贵，然不至大位也。后果然。《乘异记》

书吏陈昱暴死，三日而苏。云：初见壁有孔，有人自孔掷一物，至地化为人，乃其亡姊也。携其手自孔中出，曰：冥吏追汝，使我先。见吏在旁，昏黑如夜，极望有明处，空有桥，榜曰会明。人皆用泥钱[2]。桥极高，有行桥上者。姊曰：此生天也。昱行桥下，然犹有在下者，或为乌鹊所啄。姊曰：此网捕者也。又见一桥。曰阳明。人皆用纸钱。有吏坐曹十余人，以状及纸久至者，吏辄刻除之，如抽贯然。已而见冥官，则陈襄述古也。问昱何故杀乳母。昱曰：无之。呼乳母至。血被面，抱婴儿，熟视昱曰：非此人也，乃门下吏陈周官。遂放昱还。曰：路远，当给行马。又使诸曹检己籍，曹示之，年六十九。官左班殿。曰：以平生不烧香，故不甚寿。又曰：吾辈更此一报，即不同矣。意谓当超之。昱还，道见追陈周往。既苏，周果死。《东坡笔记》

王平甫该洽，善议论。与其兄介甫[3]论新政，多援据。介甫不能听。侄雱病亟，介甫命道士行醮，大陈楮钱。平甫曰：兄在相位，令天下后世人取法。雱虽病，丘之祷久矣[4]，为此奚益？且兄常以君法绳吏奸，今以楮钱邀福。安知三清门下，独不行君法耶。介甫大怒。《曲洧

---

① 据称，苏州的天赐庄由此故事得名。也有人称，宋高宗赵构将这里的田地赐给抗金名将韩世忠，由于是天子所赐，就有了天赐庄之名。

② 用钱作模，压泥而成的钱形玩物。明刘侗、于奕正《帝京景物略·春场》："三月……小儿以钱泥夹穿而干之，剔钱，泥片片钱状，字幕备具，曰泥钱。画为方城，儿置一泥钱城中，曰卯；儿拈一泥钱远掷之，曰撇。出城则负，中则胜，不中而指杈相及，亦胜，指不及而犹城中，则撇者为卯。其胜负也以泥钱。"

③ 即王安石。

④ 语出《论语·述而》：子疾病，子路请祷。子曰："有诸？"子路对曰："有之。"《诔》曰："祷尔于上下神祇。"子曰："丘之祷久矣。"

旧闻》①

治癸丑，湖州俞氏敷演梨园，饮客酒罢。有二青衣持灯至，曰：吾乃严尚书府中，召汝今夕演戏。随以白金半锭授之。诸优如召，从至一大厦。雕梁画栋，席间章缝毕集。惟饮食殊不可啖，主人命云：今夕宜演赵盾故事，直未许鸣金。诸优演罢，久之未晓，复睡。乃古庙试视白金冥锭也。或曰：国初严尚书游地也。《西樵野纪》

詹文学在所亲处看设斋，偶见一童子身着青衣，欲走入纸灶内。众止之曰：是将化资钱，毋入。不顾，径徐行入其中。随觅之无所得。《考书》。是日为青衣童子临世，然则世间纸钱，洵领受有鬼神乎？

①《曲洧旧闻》是南宋时期的一部比较重要的文言小说集，共10卷，作于作者被羁金国期间，作品追忆、记录了北宋及南宋初期的朝野遗事、社会风情和士大夫轶闻，展现了作者高度的爱国热情及其对北宋灭亡、南宋贫弱的理性反思，作品内容丰富，情节生动，文字雅洁，活泼风趣，具有较高的文学价值和史料价值。

妖变第七

《述异志》云：夏禹时，天雨金三日。周成王时，咸阳雨钱，终日不绝。《舆地志》云：咸阳雨金。今咸阳有雨金原。《史记年表》云：秦献公十七年，栎阳雨金。自四月至于八月。《异记》又云：秦二世元年，宫中雨金，俄化为石。汉惠帝二年，宫中雨黄金黑锡。王莽时，未央宫雨五铢钱。既至，地悉为龟儿。又颍用[①]民家雨金五铢钱。晋惠帝二年，亦雨金。隋文帝仁寿四年，诸军州舍利塔成，陕州雨金。唐武氏垂拱三年七月，广州雨金。《唐志》占曰：位正秋，为刑为兵，人君多杀无辜[②]。

【按】雨金惟夏周二代当占为祥，余皆见于乱亡之世。盖反常之事，皆妖而已矣。

《论衡》云：汉永平十一年，庐江皖侯国，民[③]际有湖。皖民小男曰陈爵、陈挺年，皆十岁以上。相与钓于湖涯，挺爵相去四十步。爵见湖涯有酒罇，色正黄，没水中。涉水取之，滑重不能举。挺见而号曰：何取？爵曰：是有铜镈，不能举也。挺往助之，罇顿衍为盟，盘动行入深渊中，复不见。挺爵留顾见如钱等，正黄数百千枚，即共掇摭，各得满手走。归示其家同，爵父国，故免吏。惊曰：安所得此？爵言其状。国

① 应为"颍川"。任昉《述异记》曰："汉世颍川民家雨金五铢钱。"颍川：郡名，秦王政十七年(前230)置。以颍水而得名。旧治在今河南禹州。

② 天下雨金，预示上天的旨意，预示着杀机的到来。

③ "民"疑为衍字。皖侯国，汉代分封的诸侯国，在今安徽潜山县一带。《太平广记》卷四百引《论衡》文无"民"字，当删。湖：指巢湖，一称焦湖，在今安徽省中部，湖呈鸟巢状，故名。

曰:此黄金也。即驰与爵俱往,到金处,水中尚多。国自涉水掇取。邻伍并闻,俱竞采之,合得十余斤。国自言于相,相言太守,太守遣吏收取。遣掾奉献,具言得金状。十二年诏书曰:视时金价,畀国等金直[①]。

《酉阳杂俎》云:太原县北有银牛山。汉建武二十四年,有一人骑白牛,蹊人田。田父诃诘之。乃曰:吾北海使将看天子登封,遂乘牛上山。田父寻至山上。惟见牛迹遗粪,皆银也。明年,世祖登禅焉。

苻坚建元年,长安樵人于城内见金鼎走。白坚载取到化为铜鼎,入门又变成大铎。《异苑》

《魏志》云:繁昌县授禅,石碑中生金。表送上,群臣尽贺[②]。《酉阳杂俎》云:颖阳碑魏曹受禅处,后六字生金。盖司马氏金行明六世,迁魏也。

晋怀帝永嘉元年,项县魏豫州刺史贾逵石碑生金,可采人。咸凿取以卖,卖已复生,此江东之瑞也。先师云:应在石氏。一云:金不从草,群盗起也。王隐《晋书》

庾水令郭璞筮其后嗣卦。成曰卿诸子并当贵盛。然有白龙者,凶征至矣。若墓碑生金,庾氏之大忌也。后冰子蕴为广州。妾房得一白

① 参见:黄晖.论衡校释[M].北京:中华书局,1990:838-839.李世熊对此事的介绍简略,一些重要环节有遗漏。永平十一年"巢湖出黄金,庐江太守以献"。见《后汉书明帝记》。十二年,贤等(即爵父国)上书:"贤等得金湖水中,郡牧献,迄今不得直。"起初,朝廷的理由是:"贤等所采金,自官湖水,非贤等私渎,故不与直。"十三年,又同意给金价。"视时金价,畀贤等金直。"盼遂案,此处十二年有误,应为十三年。

② 建安二十五年十月二十九日,在受禅台举行了盛大的受禅大典。献帝交出玺绶、诏册。曹丕拜谢,受禅即位登上了天子宝座,改国号魏,改年号黄初,正式称帝。曹丕自称魏文帝,封曹操为魏武帝,并大赦天下,改繁阳亭为繁昌县,改许昌为许昌漯河市临颍县西北部的繁城镇,是当年魏王曹丕接受汉献帝的禅让登基称帝的地方。这是三国时期的真迹,是汉魏更迭的见证,具有重大的历史价值,被列为全国重点文物保护单位。繁城古称繁阳亭,它北靠许昌,南临颍河,三国时是通往夏口(汉口)的必经之路,是曹魏都城的屏障,军事上是一个兵家必争的战略要地,所以曹操曾屯重兵于此。繁城镇魏文帝庙内的《受禅表》碑和公卿将军上尊号奏碑,统称"受禅碑",世称"三绝碑"。"三绝"者,指文表绝、书法绝、镌刻绝。两碑不但是书法艺术珍品,而且是汉魏交替的历史见证。

狗，子身至长而弱，将出示人，忽失所在。又墓碑生金，俄为桓温所灭。《晋书》

夏侯孜开贞陵于坚石中，得金钗半股[①]，其长如掌。《秘籍》

清河王覃初为清河世子，所佩金铃，欻生隐起如麻粟者。祖母陈太妃以为不祥，毁而卖之。占者以金是晋行大兴之祥，覃为皇胤[②]，是其瑞也，毁而卖之。象覃见废不终之验也。《晋书》

孙皓时，言掘地得银，长一寸，广一分，刻上有年月。于是改元为天策。《吴志》

唐昭宗文德二年正朔，御武德殿。有紫气出于昭德殿东隅，郁郁如烟。令大内留后司寻其所出，得金龙子一枚，长五寸许。群臣称贺。请改元为龙纪元年[③]。《大唐杂记》

南史载梁元帝幸洲苑，见大蛇盘屈于前，群小蛇绕之，并黑色。帝恶之。宫人曰：此非怪，恐是钱龙。帝以钱千万镇其处以厌之。【按】《地镜图》[④]云：金宝化为青蛇。《故事类赋》云：入夜方惊于白鼠，积年或化为青蛇。井边之黄鸟初飞，壁下之高冠乍出。

河南开封有丹客之妇，怀娠甚巨。动跃间略似虎胎。丹客语妇曰：若生二男，当名虎四虎五。一日欲出，天若雨状，谓妻曰：晴履可耶？雨具可耶？妻未答，则腹中朗应无雨。丹客惊问之曰：虎四也。言未

① 金钗股：味辛，平。小毒。解诸药毒。人中毒者，煮汁服之。亦生研更烈，必大吐下。如无毒，亦吐。去热痰疟瘴，天行蛊毒，喉闭。生岭南山谷。根如细辛，三四十茎。一名三十根钗子股，岭南人用之。参见：唐慎微.证类本草[M].北京：中国医药科技出版社，2011：258.

② 皇位继承人。

③ 源于《金龙子》。原文中有帝曰："朕不以金龙为祥瑞，以偃息干戈为祥瑞，卿等各宜尽忠，以体朕怀。"

④《地镜图》为南朝梁时佚名所作，六卷。另有《地镜》一卷，为同时代性质相同著作。其自成一书，抑为前者节本，尚难断定。认为地下矿物与地面植物间，有着一定的对应关系，因而地面植物的某些种属能指示地下与之相应的特定矿藏。地植物成为矿藏宝物的指示物，还表现在植物生长的时间和形态的变异。参见：张岱年.中国哲学大辞典[M].上海：上海辞书出版社，2010：760.

竟，又闻有应声，则曰：虎五也。自后每言必验。一日谓丹客曰：汝所为竟炼不成金银，必须炉如何置火，如何候药，如何办。又曰：如何如何乃毛也，如何小点化，如何大点化。待吾母为之可也、丹客如言行之，火然硫黄。偶客至门室，既不深广，而客又不行。其妇与二儿俱曰：黄气逼人，奈何奈何？至夜熏蒸死，世今有小点化术，谓其传也。岂天怒其泄，故灭其口耶。然竟不知何怪也。《七修汇稿》

张士宁居咸平县，豪有力，性嗜鸡子，日食十数以为常。其主典库冀五郎者，每为畜之。一旦，冀方探篚取之，一自篚中直上升，至士宁庖舍而坠，气若黑雾，其臭薰烈。家人惊异间，火起堂庑，帑藏须臾而尽。帝蓄皇佑钱万贯，谓之镇库钱①。焰起为烟球而去，不复铜滓。冀寻服砒而卒。

《搜神记》曰：常山张颢，字智明，为梁相。新雨后，有鹊飞翔近地，令人擿之。堕地化为圆石，颢命椎破，得一金。印文曰：忠孝侯印。颢以上闻，藏之秘府。灵帝光和元年。颢为太尉。

《述异记》云：洞庭山上有天帝坛山，山有金牛穴。吴孙权时，令人掘金，金化为牛，牛走上山，其迹存焉，故名。【按】《地镜图》云：金之精为牛。

古兹国王阿主儿者，有神异力，能降伏毒龙。时有贾人买市人金银宝货，至夜中钱并化为炭。境内数百家皆失金宝。王有男成阿罗果谓王：曰此龙所为也。龙居北山，其头若虎。今在某处眠耳。王乃易衣持剑。默出至龙所，竟乘伏之②。《诺皋记》

荆之湑水穴口傍。义兴十二年，有群儿浴此水。忽岸侧有钱出如流沙，因竞取之。手满置地，钱随复去。乃衣襟结之，然后各有所得。

① 古钱币术语。铸钱工场正式开炉浇铸前，为进贡、纪念或避邪而先行特制的大钱。如“大唐镇库”“咸丰元宝”特大“镇库”钱等。镇库钱一般制作精美，存世绝少。太平天国时期的镇库钱亦称“镇妖钱”，是铸局在生产子钱（流通货币）前夕特别铸造的一种带有当时年号的大型钱种。这类大钱不作流通。仅用来作为镇妖（镇钱库）、祈求吉祥之信物。参见：吴雄胜，蒋科，吴吉嗣．花钱鉴赏与收藏[M]．合肥：安徽科学技术出版社，2014：151.

② 此处与原文略有差异。

流钱中有铜车，以铜牛牵之，势甚迅速。诸童奔逐，掣得车一脚[①]。钱行时，贯草辄便停破，竟不知其所往。《诸皋记》

《幽明录》云：巴邱县有金冈，上二十里有黄金潭。潭上有黄金濑。晋建元中，有渔父垂钓于此，得一金锁，引之遂满船。忽金牛出声，貌奔壮。钓者骇惧，牛奋跃还潭。锁断，犹得二尺。《南海古迹记》云：金牛潭在增城南，本增江水潭，有金牛。晋罗公钓得金绛[②]，牛从绛出，见人复投，断其绛，得一尺。义熙中，周灵甫勇掣得三尺。又《括异志》云：秦淮牛渚津，水极深洞，人见一金牛，形甚瑰壮。以金为锁绛。【按】三事当是一事。《传闻志》：怪而异其说耳。《寰宇记》：罗公作常安，断绛得数尺。

窈窕以古钱一枚赠叔良。青绿色，彻骨而凸起。叔良时置袖间。一日，钱忽莹润而小凹。明日则又青绿凸起，心甚异之。后与窈窕言，皆同。盖窈窕有二古钱，留一赠一。自后察之，张藏者只日则青绿而凸，姜藏者只日则莹润而凹，乃二钱有灵，能自来去也。《本传》

永康王圹井上有一洗浣石，时见赤气。有胡人投宿，忽求买之。未及度钱，子妇孙氏睹二黄鸟斗于石上，疾往掩取，变成黄金。胡人不知，索市愈急。既得撞破，石内只二空鸟处。《异苑》

汉武升望站台，有三青鸭群飞。俄而止于帝台。日色已暗，青鸭[③]化为三小童，皆着青绮文縢。各握鲛文大钱[④]五枚，置帝几前。身止而影动，因名曰轻影钱[⑤]。《洞冥记》

---

① 一脚，指车轮。原文为："可五寸许，猪鼻毂有六幅，通体青色，毂内黄锐，状如常运。于时沈敬守南阳，求得车脚钱，行时贯草辄便停破，竟不知所终往。"参见：段成式.酉阳杂俎[M].曹中孚，校点.上海：上海古籍出版社，2012：79.

② 绛：粗绳子。

③ 同"青蚨"。因以"青凫"指钱。南朝梁萧绎《与诸藩令》："即日青凫朽贯，红粟盈仓。"参见：李涌，李乔.中华事物别称溯源趣典[M].太原：山西人民出版社，2006：239.

④ 应为"鲸文大钱"。

⑤ "轻影钱"其"身上影动"正符合镂空花钱的特征。而且，所谓"鲸文大钱"很可能是一种大鱼图纹的镂空花钱。

宋宁宗庆元二年，吴县金俄乡铜钱百万自飞。《宋史》

阴盛阳微，金铁为飞[①]。《汉书》

雩都县西沿江有石室，名梦口穴。旧传常有神鸡，色如好金，出此穴中，奋翼回翔长鸣响彻，见人辄飞入穴。有人耕此山，望见金鸡出游戏。有一长人操弹弹之，鸡遥见便飞入穴。径丸正着穴上，丸径六尺許，下乘蔽穴，犹有门隙，不复容人。又有舟子至此，遇一人通身黄衣，担两笼黄纸，寄载[②]，乞食舟子。舟子与之，食讫，舟至崖下。船主乞钱，此人不与，乃唾盘上，径下崖直入石中。舟子知是神异，取食器视之，见盘上唾，悉是黄金。《述异记》

唐开成初，宫中有黄色蛇，夜自宝库出游。阶庭光彩照灼，不可掩捕。宫人掷珊瑚玦击之，遂并玦亡去。掌库者以闻上令，遍搜库内，乃得黄金蛇，而珊瑚玦贯其首上。熟视之，曰：昔隋炀帝为晋王时，以黄金蛇赠陈夫人，实不知得自何处？因睹頟下有阿么字。上蹶然曰：果不失朕所疑。阿么，炀帝小字也。遂命取玻璨连环，系于玉彘之前足，其后更不复见，以彘能啗蛇也。《杜阳杂编》

宣帝尝以车一乘赐霍光，悉以金纹饰之。每夜车辖上金凤凰飞去，莫知所至。南郡王君仲罗鸟得一小凤子，入手便化成紫金羽翅，宛然足可长尺余。守车人云：金凤凰常夜飞去，晓则俱还。今不还，恐为人所得，光甚异之。具以列上，后数日，君仲诣阙上金凤凰。子帝疑以置承露盘，倏然飞去，直入光家车辖上。帝取其车，每游行辄乘之。《续齐谐记》[③]

西域蕃处中国以至夏契丹交驰，罔不在邻郭，今青唐是也。货到每

① 颜师古注：河平二年，沛郡铁官铸钱如星飞上去，权臣用事之异也。

② 原文为："求寄载，因载之。"

③《续齐谐记》，古代汉族神话志怪小说集。南朝梁吴均(469—520)撰。共一卷。吴均(469—520)，吴兴故鄣(今浙江安吉)人。天监初，柳恽为吴兴刺史，辟均为郡主簿，官至奉朝请。好学，有才气，其诗为士人所效，号"吴均体"。精史学，有《后汉书注》《齐春秋》等。此前，刘宋东阳无疑有《齐谐记》7卷，已佚。吴均续作1卷，《隋书·经籍志》着录。

十橐驼税一，如是税六十年，宝货不赀。惟珍珠翡翠以柜金玉，埋之土中。元丰末年，官军下青塘，皆为兵将所有，县官十不一二。王瞻以马驼真珠，每线长六尺，象犀以粗重弃，勿取中途。有旨搜捡凡战兵所挟，投之黄河。惟环庆一官露袒，语曰：我杀人得之，有死而已。吏不敢问。王瞻在房陵卖金，皆佛臂。脆金不精，土人不售。一日，出一手断之，纳诸煎器，鼓橐久之。既出，金在掌，而手完如故。瞻匠大骇，至今呼瞻为歌利王。《画墁录》[①]

唐武宗好仙术。有方士赵归真云：飞练中须得生银。诏使于乐平采取，无所得。归真斋醮数朝，驼御书置岩穴间。俄有老人杖策而至，曰：山川宝藏盖因有道而出，明主以修真为念，是何感应不臻？[②]明旦当从所请。语讫莫知所之。是夕，有声加雷，山矿豁开数丈，银液坌然涌出，与入用之[③]。《剧谈录》

南唐女冠耿先生[④]，每止元宗卧内，常搦雪为铤，写之成金，指痕隐然犹在。又因宫人扫，取箕中粪壤，烧为白银。开宝中，金陵内库犹有耿先生粪壤银元。宗常购真珠数升，欲得员者。先生曰：易致也。就取小麦淘洗，以银釜炒之，匀圆皆成蚌胎。《南唐书》

梅妃除夕与宫人戏，镕黄金散泄入水中，视巧拙，以卜来年否泰。梅妃一泄，得金凤一只，首尾足翅，无不悉备。《娜嬛记》

王诨，仕梁，为南康王记室。亡后数年，妻子困乏。岁暮，诨见形谓妇曰：卿乏衣食？妻因与之酒，别而去。诨曰：我若得财物，当以相寄。后月小女探得金指环一只[⑤]。《集灵记》

---

①《画墁录》，宋张舜民撰写的笔记小说。

② 缺一句："尊师无复怀忧"。

③ 原文为"与入用之数相符"，应漏最后三个字。

④ 五代南唐女道士。自称天自在山人。军大校耿谦女。好书善画，为诗往往有佳句。雅通黄白之术，能拘制鬼魅，奇瑰悦忽，莫知其所由来。保大（943—957）中因宋齐丘以入宫，元宗处之别院，号曰先生。尝被碧霞帔，手如鸟爪，题诗墙壁，又自称比大先生。（《郑文宝耿先生传》）

⑤ 原文为"一双"。

韩滉镇浙西，威令大行。浙右进钱，船溺，篙工募人漉出两辫不得，众以钱损其数。滉自至津部视之，乃责江神，因得其钱。滉指曰：此钱干，非从水波得者。问吏。吏具实对复，以实投词诟责。俄然一缗浮出波上，乃取之。《独异志》

台州有民姓王，常祭厕神。一日，见着黄女子。问何许人，答云：厕神也。感君敬我，今来相报。乃曰：君闻蝼蚁言否？王谢之曰：非惟鄙人，自古不闻此说、女遂怀中取小合子，以指点少膏如口脂，涂王右耳下。戒之曰或见蚁子，侧耳聆之，必有所得。良久而灭。王明日见柱础下群蚁纷纭，忆其言，乃听之。果闻蚁语云：移穴去暖处，傍有问之何故，云其下有宝，甚寒住不安。王俟蚁出讫，寻之，得白金十铤。即此后不更闻矣。《灵应录》[①]

韦思玄求炼金术。一日，有居士辛锐来谒，病痈溃血且甚。韦方会客居士，遂溺于筵上。客怒皆起，锐亦告去，忽尔不见。视其溺，乃紫金液也，光彩灿然。客有解者曰：辛属金，兑西方亦属金。锐其金精乎。《括异志》

宝历中，酉阳人见钓鱼师有鱼脑贯黄文。爱而市之。及食至脊上，出金钗一只，长六寸。《记事珠》

唐贞元中，有一丐者自称姓胡名媚儿，所为怪异。丐求[②]，日获千万。一旦，怀中出一琉璃瓶子，可受半升。表里烘明[③]，遂置席上。谓观者曰：有人施与满此瓶子，则足矣。瓶口大如苇管。有人与之百钱，投之，琤然有声，则见瓶间大如粟粒。复有与千钱，投之如初。又有与万钱者，亦如之。有好事者与十万二十万，皆如之。或有以驴马入之瓶中，见驴马皆如蝇大，动行如故。须臾，有度支两税纲目，杨子院[④]，

① 《灵应录》，唐于逖撰。于逖，生平事迹亦无考。仅知他能诗，李白有诗相赠，亦与元结友善。逖著有《传奇集》《闻奇录》及《灵应录》传世。

② 此处疑漏字，应为“旬日之后，观者稍稍云集，其所”。

③ 此外漏一句：“如不隔物”。

④ 唐盐铁转运使在杨子县所置巡院。“杨”，一本作“扬”。

部轻货数十车至。驻观之，自恃官物，乃谓媚儿曰：尔能令诸车皆入此中乎？媚儿曰：许之则可。纲曰：且试之。媚儿乃微侧瓶口，大喝，诸车辂辂，相继悉入瓶，瓶中历历如行蚁。然有顷渐不见。媚儿乃跳身入瓶。纲乃大惊，遽取扑破，求之一无所有。从此失媚儿所在。后月余，有人于清河北逢媚儿。部领车乘，趋东平而去。时师道为东平帅也。事见《河东记》。

近世嘉靖乙丑，有游食乐工乘骑者七人至绵州。不详何许人。所持舞襕衫服整洁鲜明，抛弋掷瓮，殊极奇弦，且歌喉宛转，调欲遏云[①]。举城士绅商贾，无不忻悦。搬演杂剧连宵达旦，久而情洽。一日，谓众曰：今夕改作杂剧，以新观听。遍索士夫富室，陈列珍玩器具织锦彩衣，乃令绵城乐工代司鼓乐。至夜，阑观者酣倦，益复催迫鼓乐喧震，作鸡鸣渡关[②]。七人以次入瓮。久之，寂然。破瓮索之，了无所得。摄去金银，不止数百两。惟司鼓乐者枉受刑罚而已[③]。此与胡媚儿事相类，乃知无世无妖变之事也。

《怪录》云：隋开皇初，广都孝廉侯遹入城。至剑门外，忽见四广石，皆大如斗。遹爱之，收藏于书笼，负之以驴。因歇鞍取视，皆化为金。至城货之，得钱百万，市美妾十余人，大开第宅，又近甸置良田别墅。后乘春景出游，尽载妓妾。随从下车，陈设酒肴，忽有一老翁负大笈至，坐于席末。遹怒而诟之，命苍头[④]扶出，叟不动亦不嗔，但引满啖

① 原文“咸称有遏云之态”。遏云，典故名，典出《列子·汤问》。歌声使云停止不前。后遂以“遏云”形容歌声响亮动听。亦作“遏流云”“遏行云”。

② 鸡鸣渡关，戏名。

③《古今图书集成·博物汇编·艺术典》卷八一八《优伶部》引《游宦纪闻》。

④ 因以青巾裹头而得名。战国系主人战旗下的军队，多以乡党的青年组成。至汉代，战事减少，逐渐沦为奴隶，操持贵族邸宅的杂务。遭逢战乱，仍不失主人近侍军队的性质。魏晋以后，则纯为私家奴仆。《汉书·霍光传》：“霍云当朝请，数称病私出，多从宾客：张围猎黄山苑中，使苍头奴上朝谒，莫敢谴者。”《晋书·石崇传》：“有司簿阅崇水碓三十余区，苍头八百余人，他珍宝货贿称是。”《明会要·民政三》：“景泰中，杨杰上言：‘臣家苍头得官者十六人，乞停苍头杨钊等职。’诏许之。”

灸而笑。云：吾此来，求君偿债耳。君昔将我金去不记忆乎？尽取遹妓妾十余人，投之书笈，亦不觉笈中之窄，负之而趋疾，若飞鸟。遹令苍头驰逐之，斯须已失所在。自后遹家日贫，后十余年，却归蜀到剑门。又见前老翁携所将之妾游行，傧从极多。见遹皆大笑问之，不言逼之，又失所在。访剑门前后，并无此人，竟不能测[①]。

马湘，字自然。有道术，常于遍身及袜上摸钱，所出钱不知多少，人有收取，顷之复失。常于江南刺史马植坐上，摸出青铜钱，投井中，呼之即出。《续仙傳》：陈复休，号陈七子，多变化术。昌明令胡仿常师事之。将赴任留钱五千为复休。市酒，笑而不取。曰：吾金玉甚多，恨不能用耳。以锄授仿，使之斸地，不二三寸，金玉钱货，随斸[②]而出。曰：人间心物固若是矣。但世人赋分有定不合多，取若吾用之，岂有限约乎。《仙传拾遗》

韩文公愈有疎从子侄，自江淮来。公问所长，云：善卓钱，试令为之。植一铁条，尺余，百步内，卓三百六十钱，一一穿之，无差失者。唐穆宗尝于殿内种千叶牡丹。及花始开，香气袭人。一朵千叶，大而且红。上每睹芳，盛叹人间未有。自是宫中，每夜即有黄白蝴蝶万数，飞集花间，辉耀达曙。宫人竞以罗巾扑之，无不获者。上令张网于宫中，遂得数百。于殿内纵嫔御追捉为乐。迟明视之，则皆金玉也。其状工巧无比，内人争用丝缕绊其脚，以为首饰。夜则光起于妆奁中。其夜开宝厨，视金屑玉屑藏内，将有化为蝶者，宫中方觉焉。《杜阳编》

内侍李舜家为雷所震，火从窗出，其杂贮金钱银铅器皿悉镕流在地。有一宝刀亦镕为汁，而室尚俨然。《梦溪笔谈》

广陵贾人以栢木造什器百余事[③]，制作甚精，费已二十万。往建康鬻之。晚至瓜步，遇风，泊山下。顷之，有巨舟，其中空空，唯篙工三人乘之，亦泊于侧。贾疑其为盗也。将伺夜而劫我，乃登岸人深林避

① 原出自《太平广记》卷400《侯遹》。

② 大锄。“恶金以铸钼（锄）、夷、斤、劚，试诸壤土。”

③ 原文应为“广陵有贾人以柏木造床，凡什器百余事”。

之。俄而风雨雷电，蒙覆舟所岸上，则星明了然。食顷，雨止云散。见巨舟稍稍前去，乃敢归。舟中所载柏木器都不复见，余物皆在。巨舟犹在东岸，有人呼曰：尔无恨，当还尔价。贾人所载既失，复归广陵。至家，已有人送钱三十万，置之而去[①]。问其曰：即泊瓜步之明日也。《稽神录》

郭承嘏尝宝惜法书一卷，每携随身。初应举就杂文试。天尚早，缄置箧中。及纳试，而误纳所宝书帖。归于灯下，启箧见程试宛在。计无所出，来往于棘闱门外。见一老吏，询其试事，具以实告。吏曰：某能换之。然某家贫，居兴道里。倘换得，愿以钱三万见酬。承嘏许之。逡巡，赍程试入而书帖出授。承嘏明日自携钱诣兴道里，询吏姓氏。吏家人出云：主父死三日，力贫未办周身之具。承嘏惊叹，方知棘闱所见，乃鬼也。遂以钱赠其家。《尚书谈录》

日南之南，有淫泉之浦。时有凫雁，色如金，群飞戏于沙濑罗者。得之，乃真金凫也。昔秦破骊山之坟，行野者见金凫向南飞至淫泉。宝鼎元年，张善为日南太守。郡民有得金凫以献者，善博识多通。考其年月，是秦始皇墓中物。《拾遗记》

李勉[②]镇凤翔，有属民耨田得马蹄金一瓮，送于县署。公牒将置府庭，邑宰喜获兹宝，欲自以为殊绩。虑公藏主守不严，因置私室。信宿，与官吏重开视之，则皆土块矣。瓮金出土之际，乡社悉来观验，及是靡不惊骇。以状闻府主，佥谓邑宰计换之，遂遣曹吏就鞫，诘辱既甚，遂以易金诬服。时袁相国滋在李公幕中，甚疑此事。便请为公详之，李公曰：换金之状极明，若言宋丁当别有所见，非判官莫探情伪。袁曰：诺。因令移狱于府中案问，乃令阅瓮，间得二百五十余块，诘其

① 冯梦龙在《太平广记钞》此处作眉批：鬼神毫无市气。

② 李勉(717—788)，字玄卿，唐朝宰相、宗室，郑王李元懿曾孙。唐高祖李渊玄孙。李勉早年曾任开封县尉，后任监察御史，累迁至京兆尹兼御史大夫，拜岭南节度使。大历十年(775)，李勉任工部尚书，封汧国公，不久出为永平军节度使，又兼任汴宋节度使，加封同平章事、检校左仆射。建中四年(783)，李勉被李希烈击败，丢失汴州，以司徒平章事之职召回朝中，后以太子太师罢相。贞元四年(788)，李勉病逝，终年72岁。册赠太傅，赐谥贞简。

初获者，即本质存焉。遂于列肆，索金镕泻，与块形相等。既成，始秤其半，已及三百斤矣。询其负担人力，乃二农夫以竹舁至县境。计其金大数，非二人以竹担可举。明其即路之时，金已化为土矣。于是邑宰清雪，李公叹服。海西太和中会。稽山阴县起仓，凿得两大船，船中有钱，皆轮文[1]。时日向暮，凿者驰以告官。官夜遣防守甚严。至明旦，失钱所在，惟有船存。视其状，悉有钱处。《异苑》

河南济渎祠，相传神通人假贷。祠有二大池，凡欲假金者，祷于神，以珓决之。神许，则以契券投池中，良久，有银浮出，如其数贷者持去。贸易利市加倍，如期具子本祭谢而投之，银没而原券浮，如人间式亦有中保。若神不许，则投券复浮。牛马百物，皆可假借。投之复出，故不死也。常有不能偿者，以盒子盛其儿投之。俄顷，盒浮，儿活于中。盖神鉴其诚悯而弛其偿也。见祝允明《语怪》[2]。

《都公谭纂》[3]云：乃伏机耳。洪武间，山西张姓者曾假其制为之，以为客玩，是亦巧术者作以显神，传流至今耳。又四川黄陵庙，有一琴如朽木，传为鲁班所造，人以一指抉之，取能自行。或云，此即运瓶之术。盖道流假此以神施舍耳。二事理或然也。

神龙中，襄阳将铸佛像。有一老姥至贫，营求助施不得。姥有一钱则为女时母所赐也。宝之六十余年。及铸像时，姥持所有，因发重愿，投之炉中。及破炉出像，姥所施钱，着佛胸臆，因磨错去之。一夕，钱

① 圆形花纹。

② 祝允明（1460—1526），明文学家、书法家，字希哲，号枝山，长洲（今江苏苏州）人。弘治五年（1492）举人。曾任广东兴宁知县、应天府通判。与唐寅、文征明、徐祯卿并称“吴中四才子”。著作有《怀星堂集》等。祝允明写了三部半虚构作品杂集：《猥谈》《志怪录》和《语怪》，他在这三部书中记录了许多神秘而荒诞不经的奇闻轶事。

③《都公谭纂》分上下两卷，都穆著，是明代笔记小说。都穆（1458—1525），明代大臣、金石学家、藏书家。字玄敬，一作元敬，郡人称南濠先生。弘治十二年第进士，授工部主事，官至礼部郎中。主要著作为《金薤琳琅录》《南濠诗话》。

又如故，僧徒惊异。钱至今存焉[①]。《纪闻》

近世有一人旅行商乡之郊。初与一人同行数日，忽谓人曰：我鬼也。为家中明器叛逆，日夜战斗。欲假一言以定祸乱，于君亦有益。会日晚，至一大坟。鬼指坟言是已冢。君于冢前大呼，有敕斩金银部落，如是毕矣。言讫入冢中，人便宣敕。须臾，闻斩决声。有顷，鬼从中出，手持金银人马数枚，头悉斩落。谓人曰：得此足一生用，以报恩耳。人至西京，为长安捉事人所告。县官云：此古器，当是破冢得之。人以实对。县白尹奏其事。发使开冢，得金银人马，斩头落者数百枚。《广异记》

长沙西南有金牛冈。汉武帝时有一田父，牵赤牛。告渔人曰：寄渡江。渔人云：船小，岂胜得牛。田父曰：但相容不重君船，于是人牛俱上。及半江，牛粪于船。田父曰：以此相赠。既渡，渔人怒其污船，以桡拨粪弃水欲尽。方觉是金，讶其神异，乃蹑之。见人牛入岭，随掘之莫能及也。《湘中记》

虞上魏全家在县北。忽有一人，着孝子服皂笠，手巾掩口来诣全家。语曰：君有钱一千万，铜器亦如之。钱在大柳树下，取之当得于君家大不吉。仆寻为君取此，便去自尔三十年，遂不来。全家亦不取钱。《搜神后》记：贞观中，岑文本[②]下朝，于山亭避暑。忽有扣山亭院门者，云上清童子元宝参奉，自言：仆自汉朝而果成。本生于吴，已得不凝滞之道，遂为吴迁进见汉帝。帝有事拥遏，教化不得者，无不相问。仆常与方员行下，皆得通畅，由是累世相眷。王莽乱，遂出外方，所至皆沐人怜重。自汉成帝时，遂厌人间，尸解去，或秦或楚，不常厥居。闻公好道，故相谒耳。文本诘以汉魏齐梁问事，了了如睹。因言史传间屈者虚者亦甚多。文本曰：吾子冠帔何异：曰：道在于方员之中，仆外服员而心方正，相时之仪也。又问曰：衣服皆轻细，何土所出？曰：

① 《纪闻》原文还有这样一句评论："乃知至诚发心，必有诚应。姥心至诚，故诸佛感之。今后人生希有此事也。"

② 岑文本（595—645），字景仁。唐初贞观朝的宰相之一，也是隋唐时代重要的文学家。

此上清五铢服。又问曰：比闻六铢者天人衣[1]，何五铢之异？对曰：尤细者，则五铢也。谈论不觉日晚，乃别去，出门而忽不见。文本知是异人，每下朝，即令伺之。到则话论移时。后潜睭于院墙下，瞥然卯没。乃命工力掘之三尺，至一古墓。墓无余物，惟古钱一枚。方悟上清童子是青铜名，元宝，钱之文也。外员心方，钱之状也。青衣，铜衣也。五铢服，亦钱之文也。汉时生于吴，是汉朝铸五铢钱于吴王也。文本钱帛日盛，至中书令十年。忽失古钱所在，文本遂毙。《博异记》

史称文本雅性节俭，不治生产。自云汉南一布衣，以文墨位宰相。俸已为过，况殖产业。其言知足，近道似无钱癖。此云钱帛日盛，岂上清童子故，败所守乎？

程迥者，伊川之裔。绍兴八年，居临安之前洋街，门临通衢，垂帘闭户。一日，有物如燕飞入，倚堂壁。家人视之，乃一美妇。长可五六寸，容服严[2]丽，见人殊不惊畏，小声历历可办。自言玉真娘子，偶至此，亦非祸君。君能奉我，当有利喜。迥家乃就壁为小龛居之。晨夕焚香供养，颇言休咎事，皆验。好事者求观，必输百钱，方启龛。至是络绎，家遂小康。期年飞去，不知所在。《西湖志》

桐卢有徐君庙，吴时所立。左右有为劫盗、非法者，便如拘缚，终见讨执。东阳长山县吏李瑫，义熙中遭事在郡。妇出料理，过庙乞恩，拨银钗为愿。未至当阳，有白鱼跳落妇前，剖腹，得所愿钗，夫事寻散。《异苑》[3]

晋元兴中，东阳太守朱牙之。忽有老公从妾董床下出，着黄裳衿帽。所出之坎，甚滑泽有泉。遂与董交好，若有吉凶，逐以告。牙之儿疾疟，公曰：此应得虎卵服之。持戟向山，果得虎阴，尚余暖气。使儿炙噉，疟即断绝。公常使董梳头，发如野猪毛。牙之后诣祭酒上章，于

① 六铢衣：指天人衣。铢。古代的重量单位，一两的二十四分之一。六铢衣：衣服的重量只有四分之一两，甚言其衣之轻。佛经说，诸天人衣，重自数铢至半铢不等。

② 严：妍。

③《异苑》，志怪小说集。南朝宋刘敬叔撰。

是绝迹。乃作沸汤，试浇此坎，掘得大蚁数斛。不日村人捉大刀野行，逢一丈夫，操黄金一饼，求易其刀。及授刀，奄失人所在。重察向金，乃是牛粪。计此乃牙之家鬼。《异苑》

晋隆安中颜从尝起新屋。夜梦人语云：君何坏吾冢？明日床前亟掘之，遂见一棺从。便为设祭云：今当移好处，别作小冢。明朝一人诣门求通，姓朱名护。乃言：我居四十年。昨蒙厚贶，相感何如？今是吉日，便可出棺矣。仆巾箱中有金镜，愿以相助。遂于棺头巾箱中取金镜三枚赠从。忽然不见。《异苑》

海陵如皋县东城村边海岸崩坏，见一古墓，有方头漆棺。以朱题上云：七百年堕水。元嘉二十载三月坠于悬巘，和盖从潮漂沈，辄沂流还依本处。村人朱护等异而启之。见一老姥，年可七十许。一如生人钗髻衣服，粲然若新，送葬器物悉存。护乃赍酒脯施柩侧。尔夜梦见姥。云：向获名贶，感至无已。但我墙屋毁坏，形骸飘露。今以值一千乞为治护也。置钱便去，明觉果得。即用改殓，移于高阜。《异苑》

正德丁卯岁八月，华容人严东乡居，与其季父永润夜坐月明中。俄见一童子，如携铁索声而入。东以为牧儿，问之，忽不见。东疑不祥，急就寝，待旦归。是夜，摇动不得睡，数跌榻下。东愈惶惑，昧爽即归。出门行数步至刈稻场上。马却不进。再策之，则马蹄跑地。其童子勒视之，马跑处见铜钱，如泉涌出。方密令人掘得二筐，众来竞取。润少子叙遂伤一足。东云：掘时锄每及，钱辄涌起，莫知其故。窖内有镜一，金簪一，簪为其仆获之，镜破于锄[①]。

南林祖茔，宋高祖宣羲之墓。初营地时，高祖将凿池引水至墓西南。夜梦一妇人请曰：妾墓在正南。所开池处，君戒役夫勿伤吾墓，当有厚报。次日，果于其地得金数块，遂用以营寺。至今墓尚存。《括

① 该内容参见：王同轨．耳谈类增[M]．吕友仁，孙顺霖，校点．郑州：中州古籍出版社，1994。该故事原标题为《铜钱如泉涌》。此段前还有："《醉语》曰：古人谓钱曰泉货。盖取其流行之意。今俗呼痰亦曰涎。谓周流于身，壅滞则生疾病。故钱欲其用于世，积多鲜不害者。石崇、元载，其大也。"

异志》

华亭县北七十里有淀湖，山上有三姑庙。每岁湖中群蛟竞斗，水为沸腾，独不入庙中，神极灵异。寺僧藉以给斋粥。向有渔舟舣湖口，忽见一妇人附舟。云：欲到淀山寺。及抵岸，直入寺。去舟中只遗一屣。渔人执屣往索渡钱，寺僧甚讶之。曰：此必三姑显灵也。因相随至殿中。果见左足无屣，坐旁百钱在焉。《括异志》

宋至道二年，桂阳镕银，自成山岳。先师云是为倴金。

光献后在母家时，与群女共为捻钱之戏[1]。后一钱独旋转盘中，凡三日方止。

资州赵媪业乳医。夜闻扣门，方出应，为人负去。行如风，至石崖下语赵曰：尔无畏。吾虎也。吾妻方产，能全吾妻，当谢尔黄金。入穴见牝虎坐蓐。赵为收得虎子，即负赵归。明夜，闻人呼曰：谢救妻子。五里外虎杀一僧，衣下黄金，汝取之。平旦如言往，果得金。《虎苑》[2]

罗浮先生轩辕集，初辞上归山，自长安至江陵。于一布囊中探金钱，以施贫者，约数十万。中使从之，莫知其由。既至中路，忽亡所在。使臣惶恐。后数日，南海奏先生归罗浮矣。先生又能以桐竹叶满手挼之，悉成钱。《杜阳编》[3]

鄂州黄鹤楼下有石，光澈，名曰石照。其右巨石，世传以为仙人洞也。一守关老卒，每晨光即拜洞下。一夕，月如昼，见三道士自洞中出，吟啸久之，将复入洞，卒即从之，道士曰：汝何人耶？卒具言其所以，且乞富贵。道士曰：此洞间石，速抱一块去。卒持而出，石合，无从而入。明日，视石，黄金也。凿而货之，衣食顿富，为队长所察，执之以为盗也。卒以实告官，就其家取石，至郡则金化矣，非金非玉，非石非铅，至今藏于军资库中。子瞻有诗记之。《闻见近录》

---

① 用手捻钱旋转的一种游戏。

②《杜阳编》，明王穉登著。全书取历代与虎有关的小故事，往往以虎为线索，表达人们对现实生活的观念及愿望。

③ 载《绀珠集》十三卷（文渊阁四库全书本）。

宋庆元三年，袁州锻铁人黄念四有女，年十六。入市买盐，逢一道人乞钱。女解衣带上两钱与之。夜梦此道人来谢，与药一丸。云：令汝化为男子。女服之，觉小腹痛甚。未久，遂具男子形体。《夷坚志》

豫章逆旅梅氏，颇济惠行旅。有一道士曰陈师，往来其家。梅厚待之。一日陈言设斋，借梅新甆盌二十事，并邀梅往。云：可天宝洞前相访，明往造之延食。一蒸婴儿，又进一蒸夫子。梅皆惧而不食，道士自啖之。叹曰：此千岁人参枸杞也。公分不得仙耳。取昨盌还之，悉变为金盌。道士遂不复见。《稽神缘》淮南万毕术云：青蚨还钱[①]。高诱注云：以母血涂八十一钱，子血涂八十一钱。置母用子，置子甲母，皆自还，故人谓钱为青蚨也。《搜神记》云：南方有虫形似蝉，而大名曰青凫。《异物志》云：得其子以归母，飞就子杀以塗钱，钱用去則自還。据诸说，则今人畜青蚨数十，可立致钱数亿万，用之不竭。又商贾得钱各甲血涂之钱，安得复飞？青蚨虽欲左右袒不可得，共的，势必两穷无疑也。当知蚨有牝牡，此为牡。故从夫犹鲎鱼得雌，则雄随至相思。乌鼠一放，一一必还，来俗恐钱散，不再聚，取循环孳生之义。故子母借名，非实有是事也。果有之，则亦妖物矣。

新罗国有第一贵族金哥，其远祖名旁㐌（音移）。有弟一人，甚有家财。旁㐌因分居乞衣食。国人有与其隙地一亩，乃求蚕谷种于弟，弟蒸而与之。旁㐌不知也。至蚕时，止一生焉。日长数寸，至熟时，遂长数尺。旁㐌怒杀其蚕。经日四方百里内，蚕悉飞集其家。国人谓之巨蚕，意其蚕之王也。四邻共缫之，不供谷，惟一茎植焉。其穗长尺余。旁㐌常守之，忽为鸟所折衔去。旁㐌逐之上山五六里，鸟入一石隙，日没径黑，旁㐌因止石侧。至夜半月明。见群儿赤衣共戏。一儿

① 青蚨：古代传说中的昆虫名，也叫鱼伯。晋朝干宝撰《搜神记》卷十三中记载："（南方有虫，）名'青蚨'。形似蝉而稍大，味辛美，可食。生子必依草叶，大如蚕子，取其子，母即飞来，不以远近，虽潜取其子，母必知处。以母血涂钱八十一文，以子血涂钱八十一文。每市物。或先用母钱，或先用子钱，皆复飞归。轮转无已。故淮南子术以之还钱，躬曰'青蚨'。"这种赋予"钱"以生命，赋予"钱"以灵性的想像，体现出世俗人群对于财富的崇拜和迷恋。

曰：汝要何物？一曰：要酒。小儿出一金椎子击石，酒及罇悉具。一曰：要食。又击之，饼饵羹炙罗于石上。良久，饮食而去。以金锥插于石罅旁，㐌入喜取锥而还，所欲随击而办，因是富侔。国主常以珠玑赡其弟，弟云：我或如兄得金锥也。旁㐌知其愚不可谕，乃如其言。弟蚕之，只得一生如常[①]。复求谷，种之一茎植焉。将熟，亦为鸟所衔。其弟大悦，随之入山。至鸟入处，遇群鬼。怒曰：是窃余锥者，乃执之。谓曰：尔欲为我筑墙三版乎？欲鼻长一丈乎？其弟请筑，三日饥困，不成，求哀于鬼。鬼乃拔其鼻，鼻如象而归[②]。国人怪而聚观之，惭恚而卒。其后子孙戏锥求狼粪，雷震失锥。《酉阳杂俎》

---

① 原文应为"弟蚕之，止得一吞如常蚕"。

② 这是在杭嘉湖蚕乡流传的描述养蚕生产过程中人际关系的故事。这是个复合型故事。原文至此未完，后面又讲了一大段，述旁㐌种谷，亦只生一棵谷穗，被鸟衔去。旁㐌追赶，巧遇精怪，得到一件宝物，遂大富。其弟获悉，甚羡慕，亦学样种谷，却遇到精怪作弄，鼻子被拉长，回来后惭恚而死。参见：顾希佳．中国古代民间故事类型[M]．杭州：浙江大学出版社，2014：288.

定命第八

莫致而致

汉时，翁仲孺家贫，力作居渭川。一旦天雨金十斛于其家。于是与王侯争富。今秦中有雨金翁，世世富。《神异经》

魏郡庞俭因乱失父。时俭三岁，母襁抱转客庐中。一日凿井，得钱千余万，遂至巨富，多置奴婢，堂上宴客作乐。有老苍头在龟下窃言曰：堂上母，我妇也。婢以告母，母问其故。对曰：我妇姓艾，字阿宏。足下有黑子，腋下有瘜[①]（寄肉也）。母曰：我翁也。因抱头而泣，复为夫妇。时人谣曰：卢里庞公凿井得铜，买奴得翁。《风俗通》

后汉中兴。初有应妪者生四子。而寡妪见神光照社，以问卜者。曰：此天符也。子孙其兴乎。乃于光处探得黄金。自是诸子宦学有名至玚[②]，七世通显。《孝子传》

晋孝武永和九年，阳谷民得金胜一枚，长五寸，状如织丝，家遂大富。【按】金胜仁宝也。不斫日成，光若明月。《玉海》

云安龚播贩蔬果自业，结庐江边。一夕风雨晦冥，见江南有炬火，呼渡船济急。播独棹而往，至则执炬者仆地，视之金人也，长四尺余。播即载归。经营贩鬻，不十余年，遂为三蜀大贾。《河东记》

江南陈濬尚书言，其叔父某昔在乡里，好为诗。里人谓之陈舍人，

① 即瘜。

② 古代祭祀用的一种圭。也叫玚圭。

比乐天也。性疎简，喜客。尝有两道士一黄衣一白衣，诣陈求宿，舍之厅事。夜闻二客床坏有声，若无人者。秉烛视之，其一亡去，其一白衣卧壁下，乃银人也。《稽神录》

农杨子阳闻土中有声，掘得玉㹠，长可尺许，屋栋间乃自漏秫米[①]。如此三年，昼夜不息。米坠既止，忽有一青蛇，长数尺，住在梁上。每落粪辄成碎银子。阳闻银米，遂为富儿。锻银作器，货卖倍售，余家市者，随以破灭。《异苑》

柳积，字德封。勤苦为学，夜燃木叶以代灯，中夕，闻窗外有呼者，积出见之。有五六人，各负一囊，倾于屋下，如榆荚[②]。语曰：与君为书粮，勿忧业不成。明旦视之，皆汉古钱，计得百二十千，乃终其业。宋明帝时，官至太子舍人[③]。《独异志》

元和初，洛阳村民王清佣力得钱五镮[④]。因买田畔一枯栗树，将为薪以求利。经宿为邻人盗斫。创及腹，有黑蛇举首如臂，语人曰：我王清本也，汝勿斫其人。惊惧失斤而走。及明，王清率子孙薪之，复掘其根，根下得大瓮二，散钱实之。清因是获利，十余年而巨富。遂甃钱成龙形，号王清本。《酉阳杂俎》

饶州有钱仓石，石形如仓囷。昔渔人夜宿石上。忽见石开，窥其中有钱，取之盈艇，因名钱仓。《鄱阳记》

---

① 本品为禾植物粟(一说为谷)的干燥种子。在我国北方俗称高粱米。

② 榆树的果实。初春时先于叶而生，联缀成串，形似铜钱，俗呼榆钱。《太平御览》卷956引汉崔寔《四民月令》："二月榆荚成者，收乾以为酱。"北周庾信《燕歌行》："桃花颜色好如马，榆筴新开巧似钱。"唐李商隐《一片》诗："榆筴散来星斗转，桂花寻去月轮移。"清陈维崧《定风波·赠牧仲歌儿阿陆》词："蝴蝶成团榆荚飞，轻狂恰称五铢衣。"鲁迅《集外集拾遗补编·辛亥游录》："水滨有小蟹，大如榆荚。"

③ 秦朝始置。汉有此官，秩二百石，选良家子孙任职，轮番宿卫，似郎中。无员额，轮流宿卫，如三署郎中。西汉隶太子太傅、少傅，东汉隶太子少傅。太子阙位则隶少府。三国沿置，魏七品。晋有十六人，七品，职务似散骑、中书等侍郎，掌文章书记，初隶太子太傅、少傅，后隶太子詹事。

④ 多用作币量词。"终岁不偿一镮"(宋周密《武林旧事》)。镮凿，魏晋东北朝时期的一种小铜钱。

李杲，字明之。其祖贫，晴夜生读书。有一女子从室西地中出，与杲祖坐谈甚美，少顷渐以身亲杲祖，杲祖屹然不动。将告去，杲祖问曰：汝是何神何鬼耶？女子取笔书几上曰：许身丑比双南，遂复入地中。已而阅子美诗，始悟其为金也。掘之得金一笥[①]，笥上压一石，石面刻云金一笥。李氏孙以医名后世，后杲从张元素学医术，尽得其业，号东垣先生。嘉道燕语：余杭人沈纵家素贫，与父同入山，得一玉豚，从此所向如意，田桑并收家，遂大富。《幽明录》

张太者少破产行丐，遇父之故人王四老，与之十金。曰：以是贸易，毋妄费。费则贫，在膏肓矣。太感泣，用以贸米，数月至二倍。翁知其励行命，偕族子持千金贩木荆南。一夕散步月下，见一缸自远浮至，其行如飞，中若有物，以手揽之。力不胜，各得脱瓦三寸而去，漫置于橐。行至山东，假宿田舍。是夕月明，二子行庭际，见檐下一缸，新缺二处。潜以所得合之无隙，乃大惊诧。主人翁闻其言，出呼曰：子非京师张太乎？太益骇疑问，不肯言，遽具壶觞延二子，尽醉。质明[②]，二子求去，翁留愈坚。午晏次因屏人语曰：老夫赖天锡，于此月中掘得白物一缸，即昨夕所见者。中一牌刻云银五百两。归北京张太敬专人相觅，不谓见君于此，遂举一囊还之。如元额翁复出，五十金为赠，太不肯受。翁乃与媪造饼五十枚，枚置一金，赠别而去。二子行二十里，渴甚。见一女子持浆饷田，停辔乞之。妇无难色，太感其意，以五十饼酬之。妇喜先与所抱儿一枚，余携诣田所示夫。夫曰：顷若翁六十坐贫，无物为寿，今得此饼，并二鸡馈之。目乞五金以苏困，妇如言造父家，即掘银翁也。女出鸡饼陈于堂，翁愕然问所自来。女曰：路人所遗，且白婿言乞贷。翁笑曰：人与汝五十金，不受顾求假乃公耶。女不谕，翁

① 本义是一种盛饭食或衣物的竹器形声。字从竹，从司，司亦声。“司”意为“专职”“专事”。“竹”与“司”联合起来表示”有专门用途的竹制容器”。本义：专用类竹制容器。引申义为专门盛装饭食的竹容器。竹容器可以分为通用和专用两大类别。例如“筐”就是通用性较强的竹容器。

② 质明：天刚亮的时候。

曰:饼中银,吾以还戚友者,乞浆人是也。女愕然,取儿手中饼擘之,空如也。翁媪益骇,问之子妇。云:昨仓卒中失银凰刺皿,得之酒瓮下,恐大家嗔,故不敢白翁。乃叹曰:彼不受而吾强赠,此徒受而仍以见归,物有定数如此。因助女十金,而遣之。

姑苏南三以捕鱼为业。夜起,见一大缸浮湖而来,有火光,渐近舟,以手挽之。缸裂去,仅得一片,因置舟中。捕鱼卖于某宅,见庭下有裂缸,心讶之。旋持所得片合之,即此缸裂者也,因大惊叹。具家,遂问曰:汝是南三否?曰:然。因出银三大饼与之,上有南三字,重数百金。盖其家自园中掘出,银各有记券也。两家皆成巨富,至今号其人为缸片南三[①]。此与张太事类[②],岂一事而异纪耶?抑世间异事,倘有相类者耶?

云南大理府城南蒙氏有女,欲为择配。女曰:父王择配非天婚也。我欲倒坐牛背,任牛所之。不问贫富贵贱,牛入之家,即嫁之。王从其请。至一委巷,牛侧其角而入,见一樵者。女曰:此吾婿也。王闻之大怒,蒙女弗通。一日,婿问:首饰[③]何物?曰:金也。婿曰:吾樵处甚多此物。顷之载归,皆金砖也。王尝使人难之,曰:汝能作金桥银路,吾当来访。果作以迎王,王叹曰:信天婚也。后名其地曰犤角庄。《广舆记》

洪武乙卯,南畿御库钱忽飞出,侧立于民间屋瓦上。家家各以竹篾穿其孔,或得一二十文。又一日,广积库银每锭数百觔重,亦穿库屋飞出,莫知所在久之。有书生夜行,见田中光起,异之。就其地标记而去,明早寻标掘土尺余,见白金一锭,大不能举。归约十八人并力举之,上有广积字,众分不得。以闻于官,官以闻上。上曰:此银已失三

---

① 原文为"缺片南家"。参见:王同轨.耳谈类增[M].吕友仁,孙顺霖,校点.郑州:中州古籍出版社,1994:88.

② 张太的故事,载:陈华昌,黄道京.中国古代禁毁小说文库.艳异编[M].西安:太白文艺出版社,2000:874-875.

③ 饰:古同"饰"。

块，此块天赐儒生者也。即命赐之，其同掘者命给佣雇钱而已。

王荫伯教谕铜陵时，有王姓民先富后贫，遗空仓数十间。一夕，闻风雨声，晨起视之，则仓皆谷实之矣，而谷每粒有二微翼，如糠粃然。诸廷佩云：在山东，日薄暮，空中轰然有声，众曰钱飞矣。明日询之，城隍庙后某家得数万钱。始信蝴蝶满苑树，非虚诞也。

太守不致富

刘伯龙少家贫。及长，历位尚书左丞、少府、武陵太守，而贫益甚。一日，在家慨然，召左右商十一之方[①]。忽见一鬼在傍抚掌大笑。伯龙乃叹曰：贫固有命耶！乃复为鬼所笑也。遂止。《南史》

宰相不致富

唐宰相卢怀慎[②]清俭，不营产业，虽隆贵得禄，赐散于故人亲戚辄尽。妻子犹饥寒也。既属疾，宋璟等候之，见敝箦单席，门不施箔，引席自障。日晏设食，蒸豆两器，酒数杯而已。及治丧，家无留储。老苍头请自鬻以举丧。明年，帝校猎鄠、杜间，望见怀慎宅，环堵卑陋[③]，若有行营者。驰使问焉，报曰：怀慎大祥也[④]。帝泫然[⑤]为罢猎，赐缣帛。

① 十一是十分之一的字解，古代用于指税率，比如十一而税。后来又渐渐泛指做活计的利率，比如宋代姜夔的《永遇乐·次韵辛克清先生》中说："不学杨郎，南山种豆，十一征微利。"延伸开来后泛指经商获利。

② 卢怀慎（？—716），滑州灵昌（今河南滑县）人，唐朝宰相。卢怀慎出身于范阳卢氏北祖第三房，进士及第，历任监察御史、吏部员外郎、侍御史、右御史台中丞、兵部侍郎、黄门侍郎，封渔阳县伯。他虽居高位，但为官清廉。唐玄宗继位后，任命卢怀慎为宰相，初授同中书门下三品，后升黄门监（即侍中），并兼任吏部尚书。他自认才能不如姚崇，遇事推让，被讥为"伴食宰相"。开元四年（716），卢怀慎病逝，追赠荆州大都督，谥号文成。

③ 低矮简陋。

④ 此处转述或有误。《新唐书》中原文为"还白怀慎大祥"。意为打探后告之卢怀慎家的详细情况。

⑤ 流泪貌。亦指流泪。眼泪下滴的样子。

过其墓碑表，未能立，停跸流涕，令苏颋为文，帝自书之。先是，怀慎卒夫人崔氏止其儿女哭号曰：公命未尽我得知之。或问故，曰：公与张说同时为相，说纳货山积而存公，毫赂不留而亡，冥报岂虚也耶？及宵，分公果苏左右，以夫人之言启陈公曰：理固不同，冥司有三十炉。日夕为说鼓铸，横财我无一焉，乌可并哉？言讫，复绝吁是固命矣！然张说二子竟不令终，而卢公名德载世。子奕至中丞死节赠贞烈。子奂为陕州刺史，清廉有声。帝亲题赞听事褒之[①]。奕子杞为宰相使，稍求世德庆，犹未艾也，岂非积厚者宏施欤？恨祖父廉苦，清福为杞一人用尽耳？又李峤龟息[②]，袁天罡谓其贵寿而不富，尚方赐寝帷御之，则终夕不寐。娄师德性自不贪，使其取钱，必败张景藏。谓冯元常于相法取钱愈多，则官愈进。此与卢张事同贫富，信有定命欤。

名卿不能富人

范文正[③]守饶。有书生上谒，自言平生未尝饱天下寒饿，无如某者。时盛称欧阳率更字，荐福寺碑墨本，直千钱文，正欲打千本，使售于京师。纸墨已具，一夕雷击碎其碑。时人语曰：有客打碑来荐福，无人骑鹤上扬州[④]。

天子不能富人

邓通得幸于文帝，赏赐巨万。有相通者曰：富贫饿死。帝曰：能富通者我也。何谓贫乎？于是赐通严蜀道铜山，得自铸钱。邓氏钱布天

---

① 题赞内容："志城之重，分陕之友，亦既利物，内存匪躬，斯为国宝，不坠家风。"（《新唐书·卢怀慎传》）

② 龟息功是武当道家修炼内功的一种功法，又名"玄武定""龟息真定功"。龟息功是以模仿龟的呼吸方法来修炼内气以达到延年益寿的目的，因为龟呼吸细长、纳气久闭，所以龟能长寿。据传，龟息功由潜心、潜息、真定、出定四部分组成。

③ 即范仲淹。

④ 应为苏轼所作之诗。

下。及帝卒，景帝之世，通免家居。人告通私出徼外铸钱，下吏尽没入之。通竟不得名一钱，寄死人家。《汉书》

唐王无导[①]好博戏，喜鹰鹞[②]。文皇微时，与无导蒱戏争彩，有李阳之憾焉。帝登极，导藏匿不出。帝令给使将一鹞子于市卖之，索钱一十千。导不之知也，酬钱十八贯。给使以闻，帝曰：必王无导也。遂召至，惶惧请罪。帝笑而赏之，令于春明门待诸州，庸车三日，并与之[③]。导坐三日，属灞桥破，惟得麻三车。《朝野佥载》[④]

天子不能赐人

宋故事。宰相薨驾，幸浇奠，褰帷[⑤]视尸，则所陈尚方金器，尽赐其家，不举帷则收去。元丰间，宰相吴充薨于私第，上幸焉。夫人李氏徒跣下堂叩头曰：吴充贫，二子官六品，乞依两制例持丧，仍支俸。诏许之。然仓卒白事，不及褰帷。驾兴，诸司敛器皿而出，计其所直，与二子特支俸颇相当，因谓官物[⑥]不可妄得如此。

天子误多赐人

李虚已父寅以廉吏闻，虚已喜为诗。曾致尧谓其诗虽工，惜音韵犹

---

① 导同“碍”。

② 指猎鹰。宋陆游《老学庵笔记》卷二：“平居惟好猎，常自饲犬。有妾焦氏者，为之饲鹰鹞。寝食之外，但治猎事。”

③凡是这三日内到达的庸车全归你所有。庸车是各地输送代替役的绢麻的车。武德七年，李渊在颁布新朝律令时，在正役上继承了隋代不役输庸的规定：“凡丁，岁役二旬。若不役，则收其佣(庸)，每日(折绢)尺。”

④ 此故事意在说明，即便天子关照，无富贵之命之人，也无法享受。《朝野佥载》中还有几句，更能说明此意：“帝知其命薄，更不复赏。频请五品，帝日：非不与卿，憎卿不胜也。固请，乃许之。其夜遂卒。”

⑤ 撩起帷幔。后引早中为官吏体察民情。

⑥ 原文为“官物有定分，不可妄得如此”。见《萍洲可谈》。

哑。后得沈休文论诗谓，前有浮声，则后须切响，逐精于格律。太宗赏其诗，常赐以钱。翌日，语宰相曰：虚已诗思可嘉，予钱五十缗矣。宰相对：所予乃五十万。帝知其悮，自是诏群臣以章献者，皆由中书门下阅上之。论者谓：虚已父子笃行家贫，虽人主一时之悮，殆天赐也。

天帝不能富人

周犨家贫，夫妇夜田。天帝见而矜之。问司命曰：此可富乎？司命曰：命当贫。有张车子财可假之，乃与之期。曰：车子生，急还之，田者稍富。及期，夫妇辇其贿以逃路。逢夫妻寄车下宿夜，生子，问名于夫。夫曰：生车间，名车子也。自是犨复贫困。张衡《思玄赋》云：或辇贿而违车兮，孕行产而为对[①]。用此事也。《神鬼志》

仙妻不能富夫

汉黄门郎程伟好黄白。【按】枕中鸿宝。作金不成，妻方氏因弃炉中水银，出药少许，投之即成。伟大惊曰：道在汝处而不早告我，何也？妻曰：得之，须繇命。伟乃日夜说诱之，卖田宅，以供衣食甘美。其心以为得法，则田宅不必患也。如此俗肠，奈何得仙终。不肯告伟，乃与其侣谋欲杖迫之。妻已先知，曰：传道必当得人，如其人，虽道路相遇，当传之。如其非人，虽寸断而支解终不传也。遂佯狂裸而走，以泥自涂，乃尸解去。观此案者谓：伟必不可传，非也。既有道心，又结仙眷，因缘备矣。妻且见奇以动之，而终不言亦不去，亦视伟心术行谊如何耳！乃知妻有道，而区区以衣食相饵。俗肠痴状，稍有识者鄙之，

① 或：有人，此指周犨。辇：人挽的小车。贿：财。对：匹，此指与周犨相应对的人。据《文选》旧注，周犨家甚贫，天帝怜之，司命之神遂以张车子的财物暂借给犨，并预先约好，某时张车子出生，应迅速归还他。其时将近，周犨夫妇忌怨司命还财之说，用辇（不用车，为避"车子"的谐音）装其财物外逃。遇一孕妇在大车下生子。问子之名，恰巧叫作车子。从此周犨逐渐贫困。参见：张在义，张玉春，韩格平．张衡诗文选译[M]．南京：凤凰出版社，2011：115.

况仙人乎！况为无赖劫胁乎？贪根难锄，俗肠不药。伟之愚，亦命定之矣。谓必不可传者，亦是也。

灵兽不能富人

阆州莫徭以樵采为事，常刈芦江边。有大象奄至，卷之上背，行入深泽中，有老象卧喘，声甚痛苦。徭下于地，老象举足，足有竹丁。徭晓其意，以腰绳括丁，出脓血五六升许。小象复卷青艾，欲令塞疮。徭摘艾熟挼以次塞之，尽艾方满久之。病象能起，东西行立，已而复卧。回顾小象，以鼻指山，呦呦有声。小象乃去。顷之得一大牙，象遂负人及牙送至本处。其牙酷大，载至洪州，有商胡求买，累加至四十万。寻有他胡见牙，色动，许酬百万，本胡交争，遂相殴击。白县白府，府诘其由。胡云牙中有二龙，相躩而立，可绝为简，本国重此者以为货，当值数十万万。洪州乃以牙及牙主二胡并进于朝。天后命剖牙，果得龙简[①]。谓莫徭曰：汝貌贫贱，不可多受钱物，赐刺阆州，每年给五十千，贱[②]而复取，以尽其身。《广异记》

神龟不能富人

开光中，东京士人以迁历不给，困而无获，徘徊扬州同亭。有谢二者，矜其失意，恒欲恤之。谓士人曰：无尔悲为？若欲北归，当有三百千相奉。及别，以书付之，曰：我宅在魏王地东，至池，叩大柳树，家人若出，宜付其书，便取钱也。士人如言，径叩大树久之。小婢出问，故云谢二令送书。忽见朱门白壁，婢往，却出引见老姥。谓士人曰：儿子劳君送书，令付钱三百千，令不违其意。及人出，已见三百千在岸，悉

① 投龙简是道教中的一种典仪。龙王有海龙王、湖龙王、洞龙王、塘龙王等。龙简是指人间帝王写给水府龙王的信简，主要内容是求龙王保佑国泰民。参见：胡月耕.天目聊斋[M].北京：中国文联出版社，2013：254.

② 原文为“尽”。

是官家排斗钱[1]，而色小坏。士人疑骇，不知钱何处来，用恐有碍，因以告官，具言始末。士人腐甚，宜其招祸，此亦命耳。河南尹奏其事，皆云魏王池中有一龟窟，恐是耳。有敕使击射之，昆仑[2]数十人悉持刀往，沈入其窟，得龟大小数十头。末一龟大如连床，官皆杀之，获钱帛千计。后五年，士人选得江南一尉。之任，至杨州市店前，忽见谢二，怒曰：于君不薄，何乃相负？至斯老母家人，皆遭非命，君之故也，言讫辞去。士人大惧。十余日乃发舟，行百余里遇风，一家尽没。《广异记》

药金不能富人

并州张永德，五代为潞帅。淳化二年，改并州。初寓睢阳，有书生邻居卧病，永德疗之，疾愈。生一日就永德求汞五两，即置鼎中，煮之成金。一日告适淮，永德送之，因求药法。生曰：君当大贵，吾不惜此，虑损君福耳。及后，永德为将屯下蔡。淮民中有一僧，睥睨永德。召之，乃睢阳生也。复求前术，僧曰：始语君贵，今不谬矣。富贵安用此为。《宋史》

苏子瞻从事扶风时，尝至一寺，有老僧，两目有光。谓之曰：吾有炼金之术[3]，当传之子。子瞻曰：吾不好此，虽得之，将不能为也。僧曰：此方知而不为，正当传耳。是时，陈希亮守扶风，尝于此僧求方而不与。子瞻曰：陈卿求而不与何也？僧曰：畏其得方，不能不为耳。贫道常以方救人，轻有为即死者，有漕丧者，有失官者，故不轻传。公慎勿以授人，如陈卿者也。后偶与陈希亮谈及，陈固求方，子瞻授之。悔曰：某不惜方，惜负此僧。未几，陈以赃败，子瞻疑以方故，深自悔恨。后谪黄州。陈子慥在黄，子瞻问其父用此法否？慥曰：吾父失官至洛阳，无以买宅，遂大作此。未旬日而病，十指皆落。又踰年而卒。子瞻

① 唐朝武周时期流通于民间的私铸钱之一种。钱轻而薄，质地粗劣。

② 应为昆仑奴。昆仑就是指现如今中印半岛南部以及南洋一些岛屿，唐宋时期，这里很多人都沦为奴隶，人们习惯上便称这一地区的奴隶为昆仑奴。

③ 原文有“以硃砂化黄金”。

始信老僧之言为不诬也。郎仁宝曰：余甥孙沈某，其弟煅银以给食，不数年，置有室庐妻奴。又数年，罗绮银器毕具，往来有显者。人言得烧金术，假煅工以遮人耳目耳。无何兄弟继死，家随以废。其父携一书告余曰：吾儿得此足衣食，今献之于翁，少丐钱谷可乎？余因益信张永德、陈希亮之事矣。晏子有言，不义之富，祸之媒也。使永德得方，未必不没官。而东坡遭谤遭谪，岌岌穷途而病死者，岂亦尝试为此耶？《七修类稿》

父财子不得用

诸阳伯曰：嘉兴有贾人积银数百两，贮以瓮。以金钗二股置其上，瘗地中，乃出贾于外。其子窥见而窃发之，视瓮中，惟清水一泓耳。探之无物，遂封盖如故。比父归，发瓮取金，覆其数不减，而次置倒乱。讶问其妻不知也。后其子稍自言其故，众皆骇叹。以父之财，子犹不得而有之，况可非分觊乎？①

兄财弟不得用

晋隆安二年，郡人朱明孝义立身，而家大富。与弟同居，弟妻欲弃兄异居。明知弟意，乃以金帛余谷尽给与弟，惟留空宅。忽一夕狂风骤雨，悉吹财物，还归明宅。弟与妻羞见乡里，自尽。明乃舍宅为寺，

① 此文出自明陈良漠《见闻纪训》有《瓮中金银》。此为“银变型”故事的一种，不妨称之为“藏银变水型”。说藏在地下的一瓮金银，当不该得到它的人去看时，只看见一瓮水；而当其真正主人去看时，它恢复为一瓮金银。明周元暐《泾林续记》云：“卢廷选商贩于川湖间，每有赢金即投之瓮，积久而盈，用金钗一对置其上，藏于密室土中。偶为少子窥见，俟父出，私发之，用手探银，则皆水也。遍瓮摸索，竟毫无有，遂复掩之。后父欲用银，启藏，金钗已失去，心窃生疑，而瓮满如故。发银至半，得一钗；至底，复得一钗，覆验银数亦无短少，第莫测两钗倒置之由。父后偶为诸子道其事，少子不觉色动。父疑有故，微叩之而坚不言。后为友人说，始传播云。”参见：顾希佳．中国古代民间故事长编·明代卷［M］．杭州：浙江大学出版社，2012：90.

号朱明寺。《吴地记》[1]

拾金皆神赐

福州王生者来临安河其兄，止宿六和塔下。早起，大雨如注，山水涌出，见空穴，中推出金牌六面，拾而怀之。窥见穴中堆积金钱无数，急以土石窒其穴口，志其。起奔告其兄，将往取之。日暮往访，竟无踪迹。仍宿塔下，夜梦金甲神入怒而呵之曰：荷君封我金穴，已捐金牌六面酬之矣。安得复生，觊觎其人，惊觉而去陶宗仪。《幽怪录》[2]

醴泉民逐白兔，失足隧道中。颇黯黑，有油缸十数，皆设关捩流注。最下一缸中碍油不下，火荧荧欲灭，民为通之。见白兔在傍，乃银铸者。上有刻字云：拨灯人，赐银兔一枚。回顾珠贝，烂然怀出[3]。辄路迷，舍之，乃复有门。及携兔出，隧门随闭。《续已编》

隆庆间，龙溪唐大会入海戮比目鱼。忽椎拨不起，潜探之，椎入棺中拨起，手探得银一锭。因以草塞其孔，归呼子往，不见棺矣。回视所得银，有文曰：修船工匠，银五十两。唐故家贫，今称万户矣。

裴谈为怀州刺史。有樵者入太行山，见山穴开有黄金焉，可数间屋。樵者喜入穴，取金得五锭，皆长尺余。因以石窒穴，且志之。又数日往，则迷其处。樵者颇谙山谷，即于洛城、怀州造开石物凿锤数车。州有崔司户，知而助之，往往[4]开，而谈妻有疾，请道家奏章请命。道士

---

①《吴地记》，早期著名地方志书，成于北魏郦道元《水经注》前。旧题唐陆广微撰。后因散佚，宋人又有补录，一卷。所记皆吴、长洲、嘉兴、昆山、常熟、华亭、海盐七县之事，其中以吴县、长洲县为丰。

②《幽怪录》，古代汉族传奇小说集。唐代牛僧孺作。原为十卷，或作十一卷，今存三十一篇。《幽怪录》所作多怪异之事，是较早的传奇小说专集。对后世影响较大。

③“回顾珠贝，烂然怀出”为略写，但与原意不符。此人因不满足于一枚银兔，而欲带走更多。原文为：“民视四周积金银珠贝，瑰丽万状，再拜请曰：小人贫，所赐不足以赡，愿更益之。于是恣意所取。”参见：顾希佳．中国古代民间故事长编·明代卷[M]．杭州：浙江大学出版社，2012：108．

④“往往”应为“将往”。

忽传天帝诏曰：帝诏裴谈，太行山天藏开。天有私藏，天亦爱钱矣，况人乎？思之，可一笑耳。比有樵夫见之，遗金五锭，命其闭塞，而愚人贪，得将加锤凿。若开不休，有祸无益。此州司户与之同心，汝急止之。妻疾自瘳，谈大异之。即召崔问故，果符所言。乃没其开石之具，妻寻有间[①]。

建安有村人，乘小舟往来建溪，采薪为业。山上忽有数钱流下，寻至山半，树下有大瓮，钱满其中，而瓮少欹[②]，故钱流出。于是推正以石掿之，取五百余钱归。率家人再往，将尽取之，而忘其所，徘徊数日，不忍去。夜梦神，曰：钱有主，不可取。向瓮欹，以五百雇汝正之耳。《稽神录》[③]

唐先天中，有田父牧牛嵩山，而失其牛，求之不得。忽见山穴开，钱盈其中。田父入穴，负十千而归。再往，迷失道。逢一人，谓曰：汝牛值几？何曰：十千。人曰：汝牛为山神所得，已偿汝价，何为复寻？言讫不见。田父悟，乃归。《王氏纪闻》

拾金有分数

莆田陈客卿居宅临流。其祖母林氏尝见钱流水面，方如席大者，十数引。手招得一串，入告家人。出即不见矣。

郎士英刘鸣远二人过铅干庙，就篱傍溺。见粗纸一团弃地上，郎戏

---

① 意为妻子不久后有了好转。有间：疾病稍稍减轻。

② 欹：歪和倾斜之意。"欹器"乃警示戒贪、戒满的劝诫之器。据《孔子家语》一书记载：孔子观于鲁桓公之庙，有欹器焉。夫子问于守庙者曰："此谓何器？"对曰："此盖为宥坐之器。"孔子曰："吾闻宥坐之器，虚则欹，中则正，满则覆，明君以为至诫，故常置之于坐侧。"顾谓弟子曰："试注水焉。"乃注之水，中则正，满则覆。

③ 该故事出于《稽神录》。但《稽神录》原文与此有差异。此处是：率家人再往，将尽取之，而忘其所，徘徊数日，不忍去。《稽神录》卷5：尽率其家人复往，将尽取。既至，得旧路，见大树而亡其瓮。村人徘徊数日，不能去。最后，还有"不可再得也"一句。参见：徐铉，郭象.历代笔记小说大观·稽神录睽车志[M].上海：上海古籍出版社，2012：58.不知李世熊此则故事引自何处，或许《稽神录》还有其他版本。

以溺余沥之。已乃坐于庙门。见一丐者，过亟以所拄杖戳所见纸处。郎问：戳何也？丐者曰：有小蛇蟠此耳。郎心疑之。又少顷，见一少年骑马过，辄勒马下，俯地若有所拾，置袖中。郎趋问之曰：君取何物？少年曰：谁遗一荷包耳？因出示之。乃旧纻丝荷包，一面溺点犹湿，一面戳痕五六处。其中银一块，仅五六分耳。郎具以告三人，乃相顾叹异。

【按】《露书》载：莆田方子陵，见门前乱纸一包。丐子拾以拭疮。行者皆以疮污掷之。子陵取火焚之，纸尽而得金饰，卖得五十金。又《五杂俎》载：金陵人有拾钞于道者，归而视之，荷叶也。弃之门外，逡巡一荷担者俯而拾焉，故钞也。又《辍耕录》载：松江普照寺门首刁镊胡，忽见街上有小片荷叶，舒卷不已。一人拾至怀中去。胡叩之曰：汝得何物，但欲见之，以决所疑。及出示，乃至元钞三十文。又同郡夏氏仆，尝见小花蛇盘旋道左。行人捉藏诸袖。仆颇讶问其所以，则至元钞[①]二十文也。数事绝相类。[②]

拾金或吉或凶

宋鲁应龙云：余家全盛时，以东庑为书塾。其西南后为居民王氏宅。王见其家每夜有白衣人出现，意其为祟，每夜防之。一夕持杖逐，至灶侧而没，掘之得银一瓶。人无知者，遂以此经营他之，得小康焉。又李园者以种园为业，贫甚。一日挥锄，忽粪土中有声，掘得一瓮，皆小金牌满其中。李得之，遂转而货易，为他人所发。闻于官，备极笞，楚半为他人所得，无复一存。《括异志》

① 至元通行宝钞，元代纸币名。简称至元宝钞、至元钞。至元二十四年(1287)开始印行。面值自二贯至五文凡十一等，与此前发行的中统元宝交钞并行，一贯当中统钞五贯，二贯当白银一两，二十贯当赤金一两。

② 其意为“物必遇主”。

葬资偿债豫定

汴州民赵怀正，住光德坊。大和三年，一日，有人携石枕求售。赵妻贺以一镮获焉。赵夜枕之，觉枕中如风雨声，因令妻及子各枕一夕，则无所觉。赵枕复然喧，悸不得眠。其子请碎视之。赵言:脱碎之无所见，是弃一百之利也。待我死尔，必破之。经岁余，赵死，妻毁视之，中有金银各一锭，如模铸者，所函铤处。其模似预曾勘入枕，无丝隙，不知从何而入也？铤各长三寸余，阔如巨指，遂货之。办其殓及偿债，不余一钱。《朝野佥载》

官俸神所司

四川资县邓继川自云，为给事时，其戚某曰：君方入仕，切忌苟利。余巡按云南时，至一地，身如芒刺，不可睡。意恐有冤欲诉，秉烛独坐。突有一人在前，叱之不去。曰：我为君守财神也。待君久矣。余曰：金何在？神指座下，果有白金十两。因语之曰：吾为御史，何能将此，能为我送归否？神曰：但须乡贯票帖[①]耳。如言写帖焚之。人遂不见。及至复命时，有同年某主事丁忧居家，因以保举一官。为言曰：谢金五百两，请公受二百，余难之主事。曰：不受，是欺我。否则未必留心耳。余不得已，乃受归家。数日夜静，办牲酒。将祷前事，则前神复至出，其金只八百两。余问之，则曰：前某主事金是也。悚然丑谢，未尝告人。今年八十，为君泄此，以见有定分耳。邓因语幕僚郑彦克。时嘉靖戊戌年也。《暗然录》

赵卫公雄微时，贫甚。母在无以卒岁，夫妻对泣。次日，因扫地拾

① 乡贯即老家。票贴一般是指民间金融业的钱庄银号、当铺、工商铺号或地方商会等非官方机构或个人发行的，一般可兑换的，能在一定的地区和范围内流通的，以“票”“帖”“条”“券”等称谓为名的信用纸币。清代民间票帖的种类主要有凭帖、兑帖、上帖、期帖等；民国时主要有凭帖和兑换券两类。此处指汇兑。

银一锭，重二十五两，因此稍活。后登相位，例赐银百锭。既受，而缺其一，将以次日诰守藏吏[①]。夜梦左藏库神曰：某年某月日，相公先借用一锭。觉而记之，则年月盖拾银之时也。

范文正公初家极贫，常得埋金而不取也。已为相归，有求施造寺者，欲出前金[②]付之，则无有矣。只有契并书历仕禄人[③]，如其金数。然则廉贪所得，均不越应分中，而顺者迟收之，逆者捷得之。究竟罪福，若霄壤焉。人宜如何从哉。

苏东坡少年读书金山寺。治床下，土见白银一大瓮，以土埋之。语僧曰：吾得官当修建寺宇。后数年举进士。令家人掘前银修寺，命僧计数，留后为验。十年，东坡辞官归家，与僧较其数，则与所得俸禄相同也。

隋末一书生居太原，苦贫，所居抵官库。因见有钱数万贯，遂欲携挈。见一金甲人持戈，曰：此尉迟公钱也。汝要钱，须取尉迟公帖来。书生访求至铁冶处，有尉迟敬德者，方袒露逢首，锻炼之次。乃前拜之。公问曰：何故？曰：乞钱五百贯，以济贫困。尉迟怒曰：打铁人安得钱?生曰:足下若能哀悯，但乞一帖。公不得已，令生执笔曰：钱付某五百贯，具年月日，署名。书生持去至库。复见金甲人，令系于梁上，取钱五百贯而去。后敬德佐太宗，有天下赐钱一库，开库欠五百贯，将罪主者。忽于梁上得帖，视之，乃打铁时所书也。累日惊叹，求书生厚赠遗之。

官禄神预告

唐杜思温善鼓琴，多游公卿间。尝从宾客夜宿苟家嘴。中夜山月

① 看管财库，保管财物。《左传·僖公二十四年》："初，晋侯之竖头须，守藏者也。其出也，窃藏以逃。"杨伯峻注："守藏，犹言保管财物。"明王鏊《震泽长语·仙释》："它日内库失金，守藏吏以闻。"

② "金"字前漏"遗"。

③ 历载其入仕后的俸禄。

如昼,同游皆醉。思温独携琴临水闲泛。忽值叟支颐来听,思温遽置琴而起。老人曰:少年勿怖,余是秦时河南太守梁陟也。遭难身殁于此。平生好琴,闻君弦轸清越[①],故来听耳。知音难遇无辞,更为我弹之。思温奏为沉湘。老人曰:此弄[②]初成,吾常寻之。其间音旨[③]稍异此。思温因求其异,随正之声韵。涵古又多怨切,时人莫之闻也。叟因谓思温曰:君非太学诸生乎:曰:然。叟曰:君何不求名誉,而常为王门伶人乎?思温竦然受教,且问穷达事。叟曰:余之少子主管人间禄籍,当为君问之。此后二日当再会此。至期思温往,叟亦至焉。乃告曰:惜哉!君终不成名,亦无正官。然有一段禄在巴蜀一十九年,俸入不绝。但慎勿为武职,当有大祸。非禳所免,志之!志之!言讫不见。思温明年下第,遂罢举,西游成都,以艺谒韦令公。公甚重之,累署要籍,随军十七八年,所请杂俸月不下二万。又聚[④]大将女。车马第宅甚盛。妻父尝欲思温在辕门。思温记老人言,辄辞不受。后二日,密请韦令公,遂补讨击使,牒出方告,不敢辞。常求为远使,竟不果。及刘辟反,思温在鹿头城,城陷为官军所杀。《前定录》[⑤]

李君举进士,至华阴偶遇白衣人,同至昭应。曰:某隐居西岳,甚荷相厚。莫要知后事否?李拜请,乃命纸笔于月下,书三封,次第缄之。曰:急则开之,乃去。李六举下第,将归无粮,欲住无容足。曰:此为穷矣。乃开一书曰:某年月日,以困迫无资用,开一封。可青龙寺门

① 明何景明《说琴》:"凡攻琴者,首选材,审制器。其器有四:弦、轸、徽、越。弦以被音,轸以机弦,徽以比度,越以亮节。被音则清浊见,机弦则高下张,比度则细大弗逾,亮节则声应不伏。故弦取其韧密也,轸取其栝圆也,徽取其数次也,越取其中疏也。"故,此处"弦轸清越"或为"弦轸徽越"。

② 弄:乐曲。

③ 音旨:即音指,音调指法。

④ 应为"娶"。

⑤ 作者钟辂,唐文宗大和(827—835)中,官至崇文馆校书郎。是书凡二十三则,系其闲暇之时集录编次而成,事涉前定,不免于附会,但含有劝戒之意,其自序中即谓:"庶达识之士,知其不诬,而奔竞之徒,亦足以自警。"

前坐。见讫遂往到，已晚矣。自笑曰：此处坐，可得钱乎？少顷，寺僧领行者至，将闭门。见李君，讯之，云：将寄宿。僧遂邀入，款之。夜艾，熟视李君，问何姓。曰：姓李。僧惊曰：松滋李长官识否？李嚬蹙曰：某先人也。僧垂泣曰：某久故旧，适觉郎君酷似长官。然奉求多日，今乃遇。李流涕被面，因曰：郎君甚贫，长官比将钱物到求官，至此狼狈。有钱二千贯藏在某处，自是以来，如有重负。今得郎君分付，老僧此生无事矣。明日留一文书，便可挈去[①]。李君悲喜，及旦，遂载镪去。遂鬻宅为富室。又数年，不第尘士，困悴欲罢举。乃思曰：仙兄第二缄可发矣。启之，则曰：某年月日将罢举，可西市秋辔行头坐。见讫复往，至即登楼饮酒。闻其下有人言：教[②]他郎君平明即到此，无钱，即道：元是不要钱及第[③]。李君惊问之。客曰：侍郎郎君有切故[④]，要钱一千贯，致及第。昨有共某期不至者，今欲去耳。李君曰：此事虚实？客曰：郎君见在楼房。李君曰：某是举人，亦有钱可一谒否？曰：何故不可？乃见之。云：主司是亲叔父，乃面定约束。明年果及第，官至殿中江陵副使。患心痛危迫甚。谓妻曰：仙师第三封可开矣。妻开视之。云：某年月日，江陵副使忽患心痛，可处置家事。更两日卒。《逸史》

河南卫庭训，累举不第。天宝初，乃以琴酒为事，恒游东市酒肆。偶值一举人，相得甚欢，乃邀之饮。此人昏然而醉，谓庭训曰：吾非人，乃华原梓桐神也。今当归庙，他日有不及，宜相访。言讫而去。后旬日，乃访之。至庙，神已令二使迎入。庭训欲拜，神曰：某年少请为弟，遂拜庭训为兄。设酒食歌舞，既夕而归。来日复诣，告之以贫。神顾谓左右曰：看华原县下有富人命衰者，可收生魂来。欺人命衰以诈取

① 《太平广记》收录此文时，此处有眉批：“老僧亦高人，但不知留一文书何用，所谓未能免俗也。”

② 教：叫。

③ 无是不要钱及第：原来是不要送钱也能考中。指唐代科举考试中幕后交易的讨价还价。

④ 切故：迫切的需要。

钱,梓桐非神哉。所以庙焚而不禁。鬼遍索之,乃收县令妻李氏魂,掩其心。李氏忽心痛殆绝。神谓庭训曰:可往得二百千与疗,庭训乃归。主人自署云:解医心痛,令召庭训入求二百千,令许之。庭训投药即愈。令喜,奉钱留宴。自尔无日不醉。主人劝之节用。庭训曰:但有梓桐神在,何苦贫也?主人以告令,令召问之。具以实告,令怒逐庭训,而焚梓桐神庙。庭训夜宿村店,忽见神来曰:非兄之过,乃弟合衰。神亦受花报。弟今往濯锦江立庙,极盛于此,可诣彼也。言讫不见。庭训又往濯锦江,果见新庙。神见梦于乡人。可请卫秀才为庙祝。明日乡人请留之。岁暮,神谓庭训曰:吾将过天曹为兄,问禄寿。去数日归,谓庭训曰:兄来岁合成名,官至泾阳主簿,秩不满。有人迎充判官。于是神置酒饯之。至京,明年果成名,释褐[①]授泾阳县主簿,在任二载,公务闲暇,独立厅事。有一黄衫吏,持书而入,拜曰:天曹奉命为判官。遂卒于是夕。《集异记》

李敏求屡举不第。暮坐愁惋,忽觉形魂相离,飘如云游,渐涉荒墟。俄有白衣人走拜敏求。敏求曰:汝非我旧佣耶?其人曰:小人即张岸也。不幸身先犬马到此。事柳十八郎,甚蒙驱使。柳今见在太山府君判官,非常贵盛。二郎[②]须见之。岸请先白。须臾,岸引敏求见着紫衣官人。敏求趋拜讫视之,即故柳澥秀才也。澥曰:幽显殊途,今日故人此来,大是非意事,莫有妄相追摄否?仆当为故人理之。敏求曰:非也,受生苦穷薄,故人当要路,不能相发挥乎?澥曰:假使公在世间作官职,岂可将他公事,从其私欲乎?谪罚无逃矣。因命黄衫吏引二郎至曹司,略示三数年行止之事。吏即翻卷十余行,命读之。其文曰:李敏求至太和二年罢举。其年五月,得钱二百四十贯。侧注朱字,其

① 贡举的最大恩荣是释褐授官。唐代明经、进士及第之后,只是取得了做官的资格,还不能直接入仕做官,必须再经过吏部铨选考试,合格后才能授予官职,脱去粗麻布衣,换上官服,即所谓"释褐授官"。参见:张希清,毛佩琦,李世愉.中国科举制度通史·宋代卷[M].上海:上海人民出版社,2015:616.

② 二郎:即李敏求。《河东记》原文中有:"小人即二郎十年前所使张岸也。是时随从二郎泾州。"

钱以伊宰卖庄钱充。又至三年得官，食禄张平子。读至此，吏复卷之。敏求请见其余，吏不许，即被引出。张岸曰：二郎珍重。似被推落大坑中，即如梦觉，身乃在愁坐之所。后数月，敏求穷益甚。先是，伊慎诸子求敏求为妹婿，敏求不即纳。至是有人复语敏求，敏求欣然成娶。伊女之兄宰方货南城一庄，得钱千贯，悉给五妹为妆资。敏求即领二百千。女姊曰：人曰某娘最小，李郎又贫，各率十千以助之。由是敏获钱二百四十贯，无差矣。敏求先有别色声名，久不得调，其年乃用此钱参选。援邓州向城尉。数月[①]，步县城外，蓁莽中见一古碑，磨灭不可识。敏求令涤苔藓，辨其篆云：晋张衡碑。因悟食禄张平子[②]。《河东记》

宋王状元十朋，未第时，醉堕沛河，为水神扶出。曰：公有三百千料钱[③]。若死于此，何处消破？明年遂登第，归以语人。士有久不第者，闻而效之，阳醉落河，亦为水神扶出。士大喜，曰：我料钱几何？曰：吾不知也。但有三百瓮黄虀[④]，无处消破耳。

卑官有定数

归安孙邦华与姐夫叶某俱以省察谒选[⑤]，叶得山西太原府仓官。孙以父忧，计不及选，乃与偕归。叶至卫河，疾作而死。孙黠人也，谓其甥曰：尔父一生辛勤已矣。顾文凭见在，盍使我冒为之。小官异省，谁人觉察。凡有所得誓必均分，任满再考，则以尔父作逃，而我自可另选矣。其甥从之，展转之间，幸不败露，所得白金七百有余，乃共分之，甚

① 意为"任官数月后"。

② 张衡(78—139)，字平子。

③ 唐宋旧制，官吏除俸禄外，有时另给食料，或折钱发给，称料钱。

④ 亦作"黄虀"，咸腌菜。宋朱敦儒《朝中措》词："自种畦中白菜，腌成瓮里黄齑。"金董解元《西厢记诸宫调》卷三："我见春了几升陈米，煮下半瓮黄虀。"清潘荣陛《帝京岁时纪胜·十月·时品》："冬笋新来，黄虀才熟。"

⑤ 官吏赴吏部应选。

以为得计。再赴部谒选，则恰补其姐夫之缺，而势不得往矣。遂涕泣弃归，乡人知者大以为笑，神曹笑久矣。仓官涕何迟耶？向使不为侥幸之计，则太原仓官依然自在，且可独专其利，不必分所有以与人也。小人巧于为谋，而造物更巧于制，命世之脱空走险，播弄神通，冥冥中有笑之者矣。亦可惧哉！

馆俸有定数

南城李梦林，笃行士也。尝梦至一所，庭下植两石榴树，下获钱一窖，凡千缗。自念平生无妄想，何从有此？未几，戴即思招延家塾，训诸子，岁俸百缗。入斋，见庭下二榴树，宛然梦中所见。凡十年而辞，计所得果千缗。馆俸一细，故尔其前定有数，乃如此。《宦游纪闻》

预相巨富禄财

石苞分财物，独不及崇。曰：此儿虽小，后自能得。后崇果富绝一时[①]。

《九国志》云：王处回[②]在太原，家甚贫。善相者周元豹每指谓知祥，曰：此子宝精也，他日当大富。后果积巨万，蜀中富豪罕与比幸。《蜀记》云：处回历三镇，积镪比内藏三之一。

王昭远祖母郭氏常指昭远。曰：此儿有贵相，他日当至公侯。昭懿俸钱过二万，不能胜矣。懿昭远弟也，已果验。《宋史》

有梁十二者，能知人。至宋州，司马铨作书荐之苏州刺史李无言。

① 石苞（？—273），字仲容，渤海南皮（今河北南皮东北）人。西晋开国功臣，三国时曹魏至西晋重要将领，官至司徒、大司马等职，封乐陵郡公。石崇，石苞幼子，石崇在荆州刺史任上，靠劫掠往来富商，取得巨额财富。石崇在洛阳城北二十里的河阳建有金谷园，挥霍无度。石崇后成巨富，因和皇室贵族斗富，颇受议论，其外甥欧阳建又和赵王司马伦有隙，本人又和朝中新贵孙秀争其宠妓绿珠。后孙秀司马伦联手害死石崇。

② 王处回（？—951），字亚贤，为后蜀的全部两位皇帝孟知祥和孟昶担任枢密使。《十国春秋》论曰：王处回处变之才，咸推屹然大臣，乃竟用奢纵败，何邪？

李遣日暮至宅，乃着黄衣衫，令一客着紫自代。梁谓客云：向闻公语声，未有官禄。又谓黄衣是三品，今章服不同，何也？李乃以实对，因请详视。梁云：公即合改得上州刺史。后果得睦州，赠钱一百贯。梁云：公至彼州，必得重厄。某为公作一法禳之。公须嗔责梁妄语，鞭背十下，仍不得令妻子知也。李不可，梁再三请。李闵然从之。明早，李当衙决梁十下，小苍头走报其妻。李入门，妻云：何以打梁子？无言，恨云：忘却瞒家人也。俄而，梁叩铃请见。李曰：何以遣妻子知？厄不免矣。公既强与某二百千文，无以报公德。公厄虽不免，然令公得二千贯，以充家资，取之必无事。李在州，果取得二千贯钱而死。梁又谓丹徒主簿卢惟雅云：从此得通事舍人。如其言，后于京见之，云：至某年，财物庄宅合破散。公当与某五十千文，教公一言，即免。卢不信，不与。至某年，卢果因赌博，庄宅并尽[①]。

《定命录》：徐元锄田得千金，畏为人知。每入市，逡巡畏缩。忽市中一相者于稠人中望见元，出而揖之。曰：视君气色，目下当有千金之获。果否？元密求其低语。相者曰：此尔命，毋畏。遂去。《耳新》[②]

预卜藏金

隗照，汝阴鸿寿亭民也。善易，临终书板，授其妻曰：吾亡后，当大荒。虽尔慎，莫卖宅也。后五年春，当有诏使来顿此亭，姓龚。此人负吾金，即以此板往责之，勿负言也。亡后，果大困，数欲卖宅。忆夫言辄止。至期有龚使者果止亭中，妻遂赍板责之。使者执板，不知所

---

①梁十二著《定命录》。参见：冯梦龙.太平广记钞.上[M].北京：团结出版社，1996：635.

②《耳新》，明代郑仲夔撰，十卷。仲夔字胄师，号龙如，信州人。书成于明末崇祯甲戌，首有自序。称自少小时即喜搜奇猎异，长大后涉足四方，凡同伴、友人、商贩、工匠等所述，入耳而成新，日积月累；又不忍其随人湮没，因随笔记录成书。全书分三十四门，共一百八十九则，内容多当时琐闻、轶事。记载仙佛鬼神者居多，是明末一部笔记小说。参见：朱宏恢.中国古典文学辞典[M].南昌：江西教育出版社，1997：536.

言。曰:我平生不负钱,此何缘耶?沉吟良久,乃取蓍[1]筮之,卦成,抵掌叹曰:妙哉隗生,可谓镜穷达而知吉缘也[2]。吾不负金,贤夫自有金,乃知亡后当暂穷,故藏金以待太平,不告儿妇者。恐金尽困无已也。知吾善易,故书板寄意耳。金五百斤,盛以青罂,覆以铜盘,埋在堂屋东头。去地一丈,入地九尺。妻还掘之,皆如卜焉。

周文育,本姓项,名猛奴。少时能反复游水至数里,与群儿戏,跳高五六尺。周荟见而奇之,请为养子。周舍名之文育,取古诗文教之不省,因教之骑射兵法,育大悦。已为南海令。至大庾岭,遇卜者。卜之曰:君北下不过作令长,南入当公侯。文育曰:足钱便可望公侯乎?卜者又曰:君须臾当暴得二千金,请先以此为验。其夕宿逆旅,适有大贾至,求与文育博。果胜之,得银如数。自是累摧劲敌,爵司空,遂为陈室元勋。《南史》

贞元中,有孟员外者,少应举不第,托于亲丈人省郎。殷君宅为殷氏贱厌,瘴疟日甚,自乞待尽他所。殷氏亦不与语,赠三百文。出门街西有善卜者。孟乃谒之,具陈羁蹇,尽以所得三镮为卜资,为决一卦。卦成惊曰:郎君更十日,合处重职,俸入七十千钱,何得言贫贱?卜人遂留厚供给,已至九日,并无消息。又却往殷宅,殷氏甚薄之。寄宿马廐。至明,有敕,以禁兵,将为贼境观察。使其人与殷友善,驰扣殷氏之门。武人都不知书,云:便须一谢表,兼镇抚寇敌。事故颇多,公有亲故文士,颇能相助否?殷良久思之,无可应者。忽忆孟君久曾应举,可以充事,遽引见之。令草一表,词甚精敏。因请为军中职事,月俸正七十千,乃卜后十日也。《逸史》

上党鲍陆家多凶丧。淯于智卜之曰:君安宅不利。尔可径至市门,当有一人卖新马鞭者,便就买还,悬舍东北大树三年,当暴得财。陆承言,诣市得马鞭,悬之三年。井中果得钱数十万,于是业用既展,家亦

① 蓍,多年生草本植物,全草可入药,茎、叶可制香料,通称“蚰蜒草”“锯齿草”。古代用其茎占卜,如“蓍龟”。

② 《搜神记》卷三,此句为“可谓镜穷达而洞吉凶者也”。

无恙。《晋书》

开元中，有姓刘者，假荫求官数年，未捷。闻西市李老善卜，造而问之。老人曰：今年必不成，来岁不求自得。生果被驳，至明年试毕，自度书判微劣。又问李老。李老曰：君官必成禄，在大梁得之，复来见我。果为开封县尉。又重见老人。老人曰：君为官，不必清俭，恣意求取。临满请为使，入城更为君推之。生至州，果为刺史委任。生思李老言，大取财贿。及满，遂谒州将，请充纲使。州将遣部其州租税至京。又见李老，李老曰：公三日内即合迁官。生疑之，老人曰：官亦合在彼郡，得后更相见也。生遂去。明日纳州赋于左藏库，适有凤凰见其处，敕云先见者与改官。生即先见。遂改授浚仪县丞，生益敬李老。又问为官之方，云：一如前政。生满政，又获千万还乡。居数年，又调集。又诣李老，李老曰：今当得一邑，不可妄取也。生果授寿春宰，至官未暮坐赃免。来问李老，老曰：今当为君言之。君先代曾为大商，有二千万资，卒于汴州，其财散在人处，故君于此复得之，不为妄取也，故得无尤。此邑之人，不负君财，岂可过求乎？生大伏焉。《原化记》[①]

贪人有命

张筠起家富贾，事明宗为河南尹。初尝代康怀英为永平，而怀央死。筠即掠其家资。又于唐故宫掘地，得藏金玉甚盛。又裨将侯莫陈威者，尝与温韬发唐诸陵，分得多宝。筠以事杀威，亦尽取之。筠弟籛为京兆尹。魏王继岌死渭南，籛悉取其行橐[②]。王衍自蜀入[③]行，至秦州。宦者向延嗣杀之，尽取衍珍宝已[④]。明宗遣人诛宦者。延嗣亡命，

①《原化记》，传奇小说集。皇甫氏着。所叙内容以神仙冥报，龙虎异变为主，内容简单又往往沿袭前作，如《周邯》篇取自裴铏《传奇·周邯》，而篇幅仅为后者之四分之一。

② 橐，囊也。《说文》：小而有底曰橐，大而无底曰囊。

③ “入”为衍字。

④ “已”为衍字。

而珍宝又尽为鑀取，以是筠鑀兄弟积赀巨万。然筠好施而鑀鄙啬。鑀后以市马不中式，有司理其价直，郁郁而死。而筠拥其赀，以酒色声妓，自娱享乐十余年。人谓之地仙。【按】筠贪残如此，而克保令终。鑀少年时，尝有飞鸟状若斥鷃，衔一青铜钱，堕鑀怀袖间。鑀异之，常系钱于衣衿间，其后果累财巨万，似有神灵助之者。然则贪人洵有定命也①。

宅宝藏有主

魏郡张奋卖宅与程应。应举家疾病，卖与何文。文独持大刀入，暮宿北堂。一更中，有人长丈余，高冠黄衣，升堂呼曰：细腰何以有生人气？答曰：无便去。须臾，有高冠青衣者。又有高冠白衣者问答俱如前。及将曙，文下堂中，如向法呼之。答曰：黄衣者，金也。在堂西壁。青衣，钱也，在堂前井边五步。白衣，银也，在墙东角柱下。汝谁也？曰：我杵也，在灶下。文按次掘之，得金银各五百斤，钱千余万。仍取杵焚之，宅遂清静。《搜神记》

天宝中，长安有凶宅，莫有市者。扶风苏遏贫甚，乃以贱价质焉。入夕，自携一榻当堂而寝。二更后，忽见有赤物如人形，无手足，表里通彻，光明忽叫。曰咄遏视之，不动良久，又呼曰：烂木咄西墙下，有物应诺。问曰：甚人？曰：不知。又曰：大硬锵烂木。曰：可畏良久，失赤物遏下庭中，呼烂木曰：前害人者何在？曰：更无别物，只是金精，人福自薄，不合居之耳。遏明日，于西墙下掘得一朽桂当，心如血色，其坚如石。于东墙下掘得一石，上有篆文，曰：夏天子紫金三十斤赐有德者。遏自思，我何以为德？又自思曰：我得此宝，亦可修德，以禳之。沉吟未决。至夜，烂木忽语曰：何不改名为有德？遏曰：善。烂木曰：自是不扰吾人矣。明日掘得一铁瓮，得紫金，送烂木于昆明池。《博

①《新五代史》载：筠居洛阳，拥其赀，以酒色声妓自娱足者十余年，人谓之“地仙”。天福二年，徙居长安。是岁，张从宾作乱，入洛阳，筠遂以免。卒，赠太子太师。

异志》

邵武军城内，谢侍御家有别宅三间，极宽洁，为邸舍，僦直才百二十千。人言中有怪物，多不敢居。乾道三年八月，武翌郎孙肇赴任盐酒税，以无官廨，欲居之。先与三少年往宿，相语曰：屋如是，而赁价不及半，岂可失。时犹未黄昏，忽清光一道从后起。挥以刃，而散去。俄顷，妇女七八辈歌笑而出，肇心惊舍之而他。明年，陕西人李统领解军米，自言无所惧，挈家入坐。已定而妇女出，李仗剑逐之，至厕而灭。李待旦，命仆掘其处，得白金百铤。李邀谢氏子弟，问有无藏窖。曰：无之。赂以三百千，子弟曰：此非我家物，义不当受。但请就鬻此第，增为七十千立券。李遂成富室[①]。

杭部徐翁僦居[②]草鞋巷，贫无可偿值。被逐坚不去。然宅主别有鬼宅给令居之，而鬼寂然。一日闻人语室中，曰：主人来也。请交钥匙即不见，而声响特厉，徐异之，掘地得铁船，仅首一仓而镪金已甚伙，取以自润。业木屐及伞，不异常度，已尽买其邻，为下所容船之地。三年再发一仓，始改业。如是，尽船尾发之十三仓，而富倾国。

张金鼓者，吴人，善星历。偶有丐卧檐下，适一富翁仆从乘马，至金鼓家，以命询焉。金鼓推其致福享禄。历历如见，翁去。丐告曰：适富翁与我生年不谬晷刻[③]，何贫富悬绝？张为丐细推之，则曰：汝生于舟乎？丐曰：某父舟佣也。张曰：汝亦富翁，但所处非地。若于大江之北，汝富堪与彼颉颃。丐者猛省，有亲识居淮安，竟历依焉。其人有空房一所，中有鬼物作祟，人不敢入。丐者至，俾居之。夜卧间，闻鬼喧呼曰：主来矣。鬼复导入后圃大树下，若有所指。丐荷铺发之，得金一

① 该故事出自《夷坚志》。原文有评论：“乃知无望之物，固冥冥之中有主张者。孙肇非其有，故遇怪而惧。谢氏子弟，临财不苟，亦可谓贤矣！”

② 僦居：租住。

③ 晷刻：片刻之意。谓时间短暂。《西京杂记》卷四：“成帝旹，交趾越嶲献长鸣鸡，伺鸡晨，即下漏验之，晷刻无差。”唐韩愈《为韦相公让官表》：“毫釐之差，或致弊于寰海；晷刻之误，或遗患于历年。”清戴名世《敕授承德郎工部屯田清吏司主事刘公墓志铭》：“安人尝侍太宜人疾，晷刻不离。”

窖，有金鼓覆其上。丐者遂持金鼓归吴，酬张。张遂以金鼓为号。《澉石新谈》

寿州有凶宅，人不敢居。大将赵璘独据中室。夜寝，有物推床，曰：我等久在此，为君压，君可速去。乃移床于庭，璘亦安寝。明日于床处，掘得窖银，宅遂安[①]。

本宅钱不得用

贯历中，荆中有庐山人至复州界。维舟于陆奇秀才庄门，或语陆庐山人，非常人也。陆乃谒卢，时陆将入京，投相知，因请决疑。卢曰：君今年不可动，忧旦夕祸作，君所居堂后有钱一瓯，覆以板，非君有也。钱主今始三岁，君慎勿用一钱。用必成祸，能从吾戒乎？陆矍然谢之。及卢去，水波未定。陆笑谓妻子曰：卢生言如是，吾更何求乎？乃命僮锹地，未数尺，果遇板。撤之，有巨瓮，散钱满焉。陆喜，其妻以裙运纫草贯之，将及一万。儿女忽暴头痛，不可忍。陆曰：岂卢生言将征乎？因奔马追及，且谢违戒。卢生怒曰：君用之必祸，骨肉与利轻重，君自度也。掉舟去不顾。陆驰归醮而瘗焉，儿女豁然愈矣。

富限满而贫

晋陵曲阿杨(一作汤)贶[②]财数千万。三吴人多取其直，为商贾治生辄得倍值。或行长江，卒遇暴风，及劫盗者，若投钱多获免济死，先后所埋金皆移去。邻人陈家。陈尝晨起，见门外忽有百许万镪，封题是杨姓字，财物聚散，洵由天运乎？

北齐武安时，有黄家者，住安阳县古城南，累世巨富。有巫帅占君家财物欲出，好自防守。若去家，即大贫。其家每夜使人分守。有一队人尽着黄衣，乘马从北门出；一队白衣人，乘马从西门出；一队青衣

① 曾慥《类说》，见《稽神录》卷六。

② 贶：赠送。

人，乘马从东园门出，悉借问赵虞家此去近远。当时并去[①]，后醒觉，抚心懊悔，不可复追。所出黄白青者，皆金银钱货。良久，复见一人跛脚负薪而来，亦问赵虞家人。怒极，命奴击之，就视，乃家折脚铛[②]也。自后渐贫，死亡都尽。《广五行记》

北齐后主武平初邑王氏，与李家为婚。载羊酒，欲就亲家宴会。行不过三里，日没渐暗，见五十步外，有赤物大如升，若流星，曳影直来，着车轮，牛即不动。见者并怖，其妻遂下车向而再拜。张裙引之，便入裙下。升车还家观之，乃真金。遂盛于库柜，每至良辰，恒以香火祈恩。后四方异货毕集其家，田直每年百倍。至春，其庭左一桑树枝叶异于众木，数年间遍满一院，奇禽异鸟莫不栖集。其家大富将三十年。王氏妻以老病终后，凌朝有白鸟小鹭飞至桑树侧，吐血久之，堕地而死。日午后，西北漩风涨天而来，旋烧此树，疎其枝柯，形如扫箒。不经十日，奴婢逃走，首尾相继，家资略尽。及开柜取金，惟见萤火蜿蜒，腐草之余耳。《广古今五行记》：姑苏潘秋亭鬼父恩起自田夫，着数十万金，遂富冠全吴。万历己丑，忽见黄衣人立堂中。又忽不见，自是破散如洗。盖金神辞出也。

广州浛洭[③]县有金池，即王家养鹅鸭池也。尝于鸭粪中见麸金[④]，遂多收掏之，日得一两。缘此致富贵，子孙皆为使府剧职。三世后，池即无金，王氏力殚矣。见《岭南异志》。

【按】《朝野佥载》云：陈怀卿，岭南人也。养鸭百余头于鸭栏中。除粪粪中有光爚然，试以盆水沙汰之，得金十两。乃觇所食处于舍后

①《太平广记》作“忘”。

② 折脚铛：折了一条腿的锅。

③ 浛洸镇，古称浛洭，距英德市区32公里，是一个历史悠久、经济繁荣的千年古镇。

④ 麸金：碎薄如麸子的金子。唐刘恂《岭表录异》卷上：“广州浛洭县有金池。彼中居人，忽有养鹅鸭，常于屎中见麸金片。遂多养，收屎淘之，日得一两或半两，因而致富矣。”唐许尧佐《柳氏传》：“翊（韩翊）乃遣使间行，求柳氏，以练囊盛麸金。”明梅鼎祚《玉合记·通讯》：“如今把个练囊盛着麸金百两，权寄他为朝夕之费。”参阅李时珍《本草纲目·金石一·金》。

山足下。土中有麸金，销得数千斤，遂已富。此亦岭南人，岂一事而述者二之欤。

洪州胡氏家贫，有子五人，少者气状殊伟。此子既生，家渐丰足，乡人异之。一日，主船载麦，溯流诣州市。截流而渡[①]，船势抵岸，沙摧岸崩，穴中得钱数百万，乃弃麦载钱而归。由是家益富，咸言此子有福。不欲久居村落，因令往来城市，稍亲狎人事[②]。行至中道，所乘之马跑地不进，顾谓仆曰：船所抵处得钱金。马跑地亦恐有物。令左右斫之，得金五百两。他日，有胡商遇之，知其头中有珠，使人诱而狎之，饮之以酒，取其珠而去[③]。初额上有肉，隐起如球子形，失珠后，肉遂陷。自是精神耗减，生计亦渐亡落矣。《录异》

江陵有郭七郎者，资产冠楚城。江淮河朔间，悉有贾客干符。初有一贾者，在京都久无音信。郭氏予自往访之。既相遇，尽获所有，仅五六万缗。生躭悦烟花，迷于饮博。三数年后，用过大半。是时唐季朝政多邪，生乃输数百万于鬻爵者，以白丁易得横州刺史，遂决还乡。时渚宫新罹王仙芝冦盗，里闾人物与昔日殊。生归都，无舍宇，骨肉悉亡，独母与一二奴婢居茅舍下，以纫针为业。生之行李犹有二三千缗，缘得苏息。乃佣舟与母赴秩，次永州江，堧结缆大槠树下[④]。夜半忽大风雨，波翻岸崩，树卧枕舟，舟不胜而沉。婢仆生计，悉漂怒浪，生仅获免，母惊得疾，数日而殒。生章皇驰告，零陵州牧为之殡葬。既丁忧，遂寓居永郡，孤贫无亲识，厄于冻馁。遂与往来舟艘，执梢以求衣食。升沉如此，应是花报。永州市人呼为捉梢，郭使君自是状貌异昔，与篙工无别矣。又李光以谀佞事田令孜，令孜嬖焉，为左军使。一旦奏授朔方节度使。敕下翌日，无疾而死。有子曰德权，年二十余。令孜遂

① "截流而渡"的原因是"江岸险绝，牵路不通"。

②《太平广记》眉批："来往城市，便是没福。"

③《太平广记》眉批："此子何不自爱。"

④ 该句原文为"过长沙，入湘江，次永州北江，堧有佛寺名兜率，是夕宿于斯，结缆于大槠树下。"

署剧职。会僖皇幸蜀，乃从令孜扈驾，止成都。时令孜与陈敬瑄盗专国柄，德权处于左右。凡求名利，多德权为关节。数年间，聚贿千万，官至金紫光禄大夫，检校右仆射。后敬瑄败，为官所捕，乃脱身遁于复州。衣衫百结，丐食道途。好贿之报宜尔，此又可入恢网部矣。有李安者，常为复州后槽健儿，与父光相熟。忽睹德权，悯其褴褛，邀至私舍。安无子，遂认以为侄。未半载安死。德权遂更名彦思，继李安为圉人。有识者皆目之，曰：看马李仆射。《南楚新闻》[1]

贫限满而富

邹骆驼先贫，尝以小车推蒸饼卖之。每至胜业坊角，有伏砖，车触之即翻，尘土涴[2]其饼，驼苦之。乃将镢斸去十余砖，下有瓷瓮，容五斛许。开看，有金数斗，于是巨富。其子昉与萧佺驸马子善。时人语曰：萧佺驸马子，邹昉骆驼儿。非关道德合，只为钱相知[3]。《朝野佥载》

郭郛罢栎阳尉，穷居京辇。肸蠁[4]间常有二物，状如猿玃[5]，出入无不相逐，所造之间，如碍枳棘。亲友俱若雠隙。寒馁数年，百计莫绝。一夕愁坐，忽来告别云：某久乘君，厄运相随不离。今将诣胜业坊，王氏散其金帛，郛究问其事。云：先得计于安品子矣。遂失所在。明晨郛起，便觉愁愤开豁。试诣亲友，无不改观相接。数旬遂除通事舍人。郛有表弟张生者，少年好奇，交游皆豪侠。闻之未信也。知胜业王氏隶

①《南楚新闻》成书于唐代，作者为尉迟枢（生卒年不详）。《南楚新闻》是一本笔记，主要记载了中国南方一带的奇闻逸事。《南楚新闻》是我国首次在书名上使用“新闻”一词的古籍，原书现已失传。

② 涴：污，弄脏。

③ “非关道德合，只为钱相知”，意指人们可以有品德、职位的不同，但凡有钱就可成为知交。实际上这类人不是和人交朋友，而是和钱交朋友。

④ 肸蠁：缥缈，隐约。

⑤ 猿玃：泛指猿猴。玃，大母猴。前蜀朱希济《妖妄传·周济川》：“乃一白骨小儿于庭中……巨川以掌击之，随掌堕地，举即在床矣，腾趠之捷若猿玃。”此处，反映当时将其视为“穷鬼”。

左军，自是常伺之。王素吝啬。一日与宾从同过鸣珂曲，见妇人靓妆倚门悦之。遂召同列命酒为欢。时张生与其末，颇以为异密。问之，则安品子之弟也。品子善歌，是日歌数曲。王氏悉以金帛赠之。众皆讶其广费。自是资货，日输其门，略无所悋[①]。未经数年，遂至贫困。《剧谈录》

昆山舟子杨某与金某善。金死，有子曰三窭甚。杨见怜之，因招入舟养之。杨无子，有一女，因以妻。三岁余产一女亡。三哀之，成疾渐危。杨夫妇始悔恨。一日江行泊孤岛下，杨命三登岸拾枯枝为爨。三去则杨挂帆行矣。三回失舟，知杨卖已，无可如何。徘徊转入林中，至一所见戈戟，森森列卫为之骇愕。徐侦之，闻寂无人，仅有八大箧，封识完好。盖盗所劫财置此者。三乃揭箧。更临江滨，适有舟经过，三招之，携箧附去，抵仪真。启视皆金珠也。即其地售得如干，且收仆妾。一日过河下，杨舟适在。三识之，杨不知也。三乃使人雇其舟，云：湖襄贾辎重充溢。三登舟，舟人莫敢仰视。女窃窥之，惊语曰：客状甚似吾婿。母詈之曰：三不知死所矣。女遂不敢言。三顾女，佯谓舟人曰：何不向船尾取破毡笠带之。盖三窭时初登杨舟右是言也。如是，妻觉之。出见相持，哭欢如平生。而杨夫妇请罪无已，三亦不之较。未几，刘六、刘七叛入，吴三募死士从郡别驾，胡公擒狼山穴平之功，授武骑尉。妻亦从封云。《耳谈》[②]

安史定后，有魏生者，少以勋戚历仕，累家财巨万。然交结不轨，遂穷匮，为士族所摈。因避乱岭南，数年方归。舟至虔州界，初宵登岸于沙碛间，忽见地气直上，冲数十丈，就寻之，得石片，大如掌状，如瓮片，半青半赤。试取置箧中。及至家，故旧荡尽，假屋而居。市肆多贾胡。其旧识者哀之，分以财帛。常因故客自为宝会，胡客法，每年一

---

① 悋：吝啬。

②《耳谈》是明代中期王同轨的笔记小说集，全书十五卷共五百四十六篇。其内容庞杂，题材广泛，借鬼怪妖魅、奇闻逸事曲折反映社会现实，寄托理想，富有寓意。后世的“三言”“二拍”及《聊斋志异》都深受其影响。

度，与乡人大会，各阅宝物。多者戴帽居坐上，以次分别，召生观焉。生忽忆所拾物，怀之而去。初不敢言，坐于席末。食讫，诸胡出宝，皆礼拜。上坐者以至坐末。戏谓生曰：亦有宝乎？生曰：有之，遂笑出所怀。三十余胡起，皆扶生首坐，礼拜。生大惊异。老胡见此石，亦有泣者。众因求市此宝，恣生所索。生遂大言百万。众皆怒云：何故辱吾此宝？加至千万乃已。潜问胡此宝云何。胡云：此是某本国之宝。因乱失之经三十余年。王求募之。云：获者，拜国相，此归皆获厚赏，岂止数百万哉？问其所用，云：宝母也。每月望，王自出海岸，设坛致祭之，以此置坛上。一夕，明珠宝贝等皆自聚，故云宝母也。生得财，倍其先资。《原化记》[1]

奇蹇因缘

琅琊诸葛氏昆弟三人，寓居晋陵，家甚贫耗。尝乞自给，谷在囷中，计日用未应尽而早已空。始谓是家中相窃，故复书检题识，而耗如初。后有宿客远来，至巷口，见数人担从门出。客借问诸葛在否？答云：悉在。客进，语讫。因问君何得大粜榖，主人云：告乞充口。云：何粜之？客云：吾向来逢人担谷出，为是何事人，兄弟相视疑怪。及看书题宛然，开囷量视，无一许斛同。始知前后所失，非人为之也。

有人姓刘，在朱方不得共语人。若与言，遭祸难，或本身死疾。惟一士谓无此理，偶值人有屯蹇[2]耳。刘闻之，欣然而往。自说被谤，君

---

① 传奇小说集。唐皇甫氏著。所叙内容以神仙冥报，龙虎异变为主，内容简单又往往沿袭前作，如《周邯》篇取自裴铏《传奇·周邯》，而篇幅仅为后者之四分之一。有一些记载民间传说的作品，如《吴堪》《蚕女》《京都儒士》，写得较泼辣生动。还有相当部分的武侠作品，如《车中女子》《嘉兴绳伎》《义侠》等。亦有篇章记载西域民族来唐经商，有一定史料价值。有《类说》《绀珠集》《说郛》诸本，均不全。《太平广记》引有佚文六十余条。参见：钱仲联，傅璇琮，王运熙．中国文学大辞典[M]．上海：上海辞书出版社，1997：389.

② 《太平广记》《异苑》均写作“塞”。屯蹇：意谓艰难困苦，不顺利。曹植《神龟赋》：“昔严周之抗节，援斯灵而托喻，嗟禄运之屯蹇，终遇获于江滨。”考之文意，屯蹇当作更为准确。

能见明。答云：世人雷同，何足恤？须臾火发，资蓄服玩荡尽。于是举世号为鸺鹠[1]。脱遇诸涂，皆闭车走马，掩目[2]奔避。刘亦杜门自守。岁时一出，则人惊散，逾于见鬼。《异苑》

淮南卢婴者，气质文学俱为郡中绝人，悉以卢三郎呼之。而奇蹇[3]特甚，若在群聚中，主人必有横祸，或小儿堕水，幼女入火。既久有验，人皆捐之。时元伯和为郡守，始至，爱其材气，特开中堂设宴，众客咸集。食毕，伯和戏问左右曰：小儿堕井乎？曰：否。小女入火乎？曰：否。伯和谓坐客曰：众君不胜故也。顷之合饮，群客相目惴惴然。是日，军吏围宅，擒伯和弃市，时节度使陈少游，甚异之。复见其才貌，谓曰：此人一举，非摩天不尽其才。即厚以金帛宠荐之[4]。行至潼关，西望烟尘，有东驰者，曰朱泚作乱，上幸奉天矣。《独异志》

齐君房自幼苦贫，虽勤学，而寡记性。壮有篇咏，不甚清新，常为冻馁所驱役。后吴楚间，干谒多不遇。虽时有获，未尝积一金。脱钱满一绳，则必病，罄而后愈。常求朝飡[5]于天竺，馁不能前，因临流悲吟。俄有胡僧自西来，顾君房笑曰：法师，谙秀才旅游滋味？君房曰：旅游滋味即足矣。法师之呼，何哉？僧曰：子不忆讲《法华经》于洛中同德寺乎？君房曰：生未尝涉京江，何有洛中之说？僧曰：子应为饥火所恼，不暇忆前事。乃探钵囊出一枣，大如拳。曰：此吾国所产，食之知过去未来事。君房食讫，甚渴。掬泉饮之，忽欠伸，枕石而寝。顷刻

① 鸺鹠，是我国南方普遍分布的一种小型鸮类。传说中，它是阴间的使者，在人家的房前屋后降落，以人的魂魄为食。鸺鹠也叫鬼车，原本有九个脑袋，后来被恶犬咬掉一个，伤口久久不愈，总是有鲜血渗出，落到谁家房顶上，那家人将会有血光之灾。

② “目”应为“耳”。

③ 奇特盘曲。明徐渭《宣府槐龙篇》诗序：“有槐曰槐龙……盛夏叶生，苍赭骞扑，又若龟穹而鹏下。语其奇蹇，非特一世所无，即邓林见之，亦当却避而偃也。”犹言命运不好。宋岳飞《辞例赐银绢札子》：“然臣禀生奇蹇，赋分寒薄。”元辛文房《唐才子传·刘希夷》：“想其事业勋名，何所不至，孰谓奇蹇之运，遭逢恶人，寸禄不沾。”

④ 宠：盛。宠荐之，即盛荐之。

⑤ 飡：同“餐”。

乃寤。因思讲法华于同德寺，如昨日焉，因泣涕礼僧。曰：震和尚安在？曰：专精未至，再为蜀僧，今则断攀援矣。神上人安在？曰：前愿未满，又闻为法师矣。悟法师焉在？曰：岂不忆香山寺石像前戏发大愿，若不证，无上菩提，必愿为赳赳贵臣，昨闻已得大将军。当时云水五人，惟吾得解脱，尔为冻馁之士耳。君房泣曰：某四十余年食一餐，三十余年拥一褐。浮俗之事，决断根源，何期福不圆修，困于今日？僧曰：过由狮子座上广说异端，使学空之人心生疑惑。戒珠曾缺，禅味曾膻。声浑响清，终不可致；质伛影曲，报应宜然。君房曰：为之奈何？僧曰：今日已矣，他生庶有警焉。乃探囊出一镜，背面莹彻。谓君房曰：欲知贵贱修短，佛法兴替，吾道盛衰，宜一览焉。君房览镜久之，胸中了了。僧收镜入囊，去十余步，旋失所在。是夕，君房至灵隐寺，乃剪发，具戒法名镜空。太和元年，李玫习业天竺。镜空访之，因语玫曰：我生五十有七矣。僧腊方十二，持钵乞食，尚九年在。舍世之日，佛法其衰乎？诘之，默然无答，乃请笔砚题数行于经藏，北垣而去。曰：兴一沙衰恒沙，兔而置罝[1]，犬而拏，牛虎相交亡角牙，宝檀终不灭其华。[2]《纂异记》

得金竟不得金

义羲中，新野黄舒耕田得金一船。卜者云：三年勿用，长守富也。舒不能，从遂成土坏。《异苑》

泰元中，桂阳临武徐孙江行，见岸有钱溢出，即攀着船中。须臾悉变成土。《异苑》

宁洋县茂才廖天经锄园，掘出一坛，见钱满坛。中忽闻人唤，向后答之。回头只一空坛，不见钱矣。廖因叹事右定分，此后绝不生计较。

① 置罝：网。

② 这段谶语应验在会昌年间毁灭佛教之事。当时武宗勒令僧尼还俗，共计二十万七千多人，拆毁寺庙四万七千多所，所以说"兴一沙衰恒河沙。"

黄英，长安人，为佣于富家。窥见主人埋金银一瓮于屋后，久谋之不得。主人死，英求归。夜入其舍，后掘瓮，尽取金银归。谓妻曰：一场大富贵也。妻笑曰：子为人佣，安得有富贵乎？晓视瓮中，皆败锡也。英叹曰：富贵原是生成，不可苟求也。

山阴陈继昭读书敦行。一日往九里埠，循山独行，方辩色，见篱下银杯十只，拾纳袖中。即觉珞珞有声，已变为蛙。惊曰：得非老眼模糊耶！出而谛视，杯也。复纳诸袖，又变，如是者三，乃弃之。而匿厕中，以观拾者。忽一人至拾去，竟是银杯。陈出与语其故，其人愿分取之，仅受其一。归而叹息，财有分定如此。乃出以酌酒而享先。龛有积尘，吹拂之，尘触其目，病累月，及愈。而计医药之费，正符杯值。[1]

得金竟归巨室

赵生者，宋宗室子也。家苦贫，居闽之深山，业薪自给。一日，伐木溪浒，忽见一巨蛇，章质尽白。生弃斤[2]反走，具告妻。故因窃念：白鼠白蛇[3]，或宝物变幻，即拉夫同往。蛇尚宿留未去，见其夫妇来，回首溯流而上。尾之，行数百步，则入一岩穴中，就启之，得石。石阴刻押字与岁月姓名，乃黄巢手瘗，治为九穴，中穴置金甲，余八穴金银无算。生掊取畸零，仍旧掩盖。自是不复事薪。邻家疑其为盗，告其姊夫尝为吏者。吏之询严，不敢隐，随馈曰金五锭。吏无厌，讼之官。生不获已，主一巨室，悉以九穴奉巨室，广行贿赂，有司莫能问。迨帅府特委福州路一官往廉之，巨室私献金甲，回申实无掘发宝藏，其事遂

① 该段出自《耳谈类增》，明王同轨著的一部笔记小说。

② 斤：斧斤。疑漏“斧”。

③ 当地风俗，认为白鼠是大黑天神的使者，白蛇是弁财天的使者，都是福神的部下。《葆光录》记载：“陈太者家贫好施，尝夜见一白鼠，雪色，缘其树或上或下，久之挥而不去。陈言于妻子曰：‘众言有白鼠处即有藏。’遂掘之，果获白金五十锭。”参见：南方熊楠．纵谈十二生肖[M]．栾殿武，译．北京：中华书局，2006：684.

绝。路官得金甲，珍袭甚。至任满他适，其妻徙至[1]榻下。一夕，闻绕榻风雨声，顷刻而止，颇怪之。夫归共取视，谲钥如故，而甲亡矣。生无子，夫妇终老巨室。嗟！夫天地间物，苟非我有，得亦终失，妄求者何为哉？[2]《辍耕录》

得金自送茶肆

宣和间，京师兵士阚喜，年老解军籍。其妻汤氏，旧给事掖庭，晚乃嫁喜。喜卖瓜东水门外，汴堤丛柳间，去人居百许步。柳阴尤茂，午暑方盛，行人不至。闻木杪呼小儿，继有应者呼曰：物在否？应者曰：在。如是再三，仰头周视，无所睹。妻馈适至，具以语之。妻曰：腹虚耳鸣，妄闻耳。明日复如前，又以语妻。妻曰：翌日，我坐此，汝为我馈食。妻慧人也，伺其时至，应答声毕，遽曰：既在，何不出示？即于树间掷金数十颗，银十余锭，黄白烂然。妻急拾置瓜篮中，未毕而喜适至[3]，以所坐敝箪覆篮面，共舁而归。仅行百步，重不能胜，暂寄张家茶肆，出募担脚。张氏讶其仓皇，发篮见物，悉以瓦砾易之。喜夫妇不复阅视，及归始览，妻曰：姑忍勿言，明当复用前策，尚可得也。洎坐树下，

---

① “至”应为“置”。

②《辍耕录》原文为：“嗟夫!天地间物苟非我有，是虽得之亦终失也。巢之乱唐天下，剽掠宝货，历三四百年，至于我朝，而为编氓所得。氓固得之，不能保之，而卒归于富家。其路官者，得金甲，自以为子孙百世计，一旦作神物化去。是皆可为贪婪妄求者劝。”

③ 此处原文还有以下几句：“笑曰：吾不暇食矣。喜见黄物形制甚异。疑不晓。妻曰：此裹蹏金也。”裹蹏金即所谓马蹄金。日本学者加藤繁认为，太始二年（自元鼎五年至十七年后）依有司之议，为欲协应此祥瑞计，于是改铸黄金如麟趾形或裹蹏形以班赐诸侯王。裹音嫋，应劭解为骏马名。蹏即蹄字之古写，《汉书》卷九十一《货殖传》也有“牧马二百蹏”。注云：“师古曰蹏古蹄字。”因此，裹蹏即马蹄之意。其时改铸麟趾马蹄形的黄金大部分是属于官府所藏的黄金。此马蹄形式的黄金后来延续到何时止，虽已无从考证，不过自武帝改铸以来，此古金有埋藏在土中者，有宝藏于柜中者，一直可遗传至唐宋时代，所以颜师古注中有云：“今人往往于地中得裹蹏金。”此即其例证。参见：加藤繁．唐宋时代金银之研究：以金银之货币机能为中心[M]．北京：中华书局，2006：275.

过时无所闻，乃自呼：小儿复应，曰：诺。妻曰：再以昨日之物来。曰：亡矣。问何故，曰：已烦卖瓜人送与张氏去矣。喜将讼于官。妻曰：鬼神不与我，虽诉何益？不若谋诸张氏。张曰：物已归我，尔夫妇老而无子，多赀亦何为幸？馆于吾门，毕此一生可也。喜乃止，张氏益富。《逸史搜奇》

命定守钱

天宝中，相州王叟者，积粟近万斛，庄客二百余户，而夫妻俭啬颇甚，常食陈物，仅取充肠。叟常巡行客坊，见一客方食，盘餐丰盛。问其业，云卖杂粉香药而已。叟疑其作贼，问：汝财几何，而衣食过丰？此人云：唯有二千之本，逐日食利，但存其本，不望其余，故衣食常得足耳。叟遂大悟，归谓妻曰：彼人达理，吾今积财巨万，而衣食陈败，又无子息，将以遗谁？遂发仓库，广市珍好恣食味。不数日，夫妻俱梦为人所录枷，诸禁系鞭挞俱至。云：此人妄破军粮。觉后数年，夫妻俱卒。官军围安庆绪于相州，尽发其廪，以供军焉。《原化记》

临沮邓差巨富，而自奉菲薄。道逢估人不相识呼？与共食颇极珍美。邓谢之估人曰：生世间只为身口耳。一朝病死，安能复进美食乎？终不如临沮。邓差平生不用，为守钱奴也。邓默然归，宰鹅自食，方动箸，骨哽喉，死。

窖钱验[①]恶梦

王丞相导，梦人欲以钱百万买长豫。导甚恶之，潜为祈祷者备矣。后作屋，忽掘得一窖钱，料之十亿[②]，大不欢，一皆藏闭。俄而长豫亡。长豫名悦，导之次子也。《世说》

① 同“验”。

②《太平广记》作“百亿”。

禁藏不得取

林水源里有室，室前盘石上列罗十瓮，中悉是饼银。采伐遇之，不得取，取必迷闷。晋泰元初，民家仆密窃三饼，归发看，有大蛇螫之而死。其夜神语其主曰：君奴不谨盗银三饼，即日显戮。比视之，则奴死，银在矣。王歆《始兴记》[1]

唐广德二年，临海县贼袁晁，冦永嘉。其船遇风，东漂数千里。遥望一山青翠，森然有城壁，五色照耀。回舵就泊，见精舍，琉璃为瓦，瑇瑁为墙，房廊寂不见人。房中惟猤子[2]二十余枚，器物悉是黄金。又有金城一所，余碎金成堆，不可胜数。贼等观不见人，乃竞取物。忽见妇人，从金城出，可长六尺，谓贼曰：汝非袁晁党耶，何得至此？此器物与汝何与？辄敢取之。向见猤子汝谓狗乎？乃龙也。汝等所得之物，吾诚不惜，恐诸龙蓄怒，前引汝船，死在须臾耳。贼等列拜，各送物归本处。因问此何处？妇人曰：此是镜湖山，慈心仙人修道处。汝等作贼，不出十日，当有大祸，宜深慎之。贼因乞便风，还海岸。妇人回头处，分寻风起。群贼拜别扬帆，数日至临海，船上沙涂，不得下，为官军格死，惟妇女六七人获存。浙东押衙谢诠之配得一婢，名曲叶，亲说其事。《广异记》

南齐孔佑，山阴人。至行通神隐于四明山。尝见山谷中有数百斛钱，视之如瓦石，不取。采樵者竞取，入手即成砂砾。《南史》作杜京产。[3]

剩财必掠

杜陵韦元方外兄裴璞，任邠州新平县尉。元和五年卒于官。长庆

①《始兴记》是王韶之创作的散文随笔类书。

② 猤子：犬子，狗崽。

③ 杜京产(438—499)，字景齐，钱唐(今杭州)人。出身仕宦，尤精黄老。

初，元方下第将客于陇右，出开远门数十里，抵偏店将憩。逢武吏跃马而来，乃裴璞也。惊喜拜曰：兄去人间，复效武职，何从吏之赳赳乎？裴曰：吾为阴官，职辖武士，故武饰耳。元方曰：何官？曰：陇右三川掠剩使，职司人剩财而掠之。元方曰：何谓剩财？裴曰：数外之财，即谓之剩，故掠之。曰：安知其剩而掠之？裴曰：生人一饭一酌，无非前定，况财宝乎？阴司所籍，其数有限[①]，获而逾籍，阴吏状来，乃掠之，或令耗罹横事。尔子之逢，吾亦是前定，合得白金二斤。过此遗子，又当复掠，故不敢厚。予是行也，岐甚厚而邠甚薄，于泾殊无所得，诸镇平平耳。人生有命，殊不参差，以道静观，无复躁挠，勉之哉。言毕不见。《搜神记》

又【按】《稽神录》载：广陵僧珉楚与中山贾人章某亲熟。章死，珉楚为斋诵数月。忽遇章于市。章即延楚入市店，为置胡饼食。既楚问：君已死，那得在此？章曰：然，吾以小罪未免，今配为扬州掠剩鬼[②]。楚问何谓掠剩。曰：凡吏人贾贩，利息皆有数，过常数得之，即为剩。吾得掠而有之。今人间如吾辈甚多，因指路人曰：某某皆是也。顷之，一僧过于前，又曰：此僧亦是也。因召与语良久，僧亦不见楚。遂相与南行，遇一妇人卖花。章曰：此妇人亦鬼。所卖花亦鬼用之，人

① "数外之财，为吾所运，或令虚耗，或洁横事，或是卖不及常价。始吾之生也，常谓商勤得财，农勤得谷，士勤得禄，只叹其不勤而不得也。夫覆舟之商，旱岁之农，屡空之士，岂不勤乎？而今乃知勤者德之基，学者善之本。德之为善，乃理身之道耳，亦未足以邀财而求禄也。"见《玄怪录》。

② 掠剩鬼是专司掠刷人所求过分之利的鬼。道教认为人生一切皆前生命定，阴司均有案籍。贸易求利，当数而得，无可厚非；逾此应得之利，即是剩财。掠剩使或令虑耗，或遭横事，或难获常利，以掠刷其所得数外之财。有学者认为，掠剩鬼大都与扬州有关，这可能出于历史上扬州是一商业繁华的大都市，商贾云集，尔虞我诈，为了各自的利益，会不择手段，甚至将对手置死地于不顾。正是在这样一种背景下，人们创造了掠剩鬼的形象，企图让其来主持公道，抑制巨富大贾们的无底的欲望。这样一来，我们无疑可将掠剩鬼视为不法商人的翘星。参见：徐华龙．中国鬼文化[M]．上海：上海文艺出版社，1991：123．这一说法尚难成立。实际上，掠剩鬼在宋元时知名度颇高，诗文中屡见。陆游《村邻会饮》诗云："人间哀乐不可常，梳剩有组在汝傍。"参见：张富春．中国古代祈财信仰研究[M]．成都：巴蜀书社，2014：403.

间无所见也。章则出数钱买之，以赠楚。曰：凡见此花而笑者，皆鬼也。即告辞去，其花红芳可爱而甚重，楚亦昏然，而归路人见花颇有笑者。至寺北门，自念与鬼同游，复持鬼花殊不可，遂掷花沟中，溅水有声。既归，同院人觉其色甚异，以为中恶，竞持汤药救之。良久，乃复具言其故。因相与覆视其花，乃一死人手也。楚亦无恙。世间贪官、恶弁、盗贼、衔蠹、土豪、市侩，劫掠殷富，抽掣财贿，便是掠剩鬼。故曰：路人某某皆是也。若倚门献笑，坑阱陷人，则是妇人卖花鬼也。

泰和[①]郭某者，为邵武巡简[②]。罢归，易廪粟得百余金，橐[③]之。俄而遂亡其金。因诉诸雷神。神告曰：此汝邵武时所多携物，今复化去耳。然汝有灶，神尚留十金在，乃夷灶，掘土三尺，果得金，故物也[④]。

仙财不思议

张老者，扬州六合县园叟也。其邻有韦恕者，梁天监中自扬州曹掾秩满而来，有长女既笄，召媒访婿。张老闻之喜，而候媒于韦门，谓媪曰：闻韦氏将适人，幸为求之，事成厚谢。媪大骂曰：何不自度？岂有衣冠子女嫁园叟耶？叟固强一言，媪遂戏言之。韦果大怒，且曰：为我报之今日，内得五百缗则可。媪以告张老，乃曰：诺未几，车载纳于韦氏。诸韦大惊曰：前言戏之耳。今当如何使人潜候其女。女亦不恨，乃曰：此固命也。遂许焉。张老既娶韦氏，负秽镢地，鬻蔬不辍。其妻躬执爨濯，了无怍色，亲戚恶之，责恕曰：既弃女于园，叟何不令远去乎？他日，恕召女及张老，酒酣，微露其意。张老起曰：所以不即去者，恐有留念。今既相厌，去亦何难？某王屋山下，有一小庄，明旦且归

① 泰和，今安徽太和。

② 巡简，即巡检司。在城镇、关隘等要处掌训练甲兵、巡逻边境、擒捕盗贼，属县令节制。五代始置。

③ 一种口袋。

④ “去华曰：君子以褒多益寡。多不自褒，神将抑之；取非其有，物必去之。”参见：张建业．李贽全集注．第18册［M］．北京：社会科学文献出版社，2010：143．

耳。天将曙,来别。韦氏云:他岁相思,可令大兄往天坛山南相访。遂令妻骑驴戴笠,张老策杖相随而去,绝无消息。后数年,恕念女,令男义方访之。到天坛南,遇一昆仑奴,驾黄牛耕田。问曰:此有张老家庄否?昆仑投杖拜曰:大郎子何久不来?庄去此甚近。遂前引,东去过水北,景色不与人间同。指曰:此张家庄也。韦惊骇不测。俄及门,有紫衣吏引入。俄见一人冠远游衣,绡曳朱仪,状伟然,乃张老也。言曰:世人劳苦,若在火中。无斯须泰时,兄久客寄,何以自娱?贤妹略梳头,即当奉见。未几一青衣引入,见妹子堂前,香梁玳门,玉窗珠箔阶砌,皆冷滑碧色。其妹服饰之盛世间未见。略叙寒暄,问尊长而已。意甚卤莽,有顷进馔精,美不可名状。食讫,馆韦于内厅。明日,张老与妻谓韦曰:此地神仙之府,以兄宿命,合得到此。然亦不可久居,明当奉别耳。人世遐远不及作书,奉金二十镒,并与一故席帽[①]。曰:若无钱,可于扬州北邸卖药王老家取一千万,持此为信。遂别韦荷金归。其家惊讶[②]。问之,或以为神仙,或以为妖妄,不知所谓。五六年间金尽,乃往扬州人北邸,而王老果当肆陈药。韦持帽示之,果取钱千万而归。其家又思女,复遣义方,往天坛寻之,千山万水,不复有路。时逢樵人,亦无知张老庄者。又寻王老亦去矣。后数年,义方偶游扬州间。行北邸前,忽见张家昆仑奴,因出怀金十斤以奉,曰:娘子令送与大郎君。阿郎与王老会饮此酒家,当入报。义方坐酒旗下,日暮不见出。乃入观之,饮者满座,座上并无二老,亦无昆仑。取金视之,乃真金也。《续元怪录》

卢李二生隐居太白山,读书兼习导引术。李生不畏寒苦,一日告归。后李生知橘子园,人吏隐欺,欠折官钱数万贯。羁縻不得东归,贫甚。偶过扬州,逢卢生,生昔号二舅。李生与语,哀其褴褛。卢生大骂曰:我贫贱何畏?公不作好,投身凡弊,又有欠负身被囚拘,尚有面目见我乎?李生厚谢二舅,笑曰:居处不远,明日即将奉迎。至旦果者驰

① 故席帽:旧草帽之意。

② 原文此处后有:"问之,或以为神仙,或以为妖妄,不知所谓。"见《太平广记》神仙十六。

骏足来迎者。过城南数十里，路侧朱门斜开，二舅出迎，冠帔容貌，与初逢时全别。邀宴中堂，迥若霄际。既夜，引李生入北亭命酌。曰：兼与公求得佐酒者，颇善箜篌。须臾一女子至，容色甚艳，新声甚嘉。李生视箜篌上有朱字一行，云：天际识归舟，云间办江树。酒罢。二舅曰：莫愿作婚姻否？李生曰：安敢。二舅许为成之。又曰：公所欠官钱多少？曰：二万贯。乃与一柱杖，曰：将此于波斯店取钱，可从此学道，无自秽也。才晓，前马至，二舅送李生出门，波斯见柱杖，惊曰：此卢二舅柱杖，何以得之？依言付钱，遂得无事。其年往汴州，行军陆长源以女嫁之。既婚，颇类卢二舅北亭子所睹者，复解箜篌，果有朱书字。视之，天际之诗两句也。李生具说扬州卢生事，妻一少年兄弟戏书，此昨梦见使者，云仙官追，一如公所言也。《仙传拾遗》，薛肇与进士崔宇事相女子为柳氏。

杜子春[①]者，盖周隋间人。志气闲逸，纵酒闲游。资产荡尽，为亲故所摈。徒行长安中，日暮无如，于东市西门仰天长呼。有一老人策杖前问曰：君子何叹？春言其心，老人曰：几缗罪[②]丰用？子春曰：三五万可矣。老人曰：未也。更言十万，百万，亦曰未也。曰：三百万。于是袖出一缗，曰：给子今夕，明日午时候予于西市波斯邸[③]，慎无后期。及时，子春往老人，果与钱三百万，不告姓名而去。子春既富，荡心复

① 杜子春(约前30—约58)，河南缑氏(今河南偃师南)人。《杜子春》是《唐人传奇》中的名篇，节录自《续玄怪录》。小说的主题是写杜子春凡心未了、学道失败。但这篇小说并不纯粹是一个道教故事，它的前半部分有城市中浪荡游民的市井生活，有涉商小说的金银意象，有平民得遇贵人的发迹变泰，是宋代以后市民社会流行发迹变泰故事话本的滥觞。参见：鲍震培.中国俗文学史论[M].天津：南开大学出版社，2015：153.

② 应为“则”。

③ 唐代中后期，为远距离和大宗商品交易服务的邸店在各大商业城市不断兴办。邸店是兼营旅店、货栈与交易的场所。大商人窦义在长安西市中“造店二十余间，当其要害，日收利数千”。由于邸店的利润丰厚，许多官吏也纷纷设置。玄宗开元二十九年(741)曾下令“禁九品已下清资官置客舍、邸店、车坊”。参见：白寿彝，史念海.中国通史.第6卷　中古时代·隋唐时期.上册[M].2版.上海：上海人民出版社，2013：600.

炽。自以为终身不复羁旅也。乘肥衣轻，会酒徒征，丝管歌舞，不复以治生为意。一二年间，稍稍尽。衣服车马，渐劘无存，倏忽如初。计索自叹于市门，发声而老人到。握其手曰：君复如此奇哉？君复如此，奇哉！吾将复济子，几缗方可？子春惭不对，老人因逼之，子春愧谢而已。老人曰：明日午时，来前期处。子春忍愧而往，得钱一千万。未受之初，愤发以为从此谋生，石季伦、猗顿小竖耳。钱既入手，心又翻然，纵适之情，又却如故。不三四年间，贫过旧日。复遇老人于故处，子春不胜其愧，掩面而走，老人牵裾止之，曰：嗟乎！拙谋也。因与三千万，曰：此而不痊，则子贫在膏肓矣。子春曰：吾落魄邪游，生涯罄尽。亲戚豪族，无相顾者，独此叟三给我，我何以当之？因谓老人曰：吾得此，人间之事可以立，孤孀可以衣食，于名教复圆矣。感叟深惠，立事之后，唯叟所使。老人曰：吾心也。子治生毕，来岁中元，见我于老君双桧下。子春以孤孀多寓淮南，遂转资扬州，买良田百顷，郭中起甲第，要路置邸百余间，悉召孤孀分居第中，婚嫁甥侄，迁祔旅榇，恩者煦之，仇者复之。既毕事，及期而往。老人者方啸于二桧之阴，遂与登华山云台峰。入四十里余，见一居处，室屋严洁，非常人居。彩云遥覆，鸾鹤飞翔，其上有正堂，中有药炉，高九尺余，紫焰光发，灼焕窗户。玉女九人环炉而立，青龙白虎，分据前后。其时日将暮，老人者不复俗衣，乃黄冠绛帔士也。持白石三丸，酒一卮遗子春，令快餐之。讫，取一虎皮铺于内西壁，东向而坐，戒曰：慎勿语，虽尊神、恶鬼、夜叉、猛兽、地狱，及君之亲属为所囚缚，万苦皆非真实，但当不动不语耳，安心莫惧，终无所苦。当一心念吾所言，言讫而去。子春视庭，唯一巨瓮，满中贮水而已。道士适去，而旌旗戈甲，千乘万骑，遍满崖谷来，呵叱之声动天，有一人称大将军，身长丈余，人马皆着金甲，光芒射人。亲卫数百人，拔剑张弓，直入堂前，呵曰："汝是何人，敢不避大将军！"左右竦剑而前，逼问姓名，又问作何物，皆不对。问者大怒，催斩，争射之，声如雷，竟不应。将军者拗怒而去。俄而猛虎、毒龙、狻猊[1]、狮子、腹蛇万

① 狻猊是中国古代神话传说中龙生九子之一。

计，哮吼拿攫而争前，欲搏噬，或跳过其上。子春神色不动，有顷而散。既而大雨滂澍，雷电晦暝，火轮走其左右，电光掣其前后，目不得开。须臾，庭际水深丈余，流电吼雷，势若山川开破，不可制止，瞬息之间，波及坐下。子春端坐不顾。未顷而散。将军者复来，引牛头狱卒，奇貌鬼神，将大镬汤而置子春前，长枪刃叉，四面周匝，传命曰：肯言姓名即放，不肯言，即当心叉取置之镬中。又不应。因执其妻来，捽于阶下，指曰：言姓名免之。又不应。乃鞭捶流血，或射或斫，或煮或烧，苦不可忍。其妻号哭曰：诚为陋拙，有辱君子。然幸得执巾栉，奉事十余年矣，今为尊鬼所执，不胜其苦，不敢望君匍匐拜乞。望君一言，即全性命矣。人谁无情，君乃忍惜一言。雨泪庭中，且咒且骂，子春终不顾。将军曰：吾不能毒汝妻耶？令取锉碓，从脚寸寸锉之。妻叫哭愈急，竟不顾之。将军曰：此贼妖术已成，不可使久在世间。敕左右斩之。斩讫，魂魄被领见阎罗王，王曰：此乃云台峰妖民乎？促付狱中，于是熔铜、铁杖、碓捣①、硙磨、火坑、镬汤、刀山、剑林之苦，无不备尝。然心念道士之言，亦似可忍，竟不呻吟。狱卒告受罪毕，王曰：此人阴贼，不合得作男身，宜令作女人。配生宋州单父县丞王勤家，生而多病，针灸医药之苦，略无停日。亦尝坠火堕床，痛苦不济，终不失声。俄而长大，容色绝代，而口无声，其家目为哑女，亲戚相狎，侮之万端，终不能对。同乡有进士卢珪者，闻者容而慕之，因媒氏求焉。其家以哑辞之，卢曰：苟为妻而贤，何用言矣，亦足以戒长舌之妇，乃许之。卢生备礼亲迎为妻，数年恩情甚笃，生一男，仅二岁，聪慧无敌。卢抱儿与之言，不应。多方引之，终无辞。卢大怒曰：昔贾大夫之妻鄙其夫，才不笑尔。然观其射雉，尚释其憾。今吾陋不及贾，而文艺非徒射雉也，而竟不言。大丈夫为妻所鄙，安用其子！乃持两足，以头扑于石上，应手而卒，血溅数步。子春爱生于心，忽忘其约，不觉失声云：噫！噫声未息，身坐故处，道士者亦在其前，初五更矣。其紫焰穿屋上天，

① 碓捣，传说地狱中的一种酷刑。把鬼魂放在石臼里用杵舂。

火起四舍，屋室俱焚。道士叹曰：措大[①]误余乃如是！因提其髻投水瓮中。未顷火息。道士前曰：出。吾子之心，喜怒哀惧恶欲，皆能忘也。所未臻者，爱而已。向使子无噫声，吾之药成，子亦上仙矣。嗟乎，仙才之难得也。吾药可重炼，而子之身犹为世界所囿矣。勉之哉[②]。《河东记》萧洞元事相同。杜子春无故于西市取钱四千三百万，极一生所欲。韦义方无故于扬州邸钱千万，金十斤。李生无故于波斯邸取钱二万贯。世间有如许无碍钱而贫者，求一文不可得，造物之裒益，亦太梦梦矣。若神仙因缘，又当存而不论也。

定财贪吏不能括

陆孜居于明州大隐，勤于畎亩，物力粗备。时太守酷虐，民有赡者，悉被检获。孜所有财物置于地。后果搜其家产，孜惧罪，遂通所藏之物，掘地丈余，竟无所得。谓是人所取，守怒其妄，谪于象山。筑居掘得太隐之藏，一无失焉。又惧有告者，遂将纳之。太守异之，释罪与财，却就旧业。至今存焉。《闻奇录》

金银归真主

同光中，庄宗平蜀得王衍金银，悉命镕为金银砖，约重三百斤一砖。开一窍二人担之上。有匠人名曰冯高，过荆南。高季兴曰：冯高主属我坑官吏，持而有之，储为一库。宋建隆中，金银入京师，斤两封缄如故。《续博物志》

唐玄宗尝御元殿，望南山见一白龙，横亘山间。问左右，皆言不

---

① 措大，旧指贫寒失意的读书人。语出《类说》卷四十引唐张鹭《朝野佥载》："江陵号衣冠薮泽，人言琵琶多于饭甑，措大多于鲫鱼。"

② 省略的最后几句是："遥指路使归。子春强登基观焉，其炉已坏，中有铁柱大如臂，长数尺。道士脱衣，以刀子削之。子春既归，愧其忘誓，复自效以谢其过，行至云台峰，绝无人迹，叹恨而归。"

见。急召王元宝[1]问之。元宝曰：见一白物横在山顶，不辩其状，左右贵臣皆曰：何以我等不见？玄宗曰：闻之至富可敌贵。朕天子，有天下之富，故见耳[2]。《独异志》

① 富商。据《开元天宝遗事》说，都中巨豪王元宝，至于"常以金银叠为屋，壁上以红泥泥之"。《清异录》又记："长安富室王元宝起高阁，以银镂三棱屏风代篱落，密置香槽，自花镂中出，号含薰阁。"可谓极尽奢华之能事。

②《太平广记》原文为："闻至富可敌贵，朕天下之贵。元宝天下之富，故见耳。"李世熊此处的简略可能使人易曲解其意。天子至贵，元宝至富。因至富可敌贵，因而，天子可见龙，富商可见其粗形，而非至贵，也非至富的"左右权臣"却无所见。此反映出当时崇商的社会风气，映射出时人对财富的向往。

卷　四

恢网第九上

开凿利孔 究取诛夷

汉武帝以伐胡通西南蠡，凿河诸工役并兴，而大司农水衡不给，乃用洛阳贾人子及东郭咸阳、孔仅三人，言利析秋毫。弘羊为大农丞，筦诸会计事，稍置均输以通物货。明年，为治粟都尉领大农，尽筦天下盐铸。乃言诸官各自市相与争，物故腾跃，而天下赋输，或不偿其僦费，请置大农丞数十人，分部主郡国市，郡国往往县置均输官，令远方各以其物转贩为赋。而置平准于京师，受天下委输，尽笼天下货物。贵即卖之，贱即买之。如此富商大贾无所牟大利，反于本，万物不得腾涌，抑使平，名曰平准。弘羊又请令吏得入粟补官，及罪人赎罪，令民能入粟甘泉各有差，以复终身，不告缗。他郡国各输急处，而诸农各致粟。山东漕益岁六百万石。一岁之中，太仓甘泉皆满。边余谷诸物均输帛五百万匹。称民不益赋，而天下用饶。于是赐弘羊爵左庶长，黄金再百觔。是岁小旱，上令官求雨，卜式言曰：县官当食租衣税而已，今弘羊令吏坐市列肆，贩挡[1]求利。烹弘羊，天乃雨。至天汉中，海内益虚耗法刻深，告缗均输益急。泰山琅琊群盗并起，攻城邑，取库兵，释死罪，致杀二千石。掠卤乡里，道路不通。上使御史中丞以上吏督之，弗能禁。乃使光禄大夫范昆等衣绣衣，持节虎符，发兵兴击。所至得斩二千石以下，郡诛杀多至万余人。数年乃颇得其渠帅（散）卒，阻山川，往

① 即“物”。

往复聚，无可奈何，乃作《沈命法》[①]。曰：盗起不发觉，发觉而捕，弗满品者，二千石以下至小吏主者皆死。其后小吏畏诛，虽有盗不敢发。府亦使其不言，故盗贼寖多，上下相为匿，以文辞避法焉，是急利之効也。昭帝时，弘羊为三公，以为子弟求官不得，怨霍光，因与上官桀等谋逆事发，族诛。呜呼，郡诛杀至万杀人，是弘羊杀之也。作《沈命法》，是弘羊沈之也。族诛之辗已后矣。盖赋敛之与刑狱，刑狱之与盗贼，三者相为终始也。故言武帝时，政不至于亡秦者，几希矣。赖汉德醇深，又多以文章缘饰之故，民罢而未乱焉耳。后之言利者鉴之哉。

唐玄宗初行节俭，天下富饶。后以国费侈靡，亦寖言利。开元九年，宇文融[②]为监察御史。始倡言天下户口逃移，巧伪甚众，乃制州县逃亡户口，听百日自首，或于所在附籍，或牒归本乡，各从所欲。过期不首，即加简括，擿徙边州，公私敢容庇者抵罪。即以融为简括使，清逃户羡田，以佐国用。户逃则田必卖矣，安得羡哉？夺之耳。融又奏制劝农判官，十人并摄御史，分行大下，其新附客户免六年赋调。然使者竞为刻急，州县承风，百姓苦之，往往为盗。阳翟尉皇甫憬疏白其状，贬盈州尉。时上欲攘四夷，急于用度，所赏赍番将及士马不赀。州县畏融，多张虚数。凡得客户八十万出称，是岁终增缗钱数百万，悉输

① 汉武帝刘彻为及时镇压农民起义而颁布的法令。主要内容是要求郡守以下各级地方官不得隐匿盗贼，并且要及时发觉捕捉归案，如未发觉或未全部捕获，依《沈命法》有关郡守以下官吏皆处死刑。集解曰："沈，藏匿也。命，亡逃也。"索隐云："沈匿不发觉之法。"韦昭云："沈，没也。"故称《沈命法》。

② 宇文融（？—730），京兆万年（今陕西西安市长安县）人。明办有吏干。开元初任监察御史。时土地兼并严重，人口流失，税收受到影响。他建议检括逃亡户口和籍外占田，充使搜括户口，并自任劝农使，率劝农判官20余人出使各地，清出客户80余万和大量土地。在括户期间，唐廷先后推出三项改革政策——括户、括田和整顿赋役，三者相互衔接、配套，具有一定的科学合理性。此外，宇文融逐步建立了一套内有"所司"、外有十五道"使司"的使职体制，既从组织上保证括户运动的成功，也对唐代财政、行政体制产生较大影响。后进御史中丞，出为魏州刺史。请复九河旧道，开稻田以利人，回易陆运。入为鸿胪卿，兼户部侍郎，开元十七年（729），拜黄门侍郎，同中书门下平章事。他善于荐举人才，在相期间，荐宋璟为右丞相、裴耀卿为户部侍郎、许景先为工部侍郎，但在相位仅百日即罢贬为汝州刺史，又流严州，卒于途中。

入宫，由是有宠。公卿以下不敢立异。户部侍郎杨玚议以为括客免税不利居人，征籍外税使民困弊，得所不偿所失。融怒，出玚为华州刺史。已领汴州河堤使，又建白垦九田，故地为稻田，收息入官，兴役纷然，而收不偿费。召入鸿胪卿兼户侍郎，既又与崔隐甫比，而逐张说，遂得入中书。已赃罪发，流岩州，道死。呜呼，宇文融之不亡人国也，亦幸其早死耳。

杨慎矜者，杨崇礼之子也。崇礼以理财，称名卿。慎矜习于言利，及为太府，筦出纳诸州上供物，所输布帛有污敝者，发还本州征折。征调繁富，由是得幸。而王铁父晋于慎矜，中表兄弟也。慎矜引铁入御史台，迁中丞。慎矜犹以故意名之，铁不悦。林甫因使图之，铁遣人以飞语告慎矜，炀帝孙家蓄谶书[①]，与术士史敬忠来往，谋复祖业。帝大怒，命下狱鞫之，皆诬服。惟搜谶书不获，林甫危之。卢铉乃入长安，搜慎矜家，袖谶书，入暗中，诟而出曰：逆贼深藏秘记。至会昌，以示慎矜。慎矜叹曰：吾不蓄谶书，此何从在吾家哉？吾应死而已。遂赐慎矜兄弟皆死，妻子流岭南。

韦坚[②]为江淮租庸等使侯，主意勾剥贿赂，岁增货巨万上，以为能擢陕邑守。董水陆转运。于是引浐，水抵苑东望春楼为潭，以聚江淮运船通漕渠[③]。自江淮至京师，役夫徒无算，民间愁怨。天宝二年乃成。

---

① 谶指秦汉间巫师、方士编造的预示吉凶的隐语，这里指将要应验的预言、预兆。

② 742年(玄宗李隆基天宝元年)擢升为陕郡太守、水陆转运使，时渭水(亦称渭河)曲折淤浅，不便漕运，他主持征调民工，在咸阳(今陕西省咸阳市)壅渭为堰以绝灞浐二水，向东作一条与渭水平行的渠道，在华阴县永丰仓附近复与渭水汇合，又在禁苑之东筑望春楼，下凿广运潭以通漕运，使每年至江淮载货之船舶在潭中集中，借以取得皇帝之欢心。后升兼江淮南租庸、转运、处置等使，又兼御史中丞。后为李林甫所谄，流放岭南遭害。

③ 即广运潭。广运潭，位于灞河中下游，是盛唐时期主要的港口之一。广运潭开凿于唐天宝九年(750)，由时任陕郡太守的长安韦曲人韦坚主持修建。《旧唐书·韦坚传》载："于长安城东九里长乐坡下，浐水之上架苑墙，东面有望春楼，楼下穿广运潭，以通舟楫，二年而成。"通船之后，"望春楼下连樯弥亘数里，观者山积"。在望春楼上观看的唐玄宗赐名曰"广运潭"。安史之乱处，漕运阻塞。随后又因泥沙沉淤，潭不可漕。

上幸望春楼新潭，坚以新船数百艘，遍榜郡名，陈郡中琂货，陕尉崔成甫着锦，半臂缺胯绿衫，而扬之红袙首居前，唱得宝歌，使美妇百人盛饰而和之。连樯数里，坚跪进诸郡轻货，仍上百牙盘食。上置宴，竟日而罢。观者山积，乃加坚左散骑常侍，褒赏诸僚属吏。卒名其潭曰广运，而坚女弟为太子妃。太子常于元宵出游，与坚会李林甫，使杨慎矜告坚谋立。太子下狱，贬缙云，在道赐死。

王铁为户口色役使[①]，有敕蠲租。铁奏征其辇运费，广张钱数，所输乃重于租。又曰制戍边者，六年免租庸，然多有死者。边将讳败不申牒。铁按贯籍，皆以为避课。六岁之外，悉征其租庸，有并征三十年者，中外叹怨。上在位久，嬖幸多后宫，赏赐无节，不欲数于左右藏取之。铁知上指岁贡额外钱帛，帛亿万皆贮内库，以供宴赏。曰：此不出于租庸调，无烦经费。上以铁为能，益厚遇之。未几，邢绛以谋反伏诛，而铁子与焉，遂族灭。

【按】纪闻云：慎矜死诉于帝，遂械王铁全家，至皆七窍流血。吁慎矜害坚，王铁害慎矜，而卒与俱死。天网亦太密矣哉。

杨钊，贵妃之从祖兄也。不学无行，为乡党所鄙。从军于蜀，往来玄琰家。玄琰贵妃父也，剑南节度使章仇兼琼，引为奥援，以善樗蒲，得供奉。專管樗蒲文簿，钩较精密。上常赏叹以为好度支，即一岁中领十五余使。是时州县殷富，钊奏请所在粜变为轻货，及征丁租地税，变布帛输京师。屡言帑藏充牣，古人罕俦，故上引百官观左藏，赐钊紫衣金鱼，并赐群臣帛有差。由是视金帛如粪坏，赏赐贵宠无有限极。寻以禄山之乱，钊首倡幸蜀之策。至马嵬军士愤怨陈玄礼，谓之曰：今天下崩离，万乘震荡，岂不由杨国忠耶？众齐声曰：念之久矣。乃擒国忠斩首以狥，既而都城倾覆，朝庙腥膻，历年乃复。则聚财之始祸也，即杀百国忠，何益哉夫？聚财则侈，侈则淫，淫则荡，而流离颠沛从之

① 开元十二年(724)，以御史中丞宇文融充诸色安辑户口使，清查逃户与隐田，以增收入。天宝四载(745)，又以户部郎中王铁为户口色役使，按户口旧册追收租庸。

矣。人臣其无以侈，以移主上哉。

卢杞既为相时，两河用兵月费百余万缗，府库不支数月。于是言利者争进，太常博士韦都宾陈京，建议以为货利。所聚皆在富商，请括富商钱过万缗者，借其余以供军，军罢约取偿于官。计天下不过借一二千商，即足数年之用。上从之，诏借商人钱，判度支杜佑大索长安中。商贾所有货，意其不实辄加榜捶，人不胜苦，有缢死者。长安尉薛萃至荷校，乘车搜人财货，长安嚣然，如被寇盗，计所得才八十余万缗。又括僦柜[①]质钱，凡蓄积钱帛粟麦者，皆借四分之一，封其柜窖。百姓为之罢市，相率遮宰相马自诉，以千万数。卢杞始慰谕之，势不可遏，乃疾驱自他道归，计并借商所得才二百万缗，人已竭矣。时淮南节度陈少游奏，本道税钱每千请增二百，乃诏增他道税钱，皆如淮南。又盐每斗价皆增百钱，然犹不供月费。于是判度支赵赞乃奏行税间架[②]、除陌钱法，间架者每屋两架为间，上屋税钱二千，中税千，下税五百。吏执笔握算入人室庐，计其数，或有宅屋多而无他资者，出钱动数百缗，匿一间杖六十，赏告者钱五十。缗除陌钱者，公私给与及卖买，每缗官留五十钱，旧法千钱，筭二十给他物，及相贸易者约钱为率。主侩[③]注所售，入其筭有司，其自相市，为私籍自言。直钱百杖六十，罚钱二千，赏告者钱十缗，其赏钱皆出坐事之家田。是主僧得操其私以为奸，愁怨之声盈于远近。其倡和造作，以召怨阶乱，则皆杞之为也。后以激叛李怀光贬死沣州。呜呼，言利之鄙极于此矣。近世至有祖述[④]其法，征

① 僦柜，胡三省注："民间以物质钱，异时赎出，于母钱(抵押所得的钱)之外，复还子钱(利息)，谓之僦柜。"后来对僦柜有不同的名称，元代叫作"解库""解典铺""解典库"，明代叫作"当铺""典铺""解铺"等。僦柜纳质钱是对典当财产折算为货币，并以此为对象而向商人的借款，本属借商之一种，但典当财产并不是典当商的财产，而属于暂寄财产。所以这种借款应属于典当税。这种税十分苛刻，因而激起商人的反抗甚至罢市。

② "间"是一间两间的意思，指房屋数量；"架"是前后两根柱子，两架即一间，可指房屋数量。唐德宗在784年废除了间架税。

③ 旧时促成双方买卖并从中获取佣金的牙行经纪人。

④ 祖述：遵循、效法。

及坐堂门面者,不旋踵而覆社宜哉!

唐庄宗既得魏博,以孔谦为支度务使。上祀南郊大赦。议欲聚敛以求媚。凡赦文所蠲者,谦复征之。自是每有诏令,人皆不信。百姓愁怨谦,复贷民钱,使以贱估偿丝,屡檄州县督之。翰林承旨,权知汴州卢质上言:梁赵岩为租庸使,举贷诛敛,结怨于人。陛下革故鼎新,为人除害,而有司未改其所为,是赵岩复生也。今春霜害稼茧丝甚薄,但输正供,犹惧流移,况益以称贷人何以堪。臣惟事天子不事租庸,敕旨未颁,省牒频下,愿早降明命。帝不报,谦又厚赂伶官,求为租庸使。初不获。景进屡言,乃许之。谦自是得行其志,重敛急征,以充帝欲。民不聊生,赐谦号丰财赡国功臣。及明宗入监国下教,数谦奸佞侵刻,穷困军民之罪而斩之。凡谦所立苛敛之法皆罢之。因废租庸使及内勾司,依旧为盐铁、户部、度支三司,委宰相一人专判。

石晋天福八年春夏旱,秋又水蝗大起,数千里内竹木叶俱尽。重以官括民谷,使者督责严。急至封碓硙,不留其食有,坐匿谷抵死者。民馁死数十万口,流亡不可胜数。于是留守节度使卜至将军,各献马金帛刍粟以助国,恒帅杜重威等检索干没①,民尤苦之。及契丹入寇,国用愈竭,复遣使者三十六人,分道括率民财,名封剑以授之。使者多从吏卒,携锁刀杖入民家,大小惊惧,求死无地。州县吏复因缘为奸。河南府出缗钱二十万,景延广复增率十七万。泰宁节度使安审信以治楼堞为名,率民财以实私藏。大理卿张仁愿为括率使,至兖州赋缗钱十万值。审信不在,拘其守藏吏,指取钱一囷已满其数。盖是时藩镇利国有难,浚民以肥家如此。于是盗贼蜂起,民情鼎沸。诸镇悉叛降契丹,契丹兵入大梁。帝与太后及妻冯氏举族面缚待罪,奉国宝金印,郊迎太后。上表称新妇李氏妾契丹,以晋主为负义侯,遂北迁。帝幼女,宠姬赵氏、聂氏,旋为契丹所夺,呜吁!

汉隐帝时,三司使同平章事王章掌财赋时,承契丹荡覆之余,公私困竭。章捃摭遗利,吝于出纳,以实府库。属三叛连衡,宿兵累年而供

① 检索干没:投机图利,侵吞公家或别人的财物。

馈不乏。及事平，赐予之外，尚有余积，以是国家粗安。章聚敛刻急。旧制，田税每斛更输二升，谓雀鼠之耗。章始令更输二斗，谓省耗。

【按】唐明宗天成元年，敕文应纳夏秋税。子见有省耗，每斗一升。今后只纳正税数，不量省耗，然则天成已前已有省耗，每斛更输一斗，天成罢输之后，王章又倍旧数取之也。

旧钱出入皆以八十为陌。章始令入者八十出者七十七，谓之省陌。有犯盐矾酒曲之禁者，锱铢涓滴，罪皆死。由是百姓愁怨，章尤不善文。臣常曰：此辈援之握算，不知纵横，何益于国？俸资皆以不堪资军者给之，吏已高其估，章更增之。又与杨邠史宏肇等屡裁抑太后亲戚及帝左右，帝积不能平，遂与李业谋诛邠等。议既定，章等入朝，有甲士数十自广政殿出，杀章及杨史于东庑下，收捕亲戚党与傔从[①]尽杀之。章之死，于是为失刑矣。然其掊克民脂，敛愁敛怨，死又何足道哉？

五代闽王璘喜奢侈，中军使薛文杰性巧[②]，佞以聚敛，求媚璘以为国计，使亲任之。文杰阴求富民之罪，藉没其财，被捶榜者胸皆分受，仍以铜斗火熨之。建州土豪吴光入朝，文杰利其财求其罪，将治之。光怨怒，帅其众且万人叛奔吴。吴信州刺史蒋延徽引兵，会光围建州。王璘遣王延宗将万人往救军。及中途，士卒不进。曰：不得薛文杰，不能讨贼。延宗以闻太后，及璘子继鹏泣谓璘曰：文杰盗弄国权，枉害无辜，上下怨怒久矣。今吴兵深入士卒，不进社稷。一旦倾覆，留文杰何益？文杰亦在侧，互陈利害。璘曰：吾无如卿何？卿自为谋文。杰出，继鹏伺于启圣门外，以笏击之仆地。槛车送军前，市人争持瓦砾击之。文杰善术数，自云：过三日，则无患部从者。闻之，倍道兼行二日

① 傔从：侍从，仆役。《旧唐书·封常清传》："每出军，奏傔从三十馀人。"清钱谦益《林母吴夫人八十序》："家之有傔从臧获，其忧虞疢疾，未有不同患者也。"康有为《上清帝第二书》："令其达官有以为舆马傔从之费，而后可望以任事。"

② "闽地狭，国用不足，以中军使薛文杰为国计使。文杰多察民间阴事，致富人以罪而籍没其资以佐用，闽人皆怨。"(《五代史》卷八八《闽世家》)

而至，士卒见之踊跃脔食之。闽主急遣赦之，不及。初，文杰以为古制槛车疎阔，更为之，形如木柜，攒以铁锆内向，动辄触之。车成，文杰首自入焉，并诛其党盛韬。

闽富沙王延政称帝于建州。以杨思恭为兵部尚书。思恭以善聚敛得幸，增田亩山泽之税。至于鱼盐蔬果，无不倍征。国人谓之杨剥皮。及唐兵攻建州，建人苦王氏之乱，与思恭之重敛，争伐木开道，以迎之。既破建州，纵兵大掠，焚宫室庐舍俱尽。其夕寒雨冻死者相枕藉。民大失望，唐主乃斩杨思恭，以谢建人。

闽王审知初入晋，安开府多事，经赏[①]不给。孔目吏[②]陈岘献计，以富民补和市官，恣所征取，薄酬其直，富人苦之。岘由是宠迁为支计官[③]。数年有二吏执文书。诣岘里中，问陈支计家安在。人问其故，对曰：渠献计置和市官，坐此破家者众。凡破家者祖考，皆诉于水西大王，王使来追耳。岘方有势，人惧不敢言。翌日，岘自府驰归。急召家人设斋，意色憧惶。里人复见二吏入岘家，遂暴卒。水西大王者，审知兄王潮之庙也。

【按】古今兴利之臣，十九横死，而岘得保首领过矣。人刑失出，而鬼诛之，随彼金。夫者亦安所逃死哉？

王安石始以新法歆动神宗。诸大臣名哲，往往废逐所行。青苗、免役、保甲、市易，日益烦屑不効。青苗者，田未熟而贷之钱，田已熟而收其利。安石尝行此于一邑，甚善然，犹躬通下情，随其愿与不愿也。至当国时，欲以此行之天下。而守令者又阿重臣意旨，以多散钱多得利为称旨，不问贫富贵贱强与之。又寄权人役出纳之间，轻重为奸，而民遂怨咨载道。市易鬻及果实冰炭，骎骎问架除陌之事。曾布所谓贩盐

① “经赏”应为“应费”。

② 孔目吏是一种低级官吏，掌握文书档案、收储图书等事。因为事无大小，都经其手，一孔一目，无不经理，所以称孔目吏。

③ 支计官：唐朝太仓属官，置三员。

鬻帛，贻笑四方是也。及吕惠卿用事，又创为手实法，其法官为立定物价，使民各以田亩屋宅资贷，畜彦随价自占。凡居钱五，当蕃息之钱一，非用器食粟而辄隐落者，许告获贯以三分之一充赏。豫具式示民令依式为状县，受而籍之，以其价列定高下，分为五等。既见一县之物产钱数，乃忝会一县之役钱，本额而定所当输。诏从之，于是尺椽寸土检括无遗，至于鸡豚亦遍抄之。鞭棰交下纸笔翔贵告讦之，苦甚于苗役。始行法时，犹别灾伤五分以上者，免既而荆湖访察使。蒲宗孟上言，此天下之良法，使民自供，初无所扰，愿勿以丰凶张弛，诏从之，而民乃益困矣。初安石议变法，恐士大夫争之，乃议尽增天下岁禄，上未之许。而三司所上增吏，禄至缗钱百十一万有奇。咸谓吏禄厚，则官不贪。然良吏实难赇取如故，乃令括天下财用出入之数以闻，令宰相提举其事。于是韩绛为提举，以天下户口人丁、税赋、场务、坑冶、河渡房园之数，租额年课及诸路出入钱谷之数，一一比输，而举朝公卿，无一不以财用为务者，上下骚动，民不聊生，旋又兴起大狱，以恐胁士人。如郑侠王安国之徒，仅保首领而去，赖帝不远之，复渐厌安石所为。不二年罢，然边衅开，而民财竭，又割河东地界，契丹终不可复。群小祖述其事，卒以覆宋，是聚敛太急之效也。安石子雱有才，骤贵夭死绝嗣。安石至舍宅为寺，衰落无聊[①]，则何益矣。

---

①汉末至南北朝时期舍宅为寺的风气大盛。士族，富商自己的家宅捐为佛寺，这种风尚叫作“舍宅为寺”，是当时市井寺庙的重要源头。据称，王安石举家奉佛。其妻荆国夫人，集妾和女仆念佛，据佛教经籍所载，其妻梦游西方，见已往生之后品位金台；其子王，字元泽，少时著书十万言，治平进士，好老庄之学，尤喜佛经，曾著《佛书义解》，熙宁九年(1076)右迁龙图阁直学士，以病未就职，不久病殁。王安石因为中年丧子，顿悟人生无常；罢相之后，又感悟到世间真相即是佛性空理，遂舍建康之府宅为佛寺，即后世之半山寺，并请当时大和尚克文作住持，时时率众听讲，领悟佛法。《宋论》卷6:“桑弘羊、刘晏自任，而文之曰周官之法，尧、舜之道；则固自以为是，斥之为非而不服。若夫必不可为者，即令其反己自攻，固莫之能遁也。夫君子有其必不可为者，以去就要君也，起大狱以报睚眦之怨也，辱老成而奖游士也，喜谄谀而委腹心也，置逻卒以察诽谤也，毁先圣之遗书而崇佛、老也，怨及同产兄弟而授人之排之也，子死魄丧而舍宅为寺以丐福于浮屠也。若此者，皆君子所固穷濒死而必不为者也。乃安石则皆为之矣。抑岂不知其为恶而冥行以蹈污涂哉?”

【按】安石躬为廉俭,心欲为国兴利耳,然法立必行,纳谀愎谏,遂非惮改。言路相持,使家国两伤,然则以利利天下,且不可,况以利利身乎?古今以廉俭而行暴敛者,鉴此哉。

【按】手实之法,下及鸡豚,其实本于《管子》。《管子·地员篇》云:管仲之匡天下也。其施七尺渎田,悉徙五种,无不宜其立后而手实。手实之名始此吕惠卿,因以行手实之法。苏子瞻曰:左氏云管仲之世,祀也宜哉。讲其有礼也。而管仲之后,不复见于齐者。余读其书,大抵以鱼盐富齐耳,然后知管子所以无后。于齐盖利不与民争也。桑弘羊族灭韦坚王,铁杨慎矜王涯之徒,皆不免于祸。孔循诛死,刘晏自尽有以也。夫按子瞻之论,不恕于管仲。如此,况下此者乎?又考,宋如李咨元林特犹,俱不免非命,岂非剥下益上。阴贵最重耶。

宣和中,大盗方腊扰浙中。王师讨之,命陈亨伯发运使经制东南七路财赋。因建议如卖酒、鬻糟、商税、牙税与夫头子钱、楼店钱皆少增其数,别历收系,谓之经制钱[①]。其后卢宗元颇附益之。至翁产国为总制,使仿其法,又收骡马,谓之经制钱。靖康之初,尝诏罢之。绍兴初,孟庾提领措置财用,又用经制之额增析,而为经总制钱色目寖广矣。是时驻骅维扬,国用益困。吕颐浩叶梦得实总财事,四顾无策,遂踵行亨伯之法。其说以为征商,虽重未有能强之,使贩卖酒虽贵未有能强之,使饮若头子之类,特取于州县之余,而可供猝迫之,用梦得士人而其言如此。盖强敌压境,岁有吞噬,翠华南巡,莫知税驾。兵屯日多,将帅擅命,姑为剜肉医疮之计,无暇为宽征薄敛之事耳。及和好之后,因仍不革,遂为生民大害。初亨伯作俑,其兄哭于家庙,谓剥民产怨祸必及子孙。盖深痛利孔溃流,家国同殃也。不旋踵而举族北辕,万灵

① 宋代为支付军政费而筹措的一宗款项;又是各地为筹措这项经费而加征的苛捐杂税的总名目。宣和(1119—1125)中,军政支出浩繁,总揽东南地区财赋的发运兼经制使,建议增收卖酒钱、印契钱、头子钱等以充经费。因系经制使建议,故称“经制钱”。靖康时(1126)一度废除。南宋建炎二年(1128)恢复征收。绍兴五年(1135)总制使又仿照上法增税,于是又有“总制钱”的名目。

血肉亦可畏哉。时帝急于富国，见阿合马行事时有成绩，又数办屈史天泽，益奇其才，专委任之，所言无不从，阿合马益横，擢用私人不由部拟，不咨中书，复请复位条画，下诸路括户口，增太原盐课，以千锭为常额。复奏立江西榷茶运司及诸路转运盐使司、宣课提举司，宣课司官吏多至五百余人。崔斌上言江南官冗。阿合马一门子侄布处要津，有亏公道。帝是斌言，命黜之。阿合马竟以他事诬构，斌致死。天下冤之。时括江南户口，阿合马回纥人以言利有宠于元世祖。中统三年，始立左右部，分统庶务，以阿合马领其事，仍兼诸路转运使，专理财赋。阿合马以河南钧徐等州俱有铁冶，请兴鼓铸之利。乃括户二千兴煽之岁，输铁一百三万七十斤。又以太原民煮小盐，越境贩卖，民贪其价廉，竞买食之。解盐以故不售，岁入课银只七千五百两。请岁增五千两，无问诸色兵民，均出其赋。帝以阿合马为有能，因罢左右部归中书超，拜阿合马平章，事税课京兆等路，岁额自一万九千已增至五万四千锭。阿合马犹以为未实，欲核之，上察其非而止。益都千户王着，因人心愤怨阿合马，密铸大铜锤与妖人高和尚谋击杀之。时皇太子从帝如上都，阿合马留守京师着，以太子素恶其奸，乃遣二西僧至中书，诈称皇太子还都作佛事，复矫太子令，俾枢密副使张易发兵夜会东宫，易不察，遽以兵往。既而省中遣使出迎，悉为伪太子所杀夺，其马入建德门。夜一鼓至东宫前，立马呼省官至，前责阿合马数语，着即牵去，以所袖铜锤碎其脑，立毙。继呼郝祯至杀之，囚右丞相张惠。于是宿卫高觿，张九思开门大呼曰：此贼也。叱卫士速捕之，高和尚逃去，惟着挺身就囚，帝在察罕脑儿闻之，诏讨为乱者，获高和尚于高梁河，与王着张易皆弃市，着临刑大呼曰：王着为天下除害，今死矣。异日必有为我书其事者。阿合马既死，帝犹不深知其奸，及询枢密副使孛罗，乃尽得其罪恶。始大怒曰：王着杀之，诚是也。命发塚剖其棺，戮户于通玄门外，纵犬食之。四民聚观称快。籍其家得椟藏二人皮，问之。其妾云：每咒咀时，置神坐于上，又以帛二幅，画甲骑，围守幄殿，兵皆张弦，挺刃内向。状涉不轨逐，并诛其子忽辛等四人。寻令中书悉罢黜，其党与凡汰，其中省部者七百十四人，罢其滥设官府二百余所。又以郝祯耿仁党恶尤甚，命剖祯棺，戮其尸，下耿仁于狱诛之。

初阿合马专政，卢世荣①以贿进，为江西榷茶运使，以罪废。阿合马死，朝臣讳言利，无以副上意者。经制院使桑哥荐世荣才能富国，召问称旨，遂以世荣为右丞，即日奉诏，理钞法之弊目。谓其生财有法，用其法，当赋倍增而民不扰。翰林学士董文用谓之曰：此钱取于右丞家耶？取之民耶？取于右丞家则吾不知。若取于民则有说矣。牧羊者岁尝两剪其毛，今牧人日剪以献，主者固悦其得毛之多、然羊无以避寒热，既死且尽，毛又可得乎？民财有限，右丞将尽取之，得无有日剪其毛之患乎？世荣不能对。世荣言，天下岁课钞九十余②，以臣经画之，不取于民，可增三百万，自王文统后，钞法虚弊已久。宜括铜铸钱，并制绫券，与钞参行，泉、杭一州③宜立市，舶转运司，给民钱，令商贩诸番，官取其息七，民取其三。各路虽设常平仓，名存实废，宜取权豪所擅铁冶铸器鬻之，以其息储粟平粜，则可均物价而获厚利。民间酒课太轻，宜官给钞，行古榷酤法，仍禁民私酤。米一石取钞十贯，可得二十倍④。国家以兵得天下，不藉馈粮，惟资羊马，宜于上都隆兴诸路买

---

① 十二月，卢世荣先后提出几项财政改革措施，被世祖采纳实行者有：一、解除百姓私相买卖金银之禁，听民间从便交易；二、怀孟等路竹货系百姓栽植，官府拘禁发卖，使民重因，又致南北竹货不通，今罢竹监，从民货卖收税；三、江湖鱼课已有定例，贫民采捕，恃以为生，而官府到处拘禁，今后听民采捕；四、站户供给使臣饮食，以致疲弊，今后除驿马外，其余由国家支给；五、关于盐法，每引价钞本只15贯，国家未曾多收，但“官豪诡名罔利，停货待价”，以致卖到80贯，贫民多不得食，今“议以二百万引给商，一百万引散诸路，立常平盐局，或贩者增价，官平其值以售，庶民用给，而国计亦得”。六，关于酒课，“京师富豪户酿酒，价高而味薄，以致课不时输，宜一切禁罢，官自酤卖”。如此则“向之岁课，一月可办”（《元史·世祖纪十》）。

② 此处漏“万锭”。

③ 应为二州。

④ 原文中还有其他的财税改革措施：“国家虽设平准，然无晓规运者；宜令各路立平准周急库，轻其月息以贷贫民。如此，则贷者众而本且不失。又随朝官吏增俸，州郡未及；可于各路立市易司，领诸牙侩人，计商人物货，四十分取一，以十为率，四给牙侩，六给官吏俸。”参见：毕沅.续资治通鉴.3[M].长沙：岳麓书社，1992：602.

币帛，易羊马，选蒙古人牧之，岁收其皮毛，筋角、酥酪之用，以十之二与牧者，而马以备军兴，羊以充赐予。帝皆善而行之，乃请立规措所，所司官吏以善贾为之。帝曰：此何职？世荣曰：规画钱谷耳。从之。又言天下能规运钱谷者，为阿合马所用。今悉以为污滥出之，臣欲择而用之，惧有言臣私有罪者。帝曰：何必计此苐？用其可用者。于是擢用甚众。请于真定、济南、太原、甘肃、江西、江淮、湖广等处立宣慰司兼都转运司，以治课程。仍严立条例，禁诸司不得沮挠检察，以宣德王好礼并为浙西宣慰使。帝曰：宣德人多言其恶。世荣言彼自陈能岁办钞七十余万锭，是以用之。世荣既恃委任之，专无所忌惮。郎中周戡因议事异同，诬杀之。朝廷震慑，无敢言者。监察御史陈天祥独上疏，言世荣始为江西榷茶转运使，屡犯赃罪，动数万计。今竟不悛狂悖尤甚，虽居丞辖实专大政，恣行苛刻，大肆诛求，欲以一岁之期，致十年之积。考其行事，不副所言。始言能令钞法如旧钞，今愈虚始言。能令百物自贱，物今愈贵。始言不取于民，能令课程增三百万锭，今乃迫胁诸路官司虚增其数，凡若所为动为民扰脱，不早有更张，须其自败，正犹蠹，虽自除本病深矣。疏闻诏，丞相以下杂问其罪，令世荣天祥皆赴上都。于是御史中丞阿剌铁水儿等以世荣所招罪状上奏。世荣于帝前一一款服，乃罢榷酤。初民间酒听自，造米一石官取钞一贯。世荣以官钞五万锭立榷酤法，米一石取钞十贯，增旧十倍。至是罢之，听民自造。旋诛卢世荣，刲其肉以食鹰獭。世荣初以言利进，太子意深非之。曰：财非天降，安能岁取盈乎？桑哥素主世荣，闻太子言默然不敢救，竟诛死。桑哥狡黠豪横，好言财利，帝深喜之。卢世荣诛，遂有大任之意。复置尚书省，以桑哥铁木儿并为平章政事。桑哥以交钞及中统元宝行之既久，物重钞轻，逐建议更造至元钞行之。自一贯至五十文，凡十有一等，每一贯文视中统钞五贯文。旋奉诏检敷中书省，亏欠钞六千余锭。忝知政事杨居宽微自办，以为实掌铨选，钱粮非所专。桑哥怒令左右，掌其颊，遂与郭佑皆引服事。闻佑居宽皆坐弃市籍，其家人咸冤之。江宁县达鲁花赤吴德者愤言，尚书今日钩考[1]中书不遗余力，他日复为中书，钩考独不死耶？或以告桑哥，亟捕杀之。桑哥既摘委六郡钩考，百司仓库财谷，复以为不专其任，遂置征理司以主之。时理算之计，行入仓库司钱谷者无不破。彦及当更代人，皆弃家避之。桑哥又言，湖广钱谷已责偿于平章，要束木他省欺盗必多，请以参知政事忻都等十二人，理弄江淮、江西、福建、四川、甘肃、安西六省耗失之数，给兵以卫其行，诏皆从之。时天下骚然，而江淮尤甚，谗佞之徒，方且讽请立石为桑哥颂德。帝曰：民欲立，则立之。仍告桑哥使之喜也。碑成树之省前，题曰：王公辅政之碑。会朔方军兴而征求愈急，御史中丞董文用素不附，桑哥乃曰：民急矣。外难未除，而内伤其根本，丞相宜思之，因持郡国所上盗贼之目，谓之曰：百姓非不欲安乐，急法暴敛至此，御史台所以救时政之不及，丞相当有以助之，不当抑之也。桑哥益恨之，日摭台事谮于帝，欲罪之。帝曰：御史职也，何罪之有，既而江淮行省，言江南之民患增课，料民括马之苦。程巨夫入朝，时上疏言天子之职，莫大于择相。宰相之职英大于进贤，苟不以进贤为急，惟以殖货为心非。为上为德，为下为民之意，今权奸用事立，尚书钩考钱谷以剥割生民为务，所委任率贪饕邀利之人，江南盗贼窃发良以此也。臣以为宜清尚书之政，损行省之权，罢言利之官，行恤民之事，于国为便。桑哥大怒，羁留京师，不遣奏请，杀之凡六，奏帝不许。会日食地震，武平地陷，黑沙水涌出，坏官署四百八十间，民居无算，压溺死伤者数十万人。帝深忧之，集百官询致灾之由。议者畏桑哥，莫敢指切时政。时忻都王巨济等理算天下钱谷，已征者数百万。未征者尚数千万。民不聊生，自杀者相属。逃山林者，则发兵捕之。于是学士赵孟俯因阿剌浑萨里入奏于帝，谓须下诏蠲除，庶天变可弭。帝从之，诏草已具，桑哥怒曰：此必非上意。孟俯曰：凡钱谷未征者。其人死亡已尽，何所从取，非及时除免之，他日言事者，倘以失陷钱谷数千万，归咎尚书省，岂不为丞相深累耶？桑哥悟，遂赦天下民。赖少苏他

① 钩考：探求考核。

日彻里乘间，入言桑哥罪状，词语激烈。帝怒命卫士批其颊，血涌口鼻，委顿地上。少间复呼问之，办愈力。帝大悟，召不忽木问之，亦言桑哥壅蔽圣聪，诬杀言者，致民愁盗炽，旦夕召乱。非亟诛不可。廷臣言者益众，遂诏台省相与辩驳之。桑哥辞屈帝桑哥曰：为恶始终四年，台臣岂不知之？知而不言，当得何罪？遂斥罢台臣之久任者，免桑哥等官，命彻里帅卫士三百人，籍桑哥家得珍宝，如内藏之半。阿剌浑萨里以连坐亦籍其赀，罢征理司，诏下之日，百姓相庆。御史言，钩考钱谷，自中统至今三十年。更阿合马、桑哥当国设法已极其党，公取贿赂，民不能堪，不如罢之，便诏罢各路钩考，仆辅政碑并免撰文者阁复官。凡入其党者，悉除名为民。湖广平章要束木者，桑哥妻党也，尤为不法，逮至京师，籍其家资，黄金至四千两。遂诏下桑哥狱，复系要束木还湖广诛之。桑哥亦伏诛，其党纳速剌丁灭里、忻都、王巨济等俱逮狱。御史言其比党，桑哥理算江南钱穀，備急酷，虐民嫁妻卖女，殃及亲邻，维揚钱塘受祸尤烈，无辜死者五百余人。天下之人思食其肉，乞诛之，以谢天下。帝以忻都长于理财，欲释之。不忽木力争不可，日中凡七奏，卒并诛之。并寝复立尚书省专领右三部之议。

杨铁崖[①]曰：张士诚国亡于其弟士信，尤趣亡于毒敛臣周侲。侲山阳铁冶子人，号曰周铁星，以聚敛功至上卿。国败日伏诛，铁星曰：盐铁钱谷籍皆在我，汝国欲富，当勿杀我。主者怒曰：亡国贼不知死罪，尚敢言是耶？速杀之，吴人快之，咸额谢手谢天，曰：今日天开眼也。铁崖之诗曰：周铁星国上卿，谈申韩为法经，钉棰杖为国刑，千仓万库内外盈。十有三赋，争科名，周铁星鞭算箕敛，无时停开，血河筑血城，血战舰，血军营，刮民膏，嘣民髓，六郡赤骨填，刍灵齐云，倚天一日倾，

① 杨维桢（1296—1370），元末明初著名诗人、文学家、书画家和戏曲家。字廉夫，号铁崖、铁笛道人，又号铁心道人、铁冠道人、铁龙道人、梅花道人等，晚年自号老铁、抱遗老人、东维子，会稽（浙江诸暨）枫桥全堂人。与陆居仁、钱惟善合称为“元末三高士”。杨维祯的诗，最富特色的是他的古乐府诗，既婉丽动人，又雄迈自然，史称“铁崖体”，极为历代文人所推崇。有称其为“一代诗宗”“标新领异”的，也有誉其“以横绝一世之才，乘其弊而力矫之”的，杨镰更称其为“元末江南诗坛泰斗”。有《东维子文集》《铁崖先生古乐府》行世。

铁星亡国，法当烹。尚将六邑金谷，数乞死万一充虞衡。鸣呼，周铁星十抽一，锥百万钉，誓刳尔髅作溺罂。铁星碎，地启瞶，天开颊。

王旦曰：朝廷榷酤至矣。东南民力竭矣。此真宰相之言也。陈恕曰：陛下富于春秋，若知府库充实，恐生侈心此真度支之言也。李沆曰：中外条陈利害，一切报罢[①]，以此报国，此真宰相之识也。岳武穆用兵，每调军食，必蹙额曰：东南民力竭矣，此真将军之言也。他如均输、平准、间架、除陌、青苗手实中世行之。皆令国气萧索，民情波荡，而造端作法之人亦鲜令终此，何也？利必有害，其数然也。集怨敛，诅犯忌，干和神者，恶之矣。即刘晏以养民理财，算无遗策。厥后寃死。史犹以为精利所致，况其他乎？必不得已。如张咏[②]、陈恕[③]、赵开[④]、周忱[⑤]均节盈虚焉，可也。如刘巴策蜀权宜泉府，不至厉人焉可也。法于

① 报罢：指批复所言之事作罢，即言事不准。

② 张咏(946—1015)，字复之，自号乖崖，濮州鄄城(今山东鄄城)人。谥号忠定。太平兴国间进士。以治蜀著称。北宋仁宗时期，士大夫们将他与赵普、寇准并列。著有《张乖崖集》。

③ 陈恕(约945—1004)，字仲言，北宋江西石城人，《宋史》载为洪州南昌(今属江西)人。977年(宋太宗太平兴国二年)进士，任澧州通判。后被召入朝，升为工部郎中、知大名府。陈恕政纪严明，办事果断，按期完成了城防工程，抵御了契丹兵。因功升为户部副使；再升为右谏议大夫，知澧州。后改任河北东路营田制置使，再升为盐铁使。陈恕整顿赋税，疏通货财，使国家财政收入显著增长。太宗十分器重，亲自在殿柱上题写"真盐铁陈恕"五个大字，以示褒奖。991年(淳化二年)升为参知政事，位居副相。他主管国家财政，前后达十余年之久。卒时，年仅五十九岁。真宗曾为之废朝举哀，赠吏部尚书。《宋史》赞其"能吏之首"。

④ 赵开，字应祥，宋代普州安居(今四川乐至东北)人。宋哲宗元符三年(1100)登进士第，北宋末，除成都路转运判官。南宋高宗建炎二年，擢都大提举川、陕茶马事，改茶马之法及酒、盐法。绍兴十一年(1141)卒。《宋史》卷三七四有传。

⑤ 周忱(1381—1453)，字恂如，号双崖，江西吉水人。明朝前期名臣，以善理财知名。永乐二年(1404年)，周忱登进士第，补翰林院庶吉士。翌年进学文渊阁，寻擢刑部主事，进员外郎。洪熙元年(1425年)，迁越府长史。宣德五年(1430年)，授工部右侍郎，奉命巡抚江南，总督税粮。在任二十二年，常私访民间，询问疾苦。理欠赋，改税法，屡请减免江南重赋。与苏州知府况钟反复计算，将苏州一府赋自二百七十七万石减至七十二万余石。其余府按次序减少。累官工部尚书，仍为巡抚。晚年遭诬陷罢职，致仕归家。景泰四年(1453)卒，年七十三，谥号"文襄"。著有《双崖集》。

侊之三难，宽尧夫之一分焉可也。不然者，利孔一开，万窦并裂，头颡坠地，邦国随之，可叹也夫。

通夷卖主 躬被显戮

石敬塘与唐潞王有隙，惧诛。桑维翰倡谋，曰：公明宗爱婿，契丹主与明宗结为兄弟，能屈节事之，朝呼夕至，何患不成？敬塘意遂决反。即令草表称臣，且以父事之约。事捷之日，割卢龙一道及雁门关以北诸州以赂之。自是幽蓟十六州陷腥膻者四百三十二年，皆桑维翰之罪也。敬塘既借契丹得国，维翰亦以此得相。才逾十年，契丹竟执晋主重贵以归，而杀桑维翰。敬塘绝嗣而国灭矣，维翰身诛而家覆矣。赂敌者尚寒心哉。

刘承勋善数计事。南唐烈祖为粮科判官，称职迁德昌宫使。德昌宫唐之外府也。禅代之后，簿籍淆乱，钩校不明。承勋由是多入私家，盗用无算。家蓄伎乐数百人，每伎费数百缗，而珠玉服，饰称是。承勋诡佞赂遗权要，故穷极奢富，而久弗及谴。宋祖既平荆湖，诏江南具舟运湘中米。承勋请行，乃督巨艘数百舵，自长沙抵迎鸾。本以奸心预结，宋朝为后，时计及金陵平。承勋归京师，首陈运米事，以为己绩。太祖曰：此李煜勤王之职，岂汝功耶？特勿叙用，既而穷困，裸袒丐食于路，不胜其苦，冻馁而卒。使承勋不自陈乞，逐队归朝，终不失为士大夫，乃以贰心卖国，首露明廷，自取厌薄，特勿叙用，甚于丁公之刑矣。湘米千艘，无济馁鬼天道也夫。

陆完先为江西按察使，与宁王交善。及为兵部尚书，宸濠喜曰：护卫可得矣。遂遗完书并辇载货贿，令與宠幸钱宁。及藏贤等营运布置，竟复护卫宁等。又谋入宁世子进香为授立，计及宁王反，陆完等俱下狱籍家。嘉靖初，发完充军，余皆死于狱。始希非分之福，卒得非意之祸。私外藩而觊鼎祚者，鉴之哉。

元末东莞人王成作乱。乡绅何真时以副使请于官，起义兵除之。

募人能缚成者，予钞十千。于是成奴缚成以出。奴求赏，真如数予之。笑谓成曰：公奈何养虎遗患。因使人具汤镬驾车上，成惧以为将烹已也。真乃缚奴于上促烹之，使人鸣钲鼓，推车号于众。曰：四境无如奴缚主，以罹此刑也。人服其赏罚有章，遂争归之。后率众附大明焉，以十千卖主，适足营薪镬鼓车矣。快哉！斩丁公，烹成奴，使名义焕辉，日月开朗，千载仅两事耳。倘尽如不义侯之封，则一金钱世界而已，人类之灭不已久哉。

王景略初见桓温，扪虱[①]而谈当世之务，意欲用晋也。温不能用，乃仕苻秦，一见如旧交。临终，苻坚问以后事，则曰：晋滩僻处江南，然正朔相承，上下安和，臣没之后，愿勿以晋为图。坚违其言，遂以覆国。古今事虏而心存，中夏者景略一人而已。乐毅去燕仕赵。赵言伐燕，则曰终身不敢谋。燕之奴隶，况孙子乎？如毅者可谓不二心矣。此两贤者，千载诵之无间辞焉。以此见人伦天道之同也。若华人而有虏心，挟虏以固权位，始惟秦桧与汤思退。桧输心，金人诛锄边将尽，撤中国之武卫，以就和议。及洪浩朱弁北还，始知挞懒[②]所以用桧。桧所以通虏者，则已横焰不可支矣。汤思退代之，复以王之望为通问使，私

① 扪虱：披着粗布衣服。魏晋南北朝时期，士人流行服用“五石散”。服用这种本来是治疗伤寒的散剂后，全身发烧，之后变冷，症状颇像轻度的疟疾，所以服后一定要散步，大量吃冷东西，喝热酒，穿薄衣服，洗凉水澡。另外，服用这种散剂后，人的皮肤特别敏感，很容易被磨破。新衣服比较硬，所以魏晋名士大多痛恨新衣服，而喜欢穿柔软的破旧的、没有浆洗过的衣衫，如此便容易生出虱子来。那时，名士们一边谈天，一边把手伸到衣服里头捉虱子，都被认为是雅致的事情。因为只有经常服用五石散的人才有可能生出虱子来，所以有虱子可扪显然也是身份的象征。参见：郭灿金.中国人最易误解的文史常识[M].郑州：河南文艺出版社，2014:229.

② 完颜昌（？—1139），金大将、开国功臣。女真族。本名挞懒。金穆宗之子，金太祖族弟。少事完颜阿骨打，率金军灭辽有功。天会五年（1127）起任左监军进攻南宋，招降刘豫，纵秦桧归宋主和。九年在缩头湖（在今江苏兴化东）被义军张荣击败，退回北方。完颜宗翰死后，任左副元帅，执国政，与完颜宗磐、完颜宗信结党，主持和议，以河南、陕西还宋，全力巩固黄河以北的统治。被控与宋勾结，为完颜宗弼等排挤，出为燕京行台左丞相，后被杀。

许割海泗唐邓四郡以赂金。复令孙造谕金[1]，以重兵胁和。敌兵既动，言者始极论思退之罪，于是罢相。原秦汤之心，不过贪权势，恋货贿，极重难返耳。乃至卖国事敌，恶极滔天。桧既绝嗣，汤亦悸死。虽天道殛奸，而宋祚已去，哀哉。

徼倖谩国　卒蹈极刑

吕不韦者，阳翟大贾。遇秦太子，子异人质于赵，曰：此奇货可居。乃以千金见太子，夫人姊而说之，卒以异人为嗣，是为庄襄王。又娶邯郸姬绝美者，与居知其有娠，饮异人酒而献之，生子政为始皇。不韦益尊宠用，事后太后与嫪毒乱事败，连不韦，遂迁于蜀，饮酖死。覆其宗，夫断一臂而得千金，虽愚者不为金。费千金而失一族，所谓大巧必有大拙也。谓不韦善贾，吾不信矣。

靖康时，柔福帝姬随二帝北狩。有开封尼李静善者，尝遇宫婢，言其类貌柔福，教以宫禁事，令为奸诈。静善心喜，即自称柔福。蕲州钤辖韩世清送至行在，诏遣内侍验视之，其貌良是。问宫禁事颇能言之，但以足长大为疑，静善颦蹙。曰：金人驱迫如牛羊，跣行万里，宁复故态哉。上恻然，即诏入宫，授祠国长公主，下嫁妆资万八千缗。及显仁太后回銮，言柔福在五国城。适徐还，始知其诈，静善遂伏诛。

【按】徽宗三十四女有荣德帝姬[2]者，亦从驸马曹晟北迁。晟卒，改适金习古国王。绍兴中，商人妻易氏在刘超军中见内人，言宫禁事，遂自称荣德镇抚使。解潜送至行在，遣内夫人验之。诈下大理杖杀之。

---

① 此处“金”应为传，疑为引述错误。《宋史》原文为：“复密令孙造谕敌以重兵胁和。上闻有敌兵，命建康都统王彦等御之，仍命思退督江、淮军，辞不行。仆散忠义自清河口渡淮，言者极论思退急和撤备之罪，遂罢相，寻责居永州。”

② 帝姬：即公主。据传，徽宗赵佶在女儿们的称谓上显示一下自己的才华。由他钦定，专门颁诏，凡他的骨血，女儿们一律不再沿袭“公主”的称谓，改叫“帝姬”。

此与静善时同事同，易氏独早败耳。宫掖[①]遂严，有如天上征事验情，败可立见。此神奸所不敢妄觊，而两女子狡狯，谈笑而为之。盖意在万八千缗，则糜身剉骨所不及顾矣。财货之令人忘死至此哉！

欲壑不厌 必以贿死

晋叔鱼生，其母视之曰：是虎目而豕喙[②]，鸢肩而牛腹，溪壑可盈，是不可餍也，必以贿死，遂弗视。其后，邢侯与雍子争田，雍子纳其女于叔鱼以求直。及蔽狱之日，鱼叔抑邢侯，邢侯杀叔鱼与雍子于朝。贿死之言，于是验矣。晋潘岳之母常诮责。岳曰：汝当知足，而干没不已乎？及岳与石崇同为孙秀所收，谢母曰：负阿母。遂与崇皆被诛。此二母者，皆不幸有是子者也。

陶朱公中男杀人，囚于楚。朱公乃装黄金千镒，置褐器中，载以一牛车，且遣其少子往视之。长男曰：家有长子。曰：家督乃遣少弟，是吾不肖，欲自杀。其母为言朱公，不得已而遣长子。为一封书遗故所善庄生，曰：至则进千金于庄生，所听其所为。长男至楚，发书进金如父言。庄生曰：可疾去，慎勿留。庄生间时入见楚王，言某星宿此，则害于楚王。曰：奈何？庄曰：独以德可以除之。王乃使使者，封三钱之府。楚贵人惊告朱公长男曰：每王且赦，常封三钱之府。昨暮王使使封之。长男以为赦，弟固当出也。重千金虚弃，庄生无所为也。乃复见庄生。庄生惊曰：若未去耶？长男曰：初为弟事，弟今议自赦，故辞生去。庄生知其意，欲复得其金，曰：若入室取金。长男即自入室取金持去。庄生羞为儿子所卖，乃入见楚王。曰：今臣出道路，皆言陶之富人朱公之子，杀人囚楚，其家为持金钱赂左右，故王非能恤楚国而赦，乃以朱公子故也。王大怒，命论杀朱公子，明日遂下赦令。朱公长男

① 掖，掖廷，宫中的旁舍，妃嫔居住的地方。《后汉书·和帝阴皇后纪》："后外祖母邓朱出入宫掖。"《晋书·儒林传序》："衅起宫掖，祸成藩翰。"

② 虎目而豕喙：虎视眈眈，豕喙长而锐。古人指贪得无厌之相。

竟持其弟丧归，其母及邑人尽哀之。朱公独笑曰：吾固知其必杀弟也，彼非不爱其弟，是少与我俱见苦为生难，故重弃财。至如少弟者，生而见我富，岂知财所从来？故轻弃之，非所吝惜，前日吾欲遣少子，为其能弃财故也。而长者不能故，卒以杀其弟事之理也，无足悲者。吾亦曰：以金脱死，即以金杀男天之道也。亦何足怪哉。

主父偃初贫，假贷无所得。客游甚困，诸侯宾客多厌之。乃上书阙下。朝奏暮召入见①，恨相见之晚，拜为郎中，岁四迁。数上疏言事，令诸侯得推恩，以地侯子弟，上以德施，实分其国。又说上徙天下豪杰于茂陵，内实京师，外销奸猾，上皆从之。及尊立卫皇后，发燕王阴事，偃有功焉。大臣皆畏其口，赂遗累千金。或说偃曰太横矣。偃曰：臣结发游学四十余年，身不得遂，亲不以为子，昆弟不收，宾客弃我，我厄日久矣。且丈夫生不五鼎食死，则五鼎烹耳。吾日暮途远，故倒行而暴施之。及为齐相，乃使人以王与姊奸事动王，王恐效燕王论死，遂自杀。偃始穷时，游燕赵。及贵，遂发燕事。赵王恐其为国患，乃使人上书告偃受诸侯金，以故诸侯子多以得封者，值齐王以自杀闻。上大怒，以为偃劫王，令自杀，乃征下吏治。偃服受诸侯金，实不劫，齐王令自杀。上欲勿诛公孙，弘以为非诛偃无以谢天下，乃遂族偃。呜呼！以口舌得官，以赂金夷族，祸福倚伏，老氏尝道之矣。

宣帝始立，微时许妃为皇后。霍光妻显爱小女成君，欲贵之，私使乳医淳于衍行毒，药杀许后。因劝光内成君，代立为皇后。显遗淳于衍蒲桃锦二十四，散花绫二十五匹。绫出巨鹿陈宝。光妻传其法，显召入第，使作之机用一百二十蹑②，六十日成一匹，直万钱。又与越珠一斛，绯绿③绫七百端，直钱百万，黄金百两。又为起第宅，奴婢不可胜

① 指早晨上书帝王，晚上就被召见。形容被朝廷任用之速。

② “蹑”是脚踏杆。古籍中与织作有关的材料里出现的“蹑”字，写法有蹑、镊、籋、缀。蹑在《说文解字》中有明确的解释：“蹑，踏也。”

③ 绯绿：以红、绿色搭配。主要是指官衣。参见：王栐，张邦基.燕翼诒谋录墨庄漫录[M].上海：上海古籍出版社，2012：17.

数。衍犹怨薄，曰：吾为若成何功，而报我若是哉？霍光薨后，酖后语悄泄，上始闻之而未察，稍稍削夺光家权，光子禹怨恨甚。因谋废立事发觉，禹要斩，显及诸女昆弟皆弃市，衍等连坐悉诛灭。嗟乎！衍成何功，显报之薄，而天报之优矣。

汉哀帝既幸董贤，宠受日甚。旬日间赏赐累巨万。诏将作为汉安帝既数遣中使往来，陵爵赏无度。尚书翟酺谏曰：昔窦邓之宠，倾动四方，兼官重绂，盈金积宝，至乃盗弄神器，几倾社稷。及其破坏，头颡[1]坠地，愿为孤豚，岂可得哉？夫致贵无渐失必暴，受爵无道殃必疾。今外戚近幸，重寻覆辙摧折，可必敛天下之财，填无功之家帑藏，殚尽民物雕伤，卒有不虞将复重赋。百姓怨叛，危乱之所倚也旨哉！致贵无渐之言，其于进退盈虚之理，洞晰而切痛矣。汉世多道黄老，卒无明着。如此者使殖宝自焚，孤豚接僵，可哀也夫！

汉文帝既尊宠邓通，使相人者相通。曰：当贫饥死。上曰：能富通者我也，何言贫？于是，赐通蜀严道铜山，得自铸钱，邓氏钱布天下矣。及文帝崩，景帝立，邓通免。家居，人告通盗出徼外铸钱，下吏验问颇有，遂竟案尽没入之。通家尚负责数巨万。长公主赐邓通，吏辄随没入之，一簪不得着身。于是长公主乃令假衣食，竟不得名一钱，寄死人家。然则表还铜山，束身佣力，通将免乎？曰：敝屣浮云，捐长物如弛重负者。此惟有道者能之。通如恋乳之婴，失乳而死，宁积乳滞癖死耳，遑虑终身乎？盖钱布天下时，已是死法也。

平陵士孙奋富闻京师，而性俭吝，从子端辟。梁冀椽，奋送绢五匹，食以干鱼。尝宿客舍，顾钱直甚少，主曰：君惜钱如此，欲作士孙景卿耶？梁冀尝遗奋马乘，从贷钱五千万。奋以三千万与之，冀大怒，告之郡县。认奋母为妻孙寿[2]守藏婢，云盗白珠十斛，紫金千斤，遂收拷

---

① 头颡：脑袋。

② 和平元年(150)，加封给梁冀食邑一万三千户，加上从前已有的就有三万户了。弘农人宰宣上书说大将军有周公那样的功勋，其妻也应该封为邑君。皇帝就下诏封他妻子孙寿为襄城君，同时兼食阳翟的租税，每年进项有五千万，此外还加赐给她赤绂。

奋，奋兄弟俱死狱中，悉没其赀，至亿七千余万。吁！兾[①]虽横恶，亦可为聚贿不散者之戒矣。梁冀在职二十余年，穷极满盛，威行宫府，何有于奋。一旦天心来复，桓帝震怒，与中常侍单超等五人成谋，诛冀诸梁及孙氏中外宗亲，送诏狱无少长，皆弃市县官，斥卖财货三十余万万。奋虽枉死幽愤，亦稍纾哉。

王莽败时，省中黄金万斤者为一匮，尚有六十匮。黄门、钩盾[②]、藏府[③]、中尚方[④]，处处各有数匮。长乐御府中，御府及都内平准帑藏钱帛珠玉财物甚众。莽愈爱之，赐九虎士人四千钱，众重怨无斗志。夫莽之初能捐四千万与人，今仅四千钱与死敌之士，何其悖也。

董卓初入洛阳，纵兵士大掠，淫掳妇女，谓之搜牢。又坏五铢钱，更铸小钱，悉取洛阳及长安铜人、钟虡、飞廉、铜马之属以充铸。及闻东方兵起，欲徙都长安，收诸富室，以罪恶诛之，没入其财物，死者不可胜计。又使吕布发诸帝陵及公卿以下冢墓，收其珍宝。入长安又筑坞于郿，高厚七丈，号曰万岁坞，积谷为三十年储。自云事成雄据天下不成，守此足以毕老。时王允与吕布及仆射士孙瑞谋诛卓，斩之吏士，大称万岁，百姓歌舞于道，长安士女卖珠玉衣装，市酒肉相庆者，填满街肆。弟旻璜等及宗族老弱在郿，皆为群下斫射死，尸卓于市。时天始热，卓素充肥，脂流于地，守尸吏为大炷置卓脐中，然之光明达曙。如是积日，诸袁门生聚董氏之尸，焚灰扬之于路。坞中有金三万斤，银九万斤，锦绮奇玩积如邱山。

---

① 兾：同“冀”。

②《汉书·百官公卿表上》：“又中书谒者、黄门、钩盾、尚方、御府、永巷、内者、宦者［八］官令丞。”颜师古注：“钩盾主近苑囿。”

③ 东汉少府属官有中藏府令，秩六百石。《后汉书·百官志》本注曰：“掌中币帛金银诸货物。丞一人。”

④ 汉代少府的下属机构有尚方，又有中尚方，前人多以中尚方为尚方的分支机构之一。其实，中尚方即尚方，位于禁中，故而又称为中尚方。参见：陆德富.汉代中尚方诸问题研究［J］.汉学研究，2016，34(3).

【按】莽卓凶虐无可拟，数暴敛，特其一耳。然罄省中之匮，不能续渐台之首。倾坞中之藏，无以掩溢地之脂，益知贿之不能救死也。

汉灵帝时，中官曹节王甫父兄子弟为卿校牧守令长者，所在贪暴，百姓不堪。甫尝使门生于京兆界，辜榷[1]官财物七千余万。京兆尹杨彪发之司隶，杨球奏收甫等下洛阳狱。及甫子永乐少府萌[2]，球自临考，五毒备极。父子悉死杖下，乃僵磔[3]甫尸于夏城门，尽没入其财产，妻子皆徙北。

中常侍张让在桓帝时已权倾内外。让有监奴，典任家事，通货赂，威灵震赫。扶风人孟佗者赀甚饶。与奴朋结，倾竭馈遗奴德之间。佗曰：君何所欲，吾力能办也。曰：望汝曹为我一拜耳时。公卿求谒让者车每填门。佗一日诣让，壅不得前，监奴望见为佗，率诸仓头迎拜于路，共舆入。宾客大惊，谓佗善让也。遂争赂佗珍宝，旬日间积赀至巨万。佗分遗让。让大喜，拜佗凉州刺史。受赂下拜，此自奴骨，不足道。孟佗能倾囊，以奴之差，有气色计数耳。近世张江陵之奴楚滨者，遂与缙绅往来，一时士大夫视孟侘，又如天上人矣。哀哉！灵帝时，让与赵忠等皆封侯贵宠，父兄子弟布列州邑，所在贪残为民蠹害。值南宫灾，让忠等说帝，敛天下田亩税十钱，以修宫室，铸铜人。又发郡县材木、文石[4]，部送京师，黄门常侍强拆贱买，复不为。即受材木，遂至腐积。刺史太守复增私调，又令西园驺分道督促。恐动州邑，多受贿赂。于是张角煽乱，黄巾响应。皇甫嵩以为宜解党禁，益出中藏钱，西园厩马，以助军。张钧亦言：张角作乱，万民乐附者，由十常侍宗亲、宾客典据州邑，侵渔百姓，百姓怨抑，无所诉也。盖皆以暴敛黩货，为祸

① 辜榷：垄断，侵占，搜刮，聚敛。这是商业交易中的一种包揽政府买卖的独占行为，出现于西汉末年，东汉更为流行。这种向官府包揽式买卖，从中可以获得垄断性的高额利润。真正能从事辜榷的多是豪门大族、高级官僚和与其相勾结的商贾。

② 漏“沛相吉”三字。

③ 僵磔：古代一种酷刑，把肢体分裂。

④ 文石：有花纹的石头。

败之源也。及何进谋诛让忠等，因共杀进。袁绍乃勒兵斩忠捕，宦官无少长悉斩之。让等数十人劫质天子走河上，追急，让等皆投河而死。

【按】甫让等放毒人物，嫉贼忠良，使阴阳乖剌，人用不康，恶逆备矣。即敛亩钱一事，民困已极。国之将亡，必有百孔千疮。而其大端皆在征敛调发，骚动闾阎。秦筑长城，隋征高丽，徽宗置花石纲，贾似道丈量，皆不旋踵覆败。其他即有不得已之役，而以扰民致乱者不可胜数。谋国者鉴之哉。

王猛伐慕容暐，暐遣慕容评拒。猛议以持久制之，猛乃遣骑五千，夜从闲道，起火高山，烧评辎重。火见邺中，评性贪鄙，鄣固山泉，卖樵鬻水，积泉绢如邱陵。三军莫有半志，猛闻之笑曰：慕容评真奴才也。虽兆亿之众不足畏，况数十万乎？吾破之必矣。暐亦让评曰：王高祖之子也。宜以宗社为忧，奈何专以聚敛为心乎。府藏之珍货，朕岂与王爱之？若冠军冒进，王持钱帛，安所置也？皮之不存，毛将安傅？钱帛可散之三军，以平冠凯旋为务。评惧而与猛战，大败单骑走。猛遣郭庆穷追至辽海高勾丽，缚评送之。

晋江州刺史刘胤矜豪日甚，专务商贩，殖财百万，纵酒耽乐，不恤政事。及朝廷征郭默为右军将军，默将赴召，求赀于胤，胤不与，由是怨胤。胤长史张满等素轻默，或倮[①]露见之，默常切齿。腊日，胤饷默豚酒[②]，默对使[③]投之水中。会有司奏：今朝廷空竭，百官无福，惟资江州漕运，而胤商旅继路，以私废公，请免胤官。书下，胤不即归罪，方自申理。盖肫因谓默曰：刘江州不受免，与张满等密有异图。惟忌郭侯[④]一人，欲先除之。默以为然，帅徒侯旦门开袭胤，矫诏讨罪，入至内寝，

① 倮：同“裸”。

② 豚酒：肉和酒。

③ 当着使者的面。

④ 指的是郭默。

牵胤下，斩之。掠胤女及诸妾并金宝还船。默亦为陶侃所诛[①]。

北魏太子晃监国，颇信任左右。又营园田，收其利。高允谏曰：天地无私，故能覆载王者无私。故能容养今殿下，国之储贰，万方所则，而营立私田，蓄养鸡犬，乃至贩酤市廛，与民争利，谤声流布，不可追掩。夫天下者，殿下之天下，富有四海，何求而无，乃与贩夫、贩妇竞此尺寸之利乎？昔虢之将亡神，赐之土田。汉灵帝私立府藏，皆有颠覆之祸，前鉴若此，甚可畏也。武王爱周、召、齐、毕，所以王天下。殷纣爱飞廉、恶来[②]，所以丧其国。今东宫俊乂[③]不少，顷侍御者恐非在朝之选，愿斥去邪佞，亲近忠良。所在田园分给贫下，贩鬻之物以时收散，如此则休[④]声日至，谤议可除。不听，中常侍宗爱，遂构告其罪魏主大怒，斩其宠臣道盛等于都街东宫，官属多坐死。魏主怒甚晃以忧卒。

后魏宦者刘腾手不解书，而多奸谋，善揣人意。胡太后以其保护之功，累迁至侍中光禄大夫，干预政事，纳赂为人求官，无不效者。后与清河王怿争宠，与元叉谋杀怿，幽太后于北宫，腾自执管钥。太后服膳俱废，乃叹曰：养虎得噬，我之谓矣。腾遂为司空八座九卿，尝日造腾宅参其颜色。然后赴省府，亦有终日不得见者，公私属请，惟视货多少。舟车之利，山泽之饶，所在榷固[⑤]，刻剥六镇，交通互市，岁入利息

① 关于郭墨被诛的过程是："初云下都，俄而还，停胤故府，招桓宣、王愆期。愆期惧逼，劝默为平南、江州，默从之。愆期因逃庐山，桓宣固守不应。司徒王导惧不可制，乃大赦天下，枭胤首于大航，以默为西中郎将、豫州刺史。武昌太守邓岳驰白太尉陶侃，侃闻之，投袂起曰：'此必诈也。'即日率众讨默，上疏陈默罪恶。导闻之，乃收胤首，诏庾亮助侃讨默。默欲南据豫章，而侃已至城下筑土山以临之。诸军大集，围之数重。侃惜默骁勇，欲活之，遣郭诵见默，默许降，而默将张丑、宋侯等恐为侃所杀，故致进退，不时得出。攻之转急，宋侯遂缚默求降，即斩于军门，同党死者四十人，传首京师。"

② 恶来与父亲飞廉一起为纣王效力。飞廉擅长跑步，恶来力气大，恶来的弟弟季胜是赵国的祖先。周武王伐纣，杀死了恶来。恶来的子嗣就是女防，是秦国第一任君主秦非子的五世祖父，秦始皇的三十五世祖。

③ 俊乂(yì)：贤能的人。

④ 休：美善，吉庆。

⑤ "榷固"谓"专略其利，障固其市"，大约相当于今日之欺行霸市。

以巨万万计。逼夺邻舍，以广其居，远近苦之。及腾卒后，遂与帝谋诛元叉。太后复临朝摄政，诏削腾官爵，发腾墓，暴散其骨，籍没家赀，尽杀其养子。

宋明帝即位，中书侍郎舍人尽用左右细人，阮佃夫、王道隆、杨运长等并参预政事。佃夫尤恣横，人有顺逆，祸福立至。大纳货赂，所饷减二百匹绢，则不报。书园宅饮馔过于诸王，妓乐服饰宫掖不如也。仆隶皆不次除官，捉车人至虎贲，中郎将马士至员外郎。及帝殂苍梧王即位，佃夫等仍货赂公行。褚渊袁粲，皆不能禁。时帝凶狂失德朝野，皆属意于建平王。景素、佃夫等不利立长君，欲除之。景素遂起兵据京口。及京口既平，苍梧骄恣尤甚。佃夫等谋因帝出江射雉。称太后乘令唤队仗，还闭城门，遣人执帝废之，立安成王准。事觉，苍梧收佃夫等杀之，悉诛与佃夫同谋者。

曹虎为右将军，初善于诱纳，日食荒客常数百人。晚节好货，赂而吝啬。罢雍州，得见钱五千万，他物称是。妓女[①]食酱菜，无重肴。东昏疑虎旧将，兼利其财，遂杀之。

《颜氏家训》云：邺下一领军贪甚，家僮八百。后坐事伏法，籍其家财，麻鞋一屋。其余财宝不可胜言。

王筠为临海太守。在郡侵刻，还资有芒屩[②]两舫，家累千金，外服粗敝，所乘牛常饲以青草。及遇乱为盗所攻，坠井卒。家人十三口同遇害，弃尸空井中。麻鞋一屋，亡屩两舫。守郡领军何鞋癖之同也。致相反者，筠以青草饲牛，而王济以人乳饮豕虎，以酱菜食伎，而侯君集以人乳饮姬，两姬皆不火。食夫穷奢如崩流，坠不可回壅赀，如堆肉恶不可食，生意尽矣。不亡得乎？

北齐库狄伏连鄙悋愚陋居。患蝇，杖门者曰：何故听入？其妻病，百钱买药，犹恨其多。家口百余，盛夏人料仓米二升，不给盐菜。冬[③]

① 在魏晋南北朝时期，妓指家内女乐。“妓”与“伎”相通。

② 芒屩(juē)：草鞋。

③ 原文为“各”。

至日[①]，妻为设豆饼。问豆所从得，云于马豆中分之。伏连大怒，杖典马食者。积年赐物俱贮别库，令一婢专司管钥。每入库检阅，必语妻子此官物不得辄用。至死身唯敝裈，而家积绢至二万余。武平中被诛，并籍入吁。至此真为官物矣。凡奇贪奇吝，类有鬼物凭之者。不然，何行事如狂，而言事若谶也。

朱异少贫，佣书自业。书毕便成诵。会有诏求异能之士，博士山宾表荐之，武帝召见，遂被知赏。然贪财冒贿，善伺上指[②]，固权宠，颇仿朝贤。人或规之，答曰：我寒士也。诸员皆恃枯骨轻我者，下之为蔑尤甚。我是以先之侯景之降也。帝意尚未果纳，异力赞之。及魏相高澄请相，景疑惧，致书于异，求绝和议。异受景饷金三百[③]，而和仍不绝，景逐反。异居权要三十余年。自员外常侍至侍中，四官皆珥貂。自右卫率至领军，四职并驱卤簿，皆近代所未有也。异及诸子，自潮沟列宅至青溪，其中台池、亭馆之胜，宾客恒满，财宝充积。而性吝啬，未尝散施厨下。珍羞腐烂，每月常弃十数车，虽诸子亲房亦不分赡。侯景之叛，以诛朱异，清君侧为名。及围台城，中外怨之，异惭惧而死。台城陷后，家室珍积，荡掠无遗。

梁武陵王纪与湘东王绎争帝，兵频战不利求和，请依前旨还蜀。上不许，纪以黄金一斤为饼，饼百为簉，至有百簉。银五倍于金，锦罽缯彩称是。每战悬示将士，不以为赏。宁州刺史陈智祖请散之，以募勇士，弗听。智祖哭而死。有请事者，纪称疾不见。由是将卒解体。樊猛击之，纪众大溃。猛引兵至纪所。纪在舟中绕床而走，以金囊掷猛。曰：以此雇卿送我，一见七官。猛曰：天子何由？可见杀足下，金将安之。遂斩纪及其幼子圆满。

梁沈约[④]之孙众，亦有文词，已降侯景复仕。众性吝啬，积赀巨亿，

① 缺“亲表称贺”。

② 指，应为意旨、意向之意。

③《南书》为二百两。

④ 沈约(441—513)，字休文，吴兴武康(今浙江湖州德清)人，南朝文学家、史学家。

而绝无所赈赡，自奉甚薄。每朝会衣裳破裂，至以麻绳为带，或躬提冠履，又囊麦饮以给食。朝士共鄙诮之，后以非毁朝政赐死。绝无赈赡，全是杀机。囊麦给食，亦类饿丐，死法备矣。何必以谤国罹殃乎！①

李义府常掌选事，惟贿是求。母妻诸子竞相市鬻，其门如沸。帝颇闻之，一日谓曰：闻卿儿婿辈多挠法，朕为卿掩覆，何不少勖之。义府勃然变色曰：谁为陛下道此。帝曰：何用问，我所从得但须自反。义府瞀然不谢，上由是不悦。高宗之不为桓灵者赖有此耳。时望气者谓义府所居第有狱气，宜积钱二十万缗以厌之。义府信之，聚敛尤急。义府居母丧，朔望给哭假。辄微服与元纪出城东，登古冢，候望气色。或告义府，窥觇灾眚②，阴有异图。又遣其子津召长孙无忌之孙延，受其钱七百缗，除延司津。监杨行颖告之，诏下义府狱除名，流嶲州，愤恚死。三子及婿同日流窜。人以为诛四凶，云义府之流也。太常刘祥道。实按之，或作河间道行军元帅。刘祥道破铜山大贼，李义府露布③榜于衢，以其钱多，故目为铜山贼也。义府多取人奴婢。及败，各散归其家，故其露布云：混奴婢而乱放，各识家而竞入。

张昌仪为洛阳令。借易④之权势属官，无不允者。风声鼓动，有薛姓者，赍金五十两，遮而奉之，昌仪领金，受其状至朝堂付天官侍郎张锡⑤。数日失状，以问昌仪。昌仪曰：亦不复记，但姓薛者即与。锡检

---

① 永定二年(558)，但服布袍、芒屩，以麻绳为带，又携干鱼蔬菜饭独啖之。朝士共诮其所为。众性狷急，于是忿恨。遂历诋公卿，非毁朝廷。高祖大怒。以众素有令望，不欲显诛之，后因其休假还武康，遂于吴中赐死。众之死，有他故否难考。假其不然，亦以狷急致祸。史所采者积毁之辞，不足信也。参见：吕思勉．两晋南北朝史(文明卷)[M]．武汉：华中科技大学出版社，2016：118.

② 灾眚：灾殃，祸患。《易·复》："上六，迷复，凶，有灾眚。"孔颖达疏："'有灾眚'者，暗于复道，必无福庆，唯有灾眚。"《后汉书·郎𫖮传》："以此消伏灾眚，兴致升平。"明郑若庸《玉玦记·梦神》："罹灾眚，叹三年，把身拘坎穽。"清谭嗣同《仁学》二三："使无水旱沴疠兵戈及诸灾眚，不数十年，本国之物产必不能支。"

③ 露布：捷报。

④ 易指张昌仪之兄。

⑤《太平广记》卷三十四在此处批曰：好大胆。

薛姓六十余人，并令与官，其蠹政如此。时昌仪兄弟货赂公行，甲第率侈。李湛曰：此海市蜃楼耳，岂得长久耶！未几易之，昌宗败，昌仪等皆伏法。海上楼台溘为晞露矣。悲夫！

张九龄见朝士趋附杨国忠以求官，语人曰：此曹皆向火乞儿，一旦火尽灰冷，当冻裂肌肤暴骨沟中耳。张彔亦云：君辈倚杨右相如泰山，吾以为水山耳。皎日一出得无失所恃乎。夫膏火自煎[1]，即冰山为烈焰；止水自照，即狂焰为冰山。死生变相，亦由心造耳。如闻道者，固有千年大凝之冰，亦有传薪不尽之火，是非诸乞儿所及知也。

唐中宗时，安乐公主及后妹郕国夫人上官婕妤，婕妤母沛国夫人郑氏，尚宫柴氏，贺娄氏后为临淄王所诛，女巫英儿陇西夫人赵氏皆依势用事，请谒受赇。虽屠沽藏获，用钱三千万[2]，则别降墨敕除官斜封，付中书，时谓之斜封官，钱三万，则度为僧尼，其员外、同正、试、摄、检校、判、知官，几数千人，西京东都各置两吏部，侍郎为四，铨选者岁数万人。安乐公主尝请昆明池，上以百姓捕鱼所资，不许。公主不悦，乃更夺民田作定昆池，延袤数里，累石象华山，引水象天津。欲以胜昆明，故名定昆。安乐有织成裙地[3]，直钱一亿，花卉鸟兽，皆如粟粒。正视旁视，日中影中，各为一色。诸分主多纵僮，奴掠百姓子女为奴婢。侍御史袁从之收系狱治之。公主诉于上，上手制释之，骄极势重。自虞失势，遂同韦后谋弑中宗。临淄王隆基勒兵斩韦后。安乐公主方照镜画眉，军士斩之，追废为悖逆庶人。

太平公主初与临淄王谋铢诸韦，有功，依上皇之势，擅权用事，与上有隙。宰相七人，五出其门，文武之臣大半附之，遂谋废立。又与宫人元氏谋于赤箭粉[4]中置毒，进于上。上乃定计诛之，悉戮其党。公主

① 膏：油脂。油脂因能照明而自招煎烧之苦。比喻有才能而招致祸患。

② 《资治通鉴》卷290，为"三十万"。

③ 据《资治通鉴》，此处衍一"地"字。

④ 天麻又名鬼督邮、定风草，又因其茎如箭秆而色赤，故名赤箭。传说唐明皇李隆基每日清晨调服一盅赤箭粉，作为滋补上品以保健养生，然后再临朝理政。

逃入山寺，三日乃出。赐死于家，诸子及党与死者数十人。子薛崇简以数谏其母被挞，特免死，赐姓李。籍公主家财货山积珍物，侔于御府廐，牧羊马田园，息钱收之，数年不尽。

玄宗时，贵妃三姊韩、虢、秦及二兄铦、锜五家，凡有请托府，县迎承峻于制敕四方，赂遗辐辏，其门朝夕如市。十宅诸王及百孙院婚嫁皆先以钱千缗赂韩虢，使请无不如意。上所赐与及四方献遗，五家如一，竞开第舍，极其壮丽。一堂之费动逾千万，既成，见胜己者，辄毁更为之。仲姊虢国尤豪荡。一旦，帅士徒突入韦嗣立宅，撤去旧屋，自为新第，但授韦氏隙地十亩而已。中堂既成，召工圬墁[1]，约钱二百万，复求赏。虢国以绛罗五百段赏之，犹为所嗤。玄宗尝戏秦国曰：阿瞒乐籍，今日幸得供奉夫人，请一缠头。秦国曰：岂有大唐天子阿姨无钱用耶？遂出三百万为一局。玄宗将幸华清宫，贵妃姊妹竞饰车服为一犊，车饰以金翠，间以珠玉，费不啻数十万贯。既而重甚，牛不能引，因复上闻，请各乘马。于是竞购名马，以黄金为衔，组绣为障泥，共会于国忠宅。将同入禁中五宅，车骑家别为队，队各一色。五家队合，烂若万花，观者如堵。国忠方与客坐，门下指谓客曰：吾家起细微，缘椒房之亲。至此未知所税，驾念终不能致，令名要当取乐于富贵耳。由是骄侈日增，常如不及世传。太平公主玉叶、冠虢国夫人夜光枕、国忠锁子帐，皆希代之宝，不能计其直。及禄山破潼关，帝西走至马嵬。陈玄礼等以天下计，诛国忠。已死，军不解。帝遣力士问故，曰：祸本尚在，帝不得已，与妃诀引而去，缢路祠下。虢国及国忠妻裴柔等奔陈仓，县令率吏追之。虢国先杀其二子，柔曰：丐我死，即并其女刺杀之。乃自刭。韩国亦为乱兵所杀。独铦与秦国早死免于难。嗟夫！罄天下之膏血，以娱五家，亦涂一门之肝脑，以谢天下。敝席毕轮[2]，自古畏之矣。

---

① 圬墁：粉刷、涂饰墙壁。

② 敝席毕轮：“女爱不极席，男欢不毕轮。”女人所钟情的宠爱只在席梦之内，男人所拥有的欢乐也不会超出车子之外。

代宗初年，元载遂专政，复修李林甫之术，以货结内侍，董秀使主书卓英倩潜与往来。上意所属，载必先知有华原令顾繇言。元载子伯和等招权纳贿，坐流锦州久之。上厌元载所为，渐收载权。载犹与王缙比周，贪黩无已，用食物椀器至三千事。上乃与金吾将军吴凑谋收载缙于政事堂，赐死于万年县。载妻王氏及子伯和、仲武季能皆伏诛，有司籍载家财，胡椒至八百石[①]，他物称是。上复遣中使发载祖父墓，斫棺弃尸，毁其家庙，焚其木主。贪黩遗祸，可谓酷矣。

顺宗为太子时，王伾以善书入侍。伾寝陋，吴语无大略而好言事，帝亵之。时王叔文进犹止翰林，而伾入至翰林院，见李忠言牛昭容计事，诸党人门皆如沸，而伾尤剧候见者至宿其坊中，饼肆酒垆下一人得千钱，乃容之。伾阘猥专以纳贿为事，作巨匮裁，窍以受天下之赂。满则夫妇寝其上，已失势，忧不免，坐翰林中，行且卧，至夕大呼曰：伾中风矣。明日遂舆归，未几贬开州，司马死贬所。此精血扰乱自身，寝货匮时，神已离舍矣。金玉附体，剑戟攒心，人何苦以阿堵自刑哉！

窦参相德宗，阴狡而愎，恃权贪滥。每迁除，多与族子给事中申议之。申招权受赂，时人谓之喜雀。上颇闻之，谓参曰中必为卿累，宜出之，以息物议。参再三保其无他，申亦不悛。及参受汴州节度使，刘士宁绢事觉贬参欢州司马，男女皆配流，参竟赐死于路，窦申杖杀。货财奴婢悉传送京师。

宪宗时，堂后主书（即今堂后官）滑涣久在中书，与知枢密[②]刘光琦

① “胡椒至八百石”，常指官吏贪婪。清人丁耀亢在其所著的《天史》一书中，曾言：“人生中寿六十，除去老少不堪之年，能快乐者四十多年耳。即极意温饱，亦不至食用胡椒八百石也。惟愚生贪，贪转生愚。黄金虽积，不救燃脐之祸，三窟徒营，难解排墙之危，事于此侪，亦大生怜悯矣。”但是，在唐朝，胡椒从外国运来，故而价格不菲。唐朝人喜食胡椒，为历朝少见，餐餐顿顿，不可一日无此君。

② 随着唐末宦官权力的恶性膨胀，枢密使权力也迅速膨胀起来。到宪宗元和时期，枢密使刘光琦、梁守谦两人分掌上下两院；僖、昭宗时枢密使是王知古、杨虞郎两人，知古领上院，虞郎领下院。枢密使权力的急剧扩张是宦官专权这一特殊现象与枢密使本身职权的重要性相结合的结果。

相结。宰相议事有与光琦异者，令涣达意，常得所欲，杜佑、郑䌹等皆低意善视之。郑余庆与诸相议事，涣从旁指陈是非。余庆怒叱之，未几，遂罢相。以是四方赂遗无虚日，中书舍人李吉甫言其专恣，请去之。上命宰相阖中书四门搜掩，尽得其奸状，乃贬涣雷州，司户寻赐死，籍没家财数千万。

于頔既入朝，以司空同平章事久留长安，郁郁不得志，使其子太常丞敏重赂梁正，言属请枢密梁守谦求出镇。久之，正言诈渐露。敏索其赂不得，诱其奴支解之，弃溷中。事觉頔左授恩王傅绝朝谒。敏与弟季友皆流贬，僮奴死者数人。敏至秦岭死，事连僧鉴虚。鉴虚自贞元来，以财交权幸，受方镇赂遗，厚自奉养，吏不敢诘。至是，权幸争为之言，上欲释之，中丞薛存诚不可。上遣中使诣台宣旨曰：朕欲面诘此僧，非释之也。存诚对曰：陛下必欲面释此僧，请先杀臣，然后取之。不然臣期不奉诏。上嘉而从之，乃杖杀鉴虚，没其所有之财。

皇甫镈为司农卿，以聚敛得幸。又以厚赂结吐突承璀，遂与程异同平章事判使如故。制下，朝野骇愕，市井负贩者亦嗤之[①]。裴度、崔群力陈其不可上，不听。度耻与小人同列，表求自退。复上疏，以为镈、异皆钱谷吏，佞巧小人，一旦寘[②]之相位，中外骇笑。况镈在度支，专务丰取刻与[③]。凡仰给度支者，无不思食其肉。比者裁损淮西粮料，军士怨怒。会臣至行营，晓谕慰勉，仅无溃乱。今旧将旧兵悉向淄青，闻镈入相，必尽惊忧，知无可诉之地矣。上以度为朋党，不之省。镈自知不为众所与，益为巧谄以自固，奏减内外官俸以助国用。时内出积年缯帛，付度支令卖。镈悉以高价买之，以给边军，其缯帛朽败，随手破裂，

① 程异(？—819)，字师举，唐宪宗朝大臣。京兆长安(今西安市)人。程异以善理财税，发展经济，增加国库，得以位居宰相，但朝中的权贵阶层认为他资历浅薄，不堪大任，称他“虽人品庸下，然心事和平，可处烦剧，不宜为相”。宦官上表请皇太子李纯主持国政。李纯监国，保守派夺得政权，革新派受到打击，主要成员均遭贬谪，程异被贬为郴州(今湖南郴县)司马。

② 寘：置。

③ 刻：刻薄。与：给。取之于民的多，用之于民的少。多形容残酷地剥削。《荀子·君道》：“上好贪利，则臣下百吏乘是而后丰取刻与，以无度取千民。”

边军聚而焚之。度因奏事言之。镈于上前引其足曰：此靴亦内库所出，臣以钱二千买之，坚完可久服，度言不可信。上以为然，由是镈益无所惮，专以掊克取媚，人无敢言者。镈复荐柳泌为上合长生乐，又附吐突承璀，欲立澧王。穆宗初立，欲诛镈，萧俛及宦官救之。乃贬镈崖州司户。死，市井皆相贺。

元和中，淮南节度使王锷家巨富，厚进奉。既入朝，赂宦官求平章事。白居易谓：宰相人臣极位，非清望大功不授。锷在镇百计诛求，货财既足，乃入进奉。若除宰相，藩镇皆谓锷以进奉得之。竞为刻剥，百姓何堪，事乃寝。然左右受锷厚赂，多称誉之。又颇有吏才，工于完聚，到镇岁余，兵马数倍于初，器清廪足。又进家财三十万缗上，复欲加锷平章，事为李藩李绛谏止。锷卒，有二奴告锷子稷改父遗表，匿所献财。上命鞫于内，仗遣中使诣东都检括锷家财。裴度谏曰：锷既没其所献财，已不为小。今又因奴告，检拈其家臣，恐将帅各以身后为忧。上遽止，中使以二奴付京兆杖杀之。稷为德州刺史，承父锷余赀横海。节度使李全略利其财，密教军士杀稷，屠其家，纳其女为妾，以军乱闻。呜呼！象有齿而焚其身贿也。锷仅能免其身而祸钟于子。君子是以知富之难守也。

高骈自干符以来贡献不入天子，宝货山积于进奉楼。及毕师铎入广陵，囚骈于高第。宣军以所求未获，焚进奉两楼数十间，宝货悉为煨烬。先为盐铁使，既积年不奉贡货财。在扬州者，填委如山，骈作郊天御楼，六军立仗仪服。及大殿元会内署行幸供帐器用，皆刻镂金玉蟠龙，蹙凤数十万。事悉为乱兵所掠，归于闾阎。张陈寝处其中师铎，复幽骈于道院。左右无食，至然木像煮革带食之，有相啖者。秦彦与毕师铎出师屡败，疑骈为厌胜。杨行密攻围益急，恐骈党有内应者，乃命刘匡时杀骈，并其子弟甥侄无少长皆死，同坎瘗之。

王涯为相，筦利权。窦氏女归请货，一玉钗须七十万钱。王曰：七十万钱，一月俸耳。岂于女惜，但一钗七十万，此妖物也，必与祸相随。女不复敢言。数月，女自婚姻会归，告王曰：前时钗为冯外郎妻首饰矣，乃冯球也。王叹曰：冯为郎吏，而妻之首饰有七十万钱，其可久乎？后未浃旬，冯晨谒贾相。有一青衣捧地黄酒出，饮之，食顷而毙。盖贾有苍头[①]，与冯有隙，鸩之故也[②]。

【按】贾为出涕罔知其由，而涯言遂验矣。涯知物妖，而不知权妖能料。冯而不能自料，乃至奴杀门客，而贾勿诘，奸祸来，神昧卒，皆死有由矣。

夫又【按】涯奢豪殊甚，庭穿一井金玉为栏，严其锁钥，天下宝玉真珠悉投于井。汲水供饮，未几遇害，而骨肉色并如金。

【按】《稽神录》云：杨子留后，吴尧卿得一木桃核，可容数升。异而磨食之，食尽，颇觉轻健。毕师铎之，难尧卿投井死。久之，获其尸体，已腐，而脏腑有成金者。呜呼！使王吴中才无咎，必享遐龄矣。然则涯知吏有妖钗，而又不知家有妖井也。甘露之变[③]，仇士良腰斩涯等，亲属皆死，孩稚无遗。百姓观者怨涯榷茶[④]，或诟詈，或投瓦砾击之，祸虽冤痛其奢殄，亦足以死哉！先是潘孟阳在德宗朝为翰林学士，恩渥极异。有一京尹何候累日不得见，乃遗阍者三百缣[⑤]。刘夫人知之，谓潘曰：岂有为人臣，使京尹愿一见，遗奴三百缣者，危可知矣。遂劝潘避位。夫刘之叹阍奴即涯之叹郎吏也。而刘有避位之哲，涯昧

① 苍头：指奴仆。

② 此处省略颇多。详见《朱子小学》卷6。张亮采在《中国风俗史》（东方出版社1996年版，第103页）中将此归入“家法”类。

③ 公元835年（唐大和九年），27岁唐文宗不甘为宦官控制，和李训、郑注策划诛杀宦官。夺回皇帝丧失的权力。11月21日，唐文宗以观露为名，将宦官头目仇士良骗至禁卫军的后院欲斩杀，被仇士良发觉，双方激烈战斗，结果李训、王涯、贾悚、舒元舆、王璠、郭行余、罗立言、李孝本、韩约等朝廷重要官员被宦官杀死，其家人也受到牵连而灭门，在这次事变后受株连被杀的有一千多人。史称“甘露之变”。

④ 榷茶，中国唐代以后各代所实行的一种茶叶专卖制度。榷茶起始于唐。《旧唐书·穆宗本纪》载，长庆元年（821），“加茶榷（茶叶专卖税），旧额百文，更加五十文”，表明此时中国某些地区或已开始榷茶。文宗太和九年（835）十月，王涯为相，极言“榷茶之利”，乃置榷茶使，征购民间茶园，规定茶的生产贸易，全部由官府经营。结果民怨沸，推行不久，因王涯被诛而废止。

⑤ 缣是双经双纬的粗厚织物之古称。古时多用作赏赠酬谢之物，亦用作货币或纸张。

勇退之几，使事变纠萦，家族狼籍，智不若妇，骨杇如金，可哀也夫。

成化时，有妖人王臣能摄人物经目，即窃夤缘[①]。近幸见上，得为锦衣千户，命中官王敬偕臣采药。所至纵暴横索货财，搜取奇玩，官民并受其害。至苏州，镕元宝银至二千余锭。玩器之精绝者检括殆尽。复拘苏庠诸生，日录妖书不休，实欲得赂。诸生陆完辈不胜忿伺，欲欧之。敬及臣走匿以免。适王恕以巡抚至，疏其辠恶激变，乞诛之。诏差官校械二人，至下锦衣狱。敬充净军，臣斩于市，中外快之。

正统时，内官王振权移人主，生杀在握，廷臣皆行跪礼。尚书徐禧、侍郎王佑等首开趋附之路，宣言于众曰：吾辈以某物相送振，乃大喜。于是外臣百执及部院等俱具礼进见，以百金为寻常。重至千两者，始得一醉而出。以百金侑一跪，以千金易一醉，人之颠倒有如此者。及来寇，振不与大臣议，而私请上亲征。百官伏阙，恳留不听。驾至土木，欲入保怀城，而振以辎重在后，留待不肯去。刃及其颈，犹恋辎重。贿之夺魄，有如此者。追至合围，兵大败，上北狩。振亦被杀，报至京师，大震。郕王监国言官劾振擅权误国，宜正典刑。锦衣卫指挥马顺从旁叱，各官起众争殴蹴，踏毙庭中。复索振亲随王毛二人，亦殴杀之。王令旨籍振家，并其党伏诛。凡振器服宫室，上方不逮。金银十余库。脔振侄王山于市，族戚无少长皆斩。

正德间，前有司礼监刘瑾，后有锦衣指挥朱宁，皆擅主权，肆纳赂。瑾屡兴大狱，逮治言官，勅各处太监，干预刑名，毒虐遍中外，无不怨恨切齿者。张永等因疏其大罪十七事，谓激变宁夏，心不自安，阴谋不轨。上允其奏，即执入内狱，送锦衣卫，坐以谋反，陵迟三日处死，悉诛其家属，籍其家。右金二十四万锭，又五万七千八百两，元宝五百万锭，银八百万，又一百五十八万三千六百两，宝石二斗，金甲二，金钩三千，玉带四千一百六十二束，狮蛮带二束，金银汤𥁞[②]五百，蟒衣四百七

① 夤缘：指攀援，攀附。《文选·左思〈吴都赋〉》："夤缘山岳之岊，幂历江海之流。"

② 𥁞：烹饪用具，周围陡直，较深。

十袭，牙牌二匮，穿宫[1]牌五百，金牌三，衮衣四，八爪金龙盔甲三千，玉栞[2]一，玉瑶印一颗，以上金共一千二百三万七千八百两，银共二万五千九百五十八万三千六百两。籍朱宁有金七十扛，共十万五千两（《锦衣志》[3]作黄金万斤），银二千四百九十扛，共四百九十八万两（《锦衣志》作白金三十万斤），碎金四箱，碎银十匮，金银汤盬四百，金首饰五百十一箱，珍珠二匮，金银台盏四百二十付，玉带二千五百束。锦衣志有狮蛮带二束，金绦环四箱，珍珠眉叶缨络七箱，乌木盆二，花盆五，沉香盆二，金仙鹤二，对织金蟒衣五百箱，罗钿屏风五十，大理石屏风三十二座，围屏五十三，扛苏木七十扛，胡椒三千五十石（《锦衣志》作胡椒千五百石），杳椒三十扛，段匹三千五百八十扛，绫绢布三百二十扛，锡器磁器三百扛，佛像一百三十匮，又三十扛，祖母绿一尊（《锦衣志》作祖母禄），佛像二，铜铁狮子四百，车铜盆五百，古铜炉八百三千，古画四十扛，白玉栞一，金船二，白玉琵琶一，铜器五十扛，巧石八十扛。《锦衣志》云：他奇瑶亏弩器甲称是，一[4]卖园宅直三千万万计，增益县官二岁赋。呜呼！胡椒八百斛，珊瑚七尺高，书之史册，以为极侈，视此不寒俭乎。李旻读王恺石崇传笑曰：穷俭乞儿，以此为富事，固有之矣。措大奚诧，于是言哉。

又【按】江彬籍没时，黄金七十匮，白金二千二百匮，金银首饰五百一十箱，金银汤四百余。严世蕃籍没时，黄金三万二千九百六十九两，白金二百二万七千九十两，而珠玉珍玩之类不与焉。据此，则本朝奸富数倍于前，国贫中饱其来已久，而得祸大略亦可见矣。崇祯之季，贪黩成风。上虽摘发严诛，不为衰止。及闯贼之乱，缙绅章赂之家被祸独酷，盖有阖门骈命者。比陷燕京，俘紧要津，敲扑索赂，楚毒备至，

① 穿宫：出入宫禁。

② 栞，古同“琴”。

③《锦衣志》，明王世贞撰。“客有征锦衣事者，不能详，余以所闻答之，退而诠其语曰《锦衣志》。”

④“一”疑为“斥”。

虽宰辅不免。悲夫！身名既污，家国同覆，啜其泣矣！何嗟及矣。贪人胡不此戒哉。

石崇被收，叹曰：奴辈利吾家财。收者曰：知财致害，何不早散之人，以免其害。崇不能答。或以为散之，不知勿聚之为收愈也。

齐曹武被收，叹曰：诸人知我无异意，所以杀我欲取吾财，货妓女耳。武之叹，即崇之叹也。而又曰：恨令众辈见之，武何恨于是，夫既自有以致之矣。死途一辙，熙攘相趋，世非钱之癖而死，是癖也。哀哉！

唐太宗谓侍臣曰：吾闻西域贾胡得美珠，剖身以藏之有？诸侍臣曰：有之。上曰：人皆知，彼之爱珠而不爱其身也。吏受赇抵法，与帝王殉奢欲而亡国者，何以异于彼胡之可笑耶。

金括宋财 其余如响

宋靖康元年十二月，金兵陷汴京。帝如青城粘没喝①军。金遣使来索金一千万锭，银二千万锭，帛一千万匹，于是大括金银。二年正月，金人索金帛急，且再邀帝至营。金主吴乞买得宋帝降表，遂废帝及太上皇为庶人。知枢密院事刘彦宗请复立赵氏，不许。时金人根括津搬，络绎道路。上遣使归云：朕拘留在此，候金银数足，方可还。于是再增侍从郎中二十四员，再行根括②。又分遣搜掘戚里、宗室、内侍、僧道、伎术之家，凡八日得金三十万八千两，银六百万两，衣段一百万。诏令权贮纳，时根括已申了绝。二月，军前取过教坊人及内侍蓝折等言，各有窖藏金银，乞搜取二酋，怒甚。于是开封府复立赏，限大行根括。凡十八日，城内复得金七万，银一百十四万，并衣段四万。纳军前二酋，以金银不足，杀提举官梅执礼等四人，余各杖数百。乃下令曰：根括已正典刑，金银或尚未足，当纵兵，于是再括。复邀上皇出城诣

① 粘没喝，即粘罕，金大将。1127年率兵攻破京师，俘虏宋徽宗、钦宗等三千多人。

② 根括：彻底清查；彻底搜求。

军，前金人以二帝及后妃、太子、宗戚三千人北去，百官遥辞二帝于南熏门，众痛哭，有仆绝者。凡卤簿[1]、冠服、法物、乐器、祭器、宝鼎、圭璧、浑仪、铜人、刻漏、古器、景灵宫供器、太清楼秘阁三馆书、天下府州县图及官吏内人、内侍、伎艺、工匠、优倡、府库蓄积为之一空。自开辟以来，夷狄之祸，未有若是之酷也。其后蒙古侵金，金势日蹙，乃议迁于汴，而以左丞抹撚尽忠平章。完颜承晖留守中都，蒙古主闻之，怒曰：既和而迁，是不释憾，特以和款我耳。兵复围中都，承晖仰药死，尽忠潜出城南奔，蒙古遂入中都。吏民死者甚众，宫室为乱兵所焚，月余不灭，而辇其府库之实北去。于是，金祖宗神御及诸妃嫔皆没焉。蒙古主复遣速不台攻汴，攻城十六昼夜，内外死者以百万计。金主母明惠皇后陵亦被发。金人乃以酒炙犒蒙古兵，且以金帛珍异赂之。速不台乃许退兵，散屯河洛间，汴京解严。大疫凡五十日，诸门出柩九十余万，贫不能葬者，不在是数。是时，汴京粮尽援绝，势益危急，乃议避迁向河朔。金主与太后皇后妃主大恸而别。速不台闻金主弃汴，复围之。攻城日急，内外不通。米升至银二两。殍死相望，缙绅士女多行乞，于是至自食妻子者。元帅崔立因民汹汹，遂谋作乱。杀两相，勒兵入宫，议立卫绍王太子从恪为梁王，监国而自为郑王。送款诣蒙古军，以天子衮冕[2]后服进于速不台，又括在城金银，搜索熏灌，讯掠惨酷。贵族富人不堪其毒，窃相语曰：攻城之后，七八日中，诸城门出葬者，凡百万人。恨不早预其数，立遂以太后王氏、皇后徒单氏、梁王及荆王守纯诸妃嫔，凡车三十七，两宗室男女五百余人，衍圣公孔元措、名儒梁陟，及三教、医流、工匠、绣女赴青城。速不台杀二王及宗属，而送后妃等于和林，在道艰楚万状，尤甚于徽钦之时。完颜氏在汴者，尽屠之。嗟夫！元之搜括金，即金之搜括宋也。金之崔立逼后，王妃主赴青城，

① 卤簿的“簿”就是册簿的意思，就是把“车驾次第”和保卫人员装备的规模、数量、等级形成文字的典籍。

② 衮冕：即衮衣和冕，是古代皇帝及上公的礼服和礼冠，是皇帝等王公贵族在祭天地、宗庙等重大庆典活动时穿戴用的正式服装。

即宋之范琼、徐秉哲逼上皇出宫，籍诸王妃主名联袂往北也，而屠杀又加惨焉。大道恢恢，无往不复。然未有出反不爽如是者，且金兵屯青城，宋帝出降，元兵屯青城，金主出走，此一地也。曾不百年，再见亡国之辱，报施之巧，岂人所为可不戒哉。

法吏摘奸 洞白枉抑

三国魏高柔迁廷尉，护军营士窦礼近出不还营，以为亡去。表请逐捕，并没其妻盈及男女为官奴婢。盈诣廷尉称冤。柔问曰：汝何以知夫不亡？对曰：夫少单，特养一老妪为母，又哀儿女，抚视不离，非是轻狡不顾室家者。柔复问曰：汝夫不与人怨仇乎？对曰：夫良善，与人无怨。又曰：汝夫不与人交钱乎？此诘出人意表。若天启其聪者，所谓莫为而为也。对曰：尝出钱与同营士焦子文，久求不得。时子文适坐小事系狱，柔乃见子文，问所坐言次。曰：汝颇曾举人钱否？子文曰：自以单贫，不敢举人物也。柔察子文色动，遂曰：汝昔举窦礼钱，何言不举耶？子文怪事露，应对不次[①]。柔曰：汝已杀礼，宜早服。子文叩头，具首杀礼本末，埋藏之所。柔遣吏卒往掘，即得尸。诏复盈母子为平民，抵子文罪。

司马悦仕魏宣武，为豫州刺史。时有上蔡人董毛奴者，赍钱五千，死于道。郡县疑民张堤为劫，又于堤家得钱五千。堤惧掠，亦自诬服狱上州。悦察言色，疑之。问毛奴兄灵之曰：杀人取钱，当时狼狈，应有所遗。此诘亦天启之。灵之云：遗得一刀鞘耳，悦取鞘视之，曰：此非里巷所为也。诘城中刀匠，匠郭门者前曰：此鞘是门所作，卖董及祖。悦即收及祖诘之。时复于及祖身上得奴所著皂襦[②]，遂一讯服。《魏书》

---

① 不次：语无伦次。

② 皂襦：黑色短袄。

张赦提性雄武，有规画。尝设方略，擒斩盗魁豹子、虎子[①]。已为幽州刺史雅，有清称。后乃纵妻段氏纳贿，遂用贪败，采访使李真香出案之。赦提惧，将逃。其妻姑，元丕妻也。妻恃丕亲贵，拟借岁内援，以是宽赦提，不为异计。恃妻奥援，岂高明男子所为想。赦提纵妻，正此欲根不断耳。此其死法也。已卒正大辟赐死，赦提将就尽，召妻责之曰：贪浊污吾者，卿也！又安吾而使不得脱九泉之下，当为雠仇矣。纵妻纳贿，冤滥必多，恶业纠缠[②]，绶使预逃，岂遂得脱耶？不能正妻于生，乃欲仇妻于死。多欲灭义，颠倒无识。史称其雄武有方略，何也？

北齐李稚廉为青州刺史时，有主簿徐干者，富而暴横，历政不能禁。稚廉初至，因其有犯收系之，干密通疏，奉黄金百铤，奴婢二十人。稚廉不受，遂杀之。向有干遇张延赏，则黄金通神，此狱竟寝矣。如遇李稚廉者，则钱适葬具耳，何神之有哉？

崔碣任河南尹，惩奸剪暴，为天下吏师。先是有估客王可久，以鬻茗致素封后。笈贿适楚，值庞勋作乱，穽[③]于寇域，逾期不归。有妻美少且寡戚属，常募人，访寇境，莫究其迹。洛城有杨干夫者，善卜。妻晨持一缣，决疑于彼。杨素熟其事，且利其财色，思以计中之。乃为端蓍虔祝，既兆，则曰：所忧岂非伉俪耶。是人绝气久矣。象见坟墓矣。遇劫杀与身并矣。妻号咷将去，即又勉之曰：幸择良辰清旭，当为再祝。妻诚信之，他日，复往布算，宛得前卦。乃曰：神也！异也！无复望也，仍言号恸非所以成礼第，择日举哀，绘佛饭僧，以资冥福。妻且悲且愧，以为诚言，无巨细事，一以托之。干夫主办，雅竭其志。则又谓曰：妇人茕独而衷，财贿寇盗，方炽身之灾也。宜割爱以谋安适。妻

① 张赦提，中山安喜人也。性雄武，有规画。初为虎贲中郎。时京畿盗魁自称豹子、虎子，并善弓马，遂领逃连及诸畜牧者，各为部帅，于灵丘、雁门间聚为劫害。至乃斩人首，射其口，刺人脐，引肠绕树而共射之，以为戏笑。其为暴酷如此。军骑掩捺，久弗能获，行者患焉。赦提设防遏追穷之计，宰司善之，以赦提为逐贼军将。乃求骁勇追之，未几而获虎子、豹子及其党余。尽送京师，斩于阙下，自是清静。见《魏书》卷89“张赦提传”。

② 恶业纠缠，佛教用语。虽然你不造恶，但恶因缘会来找你。

③ 穽：原意为捕野兽的陷坑，这里指拘禁人的牢房。

初不纳。夕则飞砾以惧之,昼则声寇以危之。次则役媒以饵之,妻多杨之义,遂许嫁焉。杨遂雄据厚产。又逾月,尽货旧业挈妻,卜居乐渠之北。明年,徐州平,天下洗兵。可久髡裸[①]而返访其庐舍,已易主矣。展转饥寒,循路哀叫,渐有知者,因指其新居。见妻及杨在门,欲为揖认,则诃杖诟辱,不堪其冤,诉于公府及法司。

【按】劾杨大行贿赂,取证于妻,遂诬其妄。尹正以诬辠绳之。值洛尹改更,则衔血赍冤于新政。前所鞫吏,因得肆毒于簧言[②],则又裂阃[③],配邑之遐者,可久双眦流血,两目枯焉。时崔公罢尹燕居,备聆始末。天启良便,再临山川,揽辔观风之三日,潜命就役所,出可久。敕吏掩干夫一家,兼素鞫胥,同梏其颈。命可久,暗籍家之服玩,所存尚伙。而鞫吏贿赂丑迹昭焉。于是捶胁血背,擢发折足,同瘗一坎[④],收录家产,手授可久。时离毕作冷,衣云复郁。断狱之日,阳轮洞开,通逵相庆,有出涕者。嗟夫!辇上贵人因循旧案,即有冤如海弗问,使崔公不罢。尹燕居不熟,采舆情簧口之吏,与通神之金,掩崔之明有余矣。至谓断狱之日,阳轮洞开[⑤],一夫雪恨天日。舒颜史氏亦善言哉[⑥]。

宋朱寿昌知阆州,州大姓雍子良屡杀人,挟财势得不死。至是又杀人,乃赂里民代出就吏狱。其[⑦]寿昌觉其奸,引囚诘之曰:闻子良与汝钱十万,许纳汝女为妇,且婿汝子。故汝代其命,有之乎?囚色动,则又擿之曰:汝且死,彼书券,抑汝女为婢,指钱为雇值,又不婿,汝子将奈何?囚悟,涕泣覆面,曰:囚几误死。遂以实对寿昌,立取子良,正诸

① 髡裸:谓脱去衣帽,剃去头发,露顶光身。

② 簧言:欺人的谎言。

③ 裂阃:发怒之意。

④ 活埋之意。

⑤ 太阳冲破云层,天气由阴转晴。

⑥ 选自高彦修《唐阙史》。

⑦ "其",疑为衍字。

法。张延赏[①]谓钱至十万，可以通神。此亦十万独不能神，何也？遇贪人则神，遇正人则粪土而已矣。

秦僧岁有焚身求施者，愚民辇钱堆积。届期僧果就火，士民悲仰。有御史某闻而来视，令止炬，亲扣所愿，三四不应。令人升柴栅察之，僧不言不动，但攒眉堕泪而已。盖诸髡缚着薪上，加以缁衲，而麻乐噤其口也。讯得其情，乃知岁岁如此。先邀厚施，比期取一愚髡当之耳。于是合院诛焉。夫自焚求施，此于佛法何当？况杀人以诈财乎。佛不庇奸，假灵于御史，亦快矣哉。

① 张延赏(727—787)，蒲州猗氏(今山西临猗)人，唐名相张嘉贞之子。《幽闲鼓吹》载：相国张延赏将判度支，知有一大狱颇有冤滥，每甚扼腕。及判使，即召狱吏严诫之，且曰："此狱已久，旬日须了。"明旦视事，案上有一小帖子，曰："钱三万贯，乞不问此狱。"公大怒，更促之。明日帖子复来，曰："钱五万贯。"公益怒，命两日须毕。明日复见帖子曰："钱十万贯。"公曰："钱至十万，可通神矣，无不可回之事。吾惧及祸，不得不止。"

卷　五

恢网第九下

随作随报 如影逐形

后晋彰德节度使张彦泽既降契丹，奉命将二千骑先取大梁，且抚安吏民。彦泽倍道疾驱，自封邱门斩关而入。顿兵明德门外，城中大扰。帝出降，彦泽纵兵大掠，贫民乘之亦争入富室，杀人取其货，二日方止，都城为之一空。彦泽所居山积，自谓有巧于契丹，昼夜酒乐自娱。骑从常数百人，乘醉杀合门，使高勋叔父并弟尸诸门。又杀桑维翰，又择取内库金珠奇货，封其余以待契丹。楚国夫人丁氏、延煦之母也有美色，彦泽使人取之。太后迟迴未与，彦泽诟詈，立载之去。契丹主入大梁，高勋诉彦泽，杀其家人。契丹主亦怒彦泽剽掠京城，以彦泽之罪宣示百官，问应死否？皆言应死。百姓亦投牒，争疏彦泽罪，乃斩。彦泽并都监傅住儿于市，仍命高勋监刑彦泽。前所杀士大夫子孙皆经杖号哭，随而诟詈，以杖扑之。勋命断腕出锁，剖其心以祭死者。市人争破其脑取髓，脔其肉而食之。

契丹既陷晋，以麻答为中京留守。麻答贪猾残忍，民间有珍货，美妇女必夺而取之。又捕村民诬为盗，披面扶目，断腕焚炙而杀之，欲以威众。常以其具自随，左右悬人肝胆手足，饮食起居于其间，语笑自若。常恐汉人妄去，谓门者曰：汉有窥门者即断其首。以来时契丹所留兵不满二千，麻答令所司给万四千人食，收其余以自入。又损汉兵食以饲胡兵，众心怨忿。何福进、李荣谋攻契丹，约以击佛寺钟声为号,汉兵夺契丹守门者,兵击契丹,杀十余人。因突入府中,李荣先据甲库,悉召汉兵及市人,以铠仗授之,焚牙门,与契丹战。荣召诸将并力劫恩州,团练使白再荣同行,诸将继至,鼓噪震地。麻答等大惊,载宝货家属走保北城。会日暮有村民数千噪于城外,欲夺契丹宝货妇女。麻答惧,奔定州。时李荣功最多而白再荣位在上。冯道等乃以再荣权知留后。再荣贪昧猜忌,以李崧和凝久为相,家富,遣军士围其第求赏给,崧、凝各以家财与之,又欲杀崧、凝以灭口。李穀责之曰:国亡主辱君辈握兵不救,今仅能逐一虏将,镇民死者几三千人,岂独公之力才得脱死?遽欲杀宰相,新天子谓后汉高祖也。若诘公专杀之罪,何辞以对?再荣惧而止,又欲率民则以给军穀又力争之乃止。汉人常事麻答者,再荣皆拘之,以取其财。恒人以其贪虐,谓之白麻答。及郭威入大梁,诸军大掠,入再荣之第执再荣,尽掠其财。既而进曰:某等常趋走麾下,一旦无礼至此,何面目复见公。遂刎其首而去。麻答返国,契丹主亦鸩杀之。嗟夫!夷狄贪残,盖其天性然,且不能逃天诛,况华人而夷狄其行者乎?

后汉苏逢吉为人文深好杀,尤贪诈。先为河东节度判官,帝尝令静狱以祈福,逢吉尽杀狱囚还报。及为相,朝廷草创百司庶务,悉委之逢吉,公求货财,无所顾避。继母死,不为服,庶兄自外至,不白逢吉,而见诸子。逢吉怒密语郭威,以他事杖杀之。初高祖入大梁,冯道李崧皆在真定。高祖以道第赐苏禹珪,以崧第赐逢吉崧。第中瘗藏[①]之物及洛阳别业逢吉尽有之。及崧归朝,自以形迹孤危,事汉权臣常惕惕谦谨,多称疾杜门。而二弟屿、嶬与逢吉子弟俱为朝士时,乘酒出怨言,云夺我居第,家赀逢值,由是恶之。未几,崧以两京宅券[②]献于逢吉。逢吉愈不悦。适李屿仆夫葛延遇,为屿贩鬻,多所欺匿,屿扶之,督其负甚急。延遇与逢吉之仆李澄谋上变,告屿谋反。逢吉闻而诱致

① 瘗藏:指殉葬品。《管子·侈靡》:"有差樊,有瘗藏,作此相食,然后民相利,守战之备合矣。"尹知章注:"瘗藏,谓古之樊者,或藏以金玉,或以器物,此棺椁之次浮也。"

② 宅券:房契。

之，因召崧至第，收送侍卫狱，屿自诬服狱[①]。上诏诛崧兄弟，家属及辞，所连及者皆陈尸于市。及隐帝为乱兵所弑，郭威入大梁，逢吉自杀。呜呼！逢吉取崧之家赀，又从而夷其家，曾不期年，逢吉亦身死而家破。天道不远，人犹冒货而不顾，可哀也哉。后周祖以逢吉之第赐王峻。峻曰：是逢吉所以疾李崧也。辞不处使峻处。权势间，皆以是心处之，何至有商州之祸哉。

楚马希声为南唐所俘，囚于扬州。及后周太祖遣马军都指挥使韩令坤等伐唐。令坤袭破扬州，复败唐兵于城东，擒陆孟峻。初孟峻之废马希萼，立希崇也[②]，灭故舒州刺史，扬昭晖之族，而取其财。杨氏有女，美，献于希崇。及令坤入扬州，希崇以杨氏遗令坤。令坤嬖之。既获孟峻，将械送周祖所。杨氏在帘下忽抚膺恸哭，令坤惊问之。对曰：孟峻昔在潭州[③]杀妾家二百口，今日见之，请复其冤。令坤乃杀之。嗟夫！人不可妄杀，虽女子亦能复雠，盖天实为之矣。

蜀司空张业性豪侈，强市人田宅，藏匿亡命于私第，置狱系负债者，或历年至有瘦死者[④]。其子继昭好击剑，常与僧归信访剑术。孙汉韶与业有隙，密告业父子谋反。李昊、安思谦复赞之。业入朝，蜀主命壮士就都堂击杀之。下诏暴其罪恶，籍没其家。

北齐文宣受禅，高德正实谋之。娄太后闻，谓文宣曰：汝父如龙，

①《资治通鉴》载：屿自诬云：与兄崧、弟屿、甥王凝及家僮二十人，纵火焚京城作乱；又遣人以蜡书入河中城，结李守贞；又遣人召契丹兵。

② 马希萼（900—953），五代十国时期南楚君主，楚王马殷之子，马希声、马希范之弟，马希广之兄。马希范在位时任武贞（武平）节度使，镇守朗州（今湖南常德）。后汉高祖天福十二年（947），马希范去世，将领排除马希范诸弟中年龄最长的马希萼，而拥护马希广继立，因而马希广、希萼之弟马希崇就以马希广之继位违反父亲兄终弟及的遗命挑拨马希萼。

③ 后汉隐帝乾祐二年（949），马希萼叛变，率军南下进攻南楚都城潭州（今湖南长沙），马希萼战败，马希广以不愿伤其兄为由，放弃追击。乾祐三年（950）马希萼结合蛮族军再度攻击马希广，并向南唐称臣，请求发兵攻潭州。马希广派军讨伐马希萼，大败。马希萼遂自称顺天王，并与蛮族军兵围潭州，守将许可琼投降，占领潭州，擒马希广。之后将马希广赐死。

④《旧五代史》为“病死”。

汝兄如虎，尚犹以人[①]。臣终尔乃行舜禹事，都因高德正教汝。文宣不悦，既受禅，晚年酗酒皆狂。德正屡谏文宣，怒曰：高德正每以精神凌逼人，因以刀刺之，血沾地。又令刘桃根斩其三趾，送还家。德正妻惧，出宝物满床，将寄人，而帝忽掩至其宅。见之怒曰：我府库中犹无此，诘所从来，皆诸元赂也。遂并妻斩之。曰：德正常教我诛诸元，今杀之，为诸元报仇也。

干道中，江西水灾。丰城农夫挈母及妻子，就食他所。过小溪，密语妻曰：谷贵艰食，岂能俱生？我襁儿先渡，母老不能来，可弃之。妇不忍，掖姑以行，足陷泥淖，方取履，见白金烂然在水中。拾得之，语姑曰：本为贫徙，今幸天赐，可归矣。登岸视其夫不见，唯儿戏沙。上问之，云被黑牛衔入林中。入林视之，流血丹地，已为虎所噬矣。忠臣孝子之肉，义士啖之。枭獍[②]之肉，豺虎岂嗜之邪？但不知封邵化虎后，能吞逆贼否耳？

陈自强者，韩侂胄童子师也。以侂胄汲拔自选人。登枢府才四年，自强、侂胄苞苴[③]盛行，四方书至，必题其缄，云某物并献。凡书题无并字，则不开。纵子弟、亲戚关通货赂，金帛充牣。都城火，自强所贮一夕尽煨烬。侂胄首遗之万缗，于是执政及列郡闻之，莫敢不助。未几，得六十万缗，几倍所毁。自强每语人曰：吾惟一死以报恩。王盖居恒称侂胄为恩王、恩父，而呼堂吏史达祖为兄，苏师旦为叔。侂胄败，自强窜岭表[④]，贿积悉空。死报恩王，恐此时死活不得耳。嗟夫！一死酬恩，此忠臣义士志也。乃用以趋炎走利何哉？大义不明，枉死如骛。古今之陈自强，亦前后相笑矣。

李可及乞假为子娶妇。上曰：即赐酒、面及米以助汝嘉礼。可及至

① 原文中还有：犹以天位不可妄据，终身北面。汝独何人，欲行舜、禹之事乎？

② 枭獍：专吃父母之肉。

③ 苞苴：馈赠的礼物。

④ 岭表：意思是岭外。

舍，俄一中贵[①]监二银榼[②]，各高二尺余，宣赐。可及启之，皆实以金宝。上尝赐可及银麒麟，高数尺。可及取官库车，载往私第。左军容使西门李玄颇鲠直，谓可及曰：今日受赐，用官车，他日破家，亦须辇还内府。不道受赏，徒劳牛足。后可及果流岭表，旧赐珍玩悉皆进入，李玄之言，遂左券矣。

唐祁万寿为干封县录事，性好杀人。县官每有决罚，即从索钱。时未得与，辄取麄[③]杖笞之。如是死者无算。囚徒见之，皆失色。遇少不称心，即就狱拷之，困苦至垂死。其妻生子，或着肉枷，或有肉杻，或无口鼻，或无手足，生而皆死。夫人即天之遗体也。至为枷杻残折之形造物，盖见身说法矣。天心亦痛苦哉。

淮南将张环叛高骈，据复岳二州。环性贪暴，荆南旧将夷灭殆尽。先是朱敬玫屡杀大将及富商以致富。朝廷遣中使杨玄诲代之。敬玫留居荆南，常曝衣[④]，环见而欲之。遣卒夜攻之，杀敬玫，尽取其财。光启三年，赵德諲陷荆南，环留其将王建肇守城而去。陈璠从环至江陵，密斩环首，置囊中，走京师献之。授安州长史。《新书》云：荆南陷，环死人无识者，并投于井云。王铎罢相，以义昌节度使兼中书令。铎厚于奉养，过魏州，侍妾成列，服御鲜华，如承平之态。魏博节度乐彦祯之子，从训伏卒数百于漳南。高鸡泊围而杀之，及宾僚从者三百余人皆死，掠其资、赃侍妾而还。彦祯奏云：为盗所杀，朝廷不能诘。僖宗中和四年也。从训既杀铎魏，人皆恶之。乃聚亡命五百余人为亲兵，谓之子将，牙兵[⑤]疑之，籍籍不安。从训惧，易服逃出，止于近县。彦祯因

① 中贵：即中官、宦官。古代泛指皇帝宠爱的近臣。

② 榼：古代盛酒的器具。

③ 麄(cū)，古同“粗”。

④ 曝衣意为晒衣服。朱敬玫曝衣，此处暗指露富，招致灾祸。魏晋南北朝时，曝衣晒书成为夸富斗奢、炫耀知识渊博的方式。参见：秦永洲.中国社会风俗史[M].武汉：武汉大学出版社，2015：253.

⑤ 牙兵，即亲兵或卫兵，是唐末和五代时期特有的一种军队名称，曾在历史上起过重要作用。古代大将出镇，例建牙旗，仗节而行，因而他们的官署称牙，其私人军队也称牙兵。

以为相州刺史，从训遣人至魏，运甲兵金帛交错于路，牙兵益疑，彦祯惧请避位居龙兴寺，为僧推牙，将罗宏信知留后事，从训引兵三万至城下，宏信战败之。从训保内黄，魏人围之。从训移军洹水宏信，遣程公信击斩之，与父彦祯皆枭首军门。后唐成德节度使董温琪者，贪暴积货巨万，以牙内都虞、侯平山秘琼为腹心。温琪没于契丹，琼尽杀其家人于一坎，而取其货，自为成德留。后晋高祖立以琼为齐州，防御使橐其资装道出于魏。时范延光[①]镇魏，有异志。尝以书结琼，欲与为乱。琼受书不报，延光恨之，欲灭口。乃伏精兵于境上，伺琼过亦杀之，而尽取其赀，以戍逻者误杀闻已[②]。延光谋反，高祖赦之，许以不死。后致仕请归河阳私第，乃挈其帑以行，辎重盈路。其仇杨光远留守河南闻之，邀以兵，推延光堕水死，而复尽取其赀，以延光自投水死闻。光远反其子，承信等劫以出降，帝亦许以不死。后何延祚杀之，以病卒。闻古之杀人取财而得报者多矣，未有历历明白如此者。

元韶妻高氏先为北魏武帝后，以故魏室奇宝多入韶家。有二玉钵相盛，可转而不可出，玛瑙榼容三升，玉缝之，皆称西域鬼作也[③]。

齐文宣常问韶曰：光武何以中兴？韶曰：为诛诸刘不尽，于是大诛元氏。前后死者，凡七百二十一人，悉投尸漳水，剖鱼多得爪甲。韶亦被幽，绝食啗衣袖而死，宝货尽入文宣。

---

① 范延光（？—940），字子环，相州安阳人，五代时期后唐、后晋将领。下文中“其仇杨光远”，背景是：时范延光致仕辇囊装妓妾，居于河阳。光远利其奇货，且虑为子孙之雠，因奏延光不家汴、洛，出舍外藩，非南走淮夷，则北走契丹，宜早除之。……延光曰：杨光远留守河南，吾之仇也。吾有田宅在河阳，可以往乎？处让曰：可也。乃挈其帑归河阳。其行辎重盈路，光远利其赀，果图之。因奏曰：延光反覆奸臣，若不图之，非北走胡则南走吴越，请拘之洛阳。高祖犹豫未决。光远兼镇河阳，其子承勋知州事，乃遣承勋以兵胁之使自裁。延光曰：天子赐我铁券，许之不死，何得及此？乃以壮士驱之上马，行至浮桥，推堕水溺死，以延光自投水死闻，因尽取其赀。高祖以适会其意，不问，为之辍朝，赠太傅。水运军使曹千获其流尸于缪家滩，诏许归葬相州。已葬，墓辄崩，破其棺椁，头颅皆碎。初，秘琼杀董温其取其赀，延光又杀琼而取之，而终以赀为光远所杀，而光远亦不能免也。

② “已”疑为衍字。

③ 语出明陆深《春雨堂随笔》。后有一句：“鬼作，既世所谓鬼工。”

本朝编修岳正得罪朝廷，以家产尽给指挥李铎。铎据门，不论男妇搜检放出，岳内亦受辱也。人怒其横而无礼，无何岳宥复官，而李铎又得罪朝廷，英庙[①]以其家产乃岳正者，即复给之。所得数倍于前，而家人之辱，李氏妇女尤甚焉。凡报应之事，多假手他人，展转见之，迟速不同。所谓天有记性，没急性也。独未有本人本事，出反瞬夕，如岳李之快人者。

辛谏议子有仪，尝与阮逸善。一日谓逸曰：君未娶，我有一相知无子，家饶财，有女求婿。其家房缗二千，当为营之。苟成，一千谢我。逸唯唯。义理懵然，全从千缗起。见士君子议论如此，节操扫地矣。姻既成，逸以前约语其妇翁，妇翁难之。有仪怨甚，乃以逸有易立泰山石，难芳上林柳[②]之句，告谋不轨。逸下吏，全家流窜。后有仪为海州都曹，至淮舟没。凭轿子浮水上得脱。既至岸，舟人虽小儿悉免，有仪家人无一存者，惟长子他道获全。及官满归，长子忽失所在，视之得尸井中。世以为阮逸之报也。夫重利绝交已甚矣。又挤之死地，小人贪毒，无足道者。逸亦知名士，饯彼利言媾，遂为寇。君子以逸亦败类矣。贿交无终，阮与辛未足轩轾也。

宋天禧中有盗三人，发一古冢，金宝充塞，共收敛入囊。二人设计，令一人买饭，俟其饭至，食讫，推之堕崖。一人买饭，复潜寘毒于饭

① 英庙：明宣宗。

② 据宋魏泰《临汉隐居诗话》，“难芳上林柳”应为“难枯上林柳”。阮逸字天隐，建阳（今属福建）人，为宋代理学先驱胡瑗的门人。他在至和年间（1054—1056），为王宫纪室。因与友人唱和，吟出那遭殃的诗句：“易立泰山石，难枯上林柳。”这对仗工整的两句诗里，隐藏着一个“非臣子所宜言”的典故。据《汉书·眭弘传》载，汉昭帝元凤三年（前78），泰山上有大石自立，上林苑里有枯柳复生。地壳、气候的奇特变化，引出了儒生眭弘的奇特解释。他按照先师董仲舒的“天人感应”说去推论，认为石、柳都象征下民，泰山乃“王者易姓告代之处”，大石自立，僵柳复起，就意味着有一匹夫要当天子。据此，他上书劝年幼的昭帝求贤禅让。执政的大将军霍光认为是大逆不道之言，就把眭弘杀掉了。阮逸重弹眭弘的老调，自会被当作以古讽今之言，幸而宋仁宗手下留情，没有让他重演眭弘的悲剧。参见：胡奇光．中国文祸史［M］．上海：上海人民出版社，2006：49-50.

中,谋致二人死,而独得其物。饭至,二人遂推其人于崖下而死。二人食讫,毒发亦死。吁!使三人者均分其物,皆不失富矣。奸险相图,并致凶死。世情如此者,不少可戒哉!

元时,上海民有以谲诈而致富者。丙申夏四月,其居毁于兵,为卒所执,索窖藏物。民绐之曰:此非我居,我逃难至此耳。我居距此才百余步。汝欲窖,可同往。卒然之。民遂导卒至其故人之居,发地数处,终不得窖。卒知其绐己,怒而杀之,以诈致富,即以诈致死,快哉!

唐宝历时,农家王安国者被盗,皆利刃入。安国不敢抗,而室内财帛无遗。安国一子,名阿七,甫六七岁,方眠惊起,因叫有贼,登时为贼射死。有二驴紫色者,亦为攘去。迟明,村人共集商量捕逐之。俄而,阿七之魂登房而呼云:我死自是命,那复多痛,所痛者,永诀爷娘耳!邻人会者,皆为雪涕。魂又曰:勿谋逐之,明年当自送死。乃附安国耳言其姓名。洎明年麦秋,安国有麦半顷,方收拾。晨有二牛,蹊践狼籍。安国牵归,遍谓里人曰:牛伤我麦,已系之矣。牛主当赍偿以购,不尔将诣官。里中共往,皆曰:此非相近素畜者。聚视久之。忽有二客至,曰:我牛也。昨暮惊逃,不虞至此。所损之田,请酬倍资,而归我畜焉。里人共诘所从来,因验契书。其一乃以紫驴交致也。安国即悟阿七所言,及询姓名,皆同,遂缚之。曰:汝即去冬射我子,尽我财者。二盗相顾,不复隐,曰:天也!命也!死不可逭,即述其故。曰:我既行劫,遂北窜宁庆之郊,谓事已积久,因买牛将归岐山。昨暮抵村北三十里,徘徊不进。俟夜黑,方敢过此。既寐梦一小儿,六七岁许,裸形乱舞,纷纭相迷。经宿乃寤,及觉二牛之縻纼不断,如被解脱,则已窜矣。因踪迹至此,无所逃死。于是里人送邑,皆准于法。鬼即元告,驴干证,牛报说。头头冤对,何虎逃避?

古攻汴急,金主已趋河朔,民情汹汹。元帅崔立因谋作乱,杀二相,勒兵入宫,立卫绍王太子从恪为梁王,而自为郑王。送款诣蒙古军,悉烧楼橹,以为信托。以军前索随驾官吏家属,军民子女聚之省中。亲阅之日,随机数人,犹以为不足,乃禁民间嫁娶。以荆王府为已私第，取内府珍玩充实之。时与其妻入宫，两宫赐之不可胜计。立遂以太后、皇后、诸王妃妇、宗室男女尽赴青城。速不台杀二王及宗属而送后妃等于和林。速不台入汴，立时在城外，兵先入其家，取其妻妾宝玉以出。立归大恸而已。劫主降仇，自以富贵无极，岂知转目兮为他人所有。天道显赫，秽德无终，亦快矣哉！及宋会蒙古灭金，诏全子才，合淮西兵万人赴汴。时汴京都尉李伯渊等为崔立所侮，谋杀之。及闻子才军至，伯渊等以书约降，而阳与立谋备御，潜烧封邱门。立来视火，就马上抱立杀之。伯渊系立尸马尾，至内前，号于众曰：立杀害劫，夺烝淫虐，大逆不道，古今无有，当杀之否？万口齐应曰：寸斩之，未称也。乃枭立首，望承天门，祭哀宗，军民皆恸，或剖其心啖之。自古卖国之贼，得祸不等，然未有出于瞬盼[①]，使人臣雪恨如是之快者。故备书之，以告凶逆焉。

绍兴丁卯大饥，流民满道。饶州富人段廿八积谷数仓，闭不肯粜。一日，方与家人评论物斛低昂间，方幸踊贵，可征钱十倍。忽天雨晦冥，火光满室。段遂为雷震死，仓所贮谷，亦为天火烧。尽此之嗜利，未有冤对也。而得报如此，故造物者亦专责人之意耳！充是人之意，即杀尽州民，于己有利犹为之。即谓饥民皆彼冤对可矣。干天怒也宜哉！

张恶子有弟，母甚怜之。常疑有匿金，私其弟。一日，引至大树下，欲殴之。母老矣，呼神痛苦。忽雷起白昼，劈树两开，而摄恶子夹其中。树复合，烈日中，蚁足钻其肉，凡四日死。臭闻数里，道行苦之。聚众举火，并树焚讫。夫疑母以匿金私弟，世情大抵然矣。而大逆穷凶实肇于此。要之，视金重于母与弟耳。当其重金轻母，天理惛然，戾气横溢，有不与雷震相触者乎？

洛阳城南午桥失火，焚死者七人。时杜某为捕尉。忽门者执一人狼狈至前，问其故。曰：此人适来，意色惶恐，再驰入县门，仍复驰出，

① 瞬盼原意为指顾盼，以目传情。此处意为崔立因为淫荡而速致杀身之祸。《金史》卷115载："性淫姣，常思乱以快其欲。"

故执之耳。其人曰:某即杀午桥人家之贼也。为伴五人同劫其家,得财物数百千,恐事泄则杀其人,焚其室,如自焚死者。将财至城舍欲与伴出外,辄坎坷不能去。今日出道德坊,忽见空中有火六七围,遮其前不得南出。因北走,有火直入心中,爇其心腑,痛热发狂,遮绕无路,驱之令入县门。及入,则不见火,心中火亦尽。于是,出门火又尽在空中,遮不令出。自知不免,故备言之。县命并取其党及财,申府杀之。夫清空世界,变现如许,火相固知,火从心生耳。心火焚人,亦能自焚,必止熠者。幸自撤薪无益炭,注油可也。

章邵为商,饶有财帛,而贪猥诛求。一日,邵欲夜行,意有谋也。有子方弱冠,先邵一程,行憩寐树下,以伺其父。邵至,不虑为子,但见衣幞,在旁一人熟寝,遂抽刃刺其喉,取衣幞前行。天渐晓,识其衣幞,乃知杀者是己子也。毒恨无及矣!

蜀地瘠民稠,生艺甚薄。偶值岁荒,人有负米五斗,过巫山村落投宿者。主人与妻谋夜杀之,主人子不知也。夜与负米者同宿。至二鼓,负米者起如厕。主人持锤至卧所,昏黑中见一人熟睡,即举锤碎其首,呼妻曰:好好!五斗米又属我矣。其妻举火照之,则死者其子也,遂大恸。负米者自外闻之,惊逸去。次早闻官,执主人寘于法。

句容民有兄弟三人,其伯氏客蜀,贩木三载不归。仲以嫂美,欲利其嫁赀也。令人诈称兄死,嫂为位哭,成服。久之,察嫂无嫁意,乃私受河上贾人金鬻之。仍给贾人曰:嫂性好嫁,而多娇饰,若好语则费日,汝可率徒众猝至,见素笄者拥而登舆。但抵舟为汝妇矣。计定,其夜贾人率徒众至,仲季皆避去。然季嗔分金少,已潜以语嫂,仲妇不知也。嫂因泣告仲妇曰:汝夫嫁我,幸是富客,但何不早言,令我少修饰。今吉礼而素妆可乎?幸以缁冠相易,片时其归矣。仲妇授之,自着素笄,嫂即匿去。客众见仲妇,随拥而去,乘风舟发。仲归始诧失妇,追之则千帆杂乱,不能得矣。乃次朝,伯氏肩其重橐归,夫妇燕婉,庐里皆来劳远。仲惭愧殊甚,又闻其二稚啼索,伶行,肠为寸裂。里人有知,无不掩袖胡卢者。嗟夫!仲诚巧矣,而嫂之巧浮于仲。是所谓天巧也。不然远人隔五载矣。胡于此日适归哉。

洞庭山销夏湾蒋举人屡试春官不第，遂弃去。日夕执筹居积算计，虽至亲不拔一毛。不数年，称高赀矣。钱神作祟，盗斯劫之。鞭挞炮烙，惨于官刑。如许酷刑，全是多金买来。申而入漏，尽而出罄，其所有席卷而去。盗喜过望，杀牲载酒，赛愿于小雷山神山。在湖中断岸，绝无人居。盗登祭毕，酣饮大醉。自恃逻兵，莫及不虞。舟师截缆以去，盗归无所。严冬冻馁，骈首坐毙，无一存者。贾舶过者，皆知，弗敢近。吁！天以盗报。蒋举人而以舟师报盗，巧如夙券，亦可为嗜利之鉴矣。

高邮有千户者，以公事之淮安。时大风雨，惮于湖行，故往来遵路其反也。适沿湖堤，望一舟覆焉。一少年宛转波涛中，号呼良苦。千户恻然悯之，顾视一渔舠，遽解囊得金十两，示之曰：急往救彼，以此奉酬。渔人鼓舠往救之。至乃其子也。省其父来耳，异哉！救人乃得其子耶？又正德壬申七月，上虞地方沿海，一夕大风雨，海溢水深一二丈，漂没民居无算。水少定，乃有驾筏捞取赀货，因致富者。一夫操竿率水浒，适见一女子，年可十七八，载浮载沉而来，手扶一笥将抵涯，其人顾利其笥，遂沉其女子。已发笥视之，乃其妻也。庚帖宛然，归有日矣。此人自谓杀一女子而利其有，讵意乃杀其妻耶。世谓积善之庆，余钟其子。失道之败，延及其妻。然或有迮而不合，或验而积迟。未有救人而适救其子。杀人而正杀其妻。善恶之报，验于俄顷，如此二事者。

金陵人杨参以参藩镇广南某郡。讼庭，大雷雨，忽自天坠一物如球，皆海波所成。析之得人，瞑然，汤饮之，徐活。曰：我郡邑村民与某某业探珠。海中，我下，而二人秉绳其上。忽得三珠，其一最大，两手握之上，复下取二小珠。绳忽断，随流堕潭中。潭中反无水，龙所蟠处，跨其背如马。龙蛰亦勿觉，腹饥，因龙自舐其胁，涎亦舐之，遂不饥，但澜漪味苦，甚而缚裹其身成球，迷冥且死。雷动，龙起舞，青旻间身随之，故堕此。公遣骑急捕之某某与大珠，俱在。盖恐探者上，当得大珠，而二人分得小者也，以是断绳。一讯得实，抵二人死，而大珠还探者。狱成以闻于朝，诏弃市。夫杀人至沉海底，冤且绝矣。乃乘龙登天而直造于庭，身有八翼，喙且三尺矣[①]。由是而观，二人竟死平地，海底岂死人地哉？

嘉兴陆榆子方七岁，手佩两银镯，为人诱至陆家园，压之石下以死。官百访不能得，随嘱之神。逾数月，忽一人取白鱼，压死会龙桥下。其妻闻变，讶曰：谋人以石自毙，以石报应，何不爽乎？乃始知为谋杀陆榆子者。谁谓天道之远也？

余杭民某死，惟余一妪与子。子聘胡氏，贫不能委禽[②]。妪遂质身于机坊，得二金。妇借以归，妇问姑所适，子言其故。妇泣下，尽脱簪珥，将以赎姑。而子先往与议。当夫妇语时，邻人崔屠窃听之，因诈为夫语索前物于妇，妇稚不察，即与之。及夫归惘然，莫知为谁所索也。怨恨触柱而死，母闻子死伤之，亦自死。妇欲相继自杀，里卒以闻于邑令周之冕，即出余俸棺殓二死者，而令护妇无使自杀，且急捕贼。不得少时，轰雷击死崔屠，原金尚在手。而二死者却皆活，周令乃给子生理以养母焉。

开封有老翁长子娶妇别居，幼子聘某氏，未娶。适周王选宫女，女家惧选，促男家完娶。翁苦贫，乃质身富宅，得钱充聘。新妇入门拜姑而不见翁。密问其夫，夫讳之。因扣姑，姑漏言焉。妇大恸曰：为妇之故，忍令翁为佣耶？遂取簪珥，令人持白父母，求质钱以赎翁。父母贤

---

①《耳谈类增》卷五十中，还有以下几句：然借令龙不蛰，遭其逆鳞，或从天堕虎穴，履其尾，鲜得生，而皆不然。又得涎球为之胎息，无非天欲以冤生之也，左提而右挈矣. 龙即无意，而事因之，所以称神。参见：王同轨.耳谈类增[M].吕友仁，孙顺霖，校点.郑州：中州古籍出版社，1994：425.关于八翼的典故，见《晋书·陶侃传》：侃又梦生八翼，飞而上天，见天门九重，已登其八，唯一门不得入。阍者以杖击之，因坠地，折其左翼。后作为志愿不遂的典实。

② 委禽，即纳采。古代结婚礼仪中(即“六礼”)，除纳征外，其他五礼，男方都要向女方送上雁作为贽礼，所以称纳采为委禽。郑玄注《仪礼·士昏礼》称为“取其顺阴阳往来“。清人胡培《仪礼正义》解释为：取大雁随时序变化南飞北往而不失节，飞成行、上成列来表示取亲不误时日，嫁娶不逾礼仪。

之，与钱而还其质。新妇置钱床头，期明日往赎。适长妇来，新妇具以告。长妇不孝而贪，乃乘间窃钱去。明旦妇检钱，无有也。夫疑妇中悔而匿钱，妇不能自明，又伤翁无可赎，乃投缳死夭①，殓而厝柩他所三日矣。姑令长妇携箪食，往祭亡妇柩。俄雷雨作，旋闻唤门声。问为谁，曰：我新妇也。姑以为鬼物，窥之良是，乃集邻妇开门。曰：尔人邪鬼邪？曰：新妇人也。姑曰：尔死已三日矣。何由再生？妇曰：初如梦中，神魂飘摇。适闻大震，不觉身乃在此。姑惊喜间，复偕邻往柩所视之。棺盖已揭，而长妇跽②死于地，原钱在手焉。

南康夫妇产一子，欲酬香真武庙而无赀，鬻豕得银八钱付妻。妻置神前磬中，为屠者所见。既牵豕，因乘间获银去。夫觅不得，以责妇。妇无以自解，因缢死。夫殓埋之，大恸而已，乃自偕子往。至庙门登殿，见其妇先在。诧曰：尔已缢死，殆鬼乎？胡昼见也？妻曰：我故死不瞑目，为神所摄至此耳。夫察其言貌，真人也。不解所以，亦不复疑惧，遂同进，香毕归家。发冢棺，但见屠者死其中，左手持原银，右手执索。闻而观者转相骇告，以为神之显报灵奇如此。

或曰：歼厥罪者，可也。活厥死者，不已怪乎？夫人生于天，死于天，可生而死之，不可死而生之乎？且疑私金而殴母，窃质钱而卖翁，为斗米而杀过客，羡两镯而毙稚儿，因二金而致三命，见衣幞而刺路人，人之变怪无大于此。今不怪人之，蔑天而独怪天之活人。为是言者亦怪矣。故天作之与报，如表与晷也。万事皆然，而贪财贼义特甚耳。报迟者，如晷；长报速者如晷，短报隐者，如晷之晦，而人目所不及也。可谓目所不及，遂无晷乎哉。

黄岗村民闾邱十五多积谷，每幸凶岁，即腾价，细民苦之。老年病且亟，不复饮食，但食羊矢。家人怜之，以米饵作羊矢状给之，入手便

①《德育古鉴》作：郁极气闭而卒。

② 跽：同跪。

投去，唯食真者。数月方死。此氓[1]媚佛，多施庐山僧供迹，亦内惧祸至，冀事佛少逭责，此尤不可也。宗米[2]或可啖。

常州苏掖仕至监司，家富甚啬，每置产吝不与值，争一文至失色，尤喜乘人窘急时，以微赀取奇货。尝置别墅，与售者反覆，甚苦其子，在旁曰：大人可增少金，我辈他日卖之，亦得善价也。父愕然。自是少悟。士大夫竞传其语。同上

国法已漏 天正其刑

更始朝其群臣，问掳掠者得几何，是以天子而掳掠者也。石崇为荆州刺史，劫远使商客，致富不赀。王僧达为吴郡太守，以郭西台寺多富，沙门来须不称意，乃遣主簿顾旷率门义劫之，得数百万。李邕初为海州，日本使者至，凡五百人，载国信，有十船珍货，数百万。邕舍于馆，厚给所须，禁其出入。夜中尽取所载，而沉其船。既明，讽馆人白云：昨夜海潮大至，日本国船尽漂失，不知所在。于是以其事奏之。敕下，邕令造船十艘，善水者五百人，送日本使至其国。邕既具舟及水工，使者未发，水工辞邕。邕曰：日本路遥，前路任尔便宜从事，送人喜，行数日，知其无备夜，尽杀之，遂归。邕又养亡命数百人，所在攻劫，事露则杀之。是以士大夫而掳掠者也，更始无论矣。如崇如僧达，固当时有名望人也。李邕素负才，名京洛，聚观以为古人者也。孰知其行之丑，一至如此，窃怪当时何无一人，发其辠[3]者。其后崇以附贾氏坐死，僧达忤太后，诬以反坐死。邕守北海，后柳绩下狱，吉温令绩

① 氓：指品质恶劣、不务正业、为非作歹的人。

② 作者此处的评论意在他应接济乡里。送宗米，是一种民间习俗。因生活困苦，乡里亲邻在女人生完孩子后，会送送些米补补。在山东很多地方，乡邻、好友、亲戚看到某家挂出的红子或者接到报喜之后，就安排适当人选到添喜的人家“送粥米”，主要有鸡蛋、红糖、米面、糕点等补品，以示祝贺。在有些地方，送粥米有约定成俗的时间规制，例如有产后六日、七日、九日、十二日之别。这一礼仪除了热闹、喜庆、交往、人情之外，还有邻里互助的现实作用。

③ 辠，古同罪。

引邕，议及休咎[①]，厚相赂遗，就郡决杀之。朝廷失刑，则造物者为补之。所谓不报其人，而报其人之天者，非耶。

唐邢琇之使新罗也。还归泊于炭山，遇贾客百余，所载皆珍翠、沉香、象犀之属，真数千万。琇因其无备尽杀之，投于海中，而取其物。至京惧人知也，则表进之，敕还赐琇。琇恣用之，后子锌与王铁谋反，遂族邢氏，盖贾客之报也。

伪蜀将韦承皋典眉州。有侩行真，善黄白术。构木塔十三级，火辄焚之。凡三构无窘[②]，费钱数万计。承皋乃召至郡，修作金法。承皋谓郡司马卢敬芝曰：某与行真同遇韦处士，授此丹术，今老矣。故召之同修旧药。药成，子亦得分惠焉。卢敬诺，药垂成，韦牧罪贬茂州参军。临行卢送至蟆颐津，韦牧沉药鼎于江中，谓卢生曰：吾罪矣。先是授术韦处士者，吾害之而灭口。今日之事，药成而祸及，其有神理乎？及蜀国更变，承皋以拒魏王之师，诛死。窃怪承皋，既杀炼师，欲灭其口矣。复缕缕向卢司马言之，何哉？殆鬼抉其口，而天启其喙，留此公案于世也。不然承皋之死，亦各为其主耳。谁知其以此死哉。韦处士之死行真，岂亦与其事乎。塔三构而辄毁疑佛，厌其杀气耳。

景泰中，于谦有社稷功，独建储事不甚力诤。石亨、曹吉祥、徐有贞等既夺门迎驾，因诬谦迎立外藩杀之。有贞初，石豫犹亨，曰：不杀谦，则今日之事何名？遂决谦死。时太后不及知。后知之，为上言谦匡辅之功，为人所诬。既久，上察迎立事，愈无状，因诘亨吉祥等。及亨所荐尚书陈汝言以赃下狱，贿物狼籍。上召大臣视之，变色曰：景泰间，任于谦久且专，家无余物，汝言何得赂之多耶？亨等俛首不敢言。自是上益悟谦冤而恶亨等。未几，皆坐事诛之。有贞亦下狱，苦毒备

① 休咎本意为占卜判断吉凶；善恶，此处意为议论皇室人员立废之事。北魏时代有一个奇特的风俗，即遇有重大事件时，当事人要亲自铸铜像以占否泰。尤其是每当册立皇后的时候，被册立的数名候选妃子们都要铸造一尊铜像，以铸像的成败来决定册立大事。关于这个风俗，清赵翼在《廿二史札记》的《后魏以铸像卜休咎》中有过详细考证。

② 第三次营构，方能就。

至，卒谪金齿[1]为民。复谦官谥忠肃，子至应天府尹，婿朱亦为锦衣卫指挥。向使谦家稍有长物，汝言等非贿赂公行，谦忠亨贼，当时犹未白也。亨亦天夺其魄哉！

建宁守邵廉机警有才，多所佃渔[2]。诡称给饷，暂假银充库，令椽吏持券，遍贷于各富人，实尽干没，莫偿。此亦贪谱，后多仿行之者。及归田园，甲第炫耀一时。一日，造石坊，贺者填门，方出送客，忽坊石坠下压死矣[3]。

合江县有毛烈者，以不义致富，见美田宅必谋得之。陈祈与烈善，举田质于烈，累钱数千缗。后载钱往赎，烈受之，有干没心，约以他日破券[4]。祈曰：得一帖为证可也。烈曰：吾与君何待是耶。与奸富作缘者急着眼。祈信之。后数日往，则烈避不出。祈讼于县，县吏受烈贿，曰：官须文券验，安得交钱数千缗，而无券者言之。令祈以诬枉受杖。诉于上司，皆不得直。乃具牲酒，诉于东岳行宫。幡帷掩映中，仿佛有人语曰：夜间来。祈急趋出，迨夜复入拜谒，陈状几上。又闻语曰：出去。遂退。抵三日，毛烈在门内，忽有黄衣人入，捽其首殴之。奔并得脱，至家死。又三日，牙僧一僧死，一奴为佐者亦死，最后祈亦死少焉。复苏谓家人曰：吾往对毛烈，事善守我，七日至十日勿敛也。祈入阴府，追者引烈。及僧参对烈，仍以无偿钱券伪解。狱吏指其心曰：所凭惟此耳。阴吏凭此，阳吏凭钱，安用券取？业镜照之，见烈夫妇并坐受祈钱状。一衮冕人怒叱械烈，烈乃首服。主者又曰：县令听决不公，已黜官吏。受贿者尽火其居，仍削寿之半。烈遂入狱，且泣语陈祈曰：吾原券在某楼中，语吾妻可还汝。吾平生以谋得人田宅，有十三券皆

① 金齿：今云南永昌。

② 佃渔，意为猎兽和捕鱼。佃，通“畋”。《易·系辞》：“作结绳而为罔罟，以佃以渔。”

③ 参见：王同轨．耳谈类增[M]．吕友仁，孙顺霖，校点．郑州：中州古籍出版社，1994：420.

④ 此种质田使用当为白契。若加盖官印，则为红契。毛烈所以能赖帐，就是因为这种白契反映的民间私下的产权交易。陈祈是将田质于田烈，并非所有权转移，他是可以回赎的。

在椟中。可呼家人还之，以减我辠[①]。主者又问僧，僧曰：但见初质田时事，他不预知也。与祈俱得释，抵家而寤。遣子觇之，则吏宅焚矣。乃往毛氏述其事，子取券还之。僧归已荼昆三日，无骸可托，日扰毛氏门，至家业衰替乃已。或曰：世亦多毛烈矣，亦多若吏若令矣。安得岳神尽与科决乎？夫一夫含恨，直彻幽泉，事理寻常，无可诧者。狱吏曰：所凭唯此心耳。此言囊括人天，确然易简，乃知人神本无干扰，只为瞒心之人。白地翻波，清空走魅，捏塑如许。变相即如毛烈，貌与祈交心，惟利竞没钱留券，乃曰：与君何待？于是刖口蝎心，此是笑面夜叉，避人不见，对面如山。此是日中鬼蜮，贪令猾胥，健民贿证，虎冠狼牙，满堂昏黑，此是人头罗刹[②]，人入鬼道，则居之不疑；神道治人，反诧为希有何哉。

黄邑人陈明章者，平生奸狡，以造假银渐饶。嘉靖癸丑五月，章携小仆同捕鱼，忽雷从其家出，击死草塘中。而小仆乃在塘上亡恙，亦莫知其所。繇[③]上也，上亡恙，亦莫知其所繇上也。

《淮南》云：师旷奏白雪，而神物下，来风雨暴，至乎公癃病，晋国赤地。庶女叫天，雷电下击，景公台陨，支体伤折，海水大出。夫[④]瞽师[⑤]庶女，委务积神，上通九天，激厉至精。由此观之，上天之诛也。虽在圹虚幽闲，辽远隐匿，重袭石室，界障险阻，其无所逃之亦明矣。嗟夫，天下报应，莫不皆然，而况负伤心之怨者乎。

贪刻囊怨　死于盗贼

杨九鼎在蜀，以刻剥致诸军之怨，军士莫简，倡乱杀九鼎，剖其腹，

① 辠：犯法也。秦（始皇）以辠似皇字，改为罪。

② 长着人头的恶鬼。比喻凶残的人。唐张鷟《朝野佥载》卷二：“监察御史李全交素以罗织酷虐为业，臺中号为‘人头罗刹’。”

③ 古同“宙”，占卜的文辞。

④ 原文为“大”。据《淮南子》，改为“夫”。

⑤ 瞽师：盲乐师。

实以金银，曰：使贪腹饱饫。时安丙家居，散财结士，再平蜀难。宋初，平蜀其府库之积，悉输汴京。后任事者竞起，功利于常赋外更置博买务，禁商贾不得私市布帛。蜀地狭民稠，耕稼不足以给，由是小民贫困，兼并者益籴贱贩贵以规利。青城民王小波因聚众为乱。古今致益之由，历历明白。近世虎弁不足道，乃有识字颇知成败者，一司钱谷仇雠万姓，丧元[①]灭家，甘心为之，此何谓也？且曰：吾疾贫富不均，今为汝均之。贫者争附，遂攻青城，掠彭山杀县令齐元振，剖其腹实之以钱，恶其平日爱钱故也。嗟夫！古今之缄镭为大盗积者耳，不胜闻目，不胜见矣。然而膏斧者，骈首攫金者，亦连肩人诛鬼殛，固非贪吏所怖也。姑举剖腹实钱二事以告，世之甘以腹为钱囊者[②]。

人非不及 神发其阴

元魏时，洛中崇真寺有比邱惠，疑死七日还活。云阎罗检阅，以错名放免，具说所见。一比邱云，是融觉寺昙谟最，讲涅盘华严[③]，领众千人。王曰：讲经者，心怀彼我，以骄凌物。比邱中第一粗行，今惟试坐禅诵经，不问讲经。令付西北黑门司。一比邱云，是禅林寺道宏，自云教化阿辈檀越[④]，造一切经，像十躯。王曰：沙门必摄心守道，不干世事，不作有为，虽造作经像，正欲得他人财物。既得财物，贪心遂起，便

① 丧元：献出生命，掉头颅。《孟子·滕文公下》："志士不忘在沟壑，勇士不忘丧其元。"赵岐注："元，首也。"

② 王小波，青城县（四川灌县境）味江砦人，因贩茶失业。淳化四年（993）春，王小波在青城领导农民起义，提出"吾疾贫富不均，今为汝均之"的战斗口号，反映了广大农民反对剥削，主张财富平均的革命要求，得到农民的热烈响应，"旬日之间，归之者数万人"。后王小波在战斗中牺牲。起义军推王小波妻弟李顺为首继续战斗。李顺把"均贫富"的主张付之实践。淳化五年（994）一月，起义军攻下成都，建立了大蜀政权，年号"应运"，还铸了"应运元宝"铜钱和"应运通宝"铁钱两种货币。

③ 涅盘华严：指《大般槃经》《大方广佛华严经》。

④《洛阳伽蓝记》为"四辈"。"阿辈"有误。四辈是指比丘、比丘尼、优婆塞、优波夷四众，包括僧尼及在家奉佛的男女。檀越，即施主。

是三毒不出，具足烦恼，亦付司黑门。又一比邱云：是多觉寺宝明自云：出家之先，尝作陇西太守，造灵觉寺成，即弃官入道。王曰：卿作太守日，曲理枉法，劫夺民财，假作此寺，非卿之力。付送黑门。自后京洛比邱皆事禅诵。挽世士大夫鲜不以劫财作佛事者。盖有暴逾豺狼，秽兼蝇苟，辄复捐衣施食，说果谈因，愚以为国之叛贼，必非佛之顺儿，家之逆子，必非佛之慈裔。纵使辇金输刹，福利乌有迩者，刽子屠儿，刈人如菅，网色如渔。万家之市指为盗，则池膏陵肉。异乡之族诬为党，则系女掠妻。腥既通，天怨宜冲昂然。且逢僧设供，遇刹崇修，造像翻经，燃香焚楮，所部如狂，纷纷祈福。嗟夫！以此忏愆，更为增业，何则梵宇巍峨，即颅骼所砌金身，严好即脂肉所凝，金碧荧煌，即冤毒所焕，香灯辉馥，即血泪所燃。钟磬铿喤，即啼号所化佛，如有灵宁飨是乎？善夫！先哲之言，人臣能平直事主，是奉弥陀法；慈悲救人，是奉观音法；佐天子仁四海，是谓开甘露门；劝同侪行善事，是谓泛圆觉海。如是布施，身即是佛；不如是布施，则物事所积，悉成怨毒，集众冤鬼以奉世尊，佛忍视之哉？黑门无间，正为斯人设矣[①]。

唐贞元初，丹阳令王琼三年调集皆黜落，甚惋愤，乃斋宿于茅山。道士叶虚中求奏章，以问吉凶。虚中年九十余，强为奏之。其章随香烟飞上，缥缈不见。食顷复堕地，有朱书批其末云：受金百两，折禄三年，枉杀二人，死后处分。后一年，琼果得暴疾终。夫王琼负此恨事懵不省觉，犹若致憾造物者。世之仕宦，不得意，悲怨无聊如王琼者多矣！恨无叶道士发其幽慝耳！此古人所以贵内讼也。

李师古[②]镇平卢，招延方士。有刘元迥者，狡妄人也。自言能炼水银作黄金。师古试之。或十铢五铢皆立成焉。盖先以金屑置汞中

① 佛教传入中国以后，因南北文化的差异，南朝上承魏晋以来玄学之风，信佛者偏于理，北方则以笃信为上，最重坐禅苦行与诵经。此处所选故事，反映北方僧徒以造作佛经佛像，广求布施，贪敛财物，为害社会，有的官吏则曲理枉法，侵守民财，以造佛寺。

② 李师古(？—806)：唐高丽人。平卢淄青节度使李纳子。贞元八年(792)嗣父为平卢节度使。德宗死，他欲攻掠相邻州县，诬称义成节度使李元素伪造遗诏，勒兵将攻沧、景，闻顺宗即位而止。次年，病死，弟师道为帅。

也。师古曰：此诚至宝，宜何用？元迥曰：杂之他药，徐烧三年，可以飞仙。为食器可避毒，为玩用可避邪。师古天神之，因曰：子且为我化十斤，将备食器。元迥本炫此术，规师古钱帛，逡巡则谋遁去。不图师古縻之，端令烧金。元迥窘，因诡说曰：公绍续一方，三十余载，虽戎马仓廪甲天下，然欲四方仰归威德，须假力神祇。师古因询之，元迥曰：泰岳天齐王，玄宗东封，因以沉香刻制其像，所以玄宗享国永年。公能以他宝易其像，则受福与开元等矣。妄人妄谈，匪夷所思。师古狂悖，甚然之。元迥乃曰：全躯易制，恐卒不办。且以黄金十五斤铸换其首，固当获佑。师古曰：君便先为烧之，速成其事。元迥大笑曰：天齐虽曰贵神，乃鬼类耳。若以吾金为其首，冥鬼岂敢依？至灵之物，但以山泽纯金易之，可矣。诪张益奇。师古尤异之。则以藏金二十斤恣元迥所为。元迥乃镕铅锡杂类，就岳庙易置之，而怀其真金归，为师古作饮食器皿[①]，靡不办。师古深礼重之，资奉甚厚。明年，师古方宴僚属，忽庖人自厨，径诣众会中，举身丈余，蹈空而立，大诟曰：我五岳之神，何物狂贼残我仪质[②]。我上诉于帝，涉岁方归。我之甲兵，军马帑藏财物，皆为黄石公所掠去。神仙亦作贼邪，妖妄甚矣。要亦元迥、师古妖妄所感召耳，不足为怪也。则又极骂，复耸身数丈，良久履地。师古令曳去庖。人无复知觉，但若沉醉者数日。师古则令尽作戎车，战士戈甲、旌旗及纸钱、绫帛数十车，就泰山焚之。尚未悟元迥之奸也。方将理之[③]，而师古暴疡，脑溃而卒。其弟师道领事乃按，元迥辞穷，戮之于市。元迥以鬼道惑人，究以奇鬼自败。此鬼即元迥、师古所为耳。楞严云：若于本因贪物为罪，是人遇[④]物成形，名为怪鬼，此元迥之谓矣。

---

① 此句意指，用师古金子的一小部分做了些饮食器具送给师古，假称是用自己所炼的金子作的。

② 此句意为：把我的头给换了？仪质是指姿容、风度。

③ 方将理之：刚想弄个明白。

④《楞严经》中，原文有“罪毕”二字。疑漏字。此二句意为：若本来是因犯贪求食物而造罪的，这人偿坏罪债之后，遇到所贪之物变成鬼形，称为怪鬼。

又云：罔象轮迴影颠倒，故和合气成，潜结乱想，如是流转国土，神鬼精灵，其类充塞[1]，此师古之谓矣。世界神鬼悉由因想结成，而或者以为怪，是不知鬼神之情状者也。

宋左跸以乡举赴省，试官见有周礼义卷佳甚，将置之上第，忽梦人曰：此台州进士左跸文也。顷受赂五十万，致有枉死者，阴谴折寿禄，一第即死，幸无取也。凡二日三日检梦如前，遂黜黜之。洎出院落卷中检视，举左跸之文。试官惊异，每以语人。后跸以王十朋榜始解。是年，随孙道夫奉使，遂死于燕山。能夺其禄寿，独不能夺其一第邪？或以一第偿其书债邪？造化缩赢铢黍[2]，无爽人智，自测不及耳。

丁晋公子弟中名湜者，少年负才气，特好博。虽常获胜，随手荡于狎游。父怒囚之，老妪破壁使窜。湜遂假贷族党得旅费，径入京师，补试太学预贡籍。熙宁九年，南省奏名相国寺。一相工以技显，其肆如市，湜往访之。工曰：君气色极佳，阅人多矣，无如君者。遂大书纸粘壁云：今岁状元丁湜湜，益自负。同榜有两蜀士，皆多赀而好博，湜婉转钩致，延之酒楼。携博具立侧，蜀士见之而笑，遂戏于小阁，湜于此艺得奇法。是日所赢六百万，如数取归邸。又两日复往相工肆，工惊曰：君今气色大非前比，选魁岂复敢望悮我术矣？湜请其故。工曰：相人先观天庭，须黄明润泽则吉。今枯燥且黑，得非设心牟利，以负神明乎？此言如轰雷电闪，使人心胆震栗，所谓神也。湜悚然具以实告曰：然则悉以反之可乎？工曰：既以发心冥，冥知之矣。果能悔过，尚可占甲科，居五人之下也。湜亟求蜀士，还其所得。迨廷策，唱名徐铎首魁，湜第六矣。设心牟利，相工何自知之？岂非神者告之乎？又曰：既以发心冥。冥知之。此相工亦神人也。

---

① 出自《三藏法数》：由因世界，虚妄轮回，动颠倒故，和合气成，八万四千，飞沈乱想。如是故有，卵羯逻蓝，流转国土，鱼、鸟、龟、蛇，其类充塞。

② 缩赢：节缩赢余。铢黍：一铢一黍。比喻微小之物。《明史·丘彛传》："苞苴或累万金，而赃止坐之铢黍。"

广东魏钊为荆州府推官[①]，尝往夷陵州检尸道。经某镇，有乡绅徐少卿名宗者，家奉梓潼神灵甚。忽梦神告曰：明日魏推官过此。其人前程远大，后当入铨。曹可预结纳之，迟明侦之，果然少卿。乃具衣冠，谒款甚勤。去夷陵，不数日，少卿复梦神告曰：可怪魏推官受贿数百金，故出人罪，使死者含冤，上帝已尽削其应有爵秩并年寿，亦不永矣。惜哉！少卿深用叹讶，试遣人踪迹之，信如所梦。未几，魏丁忧归，复补济南寻升户部主事。才一年，遽卒于京邸，家亦凋落。以贿出死罪者鉴此。归安仰思忠者，精堪舆六合。尹林克正延之入闽为卜葬地。适其姻某氏亦欲葬父。因介过其宅为卜一坟，甚佳，方点穴而雨至，遂下山，约晴明再往。是夜，思忠梦一老者，问曰：今日之穴佳否？曰：佳。曰：切勿与之。此人为考官，卖三举子，当有阴祸。若葬此地，法当荣其子孙，非天意矣。遂觉，明日思忠问克正曰：昨贵姻家大尹公先为何？官宦业何如？曰：先为某县教谕，转此官，不久遽卒。他无所长，闻为考官时，通贿狼籍，乡评以是少之。思忠惕然内警，遂托辞归越。三年遇其乡人，问大尹葬何所。其人因言与势家争坟，致死人命，官事牵缠，至今未葬，家业亦凋落矣。思忠每为人道及，辄相叹异。鬻科名者鉴此。

宏治己酉岁，长洲学生王组应乡试，有校官鬻科名无愿者，亟欲贱售焉。同学生奚纯来招组共图之，事滨就矣[②]。一夕，组梦身中乡试，十几名。甫中试，而父死，妻继死，妻之父复死，身亦死，觉而怪之。见纯不言梦，但托以年幼学疎，不欲暴得名第，辞不就。纯怒责以轻名，曰：我即自为之计，所费不过数十金已而。果中式，名次正如所梦。组方以为异。既而其父与妻及妻父相继死，同益异之，无何纯亦死。组乃以所梦告人曰：使当时我为之，今已入鬼录矣。科名之不可侥幸如此。买科名者鉴此。

① 官名。唐朝始置，节度使、观察使、团练使、防御使、采访处置使下皆设一员，位次于判官、掌书记，掌推勾狱讼之事。五代沿袭唐制。

② 事情接近成功了。滨，近。

正德六年，江东太守某者文雅风流，颇擅诗名。在郡未满考，遣吏携数百金入京，赂刘瑾求速迁，祷紫姑仙以决疑。仙笔曰：三载甘棠种未成，使君何事苦经营。雷霆怒击冰山碎，只恐钱神也不灵。吏至京赂瑾，得擢云南提学副使。未几瑾败伏诛。守以钻刺，免如仙言[①]。

鬼神害盈 聚敛无益

桓玄篡位[②]，殷仲文以佐命亲贵，舆马器服穷极绮丽，妓妾数十，丝竹不绝音。性甚贪吝，多纳货贿，家累千金，常若不足。及桓玄为刘裕所败，仲文随玄西走，其珍宝玩好悉藏地中，皆变为土。旋投义军，迁侍中尚书，以罪族诛。

唐琼州守韦公干者，贪而且酷，掠良家子女为臧获[③]，如驱犬豕。女奴四百人，大半职业有织花缣文纱者，有伸角为器者，有镕锻金银者，有攻珍木为什器者。日考月课，惟恐不中。

程前为爱州刺史，境有马援铜柱。公干欲推镕，货与贾胡。土人不知伏波[④]所铸，且谓神物。哭曰：使君果坏是，吾辈为海神所杀矣。公

① 《尧山堂外纪》，卷94，作者为明代蒋一葵，字仲舒，号石原，明代江苏武进（今江苏常州）人。万历二十二年（1594）进士，历官灵川知县、京师西城指挥使、南京刑部主事。有书斋曰“尧山堂”，万历二十五年（1597）刻有王崇庆《山海经释义》。作品有《尧山堂外纪》《尧山堂偶隽》《长安客话》。《尧山堂外纪》是类似于史记的纪传体通史，起上古黄、虞、三代至明初，附录秦汉至宋元的历史评价。

② 桓玄（369—404），字敬道，一名灵宝，谯国龙亢（今安徽怀远）人，大司马桓温之子。东晋将领、权臣，桓楚武悼帝，谯国桓氏代表人物。历任侍中、都督中外诸军事、丞相、录尚书事、扬州牧、徐州刺史、相国、大将军等职，封楚王。曾消灭殷仲堪和杨佺期占据荆、江广大土地，后更消灭掌握朝政之司马道子父子，掌握朝权。大亨元年（403）十二月逼晋安帝禅位于己，在建康（今南京）建立桓楚，改元“永始”，三个月后刘裕举义兵反抗桓玄，桓玄不敌而逃，奔江陵重整军力，遭西讨义军击败，试图入蜀，途中遇上护送毛璠灵柩的毛恬等人，遭益州督护冯迁杀害。因曾袭父亲“南郡公”之职，故世称“桓南郡”。著有《桓玄集》二十卷，已亡佚。

③ 臧获是古代对奴婢的贱称。

④ 伏波将军马援，字文渊，扶风茂陵（今陕西兴平东北）人，东汉著名的军事家。因功累官伏波将军，封新息侯。

干不听,百姓奔诉于都护韩约。约遗书责之,乃止。既牧琼多乌文呿陁,皆奇木也。公干驱木工沿海采伐,至有不中,程以斤自刃者。前一岁,公干以韩约婿受代命二大舟,一实乌文器杂以银,一实呿陁器杂以金,浮海东去,且令从卒护行,将抵广,木既坚,金且重,未数百里,二舟俱覆,不知几万万也。盖海若[1]惨籍没[2]之权矣。

唐处州参军崔进思,恃郎中孙尚容之力,充纲入都,送五千贯,每贯取三百文裹头[3]。百姓怨号,声彻天地。至瓜步江,遭风船没,无有孑遗。家资田园货卖,并尽解官,落职乞活,无所始知。孙郎中之气魄,不足以摄江伯也。

巴巫间,民多积黄金。每有聚会,即于席上罗列三品,以相夸炫。蜀将张彦典忠州,竞于贪虐,因而作叛,攫其金银,莫知纪极。后于私第延构一堂,以贮黄白。忽一旦,屋外有火,烟频起而无延爇之处。开箧视之,金悉空矣。世间不义之金,悉由欲火锻炼而成,燥毒蒸腾,其焰已甚,况又剜万家之心血,倾贮一堂。怨愤上炎,不火而烬,如积万石油,以召空中之火,亦理所必至哉。

琉球国小而贫,虽受本朝册封为荣,然使者一至其国,诛求供亿,为之一空,甚至后妃簪珥皆以充数。盖从行者携货物往,而高责其直也。然向者皆严行禁约,稍知敛戢。至神宗万历丙午,给事夏子阳往,最称狼籍。及还,舟侧一巨鱼狎,扰不去,舟人谓可鲙也,饵而获之。其大专车,未及下筯,而风涛大作,舵裂桅折,自分必死尽舟中。所得宝物投水中,仅得免。有金香炉百余,两宫中祀天之物,亦为中国取去,至是尽入水府矣。或曰:金炉乃取之海缤烈妇祠者,夫册封,本朝廷怀柔之义,乃使臣不职,藉以诛求,赖天子威灵,小夷恭顺耳。不然

① 海若,古代中国传说中北海的海神。

② 籍没是元代五刑的一种附加刑,是指没收犯者的全部或部分资产甚至包括犯者的妻孥和奴婢以充公。籍没的对象上至宰辅重臣,下至平民百姓。

③ 指出行者携带的钱财。《旧唐书·韦嗣立传》:“凡是封户,不胜侵扰,或输物多索裹头,或相知要取中物,百姓怨叹,远近共知。”《资治通鉴·唐中宗景龙三年》引此文,胡三省注曰:“裹头,谓行橐赍裹以自资者,今谓答头。裹,古卧翻。”

执行人致悖书，辱国称师，祸连未已甚矣。贪人之误国也，其不葬鱼腹者幸矣哉。

强死为收 现身索偿

汉何敞为交址刺史，行部苍梧郡高要县。暮宿鹄奔亭。夜犹未半，有一女子从楼下出，自云：妾姓苏，名娥，字始珠，本广信县修里人。早失父母，兄弟夫亦久亡。有杂缯[①]百二十匹，及婢一人，名致富。妾孤穷羸弱，不能自振。欲往旁县卖缯，就同县人王伯赁车牛一乘，直钱万二千，载妾并缯。令致富执辔，乃以前年四月十日到此亭外。于时日暮，行人既绝，不敢前行，因即留止。致富暴得腹痛，妾往亭长，舍乞浆取火。亭长龚寿操刀持戟来，至车旁问妾曰：夫人从何所来？车上何载？丈夫安在，何故独行？妾应之。曰：何劳问之？寿因捉妾臂，曰：少爱有色，宁可相乐耶？妾时怖惧，不肯听从，寿即以刀刺胁，一创立死，又杀致富。掘楼下埋妾并婢，取财物去。杀牛烧车，车杠及牛骨贮亭东空井中。妾死痛酷，无所告诉，故来自归于明使君。敞曰：今欲发汝尸骸，以何为验女子。曰：妾上下皆着白青丝履，犹未朽也。掘之果然，敞乃遣吏捕寿，拷问具服。下广信县验问，与娥语同。收寿，父母兄弟皆系狱。敞表：寿杀人，于常律不致族诛，但寿为恶隐密，经年王法所不能得，鬼神诉冤，千载无一，请皆斩之，以助阴杀。上报可。

汉王忳举茂才除郿州令。到官至斄亭。亭长曰：亭鬼有数杀过客，不可宿也。忳曰：仁胜凶邪，德除不祥，何鬼之避。即入亭止宿。夜间闻有女子称欲诉冤，无衣自盖。忳以衣与之。乃进曰：妾本涪令妻也。欲往之官，过宿此亭。亭长无状，枉杀妾家十余口，埋在楼下，悉盗取财货。忳问亭长姓名，女子曰：即今门下游徼[②]者也。忳曰：汝何

① 缯：古代对丝织品的总称。

② 游徼：乡官之一。原为泛称，意为有秩禄的官吏中最低级人员。秦末始为官名。汉沿设。掌巡察缉捕之事。魏、晋、南北朝多沿设。后无此名。顾炎武《日知录》卷八《乡亭之职》谓相当于巡检。

故数杀过客？对曰：每夜陈冤，客辄眠不见应，不胜感恚，故杀之。忳曰：当为汝理此冤，勿复妄杀良善。鬼捉衣而出。忳旦收游徼，诘问即服。收同谋十余人，并杀之。遣吏送其丧归乡里，于是亭遂清安。时人谣曰：信哉少林世无偶，飞被走马与鬼语。少林忳字也。飞被走马事见明躬部。①凡人非惛，未有不畏王法者。但利欲薰心时，妄意王法，必不及此耳。宁知法网虽疎，鬼罗尤密，如二亭长者合门骈死，解脱无路哉。

永嘉中琅琊诸葛覆为九真太守，家累悉在杨都。惟将长子元崇就职。覆于郡病亡，元崇始年十九，送丧欲还。覆门生何法僧，利其赀积，与伴共推元崇堕水死，因分其财。尔夜，元崇母陈氏梦元崇还，具叙父亡及身被杀委曲，欷歔不胜。又云：行速疲极，因卧窗下床上，以头枕窗。母视儿眠处，足知非虚矣。陈氏惊起，烛儿眠处，沾湿犹如人形。于是，举家号泣。便发闻。读此段，知母子死生相靠，酸痛到骨，令人发慈悲，想生孝顺心。于时徐森之始，除交州徐道立为长史。道立即陈氏从姑子也。具疏所梦，找二徐验之。二徐道遇诸葛丧船。验其父子亡日，悉如鬼语。乃收行凶二人，即皆款服，依法杀之。嗟！夫人不知鬼当语，人亦何计，以除鬼语哉。

魏城阳王元徽，初为孝章帝画计，杀尔朱荣。及尔朱兆入洛，害孝庄，徽惧，走投洛阳令寇祖仁。祖仁父叔兄弟三人为刺史，皆徽力也。既而尔朱兆购徽万户侯，祖仁遂斩徽，送之，并匿其金百斤，马五十匹。及兆得徽首，亦不赏侯。兆乃梦徽，曰：我金二百斤，马百匹在祖仁家，卿可取也。兆觉曰：城阳家本巨富，昨令收捕，全无金银，此梦当实。至晓，即令收祖仁。祖仁又见，徽曰：足得相报矣。祖仁疑得金百

① 此段源于《冤魂志》。上载“飞被走马，别为他事，今所不录”。所谓“飞被走马”，谓忳尝诣京师，遇一书生疾困，赠忳金十斤，死后乞葬骸骨。忳以金一斤葬之，而置余金于棺下，分文不取。后为大度亭长，有马驰入亭中而止，大风复飘一绣被堕于前，忳白县，并留之。后乘马到洛，入一舍，主人正失马及被者，询之，亦正向之书生父也。感藻恩，遂厚报云。转引自：李剑国.唐前志怪小说史（修订本）[M].天津：天津教育出版社，2005：498.

斤、马五十匹。兆不信之。祖仁私敛戚属，得金三十斤，马三十匹，输兆犹不完数。兆乃发怒，悬头于树，以石硾其足，鞭棰杀之。呜呼！鬼责之难偿也，甚矣。常人之征息以什二什三，而鬼之征息以二十，又以命殉焉。人亦何苦从鬼称贷哉[①]？孙知微尝问女巫曰：冥间所重者何罪？曰：杀生与负心耳，祖仁之负心至矣，卖交贸赏狗彘，不食其余，又何以逃冥罚乎？[②]

魏支法存者，本是胡人，生长广州，精解医术，遂成巨富。有八支㲮㲪[③]，作百种形像，光彩曜日，又有沉香八尺板床，居常芬馥。王谈为广州刺史，大儿邵之屡求二物。法存不与，王谈因存豪纵[④]，杀之，而籍没家财焉。死后形见于府，辄打阁下鼓，似若称冤者。如此经旬月，王谈得病，恒见法存守之，谈遂亡。邵之至杨都，又死。贪官威索，部民自谓气焰，足以制之，宁知部民死后，气焰亦制贪官乎？谈不足道法。存以身殉宝，亦可为匹夫怀璧[⑤]之戒矣。

北齐阳翟太守张善，苛酷贪饕，恶声流布。兰台遣御史魏辉俊就郡治之。赃贿狼籍，罪当论死。善于狱中使人通诉，反诬辉俊为纳民财，枉见推缚[⑥]。文宣帝大怒，以为法司阿曲，必须穷止，令尚书左丞卢斐

---

①《北东园笔录三编》卷四：冥律凡称贷子母之钱，来生有禄则偿，无禄则免，为其限于力也。若胁取诱取，虽历万劫，亦须填补。寇祖仁当属后者。依此段文字，当时借贷利息当为20%至30%，而向鬼称贷为200%，十倍以上。寇祖仁以家里积蓄偿还，也仅达到30%。大概达到了当时高利贷的利息数。

②《洛阳伽蓝记》对此事评论是：时人以为交报。杨衒之云："崇善之家，必有馀庆，积祸之门，殃所毕集。祖仁负恩反噬，贪货杀徽，徽即托梦增金马，假手于兆，还以毙之。使祖仁备经楚挞，穷其涂炭，虽魏侯之笞田蚡，秦主之刺姚苌，以此论之，不能加也。"

③ 㲮㲪：地毯。

④ 豪纵：指跋扈而不守法纪的人。宋曾巩《洪州新建县厅壁记》："黄巽公权来，为其令，抑豪纵，惠下穷，守正循理，而得济其志者也。"

⑤《春秋左传·桓公十年》，原文是："初，虞叔有玉，虞公求旃。弗献。既而悔之，曰：'周谚有之："匹夫无罪，怀璧其罪。"最可怕的是"少资利薄多资累，匹夫怀璧将为罪"，一般百姓钱多便是罪过。

⑥ 枉见推缚：因受冤而遭追究系狱。

复验之。斐遂希旨[1],成辉俊罪状,奏报于州斩决。辉俊遗语州令史曰:我之情理,是君所见。今日之事,可复如之。当办纸百番,笔二管,墨一锭,以随吾尸。若有灵,只必望报。卢令史哀悼,为之殡殓,并备纸笔。未几张善得病,惟云叩头,未旬日而死。才两月,卢斐坐讥魏史,为魏收,奏文宣鸩杀之。夫希旨者,杀人媚人者也。未必尽为功名富贵起见,亦惧雷霆不测,以身为继耳。然徐有功、狄人杰俱以办冤获罪,濒危不死,而希旨罗织者悉灾。及其身死生有命,安能中立祈免乎?即不幸死于救人,与死于杀人者亦霄壤矣,而况于必死乎?

梁武帝欲为文皇帝,作皇基寺以追福。命有司求良材。曲阿宏氏自湘州买巨材东下。南津校尉孟少卿欲求媚于上,即检括宏氏珍帛,诬为劫而杀之,没其材以为寺。宏氏临刑之日,敕其妻子以黄纸笔墨寘棺中,曰死而有知,必当陈诉。又书少卿姓名数十吞之。未及旬曰,宏附体于少卿,数其恶而歼之,余人预此狱者,以次殂殁。未及一岁殆尽。寺构始讫,亦被毁焉。

【按】少卿之希旨视他人又甚矣。上所欲得者美材,而少卿遂致杀人以充之。所谓上求楫,下致船也。人臣阿附主,意以致滥死者多矣。宠禄未膺,灾祸踵至,则何如?以事天者事君,自求多福乎?达磨谓梁武曰:写经造像实无功德。窃意所谓写经造像者,亦与营构陵寺等耳,涂人肝脑,以邀福利佛,岂贪残之渊薮耶?

曹武,字士威,有知人鉴。齐末萧衍、崔慧景并在襄阳。崔方贵盛,武独时饷。衍曰:卿必大贵,愿以弱子相托。所遗贷遂至十七万[2]。及衍受禅[3]竟忘之。人忘鬼,鬼终不忘人。天监二年,忽见梦于衍,曰:卿今为天下主,乃尔忘我顾托之言耶。吾儿饥寒甚,昔者十七

① 希旨:揣摩迎合上司的意向。

② “十七万”的货币单位从文中和其他文献中,无法作出判断。在中国货币史上,完全废止铜钱,大规模使用铁钱,这是第一次。“十七万”这一数字大致反映出当时通货膨胀的情形。

③ 即萧衍(464—549),梁武帝。他被称为“佛门天子”。

万幸还，市宅术。觉即使书送钱还之，擢其子世澄世宗。以天子之威灵，而鬼敢为之索债。

陈甄法崇为江陵令，以清肃知名。先是江安令缪士通者，卒于官。一日，法崇坐厅事。士通前见，法崇知其已亡，愕然未言。士通云：卿县人宋雅见负米千余石不还。今儿穷敝不自存，故来诉。法崇因命口受为辞，遂逊谢下席去。法崇如词诘雅。雅狼狈输送，太守王华以闻事，在宋永初也。法崇为清肃吏，鬼故托之。征责因思厉鬼公行，阴气愤作，亦由世无公道耳。故曰：有道之世，其鬼不灵，以无冤抑故也。

天宝中，清阳崔氏居荥阳，甚富。有子授吉州太和县尉，母卢氏恋故产，不之官，为子娶太原王氏，与财数十万，奴婢数人。赴任谋赁舟，有吉人姓孙云空舟欲返，佣价又廉，遂赁之。舟人窥其厚橐，发不数程，伺崔不意，遽推落水。以刃拟其家人，皆惶惧，无敢喘息。是夜抑纳王氏。王方娠，遂以财物。居江夏后，王氏生男，舟夫养为己子，极爱焉。孙氏因崔财致富，养子年十八九，学艺已成，遂遣入京赴举。途经郑州，遇夜迷路，常有一火前引，而不见人。随光行一十余里，扣庄求宿。主人容之，乃即崔庄也。其家人窃窥，报卢氏曰：门前宿客貌似郎君，言语行状辄无少异。卢氏欲自审之，遂召升堂与语，一如其子。问之，乃孙氏也。母垂涕曰：郎君远来，明日且住一食。其子不知所以，姑诺之。明日母见此子将去，不觉发声恸哭。谓此子曰：郎君勿惊，昔年一子赴官，二十年绝消息矣。今见郎君状，貌酷似吾儿，不觉悲恸耳。郎君西去，回日必须相过，老身心孤，见郎君如已儿也，亦有奉赠努力，早回此子，应举不捷，还过母庄。母欣然，遂留停数日。临行赠赀粮兼与衣一袭。曰：此吾亡子衣服，去日为念。今既永隔郎君，貌似吾子便以奉赠，号哭而别。他时过此亦须相访。此子既归，忽着老母所遗衣，下襟有火烧孔，其母惊问何处得此衣。乃述本末，母因屏人，泣与子言其事。此衣是吾与汝父所制，初熨时误遗火所蒸。汝父临发日，阿婆留此为念。比为汝幼小，恐申理不了，岂期今日？神理昭然。其子闻言痛哭诣府，论冤推问，果伏诛孙氏。而妻以不早自陈，断合从坐,其子哀请而免。读老母留连少年数语,字字血泪,使人骨碎神凄,肠裂毛悚。尔时少年必当首痛心动,性灵憰恍。恨史家未描写得出耳。照夜之火与熨夜之火,两火证成杀贼,此火亦三光[①]、电光哉。

唐师夜光,蓟门人,聪敏好学,尽通内典。又有沙门惠达者,家甚富。与为友。是时玄宗好仙释,旁索名僧,而夜光贫不得西去,常怏怏。惠远因以钱七十万资其行,且曰师之学蓺[②],必将首出为天子近臣,异日无忘。夜光谢曰:幸师厚贶,必有以报。遂至长安,贶九仙公主。左右选硕学僧十辈,与方士议论。夜光预焉,演畅玄奥,无敢比者。上奇其辩,宠遇日隆,拜博士,赐甲第金钱,号幸臣。惠达遂入长安访之,夜光见其来,以为收责于已,大不悦。惠达悟,因告去。北归月余,夜光虑其再来,即密书与蓟门帅张廷珪,曰:近者惠达至辇下,诬毁公缮完兵革,将有逆谋。以公之忠,天下莫不闻,积毁销骨[③],不可不戒。廷珪惊怒,即召惠达鞭杀之。后数日,忽见惠达来庭中,责夜光曰:我以七十万钱资汝西上,奈何遽相诬谤,使我冤死,何负我之深也。言讫,遂跃而上,捽拽夜光,家僮咸见之。数日而夜光死。师光既通内典,宁不知负心枉杀,必堕无间。其心为此者,必恃其博敏奇办,俯视庸庸。惠达应以七十万供奉,不复有偿理耳。骄生嗔嗔生杀,而本觉懵然矣。今世系籍西灵,稍通教典,弄笔鼓唇,愚诳俗士,坐受供养,居之不疑。岂知寸丝半粒,会有算偿时耶?故冥王之言,曰:讲经者心怀彼我,以骄凌物,比邱中第一粗行。又曰:既得财物,贪心顿起,便是三毒[④]不出,具足烦恼。《通幽记》所载鬼判定罪,以负心为至重。其被拷者多侩尼。苏子瞻所记亦云:冥狱僧居十七,岂僧故多负必钦。

大和中密州殷氏被劫,父子死者三人。刺史捕之甚急,月余不获。

---

① 三光:日月星三光。

② 蓺:同"艺"。

③《太平广记》为"积毁销金"。

④ 三毒:指贪、嗔、痴。

时魏南华[1]摄司法椽。梦数人，皆被发。诉曰：姓殷氏三人被杀甚冤。南华曰：杀汝者谁？对曰：某所居东十里有姓姚者，盗魁也。南华惊寤，驰往捕盗。未至，忽见一狐起于路旁深草，驰入里人姚氏宅，噪而逐者，以百数，其狐入一中穴。南华命以钟发之，得金帛甚多，乃群盗劫殷氏财也。即召姚氏，讯其自[2]，目动词讷，遂收劾之，果盗魁也。尽擒其支党十辈，然穷穴中，卒不见狐，岂非冤魂之所假欤？

唐卢叔敏，崔相佑甫之表侄也。崔有书令赴举，遂自缑氏[3]赴京，行李贫困，两驴一叉袋，一奴十余岁而已。初发县，有紫衣人擎小幞同行。云送书至城，辞气甚谨。生以僮仆小利其作伴，每到店，必分以茶酒紫衣者，亦甚知丑。至鄂岭早发十余里，天才明紫衣与小奴驱驴在后。忽闻奴被殴叫呼。生曰：奴有过，但言必为科决[4]，何得便自打也？言讫，便见紫衣人，抽刀刺奴，洞肠流血。生惊走，紫衣逐及刺之，与奴同死岭上。时缑氏尉郑楚相与生中外兄弟，晨起，厅中忽困睡，见生被发血污，谓尉曰：某已被贼杀矣。然此贼今未捉得，但兄记明年八月一日平明，贼与同党买牛，来入西郭门，最后牵白牛一头，跛左脚者是也。郑尉惊觉遂言于同僚。至明日府牒令捉贼，方知卢果遇害。复于书帙中得崔相书。河南尹捕捉甚急，都无踪迹。至明年，是日，郑尉潜布弓矢手于西郭门，自领徒伏路侧。日初出，果有驱牛自西来者。后一白牛跛脚不及其队，遂擒捕之，并其同党驱跛牛者，果杀卢生贼也。问之悉伏，云：此郎君与某有恩，某见其囊中，谓是绫绢，遂劫杀之，及开之，惟得绢两匹耳。自此以来，常髣髴（仿佛）见此郎在侧，如未露，尚欲归死，已就擒，岂敢隐乎？具言始末，与其徒皆弃市。夫魂已见梦历历分明然。必俟明年乃获贼者，则贼之偿券固有期也。世以

① 《宣室志》载：“有钜鹿魏南华者，寓居齐鲁之间，家甚贫，宗谅命摄司法掾。”

② 应为“讯其所自”。疑漏“所”字。

③ 地名。缑氏镇历史悠久，人杰地灵，因系春秋时代周灵王缑姓皇后的诞生地而得名，是古代中原四大名镇之一。

④ 科决本意为按规定的科条审理判决。这里意为主子教训仆奴。

目前祸福而疑天公，亦知作恶者固自有死期哉。

报偿亦有定日 世间何事不定

公孙绰为王屋主簿，数月急疾而殒。未及葬，县令独在厅中见绰。公服入门，惊起曰：与公幽显异路，何故相干？绰曰：有冤欲见长官请雪耳。某命未合，尽为奴婢所厌死。长官有心，倘为密选健吏往捉，必不漏网。某宅在河阴县，宅堂檐从东第七瓦垄下，有某形状，以桐为之，钉布其上，已变易矣。言讫而没。令异甚，乃择强卒（素于绰所厚者）持牒并书与河阴宰，尽捕其奴婢，于堂檐中搜之，果得人形，长尺余，钉绕其身，木渐为肉，击之哑然有声。绰所贮财粟悉为所盗。县遂申府，尽殪[①]奴婢数人[②]。

伪蜀节度使王宗黯贪贿无状。生日部下皆献货为贺，独巫山令裴坦以民贫，独无献。宗黯大怒，召裴至，诬以他事，生沉滟滪堆[③]水中。三日，尸不流。宗黯使人挽尸而下，经宿复上，卓立波面，正视衙门。黯不自安，神识烦挠，竟暴卒。自古忠懿蒙难者多矣。至于清苦之吏，虽极昏暴，多宥贷[④]之，未有贼戾不道，如宗黯者。裴令千古冤死，亦着千古奇迹。清吏威灵，固应赫赫哉！

司马懿智计通神，王凌[⑤]、贾逵有灵，溘而陨灭。桓温势焰薰天，海

---

① 殪：杀。

② 出自《逸史》。

③ 滟滪堆，长江三峡著名险滩。

④ 宥贷：谓宽免其罪。

⑤ 王凌（172—251），三国时魏大臣。字彦云，太原祁（今山西祁县）人。汉司徒王允之侄。李傕、郭汜杀允，他逃归乡里，举孝廉，为发干长，迁中山太守。后被曹操辟为丞相掾属。文帝即位，拜散骑常侍，出为兖州刺史，与张辽等至广陵讨孙权，以功封宜城亭侯，加建武将军。齐王曹芳正始初，为征东将军，二年（241），击败吴将全琮，进封南乡侯，迁司空。嘉平元年（249），任太尉。后与其甥令孤愚谋废曹芳，事泄，服毒死。

西殷涓[①]作祟，死不旋踵。以绝世奸雄，难逃鬼责，龌龊宗黯，能枉杀清吏耶？

庆历间，监司檄幕官姚孜与主簿王虎往太云仓，查覆上供米麦之数。孜受主者，赂虚抬欠数千石，绐[②]虎书名申报，虎不察也。及事败，送寿州根勘。孜不欲独受赃名，先将元赂金托银托佯以寄虎，随请寿州勘院搜验于其家。虎不知，愤死郡狱。孜复用计，尽以所坐坐之，得自脱数年。通判潞州一日出游，遇王虎，自此恍惚如狂，常若与人殴击。运使陈冕遣道篆宋之才禳之。孜于神前具自首伏时，钱延年[③]命吏从旁录其语。俟醒示之，孜大惭沮，即日致仕，未几死。以孜之械变，出没神鬼，虽妖镜所不及照也。宁知鬼抉其口，自于神前首伏哉？钱延年命吏录示其语，痛逾斧钺。要之，延年与吏，亦鬼怂恿之耳。正不知冥间勘结时，痛快又何如也[④]。

比部郎洪湛，以王钦若[⑤]贿买任懿及第。累谪儋州，竟死海外。忽有相识遇洪大庾岭，犹仪卫赫然，若有官者。相识谓是赦还，与执手庆

---

① 殷涓是东晋大臣殷浩之子，有很好的声誉。永和十二年(356)，殷涓的父亲殷浩去世，大司马桓温曾派人送信吊唁，殷涓不给桓温复信，也没有去拜望桓温，却与武陵王司马晞交游。桓温素来忌恨司马晞，曾上奏简文帝司马昱，要求免去司马晞太宰的职位，让他以王归藩。广州刺史庾蕴与桓温有宿怨。桓温憎恨殷氏、庾氏两宗族的强大，想除掉他们。咸安元年(371)十一月十七日，桓温命其弟桓秘逼迫新蔡王司马晃到太极殿西堂去自首，自称与武陵王司马晞及子司马综、著作郎殷涓、太宰长中庚倩、散骑常侍庾柔等谋反。桓温将他们都逮捕入狱。十一月十九日，桓温杀死东海王三子及其母。十一月二十日，桓温欲诛武陵王司马晞，但简文帝不许，桓温遂废武陵王及其三子的封号，将其家属徒至新安(今浙江淳安西)。同时，免新蔡王司马晃为庶人。殷涓、庾倩、庾柔等人被灭族。

② 绐：破旧的丝，此处意为欺哄。

③ 时钱延年知潞州，陈冕为运使。

④《太上感应篇》卷之评注道：祸福自己，善恶由心。谨其在我，外患莫侵。嗟彼奸慝，城府险深。陷弈穽设，干戈相寻。潜虽伏矣，上帝汝临。

⑤ 王钦若(962—1025)，字定国，临江军新喻(今江西新余市)人。北宋初期政治家，宋真宗时期宰相、主和势力代表。进士甲科及第，之后历任秘书省校书郎、太常丞、左谏议大夫、参知政事、刑部侍郎等要职。因编纂《册府元龟》而知名。

慰。洪曰：我往捕王钦若耳。言讫不见，其人愕然。已而钦若病甚，口呼洪卿宽我，我以千金累卿。然惠秦已橐百两，不难偿值九百也。观此则二百五十金之说，犹当时鞫[1]者，默为钦若减贯也，然湛冤极矣。[2]

【按】钦若常为三司判时，度支毋宾古尝言：天下逋负[3]自五代迄今，理督未已，民病不支。仆拟启捐之钦若间，一夕命吏密校成数。翌日，即上之真宗。大惊曰：先帝未知耶。曰：先帝固知之，殆留与陛下收人心耳。即日放逋负一千余万，释系囚三千余人。帝由是向用钦若。夫沛发国恩，自是宰相德量。然是攘人之善归已。及贿卖科第，则又推已之恶，与人孤注挤友，帛书欺天，机械百端，当时有五鬼[4]之目，临终乞命。洪卿自是鬼趣到头耳。虽复增校道书，建坛礼神，何以宽鬼责哉。

苏子瞻云：余在儋[5]耳。闻城西民李氏处子病卒，两日复生。余与进士何旻同往见其父，问死生状。云：初昏，若有人引去。至官府幕下，有言此误追庭下。一吏云：可且寄禁。又一吏云：此无罪，当放还。见狱在地窟中，隧而出入系者，皆儋人，僧居十六七。有一妪身皆黄毛，如驴马。械而坐，处子识之。盖儋僧之室也。曰：吾坐用檀越钱物，已三易毛矣。又一僧亦处子邻里，死已二年矣。其家方大祥，有人持盘飧及钱数千。云：付某僧，僧得钱，分数百遗门者，人世使门上钱，正复如是。所谓虎豹司阍是也。乃持饭入门去，系者皆争取饭，僧饭所食无几。又一僧至，见者擎跪作礼。僧曰：此女可差人速送还。送者，以手劈墙壁使过。复见一河有舟，使登之。送者以手推舟。舟跃，处子惊寤。是僧岂所谓地藏菩萨耶！书此为世戒[6]。予独怪冥中罪

① 鞫：贫穷。

② 出自《宋史·王钦若传》。

③ 逋负：指拖欠赋税、债务。

④ 指智穷、学穷、文穷、命穷、交穷五种穷鬼。唐韩愈《送穷文》："凡此五鬼，为吾五患。"宋范成大《除夜感怀》诗："岂无一经传，政坐五鬼嗤。"金刘涛《小雪》诗："马遭萁窘三山瘦，人坐诗工五鬼穷。"

⑤ 儋：古州名。汉置儋耳郡，唐改为儋州。民国设县。旧治所在今海南省儋县西北。

⑥ 出自《东坡志林》。

击，何以僧居十七？颜光直曰：施主钱物，是供养如来者，最难消受，惟能明见本性。说法度人，方可不负佛缘。不然而盛说果报，接引未悟。又不然而庄严，焚修苦行，自饬庶于兴起善力，未为失耳。倘随众作务，无所短长，则一粒寸丝，皆是自己业债，何论贪淫以下事哉！今世则有掠杀檀越，夷其坟墓，狠踰盗贼者，此其罪报，恐千数易毛，未足结案也。

宋夹允性敏而贪，任陈州司狱。有富商得死罪，系狱听决。其仆谋于允曰：生有余财，若相活，可尽酬允。乃诈许之，得财巨万，乃伪为轻罪文卷，诘朝发落。猾吏作奸，往往如此，绝不虞有天示人时耳。夜较狱吏曰：商得死罪，使饮食足，录囚必责，乃减食加刑。不数日而死。召其仆曰：文卷已成，印判发落。夜暴死，奈何？仆曰：非不尽心，无奈命也。乞尸化归。允谓名利俱得，因免官归。惟懊无子，乃取妾，一岁生子。才八九岁，历览诸书。十六举状头，授台州路学录[①]。此时福庆骈集旁观，必谓司狱有阴德，允必自信无天道。裘马酒色恣其所欲，家财殆尽。十七病死。父母哭之。垂绝逾月而葬，父母固欲开棺视之。邻里阻持，不可开棺。远视尸变为四五十有髯者，乃富商也。允止哭，曰：天示人我，敢隐具述。前事良心至此尽露，奈已晚何。人为欢息。司马公闻之，验实纪其事。於集末读“天示人我敢隐”六字，觉富商之声貌，神魄起立如生。夹允之声貌神魄，灰槁如土。使死者如生，生者如死，信非造物，无此捏弄也。

定襄邱村王胡以陶瓦为业。金明昌辛亥，岁歉。与其子王生就食山东。一日，有强寇九人为尉司跟捕急，逃死无所，就匿王家。以情告云：我辈金贝不赀，但得身免。愿与君父子半分之。王因匿盗陶中，满实坏瓦。尉司兵过，无所见而去。胡父子心不自安，且利其财。乘夜

① 学录为中国古代文官官职名，宋国子监置学正与学录，掌执行学规，考校训导；又置职事学录与学正、学录通掌学规。明、清沿置。明学录秩从九品。清乾隆初升为正八品。学录为基层官员编制之一，配置于国子监等官学机构，从事业务则相当于老师或学校行政人员。清朝灭亡后，该官职废除。

发火，九人皆烬。遂携金贝还乡。数年殖产，出乡豪上。泰和中，王生理五台，将及兴善镇。恍惚中，有所见惊怖堕马，遂为物所凭扶舁。至家，生口作鬼语，瞋目怒骂云：尉司追我辈，已得脱。中分货财，足以致富，便发恶心，遽灭九骨[①]。寻之数年，乃今见汝，偿命即休。时或持刃，逢人乱斫。其家无奈，召道士何吉卿逐祟，何至作法。鬼复凭语辩诉，何知冤对非法箓[②]可制，教以作黄箓超度，或冀解脱。胡乃陈状赍坛，吐露情实。人始知其致富之由。大建一祠，日夕祈祷。未几生竟卒。冤对非法箓，可制大命，岂祠祷能延世之累。积恶业而求解救于缁黄之藏箓。读此，亦可废然返矣。九人自有死法，但利其财而歼之，罪正与九人等耳。故九人者得乘其屈，负而取之也。

方城人巩固与周氏比邻。而周赀产甚丰，固久睥睨之。适周夫妇继死，惟一老媪抚数岁孤孙。固以好语诱之，曰：媪与孙介处，而挟田宅货财自卫，是开门揖盗耳。莫若及强健时，售之于我。既不失价，我复资媪终老，抚若孙，使成立。媪以为然，尽予赀产，计直不能什二三。固才获券，即迁入其庐，据有良畖[③]诸器物，而逐媪与孙他徙。自是周之夫妇乍见乍隐，或噫叹井厕间。逾年，虏犯方城，固家数十口皆杀死，良畖美宅他人是保矣。哀哉！

洞庭贾者叶湘挟千金以市布。贾一舟，行至澱山湖，日就瞑。舟人利其有也。酌以酒，且绐之曰：前此则近贼巢，不若此地舣舟为安也。湘然之。方就枕，而操刃者突至，杀湘沉尸于湖，而人不知也。家人以湘未归，諏诸卜者，得凶兆。寻即其所求之，见有荡桨者，滮滮然出芦苇中。从而问曰：若见湖中莩乎？则曰：有之，指示而得，盖湘魂也。第不知谋自何人，置不问。已而，京口有操舟者，仓皇失措，且自附以

① 九骨，又称九贵骨、九龙骨，乃用来看一个人是否有贵气、有成就。相书《月波洞中记》曰：所谓九骨者，一曰颧骨，二曰驿马骨，三曰将军骨，四曰日角骨，五曰月角骨，六曰龙宫骨，七曰伏犀骨，八曰臣鳌骨，九曰龙角骨。有谓："考定九骨，辨人命禄。"

② 箓：又称法箓、宝箓，是一种道教符书，作为道士入道凭信和引法的依据，通常上到神吏名号及召役神吏，施行法术的牒文，有的还绘上神像和相应的符。

③ 良畖：良田。

神语。有司擒之，勒其实，即杀湘者也。移檄验之。果然遂抵罪。

潭阳狄某者，任云南定远知县。有富翁死，家积数万金。妻掌之，叔告县。密嘱之曰：追得若干，愿与平分。狄信之，拘其嫂到官，酷刑拷讯。至以铁钉钉足，沸汤浇乳。于是悉出所有，狄得二万金。而妇遂赍恨死。及狄罢归，一日，昼寝忽见其妇手持小团鱼[①]挂床上。狄大惊异。未几，遍体生疽，如团鱼状。以手按之，四足俱动，痛彻骨髓，昼夜号呼。逾年乃死。五子七孙俱生此疽以死，一孙仅免，亦无立锥之土矣。以二万金市一小团鱼，传子孙积滞不售。贪吏之营利亦拙矣哉。

嘉靖中，泗州蒋成者屠沽[②]于鸭嘴湖。有孤客以竹荷包袱，饮其店成中。夜醉之，沉于湖，匿其金，因而致富。既十余年，逢端午置酒，会邻友。成于座中忽举青丝系粽，汨罗江里吊忠魂，属诸客对。坐有号古涧者，先夕梦中，有人教云：明当还对紫竹挑包，鸭嘴湖边谋客命。叮咛曰：能言之，管取获利古涧以为神，即以是答之。成骇然失色，席散独留古涧，以二十金灭口。古涧亦不求其实，喜而归语其妻。妻曰：此冤鬼假子以雪之，不言将有祸。妻亦鬼所凭也。古涧首之州，及到官，成遂伏辜，取客尸于湖，尚如生焉。此客作鬼亦甚灵。既凭成举对，又凭涧还对复，凭妻难涧。妻曰：不言将有祸。盖森然如鬼，离立前矣。女巫曰：道途间人鬼各半，人自不办耳然哉。人亦何处，可负心哉。

长洲有丁姓者，戍籍也。客游燕市，遇[③]壮士某气力相悦，结为死友，无何其人以盗败，仓卒授百金于丁，为狱中饘粥资。丁利其金，且虞祸及。利害两字，败人心术。行金于狱卒，毙之。越三年，丁归吴舟中，自作鬼。语詈曰：汝好负心，今得相报矣。因对众言其所以。众

① 甲鱼，学名鳖，俗称水鱼、团鱼和王八等。

② 屠沽：宰牲和卖酒。亦泛指职业微贱的人。

③ 原文为“与”。参见：王同轨．耳谈类增[M]．吕友仁，孙顺霖，校点．郑州：中州古籍出版社，1994：406.

曰:固然与我等何罪,盍缓之。鬼曰:诺我,且至其家候之,遂寂然。丁抵家三日,忽反目作声如前,而操锤自击,其齿皆落。人从旁夺锤,则勇力愈奋。犹有豪态,气力相悦,即其病根也。忽又操刀自断其臂,而以爪自抉其目,血流被面。观者填道,人或谓:汝冤何待三年?曰:向我系狱,近得赦书乃出耳。遂死。所谓赦书者,是隆庆改元赦书也。平生恃力凌人,已直一死,况以盗败乎?丁自欺心,结冤以致杀,杀相寻耳。乃知人即有可死之法,我不可无好生之心也。

余干民张某者,商贩金陵,寓旅店。有小妇过门甚数,张挑之。妇称邻居,笑盼相许。遂私焉。久之,张察邻居无是妇,疑而咨之。妇曰:正有相托,妾非人也。有杨妪者,非君里人乎?曰:然。其人始贫暴富乎?曰:然。妇遂顿足啮齿曰;此天下负心人也。妾乃娼女穆小琼,少以艳丽,与杨欢,事妾曲意,无所不至。誓迎妾归,生死相保。妾家箧笥颇饶,尽以归之。痴心守盟,谢客七年。久无耗息,闻已别娶矣。以是赍恨而死。此店即妾故居。有囊金以赠君,但欲附君归舟,察杨新妇若何耳。张如语,舟中置牌位,书穆小琼,呼之即至。抵家别,张适杨宅。杨正康裕无恙,而以诞辰。张乐馔客,忽暴死,所娶亦剧病几死,张大惊讳不敢言。自是呼牌名不至矣。夫娼家箧笥,本皆不义之财,欺而取之,杨亦娼家行止矣。其受谴也,宜哉。世有权势在握,以横取豪民家私为无伤者,亦可谓取娼箧为无伤乎?不娶娼女,真性也,守盟结盟,则妓女荡子烂套也。穆作鬼亦复不贞,而以守誓责杨,所谓妇怨无终者非耶!虽然娼本以守盟愚荡子,而杨乃以结盟窃妓财,杨尤险于娼哉。

徐池者,嘉靖间人,富而暴厉。欲得徐八之宅,计诱其子臣赌荡累债,遂得其宅。未几,二子五孙俱染瘵。池召巫祷,巫为神言此徐八为祟也。池惧,向城隍庙建醮[①]求解,是早有乞儿,迎问曰:公非徐池耶。池曰:何自知之?曰:吾昨宿庙僻地,有人向神呼公名,谓公害彼耳。

① 建醮:指僧道设坛为亡魂祈祷。

池惊，返归寝而卒，子孙俱无噍类[1]。嗟夫，狡狯肯堂废为鬼宅，何用此狡狯为哉。

宛平民赵林与刘方远饮娼杨三家。娼有故欢王宗义来并饮，相妬遂至殴击，刘方远助林击伤宗义，归暴卒。卒时语妻曰：方远实殴死我。方远闻变，即大出赀货贿宗义妻及娼杨三，称是林击死。林竟坐抵。自是方远家常失物，筐箧间有流火。一日，方远馔客，客忽起揪方远发乱殴，作林声骂曰：我代汝耶。我已讼阴司矣。数日方远死。又数日，宗义妻曰：林事发，逮我与杨三矣。自往觇杨三已病，捧心展转皆卒。世之行贿买人命，受贿卖人命者，其视此哉。颜光衷曰：即此一事勘破方远，生平赵林饮娼家，即邀与同伴，是惯帮闲厮打，便助拳，是惯牙爪闻变便纳贿，是惯撇脱如此伶俐，欢会便相亲，有急便相推，自是本色，特赵林无眼，自堕他掌股耳。若赵林为嫖主，则娼家之奉承，方远必得先头。若赵林与宗义讼，则方远之唆谋两家，必得后手。世上半是此辈弄坏，可惊，可惧可恨，可杀。

冤灵纠结　转身索命

贞元中，有李生者恃气好侠，常与轻薄少年游。年二十余方折节读书。仕至深州录事参军。生能歌，诗美风仪，曲晓吏事。至于击踘饮酒，皆有能名。雅为太守所知时，王武俊帅成德军，恃功藐法。诸郡守侧目，常遣子士真巡郡。至深州太守张乐设宴，执礼甚谨。士真大喜以为他郡莫及。乃曰：欲尽欢于今夕，岂无嘉客愿得召之。太守曰：邑无名人，惟参军李某足侍谈笑。士真曰：但命之。于是召李生，入趋拜。士真目之，色甚怒。既而命坐，貌益恭。士真愈不悦，瞪顾攘腕，无向时之欢矣。太守惧，莫知所谓，顾视生，腼然汗下，不能持杯，一座皆愕。有顷，士真叱左右缚李某系狱。左右即牵李袂疾去，械狱中。已而士真欢饮如初。宴罢，太守潜使于狱中，讯李生何故忤王君。李

① 噍类：活着的人。

生悲泣久之，曰：闻释氏有现世报，吾知之矣。某少贫好与侠邪游，往往掠夺里人财帛。驰马腰弓，往还太行，道日百余里。一日遇一年，少鞭骏骡，负二巨囊。吾利其赀，遂力排堕万仞崖，疾驱其骡去。解囊得绘百余段，自此家稍赡。因折亏矢，闭门读书，遂仕至此。及今凡二十七年矣。昨侍宴，视王公之貌，乃吾曩时所杀少年也。一拜之后，心中惭惕。自知死不朝夕，今则延颈待刃，又何言哉？有顷，士真醉寤，急召左右往取李某首。左右即狱中斩首以进，士真熟视而笑。既而又与太守醉饮。太守因欢曲，请李坐获戾之故，士真笑曰：李生亦何罪？但吾一见之，遂忿激于心，已有戮之之意。今既杀之，吾亦不知其所以然也。君无复言。及宴罢，太守密讯，其年则二十有七矣。盖李生杀少年之岁，而士真生于王氏也。贾客之生，不之（知）所以生；李生之死，不知所以死，不可知之。谓神世皆以所不知者，遂疑世之，无神何哉？

永嘉徐辉贾游丹阳，贷大驵钱一千贯。未及偿而驵死，默不自言，驵家亦不知也。辉是岁生一子，颇聪慧，辉切爱之。至八岁，大病，召医市药，略不惜费。久而钱财耗尽，病犹未愈。忽一日。病子语温尼曰：我欲归去。尼曰：此正汝家，将欲谁归？病子曰：我家故丹阳耳。徐公贷我钱千缗，幸我死不偿，故托生其家，自来取之也。言毕遂死。今谚于儿女拂意者，辄云还债未了，夫知满前皆征债之人，而所作皆负债之事，何哉？

党氏女，韩城县芝川人。先是，有王兰者舍于芝川蔺如宾家。如宾杀之，匿其钱数百万。其年生一男，美而慧，名玉童。比长，轻裘肥马，恣其出入。玉童忽暴卒，父母哀之。虽丧毕，每忌日必饭僧施财。自是稍稍贫如故。有僧求食于党氏，一女子应门曰：母兄皆出，不得具馔。此去数里，有蔺氏者亡子忌日，方当饭僧，盍就之。其亡子，即我之前身也。僧大异之，问其所以，不对而入。僧于是造蔺氏。谓曰：主人念亡子若此，欲见其今身乎？如宾惊问之，僧具以告如。宾遽适党氏女，不肯出。父母曰：必不见，则何辞？女曰：第告之云，其子身存，及殁多故，所耗王兰之财尽，未闻此必不求见矣。父母以告如宾，无言而退即出。父母问其故，女曰：儿前身王兰也，为如宾所杀死。诉上帝愿为子以耗之，故耗之且尽而死。凡人性有刚柔，鬼德亦然。刚者报复急戾，柔者平施。即已如王兰诉冤于帝，但曰：愿为子以耗之，固知其生性柔。愿非矜气忿争者，独如宾得。此报犹不足蔽其愆耳。

润州一监征与务胥盗官钱，皆藏之胥家，约官满分取。胥伪诺之，既代去，不与一钱。监征不敢索，悒悒渡江，竟死于维扬。胥得全贿，遂告归，治田宅致富。是年妻孕，如见监征褰帷而入，即诞子，甚慧。长喜读书，二十岁登第。胥大喜，尽鬻其产，挈家至京师，为桂五费。其子调官南，即已匮乏。至中途，子病，胥罄所余召医。及维扬疾革，胥无所归，旅寓贫索无聊而死[1]。夫盗官钱罪，与胥均也。监征不应，转身富贵，享受盗财，意当日指点干没，皆胥为政监征一木强耳。不然，何至噤不敢索，悒悒以死哉？拙者盈，而黠者虚，固造化裒益[2]之妙也。

邓荣性哗狡，常诱人为不善。乡有宦家子不肖，邓结其所亲，诓其家产殆尽，丐而死。邓为盐商于江湖者二十年。绍定间，湖中遇寇。一寇俨如宦家子，缚邓父子，不淫其女息[3]，尽掠赀货而去。邓贫困，十年而死，子亦丐焉。吁人知诱宦家子之报矣。而不知生子，使人诱亦是宦家之报者。卢坦为河南尉，杜黄裳为尹召，坦立堂下曰：某家子与恶人游破产，盍察之。坦曰：凡居官廉，虽大臣无厚蓄。其能积财者，必剥下以致之。如子孙善守，是天富不道之家矣。不如恣其不道，以归于人。黄裳惊其言，自是遇之加厚。故坦之言，是宦家之宝鉴也。邓诱宦子必以淫局，故其报之也，亦以淫想冥律，以此为和奸也。

浙西米信夫者，柔狡哗捷。里有大家兄弟二人，以父死纷争。因唆弟以讼兄，结合官吏破其家而有之。兄弟抑冤而死。米由是富者二十

① 语出《志存记录》。原文为："胥无所归，贫索无聊，悔悟而卒。"

② 减少和增加。《宋书·袁淑传》："且亦闻之前志曰，七年之中，一与一夺，义士犹或非之。况密迩旬次，何其裒益之亟也。"

③ 女息，指女儿。

余年。至元戊寅遭反，谋逆讼牵连到邑，见吏俨如其弟，抑合招承罄，没其赀。忿而讼吏于府，见府吏俨如其兄，抑令招承与其妻女子息，八人俱死于狱。夫唆讼者多矣。此何报之烈也，岂蛊弄人于兄弟间，故罚之倍重乎？抑所谓巧恶五分，当值恶十分乎！所坐事亦冤债，然不冤不见巧报耳。方二十年间，身享富厚，未必不自负。为人豪，众必疑其无天道。至二十年后，天乃定矣。世之恶德不悛，畅遂目前者，急自省哉。

汴有邮卒一骑，出巡出都门甚早。至棘野中同，有贲轻赀早行者，见卒来，疑有他志，匿丛棘中。而卒亦暗不办也。第闻途左有行步声，近身不见，恐是虎豹，因以枪遍刺丛中。中之，拽而出，则死矣。方知其误，既无奈何，取其囊中金，弃尸于棘，人莫知也。卒由是遂富，娶妻，久无子，止一女。偶晨起逍遥于门，遥见所刺之民前而来。亟合门潜窥之，竟入对宅皮匠家。俟晏问之，则匠生子矣。以向晨误杀，亦以向晨托胎。卒既知其因缘，了不敢言。第厚遇匠，并怜其子，以女许妻之。匠氏大过望，令其子事卒如父。一日，卒饮醉卧，盛暑汗流。匠子侍侧，微以刀刮去其汗。刀非刮汗之物，有使之者矣。卒醉中不办何物，以手击之，刀遂入腹。未即死，亟呼家人，言其故。女卒归之，并家私皆还焉。此其索报亦巧矣。造物转移变化，不可思议，而世人以耳目所不及，遂疑造物有漏网，则亦不达生死恩仇之变者也。颜光衷[①]曰：或谓本无恶心误杀，不妨者可乎？居官者，尤宜慎于此也。

山西僧齐能者，诣京请度牒[②]。归至别邸[③]，而橐尚饶。主人因鸩之，埋尸炕床下。妇适生子，渐长，常欲杀父。父讼于官，儿忽作僧语曰：我僧齐能也。渠杀我如此，如此，度牒尚在某箱，我尸尚在炕床下。发之皆得。主人伏罪死，官即以度牒度其儿。名曰：再能。送还

① 著有《官鉴》。

② 僧道出家，由官府发给凭证，称之为“度牒”。唐宋时，官府可出售度牒，以充军政费用。

③ 别邸：高级官员的正宅以外的住处。此处应为客栈。

乡。观此案，则世之生逆儿者，可无自省欤。且不但此王镕养张文礼为子，而族灭于文礼王处。存养刘云郎为子，而族灭于云郎。此叔孙竖牛之祸也。冤业之来，盖有所自矣。

嘉靖初，有淮民陆氏奸而横，侵其邻郑氏。尽其产，撤其居，以为己。宫室苑囿所存，惟嘉树一本。晚得子，而暗数岁游于庭。忽指树而言曰：树乎，汝犹在耶？家人大惊，已而复暗不语，百方诱之，终不出一声。稍长，荒淫戏傲，靡所不为，家罄乃死。人谓郑氏后身云。时朱瑄为都御史总督两淮，征其里人，问之皆信。

盛某者，吴城人也。戏以手折，人辄出血，故名之曰盛出血。其邻翁某老无子，园池广衍。盛与翁狎，尝问其地所从得。翁辄道其详。盛潜写翁卖地券，署一死者为中见人。藏久之，翁无恙。乃谓曰：汝地不归我，何待翁以为戏也。盛作色出券示翁，翁愕无办，遂与盛地，愤恨而死。盛初无子，既以计得翁地，又生子，意愿益溢。此时未有不讶无天道者。所生子五岁不言。一日，盛携之入园圃游行。谓曰：吾老矣，目前生业皆汝有。不思此业，从何而有。此岂可诒子孙耶？汝不言，吾不乐矣。儿忽应声曰：我即某翁也。将有所待而言耳。盛惊悸。一仆卒，未几子亦卒遂绝。今人于果报分明处，辄云：天公开眼。盛儿陆儿，一鸣惊人，岂非天开口耶？

沦入畜道　偿所宿负

卞士瑜者，其父以平陈功授仪同。性悭吝，常顾人筑宅，不还其值。作人求钱，其父鞭之，且曰：实负钱者死，当与汝作牛。须臾，卞父死，其作人有牛，产一黄犊，腰下有黑文，周匝如带，右胯有白纹，斜贯大小，正如笏形。俨然官人，但不复能鞭人耳。牛主呼之曰：卞公何为负我犊？即屈前膝以头著地。往日气势何在？瑜以钱十万赎之。何不以此钱还值？牛主不许，死乃收葬。

大业八年，宜州民皇甫迁。兄弟四人，惟迁不事生业。母尝取钱置床上，迁便偷去。母觅钱不得，遂勘合家，良贱并云不知。母怒悉加鞭棰，大小皆怨。未几迁亡。其家猪生豘子。八月社至，卖与远村杜家，遂见梦于妇。曰：我是汝夫，为盗取婆钱，枉及合家受拷。今我作猪，偿债杜家，将欲杀我，何忍不赎？妇初梦忽寤，仍未信之。复梦如初，因起报姑姑。曰：吾梦亦然，迟明令兄赍钱，诣杜家收赎之。后二年乃死。邻里皆能言其事。夫子盗母钱，不应堕入畜道。正为忍，怒其母使愤，酷无聊耳。尔时得钱忘母，天理惛然[①]，与犬豕更何异哉？

岭南从事卢传素。有人遗一黑驹。初甚蹇劣，三五年后稍益肥骏，未有衔辔之失。传素颇爱之。一旦因省其槽枥，偶对之。曰：马子得健否？黑驹忽人语曰：丈人万福。传素怖走。黑驹又曰：阿马虽畜生身有故，须晓言非是变，怪乞丈人少留。传素曰：畜生忽晓人语，定有冤，抑可尽言也。黑驹复曰：阿马是丈人亲表甥，玄小家通儿是也。贞元十二年，丈人使通儿往海陵，卖一别墅，得钱一百贯。时通儿年少无行，为友朋招引狭邪破，用此钱略尽。其年病死，冥间了了，为丈人征债甚急。平等王谓通儿曰：尔须现世偿钱，若复作人身，待长大则不及矣，遂被驱出畜生道。不觉在江陵群马中，即阿马今身是也。阿马在丈人槽枥五六年。省与丈人偿债，所以竭尽驽蹇。知丈人怜爱，心亦恋主。然寿限已尽。后五日当发黑汗死，请丈人速将阿马货卖。明日午时，丈人自乘阿马出东棚，门市西北角赤板门边，当有一胡军将买马者。丈人但索十万，其人必酬七十千。此军将前生定负此马七十千。便可速就之。言讫又曰：兼有一篇留别丈人，乃骧首朗吟曰：既食丈人粟，又饱丈人刍。今日相偿了，永离三恶途。遂奋迅嘶鸣，龁草如初，更与之言，终不复语。传素深感其事，明日试乘至市角。果有胡军将求市。传素微验之，故贱估六十缗。军将曰：郎君此马值七十千以上。请以七十千市之，亦不以试水草也。传素载缗归。后四日，过胡军将家。曰：嘻！七十缗，夜来饱发黑汗毙矣。夫为畜则茹刍竭驽，为

① 惛然：神智不清貌。

人则持禄负乘[①]，何逆于为人而忠于为畜耶？岂俟钩饰错锻，引重历险，真性乃见耶！悲夫！畜道中，岂磨炼忠义之径耶？

贞元中，海盐有戴文者。家富性贪，每举债必须利数倍。有邻人被剥积，恨乃曰：必有神明照鉴。数年后，文病死。邻家牛生一黑犊，胁下白毛字，曰：戴文。闾里咸知，文子耻之。有此良心，正好扩克累善，以盖前愆，奈何仍禀牛性？乃求谢乞以物熨去其字。邻人从之。既而文子以牛身无验，乃讼邻人，妄称牛犊有字。刁险如此，当世世为牛。县追邻人及牛至，则白毛复出成字分明。但呼戴文牛，则应声而至。邻人恐文子盗去，则夜闭于别庑。经数年乃毙。是可为举债刻剥者之戒。

贞元中，河内守崔君者贪而刻，百姓苦之。常于佛寺中，假佛像金。凡数镒，竟不酬直。僧以太守故，不敢言。未几，崔卒于邑。是日，寺有牛产一犊，顶有白毛，若缕出文字，曰崔某者。寺僧悟其由，相与观叹。崔家闻之，即以他牛易其犊，剪去文字，已而更生。及至其家，虽豢以刍粟，卒不食。崔氏大以为异，竟归其寺。近世贪吏如蚁，何知牯犊遍野，非即若辈前身耶？国变以来，盗贼充斥，屠牛竟如刈蒿，郊牧[②]已萧然矣。须目前诸污吏尽沦，此道牛种乃大蕃息[③]欤。

唐定州王珍者，能为金银作。曾与寺家造功德，得绢五百匹。同作人私费十匹，王珍不知也。此人死后，王家有礼事，买羊未杀。其羊频跪无数，珍已怪之。夜系于柱，珍将寝，有人扣房门甚急，视之无所见。珍卧复闻怪之，遂开门。卧未瞑，见一人，云昔与公同作功德，偷十绢私用。今已作羊，合为公杀[④]。叩头乞命，再三苦恳，言讫出房，即

① 负乘：负载，乘坐。

② 郊牧：郊外牧地。《国语·周语中》："国有郊牧，疆有寓望。"韦昭注："国外曰郊。牧，放牧之地也。"晋陆云《牛责季友》："而崎岖陇坂，息驾郊牧，玉容含楚，孤牛在疚。"《南齐书·高帝纪上》："是以五光来仪于轩庭，九穗含芳于郊牧。"

③ 大蕃息：滋生众多；繁殖增多。

④ 合为公杀：该杀。《书·胤征》："先时者杀无赦，不及时者杀无赦。"唐孔颖达疏："节气先天时者杀无赦，不及时者杀无赦；失前失后，尚犹合杀，况乎不知日食，其罪不可赦也。"

变作羊。珍妹于别所见，是人叩头，一如珍所见。遂释羊不杀，珍及妹家皆断食肉，是可为私敛公物者之鉴矣。

洛阳人鲜奉先者，为嗣江王家。画像未毕而逃。及见擒，乃妄云值已相当，因于像前誓曰：若负心者，愿死为汝家牛。岁余奉先卒，而王家牸牛[①]生一骍犊，有白毛见背，曰解奉先。观者日夕如市。此可为冒得工直者之鉴也。

唐大中末，有富人童安埏者，初甚贫窭[②]。与郭珙相善，尝借其钱六七万，经贩致富。及珙征钱安埏，拒讳之。珙焚香告天曰：童安埏背惠忘义，借钱不还。倘神理难诬，当死作牛偿。安埏亦疆答曰：若实负珙钱者，愿死作白牛偿珙。未逾月，安埏死。死后半年，珙家牸牛生一白牯犊。左肋有黑毛。作字曰童安埏，历历分明。观者云集。珙遣人告报安埏，妻子及亲属往观之，大以为耻，厚纳金帛，请收赎之。郭珙愤其欺负，终不允，致率仆持梃劫取之，竟不能获。嗟夫！积财如山，终不能赎一白牯犊。财多亦奚以为哉？是可为负心赖债者之鉴矣！

开成初，东市百姓丧父，骑驴市凶具。行百步，驴忽曰：我白元通也。负君家力已足，勿复骑我。市卖麸家欠我五千四百，我负君钱数亦如之。今可卖我。其人惊异，即谒诣麸行，果还五千四百卖之。两宿而驴死。

史无畏者，曹州人也。与张从真为友。无畏止畊陇亩，衣食窘困。从真家富，乃谓曰：弟勤苦田园，生计不蓄。当奉假千缗货易，他日但归吾本。无畏欣然，父子赍缗，射利[③]江淮。不数岁已富。从真继遭焚爇，复罗劫盗，生计一空。遂诣无畏[④]：今日之困，不思弟千缗之报，可相济二三百乎？无畏闻言，辄为拒捍。报曰：若言有负，但执券来。从真恨填臆，乃归。庭中焚香，涕泣诅之，情词慷慨，闻者战栗。午后东

① 牸牛：母牛。

② 贫窭：贫穷得无法备礼物。亦泛指贫穷。

③ 射利：谋取财利。《新唐书·食货志四》："江淮豪贾射利，或时倍之。"

④ 此处应脱"曰"。

西有黑云骤起，须臾雨淫雷电交作，霹雳一震。无畏变遽为牛，朱书腹下云：负心人史无畏。经旬而卒，刺史图其事上奏焉。

宜春郡有齐觉寺。老僧年九十余，清修守戒，人皆呼为上公。上公偶梦一老姥，衣青布衣，拜辞而去。云只欠寺内钱八百，上公觉而异之，取笔书于寝壁。僧徒无有知者。三五日后，常住有老牸牛一头无故而死。主事僧于市鬻之，只酬钱八百。如是数处，不移前价。主事僧以白上公，上公叹曰：偿债足矣。遂令入寝，读所题壁，无不嗟叹。

庐州营田吏施汴者，恃势夺民田数十顷。其主退为耕夫，不能自理。数年汴卒，其主家生一牛，腹有白毛，方数寸。既长稍斑驳。不逾年，生施汴二字，点画无缺。道士邵修嘿亲见之。是可为占夺民田者之鉴矣。

云顶山慈恩寺，四方辐辏供者甚厚。而寺主审言性贪鄙，欺隐本寺施财，饮酒食肉，蓄妻养子，无所不至。一旦疾笃，自言见空中绳悬一石臼，有鼠齿之。绳断，正中其心，大叫气绝。久而复苏。如此数十度，方卒。逾年，寺下村中牛生一犊，腹下分明有审言二字。是可为欺隐施财之鉴矣。

王咨以强鸷处官绍兴。初为四川都转运司，干办公事，被檄榷井潼川[①]。躬自诣井，尽令井户承认丈额。合认五十觔者，必倍认百斤。利其没官，而官自煎也。未几，井户皆破败，咨亦暴卒。当死之夕，其友杨使君举家皆见，咨来求救，则公裳下已穿出一尾矣。明日邻家果生一牛。又有马绛者，亦为干官[②]，性尤苛虐。每出督钱，不问额之虚实，物之盈缩，一切欲多得。人因呼为马刷子，言其好刷钱也。或以咨事戒之，绛曰：正令即日便生两尾，亦所不问。世间有此种牛性非复义理

① 蜀盐区，宋朝有成都府路（益州路）、潼川府路（梓州路）、夔州路、利州路四区域“煮井为盐”。

② 干官：古代掌均输之官。《汉书·百官公卿表上》：“初，斡官属少府，中属主爵，后属大司农。”颜师古注引如淳曰：“斡音筦，或作干。斡，主也，主均输之事，所谓斡盐铁而榷酒酤也。”宋罗大经《鹤林玉露》卷五：“朱文公与庆国卓夫人书云：‘闻尊意欲为五哥经营干官差遣，某窃以为不可。’”

可论。既而疽发于背左，数日又发于右，两疽相对，宛如杖脊，深可寸余，洞见五脏。两疽痛苦较两尾如何。僚友省问，无不惊骇。至是始自伏曰：后之刷钱者，要当以某为戒。其言也善，何嗟及矣！肉烂至尽乃绝。嗟夫！两尾未生，五脏先见。癖钱罔忌者，亦可少省矣。今世恶少每行不义，即曰：趁热做去，遇死便休，即少知书文者。或言果报必曰：且顾目前，何知身后？呜呼！何焉刷子之多也。吾乡有为府胥者，蛊官诳钱，计数百出。良友或规之，即曰：呈身为役。便已左手拿军，右手拿徒，更又何忌？及事败，挂弹章，系部狱，又以贿脱。久之，复与贪令恶帅夤缘为奸，一岁之内，累积数千金。旋为郡守长系于狱，追索前贿。刑楚不堪，狱中经死。悲夫！此时即欲为军为徒，岂可得乎？目前报应显白如此，而竖悍掊财者，若罔闻知何也。岂俟两疽对脊时，乃后悔过耶？虑已晚矣。

永徽中，涿州人路伯达负同县人钱一千。后与钱主佛前誓曰：若我未还公，愿死为公家作牛。逾年而死，钱主家时产一赤犊子，额上白毛，为路伯达三字。

宋时平阳人常瑶者，父死母携之再嫁富民康德休。与钱三千缗，使为生理。瑶略不知恩，后得休死，尽窃其赀。一日，无疾，忽作牛鸣一声，即死。是夕，康氏牛产一犊，朱书瑶名于胁间。

建炎初，关陕交兵，京西南路安抚使司檄诸郡，凡民家蓄三年以上粮者，悉送官，违者以乏军兴论。金州石泉县民杨广赀巨万，积粟支三十年，因是悒悒得疾。广故豪横兼并，其乡邻甚患苦之。既病笃，绝恶见人，虽妻子不得面。自隙窥之，则时捽所籍稻稿而食，累日所食，方数尺，乃死。敛毕，棺中忽有声，若踏蹋者。家人急呼匠，欲启棺。匠曰：此非苏活，殆必有怪，勿启。其子不忍，启之，则一驴跃出，嘶鸣甚壮，衣帽如蝉蜕。然家絷之隙屋中。一日，其子妇持草饲驴，忽跳齿妇臂流血。妇粗暴忿怒，取秣草刀刺之，立死。广妻遂诉县，称妇杀翁。县遣修武郎王直臣往验之，备得其事。呜呼！三十年粟悉以输官，方数尺稿，余以饲己，为人则患苦其乡。为驴，乃刺杀于妇。以此示诫，犹有豪并乡邻者，何也？

张三七者，宋剑州人。常负俞坚镇钱，俞所骑白马忽作人言曰：我张三七也，负主人钱。今已骑坐偿过，便可除簿免冥司征取。俞遽除之，白马一跃而绝。今世盖有征偿已完，故不除簿，遗及济恶之嗣，竟藉以剥掠细民者。岂冥司愦愦，听人征，然厌之责耶？此马亦过虑矣。

俞彦辅者，宋时婺源人。平生豪横。轹轹乡里。吞并细民。老不改悔。一旦病中，忽作马嘶一声。家人入视，则手足皆成马蹄，而身首未及化，腰脊已软，口不能言。其子恐恶声彰露，即举入棺埋之。呜呼！吞并细民，亦为子孙计耳。孰知其子耻以畜为父，竟生纳之圹中哉。乡豪甚无以恶，业取恶于厥子哉。

陇右水门村有店人曰刘钥匙者。不记其名，以举债为业。规探民财，如启钥发箧，无匿藏焉。故有是号邻有富者，刘以债饵之，积年不问。忽一日，执券算之，数倍无纪，遂至赀财物产俱归钥匙。负债者怨之。未几，钥匙死。彼家生一犊，有钥匙姓名在臁肋间。于是，债家鞭役无完肤。钥匙妻男乃重购赎之。噫！是可为倍算子母者之戒矣！乃知世间囊箧，盗负而趋，独鬼关三恶途，牢不可破。钥匙无所用之必也。幽明洞洞，使弥空宝藏。如取如携此之钥匙，又何可一日不备也。

陈后山[①]《丛志云》：里人，某赃吏也。既死，请僧对灵追福。夜中有驴，伸首出于帷。久之而没。后山贤者，决非谬言也。

上虞县张蕴者，因岁歉从邻人假粮数十斛。后邻人缺食，就索之，蕴抵负。邻誓曰：的不还，作犁牛填。张笑而许诺。期月张卒，而邻家产一犊，当耕耨之。次谓弟兄曰：张某欠我米，许作牛还。此犊莫是否？戏以姓名呼之，随声而应。再呼再答。既而堕泪屈膝，似拜诉之状。报其家属来验之，右肋上，隐起字曰：负人米，罚作畜。其家乃倍价赎养之。

秀州魏塘村方通判乳媪周氏，临安人，为人朴直。不虑人欺，或从假贷，随辄给之。有蔡公者，负最多。每督取，率托以他故。经数年，

① 陈后山（1052—1101），名师道，是江西诗派的重要人物。

媪呼而责之。辄妄答云：实负婆钱累，欲偿为官事，所荡更宽。今岁负约者，当为八乳牝狗以报。未几，蔡死，而方家得一犬，八乳。周媪常戏呼曰：汝是蔡公耶？即掉尾而前。自是闻呼即至。十年乃死，此与张蕴、童安墟等业报只一愿耳，不愿将免乎？曰：心已是牛、是狗矣！不愿亦堕落也。

王彦须者，太原舟子也。渔算人赀，后渐消乏。其乡长者怜王之贫，以银壹两八钱贷之，令凑买船，以度生。王梢顿忘前义，竟负不偿。倏经八载，而长者亦忘之。一日长者闲过家小屋中，忽见王梢腰系汗巾，明白窜入牛栏处。少顷，牧童来报，牸牛生犊，随往观之。见小牛腰间，宛着汗巾之纹。长者默识之，年余试卖此犊。偶遇何屠于路，问价，牧童应以一两八钱，亦长者所嘱也。屠私喜以为牛浮其直，遂依价牵去。有农夫见问，曰：牛甚肥硕，乃春耕时，何忍杀之？肯转市乎？何给之曰：适已去价二两五钱，得加价一钱，即售矣。农又喜，以为牛浮其直，如价还。屠牛归农夫，不须管理，自知往返。农甚惜之。一日，遍觅不得。已仆于山谷岩下矣。农恨不已，后遇前屠，叙失牛本末。始知此牛是长者家畜，而农又耕长者之田，因问此牛何故只卖此价？长者备道王梢托胎之由。原欠债一两八钱，故只卖此。何屠闻之，始大悟。曰：王梢亦欠我肉银八钱，农人亦言我原向王梢借银二两六钱未还。今托生为牛，正取此而偿彼也。共大叱咤，时万历己丑年事也。嗟夫！冥冥之因缘变化，宛转抵偿。盖不知几何矣！何屠狡狯，撮取锱铢，自谓得计，不知乃堕造化术中，世之设阱。张机偃然自豪者安在？非冥冥者播弄之乎？人亦何事可欺昧乎？省此农人，后日还债，大是便宜。想此农朴直，无负王梢之心耳。不然几几入畜道哉？

长兴民王某者，狡而横，武断乡曲。每设计买人田宅，既成券，仅偿半直。放债则掯[1]其原券。既还，复索。人畏其横，莫敢与争。饮恨而已。亡何暴卒，邻家偶生一牛。主人视之，忽作人言曰：我邻人王某也。冥司以我设心不良，且尝负尔田价，故罚为牛以偿之。今烦召我

① 掯：扣留。

子来，令渠措处奉还。主人大惊，亟往呼其子，子亦凶暴，定是牛种。何疑掉臂入门，高声问牛安在。主人指示之，乃问曰：尔能言耶？牛不应。又问，又不应，反捽。其人殴之曰：妄詈吾父为牛。正争哄间，牛乃奋起呼其子名，诃之曰：汝尚殴人耶，吾汝父也。适汝问牛在何处，吾愤且羞，故不应耳，尚殴人耶？因历述某产付价。未足还，该若干某债。原契未还，今在何箧。须一一为我清楚，以脱我罪，言讫即踣地死。其子因赎而葬之。悲夫！当其为牛则羞恶炯炯[①]，是非历然。为人乃顽冥无比，人之不如牛久矣。

宏治时，有高瑀者，富人也。有月陂民某借镪若干，未偿而死。邻马产驹，异常。高买得之，性良而且捷。他人即踣啮不得近。高甚爱之。一夕，梦民泣涕跪请曰：向借公银，可还文契。高曰：数未在奈何？民曰：骑坐数年，可偿前债矣。明日，高忆昨梦。晨起过厩，马见高，连嘶跪地，若哀求状，随仆地死。高因检券焚之，而葬马于郊。葬马自是厚道，若如郭珙者，虽重购，亦不还其骨矣。畜生遇主，亦有幸不幸，当是所造恶业柔悍不同。故主亦忍恕异施欤！

武陵陈孝廉之父，尝遣僮收责[②]于后村，某某无以偿，僮大恚，遽以手碗掷其面，而谇之。某心恨甚久之，俱物故矣。而孝廉家有畜犬颇驯。一日，突入邻家啮其女孩颈。见血，孝廉以犬瘈为邻所诟，遂击杀犬。夜梦人语之曰：我后村某也。宿负公家谷六石，业为犬守六年偿矣。所啮邻女，则公之故家僮也。以掷碗宿憾，故啮相报。今冤债俱尽。而向所贷籍未销，愿赐怜察。孝廉遂检券焚之。呜呼！一恨铸心，虽流入异趣必报，乃已世之征利险酷，使人恨沦骨髓者多矣。悠悠万劫，何以堪此酬报哉！

吏人陈益者，尝借吴宗嗣钱二百千。累索不偿，宗嗣曰：我若前生，负汝钱者，今略当矣。若汝负我者，必作驴还之。逾年忽见益负钱来还，不知其死，急呼而诘之。突入厩舍迹之，并无益在也。俄而马生

---

① 炯炯：明察。

② 责：债。

一驹，大疑为前所诅。因走探益家，益果以是日死矣。

怀宁阮秀岳与太平寺僧孤云贷二十金。岁暮备母钱，遣僮四儿归之。四儿匿金不与，已复窃主人重赀出亡。后岳秀偶过孤云，询及向所还金，已为乌有。彼此笑曰：若非相信，几为不白矣。阅一年，闻四儿投前山县[1]三祖寺中，与太平寺仅隔一江。一日，岳秀与孤云闲话间，同见四儿来寺。竟入马厩，觅之不见。但厩马生一驹，共异之。岳秀曰：此四儿偿师债也。后鬻驹，果得价二十金。

前山县人王七者，负人十三金。其人卒，妻屡索不还，遂讼之县。王七匿不出，县尹捐三金给其妇。谓曰：彼既逃，不必追。自应作来生报也。其妇得金归，市一母彘，畜数月，彘生十三豘，身全黑。每豚额生白毛，文为王七二字。

林化士隐迹武当山。过襄阳题疏，累年不归。所化钱物，皆以非理丧尽。一夕，合山道众各梦林归。明日，乃庄户送一驴，上山驮载。身上毛成林字，呼其名，即应焉。僧道妄耗施财者，鉴此。

崇文门右一贩煤郎，梦其母，告曰：我宿逋某面户债，托为驴偿之。今已数载，将鬻我于屠。儿念母，速来赎命。子惊悟，访于面户，果然。言驴欲卖，须价一两贰钱。煤郎只有银四钱，乃以情告，愿书券纳价。面户执不允。傍观者疑信参焉，呼煤郎同视驴平直。驴见煤郎，两泪交流，有哀诉状。众悯之，捐钱助成其家，尚不允。煤郎恳至再，面户曰：此驴从来不渡独木桥，汝能驱渡，即授汝。煤郎祝驴，驴跃然，逐煤郎越桥。事闻于陆锦衣，锦衣唤验之。驴见子跪，亦伏蹄跪。陆大异之，乃以银米给煤郎饲驴。

有僧于虎邱入定[2]。恍惚中，有一黑犬伏地，言我顾三也。今谪葑门蒋家桥谢真家为犬，得钱一百二十，卖屠户杜珍。当烹，幸为赎而生之。僧大惊。明日不俟钟鸣，即持钵下山。至葑门，见有牵犬至者，问曰：子非杜珍耶？此蒋家谢氏之犬，何苦杀之？杜骇问侩，告之故。

---

① 前山县：今潜山县。

② 入定：静坐修行，进入安静不动状态。

曰：此犬一百二十钱，老僧无钱，直以铜钵赎其命。即呼之曰顾三。犬[1]低首凝视，缠扰其僧不已。市人争相传说，遂施钱盈钵，乃举与杜，引犬而去。

凤村张氏畜一黄犬。每夜或护张门，或越水又护陈老篱下。若往若来，吠声彻夜。张陈咸爱之。一日，对众泣如人声状，众谓不祥，欲斩之。犬作人言曰：毋斩我，我即某也。平生负德不少。今张陈之债方毕，又将某处作畜。

沦入鬼道 偿所宿负

唐相崔铉[2]，镇淮南与客方奕。吏报女巫。与故魏博节度使田布偕至显验。与他巫异泊逆旅。亭请改舍于都侯之廨。铉异之。趣召巫至。乃与神迭，并曰：谢相公。铉曰：何谢神？答曰：布有不肖子，犯大辟，赖公阴德免焉。使布家祀不绝公之恩也。铉矍然曰：异哉！铉为相，日夏州节度奏银州刺史出钞犯赃，且私造铠甲，以易市边马布帛。帝赫怒拟以反将，赤其族[3]。铉从容言于上曰：钞罪自有宪章，然是宏正之孙，田布之子。宏正首以河朔入觐，布亦成父之命，继以忠孝伏剑而死。今若行法以固边圉，未若因事。宏贷激劝忠烈。上意乃解止，黜授远郡司马。铉未尝一出口，已将忘之。今神之言，正是其事也。铉因谓之曰：君以义烈死，奈何区区为愚妇人所役乎？神曰：布尝负此妪八十万钱，今方忍耻偿之。铉与二客及监军使幕下共偿其钱神，乃辞去。巫因言事不验。

功曹王愬自冬调选。至四月寂无音。书其妻窦氏召，忧甚。女巫包九娘卜之。九娘设香水讫，俄闻空间有一人下。九娘曰：三郎来看，

① 原文为“大”，应为“犬”。

② 崔铉：字台硕，博州（今山东聊城）人，唐朝宰相，义成军节度使崔元略之子。会昌三年（843），崔铉以中书侍郎之职拜相，因与李德裕不睦，被罢为陕虢观察使。大中三年（849），再次拜相，累授尚书左仆射，封博陵县公。他执政七年，又以使相出镇淮南，进拜魏国公。

③ 赤其族：诛灭其全族。

功曹何事无信？经数刻，忽空中宛转而至。九娘喉中曰：阿郎且归，甚平安。今日在西市绢行举钱[①]，共四人长行。缘选场用策子[②]，被人告，所以不得见官。五月二十三初明，愬果归，妻喜甚。坐讫便问用策子及举钱月日。愬骇异，妻乃话女巫之事。即召巫来，曰：忽（勿）忧，来年必得好官。今日西北上有人牵二水牛，患脚。可勿争价买取。旬日应得数倍利。至时，果有跛牛过，即以四千买之。经六七日，牛甚肥，足亦愈。同曲磨家二牛暴死，卒不可市，遂以十五千求买。初，愬宅在庆云寺西。巫忽曰：可遽卖此宅，如言货之，得钱十五万。又令于河东暂僦一宅，贮一年储。复令买竹作粗笼子，可盛五六斗者，积之不知数[③]。明春，连帅陈少游议筑广陵城，取愬旧居，给以半值。又运土竹[筑]笼，每笼三十文，计资七八万。始于河东买宅。神巫不从，包九娘而忽自至曰：某姓孙名思儿，寄住巴陵，欠包九娘钱今已偿足，与之别归，故来辞耳。不见形，但闻其言焉[④]。

负债必偿，实道也。然或为人而偿，或为畜而偿，至为神而亦偿何其异欤？岂负债之人善恶不同，抑所以负之故，亦异也。至《法苑珠林》载，隋时耿伏生母张氏避父，将绢两匹与女。及死，变作青猪。生其家后，产二豘供伏生食讫，遂不产。伏生召屠出卖。猪向童子作人言云：还债已毕，幸勿卖我。夫擅用夫财，固非顺道，而母还子债，为可训乎？此必贼伦而簿姊妹者之造言耳。

---

① 举钱：贷款。

②《广记选》注："缘选场句：含意不明，待考。一种解释是调职考选时用了夹带（考场作弊）。唐宋人常于名词后加词尾"子"，"策子"即是"策"，指书，如唐喻凫《经刘校书墓》诗："远冢松固曲渚风，一官闻是校书终，霜情月思今何在，零落人间策子中。"《五灯会元》卷十"清凉文益禅师"：诸人各曾看《还原观》《百门义海》《华严论》诸多策子，阿那个教中有这个时节？又叫"册子"，如《广记》卷四五四"张简栖"（无出处）：不觉至一古墟之中，忽有火烛之光，追而前，乃一冢穴中光明耳。前觇之，见狐凭几，寻读册子。参见：范崇高.中古小说校释集稿[M].成都：巴蜀书社，2006:355.

③ 原文为"不知其数"。

④ 该篇选自唐吴融《冤债志》。

王琪为舒州刺史。有军吏方某家忽有鬼降，自言姓杜，年二十，广陵富家子，居通泗桥西前，生欠君钱十万。今地府使我为神偿君此债。因为人占，祸福多中。方以家贫告琪，求为一镇将。因问鬼：吾所求得否？鬼曰：诺，吾将问之。良久，乃至曰：必得之，且镇名一字正方，他不能识矣。既而得双港镇将，以为其言无验。未及任，忽谓方曰：适得军牒，军中令一人为双港镇将。吾今以汝为皖口镇将。竟如其言。凡岁余，鬼忽言曰：吾还君债足。告别而去，遂寂然。方后至广陵，访得杜氏，问其弟子云：吾第二子顷忽病如痴人，岁余愈矣。

沦为果木 偿所宿负

唐荆南有富人崔导者。初家贫。种橘约千株，每岁大获其利。忽有一株化为丈夫，长丈余，求见导。导怪之，不敢出。丈夫苦求之，导乃出见丈夫。曰：我前生负君钱百万，未偿而死。我家人复自欺，君乃上诉于天，是以令我合门为橘，计佣于君，仅能满耳。今上帝命我复形。君幸尽去橘树，不者天谴至矣。导大惊异，乃尽伐橘。后五年，导卒，家复贫[①]。昔客有不信报应者，李士谦反复谕之客曰：邢子才云，岂有松柏后身化为樗栎[②]。士谦曰：此不类之谈也。变化皆由心作，草木岂有心乎？今观崔导之事，即草木亦岂无心者。谦论为未尽矣。且如朽草为萤，朽苇为蛬，稻之为蛩，麦之为蝴蝶。久竹生青宁，青宁生程，程生马，马生人。变化亦甚不类矣。将谓之有心耶，无心耶？[③]

汉成永始元年二月，河南街邮樗树生支如人头，眉目须皆具，但无发耳。哀帝建平三年十月，汝南西平遂阳乡柱仆地生支如人形，身青

① 《太平广记》卷四一五《崔导》，第3 382页。也见《潇湘录》。

② 樗栎，典故名，典出《庄子集释》卷一上《内篇·逍遥游》和《内篇·人间世》。樗和栎指两种树名，古人认为这两种树的质地都不好，不能成材。后因以“樗栎”喻才能低下。用亦为自谦之辞。

③ 关于这方面的研究，参见参见：王永平．论唐代民间信仰中的植物崇拜[M]//杜文玉．唐史论丛．第8辑．西安：三秦出版社，2006：245-259.

黄色，面白，头有髭[1]，发稍长，大凡六寸一分。灵帝熹平二年，石校别作，中有两樗树，皆长四尺。其一株宿夕暴长，长丈余，大一围，作胡人状。头目须发皆备。晋永康二年，壮武国有桑化为栢。已而张华遇害，谓华封于壮武也。刘曜时，陕城西明门内，大树风吹折，经一宿树忽变为人形，发长一尺，须眉长三寸，皆黄白色，有敛手之状，亦有两脚着裙之形。惟无目鼻，每夜有声。十日而生柯条，遂成大树，枝叶甚茂。此皆昭昭史册者，何以知松栢后身不化樗栎耶？惜乎，士谦不举此以复客，令其赍惑以老也。

仙道已就 以贪获谴

杨正见常食人形茯苓。自此容貌益异光彩射人。常有群仙降其室，与论真宫天府之事。岁余，白日飞举，尝谓其师曰：得食灵药，即日便合登仙，所以迟迴者。幼时见父母拣税钱输官，有明净圆好者，窃藏二钱玩之。以此为隐藏官钱过，罚居人间更一年耳。

隋末有道者，居太白山炼丹砂。合大还成，因得道有成，弼者给侍十余年，而不告以道。贪贼必不成道，炼师想已看破。弼后以家艰辞去道者，遗之丹十粒。曰：一粒丹成十斤赤铜，则黄金矣。弼还，如言办葬讫，遂有异志。复入山更求还丹道者。不与，乃持白刃劫之，既不得丹，则断道者，两手又不得，则刖其足道者，颜色不变。弼滋怒，则斩其头。及解衣开肘后，赤囊则丹也。弼喜持丹下山。忽闻呼弼声，回顾乃道者也。谓弼曰：汝终如吾矣。大惊。因不见。神通如许，何以罹此凶毒？想道者定少成。弼宿债，故以身偿之耳。弼既以丹致富。大丹岂用以致富耶？遂为人所告，云弼有奸，捕得。弼自列能成黄金，非有他故。唐太宗闻之，召令造黄金。金成，帝悦，授以五品官。敕令造金，尽天下之铜乃已。弼造金凡数万斤，而丹尽。其金所谓大唐金

① 髭：嘴上边的胡子。

也[①]。百炼益精，甚贵之。弼既艺穷而请去。太宗令列其方，弼实不知。帝谓其诈，怒胁之以兵。弼犹自列，遂为武士断其手。又不言，则刖其足。弼窘，急具述其本末。亦不信，遂斩之。而大唐金遂流用矣。夫成弼不足论，乃道者炼丹点金，启贪训，盗造物者忌之矣。其自及也，不亦宜乎？吕嵓誓不作金，恐误三千岁。以后人是其所以超轮刦。欤后世希慕羽化[②]，辄云黄金可成，则缠贯骑鹤[③]之愚夫而已。

又【按】刘巨容在襄阳，有申屠生教之烧药为黄金。田令孜之弟过襄阳，巨容出金示之。及襄阳为赵德諲所破，巨容奔寓成都，令孜因求其方，不与，恨之。昭宗龙纪中，令孜杀巨容，灭其族，然则点金之足以杀身也。又不独道者成弼然矣。

① 这种黄金由于成色纯重，被胡人称为“大唐金”。关于“大唐金”，确实曾见于史书中。按段成式的说法：“官金中‘蝼顶金’最上，六两为一垛，有卧蝼蛄穴及水皋形，当中陷处名曰趾腹。又铤上凹处有紫色，名紫胆。开元中，有‘大唐金’，即官金也。”参见：魏风华．唐朝诡事录［M］．北京：中国城市出版社，2013：195．

② 羽化：修道士修炼到极致，跳出生死轮回、生老病死，是谓羽化成仙。

③ 缠贯骑鹤：腰缠十万贯，骑鹤上扬州。后多指淮扬菜名。

卷　六

庆符第十

济世成道

许真君为旌阳县令。民有贫欠租赋者，悉令衙后锄园作工。阴点成金，埋园内，民掘得之，悉以输纳，然不知其为真君所化也。夫术不轻用，用必济世，又无炫耀之迹。此造化在手，是为众仙之伯。

阴长生不慕名位，潜心好道。师马明生，不授以度世之法，日夕惟谈尘事。同学十二人皆怨恚去，独长生敬礼愈笃。积二十年，明生始问所欲，长生跪曰：乞生耳明。生哀其语，而告之曰：子真求道者也。始偕入青城山，煮黄土为金以示之，即日授以太清金液神丹，乃别去。长生入武当，石室中合丹，先服半剂，未即升天，乃大作黄金数万斤，以施天下穷乏。施尽再服丹半剂，白日升天。惟乞生者，能济众生。惟济众生，是以长生。若以此物作子孙田宅用，则此心已是死法矣。黄土为金，从视黄金，为土得来。

吕真人二十不娶，两举进士不第。遇云房，求度世术。云房曰：子骨节未完，须更数世，遂别去。吕竟归隐炼性。云房十试不败①。尝鬻货于市，定价后，只酬半直。吕无所争，委货去。又遇丐者，与财物而求索不厌，且加谇詈，吕惟再三笑谢。又幻美女嬉调百端，漠不为动。

---

①《余象斗》中有云房十度吕洞宾。“云房自是设十难以试。”此处，李世熊选取了第二、三、五、六、十试。参见：吴元泰.余象斗[M]//杨致和.四游记全传.张郭点，校.深圳：海天出版社，1994：47-48.

又盗劫家私空尽，了无愠色。锄地得金，顿掩之。又见众怪鬼，欲击欲杀绝，无所惧复。有夜叉械一死囚，血肉淋漓，言：汝宿世杀我，当偿命。吕曰：杀人偿命宜也，遽索刀欲自尽。忽闻空中叱声，神鬼皆没。一人大笑而下，即云房也。曰：子心无所动，得道必矣。但功行未满，可修黄白济世，候满万行，方堪传度。吕问曰：所点之金卒迁化否？云房曰：三千岁后，还本质耳。吕曰：如此则误三千岁，后人功行谓何？吾宁不仙也。请辞云房，喜曰：只此一念，万行俱完矣[①]。即传以上真秘诀，兼火龙天遁剑法，遂除蛟害，常游人间，誓愿度尽众生特遇之者，自不识也。【按】《道书记》：纯阳尝以道士谒韩魏公，自称能作墨，乃掘坎溲溺其中。韩不悦。及墨成辞去，视之则皆金笏也。不以假金误世，故能以真金化人，非真人谁语此乎？上元夫人谓武帝曰：沙胎性暴，胎性淫，胎性奢，胎性酷，胎性贼[②]。虽慕长生，只自劳耳，然则长生之道在能自脱胎换骨而已。轩辕集答宣宗曰：绝声色，薄滋味，哀乐一致，德施无偏自然，与天地合德，日月合明，虽尧舜之道可致，况长生久视乎？[③]由此观之，神仙慕尧舜，而薄长生世主，乃慕神仙，而薄尧舜，不亦悖哉。

管归真遇一青衣，言姓边，有黄白术相赠。归真曰：历久远否？曰：五百岁，当复耳。归真谢曰：得不误后人耶？青衣以手加额，曰：子

① 一说为一百年。汉钟离是吕洞宾的老师，他遇到了吕洞宾后，为了试炼他的道心，就对他说，想要传他点石成金的法术。吕洞宾自然十分高兴，问老师金子可以保持多久不变，汉钟离说100年。言下之意，百年以后，石头还是石头，吕洞宾摇头说，不想学法术了。汉钟离非常奇怪，就问他为什么？吕洞宾说，我不想坑害百年以后的人们！如果他们发现好好的金子变成了石头，他们一定非常伤心难过，以致影响他们的人生命运！汉钟离点头说，你这个发心很好，可以抵你千年的修行功德！所以汉钟离收他为徒，把吕洞宾度化成了神仙。实际上，东西方均有类似的神话传说。在希腊神话中，米达斯（Midas）是弗里基亚王国（Phrygian）的国王。因为他追逐并曾经获得过点石成金的魔力，被他碰触过的东西都会变成黄金。所以后来米达斯的名字就为讥讽贪婪的人的代名词。

② 胎性：本性。《太平广记》卷三引《汉武帝内传》："上元夫人谓汉武帝曰：'汝胎性暴，胎性淫，胎性奢，胎性酷，胎性贼，五者恒舍于荣卫之中，五藏之内，虽获良针，固难愈也。"

③ 参见：吴文治．明诗话全编（9）[M]．南京：江苏古籍出版社，1997：9 268.

真人也，吾有紫府符法，珍藏已久，今岂可隐乎？遂授之，符法大振，祥符中，召赴阙行符。救病无一不愈，京师旱能致雨[①]，号大法师正白先生。一日告其徒曰：吾功业成，上帝来召，遂偃化赵。忭守杭，记其事。此与吕真人同一心法。所谓符从心生[②]也。

王常洛阳人，负义气。见人饥寒，解推[③]无难色。唐至德二年，入终南，夜半月朗。喟然叹曰：吾欲平天下祸乱，无一人之柄以佐我。吾欲救天下饥寒衣食，亦自不充福善，徒虚语耳。言讫有神人自空而下曰：何为言此，吾能成黄金。虽不足平祸乱，亦可济人饥寒。汝能受乎？常曰：空闻此术，秦皇汉武只为人笑耳。神曰：帝王处救人之位，自有救人之术而不行，反欲求此，非也。汝无救人之位而切其志，故可行此。常曰：敬闻命神。曰：黄金乃山石之精，十年为水银。水银犹太阴之气，故流荡不定。一合纯阳之气，则倏忽化黄金矣。于是袖中取卷书，授常戒。曰：勿轻授，勿终秘，勿授贵人，彼自有救人之术。勿授不义，彼不以饥寒为念。济人之外，无私侈。不然，天夺尔算。常再拜，问何神？曰：山神也。昔道人藏书此山，今遇尔义烈，故付之。言讫而灭。常遂得其术，以游点天下，赈济乏绝。吾读帝王自有救人之术等语，而益叹世主之迷矣。昔贺兰百岁服气，能点化黄金。真宗召问之对曰：方士小术不足为陛下道，愿以尧舜之道化天下。吁真仙山神之言，若合符契，岂有翁文成栾，五利化金，惑主之事哉？又有卖姜翁在衡州遇一道人，谓曰：吾有黄白术，独求有常德者授之。翁不应，但就担头取姜一块纳口中，吐出即成黄金，遂相顾而笑，皆隐不复见。此翁卖姜三十年，而人不知一遇，道人便知其有常德。神仙眼目定自清彻，独世人求神仙于灵怪，而神仙求世人于平常，恒作圣，常作仙。此自至

① 致雨指的是符水法。"以京师大旱，诏归真临坛作法，噗水结成烟雾，空中云龙蜚跃，膏雨大淫。未几加赐崇教。天圣初，迁左街，加大法师，仍赐正白先生号。"参见：浙江省地方志编纂委员会.宋元浙江方志集成.第3册[M].杭州：杭州出版社，2009：1 160.

② 符从心生，意指为创造财富及其对待财富的态度最终体现的是人的心境。

③ "解衣推食"即由"解衣衣我，推食食我"简化而来，用来形容对别人极为关怀。

理,人信不及耳。文成、五利[①],钓奇炫诡,正无常之人也。此不可作巫医,况神仙乎?

王藻潼州人,为府狱吏。每日持金归,妻疑其鬻狱[②]所得,因遣婢馈猪蹄十脔。及归,绐云送十三脔。藻怒婢所窃,酷掠之,不胜痛,诬服,遂杖逐之。妻曰:君日持钱归,我疑锻炼成狱,姑以婢事试汝。夫刑罚之下,何事不承愿。自今勿以一钱来,不义之物,死后必招罪咎。藻瞿然大悟,汗流浃背,因题壁曰:枷拷追求只为金,转增冤债几何深。从今不愿施刀笔,放下归来游竹林。即罄所有散施,弃家学道。后飞升,赐号保和真人。柝象[③]谓多藏必厚,亡散千金,以赈贫乏,遂成尸解仙。刘德本散粟数万石活饥民[④]。遇老人,引入诚真洞。天曰:以汝行善故,许到此。后遂飞升。张紫琼遇太虚,求金丹不与。因其施丐钱三十文,乃授之得仙。乃知克治悭贪,固济世津梁,即神仙种子也。

广陵人李珏者,世居城市。年十五,随父贩籴[⑤]。父老,珏继之。人与籴,授以升斗自量,不计贵贱,每升取利一二文,以供父母。岁月既深,衣食甚丰。父异之,曰:吾辈之业,无不用升斗,出轻入重,虽官府治之莫绝其弊。吾用一升斗出,入自为无。偏汝出入任之自量,吾不及也。汝之衣食丰给,岂非神明之助乎?父母没,珏年八十余不改其业。后值李珏出相,节制江南。珏以节制同姓名,改名宽。节制下车

① 文成、五利:汉武帝时宠幸方士,封方士少翁为文成将军、栾大为五利将军,后皆事败被诛。

② 鬻狱:受贿而枉断官司。

③ 设置几道的门,敲打木梆巡夜,以防备盗贼。豫卦坤下震上,坤为重门之象,震为动,动而有声,有击柝象。系辞以为人们由豫卦才想重门击柝,显然是牵强附会。柝:巡夜用的梆子。参见:褚世昌.简明周易辞典[M].哈尔滨:北方文艺出版社,2002:18.

④ 刘德本,鄂州人,好读书并且多才多艺。他平素来往于大江两岸做点买卖。唐乾符年间,天下闹饥荒,刘德本布施了好几万石的米救活了许许多多的饥民。后来黄巢作乱,他住在五老峰下,被引入仙洞,成仙得道。参见:高大鹏,符国栋,周小华,等.神仙传——造化的钥匙[M].海口:海南出版社,三环出版社,1998:271.

⑤ 贩籴:收买粮食。《史记·货殖列传》:"谚曰:'百里不贩樵,千里不贩籴。'"

数月，梦入洞府，烟花烂熳，鹤舞鸾翔。珏独步其下，见石壁光莹，填书金字，内有已姓名，甚喜。谓：生明时，久历宰辅，能无功德及于天下，所以洞府有名也。少顷，二仙童出。珏揖问何所。曰：此华阳洞，天石壁姓名非君也。珏惊问何人。曰：广陵部民李珏。及旦徧求之。数日，里巷相推，得李宽旧名李珏。乃车迎入府，拜为道兄。年八十有余，仪容秀异。珏益加敬，问平生得何道术，服炼何药。因述梦事，宽曰：愚民岂知修炼？珏问再三，乃以贩籴事告之。珏赠金帛，不受而返。年百余岁，轻健异常。忽谓子孙曰：吾寄世多年，今日当去沐浴。正坐而终。三日棺裂有声，衣带不改，尸已蝉脱矣。

福州农家子张生者，幼时父使持钱[①]入山市斧柯。遇一人欠官钱，追责甚急，贫无以偿，欲系死于树。张怜之，尽赍为赠。其人拜谢而去。张坐石上，旁有人问曰：汝饥渴乎？曰：然。乃指路隅竹萌令食。坚不可咀。徐倾小瓢水命饮，异香遍野，顿觉精爽非常。自此绝粒，忽识字能诗言，未来事无不验，入昆仑，莫知所终。

孝义吉昌

宣帝时，阴子方者至孝，有仁恩。腊日晨炊，而灶神形见，子方再拜受庆。家有黄羊，因以祀之，自是暴富。田至七百顷，舆马仆隶比于邦君[②]。子方常言，我子孙必有兴者。至三世，阴识遂繁昌，后世相传以腊日祀灶而荐黄羊，自子方始也。阴即光武后族。《后汉书》

熊衮性至孝。家贫，父丧未葬，呼天号泣。天一日雨钱一万，终其葬事。

宜春郡民章乙以孝义闻。数世同爨[③]，诸子弟皆同志往来，宾客方外皆延纳之。一日晚，际有两少妇，端丽，诣门求寄。宿章氏诸妇忻然

①《泊宅编》为：持钱三千。

②《太平御览》卷471为“封君”。

③爨：烧火做饭。此处指数世同堂。

延接就寝。一小子弟潜升榻就之，其妇身冷如冰。命烛照之，乃是银人，而头可重千百觔，其家五百余口，富盛无比。《玉堂闲话》[①]

薛琼至孝。父病尝溲，而家甚贫，常出求薪。遇老父以一物与之，曰：此银实也。用四壁土种之铜益[②]中，置卧床下，当得银，足赡汝家。琼归如言种之。旬日发苗，又旬日生花，花有银色，若螺细。及结实，皆银也。《琅嬛记》[③]

李氏名善瑜，适叶元赞长子。自十八侍姑舅，极孝。家贫饥寒，凡饮食不敢先尝，以奉舅姑。舅病甚，不能召医。自为祈祷，愿以身代诚，格于天。舅姑果加寿一纪。后一岁，一旦门未启，忽厅上金玉烂然，遍易得钱八十万。邻居秦氏女，年二十，恃其长舌，抵触舅姑。李氏常劝之而不听。李氏受钱日，秦氏为雷火焚烧。

赵彦霄与兄彦云亲丧，同居二十年。兄惟声色博奕是娱，生业废且逾半。弟数谏不听，遂求分财。既分五年，兄产荡尽，尚负债二百余缗，无可酬渐，欲逃亡。弟因除夕置酒，邀请兄嫂子女相饮，乃告兄曰：向者弟无分析之心，见兄用度无节，惟恐悉皆荡尽，俱受饥寒，不得已而分。今幸留此一半，以供伏腊。今日兄嫂仍复同居，以主家事。管钥仓库悉付兄嫂收掌，所欠债即以偿还。前此分书于亲族前焚之。尽情抛却，乃能感动丝线，咬不断介介之意，觞人心目矣。已固不化，何能化人。兄嫂丑谢不已。既受之后，处事谨节。彦霄与子其年登科，一举父子及第。时以为阴德之报也。此事有二难者，凡人虽有此心，尚恐兄不能改，遂误家业，一也。止能再分，未必能悉付掌管，二也。谚曰：幸留我一分，足以维持家事，亦少分济吾兄。又曰：待兄悔悟改

---

①《玉堂闲话》，笔记小说，五代王仁裕（880—956）所撰，是王仁裕笔记小说的代表作，在中国小说史上占有较高地位。内容主要涉及唐末五代时期中原、秦陇和陇蜀地域的史事和社会传闻，多数为王仁裕亲身经历或来自同时期当事人叙述的记录，具有很高的文学价值和史料价值。

② 即"铜盂"。

③《琅嬛记》为中国古典小说，题名元代伊士珍撰写，也有研究表明为明朝人桑怿伪托。全书共三卷。第一篇记载琅嬛福地的传说，遂以"琅嬛记"命名。

过时，分之未晚，此亦是好心。然视此已隔绝甚矣。自非义利关见，得净未易，大丢开手也。

施佐、施佑兄弟俱为知州。致仕家居田产参差，有唇齿之隙。亲友日为处分，不能解。同邑溪亭严公，名凤素，以孝友着闻，事兄如父。是时偶遇佐于舟中，语及产事。公颦蹙，谓曰：吾兄懦，吾正苦之。使得如令兄之力量，可以尽夺吾田，吾复何忧。因涕泣不已。佐乃恻然感悟，遂拉溪亭同至兄宅，且拜且泣，深自悔责。佑亦涕泣慰解，各欲以田相让，遂友爱终身。人咸称严以诚感，施以诚应[①]。至今二姓皆蕃衍，人犹乐谈其事焉。

宏治辛酉科，山西和顺县一粮户，上粮完，往布政司，取通关。忽梦县尹至省城南门，彻仪从，谓粮户曰：且随我入会议府，继而一省府州县正官皆集，见尊官在上，府州县以次列坐。茶毕，俄有符使赍文书一通置案，众曰：天降山西新举人榜至矣。开榜傍一官唱名，曰：第一名李翰臣，大同府学生。大同府县皆起应曰：其人孝友，多为人方便。至第六名陈桂和，顺县应曰：其人事继母，能孝。至三十四名。县官应曰：其人举放私债，迫死二人。命中坐者举笔名上打一叉。至四十一，各县官应曰：其人不孝，且逐其弟为人佣。中坐者举笔又叉。至五十九名，县官应曰：其人捏写，词讼害者凡几家，死者凡几人。中坐又大叉。唱名毕，中坐者令众位各举所知。众举凡二十五人。中坐者择九人写本讫，乃谓符使曰：月内二十五日进场上紧将去，不得误事。粮户醒而嘿[②]记之，及揭榜皆如所梦。余谓放天榜定矣。而三人者自负其天，而天复不定矣，可畏哉。

万历十七年，建德山中多虎患，白昼攫人。有农夫贷谷回，卒与虎遇。告虎曰：命不可逃，但年荒母老，需此度命，容送谷到家，供母晨

① 薛宣在《读书录》一书中写道："以诚感人者，人亦以诚应；以诈御人者，人亦以诈应。"诚信是一个相互作用、相互促进的过程，同样道理，尔虞我诈也是一个相互诱导、相互强化的过程。

② 嘿：本义为叹词，表示招呼、赞叹或惊叹。

餐，来此就死。靡敢失信。虎遂曳足去，农至家舂米达旦，以遇虎事告母，欲往践约。今人以花嘴为寻常事，况异类乎？况死生之际乎？母止之曰：幸脱虎口，又何自送死？农[夫]曰：凡人落虎口必其命，然今纵不往，终亦不免，况昨已许矣。彼虽异类，尚有仁心，可失信乎？母泣送之，农[夫]至其地。虎已先衔一人而不食，见农[夫]至，惟以爪爪死人。遂为仁孝之虎。异类同性如此，至人入兽不乱，群洵不诬也。农[夫]悟曰：虎欲我葬此人乎？虎遂去，农[夫]为葬其尸，因解视衣包，中有白金数十两。出帖招主认，久无至者。稍取以度荒，遂得终身孝养焉。神不惧，则虎无如之，何临危不忘母，其神全矣。况孝子所至，山灵护诃乎。至欲往践约，节概凛凛，此老气魄如此，用当大事。即霍博陆金日磾，岂足多乎。母至惜子而听其去真，此农之母哉。

郑均兄为县吏，颇受礼遗，均谏不听，乃脱身为佣。岁余得钱帛，归以与兄。曰：物尽可复得，为吏坐赃，终身捐弃。兄感其言，遂为廉洁。兄亦贤者，均仕为尚书，拜议郎致仕。帝高其义，门赐米千斛，常以八月长吏存问，着为令。帝过任城幸郑均，舍赐尚书禄，以终其身。时人号为白衣尚书。《后汉书》

仙游陈汝器家居积善，赀产悉逊其兄。一夕飞钱满户，子可大登政和进士。《闽书》[①]

捐财远色

唐刘宏敬，字符[②]溥，丰于财。有善相者于寿春相逢，决其更二三年必死。元溥曰：寿夭，天也。君其奈我何？相者曰：夫相不及德，德不及度量。君虽不寿而德，且厚量尤宽，且有二年之期，勤修令德，冀或延之。元溥信之，乃为身后计。有女将适，抵维扬，求女奴资行，用钱

① 《闽书》，明何乔远撰。乔远字稚孝，号匪莪，晋江人。万历丙戌进士，官至南京工部右侍郎。《闽书》是福建省现存最早的完整省志，共154卷。

② 应为“元”。

八十万，得四人焉。内一人方兰荪者，有殊色而风骨不类贱流。元溥诘其情，久乃对曰：妾家河洛，父卑官淮西。不幸吴寇跋扈，缘姓与寇同，疑为近属，身委刀锋，家仍没官。妾一身再易其主，今及此焉。元溥太息久之。因问其亲戚，知其外氏刘也，遂焚其券，收为甥，以家财五十万，先其女而嫁之。兰荪既归，元溥梦见一人青衣秉简，望尘而拜，曰：余兰荪之父也。君寿限将尽，余感君恩，请于帝许延君寿二十五载，富及三代。其残害吾家者，悉获按理①。帝又悯余冤，署以重职，获主山川淮海间矣。呜咽再拜而去。后三年，相者复至迎贺元溥，曰：君寿延矣。自眉至发视之。必有阴德，上动于天者，元溥始以兰荪父言为符也。《阴德传》②

兖山汪天与孝友惇笃父。南崖郡庠好客，天与倾囊佐之。与二弟分产，自取瘠薄者。平生退让，无一字入公门。年三十无子，客济宁。遇相者，曰：君貌类罗汉，乏嗣寿亦不永。公恬然不怪，愈轻财好施。常寓清江浦，夜宿有妇人扣门，闭不纳。其妇曰：君数游妓家，何独拒我。公曰：彼则可，此则不可。妇惭而去。至瓜渚渡江，众竞渡有遗囊，从者欲携去，公不可，坐待久之。见一人呼号而来，且曰：吾鬻产得此，举家待不得，则入江而已。公问状，与囊合举而还焉。其人叩谢问姓名，不答而去。复过济宁，遇前相者，讶曰：君非吾向所谓罗汉者，何顿变耶。必有阴德，当生贵嗣，且高寿公。亦恬然不答，后果生三子。幼子文璧举孝廉。孙曾绕膝，年九十有二，步履如壮年。

韩魏公在政府时，以三十万钱买女妓张氏，资甚丽。券成，张忽泫然，公问故。张谢以良家子也，流落至此，不觉堕泪。公曰：汝初不以实告，吾无用汝，命焚券，且遣去。张惶怖遽吐其情，曰：妾本修职郎，

① 原文为："悉获按理之，存者祸身，没者子孙受衅。"

②《阴德传》二卷，宋光禄大夫范晏撰。该书中有这样的总结："相者曰：昔韩子阴存赵氏，太史公以韩氏十世而位至王侯者，有阴德故也。况兰荪之家无后矣，兰荪之身贱隶矣，如是而能不顾多财之与殊色，而恤其孤，岂不谓阴德之厚哉。"这或许更能反映钱财的取舍与阴德之间的关系。

郭守义妻也。守义前岁官,湖南部使者挟私,劾以败官。今秋高岁晚,恐尽室馁死京师,愿身役于人,以活守义儿女。公恻然悯之,乃留券,遣张持三十万钱还舍,且令语守义败官果非辜,可诉之朝。事白汝,却归我家,张欣然而去。郭后得办雪,且得调淮右见阙。张来如约,公不使至,前遣人谓之曰:吾位宰相,岂可妾士人妻。向者缗钱费用应尽,取前日券,包金二十星[①],助汝之官,善视郭氏儿女。张不得见望门,涕泗感激,百拜而去。公之隐德如此者甚多,后赠[②]至魏郡王。子五人,忠彦为相,嘉彦尚主,端彦、纯彦、粹彦俱显官。孙曾富贵累累,皆公所培植也。

曾公亮布衣游京师。舍于市侧,闻旁舍泣声甚悲,诘之。旁舍生欲言而媿[③]。公亮曰:苐[④]言之,或遇仁者,恻然动心,得免于难。生顾视久之,曰:仆向官于某。以某事用官钱若干,吏督之,悉视家无以偿。乃谋于妻,以女鬻商人,得钱四十万。行与父母诀,是以泣也。公亮曰:商人转迁不常,且无义爱。弛色衰即弃,为沟中瘠矣。吾士人也,孰若与我。生曰:以女与君,不获一钱,犹愈于商人数倍,顾已书券纳直,不可追矣。曰:苐偿其直,索其券不可,则讼于官,即与四十万钱。约后三日,以其女来,俟吾于水门之外。旁舍生如教商人,果不争携女,如期以往,则公亮之舟,已行三日矣。其后女嫁为士人妻。公亮梦人谓曰:公有阴德,为获厚报。后登第大魁,历官至宰相,封鲁国公,以太保致仕,年八十,谥忠宣。其子孝宽复登第,官至吏部尚书。

马涓之父中年无子,因娶一妾,容貌姝丽。栉发时,见辄公回避。怪,问故。妾曰:父守官以死,去家甚远,无力可归。母乃鬻妾以为遗

---

① 意为包上黄金二十块。

② 赠:赐死者以官爵或荣誉称号。

③ 媿:同“愧”。

④ 苐:同“第”,意为尽管、但是之意。

骨之资。而未经卒哭[1]，约发者实素帛，勉以缝彩蒙之，不欲公见，别无他故。公闻之恻然，即日使寻其母，以女还之，不索原钱。又资助其路费，母子拜泣而别。是夕，梦一羽衣人，曰天赐汝子，庆长涓涓。明年，果生一子，因名曰涓，即马巨济也。中魁三次，天下第一名，为马氏三魁[2]。

冯京之父，岳州人。壮岁无子，其妻出银数锭，谓曰：君未有子，可为买妾之资。至京师，媒引一女来，成券讫公。问女所由，女涕泣不言。固问之，女曰：父为官纲运，欠折鬻妾赔偿。京父恻然，不忍犯之。即呼媒遣女还父，不索原银。女拜泣而去。冯自京归，妻问妾何在。冯实告妻曰：君用心如，此何患无子。居数月，妻有娠。里人皆梦鼓吹喧阗，迎状元至冯家。是夕生京，即冯三元[3]。

时邦美，阳武人。父为郑州牙校补军将，吏部差押纲至成都。年已六十岁，妇方四十岁，未有子。谓其夫曰：有白金百余两，可携至成都求一妾。妇异时得子，为身后计。邦美父至成都，访牙僧，见一女，甚丽。诘其家世，不对。窥见以白布总发。怪而问之，悲泣曰：父本都下人，为州椽卒。扶榇至此，不能归，鬻妾欲办丧耳。美父恻然，携金往见其母，以助其行。又为干行计，同上道。路中谨事椽妻至都下。殡毕方归。妻问买妾状，以实告妻。曰：济人危急，为德甚大。当更为君图之。未几妻有娠，一夕梦有数人披衲袄，与一金紫人留堂中。及旦

---

① 卒哭：旧时汉族丧礼仪式之一。古代，孝子自父母始死至殡，哭不绝声；殡后思及父母即哭，不择时间，称“无时之哭”。卒即终止，卒哭祭为终止“无时之哭”的祭礼，自此改为朝夕各一次哭奠，称“有时之哭”。周代礼制，士三月而葬，自葬日开始接连举行三次虞祭，卒哭祭举行在第三次虞祭后的一个刚日（天干纪日法，甲丙戊庚壬日为刚日，乙丁己辛癸日为柔日）。此时距始死约百日。后世，民间的“百日祭”即源于“卒哭”礼。《仪礼·既夕礼》：“三虞，卒哭。”孔颖达疏：“至此为卒哭祭，唯有朝夕哭而已，言其哀杀也。”杀，减弱。

② 马涓，字巨济魁，太学魁乡荐，元佑八年魁进士，人称马氏三魁。

③ 冯京在州试考中解元，在会试考中会元，在殿试考中状元，他连中三元，人们称他冯三元。我国自隋代大业三年（607年）实行开科取士起至清代光绪三十年（1904）废除科举制度止约1 300年，约有状元600名，其中能连中三元的只有13名。冯京是其中之一。

生邦美。后举进士第，官至吏部尚书。

何澄以医术名。同郡孙勉之疾卒，妻寡居。以女病不愈，召澄诊视。母引于密室，谓曰：妾以女久病，家私罄尽，愿以此身酬药直。澄正色曰：此言何得污口，女病当为疗治。若以此相玷。汝既失大节，某永为小人矣。妇惭退。澄一日假寐，恍见一神引至公署，主者曰：汝医药有功，且不以急难中乱人妇。上帝赐汝一官，钱五万贯。澄未之信。未几，东宫得疾，诏澄视之。一剂即安，擢为内翰，赐钱五万贯。是大富。

袁韶累官恭知政事。韶父故为小吏，五十无子，其妻资遣之买妾。临安既得，察妾有忧色，问故。女泣曰：妾故赵知府女，家四川，父殁家贫，鬻妾为归葬计耳。韶父恻然，即奉还其母。母泣曰：计女聘财，犹未足给归，且用破矣。何以酬韶？父曰：贱吏不敢辱贵人。女聘财可勿论，仍罄囊中资给之。独归妻迎问为道其故。且曰：无子命也。若命有之汝，岂不能育乎？未几而妻孕，明年生韶。《宋史》

正德徽人王某商于苏。年逾三十未有子。其姑夫某风鉴甚精，言祸福生死皆奇中。一日见王愀然，曰：汝于十月当大厄，数不可逃。何奈王素神其术，亟往苏，敛赀而归。至某处，值梅雨水涨，不可以舟，乃暂寓客肆中。晚霁步河滨，适见一少妇抱一孩投水，乃急呼诸渔舟，曰：能救此者与二十金。诸渔舟竞渡出之，遂如数与金。问其故，则曰：夫贫佣工度日，家畜一豕，将以偿租值。昨夫出，适有买者，遂自鬻之。不意所得，皆伪金也。非惟夫归棰楚[①]，兼亦无以聊生，故谋死耳。某更加悼恤，问豕价而倍偿之。妇归遇夫于途，且泣且幸，具告其事。夫疑其诳，与妇同诣王寓质焉。至则王已合户就寝。其夫令妇扣门。问何人，曰：投水妇也。特来致谢耳。王乃厉声曰：汝少妇，我孤客，昏夜岂宜相见？倘有意，明日偕汝夫来，一揖何迟？其夫始悚然，曰：本夫妇同来耳。王乃披衣起，方启户，闻室中轰然。回顾之，则砖壁颓压，卧榻粉碎。不然王身当之矣，盖天所以报之也。比过十月不

① 棰楚：古代鞭杖之类刑具，亦称鞭杖之刑。此处指丈夫殴打妻子。

死，乃特造姑夫家。姑夫愕然，谛视之，讶曰：汝满面阴隲纹，是必曾救几人命矣。后福未可量也。后果连生十一子。年九十六尚康健，以十一人偿一生命。

赡族赈贫

王溥者，即王吉之后。吉篇[①]昌邑中尉。后世衰凌，及安帝时，溥贫不得仕，乃挟竹简插笔洛阳市佣书。为人美形貌，又多文辞，僦其书者，丈夫赠衣冠，妇人遗珠玉。一日之中，衣宝盈车而归。积粟十廪，九族仰食。溥贫时，穿井得铁印铭，曰：佣力得富，钱至亿庾[②]。一土三田，军门主簿。及永帝间，国用不足，令吏民入钱者，得为官。溥乃以一亿钱输官，得中垒校尉。三田一土垒字也。中垒校尉掌北军垒门，故曰军门主簿。积善降福，故明神报焉。《拾遗记》

更始时，伏湛为平原守仓。卒起兵，天下纷扰。湛谓妻子曰：天下皆饥，奈何独饱？乃共食粗粝，悉分俸禄以赈乡里，来客至百余家。后官至司徒，封候子隆，为光禄勋翕嗣爵。孙瑗为郎中，曾孙无忌为侍中，玄孙质为大司农官，几与东汉终始。

黄兼济者，成都人。张咏知成都，时夜梦紫府，真君接语。未久吏忽报曰：西门黄兼济至。见幅巾道服人。真君降阶，接之礼亦隆重，列坐咏上至旦。门吏曰：西门有黄兼济否？曰：有。命请来，至如梦中，所见咏以梦告之。询所行何善，以致此。黄曰：初无善事，惟黍麦熟时，以钱三百缗收籴。至明年禾黍未熟，小民艰食时，粜之升斗价值，一无所异。在我初无损，而小民得济危急。咏曰：此公所以坐某上也。令吏挟公座拜之。黄后裔蕃衍。青紫累累焉。瞿嗣兴者，常熟人，慈仁笃孝。路遇遗物，即访其人还之。寒士灶突无烟，瞿知之，持

① “篇”字应是错字，应为“先为”。参见：王嘉，等.拾遗记(外三种)[M].上海：上海古籍出版社，2012：43.

② 亿庾：犹言满仓。语本《诗·小雅·楚茨》：“我仓既盈，我庾维亿。”南朝陈徐陵《陈公九锡文》：“亿庾之咏斯丰，壶浆之迎是众。”

钱二十缗,投窗隙与之,不告姓氏。岁歉有贫人,籴粟衣不及胫。嗣兴受其钱五百,佯忘曰:汝钱十百耶,倍与之。里人有疾,亲调粥药,赖以金活。自少至老为善不怠,年八十四而卒。颜光衷曰:李珏黄兼济以匹夫,小善皆至高,真然不遇二公之梦,谁知之者?瞿嗣兴所积不浅,当亦与彼偕逝,第神明不数数,泄其机秘耳。总之,疆为善足矣。

倪闪,字奏夫,沙县人。颖悟嗜学,用俭而好施。每出以钱自随,遇贫则掷其家,不问知否。及领乡荐赴礼闱[①],虽处京师,施与不减。屡试勿偶,人讥曰:君以济贫为事,何屡屈于春官,岂造物有未知耶?闪闻益自励。绍定三年,寇起蔓延,侵境官兵获。从贼者皆系狱。闪以无知罹法,日饮食之已而得释。后火焚民舍,将及闪家,贼党相与扑灭,邻家获全。明年大饥,道殍相枕。闪以糜粥济之,活者万计。次年赴试,人多梦竖旗于闪门。旗上书饘粥阴功四字。是岁果魁天下,除宁国教授。出私帑,创斋舍,置义田[②],俸赀悉分兄弟姑妹。仕至尚书。

张八公家富好施。乡人德之号张佛。产分二子,每岁禾谷素铜钱六十文一把。其岁歉,乡价八十。其子亦增之。八公坐于门,看籴者出,问其价曰:略增些少,公以钱还之。自后其子价不敢增。至曾玄孙皆登第。黄溪冯公为人,本分亦好。施人以呆称之,其子梦兰登进士,乡人语曰:张八佛子孙,享其佛冯大呆,子孙享其呆。

茶陵州陈天福,素长者。有米皆平粜,无米或借银与人。乡里甚德

① 礼闱:指古代科举考试之会试。因其为礼部主办,故称礼闱。唐杜甫《哭长孙侍郎》诗:礼闱曾擢桂,宪府旧乘骢。唐刘禹锡《宣上人远寄贺礼部王侍郎放榜后诗因而续和》:礼闱新榜动长安,九陌人人走马看。清袁枚《随园随笔·礼闱》:开元七年考功员外郎李昂为举人诋呵,帝以员外郎望轻,乃移贡举于礼部,以侍郎主之,礼部选士自此始。见《新唐书·选举志》。

② “义田”就是为赡养或救恤族人而设置的田产。这种田产一般采取出租的方式收取租谷,以租谷来赡养或救恤族人。“义庄”的本义则是收藏“义田”租谷的建筑物,同时在这里将租谷分配于需要的族人。按照日本学者清水盛光的说法,由于“义庄之名特别被人重视,遂成为代表赡养宗族组织全体之名称”。如此一来,“义田”成为“义庄”的重要组成部分。“义田”和“义庄”的创立者是北宋名臣范文正公仲淹。《宋史·范仲淹传》载:文正公“好施予,置义庄里中,以赡族人”。参见:李启成.外来规则与固有习惯:祭田法制的近代转型[M].北京:北京大学出版社,2014:22.

之。一日有道人以钱一百二十文籴米一斗，陈辞钱而与米。道人出而题诗云：远近皆称陈长者，典钱籴米来施舍，他时桂子与兰孙，平步玉堂与金马。陈后富饶，起经济仓平籴济。人生三子皆显达，孙登第官。至太常子孙，累世荣贵。今湖湘陈氏宦族，其裔也。

袁了凡云：凡系世家，未有不由祖德深厚而科第绵延者。予旧馆于当湖氏陆。见其堂中挂一轴文字，乃其先世两代出粟赈饥，而人赠之者。文中历叙古先济饥之人，子孙皆膺高位。谓陆氏他日必有显者。今自东滨公而下三代，皆为九卿，其言若为左券[1]云。

僧一行幼时家贫，邻有王姥前后济之约数十万。一行常思报之。开元中，一行承玄宗敬遇，言无不可。未几，王姥子犯杀人狱。未具姥诣，一行求赦。一行曰：姥要金帛当十倍酬，君上执法难以情求也。王姥戟手大骂曰：何用识此？僧一行从而谢之。终不顾一行心计，浑天寺中工役数百，乃命空其室。内徙一大瓮于中央，密选常住奴一人授以布囊。谓曰：某坊某角有废圃。汝向中潜伺，从午至昏，当有物入来。其数七者可尽掩之，失一则杖汝。如言而往，至酉后果，有群豕至，悉获而归。一行大喜，令置瓮中覆以木盖，封以六一泥，朱题梵字数十。其徒莫测，诘朝中使叩门，急召至便殿，玄宗问曰：太史奏昨夜北斗不见，是何祥也？师有以禳之乎？一行曰：莫若大赦天下，玄宗从之。其夕太史奏北斗一星，见凡七日而复。《太平广记》

朱轼家贫，教学得束脩三千。归遇一田夫械锁悲泣，问故。云欠青苗钱三千无还，官司督责不如死。轼曰：我恰有三千尽。与之，比得放出时，同邑刘澈累举不第。祈于神，神见梦曰：汝弟负官钱，不能助，致死非命，亏德如此，何求福乎？汝不知朱轼代纳贫民青苗钱耶？天赐其子贵显矣。澈寤寻访朱轼，信有之。轼生三子，果皆贵显，然则安石以青苗祸天下，又当作何轮回耶！

---

① 左券：契约。古代契约分左右两半片，契约双方各持其一，相合为信。《老子》："是以圣人执左契而不责于人。"左半片为左券，由债权人持有，作为索偿的凭据。陆游《剑南诗稿·禽言》："人生为农最可愿，得饱正如持左券。"

方腊之乱，有富人范汝楫者，以金银闭会葬土中，欲逃避之。忽闻贼掠士女千余人，拘闭空室，冻馁之。欲金帛赎还，不尔将杀之。汝楫恻然曰：我有金二万斤，欲悉赎其命。乃起所藏之物，辇之贼营。千人皆得脱，欢声如雷，拜谢各奔去。汝楫生五子，曰开，曰阁，曰阅，曰闻，曰闇，皆相继登第。盖积德之报也。宣和间，朝廷收复燕云，科增郡县兑夫钱。海州怀仁县有杨秀才，妻刘氏独与子居。而家饶于财，乃以十万缗代下户之输。县令欣然，辇运库藏为空。翌日，视之库中之钱复满。每缗首有青麻二字。观者异之，或曰：闻青州有麻十万家，岂非神运其钱至此耶？刘氏密令往青州踪迹之。果有麻氏失钱。刘请归钱于麻，麻以为天授，辞焉。刘乃悉散施之。其后家益富云。《春渚纪闻》[①]

陈泰者，贩纸为业，而性好施与。有僧号长仰酒，每憨来求食。多说一生瞬息，速作善事。问其居住，呵呵而已。如是三载，陈氏供待如初。忽一旦谓陈曰：汝多少口，须几许金便得足．陈曰:弟子幼累二十口，岁约一百缗粗备。僧笑曰：我有白金五十铤，酬汝三年供养。因指庭中金樱树曰：此去造一佛堂，当有报应。言讫而去。陈谓之风狂而已。至夜见一白鼠，雪色。缘树上下，挥之不去。陈谓其妻曰：恒言有白鼠处，即有藏。僧应不妄言，掘之果获银五十笏[②]。僧遂绝踪矣。《灵应录》

---

①《春渚纪闻》，笔记集。北宋何薳撰。字子远，一作子楚，浦城（今属福建）人。自号韩青老农，仕历不详。其父去非，曾由于苏轼的荐举而得官。此书记北宋以来杂事，分杂记五卷、东坡事实一卷、诗词事略一卷、杂书琴事附墨说一卷、记研一卷、记丹药一卷。其中以杂记五卷中小说成分为多。所记奇闻异事新颖独特，摇曳多姿，又多寓意蕴。虽不无议论说教之嫌，但因故事生动，故反觉相得益彰。其中或记才学技艺。如卷二“刘仲甫国手棋”记刘仲甫棋力超群，敢让天下棋人先一着。同卷“祝不疑弈胜刘仲甫”又记刘仲甫竟不敢与祝不疑言棋事，恐辱国手之名。二条相对比，颇可见艺无止境、天外有天的道理。卷三“乖崖剑术”记张乖崖剑劈枣树并教训轻薄子事，也说明相似道理。该条记张乖崖剑术胆气，森森可怖，为古武侠小说名篇。王世贞曾将其收入《剑侠传》中。

② 笏：金银的计算单位。铸金银成笏形，一枚为一笏。

凌途卖香好施。一旦有僧负布囊，携木杖至。谓曰：龙钟步蹇，寄店憩歇，可否？途乃设榻，僧寝。移时起曰：略到近郊，权寄囊杖。去月余不来取，途潜启囊，有异香末一二包，氛氲破鼻。其杖三尺，本是黄金。途得其香，和众香而货人。不远千里来售，乃致家富。《问奇录》

给遗金归故产

范元之素贫。盛暑江浴，拾得金银一袋于岸。归谓其子曰：世人以财为命，万一有人失此，自经沟渎，枉杀性命矣。翌早父子携于岸待之。果见一妇悲号而至。元之诘其故，曰：夫坐狱当死，易田得银。至此失之。元之即举还之。妇与分，亦不肯受。既而乡里多薄之，谓其不能经营生理，空自守贫。元之笑而不答。次年，父子登第，遂十二世为二千石[①]。

刘留臺少贫。一日至泽泉寺浴堂，拾一袋皆金也。乃藏衣箱，浴毕，托疾卧浴箱前凳上，终夕不去。翌日一人号泣而来，自言为商八年，得金八十两，以袋盛之。昨浴罢而去，乘月行二十里，始觉失金。刘曰：我拾得，专此相候，出以授之。商感谢，解包取数两相酬。刘不受，乡人皆笑其愚。刘曰：我平生福分止此。若掩人物为己有，必有灾殃。况商人辛苦八年而积此，一旦失去岂不哀哉？吾所以俟而还之。忽梦神报曰：汝守贫不贪，将有大贵。后果登第，官至西京留台[②]。子孙仕宦者三十二人。

杨存赴试，宿旅店寝。席下觉有物碍，揭视之，乃盐串二百引，即收之。询店主曰：前夕何人宿此房店。主曰：淮甸巨商某公。曰：此吾友也。倘复至，令至京于某处寻。店主诺之。不数日，商果来寻遗物，店主以杨言告之。商乃诣京往见具白。公曰：果汝物耶？当闻之，官

---

① 二千石，汉官秩，又为郡守（太守）的通称。（月各）百二十斛。郡守官秩正为二千石，故用为代称。

② 西京：宋代以洛阳为西京。留台：留都，迁都之后的旧都。此外，疑未说明具体职位。

以还商如命。乃诣官交还，官欲与之剖分，存力辞不受。商不能强，捐数缗，就相国寺，为公祈福。时有五色云[①]，天花散空，众咸异之。是年公及第官，中奉大夫。

张仲淳，秀州人。居乡教授，以文学知名。人皆师礼之。好属人之急，常以财济贫乏，病者给以药，务行阴骘，不求人知。忽有一商旅途中感疾，甚困惫，投宿于仲淳。淳询来历，但紧[仅]言名氏乡里，遂不能言而死。淳阅其行装，有金十两。乃遣人召其妻子护尸，持金而归，复经营葬之。是夕，淳梦其人谢云：平生不欺心隐财，阴德甚厚。故远来托公以死，公待我以恩如此，愿公明年生贵子。至期生师，中登进士第，为尚书郎。世为宦族。

徐恭，保定博野县人。乐善好义，非分不取。偶往邻县市物，饭店中见银一封。坐良久待，无人来觅，即挟归家。明晨复往见店主，被失银者告官，恭即以原封还之，店主获释。又灌蔬于园，园旁有树，一人乘凉，饮井毕，遗囊树下而去。公知亡失，即收以待。行二十里觉失哭，而来。吾替南梁某挟粮银三百两，赴京输纳，今亡于此，吾家性命不保矣。公验其封号及银数，与之。其人出数两酬公，坚辞不受。输纳回，请客十余，以谢拜为父，将行，祝于土地祠。曰：徐某厚德如此，乞达上帝，生好子孙。后生子廷璋，璋生二子。鸾凤同时举榜。孙行登进士，曾孙累累，皆以文学显，为燕辅名族，实公所贻也。

白中令应举屡不第。诣葫芦生问命，生殊不许，后入长安门，见一妇人以新紫帕封一带在闹中。女奴力倦置于门阑[②]，车马骈集。妇人女奴相失，帕在阑旁，未取去，公为守卫。至日晏，忽妇人号泣曰：夫犯刑宪，不能救护。今有宝带将赂要津，以脱夫命，今辰遗失，夫不免极刑矣。公即以带还之，其人泣谢而去。明日再见，葫芦生曰：秀才近种阴德，来年必及第，位极人臣。然则世之求货赂，而出入人罪者，其受阴谴，败福德，可反观矣。又裴度微时遇相者，曰：公形神稍异，若不贵必

① 五色云：古人认为是祥瑞。后常以五色云代指人才。

② 门阑：古代竖在大门中央的短木。

饿死。一日，香山寺见一妇人置缇缯[1]于僧栏楯上，祈祝良久，不取而去。度追付不及，待亦不至，乃挈归迟。明复往寺候之，妇人果至。公问故，答曰：父无罪被系，昨假得玉带一，犀带一，以赂要津。不幸失于此，老父不测之祸，无所逃矣。度遂还其带，妇人请留其半，公不受而还之。后相者见之大惊，曰：公阴德及物，前程万里。非吾术所能知也。度后位极人臣，名震天下。二事正同[2]。

宋彭思永八九岁时，晨出就学，得金钗于门外。默坐其处，以候访者。有一吏徘徊久之，问故，果坠钗者，即付之。吏谢以金不受。吏骇叹而去。又窦禹钧三十无子。元夕延庆寺烧香，忽于后殿阶侧拾得银二百两，金三十两，持归。明日诣寺候物主还之。后公至谏议，五子皆登科。【按】范文正为窦作阴德碑，末载此事。

本朝袁尚宝忠彻，尝过友人家，有一童子美秀机警。尚宝相之，劝其友逐焉。是将不利于主，其友弗忍也。后数数言，不得已而听之，童去无所归。夜宿古庙中。见墙角一破衲中，裹黄白约数百两。欲取之，忽自叹曰：我以命薄无故见，遂于主。今掩有此不义之物，天其谓我何因取而待之。至旦，果见二妇号泣而来，彷徨四顾。问之，答曰：吾夫军也。以事系狱应死。指挥某当治之，妾卖家产及假货得金若干，将以献。过庙少憩，不觉失之，今追寻无得，吾夫必死矣。童历问其数皆合，即举而授之。妇欲分以谢。不受遂去。夫既得释，念童子

---

① 缇缯，谓鲜明之衣。

② 前段白中令故事出自《御定类鉴渊函》卷311的“冥报”类。后段斐度故事出自宋朝的《类说·晋公阴德》。有学者认为，这些书中收录的同一则故事，常常因为各种原因而有出入。两个故事本来是一个，是关于裴度的传说故事，有些号称《芝田录》版的故事说是“白中令”，那是因为白敏中与裴度都当过“中书令”，而且“白”“裴”读音很近而讹传。也有一说称二人有可比性。在唐朝后期，“中书令”是一个荣誉职位，只作为加给分量极重的宰相的头衔。“白中令”指的是“白敏中”，据《新唐书》记载，他在咸通元年(860)得到这个头衔。而裴度几度为相，后来在太和九年(835)十月“进位中书令”，比白敏中早21年。《新唐书》卷119在说到“加敏中中书令”时，加了一句“自裴度以勋德居，而敏中以恩泽进”。可见这个头衔是寻常得不到的荣誉，也可见裴、白二人在此点上的可比性。

之德，偏以语人，某指挥者闻而异焉。访致之育于家，某故无子，遂子之。又数年致仕，此子遂袭职归，而告拜故主。叹曰：尚宝之术亦有误乎？留之，适袁至，使衣故衣，捧茶而出。尚宝惊曰：此故某耶？主叹曰：逐出无归，今又来耳。尚宝笑曰：君无戏我，今非君仆矣。三品武官也。形神顿异，必有善事以致，此童为述其故友，乃益叹尚宝之奇。

历城尹氏，家贫卖糕为业，偶息道阴。客有啗糕者，会天大暑，解鞍饮马，脱衣而休。已而驰马去，遗囊焉。尹氏举之不胜，知其金也。密徙而覆之，瞑不见人，乃以锡缶装金，坎土埋之，而植柳为表。客，故山西大驵也[①]。越数年，柳且拱，客复过故处。尹氏仍卖糕。客据地而恸。尹氏曰：何恸？客语之故。尹氏讯其所遗之金，与年日皆合。谓客曰：无恸，第柳下发之。遂发柳而得金。客复恸据地，请曰：奈何有是，惟公所取，与我其余可矣。尹氏笑曰：我诚贪也，不全掇之为快乎？客不能强，乃稽颡[②]申谢而去。尹氏夜梦，神语之曰：汝阴德厚矣。贻汝以贵子，弥月而生子旻。后果举进士，为吏部侍郎者九年。为天官者九年。

余干舵师姓吴者，与其子载商至瑞洪。商遗金一袋于舟而去，吴简舱得金，惧其子见之，乃收置灶灰中。子欲发舟去吴，故迟延半日，商返觅金，吴举以还。商请均分，吴坚不听。商吁天拜谢而去。其子恚曰：横财入手不能享，乃举以还人。吴笑曰：吾父子终日棹舟，犹不能饱暖横财，岂易享耶？命发舟去。其子不用命，吴自运舟。舟旋转不动，如有物碍其舵。吴乃入水验之，得一皮箱，盛银二百余两。吴遂成富室。

---

① 驵：骏马，好马。驵，壮马也。多指马贩子。泛指市侩。处处就百指从事长途贸易的商人。张萱《西园闻见录》卷17，对此商人的境遇有详细叙说："客故山西大驵也，行贾以万计，已乃稍稍折阅，收其余，仅五六百金，图返其家，业已失之，不敢复见其父母妻子，遂流丐于其外。"转引自：谭景玉．古代鲁商文化史料汇编[G]．济南：山东人民出版社，2010：305．折阅：减价出售。《荀子·修身》："故良农不为水旱不耕，良贾不为折阅不市。士君子不为贫穷怠乎道。"以万计的货物，仅得五六百金，损失惨重。

② 颡：首，头。

密云有富翁，一子数岁失之，远近求之勿得。翁念殊切。值天暑，数人歇凉于其门，坐久竟去。翁策杖至门，见门后一黄袋，盛银数锭，盖饷边者。翁俟其还。少顷一人号而来，曰：我天津卫解边饷者，适借此歇凉，解袋置门后。乘阴快行，忘取。倘长者收得，愿与均分。翁验还之，其人拜谢，且恳所以报德。翁俛首久之，曰：老拙久失一子，此行但请觅秀孩童一二赐我足矣。其人铭刻而去。事毕归途，见携小儿请鬻者。其人计翁恩厚，幸有余金，遂买儿，联骑[①]送到翁门。下马，儿遂竟入室中。举家号泣，始知鬻儿，即翁子也。翁大喜，复厚赠其人。

郡君李氏，王巩婶也。尝有货珠子老媪李氏，携珠子至。既去，遗珠在地，巩婶收之。后媪逾时至，形容瘦枯，精神恍惚，非昔人也。巩婶诘之，曰向时所货珠子归则失去，告其主以十金偿之，不许，因忧愁感疾，几不能起。巩婶曰：珠子我得之。媪惊喜，愿致六金以请巩婶取还之，不受金也。后微疾，梦出门乘车，出旷野，至大官府，见二伟人，衣冠坐堂上，引至堂下。伟人方问姓氏，巩婶知其阴府也。遂诵大悲咒，左右皆惊愕。其堂摇动不已，二伟人立语曰：勿诵，放汝归矣。一吏持大簿至案，伟人曰：记得还李嫂珠子事否？曰：记之。其一伟人曰：当展寿二十年。其一曰：得毋太多乎？其一曰：妇人而不爱珠宝，此可尚也。俾人送还，复乘车至门首，而入见其尸卧帐中，惊而寤起。后二十年乃卒。《随手杂录》[②]

屠应埈者，屠康禧[③]三子也。世济其美，存心尤厚，居秋泾桥之浒。

---

① 联骑：同“连骑”，众骑相并而行。《史记》卷67《仲尼弟子列传》：“子贡相卫，而结驷连骑，排藜藿，入穷阎。”《汉书》卷91《货殖传》：“子赣结驷连骑，束帛之币，聘享诸侯。”

② 《随手杂录》为宋代文言笔记小说。宋王巩撰。又题作《清虚居士随手杂录》。现有《笔记小说大观》本。全书一卷，共收三十三条材料，多系史料，也杂有迷信传说成分。除三条分别是周世宗、南唐和吴越时事外，其余皆北宋中叶以前的轶闻。内数条述及苏轼被贬之事，颇具风情。

③ 即屠勋。谥康僖。屠勋从政近四十载，无论是在刑部，还是在大理寺、都察院，这些部门大都与刑政相关，屠勋一秉公正，唯法是遵，“公惠在人，公名在史”。参见：方复祥，蒋苍苍.“金平湖”下的世家大族[M].北京：中国文史出版社，2008：227.

有邻人贫甚,负其子孟玄银不能偿,以屋基及小茔绝卖,准退前银。其子故长者不肯受,告邻人曰:汝欲卖屋与坟,吾当另酬汝直。前银相赠,不与追也。邻人感其高义,以实诉曰:吾房实直若干,前因退债故,溢泄其直。今若受价,止当受若干,余不敢领也。孟玄益高其义。曰:汝不读书,尚知义理,不欲虚受吾直,况吾读书识字,岂肯见利忘义而减汝直乎?固与之,邻人不胜感激。及竣归,邻人来访,竣留小酌,邻人数其子之厚德,且叙其感激之衷。竣惊曰:汝之房已卖汝,今何居?曰:移某所,竣呼其子取前契还邻人,且为筑其坟墓。戒家人曰:世世无相犯也。以后登科第者甚众,皆竣子孙。号渐山[①],其德甚备状,志不能悉什一也。

许昌士人张孝基,娶同里富人女。富人只一子,不肖,斥逐之。富人病且死,尽以家财付孝基,与治后事如礼。久之,其子丐于途,孝基见之,恻然谓曰:汝能灌园乎?答曰:如得灌园以就食,何幸?孝基使灌园,其子稍自力,孝基怪之。复谓曰:汝能管库乎?答曰:得灌园,已出望外,况管库,又何幸也?孝基使管库,其子颇驯谨,无他过。孝基徐察其能自新,不复有故态,遂以其父所委财产悉归之。其子自此治家励操,为乡闾善士。不数年,孝基卒。其友数辈游嵩山,忽见旌幢,驺从满野,如守土大臣。窃视之专车者,乃孝基也。惊喜前揖,询其所以致此。孝基曰:吾以还财之事上帝,命主此山,言讫不见。《泊宅编》[②]

天顺癸未,罗一峰赴试春闱。暮宿邸舍,其家奉盥,盆中有金不一只,罗仆取之。明日早行,谓仆曰:此去京城尚远,又缺路赀。如问[③],仆曰:公无忧,夜来于盆中获一耳环,足以为赀。伦怒,索其环而远之。比主则其妇为夫所逼,欲捐生。感谢不已。既而人场破火,赖谢大韶出之。人以为阴骘之报,伦右诗寄大韶曰:曾同丙子看乡榜,丙戌

① 屠应竣,号浙山。参见:方复祥,蒋苍苍."金平湖"下的世家大族[M].北京:中国文史出版社,2008:229.

② 方勺.泊宅编[M].许沛藻,杨立扬,点校.北京:中华书局,1983.

③ "如问",疑为衍字。

春闱又在门，南省再生真父母，西湖归老任乾坤。《治城客论》[1]

李时勉在翰林。曰：上元夜，朝廷结鳌山，一骑控公马。而行中途，拾一堕钗，以呈公视之金也。怀之归少，酬骑以钱，大詈揭于门。既而失钗。妇言：夫为锦衣千户，勾当海外。昨看鳌山失去金钗，尚存其一可验。公验之良，是即归之，亦不问姓氏。久之，千户还。妻述前事，因具仪物酬公，公悉却之。千户言，公不受不能强，此一片药乃海域所产，初非伤财所得，而甚罕，贵公幸留之。问何物，曰：血竭也。乃受，既而公被系杖胁，折舁至锦衣，适此千户莅。狱惊曰：此李翰林也。因密召良医入视。医云尚可为，但须得真血竭。千户曰：吾固尝觃公立。问夫人取舁，医治药夹胁敷之，一日夜遂苏。《九朝野记》[2]

南昌未有钟灵桥时，设浮桥以渡。隆庆间，有人于桥上拾遗钱百余。因延伫待之，忽一人彷徨至，哭云：吾今日鬻炭，得此一家待以举火。若寻之不得，路俱馁。其人即举还之。次年，浮桥接板处以争先踏沉，堕水者甚众。其人亦在其中。偶前鬻炭人经过，认之，力为拯出，其余多溺死者。报施之奇凑如此。《隽区》[3]

密行阴德

窦禹钧，范阳人。生五子，仪，礼部尚书，俨，礼部侍郎，皆为翰林

①《治城客论》，明陆采撰。采字子元，长洲人，粲之弟也。是编乃其肄业南雍时记所闻见，大抵妖异不根之言。

②《九朝野记》，明祝允明撰。四卷。杂撰明初至嘉靖来年遗闻轶事，详于太祖及成祖“靖难”之际。所记明初官仪制置，兵权礼乐之损益变通，整肃吏治，严惩贪墨，侦伺臣民，用刑残酷等掌故，足资参考。但掺杂闾巷琐屑故事，灵异诡怪传闻，体例浸无统纪，内容瑕瑜互见。参见：中国历史大辞典史学史卷编纂委员会．中国历史大辞典．史学史卷[M]．上海：上海辞书出版社，1983：6.

③《隽区》，明郑仲夔撰。郑仲夔，字龙如，江西上饶人。崇祯间贡生，幼失怙，由其兄孟孺抚养，长大后从师王遐中，尤好工诗，才绝颇高，然以教书为生，终年未仕。其博览好古，纂清言若干卷，尝仿《世说新语》作《兰畹居清言》十卷。作《玉麈新谭》，其中包括清言十卷，耳新八卷，偶记八卷，隽区八卷，共三十四卷；又有作品《根启》八卷，《冷赏》八卷。

学士。侃左补阙,僻左谏议大夫,参知政事,僖起居郎。初禹钧家丰厚年,三十无子。梦祖考[①],谓曰:汝无子,又寿不永,盍早修行。禹钧唯唯。禹钧素长者,有家僮盗用房钱二百千。虑事觉,有女年十二三,自写券系女臂,云:永卖此女,偿所负钱。自是远遁。禹钧见而怜之,即焚其券,以女嘱妻曰:善抚之。既笄[②]复以二百千择配归之。仆闻之,乃归泣诉前罪。禹钧不问,由是父子图禹钧像,晨兴祝寿。宗姻有丧不能举,因公而葬者,凡二十七。孤遗女不能嫁,因公而嫁者,凡二十八。所识困乏子弟,堪委财者,随货金帛俾之。兴贩由公活者数十家。于宅南建书院四十间,聚书数千卷,延致师儒。凡四方孤寒之士,有志为学者,听其自至,故其子闻见益博。贤士由公举者,由公门登贵仕者,不可胜数。先是,祖考见梦后十年,复梦告之曰:汝前实无子,且寿促。今阴府以汝数年阴德,特延寿三纪[③],赐五子,各荣显,仍以福寿终。后当留洞天充真人位[④]。公年八十二,别亲戚,谈笑而终。世称教子者,必曰燕山窦十郎[⑤]云。范仲淹《阴德记》[⑥]

卢仲元妻崔氏,崔之兄节有薄田在洛城之东。守道力田以自给,未尝干人。尝躬耕得金一瓶,计百两,不言于人,密埋于居室。临终,妻李氏以身后为忧。崔屏人,语妻以埋金之事,戒云:慎勿言于人,他日卢郎中来可告也。未几,卢赴调,经洛中,吊崔氏之孤。讫,李使婢传语曰:有哀迫事,须面见姑夫。卢许之。既见,乃述亡夫之意。卢悲泣久之,曰:惟嫂之命。李氏持金付之,卢遂罢选,持金鬻于扬州,获银八百两。复市南货入洛,为崔孤置田宅,兼为剖分家事。既毕而归,逾年

① 祖先。韩愈《祭郑夫人文》:“春秋霜露,荐敬苹蘩,以享韩氏之祖考。”

② 笄:古代特指女子成年。

③ 纪:记年单位。十二年为一纪。

④ 洞天:道教传说神仙所居的名山胜境,有“十大洞天”,“三十六小洞天”。真人:道家称“修真得道”或“成仙”的人。参见:朱思勤,荆忠岭.厚德录故事译注[M].青岛:青岛出版社,1992:53.

⑤ 时人赠诗曰:燕山窦十郎,教子有义方,灵椿一株老,丹桂五枝芳。

⑥ 应为《窦谏议录》。

方选。终不言于人，惟密亲有知者。卢若生子，既字子严，清望重器，为世名臣。信阴德之报也。《因话录》

台州应尚书，壮年习业于山中，夜鬼啸集公不惧也。一夕闻鬼云：某妇人以夫久客不归，翁姑迫嫁之，明夜当缢死。于此吾得代矣。公潜卖田，得银四两，即伪作其夫之书，寄银还家。其父母见书以手迹不类，疑之。既而曰：书可假，银不可假，想儿无恙，妇遂不嫁。后其子亦归，夫妇相保如初。公又闻鬼语曰：吾当得代，奈此秀才坏吾事。傍一鬼曰：汝何不祸之？曰：上帝以此人心好，命作阴德尚书矣。吾安得祸之，应公因此益自努励，善日加修。遇岁饥，辄捐谷以赈。遇亲戚有急，辄委曲维持。遇有横逆，辄返躬自责。怡然顺受，子孙登科第者，至今累累也。

杨自惩者，文懿公守陈之父也。初为鄞县吏，存心仁厚。时令好苛刻，惩常为宽解，不使含冤日久。令大信之家甚贫，一钱私馈，绝无所受。而囚人在禁绝食者，辄捐已粥以饲之。令鞫事常怒一罪人，自惩从旁请曰：如得其情，哀矜勿喜，喜且不可，况于怒？令为之霁威。生子长即守陈，为宰相，次守址南吏部侍郎。长孙茂元，刑部侍郎；次孙茂仁，四川按察使。俱以名节著。今科第犹绵绵不绝，此上天福善之不爽也[①]。

会稽陶氏簪缨，相继为望族。其始着曰陶谐。嘉靖初，赠兵部尚书谥庄敏者也，谐四世祖曰仕成者。当正统时，以富民供大珰[②]。阮某其

---

① 该段内容选自选自《了凡四训·积善之方》。《了凡四训》是明朝袁了凡所作的家训。该段前半部分原文为："鄞人杨自惩，初为县吏，存心仁厚。时一人偷窃，县宰鞭之，血流满面，而怒犹未息。杨跪而宽解之。宰曰：怎奈此人越法悖理，不由人不怒。自惩叩首曰：上失其道，民散久矣，如得其情，哀矜勿喜，喜且不可而况怒乎？宰为之霁颜。家甚贫，为吏，人皆友之。或遗之钱财，一无所取。遇囚人乏粮，常多方以济之。一日，有新囚数人待哺，家又缺米。给囚则家人无食。自顾则囚人堪悯，与其妇商之。妇曰：囚从何来？曰：自杭而来。沿路忍饥，菜色可掬。乃撤己之米。"

② 珰：古代宦官的冠饰。"大珰"代称品级高的宦官。明沈德符《野获编·内监·内臣罪谴》："种菜者至南京，其守备大珰坐堂皇，喝云：'取职事来！'"

后，阮仓卒被命入。意不测密召成，以私积六千金托之。成持金归投井中。居数年，阮竟死。成出井金，走白守吴。某守曰：金无知者，尔金也。盍取诸成固谢。人无知而自知之，此之谓阴阳。会岁饥，悉散以赈乡人，以是称陶长者。后数十年卒。有庄敏至今，弥昌炽人以为皆成所种云。暗然堂《会纂》

唐孙泰少师皇甫颖。守操有古贤风。泰妻即姨女也。先是姨老以二女为托，曰：其长者损一目，汝可娶其娣。姨卒，泰娶其姊，或诘之。泰曰：其人有废疾，非泰何适？众皆服泰之义。尝于都市遇铁灯台，市之。及磨洗，乃银也。泰亟往还之。中和中，于义兴置一别墅，用缗二百千。约日诣所，止俾其人他徙，睹一老妪长恸数声。泰惊悸，召诘之。妪曰：老妇尝逮事舅姑于此[1]。子孙不肖，为他人所有，故悲耳。泰怃然久之，因绐曰：吾适得京书。已别除官，固不可驻此也。所居且命尔子掌之。言讫解维而逝，不复返矣。后泰年八十子，展进士及第，入梁为省郎。《摭言》[2]

李景让尚书，少孤贫。夫人王氏性严，重明断。孀居东雒，诸子尚幼，家本清素，日用尤乏。尝值久霖，宅墙夜隤[3]。僮仆修筑，次忽见一漕船，实以散钱。婢仆等当困窭之际，喜其有获，相率奔告。夫人闻之，诫僮仆曰：切不得辄取俟。吾来视之，而后发既到。命取酒酹之，曰：吾闻不勤而获禄，犹身为灾，我何堪焉？若天实以先君余庆，悯及未亡人，当令此诸学问成立。他日为俸钱赉吾门，此未敢觊。乃令亟掩如故。本家应得之物，犹必权义而止，此圣贤。以上事不谓妇人能之，真阴德也。其后诸子景让、景温庄皆进士擢第，并有重名位。至方

① “逮”：同“迨”。逮事舅姑：侍俸公婆。

② 即《唐摭言》，古代汉族文言轶事小说集。撰者唐末五代王定保(870—940)。此书15卷，分一百零三门。每卷分若干标题，每个标题下或作综合论述，或分记若干有关故实，大致前三卷汇录科举制度掌故，其余十二卷按类记叙科举士人言行。记叙详细、生动，但又很少神奇怪异；且次序较有系统，多为选举志所未备。

③隤：下坠。

岳让最刚正，奏弹无所避为。御史大夫宰相宅有看街楼，子皆封泥之，惧其纠劾也。《金华子杂编》[1]

滑世昌为医官，家赀巨万，常以救人为心。鄂人德之。念念常存，初无名迹，是谓阴德也。后夜梦本州岛城隍来访，言此地有非常之灾。君家亦坐厄，上帝以君用心慈仁，多所济活，命我救汝一家，但耗财耳。然亦不至冻馁，觉以语妻所梦，皆同来。日夜半，火作风迅，延烧无算。滑居烈焰中，合家无计自脱。忽有壮夫数十，着紫衣，排烈火边，驱滑一家登轿，径至六七里。俄而，风雷大作。适空屋趋避，相看如痴，莫知所以。黎明，人轿皆不见。旧居已为瓦砾场矣。掇剔埃烬，得银百余两，乃资日用。始悟不至冻馁之言。滑夫妇仆辈皆全，僦[2]宅城中，医道复振。凡有危疾，捐药救疗。家业愈盛，子孙十世皆富。嗟！夫火烬余金，亦有前定。人自枉作牛马耳！若夫捐财而财阜，耗业而业兴。此间清息，宁可较量，世犹持筹析秋毫，何也？

舍身除蛊

池州进士邹阆食贫有守。一日凌晨，启户见小箬笼，无封锁。开视之，乃百金酒器数十事，约重百两。殆晓寂无追捕者，遂揭归谓具妻曰：此物无因而至，岂天赐我乎？语未绝，觉股上有物蠕蠕动，金色烂然，乃一蚕也，遂拨去之，未回手复在旧处，以足践之。虽随足而碎，复在阆胸腹上投之水火，劘以刀斧，皆即如故。衾裯饮食间，无所不在，阆甚恶之。友人有识者，曰：吾子为人所卖矣，此所谓金蚕蛊也。始自闽广，近至吾乡，物虽小而为祸大，能入人腹中，残啮肠胃，蚕复完出。

① 南唐刘崇远撰。金华子，是作者自号。崇远于唐末避乱，远徙江南，于南唐为官，任文林郎、大理司直。书中所载多唐后期朝野之故事，如将相、藩镇、文章、神怪之类，内容丰富，多可补正史之不足，《资治通鉴》中亦采用此书。本书二卷，另有著录为三卷者，世无传本。今据以标点者系《四库全书》著录的《永乐大典》辑本。传世二卷本甚多，上海古籍出版社有点校本。

② 僦：租赁。

阆愈惧。乃以箸笼事告之。其友曰：吾固知之，子能事之，即暴富矣。此虫日食蜀锦四寸，收取粪干而屑之，置少许于饮食中，人食之者必死。虫得所欲，日致他财以报耳。阆笑曰：吾岂为此乎？友曰：固知子不为也。凡人畜此久而致富，即以数倍之息，并原物以送之。谓之嫁金蚕[1]，其虫乃去直，以元物送之，必不可遣。今子贫居，岂有数倍之物乎？实为子忧之，阆乃仰天叹息曰：吾平生清白自处，誓不失节，不幸今有此事。遂归告其妻曰：今事之不可，送之又不能，惟有死耳。若等好为后事，乃取其虫掷于口而吞之，举家救之不及。妻子号哭谓其必死。数日间寂无所苦，饮啜如故，竟以寿终，其家亦因获金之故，遂致小康焉。岂至诚感天妖，孽不能为害乎？《虚谷闲抄》[2]

捐金救死

宋霅人朱承逸为本州岛孔目[3]。五鼓趋郡，过骆驼桥下哭声甚哀。使仆视之，有男子携妻孥将并命于此。盖负势家，三百千倍息，督责不能偿也。朱恻然谕止，且护之归。正值诸悍仆诟索于门，朱曰：以三百

①“嫁金蚕”即蛊道巫术之一种。宋蔡絛撰《铁围山丛谈》云：“金蚕毒始蜀中，近及湖广闽粤浸多。有人或拾此去，则为之嫁金蚕。率以黄金钗器、锦缎置道左，俾他人得焉。郁林守相晤时为吾言：尝见福清县有讼遭金蚕毒者，县官治求不得，纵或献谋，取两刺猬人捕必获矣。盖金蚕畏猬，猬入其家，金蚕不敢动。虽匿榻下墙隙，果为两猬，擒出之，亦可骇也。又峤岭多蜈蚣，动长二三寸，螫人求死不得，然独畏脱胎虫，必放自落于地。蜈蚣为局缩不得行，脱胎虫乃徐徐围绕周匝，蜈蚣愈益缩，然后登其首啖脑而食之死。故人遭蜈蚣害，必取脱胎虫涎，辄生捣涂焉，痛立止。且金蚕甚毒，若有鬼神蜈蚣，若是之强且大也。然则猬捕金蚕，脱胎制蜈蚣物，理有不可致诘而不可不知也。”转引自：高国藩.中国巫术通史.下册[M].南京：凤凰出版社，2015：977.

②《虚谷闲抄》，宋方回辑。方回(1227—1305)，字万里，号虚谷，由宋入元。事迹见《新安文献志》卷95《方总管传》。本书未见著录。《古今说海》收入，不分卷。为辑录旧文而成，各注出处。如《三梦记》《投辖录》等。有些宋代佚书如《幕府燕闲录》《遁斋闲览》等，可据以辑校。引文多较完整，与《绀珠集》《类说》多加删节不同。疑为元明人所辑，托名方回。

③孔目原指档案目录。唐代州、镇中设“孔目官”掌六书，如严庄曾为安禄山之孔目官，孔谦以魏州孔目官为度支副使。

千故，而溺死一家四人可乎？示吾原券，吾当代偿母钱。债家惭而听之。桥下人感泣，请为奴婢，不受，仍资以二百千。是年承逸生孙股肱，皆登科，并著名节。

浙有士人馆于富家，岁暮得束脩八两。至渡口见贫民夫妇赴水，士止之。民言岁暮债迫，欲卖妇，妇不肯行，故相率并命。士闻言恻然，遂尽以所得与之。民泣谢，代负担送士归家。妻问所得，士言遇贫民赴水事。妻曰：君胡不周之？士曰：已与之矣。妻亦不怨。至除夜与妻治虾酒，和以糟。戏口占云：红虾糟汁煮清酒水来。夜梦至琼楼玉宇，有联续其诗云：门关金锁锁，帘卷玉钩钩。士觉而记于柱，宗人哂曰：薄命汉得银入手，轻以予人，复为此梦语欺人乎？至明春赴馆，主人延一地师葬母。士以二亲未葬，常嗟叹之。主人嘱师为卜穴。至一处见鹿卧其地，人至奔去。师曰：此金锁玉钩形，吉地也。士忆与前梦合，但未知山为谁有。适前赴水民至见士，喜曰：大德久未能报，今为何来此。士言求葬地，民曰：此山一带皆我有，如可用当奉献。士指鹿眠处，民曰：正吾业也。即邀至家厚款，书契以献，且助工费士葬之。后登第官宪副。

谭友夏元春其祖常客襄阳。舟旦发，忽闻岸上悲啼声急，停舟问之。知为里役，移失多金，惧无以偿官，欲赴水死。谭为心恻，特慰之曰：姑无然，若金固不失。随开箧中取一大函畀之。其人曰：此非吾金，何得妄取？谭曰：第将去，少解燃眉之急，何不可？其人再三拜谢而去。时友夏尚幼，初不知此事也。至天启辛酉，友夏落第，方郁悒，梦人谓曰：谭生宜自鼓壮，无隳厥志，尔祖襄阳事发矣。友夏惊寤，不解所以归，以梦告父母，且请曰：先人得无有悔事于襄阳乎？父为具述前事，友夏益喜自负，丁卯果登贤书[1]第一。弟元礼复举进士。

豫章丁亥岁大祲，米斗至七钱。新建有人窘甚，家止一木桶，卖得银三分，计无复之，乃以二分买米，一分买砒。誓欲妻孥共饱而死。炊

[1] 语本《周礼·地官·乡大夫》："乡老及乡大夫群吏献贤能之书于王。"贤能之书，谓举荐贤能的名录，后因以"贤书"指考试中式的名榜。

方熟，里长至门索丁银无有也。里长远来苦饥，索一饭，又无有也.里长入内见饭，怪之，其人急摇手曰:此非君所食。里长益怪。始流涕以告。里长大骇，亟倾其饭而埋之。曰：何遽至此，吾家尚有五斗谷，与暂延数日，或有生理，未可知也。其人感而相随，得谷以归。出谷则五十金在焉，其人骇曰：此必里长所藏以偿官者，遽持还之。里长曰：吾贫家，安得有此，殆天以赐汝也。其人不肯，于是各分二十五金而别。两家从此稍稍饶足矣。

万历间，潞河有段生夜读书。忽灯焰上立一小人，长一二寸。叱之，下就案跪，曰：小人溺死鬼。不禁寒冻，就相公炎光也。生意解[①]。自是寒甚。一日忽曰：明日溺者，至小人得替去矣。生曰：可救否？曰：可，但我苦不脱。生曰：汝能作福，自可脱苦也。救之，诚是鬼。唯唯明旦生试观于渡口，见二人欲渡。一畏险，止一径渡没复起。是夜鬼至曰：复起者，我力也。久之，鬼至曰：上帝鉴我纤行，敕作永州城隍。感恩故辞去，相公倘左顾，愿有微酬。生果往抵界，即有迎候，馆谷邮传。谒见神，成宾主礼。曰：东廊有悬系者，乃某地作恶武官。闻其家悬百金求医，不知受阴刑于此。公往试投七，但以付去小囊发束则痛已，金可坐进也。生如言往发囊，则小虫飞出，而病者起。得金归。生蕲阴助已前程，神曰：公非功名客，不可。归遂弃业藉资居，积成千金产[②]。

助丧护冢

汲郡人赵狄轻财，好施邻人。李玄度母死，家贫无以葬。狄有二牛，与之，度得以葬。他年夜行，见老母，与狄一饼。曰：子能葬我，是以相报。子五十以后当贵，极人臣，无忘玄度也。后果登进士第官一品。

麋竺富拟王侯[③]，有宝库千间，大珠如卵，散满于庭，谓之宝庭。竺

① 原文:“生怒稍解”。

② 此段原名永州城隍。最后一句话为:“神能鉴鬼，必能鉴人，则生千金之产，亦神力，非幸致也。”参见:王同轨.耳谈类增[M].吕友仁，孙顺霖，校点.郑州:中州古籍出版社，1994:230

③ 麋竺用陶朱公计术，日益亿万之利，赀拟王侯。

性能振生死，厩侧有古冢。竺夜寻其泣声，忽见一妇袒背而来。云：汉末为赤眉，发棺见剥。今遗骸在地，就将军求更深埋，并乞敝衣自掩。竺即为石椁瓦棺，设祭毕，以青布裙衫置冢上。经一年，行于路曲，忽见前妇人葬所青气如龙蛇，乃问家童。云：时见青芦杖，自然出入于门，疑其神也。不敢言。数日，忽有青衣童子数人来。云：君家当有火厄。赖君能恻愍枯骨，故来禳却，当使君财物不尽。竺乃掘沟绕库。旬日，火从库内起，烧其珠玉，十分得一，皆阳燧得旱烁，自能烧物也[①]。火盛时，见数十青衣童子来扑火。有青气如云，覆火上即灭。童子又云：多聚鹳鸟之类以禳灾，鹳能聚水巢上也。家人乃收鸡鹳数千头，养[②]池渠中。竺叹曰：人生财运有限，不得盈溢，惧为身患。时三国交兵，军用万倍，乃输其珍宝车服，以助先主。王子年。《拾遗记》

剡县陈务妻少寡，与二儿居宅中。先有古冢，每日搏茗，辄先以着坟上[③]。二儿患之，曰：古墓何知，徒以劳。欲掘除之。母苦禁，乃止。夜梦一人自言，没来三百余年，谬蒙惠泽贤，子恒欲见毁，相赖保护。虽泉坏朽骨，敢忘翳桑[④]之报。明日晨，兴于外屋得钱十万。似久埋者，而贯皆新。提还告其儿，并有惭色，自是设馔愈谨。

赎放生命

大林邑有商人驱牛八头到北方[⑤]。泽中遇离车[⑥]，捕一龙女，欲杀食

① 天长日久的旱晒，有些东西本身就能自燃，珠玉珍宝烧得只剩下不到十分之一。

② 养，古同“养”。

③ 饮茶先祀之。

④ 翳桑，古地名。春秋晋灵辄饿于翳桑，赵盾见而赐以饮食。后辄为晋灵公甲士。会灵公欲杀盾，辄倒戈相卫，盾乃得免。事见《左传·宣公二年》。后以“翳桑”为饿馁绝粮的典故。

⑤ 北方指北方俱哆国。

⑥ “离车”是刹帝利种姓中一氏族之专名。此处似指捕食龙的那位商人来自这一氏族。原作中，复有商人，共在泽中放牛。时离车捕得一龙女，穿鼻牵行。商人见之，即起慈心，问离车言：“汝牵此欲何等？”答言：“我欲杀檄。”商人言：“勿杀，我与你一牛，贸取放之。”捕者不肯，乃至八牛，方言：“今为汝故，我当放之。”即取八牛，放去龙女。

之。此商遂以八牛买此龙女，放池中。龙变为人，要商人入龙宫。云：龙中所食，有尽寿乃消者，有二十年消者，有七年消者。因赠商人金八瓶，云此龙金也。截已更生[①]，用之不可尽。《僧祇律》[②]

陈宣帝时，扬州人严泰江行逢渔舟。问之云：有龟五十头，泰用钱十千，赎放之。行数十步，渔舟覆。其夕有乌衣人诣泰门，告其父母曰：贤郎附钱五十千，可领之。缗皆沾湿。父母虽受钱，怪其无由。及泰归问，乃说赎龟之异，因以其居为寺里人，号曰严法寺。此龟报恩，却下毒手，翻渔舟，然亦可为渔猎之戒矣。

伪蜀广都县民陈宏泰，家本素封。有假钱一万者，泰征之甚急。其人曰：请无虑，吾先养虾蟆万余头，鬻之，足以奉偿。泰闻之恻然。已其债，仍别与钱十千，令悉放之江中。月余，泰因夜归，马惊不前，视之，乃一金虾蟆也。《括异志》

广陵龙潭寺僧常梦数百人求济。翌日见担螺蛤往市者，僧感梦，赎放于潭。后时于潭畔获一小盒，非锡非铜非瓦石，乃持归，偶贮禹余粮。明日余粮盈满，试贮菽麦，白金少许，无不皆然。于是宝之，及僧老病，弟子争盆。僧曰：水宫神物应当还之，乃掷盆于潭，化金雁飞去。今为金雁潭。《地里志》

当涂刘成、李晖者，常自新安江舫载鱼蟹往丹阳郡。行至下查浦，天暮泊舟。二人俱登陆，李晖往浦村舍中。独刘成在江上，四顾无人，忽舫中有连呼阿弥陀佛者，声甚厉。成惊视之，见一大鱼自舫中振须摇，自人声而称佛号焉。成悚惧，即匿芦中伺之。俄而，舫中万鱼俱跳跃，呼佛声动地。成大恐，遽登舫，投群鱼于江中。有顷，李晖至。成具以告晖。晖怒曰：竖子安得为妖妄乎？成无以自白，即用衣资酬其直。既而余百钱，易荻草十余束，致于岸。明日，迁于舫中，忽重不可

① 这种龙金“截已更生”，即截取之后它还会生长还原，是取用不竭的一种宝物。

② 僧祇律，全名《摩诃僧祇律》。东晋义熙十四年佛陀跋陀罗与法显共译，40卷。为大众部所传的戒律。《僧祇律》盛行于南北朝时期，与鸠摩罗什译出的《十诵律》皆为显学，江南一带多尊崇《十诵律》。

举。解而视之，得缗十五千。签题云：归汝鱼直。成益奇之。是日，于瓜州会食群僧，以缗施焉。[①]

又李进勍以贩彭蠡湖鱼为业，常以大船载鱼入维扬[②]肆易之。一日至三山浦。夕月如昼，勍步于岸侧。闻船内有千万人诵经声，清亮非常。登舟察之，则船内鱼耳。勍惊曰：我自来贩易众生轮回之身，不可测也。因悉放鱼江中。言曰：诸鱼既各通灵，他日某若困苦，敢希方便山，是改业贩鬻获新。数年间。作大筏载薪于金陵。未到间，大风沉筏。惟造勍浮于江中，足下如有所履。俄而风飐，竹数竿至勍身侧，遂扶竹获济，乃见大鱼数百头于进，勍足下乘之。又共拽竺而行，到洲登岸，回顾诸鱼，各已散去。至夜不得渡江，即栖洲上夜坐愁苦。忽见荻从镈中光芒，勍即以手摸之工，获金二斤，乃寘怀中，愁闷颇息。俄见白衣人踊立波心，谓勍曰：朝来得存性命。及获金，乃子前者所放诸鱼，今各报恩也。言讫不见。待旦即有鱼数十头。又拽一叶舟来，桡棹俱备，勍因得及岸而归，遂致富焉。此与刘成事如合辙，乃知众生各能念佛，乞怜特人，无得闻之耳。

智钧大师说，天福中吉安有邸妪，家力粗备蔬食，好修。尝赎放鳞羽诸族。因潦水后，有一龟长尺余，从门入，妪怪之。令子将往家前渎内放之。其子遂于龟背着放生字，放于水中。其龟又上岸沼回。田畦间有一孔穴，可深二三尺，龟忽隊其中。妪子曰：本将放汝命，却落于此中，乃攘臂取之，龟遂不见，探得白金二铤，莫知其由。《灵应录》

江西军吏宋氏常市木至星子，见水滨人物喧集，乃渔人得一大鼋，鼋见宋屡顾。宋即以钱一千赎之，放于江中。后数年泊船龙沙，忽一仆夫至，云：元长史奉召。宋恍然不知何长史也。既往，欻至一府，官出迎与生，曰：君尚相识耶？宋思之不得。又曰：君记星子江中放鼋

①《物犹如此》通慧鉴第十四《万鱼念佛二则》。万鱼念佛一见谢肇淛《五杂俎》。鹤子曰：鱼念佛，奇矣。还鱼值，尤奇。诗曰：万鱼念佛幻耶真，还汝烟波自在身。何处飞蚨荻花里，请君回棹问江滨。

② 依多数版本，此处应为金陵。

乎？身即鼋也。顷有罪，帝谪为水族，见囚于渔人。微君之惠，已骨朽矣。今已得为九江长相召者，有以奉报君，儿命当溺死，名籍在。是后数日，鸣山神将朝庐山，其行必以疾风雨。君儿当以此时死。今有一人名姓正同，亦当溺死，但先期岁月间耳。吾取以代之。不识后期何以免之？君儿宜速登岸避匿，不然不免。宋陈谢而出，不觉已在舟次。数日果有风涛之害，死者甚众。宋儿竟免。《太平广记》

豫章人熊慎父祖以贩鱼为业，载舡宿江浒。慎闻舡内千百人念佛经声，惊而察之，乃鱼也。悉放之。改业鬻薪于石头，穷苦至甚。露江上，忽见沙中有光，就视之，得金数斤。因至巨富，子孙累世不乏。

周宏直子思方幼时于林下，见一鹳[1]为弹所伤，取归养之。俟其愈，纵去。后数日，夜读书，闻有物击其扉。启视乃向放之鹳也。背负一金串，缷[2]于地。串上结纸条，上书云：始于博士，终于大夫。后果然。故呼鹳为负金。《说林》

吴江刘子屿有鱼塘一所。至冬筑小堰，以放塘水，竭泽取鱼。水放将半，见二大鲤，越出堰外，复跃入。如此再三，子屿异之。观所至，乃新育小鲤数百尾，聚一窟中，不得出，故二鲤往来跳跃，且衔且涉而救其子，宁身陷死地不惜也。子屿慨然太息，乃去堰放鱼。越二年，锄地得金，遂至大富。衔水几仞，小鱼必无济理，然必忍死为之者。天地间惟此情种怜痛，被二鲤画出，仁人孝子通于横溢矣。

哙参养母至孝。曾有鹤为弋人所射，穷而归参，乃收养疗治。疮愈放之。后鹤夜到参门，秉烛视之，雌雄双至，各衔明珠来谢，鬻数万缗，家遂殷富。此与杨宝庇雀衔环[3]，同一灵异也。

---

① 鹳：鸟，羽毛灰白色或黑色，嘴长而直，形似白鹤，生活在江、湖、池沼的近旁，捕食鱼虾等。时珍曰：鹳似鹤而顶不丹，长颈赤喙，色灰白，翅尾俱黑。多巢于高木。其飞也，奋于层霄，旋绕如阵，仰天号鸣，必主有雨。其抱卵以影，或云以声聒之。《禽经》云：鹳生三子，一为鹤。巽极成震，极阴变阳也。震为鹤，巽为鹳也。

② 缷：同“卸”。

③ 南朝梁吴均《续齐谐记》载，东汉弘农人杨宝少时救了一只黄雀，后有一黄衣童子送白环四枚相报，谓当使其子孙显贵，位登三公。

韦丹年近四十，举五经未第。常乘蹇驴至洛阳，桥见渔者得一鼋，长数尺。寘桥上呼呷余喘，须臾将死。群萃观者，皆欲买而烹之。丹独悯然，问其直几何。渔曰：得二千则鬻之。时正天寒，丹衫襦无可当者，乃以所乘驴易之。既得，遂放于水中，徒行而去。时有胡卢先生，不知何所从来，行止迂怪，占事如神。后数日，丹因问命，胡卢生倒屣迎门①，欣然谓丹曰：翘望久矣。友人元长史谈，若美不容口，诚托求识君子，便可偕行。丹思良久，不省所谓，因曰：先生恐悮，但为决穷途。生曰：我焉能知君，元君即吾师也。当自往详之，遂相与至通利坊②，静幽曲巷，叩一小门，有应者引入，数十余步，乃见大门。制度宏丽，拟于公侯。俄一老人，身长七尺，褐衣韦，带从二青衣而出，自称曰元浚之。向丹尽礼，先拜曰：垂死之命为君所生，思欲杀身报効耳。丹乃矍然，知其鼋也。终不显言，遂具珍羞，留连竟日。丹将归，老人于怀中出文字一通，授丹曰：知君欲问命，辄于天曹录得一生官禄，聊以为报，有无皆君之命也。所贵先知耳。又谓胡卢生曰：幸借吾五十千，充韦君一乘，早决西行。丹州再拜而去。明日，胡卢生果载五十缗至逆旅中，赖此以济。其文书具云：明年五月及第。又某年平判入登科，受咸阳尉。又某年登朝作某官，历官十七考，皆有年月日。最后迁江西观察使，至御史大夫。到后三十年，厅事皂荚树花开，当有迁改北归矣。后遂无所言，丹常宝持之已而。及第历官，一无所差。洪州使厅前皂荚树，一旦忽生花丹，遽去官归，至中道而卒。子宙尚书仆射，同平章事岫，擢福建观察使。

① 没有来得及穿好鞋子就出去迎接他。

② 通利坊：宋洛阳街市名。北宋洛阳所有的坊几乎全部沿用唐代的坊名，只有南市改为乐成坊和通利坊，北市改为邻德坊和北市坊，西市改为通济坊。通利，有通商得利之意。参见：杨宽．中国古代都城制度史研究［M］．上海：上海人民出版社，2016：307．

弃绝伪金

宜山冯俊为举子时，以所赍路费百金易土仪[1]。入京将营什一自助。至山东，折阅颇有息，尽市之。次日，视其银皆铜质也。物色其人，计不可得。俊即取假银，悉投于河。曰：无陷后人也。同伴相助至京，遂登第，累官至都御史。俊官既显，有故人子为属官，以墨四铤馈。俊曰：汝所馈墨必佳，自取研之。觉太重，验之，皆金也。俊怒，即以投之，几中其面。盖其志操如此。

孙蜃川之祖，淳厚正直，绝无机械。乡人皆取平焉。一日偶货物，得银二两。公持以示人，皆伪物也。念此银既不可用，亦不可持以示人。至东湖之滨，复于水中走数十步，投最深处。后生子登第为副使。孙即蜃川为尚书，曾孙辈皆贤，而有文书香未艾也。

一念好生

杭之酒肆有悬鹅，毒蛇旋绕入其腹。行者过而见之，私计以是啗客，必毒死，乃对酒家曰：鹅直几何？酒家以直告，探其囊，金不足。因与酒家邻相稔，称货而市之，遂瘗[2]鹅于邻之隙地。忽得瘗金焉。邻家与酒家见而争之曰：是某所瘗也。共诉于分巡佥事巴某。佥事讯得其情，乃判曰：一念之善，天报若响，汝奈何欲逆天也？杖酒家与邻人，而以金归瘗鹅者。

王鲸逢卖蕨[3]姥，黄衣破结，有饥色。悯之，乃以千钱买蕨，姥谢而去。及归，蒸于乌头，甑尽成黄金钗。盖姥非常人也。《清异志》

---

① 土仪：用来送人的土产品。

② 瘗：埋。

③ 蕨：植物的一大类，草本，很少木本，有根、茎和叶，用孢子繁殖，生长在森林和山野的阴湿地带。

厚礼过客

冯大亮家贫好道，亦无所修习。每道士方术过门，必留连延接。有樵叟三五人诣其家，饮酒常不言钱，虽数益敬。忽一人曰：我辈八人明日俱来，共谋一醉。至时八人偕至。客于袖中出柟[①]木一枝，才五六寸，栽于庭中。便饮酒尽欢而去。曰：劳置美酒，无以为报。此树径尺，则家财百万。此时可贡助天子，名乘国史。十年后，会于岷岭巨人宫。言讫而去。旬日，树已凌空，高十余丈，大径尺。其家金玉自至，宝货自积。玄宗幸蜀，大亮贡钱三十万贯，以资国用。《仙传拾遗》[②]

福州龙平人陈思膺，本名聿修。开元中遇一客，厚待之。客将去，语之曰：此州上里地形，贵不可言。乃指一处曰：用此，可一世为都督。数载丧亲，遂葬其地。他日拜墓，忽见地生金笋，甚众，遂采而归。其后数往，金笋又生。及服阕[③]，所获多矣。因携金入京，值宗人思膺者，以前任诰牒与之，因易名赂执政。久之，遂除桂州都督。《桂林风土记》[④]

大度疏财

杭人黄某始业屦于富人邓公宇下。公见之曰：汝貌非业屦者，可将吾丝鬻某郡。旋遇劫，公笑曰：此吾命也。再往而再遇劫。公无愠色，仍令将丝往，复遇劫。三往失值千五百金，而三劫皆一盗也。黄曰：我

① 柟，通“楠”。

②《仙传拾遗》是唐末五代时期的一部神话志怪小说，杜光庭著。

③ 服阕：守丧期满除服。

④《桂林风土记》，唐代莫休符著，是一部有关桂林历史地理和风俗人情最早的风物志。此书说明专记桂林一地名胜古迹、山川城址、名人轶闻，并记有不少在桂林任职的唐代官员，其中有隋唐之际桂林地方政权转移地唯一记载。曾经被编入《四库全书》，原书有三卷，现在仅存一卷，42个条目。作者以诗文记游，文字典雅。

本业屦,贫人,主人强令我出贾。两失无愠而任我不已。今又失之,此我必葬鱼腹。公等亦大不仁矣。盗笑曰:有是哉大度主人乎?劫得少藤,在魏国柴栅下,可作屦资以给汝。黄往果得之,发藤而黄金条见束中,尽藤皆然。黄以归邓公。公曰:此汝命也。但取其值,而余悉以委黄。黄以金椎箔致巨富,至今称黄金箔云。

张密省退夫。应举时,因醉乘驴过市,触倒杂货担子。其人喧呼不已,视担中止有《乐记疏》一册,遂以五十金市之,其人乃去。张初不携文字,止阅所买《乐记疏》。无何,省试《山黄钟为乐之本节论》。独《乐记》为详。退夫论擅场,遂高选。明年擢甲科。《山堂肆考》

庐陵欧明,从贾客道经彭泽湖,每以舟中所有投湖中,后复遑。忽见数吏来候,云是青洪君使要[1],明甚怖。吏曰:无怖。青洪君感君有礼,故要君,必有厚遗。君勿取,独求如愿耳。明既见,乃求如愿。如愿者,青洪君婢也。始甚惜,不得已许之。明将归所愿辄得,数年大富。《录异传》

宋有老书生,累举不捷,悔无进取之心。忽有盗逾垣入屋。谓盗曰:汝冒雨夜来辛苦,料汝必不得已也。盗实告曰:我非盗,营卒也。因输欠,惧军令不敢归,故来相投。书生曰:吾有绢二匹与之,明日与汝请于军校,乃拜谢而去。后二年,书生赴举场。忽梦一卒,曰:某是盗绢卒也,欲报恩无由而死,今秀才中矣。后果中高第。又一日,梦报曰:君为益州都尉,有讨命者,我令当卫之。后果除益州都尉道。逢贼欲杀之,贼见有甲士救免。此所谓今生能消前生业也。

偶尔投赠

眉之彭山进士有宋筹者,与故忝知政事孙抃梦得同赴举。至华阴,大雪。天未明,过华山下,有牌堠[2]云毛女峰者。见一老姥坐堠下,鬓

---

① 要,通“邀”。

② 堠:古代瞭望敌情的土堡。

如雪，而无寒色。时道上未有行者，不知其所从来，雪中亦无足迹。孙与宋相去数百步，宋先过之，亦怪其异，而莫之顾。孙独留连与语。有数百钱挂鞍，尽与之。既追及宋，道其事。宋悔复还求之，已无所见。是岁，孙第三人及第，而宋老死无成。此事蜀人多知之者。《东坡笔记》

虑祸知足

汀州林氏，其先常守郡，罢任家居。一日，天忽雨钱，充积其家。林氏乃整衣冠，仰天祝曰：非常之事，必将为祸。于此速止，林氏之福也。应声而止，所收已巨万，至今为富人云。《稽神录》[①]

悔罪盖愆

周才美有子，妇贤而且能。才美将以家政付之。谕以斗斛[②]秤尺各二样，并出纳轻重便宜。妇不悦，拜辞舅姑，不愿为。妇恐他日生子败家，以为妾之所出，枉负其辜。才美愕然曰：吾家薄有田业，何遽辞去？妇曰：翁平日所为，有逆天道，妾心有愧，居之不安。才美曰：汝言诚是，当悉除毁。妇曰：未可问其所用年数若干。才美曰：约一十余载。妇曰：必欲留妾侍奉，须许以小斗量入，大斗量出。小秤短尺买物，大秤长尺卖物。二十余年，以酬前日欺瞒之数，妾即愿留。才美感悟，欣然许诺。妇生二子，皆少年登科。此妇才德不必言，才美作家翁，感妇一言，即能转圜，此亦有至性，未是钱虏也。世间乃有顽悍鄙劣，虽以贤父贤母，高朋执友苦口规责之，犹冥然。以身徇利者，此真下愚不移矣。

---

①《稽神录》是一部宋代汉族志怪小说集，共六卷。徐铉撰。徐铉自序，称“自乙未岁(935)至乙卯(955)，凡二十年”撰作此书(见晁公武《郡斋读书志》)。则此书为入宋以前所作，全部收入《太平广记》。此书大多写鬼神怪异和因果报应故事。

② 斗斛：两种量器。亦泛指量器。十斗曰斛。《庄子·胠箧》：“为之斗斛以量之，则并与斗斛而窃之。”汉赵晔《吴越春秋·越王无余外传》：“调权衡，平斗斛。”

诚祷灵应

临江军惠历寺,初造轮藏。僧限千钱则转一匝。有营妓丧夫,极贫,念欲转藏,以资冥福,累月求施,终不满千。贫不自存,且嫁有日矣。乃携所聚钱,一掷藏前,号泣拜地,藏轮自转[①]。《括异志》

《唐书》:乾元中,李辅国奏内飞龙厩铸铜钟,乃投乾元钱二文于炉中。祈曰:如圣躬万福,国祚无疆,凶孽殄除,则愿不消不烁,一阴一阳并见于外。钟成,一如所祈。

① 原文还有"阖寺骇异,自是不复限数云"一句。

明躬第十一上

淮南子曰：舜藏千金于崭岩之山，以塞淫邪之路。

汉文帝时，有献千里马者。帝诏曰：鸾旗在前，属车在后，吉行日五十里，师行日三十里[①]。朕乘千里马，独先安之，朕不受献也，其令四方无求来献。欲作露台，召匠计之，值百金。上曰：百金，中人十家之产。吾奉先帝宫室，尝恐羞之，何以台为？[②]

顺帝永建四年，诏曰：海内颇有灾异，朝廷修政，大官[③]减膳，珍玩不御。而桂阳太守文砻，不惟竭忠，宣畅本朝，而远献大珠以求幸媚。令封以还之。

五代周太祖命王峻疏四方，贡献珍美食物。下诏悉罢之。诏略曰：所奉止于朕躬所害，被于甿庶[④]。又曰：积于有司之中，甚为无用之物。靖难节度使侯章献买宴[⑤]绢千匹，银五百两，帝不受。曰：诸侯入觐天子，宜有宴犒，岂待买耶？自今如此，比者皆不受。盖五代时，不特方镇入朝买宴。唐明宗天成二年三月，幸会节，群臣买宴，则唐朝之

---

① 好天气一日行五十里，坏天气一日行三十里。

② 语出《资治通鉴》卷15。颜师古注：中，谓不富不贫。

③ 语出《后汉书》卷6。大官，应为“太官”。

④ 甿庶：百姓。《南史·循吏传序》：“自此方内晏安，甿庶蕃息。”《新唐书·张九龄传》：“甿庶，国家之本。”宋王谠《唐语林·政事上》：“灾厉流行，甿庶焦灼。”清方苞《周官办伪二》：“每见甿庶之家，嫠者改适，猜衅丛生，变诈百出，由是而成狱讼者十四三焉。”

⑤ 封建时代臣下献钱财以参与国君所设的宴会。节度使侯章一次向朝廷贡献买宴绢一千匹、银五百两。

臣亦买宴矣，至是始革其陋。时有言营田有肥饶者[1]，不若鬻之，可得钱数十万缗，以资国。帝曰：利在于民，犹在国也。朕用此钱何为？

宋太祖诏，自今长春节，及他庆贺，不得辄有贡献。

真宗时，内侍裴愈因事至交州，俾其进龙花蕊[2]。帝怒，黜愈。

神宗以诸州贡物耗蠹民力，诏罢之。

孝宗诏，诸路或假贡奉为名，渔夺民利。果实则封闭园林，海错[3]则疆夺商贩，至禽兽、昆虫、珍味之属，则抑配人户，致使所在居民以土产之物为苦。仰州军条具土产合贡之物，闻于朝，当议参酌天地、宗庙[4]合用荐献。及德寿宫甘旨之奉，止许长吏[5]修贡，余一切并罢。州郡因缘多取，以违制坐之。

唐太宗贞观初，侍御史权万纪言，宣、饶二州银矿发采之，岁可得数百万缗。帝曰：朕之听乏者，非财也，但恨无嘉言，可以利民耳。多得数百万缗，何如得一贤才？卿未尝进一贤，退一不肖，而专言税银之利。昔尧、舜抵璧投珠[6]，桓灵乃聚敛为私藏。卿欲桓灵我耶？是日，黜万纪还家。

德宗诏曰：邕州所奏金坑，诚为润国。语人于利，非朕素怀方，以不贪为宝，惟德是宝。岂尚兹难得之货？生其可欲之心耶？其金坑任人采劚。官不得占。《唐书》

---

①《日知录》为“或言营田有肥饶者”。

②《续资政通鉴》：愈前监广州纲，遇交州使，因言：“龙花蕊难得之物，宜以充贡。”安南贡物，用于配药。

③《书·禹贡》：“厥贡盐絺，海物惟错。”孔传：“错杂非一种。”后因称各种海味为海错。南朝梁沈约《究竟悲慈论》：“秋禽夏卵，比之如浮云；山毛海错，事同于腐鼠。”宋杨万里《毗陵郡斋追怀乡味》诗：“江珍海错各自奇，冬裘何曾羡夏絺！”清孔尚任《桃花扇·访翠》：“赴会之日，各携一副盒儿，都是鲜物异品，有海错、江瑶、玉液浆。”

④《文献通考》中还有“陵寝”。

⑤《汉书·百官公卿表》记载：“秩四百石至二百石，是为长吏。”

⑥抵璧投珠：抵璧于山林，投珠于渊谷。也作“捐金抵璧”。其意为抛弃黄金，丢掉璧玉，以喻不看重金银财宝。“上智不贵难得之财，故唐虞捐金而抵璧。”（晋葛洪《抱朴子·安贫》）

后魏孝明帝开恒州银山之禁，与民共之。

宋太祖开宝三年，诏曰：古者不贵难得之货，后代赋及山泽。上加侵削，下益刓敝[①]。每念兹事，深疚于怀，未能捐金于山，岂忍夺人之利？自今桂阳监岁输银课，宜减三分。

太宗至道二年有司，言凤州山内出铜汁，定州诸山出银矿，请置官署，掌其事。上曰：地不爱宝，当与众庶共之，不许。真宗作宽财论赐李士衡。以上皆仁主。

子产死，家无余财。子不能葬，国人哀之。丈夫舍玦佩，妇人舍珠玉，以赎之。金宝盈溢，其子不受，自负土葬于邢山。国人悉辇以沉之河，因名金水。至今水上时有金气。《贾子说林》

伍员亡荆，急求之[②]。因如吴，至江上，欲涉。见一丈人，刺小船，方将渔，从而诣焉。丈人渡之，绝江，问其名族，则不肯告。解其剑以与丈人，曰：此千金之剑也，愿献之丈人。丈人不肯受，曰：荆国之法，得伍员者，爵执圭[③]，禄万担，金千镒。今我何以子之千金剑为乎？伍员过于吴，使人求之江上，则不能得也。每食必祭之，祝曰：江上之丈人。

《韩诗外传》[④]云：延陵季子游于齐，见遗金于路，呼牧者取之。牧者曰：何子居之高而视之下也。类君子而言之野也。有君不臣，有友

① 刓敝：凋敝。唐柳宗元《愈膏肓疾赋》："余能理亡国之刓弊，愈膏肓之患难。"

② 是"荆"急求之。其过程是：荆急求之，登太行而望郑曰："盖是国也，地险而民多知；其主，俗主也，不足与举。"去郑而之许，见许公而问所之。许公不应，东南向而唾。伍员再拜受赐，曰："吾知所之矣。"因如吴。见《吕氏春秋·异宝》《吕氏春秋·异宝》。

③ 执圭：春秋时楚国爵位名。以圭赐给功臣，并以圭区分爵位等给，使持圭朝见，因称执圭。《吕氏春秋·知分》："荆王闻之，仕之执圭。"《淮南子·道应训》："列田百顷，而封之执圭。"注："楚爵，功臣赐以圭，谓之执圭，比附庸。"《论语·乡党》："执圭，鞠弓如也，如不胜。"《战国策·韩策三》："申不害与昭厘侯执圭而见梁君。后世转喻仕宦。"参见：李伟民．法学辞海．2[M]．北京：蓝天出版社，1998：1 042．

④ 这部书据传汉代韩婴所撰。韩婴是当时著名的儒学学者，据《汉书·艺文志》载，其著作有《韩故》《韩内传》《韩外传》《韩说》及《韩氏易》等。

不友，当暑衣裘，吾岂取金者乎？季子知其贤，请问姓名。牧者曰：子皮相之士，何足语姓氏哉？又别纪载，披裘公常夏月披裘负薪，延陵季子时憩亭中，见地有遗金，谓之曰：披裘者曷取彼金，不渝于负薪乎？公笑曰：五月披裘负薪，岂拾金者耶？季子将叩其姓名，不答而去。盖一事而纪者异也。燕昭王置千金于台上，以延天下之士，谓之黄金台。

《韩诗外传》云：田子持百金以奉母。母曰：不义之物不入于馆。田子惭而出。

楚襄王遣使持金千斤聘庄子，欲以为相。庄子固辞不许。鲁仲连说赵解围平原君，欲以千金为鲁连寿。连笑曰：所贵乎天下士者，为人释难解纷，若有所取，乃商贾之事。连不忍为也。

孟尝君相齐，食客三千人。邑入不足以奉，使人出钱①于薛。贷钱者，多不能举息焉。冯欢行至薛，召取钱者皆会，得息十万②。乃多酿酒，置肥牛，召诸取钱者，能举息者皆来，不能举息者亦来。能举息者

---

① 出钱：高利贷。《史记》中对此还有一段冯欢对孟尝君解释其对欠债的处理：孟尝君闻冯欢烧券书，怒而使使召欢。欢至，孟尝君曰："文食客三千人，故贷钱于薛。文奉邑少，而民尚多不以时与其息，客食恐不足，故请先生收责之。闻先生得钱，即以多具牛酒而烧券书，何？"冯欢曰："然。不多具牛酒即不能毕会，无以知其有余不足。有余者，为要期。不足者，虽守而责之十年，息愈多，急，即以逃亡自捐之。若急，终无以偿，上则为君好利不爱士民，下则有离上抵负之名，非所以厉士民彰君声也。焚无用虚债之券，捐不可得之虚计，令薛民亲君而彰君之善声也，君有何疑焉！"孟尝君乃拊手而谢之。

② "得息十万"一般解释为收到利息十万钱。有人臆想式增加一句解释，十万钱只是已收回部分，还有大量利息尚未收回。会，此处应该是会计的会之意，应是统计应缴的利息。"得息十万"是根据债券统计出来的应缴利息。此时，尚未催缴利息。《战国策》对此事叙述虽简略，却更能反映此时高利贷的情形。据《战国策·齐策四·齐人有冯谖者章》记载，"孟尝君出记，问门下诸客：'谁习计会，能为文收责于薛者乎？'冯谖署曰：'能'。……于是，约车治装，载券契(古代债券，分为两半，有齿，借贷双方各执其一，齿合为凭)而行，辞曰：'责毕收，以何市而反？'孟尝君日：'视吾家所寡有者。'驱而之薛，使吏召诸民当偿者，悉来合券，券合，起，矫命以责赐诸民，因烧其券，民称万岁。长驱到齐，晨而求见。……曰：'君云：视吾家所寡有者。臣窃计，君宫中积珍宝，狗马实外底，美人充下陈，君家所寡有者以义耳！窃以为君市义。"该处之意，冯谖是销毁了所有债券。《史记》所载，未言"要期"多少，"燔券"多少。据此推测，息钱十万，可能只是虚数，并非确数。

为期，不能者取其券而焚之。曰：孟尝君贷者，为民之无者以为本业也。所以求息，为无以奉客也。今富给者以要期[①]，贫者燔[②]券书以捐之。有君如此，岂可负哉？

列子曰：卫端木叔子贡，世子也。藉先资累千金。年六十弃家散库，一年而尽，不为子孙留财产。及病，无药石之储，死无葬埋之所。受施者相与反子孙之财。

魏文侯御廪灾。文侯素服避正殿五日。群臣素服而吊。公子成父独不吊。文侯复殿。公子成父趋而人贺曰：甚大善矣。夫御廪之灾也。文侯作色不悦，曰：夫御廪者，寡人宝之所藏也。今火灾寡人避殿，群臣皆吊子，不吊犹入贺，何也？公子成父曰：臣闻之天子藏于四海，诸侯藏于境内，大夫藏于其家，负人藏于箧椟，非其所藏者，不有天灾必有人患。今幸无人患，乃有天灾，不亦善乎？文侯喟然叹曰：善。

乐羊子出学，其妻贞仪截发供其费。后羊庶子得遗金一饼，以与妻。贞仪曰：妾闻君子不以利污行。羊子惭而去之。《列女传》

汉朱邑[③]为桐乡[④]啬夫[⑤]，未尝笞辱人，存问耆老孤寡，遇之右恩，鄙民爱敬焉。累迁北海太守，以治行第一，入为大司农。性公直不可干，以私居处俭约，禄赐以共九族乡党，家无余财。此无治绩可称。疾病时，属其子曰：桐乡民爱我，必葬其处。子孙奉我不如桐乡民也。子从之，民果共起家立祠祭祀，愈久不绝。才是真祠宇。天子悯其贫，赐邑

① 要期：约期。

②《说文》：燔，爇也。从火，番声。与焚略同。

③ 朱邑（？一前61），字仲卿，庐江舒县（今安徽庐江）人，西汉官员。朱邑墓位于安徽省桐城县城西南9公里处（今属范岗镇朱公村）。汉宣帝时，朱邑任桐乡（今安徽桐城）啬夫，继为朝廷大司农，死后葬于此。唐元和八年（813），重修朱邑墓，所立之碑的碑文是著名书法家李邕所写。明代桐城主簿夏仲寅又在朱邑墓旁建“朱大司农祠”，以纪念这位爱民惜民的先贤。明末桐城诗人方文《朱司农墓》诗云：“汉朝陵墓有谁存？丞相通侯不足论。底事啬夫茔尚在，年年父老荐鸡豚。”

④ 桐乡：舒城县桐乡（今安徽桐城）。

⑤ 啬夫：掌管一乡的诉讼和赋税等事务。

子金百斤,以奉祭祀。亦有贪吏之真矣。

尹翁归[①]为东海太守,过辞廷尉于定国。定国东海人欲托其邑,子令坐后堂待见之,与翁归语半日,不敢言。既去,谓之曰:此不可干以私,既治东海,明察甚,吏民贤不肖及黠吏、豪民、奸邪,主名尽知之。县各有记,籍听其政。及出行,县辄披籍收取,即豪猾莫能以势力,变诈自解脱。以一警百吏,民恐惧,皆改行自新。以高第入守右扶风,选用廉平疾恶吏为右职,接待以礼,好恶与同。其负翁归,罚亦必行。盗贼发,辄召县长吏,告以奸黠主名,教使推迹,扶风大治。虽任刑,然清洁自守,语不及私。又温良谦退,不以行能骄人,家无余财。天子贤之,赐其子黄金百斤,以奉祭祀。夫知贤不肖,吏治之先务。子贱宰单父[②],只父事兄事数人,便足弹琴而理。后世不知,急人自屈其力,或过信之,或过疑之,或过昵之,又或过慢之,哄然一堂,竞者争至,恬者远迹。一有隐微,事机重大,功罪黑白莫分,只恣喜怒,求其如翁归之综核,不可得矣。况有举一风百,使枉者直之化乎[③]。

汉世如卓茂[④]、鲁恭之治密县、中牟,直觉唐虞三代,犹在人耳目。龚遂黄霸,亦皆以务农,节用劝课,循劳为急,未有不先教化者。然史皆不著其廉名,古今岂有不廉洁,而能行教化者乎?胪其治行,则廉洁

---

① 尹翁归(? —前62),字子兄,西汉河东平阳(今山西临汾西南)人,后迁至杜陵(今陕西西安市东南人习文法,先后任缑氏令、都内令、弘农都尉、东海大守,后以高第守右扶风。任郡守时,以惩治黠吏豪滑为己任,所到豪民不敢犯禁,皆大治;尹翁归为政任刑,从不以能力骄人,为官公正廉洁,清正自守,在公卿之间语不及私。死后家无余财。

② 姓宓,名不齐,字子贱。春秋鲁国人,孔子弟子,鲁哀公时任单父宰,为政三年,单父大治。《史记》中说:"子产治郑,民不能欺,子贱治单父,民不忍欺,西门豹治邺,民不敢欺。"宓子贱治单,善于用人,功绩卓著,为后人传颂。

③《从政遗规》在记录此事后,有这样的评论:是在循良者,精思而行之耳。以精明体察民情。故不伤于苛刻。适足广其化理。《从政遗规》,清陈宏谋著。该书成书于乾隆年间。李世熊所引的这段文字,应出自早于此书的著作。《汉书》即有尹翁归的记载。

④ 卓茂(? —28),字子康,南阳郡宛县人。汉朝大臣,云台三十二将之一。卓茂曾任密县县令。在任密县县令时政绩突出,百姓爱戴,官吏信服。王莽执政时,升任京部丞。王莽篡汉时,卓茂称病辞官回乡。

可知矣。

第五伦[①]少介，然义行久官不达。建武初为京兆，市掾[②]每见诏书，曰：此圣主也。吾行且遇时，众皆笑之。补淮阳国医工长，从王朝京师得见帝，问政事，称旨。明日特召入，日亲有言其挞。妇翁及不过从兄饭不可逃。帝问伦，伦曰：臣三娶皆孤女，少遭饥乱，实不过人饭。帝大悦，拜会稽太守，禁淫祀屠牛，自斩刍饲马，妻躬执爨。每受俸裁留一月粮，余悉贱贡与民之贫困者。坐法逮老稚，攀吁不得去。伦伪止亭舍，阴乘船去。众诣廷尉上书守阙，讼者千余人。得释后，守蜀郡吏有鲜车怒马者，皆罢遣，更选孤贫志行之人。处蜀政清平，所任吏多至九卿。事肃宗为司空在位，以贞白称，虽天性峭直，然疾俗吏苛刻，论议常依宽厚。或问伦有私乎？曰：昔有与吾千里马者，虽不受，然辟选时终不忘，但卒不用也。兄子病，一夜十往，退而安寝。子有疾，虽不就视，而竟夕不眠。其自检如此，则可谓真克已者矣。寿八十余，子颉、曾孙种皆显官。

孔奋于窦融在河西时，为姑臧长地[③]，通羌胡合市，称殷富[④]。奋终

---

① 第五伦（生卒年不详），字伯鱼。京兆长陵（今陕西咸阳）人。东汉时期大臣。祖先是战国时齐国的田氏。田氏在西汉初迁徙至皇帝陵园的很多，所以以迁徙的次序作为姓氏。于新朝王莽时为郡吏，又为乡啬夫。因不满自己仕途难进，便改姓名为王伯齐（袁宏《后汉纪》作“王伯春”），久居河东，号为道士。东汉建武（25—56）年间，第五伦被京兆尹阎兴召为主簿，负责监督铸钱，领长安市场。后被举为孝廉，候补淮阳国医工长，但没有到任。追拜会稽太守。永平年间，任蜀郡太守。永平十八年（75），接替牟融任司空，为三公正直无畏、不惧权贵。晚年屡求辞职，于元和三年（86）逊位，数年后去世，享年80余岁。

② 市掾：官名。战国齐置。掌市场交易的小吏。汉诸郡国县亦沿置，职主市政治安及校定度量衡，监督物价诸事。魏晋以下沿置，隋以后无。参见：傅立民，贺名仑.中国商业文化大辞典[M].北京：中国发展出版社，1994：808.

③ 似衍“在”字。姑臧，地名。孔奋，东汉人。

④ 姑臧（今甘肃武威）因是东汉与羌胡“合市”的中心，而有“富邑”之称。《后汉书·孔奋传》云：“窦融据河西时，奋为姑臧长，时天下扰乱，惟河西独安。而姑臧稍为富邑，通货羌胡，市日四合。”注：“古者为市，一日三合……今既人货殷繁，故一日四合也。”参见：李剑农.中国古代经济史稿.第1卷 先秦两汉部分[M].武汉：武汉大学出版社，2005：219.

身不变也。事母孝奉养极珍，而躬率妻子茹菜淡泊[①]。太守梁统不敢以官属遇之。陇蜀平河西守令入朝，舟毂竞川泽，惟奋单车就道。吏民羌胡共赋财物千万计，遁送百里，一无所受。帝奖叹殊甚，拜武都太守。郡中清平。

田叔为相二年，归休得金百镒，奉其母。母曰：安得此金？对曰：所受俸禄也。母曰：为相三年，不食乎？治官如此，非吾所欲也。叔愧，走造朝还金，请就狱。王贤其母，舍叔罪，令复相，以金归其母。《韩诗外传》

杨震[②]孤贫好学，学者所称关西孔子者也。不答州郡礼命数十年，人谓之晚暮，而震志益笃焉。大将军邓骘举之，累刺史郡守。道经昌邑，门生王密怀金十斤夜饷之。震曰：故人知君，君不知故人，何也。密曰：暮夜无知者。震曰：天知，神知，子知，我知，何谓无知？密愧而出。密即震所举孝廉也，时为昌邑令。当时孝廉样套，亦可识矣。震性公，廉子孙常蔬食步行，故旧或劝令开产业。震曰：使后世称清白吏，子孙以此遗之，不亦厚乎？官太尉，以直道不容贬死。后帝思其忠，改葬祠，以中牢有大鸟，高丈余，集坟前，俯仰鸣咽，毕始飞去。诏震二子为郎，赐钱百万，子孙秉赐，彪名震海内，四世为三公。

张奂，字然明。和帝时为安定都尉。匈奴七千人寇边，东羌应之。奂勒兵仅二百人。遣使招羌与共击匈奴。破之，羌感奂威信，遗良马二十匹，金镰[③]八枚。奂受之，而召主簿于诸羌前，以酒酹地，曰：使马

①《后汉书·孔奋传》："躬率妻子，同甘菜茹。"

② 杨震(？—124)，字伯起。弘农华阴(今陕西华阴东)人。东汉时期名臣。从其父杨宝研习《欧阳尚书》，师从于太常桓郁。他通晓经籍、博览群书，被众儒生称赞为："关西孔子杨伯起。"不应州郡礼命数十年，至五十岁时，才开始步入仕途。被大将军邓骘征辟，又举茂才，历荆州刺史、东莱太守。元初四年(117)，入朝为太仆，迁太常。永宁元年(120)，升为司徒。延光二年(123)，代刘恺为太尉。任内因正直不屈权贵，又屡次上疏直言时政之弊，为中常侍樊丰等所忌恨。延光三年(124)，被罢免。又被遣返回乡，途中饮鸩而卒。顺帝继位，下诏平反。

③ 镰，音渠。食器名。未详形制。另，古代的一种乐器，夹置钟旁，为猛兽形，本为木制，后改用铜铸。梓庆削木为镰，镰成，见者惊犹鬼神。见《庄子·达生》。

如羊，不以入厩。使金如粟，不以入怀。悉还之。羌虽贪而好吏，清前入都尉，率好货为患苦。及奂正身洁己，威化大行。迁中郎将，拜武威太守，再迁度辽将军。幽、并消静[①]。奂去辄复反，奂来辄相率来降。转太常先后十腰银艾[②]。卒年七十八，武威世祀不绝。子芝善草书，为名臣。

田豫[③]为并州刺史。鲜卑素利等数来客见，多以牛马遗豫。豫转送官。胡以为前所与豫物显露，不如持金，乃密怀金三十斤。谓豫曰：愿避左右，我欲有所道。豫从之，胡因跪曰：我见公贫，故前后遗公牛马，公辄送官。今密以此上公，可以为家资。豫张袖受之，答其厚意。胡去之后，皆悉付外，具状以闻。于是，诏褒之曰：昔魏绛开怀以纳戎[④]，今卿举袖以受狄金。朕甚嘉焉。乃即赐绢五百匹，豫得赐，分其半，藏小府。后胡复来，以半与之。及豫罢官，归居魏县。会汝南遣健步诣征北，感豫宿恩，过拜之。豫为杀鸡炊，忝送诣至陌头。谓之曰：罢老苦，汝来过，无能有益，若何健步，悯其贫羸，流涕而去，还为故吏民说之。汝南为具资数千匹，遣人饷豫。豫一不受。会病亡，戒其妻子曰：葬我必于西门豹边。妻子难之。言：西门豹[⑤]古之神人，那可葬于其边乎？豫言：豹所履行与我敌等耳，使死而有灵，必与我善。妻子从之。

---

① 《后汉书》有“数载间”。若加上此三字，可能意思表达很清晰。此类问题在此书中颇多。李世熊的摘抄时，有时过于简略。若不核对原文出处，常常有难理解之处。

② 东汉的郡太守，其品秩属于二千石这一级；而这一级的官员都给予银质官印和青绿色的系印丝绳，习称“银印青绶”。银印青绶，又简称“银青”。当时系在银质宫印上的青绶，系用艾草汁染成，故而“银青”又有“银艾”的别称。明方以智《印章考》：银艾，谓银印艾绶也。张奂曰：“吾十腰银艾，银即印，艾即绶，亦非定指绿绶也。”参见：李毅峰，张万夫，郭学是.中国篆刻大辞典[M].郑州：河南美术出版社，1997：257.

③ 《三国志·魏书·田豫传》：（田豫）屡乞逊位，太傅司马宣王（司马懿）以为豫克壮，书喻未听。豫答书曰：“年过七十而以居位，譬犹钟鸣漏尽而夜行不休，是罪人也。”遂固称疾笃。

④ 魏绛，即魏庄子。春秋时晋国大夫。曾受戎族“庸豹之皮”，力主与戎族和好，为晋悼公采纳。

⑤ “西门豹治邺，民不敢欺。故西门豹为邺令，名闻天下，泽流后世，无绝已时，几可谓非贤大夫哉!”田豫很自信地将自己比作西门豹。

汝南闻其死也，悲之，既为画像，又就为立碑铭。《三国志注》

孟尝为合浦[①]太守。郡俗旧采珠以易米，时二千石贪秽，使人采珠，积以自入。珠忽徙去，合浦无珠饥，死者盈路。孟尝化行，一年之间去珠，复还珠，岂有知物哉？避贪就廉，感化如此。及被召吏，民攀车不得进，乃附商人船夜遁去[②]。

种暠[③]，字景伯。父为定陶令，积财三千万。父卒，暠悉散之。始为县门下吏。时王谌，名知人，河南尹田歆甥也。一日，歆谓谌曰：令当举六孝廉[④]，而贵戚多书命。吾欲自用一名士报国，尔助我求之。明日谌送客大阳[⑤]，遥见暠，异之。还白歆曰：得孝廉矣。即洛阳门下吏。歆曰：当得之山泽，乃近洛阳吏耶？谌曰：山泽不必有异人，异人不必皆山泽。歆即召暠咨之，果奇士。《后汉书》

吴佑，字季英。父恢为南海太守。佑时年仅十二，随之任。恢欲杀青简以写经书。佑谏曰：五岭旧多珍怪，上为国家所疑，下为权戚所望。此书若成，必载之兼两。昔马援以薏苡兴谤[⑥]，王阳以衣囊邀名[⑦]，嫌疑之间，先贤所慎。恢乃抚其背曰：吾家世不乏季子，及年二十，丧父居贫。尝牧豕泽中，行吟经籍洎如也。后举孝廉，有公沙穆者来

---

① 合浦，位于今广西南端，北部湾东北岸。合浦郡沿海，不产谷物，盛产珍珠。

② 此即"合浦珠还"故事。"合浦珠还"故事诉说着古代北部湾珠人的疾苦，反映对美好生活的渴求和对清明政治的期盼。

③ "暠"：古通"皓"。

④ 孝廉：汉代选拔官吏的科目之一，由荐举产生。

⑤ 疑漏"郭"。杨宽先生认为，东汉的洛阳城已经有了外郭城，北魏的外郭城就是在其基础上修建的。东汉时期，作为洛阳郊外送客的场所，有一个"大阳郭"，那里设置了"门下吏"。参见：杨宽．中国古代都城制度史研究[M]．上海：上海古籍出版社，1993：133-158.

⑥ 薏苡：多年生草本植物，果实可供食用酿酒，并入药。薏米被进谗的人说成了明珠。比喻被人诬谄，蒙受冤屈。

⑦《汉书·艺文志》云："传齐论者，昌邑中尉王吉、少府宋畸、御史大夫贡禹、尚书令五鹿充宗、胶东庸生，唯王阳名家。"颜师古注云："王吉字子阳，故谓之王阳。"《汉书·王吉传》云：吉"好车马衣服，其自奉养极为鲜明，而亡金银锦绣之物。及迁徙去处，所载不过囊衣，不畜积余财。去位家居，亦布衣疏食。天下服其廉而怪其奢，故俗传'王阳能作黄金'。"

游。太学乏资斧，变服客佣为佑赁，春佑与语，大惊，遂定交于杵臼之侧。佑尝为酒泉太守，政尚仁简，吏民不忍欺之。有啬夫孙性者私赋民钱，市衣以造其父[①]。父怒曰：有君如是而子欺之耶？促归伏罪，性惭惧，持衣诣阁自陈。佑问故，性具白其父言。佑曰：椽以亲故，受秽名。吾观过知仁矣[②]。令归谢父，还以衣遗之。《后汉书》

东汉砀秉，字叔节，官太尉。每朝廷有得失，辄尽忠规谏，上多改容纳焉。历豫、荆、徐、兖四州刺史，计日受俸，余禄不入私门，性不饮酒。早丧夫人，不复娶。尝曰：我有三不惑，酒色财也。

【按】秉震中子。秉子赐东汉巴祇，字敬祖，为扬州刺史。在官不迎妻子，不燃官烛，独居暗室。尝与客饮，暮不设烛。杜祈公在官亦不燃官烛。

刘宠，字荣祖，为会稽太守。宠简除烦苛，禁非法，郡中大治。桓帝延熹中征乌，将作大匠[③]。将行，山阴县有五六老叟，庬[④]眉皓发，从若邪山谷间出，人赍百钱送宠。宠劳之。对曰：他时守吏发求民间，至夜不绝。自明府下车，犬不夜吠，民不识吏。岑熙为文阳守人，亦歌之曰：吠狗无惊，足下生犛。年老遭值圣明，今闻当见弃去，故自扶奉送耳。宠曰：吾政何能及公言耶！勤苦父老！为人选一大钱，受之。又梁东阳内史谢谖以廉著。及还五官，送钱一万，只留一百。答曰：数多。刘宠更以为丑。《后汉书》《北史》

光武尝召见诸郡计吏。樊显进曰：渔阳太守张堪，昔在蜀仁以惠

① 《续汉书》曰："赋钱五百，为父市单衣。"

② 原文为"所谓'观过，斯知人矣'"。出自《论语》："子曰：人之过也，各于其党。观过，斯知仁矣。"南怀瑾《论语别裁》的解释是："一个人会有过错，往往都是社会关系的因果。……看看人家的过错，可以引发（自身）仁的修养。"意为察看一个人所犯过错的性质，就可以了解他的为人。

③ 将作大匠：官名，掌管宫室、宗庙、陵寝及其他土木营建。

④ 庬：花白眉毛，形容人的老态。

下，威能讨奸。前公孙述破时，珍宝山积，卷握[①]之物足富十世。而堪去职之日，乘折辕车，布被囊而已。上闻之，叹息。《东观汉记》[②]

后汉羊续为南阳太守，府丞侯俭贡鲤。受而悬之一岁，俭复致一枚，续乃出所悬枯鱼示之，以杜其意。梁传昭为安成内史，郡溪无鱼。或有暑月送昭鱼者。昭既不纳，又不欲拒，遂馁[③]于门侧。

汉杨恽[④]，字子幼。初受父财五百万。及身封侯，皆以分宗族。后母无子，财亦数百万，死皆与恽。恽复尽分。后母昆弟，不忍自私。

卜式以田畜为事。有弟既壮，式乃脱身出，独取羊百余口，田宅财物皆与弟。式入山牧羊，十余年得羊千余头，置买田宅。而弟尽破其产，复分与弟。《汉史》

许武，阳羡人。明帝时，太守第五伦举武孝廉，仕通显，而二弟晏、普未达。欲令弟成名，乃请别居剖财为三，自取肥田、广宅、奴婢强者、而推其薄劣者与二弟。时乡人皆称二弟克让，而鄙武贪婪。晏、普竟用是名显，并得选举。久之，武乃会宗亲。告之曰：吾为兄不肖，盗声窃位，二弟年长，未与荣禄，所以向求得分财，自取大，讥为二地弟耳。今吾意已遂，其悉均前产。遂出所赢，尽推二弟。后许荆以循吏，着即武孙也。《后汉书》

泛固推家财百万与寡弟妇，二百万与孤兄子，于是三府竞辟，皆不就。薛包与弟分财，奴婢引其老者，曰：我与共事久，若不能使也。田庐取其荒顿者。曰：吾少时所理，意所恋也。器物取其朽败者。曰：吾

① 李贤注："卷握，犹掌握也。谓珠玉之类也。"

②《东观汉记》：记载东汉光武帝至汉灵帝一段历史的纪传体史书。因官府于东观设馆修史而得名。

③ 馁：鱼腐烂。

④ 杨恽（？—前45），西汉政治家。字子幼，华阴（今属陕西）人。宣帝时曾任左曹，后因告发霍氏（霍光子孙）谋反有功，封平通侯，迁中郎将。神爵元年（前61）升为诸吏光禄勋，位列九卿。其父杨敞曾两任汉宣帝时丞相，其母司马英是司马迁的女儿。

素所服食，身口所安也[①]。韦敻[②]至延州见弟孝宽，孝宽以所乘马及辔勒与之。敻恶其华饰，心弗欲之。笑谓其弟曰：昔人不弃遗簪坠履，恶与之同出，不与之同归也，卒乘旧马而归。包与敻寓意虽不同，而婉委清让，何其深至乎？

东汉梁商常曰：多藏厚亡[③]，为子孙累。所得俸钱及两宫赏赐，便置中门外，未尝入藏，悉分与昆弟。中外年凶谷贵，多有饥者。辄令苍头以牛致米及盐菜钱，于四城门外乞贫民，不告以姓名。

马援少孤，因处田牧，至有牛马数千头，谷米万斛。叹曰：凡殖货财，贵能施赈也，否则守财虏耳。尽散以颁昆弟故旧，而身衣布袴。祭遵[④]家无私财，身衣布袴，卧布被。夫人裳衣，不加缘饰。娄师德，贵为都督，身衣皮袴。

汉郑均，字仲虞。兄为县游，徼多受礼遗，均数谏止。不听，均即脱身出。作岁余，得数万钱，尽以与兄，曰：钱尽可复得，为吏坐赃。终身捐弃，兄感其语，遂以廉洁称。

---

① 薛包之事见《资治通鉴》卷五十汉纪四十二安帝建光元年。"与弟分财"应为"与弟子分财"。弟子，侄儿之意。汝南人薛包，在少年时就有卓绝的品行。薛包的父亲娶了继母之后，便厌恶薛包，让他分出去另立门户。薛包日夜号哭，不肯离开，以致遭到殴打，不得已，就在房舍之外搭起一个小屋居住，早晨便回家洒扫庭院。父亲很生气，再次把他赶走，他就把小屋搭在乡里大门的旁边，每天早晚按时回家探视父母，从不间断。过了一年多，父母深感惭愧而让他回家。等到父母都去世了，薛包的侄儿要求分割家产并搬到别处居住，薛包没能阻止，便将家产平分。此处所述为其在分家之事上谦让之举。参见：洪波，姚琮．史逸——通鉴沉思录[M].北京：北京联合出版公司，2014:47.

② 韦敻，字敬远，北周杜陵人，性情质朴恬淡。《隋书》韦世康传称：父敻，隐居不仕，魏、周二代，十征不出，号为"逍遥公"。其未满20岁，即被征召入官。他称病不赴，隐居林下。

③ 多藏厚亡，出自《老子》："是故甚爱必大费，多藏必厚亡。"过份的贪求物质与名利欲望的人，必定要劳心劳力，大费精神，结果失去越大。

④ 祭遵（？—33），字弟孙，汉族，颍川颍阳（今河南许昌）人。祭遵少爱读书，后为县吏，投奔刘秀后，平定渔阳，讨伐陇蜀，协助刘秀建立东汉，是东汉中兴名将，"云台二十八将"中排名第九。刘秀称帝后，任征虏将军，封颍阳侯。祭遵为人廉约小心，克己奉公。成语"克己奉公"出自《后汉书·祭遵传》："遵为人廉约小心，克己奉公，赏赐辄尽与士卒，家无私财。"

汉南人阴庆为鲖阳侯，其弟员及丹皆为郎庆，以明尚书修儒术。居第出园，奴婢、钱帛悉推与员、丹。庆但佩印绶而已，当代称之。《汉南记》

广汉汝妇者，汝敦妻也。敦以所受田地、奴婢三百余万，悉让与兄，才留园地数十亩，起舍耕作。土中得金一器，敦以示妻。妻曰：本言让先祖所有，此独非其有耶？敦曰：固无意也。俱担金送与兄嫂。《烈女传》

东汉范史云，候姊，姊饭之，以姊夫不德，留钱百文。姊使人追还丹，竟不受。又太原郝子廉曾过姊家饭，密留五十钱，置席下而去。

《三辅决录》云：安陵清者项仲山，饮马渭水，每投三钱而去[①]。又《风俗通》：颖川黄子廉，古之独行人也。每饮水，辄投钱于水。本朝陈绛曰：人生蔬食水饮常耳，独马耶？将不胜投矣。夫人淫取于万物而不贪者，水耳。水亦毕灌万物而不言谢，颖流汤汤，一钱奚选耶？有贪泉也，而投之可。又曰：水有主，以投其主。无主是输流委壑也。吾伤夫有用之物，而滞于无用也。此论亦可为矫名之贬矣。

公沙穆隐于东莱山。学者自远而至。有富人王仲致金千产，谓穆曰：方今之世，以货自通。吾奉百万与子为质，何如？对曰：来意厚矣。富贵在天，得之有命。以货求位，吾不值也。

谢承后汉书云：张载字仲宗，为广陵太守。举吴奉为孝廉。载罢，郡奉赍金为礼。不受奉，以囊盛，投载园中而去。载将金至广陵还奉。

豫章黄向，字文章，性廉洁。晨步路中，得金琪一囊，可直二百余万，求主还之。主以半谢，向委去不顾。汝南殷陶市同县张南宅掘地得钱百万，金千斤[②]，即以还南。南曰：君至德感神宝，为君出，终不肯受。陶送付县。《异苑》

---

① 饮马投钱，比喻为人廉洁，不损公肥私。有人认为此人清廉太过、思想迂腐。但这一做法，确为清官所具备的一种心底无私的傲骨。李世熊对此则表现出务实的取向，称此举为“矫名”。

② 应为“金二斤”。

东汉雷义，常济人于死罪，后以金二斤谢之。义不受，金主乃密投金于承尘而去。义后毁屋得金，访金主已死。乃将金送县，一作陈重事。

王忳，字少林，尝诣京师于空舍中，见一书生病困剧，心愍之。书生谓忳曰：吾当到洛阳而被病，命休矣。腰下有金十斤，愿以相赠，死幸埋我。未及问姓名而绝。忳即鬻一斤为营葬，余金即埋置棺下，人无知者。归数年，县署忳亭长。初至日，有马忽入亭中。其日大风，又飘一绣被堕忳前[①]。忳一日乘马到雒县，马竟奔入他舍。舍主人喜曰：今禽盗矣。问忳得马状，忳具道并及绣被之故。主人怅然曰：马破[②]同日亡去，卿岂有阴德耶？而致一物[③]，忳因说葬书生事，并道生形容。主人大惊，号曰：是吾儿也。姓金名彦，何意乃尔？大恩久不报，天以此彰卿德耳。因与俱迎彦丧，余金宛然。

陈翼，字某。到览乡，见马旁有一人病。呼曰：我长安魏少翁，闻卿庐江乐来游，今病不能前。翼迎归养之。有金十饼，素二十匹。既死，翼卖素买棺，衾以金置棺下。骑马出入后，其兄长公见马，告吏捕翼，具言棺下置金状。长公叩头谢以金十饼，投其门。翼送长安还之。《庐江七贤传》[④]

鲍宣，字子都。少时上计掾[⑤]。道遇书生，独行无伴，卒得心痛。子都下车为按摩，奄忽而亡，不知姓名，有素书一卷，银十饼。即以一饼

①《后汉书》中“县以归忳”。

②“破”应为“被”。

③“一物”应为“二物”。

④《庐江七贤记》二卷，(东汉)佚名纂，已佚。引见《汉唐地理书抄》辑本、《隋书·经籍志》二、旧《唐书·经籍志》上、新《唐书·艺文志》二、宋《太平御览经史图书纲目》、王应麟《玉海》十五、[光绪]《续修庐州府志·艺文略下》等。此书在隋唐以前影响较大，可以说是中国地方志起源时期的代表作之一。清代学者姚振宗《隋书·经籍志》考证：“七贤”当是“先贤”之误，原名应为先贤传，后散失，取见存者，辑为《庐江七贤传》。

⑤上计掾：古官职，把财政收支的簿籍向朝廷呈报的官吏。《太平御览》中在上书前还有一“举”字。意为被荐举为上计掾。

治殡殓，余银以枕之，素书着腹上。哭之，曰：若子魂灵有知，当令子家知子在此。今奉使命，不获久留，遂辞而去。见《列异记》。

《广舆记》云：宣遂乘骢马而去，夜宿关内侯家。侯问曰：安得此马？宣具陈之。惊曰：此吾儿也。即迎丧还开柩，银与书果在。侯乃荐宣辟公府。

万章，字子夏，为京兆尹门下。督从至殿中，侍中诸贵人，争欲揖章，莫与京兆尹言者。章与中书令石显相善。至成帝初，石显坐专权免官，徙归故郡，显赀巨万。当去欲以与章，章不受。宾客问其故，章曰：吾以布衣见哀于石君，石君家破不能有以安也？而受其财物，此为石氏之祸。万氏反当以为福耶？诸侯以是服而称之。《汉书》

后汉钟离意永平中为尚书。交址太守张恢坐赃征，遂伏法，以赀物入大司农。诏颁赐群臣，意得珠玑而不拜赐。帝怪，问其故，对曰：臣闻孔子忍渴于盗泉，曾参回车于胜母，恶其名也。此赃秽之物，臣不敢拜。帝叹曰：清乎，尚书之言也。乃更以钱二十万赐意。向文简公敏中判大理寺时，没入祖吉赃钱，分赐法吏。公引钟离意委珠事，独不受。

唐质肃公介倅[1]。潭州一巨贾，私藏蚌胎[2]，为关吏所搜。太守而下轻其估，悉自售焉。分珠狱发，奏方入。仁宗谓近侍曰：唐介必不肯买。案具奏覆，览之果然。三公皆不以赃物自浼者，真特立者哉。

叔孙通及其弟子为绵蕞[3]，习之野外月余。通于是长乐宫成。群臣会朝，自诸侯王以下，悉如仪，无敢哗欢失礼者。帝大悦曰：吾乃今日知为皇帝之贵也。遂拜通太常，赐金五百斤。通因进曰：诸弟子儒生随臣久矣。与臣共为仪，愿陛下官之。帝悉以为郎。通出乃尽以五百斤金赐诸生。诸生皆喜曰：叔孙先生真圣人也，

---

① 唐介(1010—1069)，字子方，江陵(今属湖北)人。北宋著名谏臣。

② 蚌胎：珍珠。古人以为蚌孕珠如人怀妊，并与月的盈亏有关，故称。语本《羽猎赋》：“方椎夜光之流离，剖明月之珠胎。”李善注：“明月珠，蚌子珠，为蚌所怀，故曰胎。”

③ 引绳为“緜”，束茅以表位为“蕞”。后因谓制订整顿朝仪典章为“绵蕞”或“绵蕝”。

吴楚反孝景，以窦婴为大将军，赐金千斤。婴陈之廊庑下，军吏过，辄令财取为用，金无入家者。《汉书》

泛腾，字无忌，举孝廉为郎中，属天下兵乱，解官归。郡守造之，杜门不见。尝曰：生逢乱世贵而能贫，乃可以免。悉散家财五十万以施宗族，柴门灌园，琴书自适。刺史张闳征为府司马[1]。谢曰：门一杜，其可开乎？

东汉樊重，字君云也。善农稼，好货殖，闭门成市。年八十余终。素所假贷人，计数百万，遗令焚削契券。债家惭，争往偿之。诸子从父敕，竟不受。

后汉尚书令符推乐施，乞人填门。常曰：天下物何常？今日富后日贫耳。一日不施则不乐。

东汉折音舌像，字伯式，其先为折侯，因氏焉。父国为郁林太守，有訾财二亿，家僮八百人。像通京氏，易好黄老言。及国卒，感多藏厚亡之义，尽散金帛资产，周施亲疏。或谓像曰：君三男二女，孙息盈前，当增益产业，何坐自殚竭乎？像曰：吾家殖财，日久盈满，道家所忌。今世将衰子又不才，不仁而富，谓之不幸。墙隙而高，其崩必疾。吾以是薄其祸也，知者服其超识。《后汉书》

东汉戴封，字平仲，有至行尝行遇盗悉，掠其财。惟余七缣盗不知处封，复追与之。曰知诸君乏，岂敢有爱？贼惊谢还之。又褚渊有门生盗其衣褚，见之谓曰：可密藏之，勿令人见门生，惭谢而去。

太原闵仲叔以清节著。友人周党尝遗以生蒜，受而不食。客居安邑老病，家贫不能得肉。日买猪肝一片，屠者或不肯与。安邑令闻之，敕吏给焉。仲叔怪，问之，叹曰：闵仲叔岂能以口腹累安邑？径去，客于沛。《后汉书》

严遵卖卜，成都市富人罗冲劝其仕，为具车马衣服。遵曰：吾病耳，非不足也。我有余而子不足，奈何以不足奉有余？冲曰：吾有万金，子无担石，乃云有余，不亦谬乎？遵曰：不然，吾前宿子家，人定而

---

[1] 此处应有遗漏。张闳欲前去探访。

役未息，昼夜汲汲，未尝有足。今我以卜为业，不下床而钱自至。尚余数百，尘埃厚寸，不知所用。此为我有余而子不足也。冲大惭。遵叹曰：益我货者，损我神，生我名者，杀我身[①]。竟不仕。

杨子云作法言，蜀富贾人赍钱十万，愿载于书。子云不听，曰：夫富无仁义，犹圈中之虎，槛中之羊也，安得妄载？裴均子持万缣请韦贯之撰先铭，答曰，吾宁饿死，岂能为是？盖鄙之耳。有谓文人嬴橐金[②]，多谀墓中人得焉，宜皆背汗于贯之矣。

汉原涉，字巨先。哀帝时，父为南阳太守。卒，官为赋敛，送葬至千万以上，涉皆让还，由是名显京师。魏管宁丧父中表，愍其孤贫，咸共赠赙，悉辞不受。晋王浑为凉州刺史，卒故吏赠赙数百万，其子戎悉辞不受，由是显名。唐陆贽以丧解官，客东都诸方赠遗，一无所取，惟韦皋以布衣交。又先以闻故，所致辄称诏受之。

汉田叔为鲁相，数年以官卒。鲁以百金祠少子仁不受。曰：义不伤先人名。

赵勤字益卿，刘赐之姊子也。童幼时，即有志操赐国租，适到时勤在傍赐，指钱示勤曰：拜乞汝三十万。勤曰：拜而得钱非义所取，终不肯拜东。《观汉记》

东汉荀爽，字慈明，为三公，食不过一脱粟[③]，饭坐皮褥。又王畅为南阳太守时，以奢靡相尚，畅独用皮褥，以矫其弊。

北齐李元忠，位仪同三司[④]。孙腾、司马子如诣之，正坐树下，对壶

① 此句意为：给我钱财的人，消耗我的精神；给我名誉的人，其实是给我带来杀身之祸的人。参见：杜光庭，等.道德经集释.上册[M].北京：中国书店，2015:474.

② 橐金：囊中之金。宋叶适《詹鲁山解元以寿母求诗》："九十人稀有，追欢尽橐金。"明王世贞《觚不觚录》："而橐金如山，草芥人命者，拥冠盖扬扬闾里间矣。"清戴名世《唐允隆传》："族人有相仇害，允隆出己橐金为排解，争遂以息。"

③ 疑漏"肉"字。"不过一肉脱粟。"一肉意思是一样肉食。常指食不兼味。脱粟，糙米；只去皮壳、不加精制的米。《史记·平津侯主父列传》："食一肉脱粟之饭。"司马贞索隐："脱粟，才脱谷而已，言不精凿也。"

④ 仪同三司是官名。始于东汉，指非三公（司马、司徒、司空）而给以与三公同等的待遇。

独酌。使婢卷两褥，质酒肉。二人大叹息，饷以米绢。

宋刘恕自洛阳南归，无寒具，司马光以旧貂褥假之，固辞，强与之。至颖川悉封还留犊。事征于古有三：一为汉建安时，苗令寿春乘薄笨车。黄牸牛岁余，牛生一犊。及去，留其犊，曰：令来时本无此犊，此犊是淮南所生者也。群吏曰：六畜一识，父自当随母苗，不听好事者，至传之图画。一为晋羊佑兄子篇历官，清慎封巨平侯，有私牛于官舍产犊，及迁而留之。一是王逊为上洛太守，逊在郡，有私马生驹，私牛生犊悉，留以付郡。云是为郡所产，以还官也。寿春平生大节，不特此一事，则当时已赧缩于郡吏之言。逮元世祖闻而笑曰：彼在官生子，亦肯留否。呜呼！犊可留子，不可留是，尚为能充其值也乎？何孟春论邓攸守吴自载米，惟饮吴水充其数，吴郡岂所当仕吴水，亦当无饮清，惟畏人不知，若寿春等是也。

毛玠典选[①]，一时咸廉节自厉，虽贵宠，舆服不敢过度，至长吏垢面羸衣，军吏朝服徒行。魏武叹曰：用人如此，使天下人自治，吾复何为哉？又曰：孤之法不如毛尚书，令使吏部用心，如毛玠风俗之易不难矣。唐杨绾始同平章事，而崔中丞宽池馆台榭。即日潜毁黎京兆干骤损驺，御才留十骑，郭中令子仪在邠州行营。方大会，除书至座内音乐，顿减五分之四。他闻风靡化者，不可胜纪。公仪休为鲁相，无所变更。百官自正食禄者，不敢与下民争利。呜乎！清风之速化，如此孰谓太平不可致乎？

华歆先在江东，曹公表征之。孙权遣歆行时，宾客送者千余，赠金至数百。许歆皆无所拒，惟密各题识。至临发，乃悉聚诸物，谓诸宾客曰：本无拒诸君之心，而所受遂多，念单车远行，恐以怀璧为罪。愿诸

① 毛玠(？—216)，字孝先，陈留平丘(今河南封丘)人，年少时为县吏，以清廉公正著称。建安十八年，曹操封魏公，毛玠改任尚书仆射，再典选举。又密谏曹操应该立嫡长子曹丕为魏国太子。建安二十一年，崔琰被杀，毛玠因而十分不快。后来有人诬告毛玠，曹操大怒，将毛玠收于狱中。及后在桓阶、和洽营救下，只被免职，不久逝世于家中。曹操在他死后赐他棺材和钱帛。

君为之计，于是众乃各留所赠，而服其谊。《三国志》

郄正尝为姜维著论。曰：姜伯约据上将之重，处群臣之右，宅舍敝荡[①]，赀财无余，侧室无媵[②]，妾后庭无声乐。官给费用，随手消尽。察其所以然者，非抑情自割，以泐清厉浊也。直谓如是为足，不在多求。凡人见维，投厝无所，身死宗灭，遂多贬削，不复料擿，亦异乎春秋褒贬之义矣。如维之乐，学不倦，节约清素，自一时之仪表也。识者以为知言。《三国志》

鲁子敬家富好施。天下方乱，肃大散赀财，以赈穷困，结豪杰。时周瑜为居巢长，故将数百人过候肃，贷赀粮。肃家有米二囷[③]，各三千斛，即指一囷与瑜，绝无难色。瑜益奇之，遂与定侨札[④]之分。《三国志》

魏陈思王[⑤]《辩道论》[⑥]云：甘陵甘始[⑦]语余云：李师，姓韩，字世雅[⑧]。始尝与师于南流作金，前后数日，投金数万斤于海[⑨]。

管宁与华子鱼少相亲友，就园中锄菜，见地有片金。挥锄如故，与瓦石无异。华提而掷去。《裴启语林》

魏孟康，字公休，为宏农太守，有所。

【按】行所在自刈马草不止，传舍露宿树下。

① 此处"荡"应为"薄"。

② 媵：萎媵、腲媵，松缓、舒迟、软弱之义。

③ 囷：仓。

④ 侨札：指春秋郑国公孙侨（子产）与吴国公子季札。季札至郑，与子产一见如故，互赠缟带纻衣。事见《左传·襄公二十九年》。后因以"侨札"比喻朋友之交。

⑤ 魏陈思王：曹植的封号。

⑥《辩道论》，三国魏曹植著。反对方士们宣扬的神仙说，认为"生之必死"，并指出神仙家所说的"传说上为辰尾宿岁星，降下为东方朔；淮南王安诛于淮南，而谓之获道轻举"等皆"为虚妄甚矣"。反映了曹植的无神论倾向。收入《广弘明集》，清严可均辑入《全三国文》。参见：张岱年．中国哲学大辞典[M]．上海：海辞书出版社，2014：673.

⑦ 甘陵甘始，方术之士。魏文帝（曹丕）《典论》："甘陵甘始亦善行气，老有少容。"

⑧《太平御览》作"世雄"。《古今图书集成》也作"世雅"。

⑨《太平御览》作：前后（数）四投数万斤金于海。疑"日"应为"四"。

全琮，字子璜，父柔孙权时，为桂阳守。简默冲退，颇好积聚，常使琮赍米数千斛，至吴有所市易。琮至，皆散用，空船而返。柔大怒，琮顿首曰：愚以所市非急，而士大夫方有倒悬之患，故便赈赡，不及启报。柔更以奇之。琮仕吴，封钱塘侯。孟尝豪杰而冯驩市义，不能无介。介琮父好积聚，乃能喜子捐赀，无吝色，真贤父哉！

魏和洽为太常，清贫守分，至卖田宅以自给。明帝加赐谷帛。已上三国。

胡质为荆州太守，子威自京都来省。贫无车马僮仆，自驱驴单行。宿留十余日，告归。质赐绢一匹为赍资，威跪曰：大人清白于何得此？质曰：吾俸余，予汝耳。威受之，归旅宿，自放驴取樸。有帐下督闻威将归，先请假还家。阴负装并行，时时佐营之，又少进饮食。威疑，问知为督也，即以所赐绢谢遣之。质闻除督名[1]，其父子清慎如此。威历位宰牧。晋武帝时，召见叹其父清，谓威曰：卿清何如父威？曰：臣不如父。帝曰：何也？曰：臣父清畏人知，臣清恐人不知。威弟罴子奕，并有官阀，以洁行名世。

吴隐之，介立清操，儋石无储。执亲丧毁甚，兄得重罪隐之。诣桓温求代，免为晋陵太守。妻自负薪，累御史中丞右卫将军，赐禄皆颁亲族无遗者。刺广州山海郡州界。有一水名贪泉[2]。父老云：饮此者廉士变贪。隐之径酌饮之。赋诗曰：石门有贪泉，一歃重千金，试使夷齐饮，终当不易心。州多珍贝，一箧之富可资数世。隐之清操弥厉，归无余赀。为尚书迁太常，以竹篷为屏风。家人并日而食，晏如也[3]。尝嫁女，只牵一犬出。卖军赐禄，皆颁亲族无遗者。萧然无营，子延之为鄱阳守，延之弟皆孝弟潔敬，不替家法云。

山涛累官司徒，俭素一如寒士。鬲令袁毅贿遗朝臣，以营虚誉。尝

---

① 完整的原文是："后因他信，具以白质。质杖其都督一百，除吏名。"

② 为广州刺史，未至州二十里有水日贪泉，饮者怀无厌之欲。隐之酌而饮之，赋诗曰："古人云此水，一歃怀千金，试使夷齐饮，终当不易心。"在州清操愈厉。见《晋书·良吏传》。

③ 晏如：形容安然自若的样子。

遗山涛丝百斤。涛不欲为异受，而束之阁上。后毅败，凡受赂者皆见推检。涛取丝付吏，尘积寸许，封印如初。

晋崔洪，字良伯。为司农。身不执珠玉，口不言货财。会汝南王亮集公卿，宴以琉璃钟行酒。酒至洪，洪不执。《白氏六帖》

翟阳，字道渊，为始安守于宝，与阳通家遗阳一船。敕吏曰：翟公廉让，致书讫委船而还。阳既不及致，乃以船货之，买绢物寄还宝。宝本以为惠，而反烦之。益叹丑焉。

庾顗，字子嵩。有豪韵转军咨祭。刘舆欲构之，而无迹可间。后以其性俭家富，说东海王越令就换钱十万，冀因此可乘[①]。越于众中问顗，顗颓然已醉，帻堕几上，以头就穿取。徐答云：下官家有两千万，随公所取。越甚悦，因曰：不可以小人之虑度君子之心。夫俭者必啬，惟性俭而不汨于财，所为不可及也。

晋贺循拜太常，中宗践祚，下令曰：循水清玉洁行为俗，表位处上卿，居身服物盖身而已，屋才蔽风雨。孤常造其庐，特赐六尺床席褥，并钱二十万，以表至德。

邓攸，字伯道，为吴郡太守。载米之官不受俸禄，惟饮吴水而已。后称疾去职，郡民数千挽留，船不得进。夜中乘小舟遁去。吴人歌曰：紞如打五鼓，鸡鸣天欲曙，邓侯挽不留，谢令推不去。

阮孝绪[②]，字士宗。七岁出继，从伯胤之。胤之母周氏卒，遗财百万，应归孝绪。孝绪一无所纳，尽以归胤姊，琅琊王晏之母。闻者叹异。十余岁，随父为湘州行事，不书官纸。以成亲之清白，性至孝。既冠，见父彦，诫之曰：愿迹赤松子[③]瀛海，追许由于穹谷，庶保余生，以免

① 应为“冀其有吝，于此可乘”。

② 南朝梁目录学家。字士宗，南朝梁陈留尉氏（河南尉氏）人。撰有《七录》12卷。体例仿《七略》《七志》而自定新法。

③ 赤松子，又名赤诵子，号左圣南极南岳真人、左仙太虚真人，秦汉传说中的上古仙人。相传为神农时雨师。能入火自焚，随风雨而上下。记载其事之典籍，当以《淮南子·齐俗》为最早，继以《列仙传》而详其事。

尘累。自是屏居一室，非定省未尝出户，家贫无爨。僮仆窃邻人墓樵继火，孝绪知之，乃不食，更令拆屋而炊。所居惟竹一丛而已。《贫士传》[①]

沈道虔[②]少好老易，居县北石山下。与诸孤子弟共釜，虔以捃拾自资。同捃者争穇道，虔悉以所得与之。争者丑恧。后每事辄云：勿令居士知冬无复衣戴颙，闻而迎之，周以钱服。及还，悉供诸众无衣者。乡里少年相率受学道。虔无食以立学，徒武康令孔忻之，相与馈给。受业者始得有成道。虔年老菜食，恒无经日之储，而琴书为乐以终。

孟宗为盐鱼司马。罢职还道作两器，鲊以奉母。母曰：吾老为母，惟饮波水，何吾言之不从也？陶侃作鱼吏，以蚶鲊饷母。母返书责之曰：汝为吏，以物见饷，非惟不能益吾，反以增吾忧。晋顾协少清介，有志操。初为廷尉正，冬服单薄。寺卿蔡子度欲解襦与之，惮其清严，不敢发口。曰：顾郎难衣食者。

王修龄常在东山，甚贫乏。陶范为乌程令，以一船米遗之，却不肯取直。答云：王修龄苦饥，自当就谢仁祖索食，不须陶胡奴（范小字）米。胡奴，侃第十子也。《世说》

车胤读书于鼓楼山。一日行药，次得金于眢井中，求其主不获。因集贫民百余人于石室，分与之。至今其地有分金洞。或问殷浩曰：将莅官而梦棺，将得财而梦粪，何也？浩曰：官本臭腐，故得官而梦尸钱。本粪土，故得钱而梦秽，人以为名言。范隆为太尉，常有所荐。得美官者于阁中，以金遗隆。隆数而责之，其人曰：不知也。谨不敢泄于父兄母弟。隆曰：神已知矣，其可取耶？遂绝之。崔鸿《前赵录》，已上两晋。

蔡兴宗父廓罢豫章，归起二宅。东宅先成，以居兄轨子，兴宗宅未

---

①《贫士传》二卷，明黄姬水撰。黄姬水，字淳父，吴县人，黄省曾之侄。该书载自周至明初贫士75人。版本有《广百川学海》本、《说郛》本、《丛书集成初编》本等。

②《名贤氏族言行类稿》卷四十一："隐逸沈道虔，武康人，好老易，居县北石山精庐，州府凡十二命，皆不就。"

立，而廓亡。后轨罢长沙还，遗钱五十万补宅。兴宗时年十岁，白母曰：一家由来丰俭，必共今日。宅价不宜受。母悦而还之，轨惭谓其子谈曰：我年六十，行事不及十岁小儿。盖其识力高卓，自幼然矣。《宋书》

王昙首有识局，喜愠不形于色。兄弟分财，惟取图书，生平手不执金玉，妇女不得为玩饰。武帝尝言，此宰相才也。文帝入缵大统，昙首有佐命。功将议封昙首，曰：岂得因国之灾，以为利己，兼任两宫。彭城土义康意怏怏，昙首因乞吴郡帝曰：岂有欲建大厦而遗其栋梁。后以疾逊位，未几卒。

江湛为吏部尚书。绝饷馈，甚贫窭。一日上召之，值湛澣衣，称疾竟日，衣干始得赴。牛饿驭人求刍，湛良久曰：可与饮。《宋书》

顾觊之，吴郡人。明帝时，为本郡太守。性廉贞。中子绰财甚丰，广贷责乡里。觊之禁不能得。一日谓绰曰：我尝不许出责，定思贫薄亦不可居。民间与汝交关，有几不[①]，及我在郡，为汝督之，将来岂可得，凡诸券书何在？绰大喜，尽出诸券，一大厨觊之，乃悉烧之。即宣语远近，负三郎责，并不须还，券书悉烧矣。绰懊怅弥日。《宋书》

宋朱修之除荆州刺史，力砥清节，百城贶遗，一无所受。去镇日，计灯油盐米费六十万，悉以私钱偿之。然刻核少恩[②]，其姊饥寒绝不顾。姊为设莱羹粗饭以激之。修之曰：此是贫家好食，为饱餐而去。《南史》

谢宏微，家本贫，素而所嗣。父混甚丰，然绝无所预。惟受图书数千卷，混本世宰相，一门两封。田园万顷，跨会稽、吴兴、琅琊间，而止二女宏，微综理其家，即一钱尺帛，无私入混。长女适殷叡，叡素好樗蒲，宏微所不取。叡恣取之，至并夺妻妹所应得者，内人悉化宏微之让，一无所竞。宏微舅刘湛尝谓曰：天下事亦应有裁检[③]，卿一切不问，

① 疑有漏字。《宋书》为“有几许不尽”。

② 意为刻薄、暴戾、缺少恩德。

③《南史·列传第十·谢弘微传》：“天下事宜有裁衷。”

何以居官？此是正论。宏微笑而不答。或曰，以谢氏世资充殷君一朝戏责，亦何异弃物江海以为廉。宏微曰：亲戚争财，于事甚鄙，内人尚能无言。吾何可导之使争，且身死后，尚能见问否？《南史》立意如此，则世间名义一切事，皆可委寘不问，不但财物而已，即人生天地，亦赘物也。

宋王琨尝为广州刺史。广故饶沃，官其地者多致巨富。相传云广州刺史但经城门一过，便得三十万。琨独无所取。及罢任还，孝武知其清，问还资多少。琨对曰：臣买宅百三十万，余物称是。帝嘉其不欺。及顺帝禅齐，百官陪列，琨攀帝轮恸哭曰：人皆以寿为欢，老臣以寿为戚。既不能先驱蝼蚁[1]，乃频见此事。百官皆为雨泣。《南史》

宋孔觊，字思远，鲠有风力居恒，贫罄丰约，不以关怀。与吴郡顾觊之并推清素。觊弟道存，从弟徽，尝请假东还载，辎重十余船，皆绵绢物。觊见为伪，喜曰:我比乏得此，甚有用。因命搬至岸侧，既乃正色谓曰:汝辈忝士流，何至还东作贾客耶？命烧尽去之。后为御史中丞，日鬅首缓带，而风气清严，三吴豪宦莫不重迹屏气。尝为司徒左长史，弟道存代觊为江夏内史。时东土大旱，米贵一升百钱。道存虑，觊甚乏，遣使载五百斛米饷之。觊谓使曰：我在彼三载，去官日，不办有路粮。郎至未几，那能便得此米，即可载还，吏乞此货于之。不听，乃载米去。裴绍明在元徽中，出为长沙郡丞。及罢，任刺史。王蕴之谓曰：卿清贫必无还赀。湘中人士有须一礼之命者，我不爱也。昭明曰：身忝郡佐，不能光益公府，岂以鸿都之事[2]，仰累清风[3]？齐武帝尝曰：裴昭明当罢郡还，遂无宅。我不读书，不知古人中，谁可比拟者？昭明尝言：人生一身以外，亦复何须子孙？若不才，我聚彼散。若能自立，又何如一经，故终身不事生产。《南史》

---

① 蝼蚁：蝼蛄和蚂蚁。自己先死埋葬地下，为别人驱除蝼蚁。比喻效命于人，不惜先死。

② 鸿都之事：《后汉书·崔骃传》："灵帝时，开鸿都门榜卖官爵，公卿州郡下至黄绶各有差。"后以"鸿都之事"指卖官鬻爵以求财货。

③ 清风：清惠的风化，又指高洁的品格。

褚渊，字彦回，少有清誉。父卒，悉推家财与弟，渊惟取书数千卷而已。及为吏部尚书，有人求官，袖金一饼。因请求间，出金示之曰：无人知者。彦回曰：卿自应官，无假此物。若必见，与不得不相启。此人大惧，收金而去。彦回叙其事，而不言其名，时人莫之知也。《宋书》

南宋阮长之，字景茂。除临海太守，在官常拥破絮，一生不侮暗室。南齐孔琇之，亦为临海守。在任清约，罢郡时，常献干姜二十斤。武帝以为薄，后知其清，乃叹息之。

刘凝之，字长年。慕老莱严陵之为人，立屋野外，非其力不食。元嘉中，征辟屡至，皆不就临川。衡阳诸王屡遣使存问，凝之答书顿首称仆，不修民礼。人或讥焉，曰：未闻巢、许称臣尧、舜。时荆州讥。衡阳王义季虑凝之馁毙，饷钱十万。凝之大喜，将钱至市门，见饥色者，即分与之。俄顷立尽。旋隐居衡山之绝顶，采药服食终其身。《宋书》

宋侯可，字无可。倜傥有气节，少与申颜为友。后颜病重，千里为求医，未归而颜卒。目不瞑，人曰：其待侯君乎？且敛而侯至，抚之乃瞑。颜无子不克葬。可辛勤百营，鬻衣相地，卒葬之。一日，可自远归，家以窭告。适友人郭行扣门，曰：吾父病，医索钱百千，卖吾庐而不可售。可恻然，计囊中装，略当其数，尽与之。关中称贤。

朱百年妻孔氏，亦有高行。百年卒于山中。蔡兴宗为会稽太守，饷米百斛孔氏，遣婢诣郡固辞。时人美之，以比梁鸿妻。已上皆刘宋。

沈约少贫[①]。干求宗党，得米数百斛，为宗人所侮，遂覆米而去。及贵不以为憾。庾杲之在齐，武帝朝以左丞常侍。出为王俭卫军长史。时得入俭府者，人谓入芙蓉池。俭每谓人曰：昔袁公作卫军，欲用我为长史。虽不获就，要是意向如是。今亦应须吾辈人也。乃用杲之。杲之清贫自立，每食惟列韭，韭生韭诸菜。或戏之曰：谁谓庾郎贫食，鲑常有二十七种。盖言三九云。《南齐书》

① 沈约出身于门阀士族家庭，历史上有所谓“江东之豪，莫强周、沈”的说法，家族社会地位显赫。祖父沈林子，宋征虏将军。父亲沈璞，南朝宋淮南太守，于元嘉末年被诛。沈约孤贫流离，笃志好学，博通群籍，擅长诗文。

齐高帝镇东府时，虞玩之为少府，犹蹑屐造席。帝取齐高帝镇东府时视之。讹黑料锐蓑，断以芒接之。因问曰：卿此已几年。玩之曰：初释褐时买之，已着二十年矣。贫士竟不办，易帝咨嗟。久赐新改屐，玩之不受。亦不近情。此屐岂能没齿不易耶？答曰：赐出尚方，恩华俱重，但遗簪敝席。古人惜之，故不敢当帝善之。《南齐书》

任昉[1]字彦升，以文名世素清。约无营，其自郡还台也。登舟止绢七匹，米五石，衣不能全。沈约遗裙衫迎之。后复出守，新安卒官。惟桃花米二十石，至不能殓，遗诫勿以新安一物还。阖郡痛惜。武帝方于西苑食绿沉瓜，闻讣辄投之盘，悲不自胜。因屈指曰：昉少时常恐不满五十，今适四十九，可谓知命，哭之恸。

南齐褚炫，字彦绪，以清简为舅王景文所重从。兄褚渊每谓人曰：吾弟廉胜独立，殆十倍我。永明初，为吏部尚书。门庭萧索，宾客罕。至每出行，左右捧黄纸帽箱，风吹纸剥。殆至病，无以市药云。

齐刘善明少立节行。尝言在家当孝，作吏当清。已累历州郡，颇黩货[2]。崔祖思怪而问之，流涕答曰：管子有云，叔牙知我，方寸乱矣。岂暇为廉？盖善家青州。魏克青，善明母在焉。徙置代郡所得金钱，尽以赎母。及母至，而清节仍峻。及卒，家无别储，惟书八千卷。高帝闻其贫，赐葛塘屯谷五百斛。曰：葛屯亦吾之垣下也。《南史》

齐长城令何敬叔有廉声，谊严一介。会岁饥，夏至节，忽榜县门受饷。数日中遂得米二千斛。他物称是，乃悉以代贫民之不能输租者。《南史》

齐刘怀惠为齐郡太守。有饷新米一斛者，刘出麦饭示之。曰：食有余，幸不烦此。

---

① 任昉(460—508)，字彦升，小字阿堆，乐安郡博昌(今山东寿光)人。南朝著名文学家、地理学家、藏书家，“竟陵八友”之一。

② 黩货：贪污纳贿。宋苏轼《论特奏名》：“臣等伏见恩榜得官之人，布在州县，例皆垂老，别无进望，惟务黩货，以为归计。”清龚自珍《明良论一》：“其非俭于制，而又黩货焉，诛之甚有词矣！”

南齐吴兴太守张瓌，以既封侯，已有国秩，不取郡俸。高帝敕上库别藏俸，以表其清。又晋陆纳为吴兴守，至郡不受俸禄。顷之，召拜左民尚书。临发，止有被幞而已，余并封还官。

张绪永明中为太子詹事。每朝见武帝，必目送之。时益州献蜀柳数株，帝赏玩咨嗟久之。曰：此杨柳风流可爱，似张绪当年。绪口不言利，有财辄散之。清谈端坐，或竟日不食。门生意绪饥，为之办餐，然未尝求也。吐纳风流，听者至忘饥疲。见者肃然，如在宗终日饮居，卒莫能测焉。死之日，至无宅。营殡遗命，灵上置杯水，香火不设。祭从弟融事，绪如亲兄时，赍酒于绪灵，酌饮痛哭曰：阿兄风流顿尽。

襄阳齐世隆，字彦绪，盛事坟典[①]，安贫守分。张绪曰：观君举措，当以清名遗子孙耶。答曰：一身之外，复何所须。子孙不才，将为争府，如其才也，不如一经。汉韦贤字长孺。子玄成字少翁。俱以明经位志丞相。谚云：遗子黄金满籯，不如教子一经。甄法崇之。孙彬有行业，乡党称善，尝以一束苎就州长沙寺库质钱[②]。后赎苎还，于苎束中得金五两。彬急送还寺，库道人愿以半为报。彬笑曰:五月披羊裘而负薪，岂拾遗金者耶?梁彬参军益州，将行同列五人。武帝皆戒以廉慎。至彬独曰：卿昔有还金之美，故不复以此言相励。由此名德益彰。《南史》

何公为扬州日。亲戚有葬者，乞数万钱，而帐下无有。扬州旧有赢米以赈贫寡，乃有千余万斛廪存为治。中见何公道帐下空索，求粜此米付账下。何公曰：次道（何充字）义不共，孤寡争粒，其取予不苟如此。

韦夐字敬远，志尚简淡。前后十征辟[③]皆不应。所居宅枕带林泉，

① 坟典，指三坟、五典的并称，泛指古书。见《南史·丘巨源传》："少好学，居贫，屋漏，恐湿坟典，乃舒被覆书，书获全而被大湿。"

② 南朝时有的寺院还设立了质库，南朝有的寺院还用积聚的金钱开设"质库"赢利，人们因急用钱，可将实物送还。

③ 征辟，是中国汉代擢用人才的一种制度，主要包括皇帝征聘和公府、州郡辟除两种方式，皇帝征召称"征"，官府征召称"辟"。

对岸琴书潇然自乐。顺帝敬慕，为诗诒之。复答愿朝谒，帝甚喜。敕有司日给何东酒一斗。号之曰逍遥公。武帝尝赐缣帛甚盛，复惟取一匹，孝宽贻以马。复笑谓曰：古人不弃遗簪，敝履悲与之。同出不与同入也。卒乘旧马以归。

齐周洽常历句容、曲阿、上虞、吴令，廉约无私。卒于都水，使者无以殡殓，吏人为买棺器。武帝闻而非之曰：洽累历名邑，而居处不理，遂坐无宅死。令吏衣棺之，此固宜罪贬。无论褒恤，乃敕不给赠赐[①]。北海曹升官至黄门郎，散骑常侍国子祭酒，而不营家，以馁卒于郯。时人伤叹之。竖儒将身任天下之重，此一身不自树立，至不免以生死托人，人固何赖焉。

萧坦之刚狠而专，嬖幸[②]畏而憎之。东昏因遣黄文济将兵围坦之宅，杀之，并其子赏坦之。从兄翌宗为海陵太守，未发坦之。谓文济曰：从兄海陵宅，故应无他。文济曰：海陵宅在何处，坦之以告。文济白东昏，仍遣收之。检其家，至贫。惟有质钱帖[③]数百，还以启帝。原其死，系尚方。此与杨氏痴婿，皆以贫救具死者也。贫亦何憎于人哉！已上皆南齐

梁江革少孤贫，嗜书力学。王融、谢朓皆重之。朓尝过候革。会寒雪甚，革敝絮单席，而学不倦。朓嗟叹良久，为朓所著襦。又手割半毡与充卧具而去。后历八府长史，四王行事，三为二千石，而家徒壁立，行李潇然。尝自会稽还都，乘一舸。舸艚偏欹，或请以辎重近轻艚。革无物，令就西陵岸取石十余片，以实之。《南史》

梁徐勉[④]虽居显职，而不营生产，家无余赀。门生故旧为言，则答之曰：人遗子孙以财，吾遗之清白。尝为书诫其子，语甚长。中云：吾清

①《书影》卷10对此有这样的评论。此大异，是教贪也。

② 嬖幸：被宠爱的姬妾或侍臣。

③ 质钱帖，以物质钱，钱主给帖与之以为照验，他日出子本钱收赎。

④ 徐勉（466—535），字修仁，南朝梁东海郯（今山东郯城北）人。他的《戒子崧》为中国家训名篇。

明门宅，西边既施与宣福寺，不复方幅[①]。意谓亦逆旅舍耳。何事须华？尝怪时人谓是我宅。古往今来，豪贵相继，追其死矣。知是谁室？又云：近修东边儿孙二宅，乃藉十住南还之赀[②]。其中所须不少[③]，郊间之园，遂货韦黯获百金，成就两宅，今已消半。寻园价所得，何以至此？由吾经始历年，桃李茂密，桐竹成阴，华楼迥榭。椎[④]有临眺之美，孤峰丛簿[⑤]，不无纠纷之兴，渎中并饶荷芰，湖里殊富莲菱。虽云人外，城阙密迩，韦生欲之，亦粗有情趣。追述此事，非有吝心，盖是事意所至尔。忆谢灵运山家诗云：中为天地物，今为鄙夫有。吾此园有之二十载，今为天地物，物之与我，相校几何哉？《南史》

梁天监中范岫，官祠部[⑥]尚书，秩金紫。岫初仕齐以文学，为沈约推引岫，文不逮约而名行过之。其外祖颜延之，见岫于少时，即目为中外之宝。蔡兴宗为荆州，岫主簿，兴宗疾将革。知其贫遗旨，特赐钱三十万。岫固辞拒之。先为长城令时，有梓材巾箱，后更数十年，屡历贵，显而不易。其在晋陵，惟作牙管笔一双，犹以为费太侈云。《南史》

蔡撙，字景节，口不言钱。为郡不饮郡井。斋前自种白苋、紫茄，以为常饵[⑦]，性方严。仕梁武帝，帝尝设大臣饼。撙在坐，帝频呼姓名。撙竟食饼不答。帝觉其负气，乃改唤曰蔡尚书。撙乃放箸，执笏

---

① 方福：方正，长宽相等。

② 借用十住和尚准备返回南方的路费。

③ 该句系经缩写，原文为：其中所须，犹为不少，既牵挽不至，又不可中途而废。

④ 椎，应为“颇”。

⑤ 丛薄：茂密的草丛。语出《楚辞·招隐士》：“丛薄深林兮人上栗。”洪兴祖《楚辞补注》：“深草曰薄。”

⑥ 晋设祠部，以祠部尚书为主官，掌祭祀之事。南北朝沿设，祠部尚书所辖，除祠部一曹外，亦兼辖他曹，如北齐祠部尚书凡辖祠部、主客、虞曹、屯田、起部五曹，内容颇杂。隋改部名为礼部，辖四曹。

⑦《随笔》卷6：梁蔡樽为郡，不饮郡井。非不饮也，盖斋前既自种白苋紫葵以为常饵，不能不凿井浇灌，衙斋既有井矣，故不须更汲于外。若在官以饮水为嫌，是固蚓之所不能也，而况于人乎。

对曰尔。

梁王僧儒为南海太守。前郡守市土物，要利数倍。僧儒并无所取。叹曰：昔人为蜀郡长史，终身无蜀物。吾欲遗子孙者，不在越装视事。二年，声绩着闻。

梁东阳守何远性耿介，无私曲，疾强富如仇，视贫细如子。为武昌守，杜绝交游，馈遗秋毫无受。每食不过干鱼一片而已。孔奂，字休文，为晋陵守，清白。自将秩俸分赡孤寡，号曰神君。虞愿为晋安太守，有善政。郡出髯蛇，可制药。有遗愿蛇者，愿不忍杀，放之山。山去郡二十里，越一宿，蛇复还。愿复放之四十里外，亦复还。海边有越王石尝隐云雾。相传云，惟清廉太守得见。愿往观，风日清朗。褚彦回尝诣愿，见其所卧床积尘寸许，惟置书数帙。叹曰：虞君之清乃至此，令人扫地拂床而去。

何远[1]，字义方，仕梁。历武昌、宣城、东阳诸郡，所至以廉著。武昌俗皆汲江水。盛夏患水温，每以钱买人井寒水，不取钱，则连水还之。他事多类此，故清为天下第一。后得复除。武康令太守王彬巡属县，诸属皆盛供张[2]以待，武康惟设糗[3]水而已。彬去，远送至境，进斗酒只鹅。彬笑谓曰：卿礼过陆纳[4]，将无为古人所嗤乎？

梁顾协，张永外孙也。尝从游虎邱，永抚协曰：儿何戏？协对曰：正欲枕石漱流[5]耳。永叹曰：顾氏必兴于此子。及长，清介有志，操仕为廷尉。正冬服单薄，寺卿蔡法度欲解身上襦遗之，竟不敢有。一门生畏其廉，不敢厚饷，止饷钱二千。协怒杖之二十，自是遂绝饷馈。

① 何远(470—521)，字义方，东海郯(今山东省郯城县、苍山县一带)人。以何远为代表的东海何氏家族，在齐、梁间，尤其是在萧梁时期的影响力很大。参见：高新满.何承天与何氏家族研究[M].济南：山东人民出版社，2013：162.

② 供账，原义为供设维账，后延伸供具张设，招待之意。

③ 糗：炒熟的米麦等谷物。

④ 陆纳：晋代人，字祖言，少有清操，官至尚书令，恪勤贞固，始终勿渝。

⑤《世说新语》：孙子荆年少时欲隐，语王武子"当枕石漱流"，误曰"漱石枕流"。王曰："流可枕，石可漱乎？"孙曰："所以枕流，欲洗其耳；所以漱石，欲砺其齿。"

《梁书》

梁沈巑之性疏直。为丹徒令，以清介不事左右。浸润[1]日至，遂锁系尚方[2]。叹曰：愿一见天子足矣！上召问曰：复欲何陈？答曰：臣坐清所以获罪。上曰：清何故获罪？曰：无以承奉要人。上曰：要人为谁？巑之以手版四面指曰：此赤衣诸贤皆是。上知其无罪，重除丹徒令。入县界，吏人候之。谓曰：我今重来，当以人肝代米，不然清名不立。《南史》，已上皆梁

徐陵仕陈以吏部尚书。领大著作[3]，清简，无营所得，俸赐随入随散食。建昌户户送米至陵，悉召宗戚贫乏者取之，数日而尽。府僚怪，问之。陵曰：我有车牛衣裳可卖，他家有可卖否?《南史》

陈姚察，字伯审，历度支、吏部二尚书，门无私馈。一门生知其介，为送南布花练(音蔬絟)属各一端。察谓曰：吾所衣止麻布蒲练，此物于我无用。门生复婉辞请，察色驱之。自是饷遗遂绝。《南史》

欧阳頠在岭南，交州刺史袁昙绥密以金五百两寄頠，令以百两还合浦太守龚芳，四百两付儿智矩，余人弗知也。頠寻为萧勃所破，赀财并尽，惟寄金独存。时昙绥已卒，而頠并依前约还之。时推其重然诺。《陈书》

查道性至孝。母卒遂游五台，将祝发为僧。一夕，雷震破柱，道坐其下，了无怖。寺僧异之，劝以仕端拱。初举进士高等尝知虢州出。按部路侧有佳枣，从者摘以献。道为计直挂钱于树而去。居恒蔬食，或日止一食，终日默坐。尝梦神人，谓曰：汝位至正郎，寿五十七。而享年乃六十四。论者以为积善所延云。以上皆陈

隋开皇中，以史万岁南征，滇南蛮夷皆降。师还复叛。蜀王秀奏万岁，贪赂致生边患。万岁以罪废，乃以梁毗为西宁州刺史。蛮夷酋长

① 浸润：谗言。《论语·颜渊》有"浸润之谮"语，后遂以"浸润"指谗言。《汉书·王尊传》："秦听浸润以诛良将，魏信谗言以逐贤守，此皆偏听不聪，失人之患也。"

② 尚方：官署名，掌御器物制作。

③ 大著作，即著作郎。东汉末始置，属中书省，为编修国史之任。

皆以金多者为豪，递相攻夺，略无宁岁。毗患之。后诸酋相率以金遗毗。毗置金坐侧，对之恸哭，曰：此物饥不可食，寒不可衣。汝等以此相残，何为今将此来，欲杀我耶？无所取，蛮酋大悦。《南云志略》

房彦谦为泾阳令。所得俸钱，皆以周恤亲友。尝顾其子玄龄曰：人皆因禄富，我独以官贫，所遗子孙在于清白耳。

隋李士谦富于财，躬处俭约，性好赈施。值岁俭，出粟千石贷乡人。明岁复不登，谦对众焚其券，曰：债已毕矣。比大稔共偿之，不受。凡前后粥饿者，痤死者，救济甚普。或曰：子阴德美矣。士谦曰：阴德犹耳鸣，惟己知之。子今既知，讵足为德耶？

赵轨少厉行检夙，以清苦闻。隋文帝时，为齐州别驾[①]，课最征入朝。父老相送，各挥涕曰：别驾在官，水火不与百姓交，故不敢以壶浆馈。公清若水，请酌水一杯为饯。轨受而饮之。轨先在州所居，东邻有桑椹落其家，轨令悉拾归其主。仍诫子曰：吾宁以此求名，意非机杼间物[②]，不愿侵人耳。《隋书》

樊子盖，字华宗。炀帝以为武威太守，以善政闻。帝问曰：人道公清，果如此不？谢曰：臣安敢言清，只是小心不纳贿耳。乃赐口味百余斛。子盖请曰：臣愿常奉丹陛。帝曰：公侍朕，则一人而已。委以四方，则万人之敌也。后陪宴积翠池，帝亲以金杯属赐子盖酒。曰：良算嘉谋，俟公后动。即以此杯赐公用，为永年之瑞[③]。以上皆隋

纪昭字嗣先，炖煌人，辟州主簿。志在理枉申滞。人有夜中投昭黄金者，昭责而遣之。《前燕录》

孟信事魏孝武，为赵平太守。绝馈遗，茹苦良久。山中一老人忽以豘酒饷信，和颜劳之，曰：吾至郡来，无人以一物见遗。今卿独有此饷，

① 别驾：亦称别驾从事。汉置，为州刺史的佐官。隋初废郡存州，改别驾为长史。唐初改郡丞为别驾，高宗又改别驾为长史，另以皇族为别驾，后废置不常。宋各州的通判，职任似别驾，后世因以别驾为通判之习称。

② 机杼之物：代指劳作得来的东西。

③《隋书》列传第二十八：子盖无他权略，在军持重，未尝负败，临民明察，下莫敢欺。然严酷少恩，果于杀戮，临终之日，见断头鬼前后重沓为之厉。

念久茹菜，欲为卿受一豘髆[1]酒，吾自有不能枫费也。于是乃自出酒，以铁铛温之，出芜菁菹为侑。而别以一铛借老人。令各自斟酌，申酬酢之意。老人再拜，劈豘进之。酒尽别去。信去官后，居贫无食，家惟一老牛。其兄子卖之，以供薪菜。券既立，信适从外至，问故，知其卖也。因告买者曰：此牛先有病，小用即发，君勿买。杖其兄子二十。买者不安，谓曰：但见与亦未必须其力。信必不许其人，乃文帝帐下人。帝闻为之叹美。寻举太子少师。《北史》

后魏自太和迁都之后，国家殷富，库藏盈溢，钱绢露积于廊庑间，不可校数。太后赐百官负绢，任意自量，朝臣莫不称力而去。唯章武侯王融与陈留侯李常崇绢过任[2]，蹶倒伤踝。太后即不与之，令其空出，时人笑焉。侍中崔光止取两匹。太后问曰：侍中何少？对曰：臣有两手，唯堪两匹所获多矣。本不欲取，又不形人之短。朝贵服其清廉。《洛阳伽蓝记》

赵柔字符顺。尝在路得人所遗金珠一贯，价直百缣。柔呼主还之后。《魏书》

南北朝魏崔挺为光州刺史。有掖县老人，自言尝使林邑，得美璧，藏之海岛，垂六十年。今逢明政愿奉之，挺不受。及代去，老幼追送缣帛，亦却之。

后魏常景为秘书监，性清俭。卫将羊琛等七人各出千钱为买马。

崔光韶，天性方严，至人伦名教，得失之界确。然不以一毫假人，家足于财，而任俭啬。人或非之，然其家财皆弟光伯所营。光伯亡，遂悉焚券。河间邢子才曾货钱数万，后送还之。光韶曰：此亡弟相贷，仆实不知。竟不纳。《魏书》

北魏豫章文献王嶷，性仁谨廉俭，不以财贿为事。斋库失火，烧荆州还资，评直三千余万。主局各杖十数而已。疾笃遗令诸子曰：才有优劣，位有通塞，运有贫富，此自然之理，无足以相陵侮也。卒之日，第

---

① “豘”通“豚”，故这里的“豘髆”即“豚髆”，猪肘。

② 过任：力不胜任。

库无见钱，上敕月给嶷第钱百万，终上之世乃省。北魏

魏裴潜为兖州刺史，尝作一胡床。及去留挂于官第。

后周裴侠[①]，字嵩和。除河北郡守，爱民如子，惟食菽麦而已。人歌曰：肥鲜不食，丁庸不取，裴公贞惠，为世规矩。常与诸牧守。同谒周文，文命侠别立，谓诸牧守曰：裴侠清慎奉公，为天下最。众中有如侠者，可出与俱立。众默然无敢应者。朝野号为独立，使君已迁民。部中大夫奸吏侵没仓储千万，侠至尽发之。寻又迁工部，典钱物。李贵日于府中悲泣，或问故，答曰：宦物多费用，裴公清严，惧不免耳。侠闻许其自首，贵乃首隐费钱[②]至五百万云。《周书》

后周寇俊宽雅有识量，令家人卖物，悮[③]剩绢五匹。俊知谓曰：恶木之阴，不可暂息。盗泉之水，无容悮饮。得财失行，吾所弗为，必访主还之。《周书》

北史王思政都督荆州。刺史尝命都督蔺小欢督工匠缮修城堑，掘得黄金三十斤。夜中密送至。旦，思政召佐吏，以金示之，曰：人臣不宜有私，悉封送上。周文嘉之，赐钱二十万。夫思政廉矣，然送上不若惠下。盖录之州藏，平其赐钱，亦当辞不然，是责偿也。元廉希宪行北京行省事，朝廷降钞买马六千五百。希宪遣买于东州，得羡马千三百。希宪曰：上之则若自衒[④]，即与他郡之不及者，以其直还官。此于名利俱不贪，真不丑乃姓矣。

东魏时，河南太守赵郡李显甫，喜豪侠，集诸李数千家，于殷州西山方五六十里居之。显甫卒，子元忠继之。家素富[⑤]，多出货求利。元

① 裴侠，字嵩和，生年不详，卒于北周明帝武成元年(559)，河东解(今山西运城西南)人。祖父裴思齐曾在北魏时任议郎。父亲裴欣为西河郡守，死后得晋州刺史的名号。

② 隐费钱，意为隐瞒耗费的钱。

③ 同“误”。

④ 同“炫”。

⑤ 其所以富，原因在于“元忠以母老多患，乃专心医药，研习积年，遂善于方技。性仁恕，见有疾者，不问贵贱，皆为救疗”。

忠悉焚券免责[1]，为乡国推重。先为光州刺史州，大饥，元忠表求赈诏，听发仓粟万石。元忠曰：以万石给，计家不能升斗，于事何济？径出十五万石赈之，而以身待命。魏孝明时，盗贼蜂起。清河五百人西戍，还经赵郡，以路梗，投元忠，奉绢千匹求为导。元忠为受一绢杀五牛食之，遣奴导行。谓曰：若逢盗，但道李元忠。遣奴如其言，贼皆避舍。及葛荣起，元忠率宗党作垒自保。坐大槲树下，前后斩违命者凡三百人。贼至，元忠辄击却之。葛荣曰：我自山中至此，连为赵李所破，何以能成大事？乃悉众攻围，执元忠以随军。及尔朱荣平贼，就拜南赵郡太守，好酒无政绩。及尔朱兆弑敬宗，元忠弃官归，谋起兵讨之。会高欢东出，元忠迎而说之，欢因建义[2]。元忠卒时，仅米三石，酒数斛，书籍、药物充满箧架，而金蝉质绢始得殓焉。

袁聿修，字叔德，于素流中最有规检。常奉命巡省，校官人得失。经兖州，邢邵时为刺史，以一白䌷[3]将款，聿修却之。书云多言可畏，譬之防川，愿得此心，不贻厚责。邢亦忻然，报书云：老夫忽忽意不及此，敬承来旨。吾无间，然兄昔为清郎，今为清卿矣。盖聿修先在尚书，不受升酒之馈。人称清郎云。《北齐书》

石曜为黎阳郡守，甚清。介时有斛律武都[4]者，以皇后兄出刺兖州，所过令丞以下，动敛数千匠遗之。及至黎阳，或讽曜。曜手持一缣为饷，仍谓曰：此是老石机杼间物，聊用将意，吏民之物，毫不敢取也。武

---

① 同“债”。

② 李元忠为高欢献上合纵连横之计，使高欢控制了朝中大权。高欢因此对李元忠特别优待，让他做了侍中，但是，李元忠一直保持低调，整日以饮酒自乐。李元忠的故事，反映了传统社会中与权贵打交道的秘诀，即有权势的人忌讳颇多，身为弱者，和他们打交道应小心谨慎。纵使人们和有权势者曾是密友故旧，乃至亲人，也不能随兴而发。参见：东方惠子.鬼谷子全解[M].哈尔滨：北方文艺出版社，2014：274.

③ 䌷，古同“绸”，为“绸”的异体。

④ 斛律武都（？—572），朔州敕勒部人，其为官以侵夺百姓为事。武平三年（572）左丞相斛律光被诬以谋反罪诛，长子斛律武都（皇后兄）亦牵连遭诛。参见：张华松，王铁军，董建霞.济南历史大事记[M].济南：济南出版社，2010：29.

都笑而不责。《北齐书》

北刘苏琼守清河六载,却绝饷馈。有郡先达赵颖年八十五,奉献园瓜一只,恃老苦请琼免留。置梁上,终不割。人闻受颖瓜,竞献新果至门。知颖瓜犹在梁上,相顾而去。有沙门入谒,意在理债[①]。琼竟日与之谈玄。沙门无从启白。弟子问故,沙门曰:每见府君,径将我入青云间去,何由得论地上事耶? 遂焚其券。

北齐彭城王澈自沧州召还,父老相率具馔。曰:殿下惟饮此乡水,未食百姓食,聊献蔬。澈重其意,为食一口。

北齐李稚廉少而寡欲。为儿童时,初不从家人有所求请。故以金宝授之,终不取。强付,辄掷之地。兄齐州刺史义深以其蒙稚[②]而廉,遂名曰:稚廉。后为南青州刺史,主簿徐干富而暴横,历政不能禁。稚廉初至,因其有犯收系之。干密通疏,奉黄金百铤,奴婢一十人。稚廉不受,遂杀之。《北史》

梁亡,陆法和入齐。文宣尝奇和术,备三公卤簿,于城南逆之。及至,不称官爵,不称臣,但云荆南居士[③]。文宣宴和,赐钱百万,物千段[④],甲第一区,田一百顷,奴婢二百人。其徒属宴赐,各有差法。和尽放奴婢,曰:各随缘去。钱帛散施,一日略尽。以赐第营寺,自居一房,与凡人同。一日,无疾而告弟子死期至。然香礼佛,坐绳床[⑤]终。浴毕将殓尸,缩小止三尺许。文宣后令开棺视之,棺已空矣。

《郡国志》云:苏秦宅在洛阳旧仁和里。后魏尚书高显业居此。每夜见赤光,掘之得金百斤。有铭曰:苏家金业,为之造寺。吾谓造寺,不若以此金济贫苦也。

---

① "苏琼为清河守,性清慎。道人道研为济州沙门统圆,资巨万,在郡多出息,常得守令为征。"由此可以推断,此前地方官出于获利目标,为道研收取贷款利息。

② 蒙稚:幼稚无知。

③《北齐书》为"荆山居士"。

④ 此处"物"乃布帛之意。《周礼·春官·司常》:杂帛为物。

⑤ 绳床:交椅,也称棕床。《晋书·佛图澄传》:"坐绳床,烧安息香"。也叫"胡床"。古时一种可以折叠的轻便坐具。

卷 七

明躬第十一下

唐隐太子以书招尉迟，恭赠金器皿一车。辞曰：臣岂敢当赐？世民谓恭曰：公心如山岳，虽积金至斗，岂能移之？

李元纮曾祖粲，姓丙，以隋卫帅自归，封应公，赐国姓。父道为宰相，有清节。元纮亦如之，未尝改治第宅，僮马敝劣。得赐物一赒，给亲族。初为司户参军时，太平公主势震天下，与民竞碾而讼[①]。元纮判还民，州长史趣改之。纮署判后曰：南山可移，判不可改。擢京兆尹，累迁吏部侍郎。寻拜相，峻崖检[②]，抑奔竞，家无留储。宋璟以比季文

---

① 此处应为"与僧争碾硙"。在这件判处太平公主与僧争碾硙案子中，地方长官与判官发生了激烈的冲突，判官判还碾硙于僧寺，而长官惧怕太平公主的政治势力，迫使判官改判，但判官"执正不挠，怀贞不能夺之"。《新唐书》传载太平公主时与民竞碾硙，《旧唐书》《通鉴》均作与僧寺争碾硙。按"民"与"官"对立，可以泛指非官者。因此，应以与僧争为是。参见：李方：唐西州行政体制考论[M].哈尔滨：黑龙江教育出版社，2013：334.

碾即是水磨。在关中地区，唐人在渠旁普遍设立水磨来取利，致溉田之水锐减。《通典》卷二云：永徽六年，雍州长史长孙祥奏言："往日郑、白渠溉田四万余顷。今为富商大贾竞造碾炮，堰遏费水，渠流梗涩，止溉一万许顷。"……太尉无忌对曰："白渠……比为碾硙，用水泄渠，水随入滑，加以壅遏耗竭，所以得利遂少。"于是遣祥等分检渠上碾硙，皆毁之。至大历中，水田才得六千二百余顷。又李吉甫《元和郡县图志》卷一云：大唐永徽六年，雍州长史长孙祥奏言："往日郑白渠溉田四万余顷。今为富僧大贾竞造碾硙，止溉一万许顷。"于是高宗令分检渠上碾硙，皆毁撤之。未几，所毁皆复。广德二年，臣吉甫先臣文献公(李栖筠)为工部侍郎，复陈其弊。代宗亦命先臣拆去私碾硙七十余所。岁余，先臣出牧常州，私制如初。至大历中，利所及才六千二百余顷。其后到了唐末，关中两渠的水利还是大部分给权豪设立的碾炮侵占了去。参见全汉升《唐宋帝国与运河》第一章。

② 涯检：极力约束。

子焉[①]。

唐时南海淡菜蚶蛤，有岁贡。孔戣[②]以为自海抵京，水陆烦费，岁积钱至四十三万，入奏罢之。会岭南帅阙帝，谓裴度曰：向论罢南海进蚶菜者为谁，今安在？度曰：祭酒戣也。即拜御史大夫、岭南节度使。既至，免属州逋负[③]十八万缗，米八万斛，黄金税岁八百两。岭南守宰俸薄，又不以时给，吏得借口为贪暴。戣乃倍其俸，而料俸外取索者，必以法绳之。由是吏自重慎法。始番舶至，泊步有下椗税[④]，有阅货宴所饷，皆珠犀珍异，戣绝不受。海商有死者，官籍其货，满三月，无妻子诣请，则没官。戣念海道往复以岁计，有左验不为限，悉推与之。戣未及年而请老，以礼部尚书致仕。子遵孺、温裕皆以学至大官。

唐德宗谓陆贽曰：卿清慎太过。诸道馈遗一皆拒绝，恐事情不通，鞭靴[⑤]之类受亦无伤。贽奏曰：贿道一开，展转滋甚，鞭靴不已，遂至金玉。考公年十八第进士，中博学宏词科，调郑尉罢时，归寿州。刺史张镒有重名，贽往见，语三日。镒奇之，请为忘年交。将行，饷钱百万。曰：请为母夫人寿。贽辞，为受茶一串。曰：以识公意。盖公自少年为小官，已立节如此矣。《唐书》

郑綮初为庐州刺史，黄巢掠淮南，綮移檄请无犯州境。巢读檄笑，为之敛兵，州独完。僖宗嘉之，赐绯鱼，岁满去，赢钱千缗，藏州库。后他盗至，终不犯郑使君钱。及杨密为刺史，送钱至京还綮。史称綮为相，人皆骇笑。有政绩如此，何骇笑之有甚矣。人之难知也。

---

①《新唐书·李元纮传》为：宋璟尝叹曰：李公引宋遥之美，黜刘晃之贪，为国相，家无留储，虽季文子之德，何以加之!

② 孔子三十八世孙。

③ 逋负：拖欠赋税、债务。

④ 下椗税：唐代对外洋商船靠岸停泊所征的税。

⑤ 鞭靴：指小礼品。陆贽《谢密旨因论所宣事状》："陛下尚以为鞭靴之类，受亦无妨；若使天下纳赂，惟有二三宰臣，四方诛求，止于鞭靴细物，行之不足以伤化，绝之不足以利人，则臣固已微抑私心，将顺睿旨矣。"他还称："贿道一开，辗转滋厚。鞭靴不已，必及衣裘；衣裘不已，必及币帛；币帛不已，必及车舆；车舆不已，必及金璧。"

阳城居官常以木枕、布衾质钱[①]，人重其贤，争质之。每约二弟：吾俸入，可度月食米几何，薪菜盐几钱，先具之，余悉送酒家[②]。服用无赢副，客或称其佳可爱，即与之。有陈苌者候其得俸，每往称钱之美，乃月有获。其谪道州也，月俸仅取足，羡则官贮之，令日炊米二斛，鱼一大鬻，置瓯杓道上，以食行人之不能食者。微时[③]尝绝粮，遣奴市米。奴以易酒，醉卧于道。城怪，往迎之。奴未醒，躬负以归，及觉引咎。城曰：寒而饮，何咎？山东节度府高其谊，遣使遗五百缣[④]，且戒勿反，城固辞使者，委而去。城缄置之。会里人郑俶贫不能葬，城遂举缣与之，其独行多类此。《唐书》

宋璟刺广州，最清苦。比迁去，广人立碑颂璟。璟上言：臣之治绩，缗并毡，车子一乘亦近千缗。使者未敢遽送，乃于宅门俟候累日。有绿舆自宅出，从婢二人，皆青衣褴褛。问何人，曰：相公夫人，使者遽归，以白师古。师古乃折其谋，终身不敢失节，莫道有体无用。

郑余庆清俭有里德。一日，忽召亲朋官数人会食，众皆惊。朝僚以故相望重，皆凌晨诣之。至日高，余庆方出，闲话移时，诸人皆枵然。余庆呼左右曰：处分厨家，烂蒸去毛，莫拗折项。诸人相顾以为必蒸鹅鸭之类，逡巡，舁台盘出，酱醋亦极香新。良久，就餐，每人前下粟米饭一碗，蒸胡芦一枚。相国餐美，诸人强进而罢。《卢氏杂说》

韦夏卿为吏部侍郎时，从弟执谊在翰林，尝受赇，为人求科第。夏卿不应，执谊乃出金纳夏卿怀中。夏卿惊曰：吾与卿赖先人遗德，致名位及此，顾当若是哉？摆袖而去。执谊大惭。《唐书》

牛僧孺素为穆宗所知。初，韩宏之子，右骁卫将军公武为其父谋以

① 拿木枕和布被去典押换钱。

② 杜牧赴京任左补阙(谏官)途中，曾作诗表示自己效法阳城，以敢言直谏为己任。其中有“邪佞每思当面唾，清贫长欠一杯钱”。后半句，即指阳城之清贫。参见：胡可先．小李杜[M].北京：中华书局，2010：132.

③ 微时：微贱而未富贵的时候。

④ 缣：双经双纬的粗厚织物之古称。

财，结中外。及公武卒，宏继殁。稺[①]孙绍宗嗣，主藏奴与吏讼于御史府。上怜之，尽取宏财簿自阅视，凡中外主权[②]，多纳宏货，独朱句细字，曰：某年月日，送户部牛侍郎钱千万，不纳。上大喜，以示左右曰：果然，吾不谬知人。遂以僧孺为中书侍郎，同平章事。

李汧公勉年少贫苦。天宝中，有一书生旅次宋州，与公同店。不旬日，书生疾作，逐至不救。临绝语公曰：某家住洪州，将之北都。不足纪广人[③]。以臣当国，故为溢辞。徒成贡谀者，欲厘正之，请自臣始。此真清畏，人知者也。

李素立徙蒲州刺史。将行还所余储，并什器于本州岛，赍图书就道。

贾敦颐为沧州刺史，在职清洁。每入朝，尽室而行。惟敝车一乘，羸马数匹，羁勒有缺，以绳为之。见者不知为刺史也。《白帖》[④]

姚铸迁益州刺史，初蜀吏贪暴，铸摘发之，无所容贷。武后降诏奖慰，因谓左右曰：为二千石，清其身者易，使吏尽清者难。惟铸兼之。王凝为商州刺史，州有治赋羡银[⑤]，凝一无所取，惟市马以供驿用。

陆长源为汝州刺史，率易无威，仪而清白。自将及去，汝州送车二乘。曰：吾祖罢魏州，有车一乘，而图书半之。吾丑不及先人矣。

冯立拜广州都督，前后牧者，多以黩货，致蛮夷怨叛。立至衣食取给而已。尝至贪泉[⑥]，叹曰：此岂隐之所酌耶？吾虽日汲此水，容易[⑦]吾

---

① 稺，古通“稚”。

② 中外主权：朝廷内外当权的官员。

③ “不足纪广”一句颇令人费解。比较可能的解释是作者对关于李勉的传说持有疑议。此段涉及李勉和宋。疑为摘抄时遗漏。

④ 阎氏芹《白帖》卷二十一。

⑤ 此处“治”应为“冶”。官府要把百姓交纳的碎银在高温下熔铸成整块的银两，这样，销熔时就会有所损耗。所谓火耗，就是地方官府借口弥补所征银两在熔铸时的损耗而增收的税，属于附加税，不上缴国库，归地方官所有。

⑥ 广东石门有泉水，人称“贪泉”。据说凡是喝过“贪泉”的人，会丧失廉洁之风。

⑦ “容易”应为“宁易”。疑为错字。

性或遂，极饮而去。

尚书左丞李廙有清德，其妹刘晏妻也。晏方秉权，尝造廙。至寝室，见其门帘甚敝。乃令人潜度广狭，以鹿竹织成，不加饰，将以赠廙。三携至门，不敢发言而去。《国史补》

李师古跋扈，惮杜黄裳为相，未敢失礼，乃命一干吏寄钱数千，求官。于此得疾且死，命也。因出黼金百两遗公，曰：某之仆使无知者有此，足下为我毕死事，余金奉之。李公许为办事，及礼毕，置金于墓中，而同葬焉。后数年，公尉开封。书生兄弟赍洪州牒来。至宋州知，李为主丧事，专诣开封询公。公请假至墓所，出金以付焉。后为岭南罢镇，归行到石门。停舟悉搜家人所畜，犀之投江中而去。曰：毋令吴隐之笑我。公子兵部员外，约尝江行与一胡商舟檝相次。商胡病，固邀相见，以二女托之，皆绝色也。又遗一珠约，悉唯唯。及商胡死，财宝约数万，悉籍其数送官，而为二女求配。始殓商胡时，约目以夜光含之，人莫知也。后商胡有亲属来理资财，约诣官司，发掘验之，夜光果在。其父子潜德密行如此，足以泣鬼神矣。韩子谓，死者复生，生者不愧[①]而后为贞。此其人哉？

崔枢应进士，客汴半岁，与海贾同止。贾疾既笃，谓崔曰：荷君见顾，不以外夷见。忽今疾病不起，番人重土殡，脱殁君能终始之乎？崔许之。贾曰：某有一珠价万缗，能蹈火赴水，至宝也。敢以奉君。贾遂卒。崔曰：吾一进士，巡州邑以自给，奈何忽畜异宝？伺无人置于柩中，瘗之阡陌。后一年，崔游亳州。番妇自南来，寻故夫，并勘珠所在，陈于公府。乃于亳来追捕，崔曰：倘窀穸不为盗发，珠必无他。遂开棺得珠，汴帅王彦谟奇其节，欲命为幕。崔不可。明年登第，竟主文柄，有清名。《代醉编》[②]

① 死者复生，生者不愧，意为答应别人的事，即使这个人已经死了，也要履行自己的诺言。假如这个人复活了，活着的人见了他也问心无愧。

②《代醉编》，明张鼎思（1543—1603）撰。杂著，四十卷。张鼎思字慎吾。河南安阳人。万历五年（1577）进士，授吏部给事中，官至江西按察使。著有《琅琊曼衍》等。

蓝田即墨人，官御史。有同乡人寄以囊箧，人无知者，其人举家沉于江。田召其从弟还之，封识如故。

杜太保佑，大历中有故人遗黄金百两，后三十年为淮南节度使。其子来投，佑取黄金还之，封缄如故。《唐语林》

唐玄宗时，监察御史杜暹因按事至突骑施[1]，突骑施馈之金。暹固辞。左右曰：君寄身异域，不宜逆其情。乃受之，埋于幕下。出境移牒，令取之。虏大惊，度碛追之，不及。及安西都护阙，或荐暹往，使安西人服其清慎。

张嘉贞为工部尚书，不营家产。有劝其市田宅者，嘉贞曰：吾贵为将相，何忧寒饥？若其获罪，虽有田宅，亦无所用。比见朝士广占良田，身没之日，适足为无赖子弟酒色之资。吾不取也。闻者是之。

王方庆[2]武后时累迁广州都督。南海岁有昆仑舶市珠琲。前都督路元叡冒取其货。舶首不胜忿。杀之。方庆至，秋毫无索。部中首领诣府，诉府曹素有相饷。方庆约官属不得与交通。议者谓其治广第一。诏赐瑞锦杂彩，以表善政[3]。

李尚隐迁广州都督。及还，人或裒金以赠。尚隐固辞之。曰：吾自性分不可易，非畏人知也。竟不纳。《旧唐书》

郗士美[4]充昭义节度使。自李抱真以来，为节度者皆武臣。私厨月费米六千石，羊千首，酒数千斛。潞久困甚。士美至悉罢之。出廪钱，市物自给。

---

① 突骑施原属西突厥的一部，7世纪50年代初期受西突厥可汗阿史那贺鲁统属。658年，唐平定阿史那贺鲁后，以突骑施索葛莫贺部置嗢鹿都督府，突骑施阿利施部置絜山都督府，又置昆陵、蒙池两都护府以统之，并隶安西都护府。参见：杨铭．唐代吐蕃与西域诸族关系研究[M]．哈尔滨：黑龙江教育出版社，2014：39.

② 王綝（？—702），字方庆，雍州咸阳（今陕西西安市）人。祖籍琅琊临沂，东晋太傅王导后代。唐朝武周时期宰相，著名藏书家。

③ 见《新唐书·列传第四十一》。

④ 郗士美（756—819），郗士美年少好学，与人讨论经传，对答如流。20岁任阳翟丞，累官工部、刑部尚书，后升昭义，忠武等军节度使。为官廉洁，尤重然诺。

李审诸为御史。台中送禄米到宅，其母遣量之，剩三石。问其故，曰：御史例不概。又问车脚几钱。答言御史例不还脚钱。母怒送剩米及脚钱。因责审诸御史，皆有惭色。《唐书》

唐崔元晖[①]为军校员外郎。其母卢氏诫之曰：吾见辛玄驭。云：儿子从宦者闻，有人来云，贫乏不能自存，此是好消息。闻云财货充足，衣马轻肥，此是恶消息，吾尝重此言今。坐食俸禄，若不能忠清，何以戴天履地。特加修洁[②]，勿累吾此意也。《山望肆考》

陶季直四岁，祖父以四函银列置前，令诸孙各取一。季直独不取。曰：若有赐，当先父伯，不应度及诸孙。《世说》

郝处俊甫十岁而孤，故吏归千缣赗之。处俊不受。已上两小儿、两妇人，可为百世之师矣。

唐萧仿在南海，地多谷纸。仿敕子弟缮写缺落文史[③]。子廪曰：家书缺者，诚宜补葺。然此去京师，水陆万里，不可露赍，当须簇笥。观兼乘，谓是货财。古人薏苡[④]之嫌，足为深戒。仿曰：吾不之思也。廪与吴佑千载同心矣！北齐郎基语人曰：任官之所木枕，亦不须作，况重于此事。惟颇令写书。潘子义遗基书，云：在官写书，亦是风流罪过。基答书云：观过知仁[⑤]，斯亦可矣。子义之见，亦犹乎廪与佑也。

唐杜暹明经擢第，补婺州参军秩满归吏，以纸万番贶[⑥]之，止受百番。众叹曰：此与昔清吏受一大钱者何异哉？时号百纸参军。唐李白为虞城令。官宅旧井水清而味苦。下车尝之，莞尔笑曰：我苦且清，足

① 崔元晖：唐博陵安平（今属河北）人。官至宰相，在官以清白闻名。

② 郑瑄《昨非庵日纂》中作“特宜修身洁己”。

③《旧唐书·牛廪传》：“家书缺者，诚宜补葺。”

④ 薏苡：多年生草本植物，果实可供食用酿酒，并入药。薏米被进谗的人说成了明珠。比喻被人诬谄，蒙受冤屈。

⑤ “观过知仁”语出《论语·里仁》：“子曰：人之过也，各于其党。观过，斯知人矣。”意为人的过错，是与其社会地位相对应的。

⑥ 临别时赠送给远行人的路费、礼物。明冯梦龙《东周列国志》第四十四回：乃使老大夫烛武，先见杞子、逢孙、杨孙，各以束帛为贶。

符吾志，遂汲不改，变为甘泉。蠡邱馆东有三柳，往来憩之。行路勿剪，比之甘棠。

唐何易于为益昌，令民有死丧，不能具葬者以俸金，敕吏为办之。

唐裴景升为尉氏尉，考满[1]，刺史皇甫亮曰：裴尉苦节，若是，岂可使无上考[2]，选司何以甄录也？为之词曰：考秩已终，言归有日，千里无代步之马，三月乏聚粮之资，食惟半菽，室如悬磬[3]，清心苦节，从此可知，不旌此人，无以激劝。

唐王邱致仕所守清约，不通馈遗室庐童骑，皆敝陋帝，叹其古人之节，给全禄以旌洁吏。

唐韦诜休日，登楼见人有所瘗藏者。访诸吏，曰：参军裴宽居也。吏与偕来，诜问状，答曰：宽居义不以苞苴[4]污具家，适有人以鹿[5]为饷，致而去，不敢自欺，故瘗之。诜嗟异，乃引为判官。有以书遗褚遂良者，遂良止纳一卷。其人曰：是书贵千金，何取之廉？答曰：审尔此为多矣。更还其半。

唐张道原拜大理卿。何稠得罪，籍其家属赐群臣。道原曰：祸福无常，安可因己之泰，利人之否，取其子女以为仆妾，岂仁者之心？皆舍之，一无所取，更资以衣食遣之。《孔帖》[6]

唐宗室荣历岳州别驾，人遗以金，拒而不纳。武后曰：吾家千里驹也，改名千里。

柳元景为尚书令，守园人卖菜得钱三万送宅。元景曰：种菜以供啖耳。复夺百姓利耶？乃以钱别乞守园者。

---

① 考满：又叫满考。旧时官员任期一满（三年一任），经过考核后，才能重新任用或连任。

② 上考：即考核为上等，政绩最好。

③ 悬：挂。磬：古代石制乐器，悬挂在架子上供敲击。“室如悬磬”的意思是屋子里空空的，就像悬磬四周空荡荡一样。本指府库空虚，后形容家境贫寒。

④ 苞苴：私人赠送的礼物。

⑤ 鹿，应为鹿脯，干肉。

⑥《后六帖》简称《孔帖》，是南宋孔传仿照唐代著名诗人白居易自编的一部类书。

毕相諴[1]家本寒微。咸通初，其舅尚为太湖县伍伯[2]，諴深耻之。常使人讽令解役为除官，反复数四，竟不从命。乃特除选杨载为太湖令，嘱为舅除猥籍，津送入京。杨到任，具达諴意。伍伯曰：某贱人也。岂有外甥为宰相耶？杨坚勉之，乃曰：某每岁秋夏，恒享六十千事例钱[3]。苟无败缺，终身优足。不审相公欲除何官？杨乃具以闻諴，諴亦然其言，竟不夺其志。但月人曰：夫缊袍不耻贤者，尚以为难。若伍伯宰相名地，渊霄艳仰不到梦寐，忽以甥舅之缘勤相推解。虽径托肺腑，不谓攀援，乃此人视宰相如异代之官，判甥舅如水炭之别，享寿例钱，裕如钟鼎。此五百年间生之伍伯也。

吴叔治修夏月纳凉门外，时闻桐树下有琴声。后一胡请以五百金买此树。叔治曰：金欲得耳，第吾自以口就食，即见此树，今何忍伐之？后叔治出为北海主簿。归已为族人卖去。久之，胡以二琴至示叔治。一曰阴姬，一曰阳娃，不加少漆斲磨光亮，其文宛然，各有仙女弄琴之状。云：凉天月，夜不鼓而自鸣，请留其一，以一相报。叔治拒而不纳。

仲廷预为蜀嘉王授教诸子。虽通坟典门下，亦未甚礼。时方凝寒，王以旧火炉送学院。廷预方独坐太息，以箸拨灰，得金箸[4]一双。遽求见王，王意其有求也，勉强见之。廷预乃出箸，陈其本末。王曰：吾家失此物已十年。吾子得之，还以相示。真有古人之风，乃厚赠之。荐授崇州录事参军。《玉硌编事》

唐崔出鄘为虢州观察使。先是，上供财乏，夺官俸助输，岁率八十余万。鄘曰：吏不能赡私，安能恤民？吾不能独治，安得徒自封耶？即

① 毕諴(803—864)，字存之，郓州须昌(今山东东平)人。大和时登进士第。历任监察御史、侍御史、职方郎中、中书舍人、节度使，咸通元年(860)，为礼部尚书、同中书门下平章事，终于河中节度使任。

② 伍伯：伍长。晋崔豹《古今注·舆服》："伍伯，一伍之伯。五人曰伍，五长为伯，故称伍伯。"亦作"伍百"。

③ 事例钱：按例付给的薪金。

④ 金箸：金筷子。

捐府中常费代输。唐卫次公为陕虢观察使，蠲横租钱岁三十万。崔蠡知制诰日，丁太夫人忧居东都里第。时尚清苦，四方寄遗茶药而已，故朝贤家不异寒素，虽名姬爱子服无轻细，崔公卜兆有期。居一日，宗门士人有谒请于蠡者。阍吏拒之，曰：公居丧未尝见他客。乃曰：某崔家宗门子弟，又知尊夫人有卜远之日，愿一见公。公闻之，延入与语。直云：知公居缙绅间，清且约，太夫 人丧事所须，不能无费。某以辱孙侄之行，又且背用稍给，愿以钱三百万济公大事。蠡见其慷慨，深奇之。但嘉纳其意，终却而不受。此人调举久不第，亦颇有屈声。蠡未几服阕，拜尚书右丞，知礼部贡举。此人就试，蠡第之为状元。众颇惊异，谓蠡之主文以公道取士，崔之献艺由善价成名。一第则可矣，首冠未为得。以是人有诘于蠡者。答曰：崔某固是及第人，但状头是某私恩所致耳。具以前事告之。于是中外始服，名益重焉①。

郭元振，年十六入太学。薛稷赵彦昭为友。时家寄钱四十万以为举粮，会有缞服叩门者，自言五世未葬，愿假以治丧。元振即命以车一时载去，略无留者，亦不质其姓氏，深为薛赵所诮。元振怡然曰：济彼大事，亦何诮焉？其年粮绝竟不成举。《唐书》载：元振为通泉尉，前后掠卖所部子女千余，以遗宾客，百姓苦之。武后闻而籍其家，惟有书数卷。后令问其赀财所在，皆以济人为对。于是奇而免之。后为凉州都督，路不拾遗。诸番闻风，咸请朝献。

裴宽尚书罢郡西归，汴流中，日晚维舟，见一人坐树下，衣服极弊。因命屈之与语，大奇之，遂为见知：以君才识，必自当富贵，何贫也？举船钱帛奴婢贶之。客亦不让所惠，语讫上船。奴婢偃蹇者鞭挞之。裴公益奇之。其人乃张徐州也。《幽闻鼓》

南溟之大鹏作中天之一柱。骞腾则日月暗，摇动则山岳颓。真天子之爪牙，诸侯之龟镜也。太穆孤幼二百余口，饥冻两京。小郡俸薄，尚为衣食之节。赐钱一千贯，绢一千匹，器物一千两，米一千石，奴婢各十人。且曰：分千树一叶之影，即是浓阴。减四海数滴之泉，便为膏

① 出《芝田录》，《太平广记》卷第一百八十二。

泽。于公览书，亦不嗟讶。曰:郑使君所须，各依来数一半，以戎费之际，不全副其本望也。又有匡庐符，戴山人，遣三尺童子赍数尺之书，乞买山钱百万。公遂与之，仍如纸墨衣服等。但月人曰:吾闻造物美利，非济穷乏，即养贤吹。

严震，镇山南，有一人乞钱三百千去过活，震召子公弼等问之。公弼曰:此患风耳，大人不足应之。震怒曰:尔必坠吾门，只可劝吾力行善事，奈何劝吾吝惜金帛，且此人不办。不办，犹云不相识也。向吾乞三百千，的非凡也。命左右准数与之。于是三川之士归心恐后，亦无造次过求者[①]。

郑太穆郎中为金州刺史，致书于襄阳于司空頔，曰:阁下为才，南溟之大鹏，作中人之一柱，骞胜则日月，暗摇动则山岳颓，真天子之爪牙，诸侯之龟镜[②]也。太穆孤幼二百余口饥冻，两京小郡俸薄，衣食不给，乞赐钱一千贯，绢一千匹，器物一千两，米一千石，奴婢各十人，且曰:分千树一叶之影，即是浓阴，减四海数滴之泉，便为膏泽。于公览书亦不嗟讶。曰:郑使君所须，各依来数一半，以戎费之际，不全副其本望也。又符载居匡庐遣三尺童子，赍数尺之书，仁买山钱百万，遂与之，仍加纸墨衣服等。但月人曰:吾闻造物美利，非济穷乏即养贤。郑太穆官为刺史，自足养廉，符载交游，州镇名足润，身非贫也。乃郑则丐求钱绢奴婢，谄牍悲哀生平，行检[③]灭裂，可知符载。在唐诗文纤陋无可诵传，浮声吹煽，遂倾俗耳。文曰:买山实同行乞，揣其数尺之书，必办十甲之颜也。今以百万千万有用之金钱，滥施寡廉鲜耻之士大夫，与掷流委壑何殊？直是暴殄天物耳，谓之大度好施可乎？

渑池道中，有车载瓦瓮塞于路。属天寒，冰雪凌滑，进退不得。日

① 明胡我琨撰《钱通卷》十四。

② 龟可卜吉凶，镜能别美丑，因以比喻可供人对照学习的榜样或引以为戒的教训。《隋书·魏澹传》:“五帝之圣，三代之英，积德累功，乃文乃武，贤圣相承，莫过周室，名器后稷，追谥止于三王，此即前代之茂实，后人之龟镜也。”

③ 行检:操行，品行。

向暮，官私客旅群队，铃铎[1]数千，罗拥在后，无可奈何。有客刘颇者，扬鞭而至，问曰:“车中瓮值几钱?”答曰:“七八千。”颇遂开囊取缣[2]，立偿之。命童仆登车，断其结络，悉推瓮于崖下，须臾，车轻得进，群噪而前。《国史补》

王义方初拜御史，置一第，爱庭中青桐树。复召主人曰:此佳树得无欠偿乎？又与之钱四千。

郑宏守，阳羡县民。有弟用兄钱者，为嫂所责，未还之。嫂诣宏，宏为叔还钱。兄闻之悔愧，自系于狱，遂遣妇赍钱还宏，宏不受也。《会稽典录》[3]

陆龟蒙，姑苏家门有一巨石，乃远祖绩吴。嘉禾初，为郁林守。罢归无装舟空，难以越海，乃取一石以压舟，人号郁林石。又洪规为会稽守，罢归无资。人不知其清，以船载黄土而归。

唐李莹暇日读梦书。有曰:梦蛇梦粪者直财。因以铭之曰:财货。将至梦寐可寻，或秽，或虺，乃玉，乃金秽可亲欤？虺[4]可玩欤？敢献斯铭，以激贪夫。《山堂肆考》[5]

贺知章尝谒卖药王老，问黄白术，持一大珠遗之。老人得珠，即令易饼与贺食。贺心念宝珠何以市饼，老叟乃曰:慳吝未除，术何由成？[6]

---

① 铃铎:原系在牲口颈下铃，此处代指“牲口”。

② 缣:细绢。

③《会稽典录》，东晋虞预撰。二十四卷。记载从春秋到三国时期会稽郡(治今浙江绍兴)几十个历史人物的生平事迹。久佚。今有鲁迅辑本二卷。

④ 虺是古代汉族传说中龙的一种，以爬虫类的蛇作模特儿想象出来的，常在水中。虺五百年化为蛟，蛟千年化为龙，龙五百年为角龙，千年为应龙，出自南朝时期著作《述异记》。

⑤《山堂肆考》是万历年间通州民间学者彭大翼撰著的大型类书，全书共240卷，流传有两种版本，如今两份善本一珍藏于南通市图书馆，一珍藏于静海楼特藏书库。《山堂肆考》以其洋洋260余万字的鸿篇巨制，在我国古代私家撰述的众多类书中出类拔萃。该书采集宏富，内容浩博，门类繁杂。经史子集、释经道藏，无所不及。全书分宫、商、角、征、羽五集，共四十五门。每门又分子目若干，每一子目有小序一篇，述其内容、范围、沿革等，下录引文，或标书名，剪裁得当，浅显易懂。

⑥ 唐皇甫端《原化记·贺知章》。

已上皆唐

后梁时，知诰悉反知训所为，事吴王尽恭，接士大夫以谦，御众以宽，约身以俭。以吴王之命，悉蠲天十三年以前逋税，余俟丰年乃输之。求贤才，纳规谏，除奸猾，杜请托。于是士民翕然归心，虽宿将悍夫无不悦服。先是，吴有丁口钱[1]，又计亩输钱，钱重物轻，民甚苦之。齐丘说知诰，以为钱非耕桑所得，今使民输钱，是教民弃本逐末也。请蠲丁口钱；自余税悉输谷帛，䌷绢匹直千钱者，当税三千。或曰：如此，县官岁失钱亿万计。齐丘曰：安有民富而国家贫者邪！知诰从之。由是江、淮间旷土尽辟，桑柘满野，国以富强。

【按】齐邱轻佻褊躁，本非端士。如此识见，又不当以人弃言矣。

范文正公少贫，悴依睢阳朱氏家。常与一术者游会。术者病笃，使人召文正，告曰：吾善炼水银为白金，吾儿幼不足付，今以付子，即以其方与，所成白金一斤封志，纳文正怀中。文正方辞避，而术者已绝。后十余年，文正为谏官。术者之子长呼而告之曰：而父有神术，昔之殁也。以汝尚幼，故俾我收之。今当还汝，出其方，并白金授之。封识宛然。《朝野遗记》

阳偕尝之官汉州。道遇一术士，谓曰：君知世间有化瓦石为黄金者乎？就偕试之，既验，欲授以方。偕曰：吾方从吏禄，安事化金术士？曰：子志若此，非吾所及也，出户失所在。《宋史》

吴宿性忠实，外和而内刚。尝与一僧善。僧有秘术能化瓦石为黄金。且死，将以术授宿。曰：其为我营葬。宿曰：后事当尽力，他非吾所知也。僧叹曰：子之志殆未可量。历枢密副史，笃行犹若。市衣时，宿兼通五行之学。《宋史》

王质王文正公旦之侄，以贫为宝。文正为舍人家虚贷金，赡昆弟，过期不入辍。乘马偿之，质得其券。曰：此前人清风又得。

---

① 丁口钱，又称“丁钱”“丁身钱”，指人口税。丁口钱在五代时吴、吴越、闽、楚等国均有征收，标准不一。吴越每岁每身三百六十文，闽每岁每丁七斗五升，楚征丁钱绢米麦。

颜鲁公为尚书时，乞米帖刻石遗亲友。雅尚如此，故所至有水蘗声。伊川与韩持国善，尝约云候韩年八十往见之。一日，因子弟贺正，乃曰：某今年有一债未还，春中须当暂往见韩持国。盖韩是年八十也。春中往造焉，久留颖昌。韩早晚伴食，体貌加敬。一日，韩谓子彬叔曰：先生远来无以为意，我有黄金药堞一，重二十两，似可为先生寿，然未敢遽言。我当以他事使子侍食，因从容道。吾意彬叔侍食如所诫试启之。先生曰：某与乃翁道义交，故不远而来，奚以是为诘朝，遂归。韩谓彬叔曰：我不敢面言，正谓此尔，再三谢过而别。《语录》

曾巩知福州。州无职田[①]，岁鬻园蔬，收其直，自入常三四十万。巩曰：太守与民争利可乎？罢之。

刘师文，明州人。流落蜀中，母以缝纫教之。学成，都大姓杨氏奇之，纳为婿。杨死数年，方婚。既而谋归江南。妻晨起与母兄议事。窃往窥壁，见其母兄立文书，反复再三，有不豫之色。妻至问故，曰：父存日议，以田四十亩为嫁资，约铜钱二千缗。迩来多故，鬻之殆尽。今货居室之半，仅得千缗而已，适立券也。刘曰：岂有为人婿，而令其卖屋以相畀者。取券焚之，携妻竟归，后登第官郎。

司马公置独乐园。当春明之际，卉木繁秀，许人观之。观皆咸以钱与园丁吕直，谓之茶汤钱[②]。积十千而纳于公，公却之曰：吾岂少此哉？就与之。直曰：天地间只端明不爱钱耶？于是创一井亭，以便行客，亦不私其钱也。公之廉洁不足道，园丁高致乃如此。

苏扶者，隐士苏庠仲子也。工诗善书，贫甚。而有介郡守辟之，语子侄辈曰：吾何以获知时人，特以先世隐名存耳。殆不过哀吾贫而周之。宁忍以父名卖钱耶？固辞不往，死至无以敛葬云。《贫士传》

---

① 职田是国家掌握的公田，不属官吏私人所有，只以收获物或部分收获物充作俸禄的一部分，官吏离任时要把职田移交给下一任。这种土地严禁买卖，也不得换易。

② 宋代选人、使臣等无职田或职田不足者，于俸禄外另给补贴，称茶汤钱。此处是借用，意为补贴茶水之费。

宋陈后山[1]履常罢归，贫至累日不炊。传尧俞知之，怀金馈之。听其议论，不敢出口。

蔡沈从父元定谪道州。元定没，徒步护丧以还。有遗之金，而义不可受者。辄谢却之曰：吾不忍累先人也。

刘侍御寅曰：吾友罗惟德任宁国时，一日谒余，喜动颜色，随拊掌自鬯[2]曰：今日一大愉快事。余问曰：何事？曰：近贫宗有十数人以饥荒远来乞，周比积俸，余施散殆尽。家大人以下及诸眷属无一阻挠者，为是鬯然耳。时聆之，以为浅谈。今追思之难矣哉。惟德尔时，精神通于一家矣[3]。

海忠介瑞[4]之清，似出天性。然亦有矫情者，疾病之日，人往伺之。卧草荐上，无席无帐，以妇人裙蔽之。二品之禄，岂不能捐数镮，置一布帐乎？不然直福薄耳。卢怀慎妻子冻饿，门不施箔，引席自障。昔人已辩其非矣。李峤为相，卧布被青絁帐，则安明皇赐以茵褥锦绮，则通夕不寐。或亦海忠介之类乎？然忠介身后实无余财。近来效颦者，家藏余镪，而外为纤啬，欲并名与利，而皆袭取之，则忠介之罪人矣。谢肇淛《杂俎》

薛司空瑶为扬州太守。会武庙南巡，诸省骚动，凡乘舆供御，及宦寺宫妾，亲军赂遗，莫可赀算。公曰：备亦罪，不备亦罪。备则患及于民，不备则患止于身。乃仅鸠供应之具，不复横敛以为媚悦。自衣青布袍，束黄金带，奔走周旋。权幸江彬辈横加折辱，不为动。一日，上捕得大鲤，谋所鬻者。左右正欲中[5]公，曰：莫如扬州知府宜。上乃呼而属之。公归括女衣，并首饰数事，蒲伏而进，曰：鱼有值矣，他无所

---

① 陈后山，宋代彭城人，是所谓江西诗派的主要人物。吕本中所著《江西诗社宗派图》中把他的名次仅列在黄庭坚之下，作为第二。

② 鬯，同"畅"。

③ 出自《西园闻见录》。

④ 海瑞，字忠介。

⑤ 中：中伤之意。

取，惟妻女衣装在焉。臣死罪死罪。上熟睨之曰：汝真酸子耶！吾无须于此。其急持以归，鱼亦不取值矣。由是清节动天下。《先进遗风》[①]

宋文宪公濂致仕。居青萝山，闭门纂述，人不见其面。权要索文者，非其人，虽置金满橐，一字不与。纵与之，亦不受馈。日本使奉刺请文，以百金为献。公却不受。上以问公，公对曰：天朝侍从之臣，而受小夷金，非所以崇国体也。《先进遗风》

吴文正公讷为御史时，巡按贵州。回三司遣人赍黄金百两。追送夔府，公不启，就题其上还之。诗曰：萧萧行李尚[②]东还，要过前途最险滩。若有赃私并土物，任他沉在碧波间。廉而不激[③]如此。《寓圃杂记》[④]

陈恭愍倣范文正公，置田一百四十亩，以充祀先周族之用，号思远庄。及卒后，族人以公无余赀，举田还公子戴。戴不可，曰：先人置此，以行义也。戴取而私之，独无丑乎人？谓公有子。《水东记略》

童尚书轩，性寡合，不妄取予。居南京时，家人衣食或不给，惟三原王公馈以米及白金，或不受。昆陵王尚书与知其介，不敢致馈。值

---

①《先进遗风》，明耿定向（1524—1596）撰。笔记，二卷。耿定向，字在伦，号楚侗。黄安（今湖北红安）人。嘉靖三十五年（1556）进士，授行人，擢御史。理学家。万历中累官户部尚书。晚年讲学于天台山，人称天台先生。卒谥恭简。著有《天台集》《硕辅宝鉴要览》《耿子庸言》等。见《献征录》卷二九、《明史》卷二二一、《明儒学案》卷三五。《四库全书总目提要》："是书仿宋人《典型录》之体，载明代名臣遗闻琐事，大抵严操守、砺品行、存忠厚者为多。盖明自嘉靖以后，开国敦庞之气日远日漓，士大夫怙权营贿，风尚日偷。定向陈先进懿行以救时弊，故所纪多居家行己之细事，而朝政罕及焉。"先进，先辈。《论语·先进》："先进于礼乐，野人也。"魏何晏《集解》引包咸说："先进后进，谓仕先后辈也。"先进遗风，犹言先辈遗留下来的风范。有《四库全书》本。参见：赵传仁，鲍延毅，葛增福.中国书名释义大辞典[M].济南：山东友谊出版社，2007：409.

②"尚"应为"向"。

③此处意为拒绝送礼，也不必对行贿送礼者大声斥责。为官之境界在于，"持身廉而不激，事上恭而不阿"。

④《寓圃杂记》，明王锜撰。锜字元禹，别号梦苏道人，长洲人。是书载明洪武迄正统间朝野事迹，于吴中故实尤详。然多摭拾琐屑，无关考据。

有持金币求文者，因谓曰：童公之文胜余。令人导汝往求之。至则，童公问其人曰：汝自来乎？抑有使之者乎？其人以实对。遂郄不纳，其介如此。《濯缨亭笔记》[①]

壬辰会元林先生春。其父故漕卒，家贫，善养其母，往往至日中不能炊。先生拾穗行歌，了无怨色。后官吏部，卒于邸。检之囊中，仅得银四两，几无以殓。可谓终始一节矣。大学士张玉阳，赏其卷。批曰：布帛菽粟之文，必是笃行君子。张可谓知人已。《闻雁斋笔谈》[②]

钱昕，字景寅，苏州常熟人。正统乙丑进士，历官湖广布政使，以廉慎着称。同时有鱼侃者，亦常熟人。永乐二十二年进士，历官开封知府，亦有廉名。然昕故富家，而侃则贫士人，尤以为难。盐山王文肃公翱为吏部，常称之曰：富不爱钱钱昕，贫不爱钱鱼侃。《投瓮随笔》[③]

武中郭德成为骁骑指挥，尝入禁内，上以黄金二锭置其袖，曰：第归勿宣出。德成敬诺，比出宫门，纳靴中，佯醉脱靴露金。阍人以闻

①《濯缨亭笔记》，明戴冠著。戴冠（1442—1512），字章甫，自号濯缨，江苏长洲人。《明史》无传，《献征录》卷八五及《莆田集》卷二七有文征明撰的《戴先生冠传》，称“其学自经史外，若诸子百家、山经地志、阴阳历律与夫稗官小说，莫不贯总。议论高远，务出人意”。但八次应举不中。弘治四年（1491），“始以年资贡礼部”，授浙江绍兴府儒学训导，后罢归。所著有《濯缨亭笔记》《礼记杂说办疑》《读史类聚》《气候杂解》《经学启蒙》《通鉴纲目集览精约》以及诗文若干卷。本书前有陆粲的《序》，介绍了戴冠的事迹。陆粲字子余，是戴冠同乡，嘉靖五年（1526）进士，补工科给事中，后任永新知县。《明史》有传。本书记述明朝正德以前朝野遗事，有一定史料价值。

②《闻雁斋笔谈》六卷，（明）张大复撰。张大复（1554—1630），字元长，号鹿城病居士，昆山（今江苏昆山）人。精通经史词章之学。生平事迹见钱谦益《牧斋初学集》卷五十四《张元长墓志铭》。

③《投瓮随笔》，明姜南撰。姜南，字叔明，号蓉塘，浙江仁和人，正德十四年（1519）举人。著有《半村野人闲谈》《学圃余力》《抱璞简记》《风月堂杂识》《投瓮随笔》等。《投瓮随笔》，一卷，收入乾隆年间吴省兰所编《艺海珠尘》及《说郛续》。该书体例与《风月堂杂识》相同，亦因人、因事立条，共三十七条。书中所述，臧否人物、品评诗文、抑扬吏治，并介绍了风土人情、典故奇闻等。

上，曰：吾赐也。或尤之。德成曰：九阍[①]严密如此。藏金而出非窃耶？且吾妹侍宫闱，吾出入无间，安知上不以试耶？众乃服。《九朝野记》

于谦为兵部侍郎。巡抚河南、山西时，一日遇暴客劫舟。徧按行囊，更无贵重于腰间金带者。盗亦不忍取去。及还朝，并无一物馈送。自作一诗云：手帕麻姑及线香，本资民用反为殃。清风两袖朝天去，免得乡闾话短长。

南昌郭使君，浣新野人。廉明惠恕，正已不阿。民有负宦家债者，两讦县，鬻妻鬻女以偿[②]，复讦府责其余负。使君询得其情，恻然谓宦仆曰：此人原贷五十金，既鬻妻女以偿。今负既不多，而此人更无立锥之地，仍勒其偿，惟有填沟壑耳。汝主宁忍使之至此极耶？乃取券焚之，更捐俸赎其妻女，令归完聚。又有书吏以上司赎锾[③]票押行，询之，俱贫民，久不能追者，使君欲概抹不行。吏泣诉曰：上司所委，若比较[④]不完，罪累及役主。纵怜念贫民，独不计役身家耶？公询逋数，至百余金，亦捐俸逐一代输之。《隽区》[⑤]

郑宗伯以伟，家居介特[⑥]。官长希见其面以起用，赴京道过武林。有织造坊商人欲支库藏金一万。而当事以非所急，持重不与。商闻宗伯品望素著度，一言旦夕可发，乃持五千金来干。宗伯却之，曰：今国用告匮，此定不急，奈何以自利之，故为国家妄耗多金。且焉有君子而

① 喻朝廷。宋曾巩《答葛蕴》诗："春风吹我衣，暮召入九阍。"《明史·王家屏传》："小民愁苦之声殷天震地，而独未彻九阍。"清陈梦雷《东行口占》之一："襆被登车谢九阍，三年囚首一身存。"

② 原文为："初讦，县断偿鬻妻为人婢；次讦，县鬻其女。"此处将两句并为一句，疑漏"断"字。

③ 锾：古代重量单位，或说等于六两，或说等于六两半。《书·吕刑》："墨辟疑赦，其罚百锾，阅实其罪。"此处指的是钱。

④ 比较：征收赋役的定额、指标。

⑤《隽区》，明人郑仲夔所著笔记小说。

⑥ 介特：孤傲而不流俗。

可货取耶？其人再四祈请，终不一顾。《隽区》

文征仲父林为温州太守，卒于官。僚佐大夫以千金致赙，辞曰：先大夫守郡，曾未货取。不幸先朝露毙[①]，得其正。使不肖受斯赠，是欺死父也。且先大夫以正死，不肖可以不正生乎，固不受[②]。《偶记》

沈逸人妇金睿贞[③]，日磾之裔也，才而贤。逸人居贫，衣食稍不义，政犹豫，睿贞必从旁以义决之。疏食菜羹，朝夕不膳，欣欣如也。逸人虽隐居陋巷，门外不绝贵人车马。一日有客怀百金，托逸人居间。睿贞从屏内窃听之，不悦。逸人苦谢客，客退。逸人入告睿贞。睿贞抚掌曰：是吾心也。《戊辰杂抄》

佛大檀越须达多长者，居舍卫国[④]，常施孤独。故曰：给孤独，因往王舍。城护弥长者，家为男，求聘见其家，请佛说法，遂生欢喜心，接足作礼。而白佛言：我舍卫国人多信邪，弟子欲营精舍请佛住。化佛默受请，即遣舍利，弗指授规则。遍处求踏，唯有只陀太子一国，广八十顷，林木郁茂，幽静可居。既得胜地，往白太子。太子戏曰：金布满地，便当相与。须达多长者出金，布地八十顷，精舍告成，凡千二百处。白王遣使请佛安居。

朝鲜国都中有兄弟二人，偕行，弟得黄金二锭，以其一与兄。至黄花渡，同舟以济，忽投金于水。曰：吾平日爱兄甚笃。今者分金，忽萌忌兄之心。此乃不祥之物，不若投之江，忘之。兄是其言，亦投金于水。

诃陵国人推女子为王，号悉莫。威令极严峻，道不举遗。大食君闻之，赍金一囊置其郊，行人辄避。如是三年。太子过，以足躏[⑤]金，悉莫

① 类似成语“身先朝露”，意指身体比早晨露水消失还快。比喻很快死亡。

②《明史》载：“林卒，吏民醵，千金为赙。征明年十六，悉却之。”

③ 隐士沈逸人的妻子金睿贞，是金日磾（西汉人，前134—前86）的后裔，她有才华，而且十分贤惠。参见：王春瑜.宋代的一百个老百姓[M].北京：中国文史出版社，2009：237.

④ 舍卫国为中印度古王国名。有关此国之位置，据英国考古学家康林罕（A. Cunningham）推定，近于尼泊尔之奥都（古称沙只），北方约九十公里处，即拉布提河（Rapti）左岸之沙赫玛赫（Sahet Mahet）地方。

⑤ 躏：践踏。

怒，将斩之。群臣固请，悉莫曰：而罪实本于足，可断足。群臣又固请，卒断指以殉。大食闻而畏之，不敢加兵。此上元间事也。《唐书》

说余第十二

鲁褒[①],字符道,南阳人,好学不仕。当晋元康之后,纲纪大坏,贿赂公行。褒伤时贪鄙,乃隐姓名,著《钱神论》以刺之。文曰:有司空公子富贵不齿,盛服而游京邑。驻驾乎市里,顾见綦母先生,班白而徒行。公子曰:嘻!子年已长矣。徒行空手,将何之乎?先生曰:欲之贵人。公子曰:学诗乎?曰:学矣,学礼乎?曰:学矣,学易乎?曰:学矣。公子曰,诗不云乎?币帛筐篚以将其厚意,然后忠臣嘉宾得尽其心。礼不云乎,男贽玉帛禽鸟,女贽榛栗枣修。易不云乎,随时之义大矣哉。吾视子所以观子所由,岂随世哉?虽曰:已学吾必谓之未也。先生曰:吾将以清谈为筐篚,以机神为币帛,所谓礼云礼云玉帛云乎哉者已?公子拊髀大笑曰:固哉!子之云也。既不知古,又不知今。当今之急,何用清谈,时易世变,古今异俗。富者荣贵,贫者贱辱,而子尚质。而子守实无异于遗剑刻船,胶柱调琴,贫不离于身,名誉不出乎家室,固其宜也。昔神农氏没,黄帝尧舜教民农桑,以币帛为衣。上智先觉变通之,乃掘铜山,俯视仰观[②],铸而为钱,故使内方象地,外圆象

① 鲁褒,字元道,西晋南阳(今属河南)人。好学多闻,以贫素自立。元康(晋惠帝年号,291—299)之后,纲纪大坏,鲁褒有感于时代和世风的贪鄙,遂隐姓名,著《钱神论》以刺之。疾时之人共传之。褒终生不仕,人莫知其所终。《晋书》卷九十四《隐逸传》有传,但甚略。参见:刘文忠.汉魏六朝文选[M].北京:人民文学出版社,2011:433.

② 上智先觉:指聪明而有远见的人。变通之:指改变以物易物的交换方式。"俯视仰观":上观天,下观地,天圆地方(古代如此认识),法天地之象,而铸成外圆(象天)内方(象地)的铜钱。

天。钱之为体，有干有坤，内则其方，外则其圆。其积如山，其流如川。动静有时，行藏有节。市井便易，不患耗折。难折象寿，不匮象道①，故能长久，为世神宝。亲爱如兄，字曰孔方，失之则贫弱，得之则富强。无翼而飞，无足而走。解严毅之颜，开难发之口②。钱多者处前，钱少者居后。处前者为君长，在后者为臣仆。君长者丰衍而有余，臣仆者穷竭而不足。诗云：哿以富人，哀此茕独，岂是之谓乎？钱之为言泉也。百姓日用，其源不匮，无远不往，无深不至③。京邑衣冠，疲劳讲肄；厌闻清谈，对之睡寐，见我家兄，莫不惊视。钱之所佑，吉无不利。何必读书，然后富贵？昔吕公欣悦于空版，汉祖克之于嬴二，文君解衣裳而被锦绣，相如乘高盖而解犊鼻，官尊名显，皆钱所致。空版至虚，而兄有实，嬴二虽少，以致亲密。由是论之，可谓神物。无位而尊，无势而热。排朱门，入紫闼④。钱所在，危可使安，死可使活；钱之所去，贵可使贱，生可使杀，是故忿争办讼，非钱不胜；孤弱幽滞⑤，非钱不拔；怨仇嫌恨，非钱不解，令问笑谈，非钱不发。

路中纷纷，行人悠悠，载驰载驱，唯钱是求。朱衣素带，当涂之士，爱我家兄，皆无已已。执我之手，抱我终始，不计优劣，不论年纪，宾客辐辏，门常如市。谚曰：钱无耳，可暗使。岂虚也哉？又曰：有钱可使鬼，而况于人乎？子夏云：死生有命，富贵在天，吾以死生无命，富贵在钱。何以明之？钱能转祸为福，因败为成危者，得安死者，得生性命，长短相禄贵贱，皆在乎钱。天何与焉，天有所短，钱有所长，四时行焉，百物生焉，钱不如天，达穷开塞，振贫济乏。天不如钱，若臧武仲之智，卞庄子之勇，冉求之艺，文之以成人矣。今之成人者，何必然唯孔方而

① 难拆象寿：指铜钱难以朽烂，像寿命很长的老人。不匮：不乏。象道：像取之不尽、用之不竭之道。

② 解严毅之颜：钱能使板着严肃面孔的人开颜欢笑。开难发之口：钱能使不爱开口说话的人开口说话。

③《晋书》卷九十四《鲁褒传》作"无幽不至"。

④ 有钱的人可以出入于朱门、豪贵之家，甚或帝王的宫禁。紫闼，帝王的宫门。

⑤ 幽滞：指失意不得仕进之人。

已。夫钱穷者能使通达，富者能使温暖，贫者能使勇悍。故曰：君无财则士不来，君无赏则士不往。谚曰：宫无中人，不如归田。虽有中人，而无家兄，何异无足而欲行，无翼而欲翔。使才如颜子，容如子张，空手掉臂，何所希望，不如早归，广修农商舟车，上下役使孔方。凡百君子同尘和光，上交下接，名誉并彰。《晋书》云：钱之为体，有乾坤之象。谚云：钱无耳，可使鬼。凡今之人，唯钱而已。欲翔（一作欲行）。

【按】鲁褒之论，《晋书》及《艺文御览》《文选补遗》并载未全。今总为一《太平御览》，取路中行人至，岂虚也哉。作成公绥《钱神论》[①]已（已作能），已抱我作说分，《御览》又载。綦母氏《钱神论略》附后。

綦母氏《钱神论略》：黄铜中方叩头对曰：仆自西方庚辛，分土诸国，处处皆有。长沙越嶲仆之所守，黄金为父，白银为母，铅为长男，锡为少妇。伊我初生，周末时也。景王君世大铸兹也。贫人见我如病得药，饥飧大牢，未之喻也。杨升庵[②]摘略曰：景王君世大铸兹也。贫人见我如病得医，饥飧大牢未足为饴。又绥论略曰：路中纷纷，行人悠悠，载驰载驱，惟钱是求。朱衣素带，当涂之士，执我之手，门常如市。谚曰：钱无耳，鬼可使其虗[③]也哉。觉简劲可诵。

梁庾诜尝乘舟从山舍还载米百五十石，有人寄载三十石至宅。寄载者曰：君三十石，我百五十石。诜默然不办，恣其取足。或曰：庾公雅量，可尚也。复之曰：此无心胸之血肉能，关动之木偶耳。假令载家口十数人，或载三数人，遽以三数人冒夺十数人，亦将默不置办乎？又假令为主守藏司出纳，若人出藏百千数，吾出藏十百数，遽以百千之出

①《钱神论》共有两篇。一篇为西晋鲁褒作，一篇为魏晋之际的成公绥（231—273）作。后者仅存留下来一小段，且基本内容已被前者所包括，所以通常所说的《钱神论》指前者。

② 杨升庵（1488—1559），名慎，字用修，号升庵，四川新都（今成都市新都区）人，明朝著名文学家。正德六年（1511）中状元，后授翰林院修撰、经筵讲官。为官清廉、刚正不阿。明嘉靖三年（1524），在明朝著名的“大礼议”事件中，因触怒嘉靖皇帝，被终身流放云南永昌卫（今云南保山），嘉靖三十八年（1559）卒于云南戍所。

③ 古同“虚”。

挤，为吾所出，亦将不求证验，默代若人受僇乎？充此类也。人于世间，无能自主一物者，不谓之血肉木偶，可乎？

梁张率，字士简。性简脱不以簿领萦怀，尤阔略家务。为新安太守，遣家僮载米三千石还吴。及至，遂耗其半，率问故。答曰：鼠鹊耗也。率笑曰：壮哉鼠鹊。竟不研问。柳公权善书，公卿贶遗巨万，多为主藏。奴海鸥龙安盗用，尝别贮杯盂一笥，縢缄如故而器皆亡。奴妄言叵测者。公权笑曰：银杯羽化矣，竟不复诘[①]。夫君子之捐利以行义也，散财以济穷也。今以行义济穷有用之资，充盗贼之囊，饱饕餮之腹，是遵何道欤？且公卿巨万之贶中，有贤者，亦有匪人。受匪人之惠非也。沟壑贤者之惠，又非也。今懵暗受之，又懵暗弃之，曾君子而若是乎？若为郡而载米三千石，则皆民间膏血也。取之泥沙，又委之泥沙，漠然不以关其怀，以为身则，不廉以为名，则不洁以为心，则昧黑白。国家简是吏者，用人不能理财，不能诘奸，不能治盗贼，不能直世间一蠹而已。谓之糜粱之蝗，可也。

后汉陈重，字景公。顺帝时，在郎署有同舍郎，欠人息钱数十万。债主求迫不已，重密以钱还其主。同舍郎后知之，将以厚谢。重曰：非我之为，恐是同姓名者，终不言惠。此与直不疑偿金事略同。又陈重同舍郎有告归迎亲者，误持邻舍郎裤以去。主疑重所取重，不自申说，市裤以偿之。后迎亲者归，以裤还主，其事乃显。或曰：重与不疑，千载高风也。复之曰：王道本人情，此非人情，势又难继，不可为训也。此同舍郎，亲为骨肉乎？抑仁贤遭枉抑乎？孤穷无告横为强暴所迫凌乎？代偿焉以伸吾仁，犹可也。今直息钱数十万，必非无名之债也。又非有骨肉、仁贤、孤穷之可念也。无故而代偿焉。何居此数十万钱，取诸宫中乎？世间之颠连转壑，与高才困顿，日望轸施者何限，何为憖[②]留多藏，独济此郎也。设此事既济，他有颠沛流离，父母妻子身命得此钱，则生万万急于同舍郎者，重将取宫中应之乎？或不给也。将

① 见《新唐书·柳公权传》。

② 憖：宁愿。

营求怜乞以遂心乎？又无济也。不悔前此之轻施，等之填沟壑乎？若买金市袴，屈抑经营。陈绛尝论之矣。谓其曲意以成人之过，矫情以纳己于污也。孟子曰：人能充无受尔，汝之实无所往而不为义，盗贼之名，岂特尔汝伐国之问，尚深斂责。孔子必察颜回之尝饭。孟子不偿馆人之业屦，疑之辄予竭赀，何名？还而不受，含意尚在？寄躬君子宜无取焉。东汉人矫供立名多咈心[①]，诡理意为谣誉辟举之媒耳。于是浮伪相煽，流竞成俗。小人固败国，伪君子亦足败国。东汉之不振，不尽小人之过也。

南州有兄弟贫窘者，闻人谈天雨金事，乃日夜作痴想。其邻有儇薄者，厌其状，乃造一大纸锭。夜携至其门，急敲户数下而去。其弟启户出视，寂无人。忽有物朗然耀目，举之不可动，急呼其兄起，共舁入。至明视之，乃真金矣。自此家富裕。或曰：此戏论也。盖谑世之贪痴者。复之曰：非也。是教人穷神致命，变化万有之道也。虑世无端一心志，若南州兄弟者耳。审有之终食，造次闻见，寤寐颠沛流离[②]，无非是物者，鬼神通之。又奚疑释不以观想证圣乎？仙不以存想结丹乎？士不以致精科名，得科名乎？佛可成，仙可就，卿相可得，何但金钱哉？

宗躬孝子传曰：郭巨[③]，河内温人也。妻生男，谋曰：养子则不得营业，妨于供养，当埋之锸入地，有黄金一釜，上有铁券。曰：黄金一釜，赐孝子郭巨。裴子野《志略》[④]云：巨事继母至孝，家贫养子忧不能字，谓妻曰：宁伤慈以终孝，吾无恨也，遂埋子。又刘宋时郭世通家贫佣力

---

① 咈心：违背心意。《旧唐书·马燧传》："求贤惟广，辩理惟精，逆耳咈心，必嘉乃诚。"

②《论语》："君子无经食之间违仁，造次必于是，颠沛必于是。"此为孔子关于财富和地位的观点，核心是财富应取之有道，仁者应有定力。

③"郭巨埋儿"的传说流传甚广。历代以来，对此争议也颇多。赞成者有之，反对者也有之。参见：詹杭伦.论郭巨埋儿的大鼓书和古今争论[J].中国俗文化研究，2015(1)；谢建英.从郭巨埋儿看中国古代孝思想的功利主义[J].文史杂志，2011(1)；黄展骥.愚孝与忤逆——"郭巨埋儿"故事[J].人文杂志，1995(4).

④ 裴子野(469—530)，字几原，河东闻喜(今山西闻喜县)人。生于南朝宋泰始五年(469)，卒于梁中大通二年(530)，仕齐、梁两朝，南朝著名史学家、文学家。

养继母，妇生男恐废食，遂埋之。但月人曰：此妄书耳。心无恻隐，非人也。投兔尚先，况毛里乎？况毛里而婴赤无知乎？吾闻诸夫子断一树，杀一兽不以其时，非孝也。今也无故抱所生而杀之，当其下手之时，颠冥狠戾，曾毒蛇猛虎之不若，谁称之曰孝哉？天地鬼神，何故以黄金锡毒蛇猛虎也。昔陈仲弓为太邱长，有劫贼杀财主，主者捕之。未至发所，道闻民有在草不起子者[1]。回车往治之。主簿曰：贼大，宜先按讨[2]，仲弓曰：盗杀财主，何如骨肉相残？贾彪为新息长，城南有盗劫害人者，北有妇人杀子者。彪出按发，而掾吏欲引南。彪怒曰：贼寇害人，此则常理，母子相残逆天违道。驱车北行案验其罪。城南贼闻之，亦面缚自首。二君所执真司教化者，根本之论也。郭巨郭世通不为太邱新息，所案讨幸矣。今又锡之金，则是天地鬼神之赏罚，不如仲弓与彪之允当也。且纪是事者，尤背事理。皇天之下贫而生子者，日万万数。今曰子生将妨业废养。岂郭巨夫妇皆手持足趋，昼夜奔逐，罢食失寝，仅乃能营菽水耶？不然何为子生遂妨业也。今农耕女织士诵，工作无日废于世间，未闻此辈皆不孝子也。必无子而后遂其孝，则一孝子绝一家祀矣。孝子益多，人类益绝。孝非弥天塞宇之道，乃夷宗灭种之道也。有是理乎？欲免埋儿之惨，当先绝男女之媾精。欲免男女之媾精，当先灭女子，无种类。此天地所不能也。且夫吾之所子，母之所孙也。含饴弄孙，乃父母怡年之乐事，无故而戕贼父母之爱孙，其父母豺狼则可。设有人性，闻其孙为已缺养，故而活填黄壤，虽三牲鼎养，能下咽乎？不怆裂而死者几希矣。杀其子，因而杀其亲。是世间穷凶极恶，无可拟罪之人也，又可称之曰孝子哉？故曰：此妄书也。然则何为而俑是说，意巨必孝名夙着世，皆信之。或生儿触犯风寒死，因瘗殇而偶获金。世遂以瘵殇为埋活儿获金，为杀子养亲之奇报。野史穿凿，失理往往有是。余以其乖伤天道，不可为训，故力为辩之如

① 道闻：在路上听说；在草：古时分娩的俗称；不起子：抛弃婴儿不肯养育。

② 按讨：审查办理。

此[1]。

吴有负薪者与延陵季子交，让地金，是负薪者之节竞爽于延陵氏也。吴多人哉，季子身让千乘之国，而以遗金予人故呼薪者，何其居之高，视之下。且公子历聘诸侯，以知人称顾于吴，独不知有负薪者，何哉无？亦昔人所谓目论者欤然，人亦固难识[2]。夫既翳其身而藏焉。人知弗知，曷预弗取之可也，投镰[3]于地，瞋目拂手非也，其不语。季子以姓名者，乃不忘名之尤也。先王之制也。夏有葛，冬有裘，苟不能葛，亦安事裘？于五月揭然以负异于人，曰：五月负薪衣羊裘，非杓之人欤。故曰：其不语，季子以姓名乃不忘名之尤也。

汉太原郝子廉，饥不得食，寒不得衣，一介不取诸人。尝过姊饭，留十五钱默置席下去。范丹尝过其姊，设食，食毕乃留钱而去。姊家追送与之，不受钱，委于路文沐并者。袁绍父子时为名吏，尝过姊姊为杀鸡，炊黍而不留也。陈绛曰：三子之于天性，其蔑矣乎？夫不过其姊之食者，姊亦不得而食之于彼矣，推此而父子兄弟皆途人也。

袁崧汉书范丹去官，尝使儿捃拾麦，得五斛。乡人尸台遗之一斛，嘱儿莫道。后知即令并送六斛，言麦已杂矣。遂誓不取，丹廉不取人麦一斛可也。乃欲人并取已五斛，何为善之不兼也？丹果贤者。台慕贤而遗之麦，亦贤之徒也。何为居已于伯夷，而盗跖处台哉。

梁清家居扬州桓，徐州故宅婢子松萝见一人，问，云姓华，名芙容，鸟头人身，举面是毛。恒掷洒粪秽，大为苦。后一婢采菊，路逢一鬼，着衣帻乘马，卫从十。谓婢曰：我天上仙，勿名作鬼。问何以恒掷粪秽。曰：粪秽者，财钱之象。投掷者，速迁之征也。顷之，清果为扬武

① 此段载于李世熊《寒支集》。清檀河精舍刻本，初集卷七。

② 此故事的原意是：春秋时吴国贵族延陵季子出游时“见路有遗金”，便呼”披裘而薪者”“取彼地金来”。结果遭到了“薪者”的怒斥。表现了“薪者”虽穷困却不拾遗金，虽贫贱而志不短的可贵品质。在延陵季子这样的高贵者看来，一个“当夏五月，披裘而薪”的卑贱者，一定会拾取“遗金”；而在砍柴的人看来，虽然是“当夏五月，披裘而薪”，却不能捡拾别人遗失的金子，即使贫贱也不能失去人格。

③ “镰”同镰。

将军，北虏郡太守。余谓此鬼类知道者，视钱财为粪秽之物，官职为速迁之局也。夫钱财可博济广施，犹粪秽可滋培蕃植，但不得腐藏积滞耳。官职亦乘权立业之资，但不得持禄固宠，据为终身不迁之位耳。审能奉斯鬼所教，秽者因而秽之，迁者因而迁之，岂非明哲之君子哉！故曰：此鬼知道也。[①]

《货殖传》曰：贪贾三之，廉贾五之。夫贪贾所得宜多而反少，廉贾所得宜少而反多，何也？廉贾知取知予，贪贾知取而不知予也。巨贾吕不韦见异人质于赵，曰：此奇货可居。遂不吝千金经营异人，有秦国而已为之相。此其事不足道而以予为取，则亦商贾之权也。汉高捐四万斤金与陈平，不问出入，裂数千里地封。韩彭无爱惜心，遂能灭项有天下。刘晏造船合费五百缗者给千缗，使吏胥、工匠皆有赢余，是皆得廉贾之术者也。东坡曰：天下事成于大度之士，而败于塞陋之小人。

【按】东坡之言，就成事论之是也。世固有挟持千金抵投险，直适足以杀其躯者矣。罄竭府藏以灌幸嬖，割弃封强，以资奸盗者多矣。至若昏愦漏卮之朝，值本百千縻，逾巨万者，又不胜纪也。是可谓之大度乎。吾故以虚慕大度之名，曾不若计划精审不逾尺寸之愈也。

后汉公沙穆有病猪，使人卖于市。谓之曰：当告以实，贱取其直。猪到市即售，未言其病，直遂过价。穆问其故，赍半进，追还买者，语以猪实有病，不当贵直。买者言买卖定约，亦复辞钱不取。穆终不受钱而去。穆固当终不受钱，买者宜取赢钱去，因以成穆之美。今买者亦不取，可谓难矣。穆不得独为君子也。惜乎佚其名，不得与穆并传也。

梁明山宾家贫困，货所乘车牛。既售，受钱语买主曰：此牛经患漏

① 此段故事出自《梁清传》。南朝宋志怪小说。刘敬叔撰。原载《异苑》卷六。《法苑珠林》卷四十二、《太平广记》卷三二四皆录载。陶瑶《说郛》卷一一三亦载。李剑国《唐前志怪小说辑释》选录。该文作者不惜泼墨，曲尽其异，把梁清家鬼事写得幻诞万端，目不暇接，酣畅淋漓。这在“词旨简淡”、无“冗沓之习”的《异苑》一书中，实为难得之佳作。参见：李水海.中国小说大辞典(先秦至南北朝卷)[M].西安：陕西人民出版社，1994:698-699.

蹄治差已久，恐复脱发。无容不相语，买者遽追取钱。

宋曾叔卿家苦贫，尝买陶器欲货于北，既不果行。有转售者既受直矣。问将何之，其人曰：欲效君前策耳。叔卿曰：不可闻。北方新有灾馑，此物必不时泄，故不以行，敢不告以误子。其人即取钱去。二君之忠信，亦穆也。然买者遽邀其直一甚率，岂漠无感于二君乎？

又晋庾亮所乘马有的颅[①]，殷浩以为不利主，劝亮卖之。亮曰：安有己之不安而移之于人。浩惭而退。以史皇甫亮所居宅洿下标榜卖之。将售者或问其故，亮每答云：为宅中水淹不泄，雨即流入床下，由此宅终不售。后周孟信家贫。惟一老牛、兄子卖以供薪米。契券讫信，适外来因告买者曰：此牛先来有病。小用便发，君不须也。杖其兄子买者，嗟异苦请不得。宋陈尧咨为翰林。日有恶马不可驭。一旦谏议入厩，不见是马，因诘圉人。乃曰：内翰卖之商人矣。谏议遽谓翰林曰：汝为贵官左右，尚不能制旅人，安能蓄此？是移祸于人也。亟命取马而偿其直，戒终老养其马。建昌南城陈策者，尝买骡，不可被鞍，不忍移之他人，命养于野庐，俟其自毙。其子与猾驵计，因过客丧马，即磨伤驴，背以衙贾之。既售矣，策闻追，及告以不堪客，疑策爱也。秘之，策请试以鞍，兀兀终日不得被，始谢还焉。他日有从策买罗绮者，策不与其人，曰：见君帑有之何为？靳策曰：然有质钱而没者，岁月已久，丝力糜脆不任用。闻公用以嫁女，安可以此物病公哉？数君物有不堪不欲欺人，而售与山宾叔卿售于人而不欺其用，心同而不售者，尤善。然数君或取其赢，而山宾叔卿孟信三人者，不幸当其乏。不得已而售于人，欲者予之，姑取其直之相当，固亦君子之事也。君子用财，惟审其至当则已耳。

① “的颅”，额部有白色斑点的马。《三国志·蜀志·先主传》：“疑其心，阴御之”。裴松之注引《世语》：“备屯樊城，刘表礼焉，惮其为人，不甚信用。曾请备宴会，蒯越、蔡瑁欲因会取备，备觉之，伪如厕，潜遁出。所乘马名的卢，骑的卢走，堕襄阳城西檀溪水中的卢乃一踊三丈，遂得过。”《晋书·庾亮传》：“初，亮所乘马有的颅，殷浩以为不利于主，劝亮卖之。”《初刻拍案惊奇》卷二一：“尚宝道：‘老先生岂不闻马有的卢能妨主，手版能作人君的故事么？’”清赵翼《哭铁骡》诗：“爱作我的卢，不许僮仆叱。”

梁萧允曰：祸之所来，皆生于利。苟不求利，祸从何生？顾希武曰：积财可以备患，患已生于多财。与其因患而积财，孰若无财而无患。皆名言也。

唐贞观二十年征龟兹。有薛孤训者为行军仓曹军。及屠龟兹后，乃于精舍剥佛而金，旬日之间眉毛尽落。还至伊州，乃于佛前悔过，以所得金皆为造功德。未几眉毛复生。又凤州城南明相寺有佛数尊，皆饰以金。乱离之后，有贫民刮金鬻而自给。迨至时宁金彩已尽，于是遍身生癣，痒不可忍，以物自刮皮肉，俱尽露骨而死。夫施眼施臂佛犹为之，今贫民何啻鹰虎假像，何如法身以像金活贫，佛法不应治谴，何降罚之酷耶？岂贫民别有罪过耶？【又按】天宝之乱，圣善寺银佛为贼截将一耳。后少傅白公奉银三铤铸补之。然不及旧者，会昌拆寺命中贵毁像，收银送内库。中人以白公所铸比旧耳少，银数十两，遂诣白：公索余银。恐涉隐没故也。又毁寺时，分遣御史检天下寺，及收录金银佛像。有苏监察者巡覆两街诸寺，见银佛颇多，袖之而归，谓之苏杠佛。或问温庭筠，将何对？好曰：无以过密陀僧也。夫刮金获殃攀金，不闻致谴。何也？岂所谓鬼物于人。但侮其命之当，死及衰者乎？

《九国志》云：海商有鬻犀牛者。直数百万。夜有光洞照一室，楚马希声杀商而取之。逾月光遂灭。

《宝积经》[1]云：善安大梵天王太子语父母曰：一切财业非是真宝，水火盗贼县官恶子五家有分耳。父能为善如子所志，便取广施。

《大庄严经论》[2]云：佛与阿难行舍卫国旷野之中，见有伏藏。佛告

①《宝积经》全称《大宝积经》，乃意指“宝的聚集”，也意指着汇集着相当于宝玉的种种教说。该经以大乘经典的“空”思想做基础，且叙述了阿含以来之佛陀教义，同时强调无我的思想与瑜伽的修行等。

②《大庄严经论》，或称《大庄严论》《庄严论》（也有人称作《大庄严论经》《大庄严经》），是古印度高僧马鸣菩萨所撰写的论，后秦鸠摩罗什汉译，全论共十五卷，收在《大藏经》的本缘部之中。论中内容有九十则（分九十章）有关佛陀本生的故事，以历史传记、寓言故事等体裁方式譬喻叙述种种因缘。其中八十则的故事甚至用类似佛经的形式：经首以“我昔曾闻”作为开场白。

阿难，是大毒蛇。阿难白佛，是恶毒蛇。尔时因中有一畊，人闻佛阿难说有毒蛇，即往视之。见真金，聚取归，骤富。王知纠举，系于狱中。先所得金，既已用尽，犹不得免。将加刑责，其人唱言，恶毒蛇阿难，大毒蛇世尊。王闻唤问，何言毒蛇？其人白王，我于往日，在田耕种。闻佛阿难说言毒蛇，往视得金，今实毒蛇。佛语无二，倍增敬信。

附：钱神论[1]

有司空公子，富贵不齿，盛服而游京邑。驻驾平市里，顾见綦母先生，班白而徒行，公子曰："嘻！子年已长矣。徒行空手，将何之乎？"先生曰："欲之贵人。"公子曰："学诗乎？"曰："学矣。""学礼乎？"曰："学矣。""学易乎？"曰："学矣。"公子曰："《诗》不云乎：币帛筐篚，以将其厚意！然后忠臣嘉宾，得尽其心。《礼》不云乎：男贽玉帛禽鸟，女贽榛栗枣修。《易》不云乎：随时之义大矣哉。吾视子所以，观子所由，岂随世哉。虽曰已学，吾必谓之未也。"

先生曰："吾将以清谈为筐篚，以机神为币帛，所谓'礼云礼云，玉帛云乎哉'者已。"子拊髀大笑曰："固哉！子之云也。"既不知古，又不知今。当今之急，何用清谈。时易世变，古今异俗。富者荣贵，贫者贱辱。而子尚贤，而子守实，无异于遗剑刻船，胶柱调瑟。贫不离于身，

①本篇选自《晋书·隐逸列传·鲁褒传》。本文名为论，其体实近似赋。《钱神志》是由明清之际的李世熊于1665年编成的，但到道光乙酉年（1825）始有刊本流传。著名经济思想史学家赵靖认为，《钱神志》的基本思想和鲁褒《钱神论》有很大不同。《钱神论》对货币的神异性虽然也感到迷惑不解，但其主旨不是赞颂这种神异性，不是号召人们对钱神顶礼膜拜，而是讥刺、刻画封建统治阶级上层人物为追求货币而寡廉鲜耻的种种丑行。它对封建礼教、封建迷信均持嘲讽态度，认为封建统治者宣扬礼教和天命、鬼神，全是为了愚弄别人，而他们自己真正相信的却是孔方，真正崇拜的只是一个"钱神"。李世熊的《钱神志》的主旨则恰是宣扬封建礼教和天命鬼神，宣扬"死生有命，富贵在天"的宿命论，力图使人们相信这些封建的神物、圣物，谁要是违反封建礼教而追求货币财富，就会遭到。"王法"和鬼神的惩罚。因而《钱神志》的锋芒不是指向上层封建统治者，而恰指向统治者。参见：乌杰.中国经济文库.综合理论卷（四）[M].北京：中央编译出版社，1995：4 287.

名誉不出乎家室，固其宜也。

昔神农氏没，黄帝、尧、舜教民农桑，以币帛为本。上智先觉变通之，乃掘铜山，俯视仰观，铸而为钱。使内方象地，外圆象天。大矣哉！钱之为体，有干有坤。内则其方，外则其圆。其积如山，其流如川。动静有时，行藏有节。市井便易，不患耗损。难朽象寿，不匮象道；故能长久，为世神宝。亲爱如兄，字曰“孔方”。失之则贫弱，得之则富强。无翼而飞，无足而走。解严毅之颜，开难发之口。钱多者处前，钱少者居后。处前者为君长，在后者为臣仆。君长者丰衍而有余，臣仆者穷竭而不足。《诗》云：“哿矣富人，哀此茕独！”岂是之谓乎？

钱之为言泉也！百姓日用，其源不匮。无远不往，无深不至。京邑衣冠，疲劳讲肄；厌闻清谈，对之睡寐；见我家兄，莫不惊视。钱之所佑，吉无不利。何必读书，然后富贵。昔吕公欣悦于空版，汉祖克之于赢二，文君解布裳而被锦绣，相如乘高盖而解犊鼻，官尊名显，皆钱所致。空版至虚，而况有实；赢二虽少，以致亲密。由此论之，谓为神物。

无位而尊，无势而热。排朱门，入紫闼；钱之所在，危可使安，死可使活；钱之所去，贵可使贱，生可使杀。是故忿诤辩讼，非钱不胜；孤弱幽滞，非钱不拔；怨仇嫌恨，非钱不解；令问笑谈，非钱不发。洛中朱衣，当途之士，爱我家兄，皆无已已，执我之手，抱我始终。不计优劣，不论年纪，宾客辐辏，门常如市。谚曰：“钱无耳，可暗使。”又曰：“有钱可使鬼。”凡今之人，惟钱而已。故曰：军无财，士不来；军无赏，士不往；仕无中人，不如归田；虽有中人而无家兄，不异无翼而欲飞，无足而欲行。

子夏云：“死生有命，富贵在天。”吾以死生无命，富贵在钱。何以明之？钱能转祸为福，因败为成，危者得安，死者得生。性命长短，相禄贵贱，皆在乎钱，天何与焉？天有所短，钱有所长。四时行焉，百物生焉，钱不如天；达穷开塞，赈贫济乏，天不如钱。若臧武仲之智，卞庄子之勇，冉求之艺，文之以礼乐，可以为成人矣。今之成人者何必然？唯孔方而已！故曰：“君无财，则士不来；军无赏，则士不往。”谚曰：“官无中人，不如归田。"虽有中人，而无家兄，何异无足而欲行，无翼而欲翔！使才如颜子，容如子张，空手掉臂，何所希望？不如早归，广修农商，舟车上下，役使孔方。凡百君子，和尘同光，上交下接，名誉益彰！

主要参考文献

[1] 马伯煌.中国近代经济思想史[M].上海:上海社会科学院出版社,1988.

[2] 王先民.经济管理思想简史.下册[M].哈尔滨:黑龙江人民出版社,1986.

[3] 王莘耕,王士文,黄水清.中国历代经济思想今鉴[M].南昌:江西高校出版社,1995.

[4] 王健.中国通宝币制史稿[M].北京:人民出版社,1999.

[5] 韦苇.走向富强的千年追求:中国经济发展思想的理论体系与历史演进[M].西安:西北大学出版社,1997.

[6] 石世奇.中国传统经济思想研究[M].北京:北京大学出版社,2005.

[7] 叶世昌.中国货币理论史.上[M].上海:上海金融出版社,1986.

[8] 叶世昌.中国经济思想简史[M].上海:上海人民出版社,1980.

[9] 叶世昌.古代中国经济思想史[M].上海:复旦大学出版社,2003.

[10] 叶世昌.近代经济思想史[M].上海:上海人民出版社,1998.

[11] 叶世昌.鸦片战争前后我国的货币学说[M].上海:上海人民出版社,1963.

[12] 加藤繁.唐宋时代金银之研究——以金银之货币机能为中心

[M].北京:中华书局,2006.

[13] 匡亚明.魏源评传[M].南京:南京大学出版社,2005.

[14] 朱活.古钱新典[M].西安:三秦出版社,1994.

[15] 朱家桢.中国经济思想史[M].北京:人民出版社,1994.

[16] 朱彭寿,朱鳌.清代人物大事纪年[M].北京:北京图书出版社,2004.

[17] 刘善群.宁化县志[M].福州:福建人民出版社,1992.

[18] 巫宝三,冯泽,吴朝林.中国近代经济思想与经济政策资料选辑[M].北京:科学出版社,1959.

[19] 李世熊,宁化县志编纂委员会.宁化县志[M].福州:福建人民出版社,1989.

[20] 李茜茜.李世熊家世研究初探[J].鸡西大学学报,2010(1):110–112.

[21] 杨玉峰.泉币春秋——中华钱币文化撷萃[M].合肥:安徽文艺出版社,2014.

[22] 杨兴发.中国历代金融文献选注[M].成都:西南财经大学出版社,1990.

[23] 吴树国.民之通货——历代货币流变[M].长春:长春出版社,2005.

[24] 吴澄华.经济学说史纲[M].长春:吉林人民出版社,1985.

[25] 何炼成.中国经济管理思想史[M].西安:西北大学出版社,1988.

[26] 汪圣铎.中国钱币史话[M].北京:中华书局,2004.

[27] 张凤英.李世熊:一个明遗民的世界[D].厦门:厦门大学,2008.

[28] 张侃,李雪华.明清之际福建客家经济发展与经济伦理——以李世熊的《钱神志》为中心[M]//刘钊.厦大史学.第2辑.厦门:厦门大学出版社,2005.